Florian Coulmas

Gardantoj de lingvo
Dudek voĉoj tra la historio

Gardantoj de lingvo

Dudek voĉoj tra la historio

de

Florian Coulmas

Tradukis Jan P. Sandel

Mondial

Mondial
Novjorko

**Gardantoj de lingvo
Dudek voĉoj tra la historio**
de Florian Coulmas

El la angla tradukis
Jan P. Sandel

Provlegis
Till Dahlenburg,
Malcolm Jones,
Tatjana Loskutova kaj
Ahmad Reza Mamduhi

Esperantaj antaŭparoloj
de Florian Coulmas kaj
de Humphrey Tonkin

Originala titolo:
Coulmas F. (2016): *Guardians of Language: Twenty Voices Through History*. Oxford: Oxford University Press

Guardians Of The Language: Twenty Voices Through History, First Edition was originally published in English in 2016. This translation is published by arrangement with Oxford University Press. Mondial is responsible for this translation from the original work and Oxford University Press shall have no liability for any errors, omissions or inaccuracies or ambiguities in such translation or for any losses caused by reliance thereon.

Anglalingva originalo:
© Florian Coulmas 2016

Traduko al Esperanto:
© Jan P. Sandel 2021

Ĉiuj ilustraĵoj sen fontindiko estas publika havaĵo.
All illustrations without indication of the source are in the public domain.

ISBN 9781595694232

"Ekzilito", diris Zafar, "estas rifuĝinto kun biblioteko."

Zia Haider Rahman
In the Light of What We Know
(En la lumo de tio, kion ni scias)

Enhavo

Mallongigoj 7
Antaŭparolo de Florian Coulmas 8
Antaŭparolo de Humphrey Tonkin 9
Kelkaj rimarkigoj de la tradukinto 13
Prefaco 16
Enkonduko – La politikeco de lingvo 18

I. Alcuinus el Jorko 31
II. Sibawayh (سيبويه) 53
III. Danto Alighieri 70
IV. Sejong la Granda (세종대왕) 88
V. Antonio de Nebrija 106
VI. Kardinalo Richelieu 123
VII. Katerino la Granda (Екатерина Великая) 135
VIII. Adamantios Korais (Ἀδαμάντιος Κοραῆς) 151
IX. Noah Webster 166
X. Jacob Grimm 181
XI. Eliezer Ben-Yehuda (אליעזר בן-יהודה) 196
XII. Ludoviko Lazaro Zamenhof 215
XIII. Ueda Kazutoshi (上田 萬年) 240
XIV. Lenino (Владимир Ильич Ленин) 257
XV. Mustafa Kemal Atatürk 277
XVI. Mohandas Karamchand Gandhi 295
XVII. Zhōu Ēnlái (周恩来) 312
XVIII. Papo Paŭlo la 6-a 330
XIX. Sutan Takdir Alisjahbana 351
XX. Léopold Sédar Senghor 374

Postparolo – Lecionoj lernitaj 395
Baklavo (Coulmas pri Coulmas) 411
Bibliografio 416
Indekso de personoj 442
Indekso de temoj 450

Mallongigoj

Am	=	aramee
An	=	angle
Ar	=	arabe
Ĉn	=	ĉine
Dn	=	dane
Eo	=	esperante
Fr	=	france
Ge	=	germane
Gr	=	greke/helene
Hb	=	hebree
Hi	=	hispane
Hu	=	hindustane
In	=	indonezie
It	=	itale
Jp	=	japane
Jv	=	jave
Ka	=	katalune
Lt	=	latine
Mo	=	mongole
Nl	=	nederlande
Pe	=	perse
Pl	=	pole
Ru	=	ruse
Sa	=	sanskrite
Tu	=	turke
Uk	=	ukraine

Antaŭparolo de Florian Coulmas

Ĉiu aŭtoro, kiu verkas sciencan libron, ĝojas, se ĝi estas tradukita en la anglan. La hodiaŭan sciencan mondon nekontesteble superregas speco de la angla Lingvafrankao, per kiu preskaŭ ĉiuj sciencaj informoj estas akireblaj en la plej granda mezuro.

La afero kun ĉi tiu libro estas iom alia. Ĝi estis origine verkita kaj eldonita en la angla kaj tial jam atingis relative grandan legantaron. Surprizon kaj grandan plezuron alportis al mi la mesaĝo, ke inter la gelegantoj troviĝis ankaŭ esperantistoj, inkluzive de Jan P. Sandel. Li skribis al mi, ke li ŝatis ne nur la ĉapitron pri Zamenhof, sed la tutan libron, kaj petis mian permeson traduki ĝin en la Lingvon Internacian, kiu estas pli bone konata sub la nomo "Esperanto".

Ne malmultaj verŝajne trovos tian entreprenon ekstravaganca, ĉar ili rigardas la anglan kiel la idealan modelon de internacia lingvo. Ili kredas, ke la moderna angla, pro sia preskaŭ universala disvastiĝo, funkcias en tiu senco, kiun celis Zamenhof kaj liaj fruaj samideanoj. Sed la faktoj ne kongruas kun ĉi tiu kredo. Kvankam la angla estas la ĉefa lingvo, kiun mi uzas por skribi la plej multajn el miaj verkoj, mi tamen agnoskas, ke ĝi certe ne estas la celata neŭtrala lingvo, kiu nek privilegiu nek malavantaĝigu iun ajn.

Jam kelkajn jarojn antaŭ la katastrofo de la Unua Mondmilito, kiu senteble malakcelis la antaŭe rapidan kreskadon de la Esperanto-movado, la sociologo Max Weber konstatis, ke ni vivas "en la epoko de lingvaj bataladoj" (Ge: im Zeitalter der Sprachenkämpfe). Bedaŭrinde li tute pravis. La intenca misuzo de lingvo por ofendi kaj ekskluzivi aliajn tamen nek komenciĝis nek finiĝis en la 20-a jarcento, sed senŝanĝe daŭras ĝis hodiaŭ. Estas tute malverŝajne, ke la angla, la hodiaŭa lingvo de la potenculoj, ĉesigos ĉi tiun fatalan historion. La lingvo de "Doktoro Esperanto" estas, kiel la nomo elmontras, torĉo de espero. Pro tio mi tutkore ĝojas, ke mi havas la oportunon porti ĉi tiun torĉon dum iom da tempo – eĉ se nur pere de traduko.

Florian Coulmas, dum nokta elirmalpermeso en Hago en Marto 2021

Antaŭparolo de Humphrey Tonkin

La verko kiu kuŝas antaŭ vi estas relative nekutima inter libroj en Esperanto: ĝi konsistigas skizan enrigardon al la historio de lingvoj ĝenerale, ne el pure lingvistika vidpunkto sed per esplorado de la vivoj de dudek homoj kiuj per la propra intelekta, kultura kaj politika forto ŝanĝis la lingvan historion. Florian Coulmas estas ideala homo por priskribi tiun procezon: multlingvulo mem, li studis ne nur la tielnomatajn okcidentajn lingvojn sed ankaŭ la lingvojn de aliaj mondopartoj, precipe la japanan, en kies lando li loĝis dum pluraj jaroj. Pli ol tio: li estas fakulo pri la sociaj aspektoj de lingvoj – pri la interrilato de lingvoj kaj la manieroj laŭ kiuj ili estas fleksataj por plenumi la bezonojn de siaj parolantoj. Li interesiĝas pri lingvoj ne nur kiel sistemoj sed ankaŭ kiel difinaj movadoj. Kaj li mem estas en plej bona senco civitano de la mondo.

    Lingvo ja ne estas iu objektiva realo sendependa de siaj uzantoj. Ni ĉiuj ne nur parolas lingvon sed ankaŭ formas ĝin; lingvado estas enirilo al socio kaj komunumo – kaj samtempe esprimilo de la propra memo. Ĝi estas speco de sinprezento – arta maniero konvinki kaj motivigi. Lingvoj funkcias dinamike: temas pri negocado inter la partioj por starigi signifon – signifon kiu siavice estas konstante renegocata. En tiu senco, lingva ŝanĝiĝo estas neevitebla, fakte profitiga pro tio, ke ĝi ebligas adaptiĝon al la aktualaj bezonoj. Samtempe necesas konservema lingva establo kiu malhelpas malintegriĝon: eduka sistemo, intelektaj institucioj, amasmedioj. En la Esperanto-movado stabiligon faciligas tiuj homoj kiuj bone konas la lingvon kaj klopodas esti konsekvencaj en la lingvouzo, kaj tiuj institucioj (unuavice la Akademio de Esperanto, sed ankaŭ la grandaj organizaĵoj kaj publikigaĵoj) kiuj respondecas pri la starigo de normoj kaj sekvado de establitaj lingvaj praktikoj.

    Mi mem estis dum multaj jaroj membro de la Akademio de Esperanto, sed antaŭ nelonge decidis liberigi mian lokon por dediĉi min al aliaj taskoj. Certagrade ĝenis min, ke la membroj de la Akademio, kvankam entuziasmuloj pri detaloj, ne klopodis sekvi, pli sisteme kaj komune, la evoluon de la lingvo, nek stiri ĝin efike inter la diversaj premoj kaj ŝiroj de la aliaj lingvoj de la mondo. Mankis klara bildo pri lingvaj prioritatoj por Esperanto kaj pri la rimedoj bezonataj por atingi tiujn prioritatojn. La nuna libro memorigas nin, ke ĉiu lingvo evoluas en rilato al la aliaj, en granda monda lingva sistemo, kaj ke ĝi dependas de homa influado.

Kiel dua lingvo por ĉiuj, kaj plejparte kiel esence aldona lingvo, Esperanto aparte bezonas konstantan atenton de siaj plej bonaj uzantoj ĉar ĝi estas iasence periferia por ĉiu sia parolanto (eĉ denaskaj), kiu ja uzas alian lingvon por la tagaltaga vivado kaj por perlabori siajn enspezojn. Plejparte la Esperanto-komunumo akceptas, ke Esperanto estas, aŭ devus esti, pli ol nura "helplingvo" (termino ofte uzata en pasinteco sed nun, feliĉe, ne plu), sed la nocio ke Esperanto estas kompleta lingvo estas en si mem nur duonvero: eĉ se oni povus argumenti, sen troigo, ke Esperanto estas preta, aŭ facile pretigebla, por pritrakti ĉiun ajn temon, granda plimulto de la parolantoj de Esperanto parolas ĝin nekomplete, limigite. Kvankam tiu nekompleteco iasence stabiligas la lingvon (ni devas fideli al la normoj por kompreni kaj esti plene komprenataj), ĝi ankaŭ bremsas ĝian evoluigon.

Resume, lingvoj estas kreitaĵoj de homoj kaj kreas la homan socion. Ni ĉiuj estas, laŭ niaj emoj, gvidantoj kaj poetoj – reĝoj super la vortoj, strukturoj kaj prozodioj de niaj lingvoj, miniaturaj versioj de la dudek homoj rememorataj en tiu ĉi libro.

Ni estas feliĉuloj, ke Jan P. Sandel decidis traduki la anglalingvan verkon de Florian Coulmas *Guardians of Language*. Malgraŭ tio, ke en lingvaj demandoj la esperantistoj estas kelkrilate avangardanoj, ili restas relative sensciaj pri la historio de lingvoj kaj lingvismo. Tion oni povas nur bedaŭri. Kiam, en la fruaj jaroj de Esperanto, oni ankoraŭ debatis pri la vortprovizo kaj gramatiko de la nove konceptita internacia lingvo, la lingvemuloj iris unu direkton – en la veprejon de Ido kaj ĉiuj ties lingvaj nepoj kaj pranepoj kaj prapranepoj – kaj la pacemuloj, kiuj volis reformi la mondon sed ne la lingvon, iris alian direkton, respekte al la Fundamento sed sub la sankta signo nur de granda porcio da espero. Sekvis riĉa historio kaj sukcesa formiĝo de movado, sed movado multkapa, sen klara sento de direkto, en mondo kiu mem perdis sian senton de direkto kaj tro ofte sekvis la vojon al milito.

La anglalingva titolo de la verko, *Guardians of Language*, estas malfacile tradukebla en Esperanton. *Guardian* estas samtempe gardanto kaj kuratoro, defendanto kaj protektanto. La etaj biografioj kaj lingvaj priskriboj en la libro donas enrigardon al tiuj du funkcioj. Jen oni defendas kaj unuigas lingvon por diferencigi ĝin de aliaj lingvoj kaj tiel grupigas ĝiajn uzantojn en difineblan socion; jen oni protektas kaj nutras lingvon por igi ĝin plene funkcipova en la aktuala mondo. Ni rimarkas kiel ofte la unuecigo kaj normigo de lingvo estas ligita al edukado, al la kultivado de la scioj de difinita socio, al la ampleksigo de tiuj scioj. Ni rimarkas foje, ke la koncerna "gardanto" levas la respekton per kiu aliaj homgrupoj traktas tiun lingvon.

Tamen, samtempe ni notu, ke unuecigo de lingvo implicas ĝian fordividon de aliaj lingvoj. Lingvoj unuigas sed ankaŭ dividas. En la eŭropa politika sistemo, oni iam difinis sin kiel "regaton" de tiu aŭ alia reĝo aŭ princo; nun oni kutime difinas sin kiel "civitanon" de difinita ŝtato. La koncepto de regato emfazas centron al kiu la regatoj ŝuldas lojalecon; la koncepto de civitano emfazas klare difinitan "ujon" markitan de siaj landlimoj, trans kiuj oni ne paŝu. La unua implicas centrecon; la dua implicas periferiecon. Lingva unueco portas kun si lingvan dividon. Vivi sian vivon per unusola lingvo ne sufiĉas por plene harmonia ekzisto: kiel homoj ni bezonas alternativajn perspektivojn. Sed ni estas katenitaj al certagrade malaktualaj naciŝtatoj, en mondo ĉiam pli interplektita, en kiu mia sorto kaj via, sendepende de kie vi estas, estas interligitaj. Se la plejparto de la grandaj figuroj de tiu ĉi libro gardis kaj protektis siajn lingvojn, siajn parolapartecojn, necesas nun levi la prestiĝon de internacia konversaciado.

La klopodoj de Zamenhof, Hodler, Privat, Lapenna kaj aliaj por levi la prestiĝon de Esperanto kaj engaĝi la lingvon en la strebadon por pli justa mondo, por homaj rajtoj, por solvado de disputoj per vortoj anstataŭ batoj – ĉio ĉi memorigu nin, ke ne sufiĉas la lingva konkurenco en mondo kie oni havu sian hejmon, sian patrujon, sed ankaŭ oni respektu tiujn de aliaj, kaj oni kunvenu por komune protekti kaj kuratori la mondon en ties tuteco.

Kiel esperantistoj, ni rimarkas en tiu ĉi libro la eksterordinarajn paralelojn kaj diferencojn inter Zamenhof kaj aliaj reformistoj, ekzemple Ben-Yehuda, kiu naskiĝis tiel proksime, tempe kaj loke, al Zamenhof. Dum Ben-Yehuda favoris la modernigon kaj sekularigon de la hebrea, Zamenhof celis levi respekton al la jida kaj samtempe krei ian universalan jidan – t.e. lingvo de neniu ŝtato sed kapabla unuecigi siajn uzantojn malgraŭ la diverseco de civitaneco. Zamenhof laboris sen la potenco de la ŝtato; same Ben-Yehuda, kvankam je difinita punkto lia lingvo fariĝis ŝtata lingvo. Fakte, pli-malpli unike inter la dudek lingvoreformantoj, Zamenhof samtempe laboris por ĉiu homo kaj neniu homo – por la civitanoj de mondo dividita kaj apenaŭ unuecigebla, kaj por konservo de la plej altaj valoroj de tiu mondo.

Ĉu sukceso aŭ malsukceso por Esperanto? Ke la lingvo vivas estas neniu dubo, kaj en tiu senco ĝi ja plene sukcesis. Kiam mi fariĝis parolanto de Esperanto, mi legis pri la abundaj klopodoj krei internaciajn aŭ universalajn lingvojn – pri la projekto de Hildegard von Bingen, pri la interesiĝo de Bacon kaj Wilkins kaj Leibnitz pri filozofia lingvo, pri la glore kaprica Solresol de Sudre, pri Volapük. En aliaj mondopartoj estis similaj elpaŝoj: se mia vojo al Zamenhof iris pere de Hildegard, aliaj vojoj iras pere de Balaibalan de la turka-persa poeto Muhyi-i Gülşeni (1528-1607): ni ĉiuj povas krei nian historion de planlingvoj, kiu kondukas tra tro plena lingva tombejo, al tio kio ŝajnas al ni esperantistoj la bela sukceso de Esperanto. Sed la ekstera, neesperantista mondo vidas alian historion – tiun de Dante, de Sejong, de Ueda, de Atatürk, kiu kondukas al la triumfo de naciaj lingvoj kaj skribsistemoj, de edukaj establoj kaj naciismoj. Tro ofte, en tiu alia rakonto, Esperanto registriĝas en la listo de noblaj malsukcesoj.

Florian Coulmas proponas al ni rakontojn el kiuj ni povas ankaŭ lerni kiel procedi por sukcesigi la lingvon de Zamenhof. Gardi ĝin jes; sed ankaŭ vastigi ĝin lingve kaj praktike, varbi la subtenon kaj de la amasoj kaj de la gvidantoj – kaj ankaŭ sobre kaj klarvide lerni el la ekzemploj de la aliaj lingvogardantoj. Ni kapablas pli ol ni konscias. Eble ni ne atingos la liston de dudek lingvogardantoj de iu estonta Coulmas, sed tiu ĉi libro implicas, ke ni kapablas fari multe pli ol ni antaŭe supozis por plibonigi la lingvan sorton de tiu ĉi planedo.

Dankon, kara Florian, pro tiuj ĉi facilaj lecionoj – pro tiu ĉi baklavo de la spirito.

Kelkaj rimarkigoj de la tradukinto

Sendepende de la rezulto, mi laŭdas la tagon, en kiu kaptis min la ideo traduki "Guardians of Language", ĉar ĉi tiu entrepreno finfine konatigis min kun pluraj plej estimindaj personoj, kion mi rigardas kiel grandan feliĉon kaj honoron. Dum mia traduklaboro pri ĉi tiu libro mi lernis alte aprezi ne nur dudek fascinajn gardantojn de lingvo, sed ankaŭ la ĉiam helpeman aŭtoron de la originalo, Florian Coulmas, kaj kvar grandanimajn, paciencajn kaj diligentajn provlegantojn: (laŭ la alfabeta ordo) Till Dahlenburg, Malcolm Jones, Tatjana Loskutova kaj Ahmad Reza Mamduhi. Ili ĉiuj meritas plej grandan dankon. Ĉar mi komprenebla ne povas danki la dudek unuajn, mi des pli kore dankas la kvin lastajn. Ĉion, kio estas bonstila en mia traduko, mi ŝuldas al miaj alte estimataj provlegantoj. Ĉiuj maltaŭgaj vortigoj fontas solsole el mia sporada obstineco kontraŭ iliaj konsiloj.

Rilate la tiklan problemon, ĉu (personaj kaj familiaj) propraj nomoj estu esperantigitaj aŭ ne, mia aliro en la okazo de la diversaj historiaj eminentuloj, kiuj estas nomitaj en ĉi tiu libro, finfine realigis la sekvajn principojn:

1. Mi preferis la esperantigitajn formojn de propraj nomoj nur en la malmultaj okazoj de tiuj historiaj eminentuloj, kiuj estas eksplicite nomitaj en la respektinda Plena Ilustrita Vortaro de Esperanto (PIV, Sennacieca Asocio Tutmonda 2020): ekzemple Ŝekspiro, Goeto kaj Moliero (anstataŭ Shakespeare, Goethe kaj Molière). Al ĉi tiu malpli ampleksa kategorio apartenas ankaŭ Danto (kune kun Beatrico), Katerino la Granda kaj Lenino, same kiel Hilelo el Babilono, Lejbnico kaj Tolstojo.

2. La oficialaj nomoj, kiujn (almenaŭ Eŭropaj) monarĥoj kaj papoj alprenis okaze de sia kronado, estas generale konsiderataj kiel esperantigendaj titoloj. Tial, ekzemple la papo Gregorio la 2-a (anstataŭ Gregorius II), Ludoviko la 14-a (anstataŭ Louis XIV) kaj Frederiko Vilhelmo la 1-a (anstataŭ Friedrich Wilhelm I) estas vestitaj ne nur per la reĝa purpuro, sed ankaŭ per la esperanta verdo.

3. Mi konscie rezignis esperantigi la proprajn (personajn kaj familiajn) nomojn de ĉiuj historiaj eminentuloj, kies nomoj ne sukcesis eniri en PIV: ekzemple Alcuinus, Sibawayh, Sejong, Nebrija, Richelieu, Atatürk, Gandhi, Zhōu Ēnlái, Alisjahbana kaj Senghor inter multaj aliaj. Per tio mi intencas plifaciligi la troveblecon de la sennombraj alilingvaj fontoj pri la gardantoj de lingvo, se la scivoligitaj gelegantoj deziras esplori ceterajn biografiajn aŭ priverkajn detalojn.

Krome, mi diferencigis inter la geografiaj propraj nomoj, kiuj rilatas al la ŝtato aŭ ties aferoj (Rusuja, Ĉinuja), kaj la sensufiksaj adjektivoj, kiuj rilatas al la popolo aŭ ties lingvo (rusa, ĉina). Ekzemple la "Rusuja mejlo" ja ne rilatis al la popolo aŭ ties lingvo (русский = rusa), sed estis la mezurunuo de longo laŭ leĝa difino de la ŝtato (российский = Rusuja).

Zamenhof mem skribis "ujajn" adjektivojn majuskle: "*Ne pli obea estas kap' al koro, Ne pli servema mano al la buŝo, Ol la Danuja tron' al via patro.*" (Hamleto, akto I, sceno II, 1894), "*Laŭ la nova Aŭstruja farmakopeo ĝi devas esti preparata en la sekvanta maniero:*" (Kronika katara konjunktivito, El la vivo kaj sciencoj, Fundamenta Krestomatio, 1903), "*La senĉesa reciproka batalado de la diversaj gentoj kaj religioj en la vasta Rusuja regno ...*" (Dogmoj de Hilelismo, Ruslanda Esperantisto, 1906), "*En la arbaro Arabuja pasigu la nokton, karavanoj Dedanaj!*" (Jesaja 21, 13, Malnova Testamento, 1915).

Mi konsekvence observis la jenan principon rilate la usklecon: propraj nomoj de ŝtatoj (Nederlando, Usono, Indonezio), same kiel la derivitaj adjektivoj, kiuj rilatas al ŝtataj aferoj (Nederlanda, Usona, Indonezia), estas skribitaj majuskle, dum la lingvoj (nederlanda, usona, indonezia) kaj la nacianoj (nederlandano, usonano, indoneziano) estas skribitaj minuskle.

Kiel eble plej ofte, t.e. se mi sukcesis trovi la originallingvajn fontojn, mi tradukis ĉiujn citaĵojn el ĉi tiuj fontotekstoj rekte kaj senpere el la franca, germana, helena, hispana, itala, latina aŭ rusa originalaj lingvoj en nian Lingvon Internacian. Ĉiujn aliajn citaĵojn mi esperantigis laŭ la angla kaj la germana tradukoj.

Laŭ la itala verdikto "Traduttore – traditore" (Eo: Tradukinto – perfidinto), tradukistoj rajte ĝuas pli-malpli la saman fidindecon kiel vendistoj de uzitaj aŭtomobiloj. Mi dubas, ke mi prezentas la faman escepton el la regulo, ĉar ankaŭ mi neniel intencis, kiel eble plej fidele traduki vorton post vorto de la originala teksto, sed pli ĝuste transigi la pensojn kaj ideojn de la aŭtoro, kiel mi komprenas ilin kaj iliajn fontojn, en la cellingvon. Pro tio mi ofte eksplicis, aŭ ekzemplante aŭ tabeligante, diversajn detalojn, kiuj estas nur tuŝitaj en la originalo, por ke ankaŭ nefakuloj ĉerpu la plenan utilon el ĉiuj pritraktitaj temoj. Al mi eble inspiris troan aŭdacon la devizo proklamita de la germana lingvisto Harald Weinrich: "Ni ne estas sklavoj de vortoj, ĉar ni estas mastroj de tekstoj" (Ge: Wir sind nicht Sklaven der Wörter, denn wir sind Herren der Texte; Weinrich 1966).

Tial, se al vi, estimataj gelegantoj, trudiĝas la anglalingva vortigo de la originalo en ĉiu frazo, mi verŝajne malsukcesis. Sed se al vi sentiĝas viva imago pri la multfacetaj vivoj kaj verkoj de niaj dudek aprezindaj gardantoj de lingvo, mi estas atinginta mian celon.

Jan P. Sandel, en Marto 2021

Prefaco

La ideo pri ĉi tiu libro naskiĝis fine de Aŭgusto 2012 en Berlino okaze de la "Sociolinguistics Symposium 19" (Eo: 19-a socilingvistika simpozio). La eldonisto de la anglalingva fakrevuo "Language Policy" (Eo: Lingvopolitiko) donis al la membroj de ĝia estraro plaĉan okazon renkontiĝi, kompleze invitante nin al tagmanĝo. Bernard Spolsky, la fondinto-eldonisto de tiu elstara fakrevuo, ĉeestis la agrablan kunvenon, same kiel la ĉefredaktistoj Elana Shohamy kaj Kendall King. Ĉeestis la estimataj membroj de la estraro Christine Helot, Nancy Hornberger, Tommaso Milani, Theo du Plessis, Piet Van Avermaet, Stephen May, Teresa McCarty kaj Leigh Oakes.

Estante plej bela, la vetero permesis al ni sidi ekstere sur teraso, kie ni babiladis pri tio kaj jeno: kiel la revuo atingis konsiderindan legantaron ene de relative mallonga tempo, pri temoj por specialaj eldonoj, pri la eldonado de scienca fakliteraturo, pri faktoroj de influo (An: impact factors) kaj kiel ni povus fari la revuon eĉ pli alloga.

Iam Elana demandis, kion ni pensas pri la speciala sekcio sub la titolo "Questions for ..." (Eo: Demandoj al ...), kiun la ĉefredaktistoj ĵus enkondukis por diskuti diversajn problemojn de lingvopolitiko kun eminentaj fakuloj sur ĉi tiu kampo, kiel ekzemple kun Joan Rubin, Michael Clyne kaj Robert L. Cooper. Ĉu tiu sekcio estas daŭriginda? Kiujn ceterajn fakulojn oni petu respondi la demandojn? *"Kial ne demandi Danton aŭ la kardinalon Richelieu?"*, mi ridetante demandis. *"Vi ŝercas ..."*, Elana amuzite respondis. *"Tute ne!"*, mi kontraŭdiris, *"Intervjuoj kun forpasintaj eminentaj literaturoj verŝajne estas interesa ekzercado."* Ni senĝene amuziĝis pri ĉi tiu ideo dum iom da tempo, ĝis la konversacio transiris al alia temo.

Iel restis semo de ĉi tiu ideo en la malantaŭa parto de mia menso. Pro multaj aliaj devoj mankis al mi la tempo por kultivi la ideon ĝis efektivigo, kvankam mi ne formetis la aferon en la keston de forgeso. "Sciencaj konferencoj fojfoje elvokas neatenditajn ideojn", mi pensis kaj finfine komencis detale disvolvi la projekton de la "Gardantoj de lingvo", kiu nun estas ricevinta la formon de ĉi tiu libro. Mi dediĉas ĝin al la memoro de la elstara socilingvisto Joshua Aaron Fishman (שיקל פישמאן, 1926-2015), kiu ĵus aliĝis al la vicoj de la forpasintaj gardantoj de lingvo, intervjuitaj sur la sekvaj paĝoj, kaj kiu inspiris al multaj studentoj pri lingvopolitiko entuziasmon por instruiteco kaj sindonon al lingvo.

Florian Coulmas, en la somero de 2015

Enkonduko –
La politikeco de lingvo

Politiko estas lingvo, kaj lingvo estas politiko. La agnosko de ĉi tiu aserto estas samaĝa kiel la Okcidenta filozofio pri politiko mem. En la dua ĉapitro de sia unua libro pri "Politiko" (Gr: Πολιτικά), Aristotelo konstatas, ke "la homo estas denature politika animalo [...], ĉar el ĉiuj animaloj nur la homo havas lingvon" (1). Li plue eksplikas: "La lingvo servas por riveli, kio estas utila kaj kio estas malutila, same kiel kio estas justa kaj kio estas maljusta: per tiu apartaĵo la homoj distingiĝas de la aliaj animaloj, ĉar nur la homoj havas percepton de la bono kaj de la malbono, de la justo kaj de la maljusto. Nur la komuneco de tiu percepto kreas la hejman komunumon kaj la ŝtaton" (2).

Aristotelo ekkonsciis jam antaŭ pli ol 2 300 jaroj, ke lingvo estas la centra rimedo de politiko. Lingvo estas nepra antaŭkondiĉo por ĉiu homa socio, kaj ĉiu kapablo, regadi per io alia ol nur per kruda forto, esence dependas de lingvo. Aktiva partopreno en la ŝtato esence baziĝas sur la kapablo esprimi moralajn sentojn en la komuna lingvo – laŭ la devizo: kiu ne kapablas regi la komunan lingvon, ankaŭ ne kapablas regi la komunan ŝtaton. Aristotelo esprimas ĉi tiun ideon, kiu resonadas ankoraŭ hodiaŭ, per la vortoj, kiujn la poeto Eŭripido metis en la buŝon de la Agamemnonido Ifigenio: "Decas, ke la helenoj regu barbarojn, sed ne, ke barbaroj regu la helenojn, ĉar barbaroj estas sklavoj, dum la helenoj estas liberaj" (3).

Por ĝuste kompreni ĉi tiujn versojn, estas memorende, ke la helena vorto "βάρβαρος" estis origine uzata por karakterizi ĉiun alilingvanon, kiu ne scipovis paroli la helenan kaj anstataŭe aŭdigis sian voĉon per (almenaŭ al helenaj oreloj) tute nekompreneblaj "bla-bla"- aŭ nomdonaj "bar-bar"-sonoj. Du dimensioj de la politikeco de lingvo estas deriveblaj de tiu ideo: la interna enhava dimensio (An: policy dimension) kaj la ekstera forma dimensio (An: polity dimension).

Lingvopolitikaj reĝimoj

La interna enhava dimensio (An: policy dimension) de la politikeco de lingvo – t.e. *kion oni diras* – koncernas la lingvon kiel efikan rimedon de regado: kiel politikistoj uzas lingvon por propagandi belsonajn ideojn kaj por vuali siajn ververajn celojn; kiel politikaj tekstoj estas konstruataj; kiuj retorikaj figuroj estas uzataj por kiuj celoj. Estas ja ĉiam necese doni lingvan formulon al la diversaj sociaj aŭ ekonomiaj problemoj por meti ilin sur la politikan agadplanon. Por entute eniri la politikan debaton, celoj kiel "sekurigi ekologian daŭropovon", "protekti la privatecon de la civitanoj kontraŭ la scivolema Granda Frato [4]" aŭ "restarigi la nacian fierecon pri la patrujo" estas unue vortumendaj. La interŝanĝo de vortoj en la politika areno nur malofte estas sole priskriba kaj limigita al konstato pri la faktoj, sed preskaŭ ĉiam reflektas ŝanĝiĝantajn politikajn intencojn, interesojn kaj motivojn.

La ekstera forma dimensio (An: polity dimension) de la politikeco de lingvo – t.e. *kiel oni parolas* – koncernas la lingvouzon kiel difinantan kriterion de forma politiko kaj sekve siavice fariĝas centra objekto de politiko. Trafa ekzemplo estas la tiel nomata "iredentismo", la politika principo, laŭ kiu teritoria cedo estas postulata surbaze de la etna kaj precipe lingva aparteno de loka loĝantaro al la samnacia najbara lando. La termino "iredentismo" devenas de la sekvoriĉa verkaro de Giuseppe Mazzini, la itala juristo, ĵurnalisto kaj heroa batalanto por la unuiĝo de Italujo, kiu unue rilatis al la "neliberigitaj teritorioj" (It: terre irredente). Poste, en Septembro 1919, Gabriele D'Annunzio uzis ĉi tiun nocion por pravigi la establon de la tiel nomata "Itala regenteco de Kvarnaro" (It: Reggenza Italiana del Quarnaro) en la golfo de Kvarnaro sur la dalmata marbordo kun la ĉefurbo Fiume, la hodiaŭa Rijeka, pro la tiutempe itallingva plimulto de la loĝantaro.

La enhava kaj la forma dimensioj de la politikeco de lingvo kune formas tion, kion mi aliloke nomis "lingvopolitika reĝimo" (An: language regime, Coulmas 2005) kaj priskribis kiel aron da limigaj reguligoj de la individuaj lingvaj esprimopcioj. Lingvopolitikaj reĝimoj, konsistante el kutimoj, leĝaj preceptoj kaj ideologioj, estas ĉiam parto de la ĝenerala politika sistemo kaj ludas gravan rolon en ĉiuj sistemoj de regado: Ne nur en la totalismaj sistemoj, kiuj senĉese strebas kontroli ĉiun lingvouzon, sed ankaŭ en la demokratiaj sistemoj, kiuj baziĝas sur "la sendeviga devigo de la pli bona argumento" (Ge: der zwanglose Zwang des besseren Arguments, Habermas 1981) kaj antaŭ ĉio sur la artikoloj 19 kaj 21 de la nepre nemalhavebla Universala Deklaracio de Homaj Rajtoj, kiujn adoptis la Ĝenerala Asembleo de la Unuiĝintaj Nacioj la 10-an de Decembro 1948 en Parizo:

> <u>Artikolo 19 de la Universala Deklaracio de Homaj Rajtoj:</u>
> "Ĉiu havas la rajton je libereco de opinio kaj esprimado; ĉi tiu rajto inkluzivas la liberecon havi opiniojn sen intervenoj de aliaj, kaj la rajton peti, ricevi kaj havigi informojn kaj ideojn per kiu ajn rimedo kaj senkonsidere pri la landlimoj." (Levin L. 1998)

> <u>Artikolo 21 de la Universala Deklaracio de Homaj Rajtoj:</u>
> "(a) Ĉiu homo rajtas partopreni la regadon de sia lando, aŭ rekte aŭ pere de libere elektitaj reprezentantoj; (b) ĉiu rajtas je egala aliro al publika servo en sia lando; (c) la volo de la popolo estu la bazo de la aŭtoritato de la registaro; tiu volo estu esprimata per regulaj kaj aŭtentikaj elektoj, kiuj okazu per universala kaj egala balotrajto, kaj per sekreta voĉdono aŭ ekvivalentaj liberaj voĉdonaj proceduroj." (Levin L. 1998)

En la epoko de tutmondiĝo, amasmigrado kaj interreta komunikado, kiuj transpaŝas ĉiujn naturajn kaj politikajn limojn, la lingvopolitikaj reĝimoj fariĝis tre kompleksa objekto de la politikaj debatoj kaj disputoj.

Dum la finverkado de ĉi tiu libro en la somero de 2015, la Unuiĝintaj Nacioj konsistas el 195 pli-malpli sendependaj membroj. Unu jarcenton pli frue, antaŭ la Unua Mondmilito (1914-1918), ekzistis nur 77 suverenaj ŝtatoj. Neniuj fidindaj donitaĵoj estas haveblaj pri la nombro da lingvoj tiutempe parolataj en la mondo. La esplorado de la ejra lingvisto George Abraham Grierson pri la lingvoj parolataj en Hindujo (nome inter 1898 kaj 1928) liveris la nombron de 364 lingvoj. La science preciza nombrado de lingvoj estas malfacila entrepreno, plena de imanentaj metodikaj problemoj, teoriaj malkonsentoj kaj ŝanĝiĝantaj sintenoj de la parolantoj. Laŭ lingvistoj, kiuj nuntempe profesie okupiĝas pri la demando, hodiaŭ ekzistas ĉirkaŭ 7 000 lingvoj en la mondo (kun precizeco de kelkaj centoj da lingvoj pli aŭ malpli).

La "Internacia organizaĵo por normigado" (ISO, derivita de Gr: ἴσος = egala) en Ĝenevo eldonis en la jaro 2007 la "Kodojn por la reprezentado de lingvonomoj" (An: Codes for the Representation of Names of Languages). La (sub)listo ISO 639-3, kiu celas ampleksi ĉiujn vivantajn, mortintajn kaj artefaritajn lingvojn kaj dialektojn, listigas ne malpli ol 7 776 erojn – nombro, kiu probable jam malaktualiĝos antaŭ la apero de ĉi tiu libro pro la kontinua kresko de la listo.

Tabelo 1: Listoj de la "Kodoj por la reprezentado de lingvonomoj" (ISO [sen jaro])

Listo	Nombro	Amplekso
ISO-639-1	184	Nur la plej disvolvitaj kaj plej disvastigitaj vivantaj lingvoj
ISO-639-2	482	Nur la vivantaj skriblingvoj
ISO-639-3	7776	Ĉiuj vivantaj, mortintaj aŭ artefaritaj lingvoj kaj dialektoj

Tabelo 2: ISO-639-3 kodoj de la lingvoj de niaj gardantoj

Gardanto de lingvo	Gepatra lingvo	Kodo	Gardata lingvo	Kodo
Alcuinus el Jorko	anglosaksa	ang	Latino	lat
Sibawayh	persa	fas	araba	ara
Danto Alighieri	itala	ita	itala	ita
Sejong la Granda	korea	kor	korea	kor
Antonio de Nebrija	kastilia	spa	kastilia	spa
Kardinalo Richelieu	franca	fra	franca	fra
Katerino la Granda	germana	deu	rusa	rus
A. Korais	greka	ell	Katharevusa greka	ell
N. Webster	usona angla	eng	usona angla	eng
J. Grimm	germana	deu	germana	deu
E. Ben-Yehuda	jida	yid	moderna hebrea	heb
L.L. Zamenhof	rusa	rus	Esperanto	epo
Ueda Kazutoshi	japana	jpn	japana	jpn
V.I. Lenino	rusa	rus	(diversaj)	
M.K. Atatürk	otomana turka	ota	moderna turka	tur
M.K. Gandhi	guĝarata	guj	hindustana	hin/urd
Zhōu Ēnlái	mandarena ĉina	cmn	Pǔtōnghuà ĉina	zho
Papo Paŭlo la 6-a	itala	ita	(diversaj)	
S.T. Alisjahbana	minangkabaŭa	min	indonezia	ind
L.S. Senghor	serera	srr	franca	fra

La ekzakta nombro de "ĉiuj vivantaj, mortintaj kaj artefaritaj lingvoj" estas nehavebla, sed por la nunaj celoj ankaŭ ne urĝe bezona. La pli signifoplena problemo estas, laŭ ĝenerala konsento, ke la nombro de sendependaj ŝtatoj (195) kaj la nombro de vivantaj skriblingvoj (482) evidente ne kongruas. Krome, la lingvoj, kiuj fakte kunekzistas hodiaŭ en la mondo, konsiderinde diferencas unu de la alia rilate la kvanton de parolantoj, la sociajn funkciojn de lingvouzo, la literaturan historion kaj la nivelon de disvolviĝo.

La plimulto da ŝtatoj havas nur unu nacian lingvon, kelkaj ŝtatoj estas agnoskintaj la lingvojn de la etnaj (indiĝenaj) minoritatoj, dum multaj aliaj lingvoj ricevis neniun oficialan statuson. El la komparo de la pli granda nombro de lingvoj kun la malpli granda nombro de ŝtatoj neeviteble sekvas, ke lingve homogenaj ŝtatoj (se tiaj ŝtatoj ekzistas entute) prezentas nur esceptojn de la regulo. Malgraŭ ĉi tiu konstato, la lingvopolitikaj reĝimoj de multaj ŝtatoj priatentas nur unu oficialan lingvon.

Konfliktoj

La supraj observoj implicas, ke ŝtato kaj lingvo interagas laŭ multaj aspektoj, kiuj eventuale estas konfliktaj – ne nur teorie, sed plej senteble. La forma dimensio (An: polity dimension) de la politikeco de lingvo estas ne nepre konflikta. Sed la "administrado de la publika lingva kampo" (An: managing public linguistic space, Spolsky 2009) ofte sekvigas malkonkordon, streĉitecon kaj kverelon, kiel ilustras tri gravaj okazintaĵoj, kiujn mi povis observi, dum ĉi tiu libro kreiĝadis.

<u>La 28-an de Februaro 2014:</u>
La Ukrainuja parlamento revokis la leĝon n-ro 5029-VI kun la titolo "Pri la principoj de la ŝtata lingvopolitiko" (Uk: Про засади державної мовної політики), kiu estis akceptita la 8-an de Aŭgusto 2012 kaj kiu agnoskis kunoficialan statuson de la rusa en ĉiuj provincoj (Uk: область), kie la pli granda orient-slava lingvo estas parolata de minimume 10 elcentoj de la loĝantaro. La parlamento en Kievo anstataŭe akceptis leĝdonan iniciaton

por deklari la ukrainan sia solsola nacia lingvo. Kiel konsekvenco de ĉi tiu lingvopolitika reĝimo, la jam streĉitaj rilatoj inter Rusujo kaj Ukrainujo plimalboniĝis, kio fine kaŭzis la secesion (el la rusa vidpunkto) aŭ aneksadon (el la ukraina vidpunkto) de la plejparte ruslingva Krimeo.

La 27-an de Septembro 2014:
La Barata ĉefministro Narendra D. Modi faris paroladon al la Ĝenerala Asembleo de la Unuiĝintaj Nacioj, uzante por la unua fojo la hindian. Ĝis tiam la Barataj diplomatoj kaj ŝtatestroj estis preskaŭ senscepte uzintaj la anglan sur ĉiuj internaciaj niveloj, sed la nove elektita ĉefministro Narendra Modi ordonis al la Barata burokrataro verki ĉiujn oficialajn dokumentojn en la hindia kaj uzi nur la hindian en la oficiala korespondado kaj en la sociaj amaskomunikiloj. Ekde multaj jaroj Modi estas kunligita kun la hindua naciisma movado, kiu rigardas la hindian kiel la ununuran taŭgan lingvon de potenca nova Barato por finfine forĵeti la spurojn de la kolonia epoko, atribuante al la hindia pli gravan rolon en la nacia integriĝo. Ĉi tiu altrudo pri ununura tutŝtata nacia lingvo renkontas obstinan kontraŭstaron en la dravidlingva sudo de Barato.

La 9-an de Novembro 2014:
La registaro de la Aŭtonoma Komunumo de Katalunujo (Ka: Comunitat Autònoma de Catalunya) aranĝis (ne-devigan) referendumon pri ŝtata sendependiĝo, denove provokante la centran registaron de Hispanujo en Madrido. Kvankam la kataluna kaj la kastilia lingvoj estas plejparte interkompreneblaj, la unua ludas elstaran rolon en la necedema strebado al sendependeco de Katalunujo. La fama "Instituto por katalunaj studoj" (Ka: Institut d'Estudis Catalans [IEC]) kaj la aŭtonoma registaro de Katalunujo (Ka: Generalitat de Catalunya) dum multaj jardekoj laboradis por la normigo de la kataluna lingvo kaj senlace propagandis por la agnosko de ties oficiala statuso fare de la Eŭropa Unio (EU).

Ĉi tiuj tri okazintaĵoj estas nur la plej lastatempaj ekzemploj, al kiuj multaj aliaj estas aldoneblaj. Ili ĉiuj kunhavas la fenomenon, ke la efektivigata lingvopolitika reĝimo de la ŝtata potenco – ĉu pri revokita kunoficiala statuso, ĉu pri altrudata tutŝtata nacia lingvo aŭ pri strebado al sendependeco – kaŭzas malkontenton kaj ribelon fare de la malavantaĝigataj grupoj. Kelkfoje la lingvopolitika reĝimo estas ne la origina kaŭzo de malkonkordo, sed nur la anstataŭa batalkampo, sur kiu la konfliktoj pro fakte sociaj aŭ ekonomiaj kaŭzoj eksplodas. La arenoj, en kiuj konfliktoj okazas pro specife lingvopolitikaj reĝimoj, povas esti politikaj unuoj de ajna grando: ĉu vilaĝoj, urbetoj aŭ urboj, ĉu distriktoj, regionoj aŭ provincoj, ĉu nacioj, translimaj regionoj aŭ internaciaj instancoj.

Institucioj kaj kompanioj povas decidi pri lingvopolitikaj reĝimoj, kaj multaj societoj havas sian propran reĝimon, ĉu laŭ tradicio aŭ laŭ eksplicita reguligo. Kreskanta emfazo pri la protektado de homaj rajtoj kaj supernaciaj juraj normoj, ekzemple la "Eŭropa ĉarto pri regionaj aŭ minoritataj lingvoj" de 1992 (Fr: Charte européenne des langues régionales ou minoritaires) kaj la "Universala Deklaracio de UNESKO pri Kultura Diverseco" de 2001 (Fr: Déclaration universelle de l'UNESCO sur la diversité culturelle), fariĝis gravaj faktoroj de ŝanĝo, kiu siavice sekvigis postefikojn por lingvopolitikaj reĝimoj. La modernaj atingoj de la teĥnika evoluo kapabligas pli kaj pli malgrandajn lingvokomunumojn aŭdigi sian propran voĉon en la sociaj amaskomunikiloj, dum grandegaj demografiaj ŝanĝiĝoj estigas novajn multfacetajn plurlingvajn kaj pluretnajn urbajn aglomeraĵojn, ŝanĝante la lingvopolitikajn reĝimojn de interne.

Ideologioj

El la teĥnika evoluo ankaŭ rezultas, ke la treege diversaj lingvopolitikaj reĝimoj de ĉiuj 195 ŝtatoj-membro de la hodiaŭaj Unuiĝintaj Nacioj daŭre, akcelante kaj konverĝece evoluas. Restas interesaj demandoj, ĉu daŭraj ŝanĝiĝoj post longa tempo kaŭzos neinversigeblan malkreskon de la lingva diverseco, kion timas multaj eminentaj lingvistoj (Brenzinger 2006; Harmon & Loh 2010), kaj ĉu ĉi tiuj ŝanĝiĝoj estos akompanataj de pliaj disputadoj aŭ okazos trankvile kaj pace. Sed, ĉar fakte ne plu ekzistas neregataj teritorioj sur nia planedo, lingvopolitikaj reĝimoj fakte influas preskaŭ ĉie ĉiujn vivosferojn.

La ŝtataj aŭtoritatoj konstante diskriminacias la minoritatajn lingvojn, kiujn ili ne uzas por certigi sian statuson kaj sian pretendon pri regpotenco. Ili propagandas oficialajn celojn, faras leĝojn, subskribas kontraktojn, donas ordonojn, starigas instruplanojn por la ŝtataj lernejoj kaj aranĝas la administraciajn instrukciojn en la oficiala lingvo, ekskluzivante la minoritatajn lingvojn. En la plimulto da situacioj, ĉi tiu diskriminacio restas tute nerimarkita aŭ almenaŭ nekontestata, sed renkontas obstinan kontraŭstaron aŭ eĉ provokas malkaŝan intercivitanan konflikton en aliaj. La situacioj diferencas unu de la alia per la respektive regantaj ideologioj, kiuj povas pravigi naciisman dominadon kaj subpremadon aŭ protekti minoritatajn rajtojn kaj kulturan memdeterminadon. Ĉiu epoko flegas sian propran ideologion, kiu raciigas kaj subtenas la aktuale validan lingvopolitikan reĝimon de la elito aŭ instigas la opozician eliton defii la regantan eliton.

"La fino de ideologio" (An: The end of ideology) estis plurfoje deklarita post la fino de la Dua Mondmilito (1939-1945) kaj pli emfaze post la fino de la Malvarma Milito (Shils 1955; Lloyd 2003). La ĉefa argumento por konfirmi ĉi tiun aserton estis, ke la tiel nomata "reala socialismo" mortis, finfine venkita de la liberalaj demokratiaj sistemoj. Sed la estonteco de la mondo restas formenda laŭ la plej bonaj principoj, rezone elpenseblaj kaj tial kontesteblaj. La hodiaŭaj politikaj realaĵoj sugestas, ke ideologioj daŭre funkcios kiel oportunaj rimedoj por organizi pensojn, sentojn kaj sintenojn al la mondo. Prilingvaj ideologioj estas evidenta ekzemplo de ĉi tiu supozo: la ideologiaj debatoj pri lingvo fakte pliiĝis, anstataŭ malpliiĝi, dum la lastaj jaroj (Ricento 2000; Spotti 2011; Irvine J.T. 2012), konstituante hodiaŭ fiksan elementon en la esplorado de lingvopolitiko.

Granda debato ekzemple koncernas la supre menciitan malkongruon inter la nombro de ŝtatoj kaj la nombro de skriblingvoj, kio estigas la demandon, kion signifas plurlingveco por demokratiaj sistemoj. En la Eŭropa kunteksto, la itala lingvisto Tullio De Mauro (2014) akre demandis: "Ĉu tro da lingvoj por demokratio?" (It: Troppe lingue per una democrazia?).

En debatoj pri tiu demando, kiuj koncentriĝas sur la tutmonda disvastiĝo de la angla lingvo, du diametre kontraŭaj pozicioj estas distingeblaj: unuflanke la pozicio de tiuj, kiuj kredas, ke demokratio estas atingebla nur tiam, se ĉiuj civitanoj parolas unu saman lingvon; aliflanke la pozicio, ke nemalhavebla antaŭkondiĉo por demokratio estas, ke la rajto de ĉiuj lingvokomunumanoj paroli sian propran gepatran lingvon estas nemalhavebla antaŭkondiĉo por demokratio.

Kelkaj konsideras la disvastiĝon de la angla kiel la daŭrigon de la koloniismo kaj imperiismo per aliaj, nome lingvaj rimedoj kaj, konsekvence, kondamnis ĝin kiel "Lingvan Imperiismon" (An: Linguistic Imperialism, Phillipson 1992). Aliflanke, la ideologiaj subtenantoj de la nov-liberalisma mondordo bonvenigas la sukceson de la angla kiel antaŭkondiĉon por "egalrajta tutmonda justeco" kaj vera demokratio (Van Parijs 2011).

La distanco inter la du tendaroj ŝajnas netranspontebla. La ĉiam pli kaj pli tutmonda disvastiĝo de la angla klare necesigas la ripetan alĝustigon de la lingvopolitikaj reĝimoj en multaj landoj. Ĉu tutmonda lingvo minacas aliajn lingvojn aŭ ne? Ĉu la angla antaŭenigas tutmondan justecon aŭ ne? Tiuj demandoj devus esti objektoj de sobra scienca esplorado, sed ĉiu tendaro bedaŭrinde serĉas nur pravigon de la propraj antaŭjuĝoj, estante mem elemento de la ideologia "super-strukturo" (Ge: Überbau), kiu subtenas aŭ defias tutmondan lingvopolitikan reĝimon.

Kvankam la du tendaroj, kiuj aŭ kontraŭbatalas lingvan imperiismon aŭ propagandas tut-mondan justecon, estas ambaŭ reprezentataj de elstaraj instruituloj, ili fakte solsole reflektas la dominantajn politikajn cirkonstancojn, la staton de scioj kaj la konvinkojn, kiuj rezultas el tiaj kaj similaj faktoroj. Sobra scienca esplorado estas verŝajne pli alte estimata hodiaŭ ol en antaŭaj epokoj, sed nuntempaj instruituloj estas same influitaj de diversaj supozoj, asertoj, kredoj kaj ideologioj kiel iliaj akademiaj prapatroj – supozoj, asertoj, kredoj kaj ideologioj, el kiuj kelkaj ŝajnas strangaj kaj ekstravagancaj, dum aliaj aperas bone konataj.

Individuoj sur kompleksa kampo

La sistema scienca esplorado de la interagadoj inter politiko kaj lingvo estas relative nova. Lingvosciencaj asocioj, konferencoj, faklibroj kaj fakrevuoj, kiuj sisteme okupas sin pri la politikeco de lingvo, ekzistas nur ekde malmultaj jaroj (Wright 2004; Shohamy 2006; Koffi 2012; Spolsky 2012). Sed la fenomeno mem tute ne estas nova, ke lingvo estas asociita kun valoroj aŭ pretendoj pri potenco kaj estas rigardata kiel signo de socia diferenco anstataŭ kiel natura, neŝanĝebla donitaĵo.

Lingvopolitiko estas plej ofte perceptata kiel nur moderna fenomeno, kiu estas asociita kun naciaj ŝtatoj, industriigo kaj universala klerigado, same kiel la aliaj formoj de registara entrudiĝo en la vivojn de civitanoj. Sed, kiel klariĝos en la sekvaj ĉapitroj, la interligiteco inter politika potenco kaj lingvo ne estas moderna fenomeno, kvankam sub la modernaj kondiĉoj ĉi tiu fenomeno estas akirinta eksplodajn kvalitojn. Intencaj intervenoj cele al plibonigo de la siatempa lingvopolitika reĝimo, ĉu rilate la enhavan dimension (An: policy dimension) aŭ rilate la forman dimension (An: polity dimension) de la politikeco de lingvo, havas multe pli longan historion ol ties sistema scienca esplorado. Jen simpla listo de la plej gravaj temoj sur ĉi tiu kompleksa kampo, kiuj estas nepre studendaj:

- skriblingvoj kontraste al lingvoj sen skribsistemo
- instruita parolantaro kontraste al analfabeta parolantaro
- ekzistantaj (nuntempaj kaj historiaj) lingvopolitikaj reĝimoj
- agantoj/institucioj, al kiuj estis komisiita la tasko gardi lingvopolitikan reĝimon
- agantoj/institucioj, al kiuj estis komisiita la tasko elekti la plej taŭgajn politikajn celojn kaj proponi rimedojn por efektivigi ĉi tiujn celojn
- agantoj/institucioj, al kiuj estis komisiita la tasko taksi la efikecon de lingvopolitikaj reĝimoj (la interrilatojn inter rimedoj kaj rezultoj)

Alproksimiĝante al la kompleksa kampo de lingvopolitiko, ĉi tiu libro koncentriĝas sur elektitaj individuaj agantoj, kiujn mi nomas "gardantoj de lingvo". En la fokuso staras la demando, kiajn rolojn ludis sindonaj individuoj por la kultivado de lingvoj same kiel por la formado de lingvopolitikaj reĝimoj, tiel ekzamenante la historiajn fundamentojn, sur kiuj kreskis la kompleksa kampo de lingvopolitiko.

Tiu aliro postulas iom da pravigo, ĉar lingvo ja ne estas precipe individua, sed esence socia fenomeno. Lingvo estas antaŭ ĉio rimedo de interkomunikado, kiu ekzistas danke al la silenta interkonsento de samlingvanoj kaj estas senĉese reproduktata per ĉiutaga uzado. Sed lingvo, kiu ekzistus nur en la kapo de unu sola persono, estus tute sensenca, ĉar al tia kvazaŭ individua lingvo mankus la korektanta aŭtoritato de la samlingvana kolektivo, kiu donas komunikan sencon al la fenomeno "lingvo". Ĉiu lingvo do estas kolektiva produkto, ofte konceptata kiel "trezoro de heredaĵo" (An: treasure of heritage, Fishman 1991), kiu estas zorge gardenda.

Ĉiaokaze, lingvoj nenegeble estas kolektivaj varoj, kies ekzisto kaj bonfarto tute dependas de iliaj respektivaj lingvokomunumoj, same kiel inverse. Kaj tial, ĉiu lingvopolitika reĝimo devas, unue, esti akceptita de la respektiva lingvokomunumo por atingi daŭrigeblecon. Sed, kvankam ĉiu lingvo disvolviĝas kaj prosperas nur ene de sia propra lingvokomunumo kaj neeviteble forvelkas ĝis finfina formorto, kiam ĝia komunumo malaperas, individuoj povas havi profundan influon sur la formadon de lingvo kaj sur la modelojn de komunikado ene de lingvokomunumo.

Ĉi tiu libro temas pri dudek individuoj (vidu Tabelon 3), kiuj postlasis neforigeblajn spurojn en la lingvoj, kiujn ili parolis kaj skribis; pro tio temas ankaŭ pri individuaj kaj sociaj aspektoj de lingvo kaj pri la kondiĉoj, sub kiuj individuaj agantoj povas sukcese transformi lingvopolitikajn strukturojn. La dudek gardantoj de lingvo sukcese transformis kaj la uzadon kaj la komprenon de sia lingvo, esence ŝanĝante ties disvolviĝon kaj politikan potencialon. Kelkaj el ili dediĉis sian tutan vivoverkadon al lingvo, dum aliaj sentis la bezonon okupiĝi pri lingvo nur en limigita periodo de sia kariero.

Sed ili ĉiuj kunhavis la konvinkon, ke lingvopolitika reguligo estas ne nur ebla, sed ankaŭ dezirinda. Ili same kunhavis – implicite aŭ eksplicite – ĝeneralan intereson pri lingvaj esprimrimedoj. Ili ĉiuj rigardis lingvon ne kiel donacon de Dio aŭ de la naturo, sed kiel esprimrimedon, kiun kelkaj samlingvanoj regas pli lerte ol aliaj. Kaj ili ĉiuj sentis la devon helpi al la ordinaraj parolantoj venki la malfacilaĵojn de lingvo, tiucele disvolvante lingvajn normojn, vortarojn kaj gramatikojn.

La ideoj kaj celoj de la elektitaj individuoj estas prezentitaj en la sekvaj ĉapitroj en la formo de iliaj propraj vortoj eltiritaj el iliaj originalaj verkoj. Ekzamenante iliajn konceptojn el la hodiaŭa vidpunkto, mi celas prilumi la detalojn de la kompleksaj interagadoj inter la individuaj kaj la kolektivaj aspektoj de la formado kaj reformado de lingvopolitikaj reĝimoj.

Kun la paso de la jarcentoj, lingvopolitikaj reĝimoj (same kiel la ĝenerala politiko) fariĝis ĉiam pli kaj pli eksplicitaj en siaj projektoj. Tial, la intervjuoj kun niaj gardantoj de lingvo estas malsame longaj, pli kaj pli ampleksiĝantaj, dum ni alproksimiĝas al la modernaj tempoj. La malgrandaj lingvokomunumoj, kiuj estis origine regataj nur de kutimo, tabuo kaj de la potenco de la naturo, pli kaj pli venas sub la kontrolon de pli kaj pli ampleksaj socioj kun pli kaj pli da homoj. El ĉi tiu ĝenerala procezo rezultas pli kaj pli eksplicitaj reguligoj de la lingvopolitikaj reĝimoj.

Notoj

(1) "ὁ ἄνθρωπος φύσει πολιτικὸν ζῷον [...] λόγον δὲ μόνον ἄνθρωπος ἔχει τῶν ζῴων." (Aristotle 1932 [ĉ.335 a.K.]: 1253a).

(2) "ὁ δὲ λόγος ἐπὶ τῷ δηλοῦν ἐστὶ τὸ συμφέρον καὶ τὸ βλαβερόν, ὥστε καὶ τὸ δίκαιον καὶ τὸ ἄδικον· τοῦτο γὰρ πρὸς τἆλλα ζῷα τοῖς ἀνθρώποις ἴδιον, τὸ μόνον ἀγαθοῦ καὶ κακοῦ καὶ δικαίου καὶ ἀδίκου καὶ τῶν ἄλλων αἴθησιν ἔχειν, ἡ δὲ τούτων κοινωνία ποιεῖ οἰκίαν καὶ πόλιν." (Aristotle 1932 [ĉ.335 a.K.]: 1253a).

(3) "βαρβάρων δ' Ἕλληνας ἄρχειν εἰκός, ἀλλ' οὐ βαρβάρους, μῆτερ, Ἑλλήνων· τὸ μὲν γὰρ δοῦλον, οἱ δ' ἐλεύθεροι." (Aristotle 1932 [ĉ.335 a.K.]: 1252b, citante la versojn 1400-1401 de "Ifigenio en Aŭlido" [Gr: Ἰφιγένεια ἡ ἐν Αὐλίδι] de Eŭripido).

(4) *(Rimarko de la tradukinto: La "Granda Frato" [An: Big Brother] estas emblemo de la gvatado fare de ŝtataj [registaraj aŭ sekretservaj] institucioj. La esprimo devenas de la malutopia romano "Mil naŭcent okdek kvar" [An: Nineteen Eighty-Four] de la brita verkisto George Orwell).*

Tabelo 3: Dudek gardantoj de lingvo tra la historio

700	800	[...]	1200	1300	1400	1500	1600	1700	1800	1900	2000

Alcuinus (735-804)
Sibawayh (760-795)
Danto (1265-1321)
Sejong (1397-1450)
Nebrija (1441-1522)
Richelieu (1585-1642)
Katerino (1729-1796)
Korais (1748-1833)
Webster (1758-1843)
Grimm (1785-1863)
Zamenhof (1859-1917)
Ben-Yehuda (1858-1922)
Ueda (1867-1937)
Gandhi (1869-1948)
Lenino (1870-1924)
Atatürk (1881-1938)
Zhōu Ēnlái (1898-1976)
Paŭlo la 6-a (1897-1978)
Alisjahbana (1908-1994)
Senghor (1906-2001)

I. Alcuinus el Jorko
[alkui̯nus]

Alcuinus el Jorko

La vivo de Alcuinus el Jorko

La nomo de Alcuinus el Jorko (1) estas plej proksime ligita kun la fruktodonaj disvolviĝoj, kiuj eniris en la riĉan Eŭropan kulturhistorion sub la termino "Karolida Renesanco" (Fr: Renaissance Carolingienne), en kies centro staris lingvoreformo cele al fundamenta reformo de klerigado. Alcuinus naskiĝis iam inter 730 kaj 735 p.K. en la urbo Jorko (Lt: Eboracum en la tempo de la Roma Imperio) en la Reĝlando Nordhumbrio (An: Northumbria, la lando norde de la rivero Humber), kie li ankaŭ adoltiĝis kaj vivis dum la plejparto de sia vivo.

En tiu tempo (ĉirkaŭ la jaro 735) la episkopo de Jorko avancis al la arĥiepiskopa rango, sed la urbo akiris la pli signifoplenan reputacion de centro pri instruiteco danke al sia plej grava institucio: la katedrala supera lernejo, origine fondita en 627 p.K. de la Roma misiisto Paulĭnus Eboracensis. Pro la nobela deveno de sia familio, Alcuinus estis memkomprenebla edukata inter la nobelaj filoj de aliaj aristokratoj en la fama katedrala supera lernejo. Estante plej diligenta kaj elstare talenta studento, Alcuinus baldaŭ pli kaj pli famiĝis, kio finfine malproksimigis lin de lia hejmlando Nordhumbrio.

Alcuinus estis sincere pia viro kaj verŝajne fariĝis monaĥo de la benediktana ordeno, kvankam tio ne estas pruvita. Pro sia forta inklino al la lernado li akiris universalan klerecon kaj ankoraŭ kiel studento li altiris la atenton de sia lernejestro Adalbertus (Æthelbert). Kaj kiam Adalbertus fariĝis arĥiepiskopo de Jorko en 766, Alcuinus sukcedis lin kiel lernejestron. Li okupis ĉi tiun postenon dum la sekvaj 15 jaroj.

Kiel ĉefsendito de la Jorka arĥiepiskopo, Alcuinus vojaĝis plurfoje al Romo kaj al aliaj lokoj sur la kontinento. Tiuokaze li renkontiĝis almenaŭ unu fojon kun la Karolida princo Karolo, filo de la reĝo Pipino la 3-a (reg. 751-768) kaj nepo de majordomo Karolo Martelo (reg. 737-741), de kies nomo devenas la dinastia nomo de la Karolidoj. Laŭdire, la princo estis profunde impresita de la alta klereco de Alcuinus. Post la morto de sia patro en 768, Karolo regis la Reĝlandon Frankujo kune kun sia frato Karlomano. En 771, post la morto de Karlomano, Karolo fariĝis la sola regnestro de la imperio.

Karolo, estonte "Karolo la Granda", havis altflugajn planojn por unuigi la submetitajn latinidajn kaj ĝermanajn popolojn en koheran kristanan reĝlandon. Li alianciĝis kun la papo, la episkopo de la malnova imperia metropolo Romo, kaj luktis nelacigeble kaj nehaltigeble por civilizi la submetitajn ĝermanajn tribojn, establante novan Roman Imperion kontraste al la ortodoksa Bizanca Imperio de la orienta kristanaro (Brown 2003).

Kvankam li estis senĉese survoje, militante kontraŭ la obstinaj saksoj kaj ĉiuj aliaj paganoj, kie ajn ili troviĝis, Karolo establis sian plej preferatan kortegon en Akeno, la "reĝa urbo" (Lt: urbs regalis), kie li pasigis pli da tempo ol ie ajn alie en sia regno. De sia Akena kortego li ankaŭ kunordigis ĉiujn administraciajn kaj politikajn strategiojn. Kaj por plibonigi la nivelon de la instruado en sia imperio, Karolo varbis la plej famajn instruitulojn de ĉiuj anguloj de la Okcidento por la eminenta palaca supera lernejo en Akeno.

En la jaro 781, kiam Alcuinus aĝis ĉirkaŭ 50 jarojn kaj ĝuis la reputacion de eminenta instruitulo, la reĝo Elfvaldo la 1-a de Nordhumbrio (Ælfwald I, reg. 779-788) sendis lin kune kun legacio al Romo. Survoje hejmen, Alcuinus vizitis Karolon, kiu estis en la nord-Italuja urbo Parmo. La monarĥo tiutempe serĉis la plej kapablan viron, kiu inspektu la trejnadon de la instruistoj kaj de la kristanaj misiistoj, kiuj estos kulturendaj en la palaca supera lernejo. Karolo sukcese persvadis la instruitulon, ke li aniĝu al la kortego en Akeno kiel "Estro de la palaca supera lernejo" (Lt: Magister scholae palatinae).

Alcuinus baldaŭ poste translokiĝis de Jorko al Akeno (Lt: Aquisgranum), kie li ne nur pligrandigis la ekzistantan palacan superan lernejon kaj fondis daŭre kreskantan bibliotekon, sed li ankaŭ fariĝis la ĉefkonsilisto de la Frankuja reĝo rilate ĉiujn aferojn de la ŝtato kaj de la Rom-katolika eklezio por la sekvaj 14 jaroj. Servinte kiel plej elstara instruitulo kaj kiel plej kapabla administranto, Alcuinus estis rekompencita per tio, ke en 796 Karolo konfidis la eminentan abatejon Sankta Marteno en la luarvala metropolo Turo en suda Neŭstrio (Lt: Neustria) al lia dumviva estreco.

En la jaro 799 Alcuinus menciis kolekton da logikaj enigmoj en sia letero (n-ro 172) al la reĝo: "Mi sendis al via ekscelenco [...] kelkajn figurojn de aritmetika subtileco cele al via amuzo" (Lt: Misi excellentiae vestrae [...] aliquas figuras arithmeticae subtilitatis, laetitiae causa; Alcuinus 1851 [ĉ.800]). Ĉi tiu populara latinlingva kolekto "Propositiones ad acuendos iuvenes" (Eo: Premisoj por la [intelekte] akrigenda junularo [2]) estas plej probable la propra verko de Alcuinus (Folkerts 1978). En la kolekto troviĝas ankaŭ la ĝis hodiaŭ fama "Premiso pri lupo, kapro kaj fasko da brasiko" (Lt: Propositio de lupo et capra et fasciculo cauli, XVIII):

"Viro devis transigi lupon, kapron kaj faskon da brasiko trans riveron. Kaj li ne povis trovi alian boaton ol tre malgrandan, per kiu nur po unu el tiuj tri kargeroj estis transportebla. La problemo do estis, transigi unu kargeron trans la riveron, sen ke dumtempe lu pli vorema el la du aliaj difektus la trian. Diru nun tiu, kiu scipovas, kiamaniere li sukcesis transporti ĉiujn kargerojn sendifektaj." (2)

Alcuinus memkompreneble ankaŭ kiel abato daŭrigis sian decidan subtenadon de la Karolida reformo de klerigado, gvidante la agadojn ne nur en la propra abatejo, sed ankaŭ en multaj aliaj, fondante novajn lernejojn, inspektante la kopiadon kaj la ilustradon de libroj en la skribejoj (Lt: Scriptoria) kaj aŭtorante teologiajn komentariojn. Li mortis la 19-an de Majo 804 en la abatejo Sankta Marteno en Turo, kie lia tombo troviĝas ĝis hodiaŭ en la kripto de la baziliko Sankta Marteno (Fr: Saint-Martin de Tours).

Pro multaj el siaj diversaj projektoj, Alcuinus, la plej konfidata konsilisto de Karolo la Granda, havis longedaŭran influon sur la tutan okcident-Eŭropan civilizacion, kvankam li mem neniam estigis iujn novajn sciojn. Plej multaj historiistoj aprobas (3) la iom miksitan juĝon de la brita-usona mezepokistino Eleanor Shipley Duckett, kiu karakterizis la instruitulon kiel: "menson, kiu konstruis neniun filozofion, kiu naskis neniun originalan penson, kiu estis kontenta pri la kompilado de la paroloj de respektataj aŭtoritatoj kaj pri la utiligado de tiaj enuigaj kaj sekaj kompilaĵoj cele al la ekzercado [...] de malkleruloj" (4).

Aliflanke Shipley Duckett plej alte aprezis lin pro tio, ke li sukcesis eksciti "vervon kaj entuziasmon por la lernado, kiuj estis ardontaj por multaj jarcentoj" (5). Kaj laŭ pli lastatempa juĝo, "la enhavo de ĉi tiuj verkoj estas tute tradicia, sed la didaktika metodo estas pionira kaj la maniero, laŭ kiu la kompilado estas plenumita, donas novan, nome ideologian aspekton al la tradicia materialo." (Copeland & Sluiter 2012).

La lingvoj en la Karolida Imperio

La gepatra lingvo de Alcuinus (Ealhwine) estis la Nordhumbria dialekto de la anglosaksa aŭ fru-mezepoka angla, kiu apartenas al la ĝermana lingvaro. Sed la instrulingvo de la katedrala supera lernejo en Jorko estis Latino, kiu estis servinta kiel administracia lingvo en Anglujo de post la establo de la provinco "Britannia" fare de la Roma Imperio en la jaro 43 p.K. sub la imperiestro Klaŭdio (reg. 41-54) ĝis la fino de la Roma regado ĉirkaŭ la jaro 410 p.K. sub la imperiestro Konstanteno la 3-a (reg. 409-411).

Nur sekve de la Gregoria misio en 596 p.K. kaj de la Hibernia-skota misio en la frua 7-a jarcento, Latino regajnis signifon kiel la liturgia lingvo de la Rom-katolika eklezio kaj kiel prestiĝa Lingvafrankao (Lt: Lingua franca) por multaj administraciaj kaj ĉiuj diplomatiaj funkcioj. La plejmulto da anglosaksaj aŭtoroj skribis latine, kvankam kelkaj el ili sporade aŭdacis verki librojn, uzante la gepatran anglosaksan lingvon. Unu el ĉi tiuj malmultaj anglosaksalingvaj verkoj estas la fama epopeo "Beowulf". Keltaj lingvoj kiel la skot-gaela, la kimra kaj la kornvala estis parolataj nur sur la okcidentaj randoj de Brituj (Lt: Britannia), same kiel la parenca bretona lingvo estis parolata nur sur la plej nord-okcidenta bordo de Gaŭlujo (Lt: Gallia).

Aliloke sur la Eŭropa kontinento multaj ĝermanaj lingvoj kun sennombraj dialektoj estis parolataj de plej diversaj triboj. "Ĝermanujo" (Lt: Germania) origine estis svaga termino, uzata en la latina literaturo (ekzemple en "De origine et situ Germanorum" de la historiisto Tacito) por priskribi la landojn norde de Danubo kaj oriente de Rejno. La okcidenta branĉo de la ĝermana lingvaro inkludis ne nur la anglosaksan, sed ankaŭ la frankan, la gepatran lingvon de Karolo, parolatan per gamo da dialektoj en Aŭstrazio (Lt: Austrasia), la teritorioj ĉirkaŭ la riveroj Mozo, Mozelo kaj Rejno. Aŭstrazio apartenis al la Merovida Reĝlando ekde la morto de Klodvigo la 1-a en 511 kaj estis la "lulilo de la Karolida dinastio".

El la malfru-antikva vulgar-latina parollingvo en Gaŭlujo (precipe en Neŭstrio, la plej nord-okcidenta provinco de la Karolida Imperio) estis evoluinta plej distinga variaĵo, kiu konsiderinde diferencis de la aliaj vulgar-latinaj dialektoj, kiuj estis parolataj en la sudo kaj en la sud-okcidento de la eksa Roma Imperio (sur la apenina respektive la ibera duoninsuloj) kaj el kiuj evoluadis pli kaj pli distingiĝaj idiomoj. De tempo al tempo fakte troviĝis unuopaj klopodoj, verki tekstojn ankaŭ en la vulgar-latina parollingvo, sed la prioritata rango de la klasika Latino kiel prestiĝa literaturlingvo estis tiam ankoraŭ ne kontestita. Sed baldaŭ post la ŝtata pereo de la (okcidenta) Roma Imperio, la lingva unueco komencis difektiĝi pro la proliferado de novaj lokaj variaĵoj, kiuj estis naskitaj el la multoblaj kontaktoj inter la lingvoj en la imperio.

La situacio estis plej probable ekstreme flua en la senco, ke la plejmulto da parolantoj kaj skribantoj apenaŭ konsciis la kategorian diferencon inter la klasika Latino (laŭarte normigita en la "ora epoko de latineco") kaj la ĉiutaga vulgar-latina parol-lingvo (Lt: sermo vulgaris). Ĉi tiuj du variaĵoj (aŭ lingvoniveloj) estis nur plej malfacile apartigeblaj unu de la alia pro diversaj faktoroj. Sed la situacio estis tute alia sur la britaj insuloj, kie Latino ekzistis ja sole en la laŭarte normigita variaĵo de kultur-lingvo de la socia elito (pro la supre menciita malkontinueco de la lingvouzo inter 410 kaj 596), sen iu rilato al la anglosaksa (fru-mezepoka angla) lingvo.

La imperio de la frankaj reĝoj, kiu post la vivtempo de multaj generacioj kun tumulto kaj fluktuantaj interpotencaj rilatoj estis finfine unuiginta vastajn partojn de la okcidenta Eŭropo, atingis la kulminon de sia gloro sub la regado de Karolo la Granda. En la kristnaska tago de la jaro 800 la papo Leono la 3-a (reg. 795-816) kronis Karolon en Romo "imperiestro, reganta la Roman Imperion" (Lt: Imperator Romanum gubernans imperium).

La regno, kiu multe pli poste (ekde la 12-a jarcento) famiĝis sub la nomo "Sankta Roma Imperio" (Lt: Sacrum Imperium Romanum), estis pluretna kaj plurlingva laŭ sia naturo, kun latinidaj idiomoj en la (sud)okcidento kaj diversaj ĝermanaj idiomoj en la (nord)oriento, kie troviĝis ankaŭ kelkaj slavaj lingvoj. Fine de la 8-a jarcento, la socilingvistika situacio estis ne nur kompleksa, sed eĉ terure senorda, ĉar multjaraj militoj estis profunde malfortigintaj ĉiujn lingvosciencajn tradiciojn, postlasinte nur fragmentojn de kadukiĝinta kulturo por supraĵa instruado. Same kiel disciplino kaj unuformeco mankis al la liturgia ritaro, ankaŭ la normoj de la latina instrulingvo prezentis sin en stato de dekadenco. Karolo la Granda havis la firman decidon plibonigi ĉi tiun plej mizeran situacion.

La lingvoreformo de Alcuinus

La disvastiĝo de Latino paralele kun la kastrumoj de la Roma Imperio kaj poste kun la kredo de la Rom-katolika eklezio estis vere rimarkinda, sed en la daŭro de la jarcentoj montriĝis pli kaj pli malfacile, fidele konservi la lingvajn normojn ĉe popoloj, kiuj uzis aliajn lingvojn en siaj ĉiutagaj aferoj. Krom tio, eĉ la plej elementa instruiteco ofte mankis al la klerikaro. Sankta Bonifaco (Bonifatius), poste en sia vivo "la apostolo de la germanoj", estis naskita en la sudangla Reĝlando Okcident-Saksujo (An: Wessex) kaj plej bone instruita en la eminentaj benediktanaj abatejoj en Eksetero (Escanceaster) kaj Nurslingo (Nhutscelle), kie li verkis lernolibron pri la latina gramatiko. Li tamen pasigis la duonon de sia longa vivo (675-754) kiel misiisto en la ĝermanlingva oriento de la Karolida imperio.

En la jaro 719 Bonifaco estis nomumita misia arĥiepiskopo kun jurisdikcio super ĉiuj ĝermanaj triboj en la Karolida imperio fare de la papo Gregorio la 2-a (reg. 715-731). Sankta Bonifaco laŭdire ĉeestis (ĉirkaŭ 745) la bapton de infano fare de neinstruita bavara sacerdoto, kiu uzis la fuŝgramatikaĵon: *"baptizo te in nomine patria et filia et spiritus sancti"* (laŭvorte: "mi baptas vin en la nomo patrujo kaj filino kaj de la sankta spirito"), anstataŭ la laŭregulan formulon: *"baptizo te in nomine patris et filii et spiritus sancti"*.

Bonifaco, kiu estis ne nur misiisto, sed ankaŭ plej bone instruita gramatikisto, rigardis ĉian "nescion pri la gramatika arto" (Lt: ignorantia grammaticae artis) kiel kvazaŭ morale kondamnindan "patrinon de ĉiuj eraroj" (Lt: mater omnium errorum, Irvine M. 1994: p.303), kiu povas rezultigi difektojn al la religia valideco de la sakramento. Tial, li ordonis rebapti la infanon. Sed la tiutempa papo Zakario (reg. 741-752) tute ne kunhavis la Bonifacan timon, kiel evidentiĝas el lia korespondaĵo, en kiu li rezonis, ke la supre menciita malklera bavara sacerdoto ja ne estis kontraŭinta iun religian doktrinon (Costambeys et al. 2011: p.141).

Ĉar la papo estis daŭre ĉirkaŭata de eklezíaj hierarĥiuloj el diversaj partoj de Eŭropo, kiuj parolis ne malmulte diferencajn variaĵojn de la vulgar-latina parollingvo, li neniel povis konsideri gramatikajn erarojn kiel pekojn. Sed al anglosakso kiel Bonifaco Latino estis fremda lingvo, kiun li estis lerninta kaj perfektiginta nur kun granda peno helpe de unike valoraj libroj. Kiel li rivelis en la prefaco de sia verko "Pri la gramatiko" (Lt: De Grammatica), li ĉiam suferis pro la manko de aŭtoritato de lia starpunkto rilate la latinecon, la kvaliton de la latina stilo: starpunkto, kiu rigore apogis sin sur la literaturaj tradicioj de la klasikaj gramatikistoj.

Unu generacion poste, kiam Alcuinus sekvis la vojon de Sankta Bonifaco, la situacio sur la kontinento montriĝis ne multe pli bona. Malgraŭ ke Karolo la Granda havis la firman decidon krei harmonie kristanan socion, la liturgia praktiko estis ankoraŭ malproksima de kohereco, kaj abundo da "barbaraj" kutimoj troviĝis en la liturgio, precipe en la kamparo. Por normigi la liturgion konforme al la Roma modelo, Karolo estis dekretinta leĝon, kiu malpermesis la ĝis tiam validajn apartajn galikanajn ritarojn (6). Sed, dum literatura instruiteco mankis al tiom multaj ekleziuloj, la projekto estis ankoraŭ fundamente malkompleta. Sugesti iun dece racian proksimumadon estas sufiĉe malfacile, ĉar ekzistas neniuj donitaĵoj pri la disvastiĝo de la legokapablo en la Karolida Imperio. Ne pli multe estas direble, ol ke la granda plimulto de la laikaro (kaj de la subularo kaj de la nobelaro) estis analfabeta, dum nur la klerikaro estis elemente instruita, kio transformis la abatejojn en centrojn de sistema klerigado.

Eĉ en Italujo, kiu estis kulture konsiderinde pli evoluinta ol la landoj norde de la Alpoj, troviĝis nur malmultaj adeptoj de la skribita vorto. Krome, kiel la elstara itala mezepokisto Armando Petrucci (1995) montris detale, "legokapablo" tiam povis signifi plurajn diversajn kapablojn, regatajn en tre variaj gradoj de tiuj, kiuj okupiĝis pri libroj. Kiu scipovis legi, tiu ne nepre samnivele scipovis skribi. Kaj inverse la monaĥoj, kiuj laboris en la skribejoj (Lt: Scriptoria), certe kapablis precize kopii literon post litero, sed ne ĉiuj el ili scipovis legi sufiĉe flue por kompreni la multfoje tre subtilajn tekstojn.

Kvankam Karolo la Granda, kune kun siaj familianoj, estis lerninta la "Trivojon" (Lt: Trivium) pri gramatiko, dialektiko kaj retoriko sub la gvidado de Alcuinus, kaj kvankam li parolis variaĵon de la vulgar-latina parollingvo, li neniam ellernis la arton skribi. Karolo plej probable kapablis deĉifri skribaĵojn, sed tamen nepre bezonis sekretarion por verki tekstojn. Eble ĝuste pro tio li rigardis plialtigon de la instruiteca nivelo pere de alfabetigo kiel elstare valoran politikan taskon.

La plej grava el liaj leteroj *"Karoli epistola de litteris colendis"* (Eo: letero de Karolo pri la prizorgendaj literoj), verkita ĉirkaŭ la jaro 785, estis oficiale adresita al la fama abato Bougolfus Fuldensis, sed fakte intencita por la ĝenerala cirkulado al ĉiuj episkopoj. Ĉi tiu letero konstituas vere elokventan ateston pri la reformaj celoj kaj ordonoj de la reĝo:

> "Karolo, per la graco de Dio la reĝo de la frankoj kaj de la langobardoj kaj patricio de la Roma Imperio, al la abato Bougolfus, al lia tuta kongregacio kaj al niaj fidelaj kunkristanoj: en la nomo de Dio la Plejpotenca, amplenajn salutojn.
>
> Sciu en via dioplaĉa devoteco, ke ni kune kun niaj konfidenculoj vidas grandan utilon en la ordono, ke ĉiuj monaĥoj, al kiuj Dio donacis la bezonajn kapablojn, ne nur lernu la ordon de la ĉiutaga vivo kaj la disciplinon de la sankta religio, sed ankaŭ akiru sciojn pri la literaturo, laŭ la grado de siaj individuaj kapabloj. Ĉi tiu ordono validas por ĉiuj diocezoj kaj ĉiuj abatejoj, kiuj estas konfiditaj al nia reĝado per la graco de Jesuo Kristo. Same kiel la ordo de la ĉiutaga vivo ordigas kaj ornamas la honestecon de la moroj, ankaŭ la persisteco en lernado kaj en instruado ordigas kaj ornamas la sciojn pri la literaturo. Ĉar, kiuj aspiras plaĉi al Dio per ĝusta vivado, tiuj neniel neglektu plaĉi al Dio ankaŭ per ĝusta parolo. Tiel do estas skribite: Ĉar laŭ viaj vortoj vi estos pravigitaj, kaj laŭ viaj vortoj vi estos kondamnitaj [Mateo 12, 37]. Kvankam la bonfarado estas pli valora ol la sciado, tamen la sciado antaŭiras la bonfaradon, ĉar ĉiu devas unue lerni tion, kion li deziras poste plenumi. Kaj des pli profunde la animo komprenas sian devon, ju pli fruktodone la lango kapablas glori Dion la Plejpotencan sen la ofendetoj de lingvaj eraroj.
>
> Dum eraroj estas ĝenerale evitendaj de ĉiuj homoj, des pli nepre evitendaj de tiuj, kiuj estas elprovitaj kaj elektitaj por servi al la vereco. En la lastaj jaroj, kelkaj abatejoj plurfoje direktis al ni skribaĵojn, sciigante nin, ke la kunfratoj konkuras unu kun la alia pri sanktaj kaj piaj preĝoj por nia savo. Ni tamen devis rimarki en pluraj el tiuj skribaĵoj, ke la nobla spirito estis bedaŭrinde vestita en senkultura lingvaĵo. Ĉar, kion la pia devoteco diktis interne al la fidela koro, tion la neinstruita lango ne kapablis senerare esprimi ekstere pro evidenta neglektado de la lernado.

Tial, ni ektimis, ke ankaŭ la necesa literatura kompetenteco estas multe malpli granda, ol ni prave ŝuldas al la komprenado de la Sankta Skribo, se la scioj pri la literaturo mem estas jam malgrandaj. Kaj ni ĉiuj bone scias, ke, kiel ajn danĝeraj estas la eraroj en la formo, multe pli danĝeraj estas la eraroj en la komprenado. Pro tio ni admonas vin, ke vi ne nur neniel neglektu la studadon de la literaturo, sed ke vi eĉ konkure lernu kun la plej humila kaj dioplaĉa intenco, por ke vi kapablu penetri pli facile kaj pli profunde la Diajn misterojn de la Sankta Skribo. Ĉar, kiam troviĝas skemoj, tropoj kaj similaj retorikaj figuroj skribitaj sur la sanktaj paĝoj, tiam sendube la leganto des pli rapide komprenos la spiritan sencon, ju pli abunde li estos antaŭe instruita pri la Trivojo.

Tiucele elektu tiajn virojn, kiuj vere intencas kaj kapablas lerni kaj kiuj vere deziras instrui aliajn. Kaj plenumu tion kun granda fervoro, kiel ni preskribas kun devoteco. Ĉar ni deziras, ke vi estu kaj devotaj interne kaj instruitaj ekstere, kaj ĉastaj en la bona vivado kaj lertaj en la bona parolo, kiel decas al veraj soldatoj de la eklezio. Kiu ajn vizitos vin pro la nomo de Dio kaj pro la reputacio de via sankta kompanio, tiun edifu via aspekto same kiel via kompetenteco, kiam li perceptos vin legi aŭ ĉanti. Kaj li, kiu venis nur por vidi, revenos hejmen estante inspirita, danka al Dio la Plejpotenca kaj plena de ĝojo." (7)

Tiu unua manifesto pri la lingvoreformo, kiun la 50-jara Alcuinus verkis ĉirkaŭ la jaro 785, kiam li estris la palacan superan lernejon en Akeno, sciigas jam multon pri liaj postaj lingvaj projektoj. Laŭ Alcuinus, "legokapablo" signifis la kapablon legi latinajn tekstojn, sed, kiel la brita filologo Martin Irvine (1994: p.20) vortigis, "signifis ne iun ajn specon de Latino, sed nur la normigitan skriblingvon de la klasika pagana kaj kristana antikveco." Alcuinus rigardis la variaĵon de la vulgar-latina parollingvo, kiun li renkontis eĉ en la Akena kortego, kiel kvazaŭ putran lingvon, kiu urĝe bezonis sanigon.

Tio estis precipe grava, ĉar *"des pli profunde la animo komprenas sian devon, ju pli fruktodone la lango kapablas glori Dion la Plej-*

potencan sen la ofendetoj de lingvaj eraroj". En la menciita korespondado kun la reĝa kortego, *"la nobla spirito estis bedaŭrinde vestita en senkultura lingvaĵo"*. Kaj la konstato, ke *"kion la pia devoteco diktis interne al la fidela koro, tion la neinstruita lango ne kapablis senerare esprimi ekstere pro evidenta neglektado de la lernado"*, estis la decidiga kaŭzo por urĝi ĉiujn adresatojn, ke ili *"ne nur neniel neglektu la studadon de la literaturo"*, sed ke ili *"eĉ konkure lernu kun la plej humila kaj dioplaĉa intenco"*. Kiel eble plej granda konformeco kun la imperiaj normoj estis la plej grava zorgo – kaj rilate la Romliturgian ritaron kaj rilate la perfektan stilistikon en Latino.

La diligenta studado de la literaturlingvo kulminis en la fama verko "Pri la gramatiko" (Lt: De Grammatica), kiu estis ne nur teĥnika objekto de lingvoscienco, sed eĉ pli multe lingvopolitika ideologio. La gramatika arto servis kiel rimedo por kreskigi la sciojn de la misiistoj pri la Biblio kaj por inspiri senton pri disciplino en la vivo (Lt: recte vivendo) kaj en la lingvo (Lt: recte loquendo).

La (re)normigo de la latina gramatiko ne nur havis fundamentan signifon por la tuta Karolida reformo de klerigado, sed ankaŭ por la unueco de la Okcidenta kristanaro sub la gvidado de la papo, la episkopo de Romo kaj patriarĥo de la Okcidento. Galikanaj kaj keltaj formoj de la liturgio estis ĉiutempe uzataj paralele kun diversaj frankaj ritaroj, sed Karolo la Granda celis starigi leĝon kaj ordon en unuformigita ŝtata eklezio pere de normigo de la liturgia praktiko sole kaj ekskluzive laŭ la Roma modelo. Kaj ĉar la gramatika arto estis sendube nemalhavebla vehiklo sur la vojo al tiu celo, ĝi konstituis la plej noblan disciplinon de la Karolida Renesanco.

Karolo la Granda havis la firman decidon klerigi almenaŭ la klerikaron de sia imperio, kaj Alcuinus estis la eminenta spirita rektoro de ĉi tiu projekto. Ambaŭ viroj kunhavis la kredon, ke estas necese instrui al la klerikaro precipe la ĝustan lingvon. Kaj Karolo akceptis la starpunkton de Alcuinus, ke la plej ĝusta lingvo estu kiel eble plej proksima al la klasika Latino, kiun la anglosaksa instruitulo estis studinta en Britujo, kontraste al la tute difektita idiomo, kiun uzis la aliaj korteganoj en Akeno pro siaj ampleksaj kontaktoj kun la vulgar-latina parollingvo en la provincoj.

Nek tradicioj, nek eklezia aŭtoritato, nek la ordiga administracio de la ŝtato estis daŭre subteneblaj sen striktaj reguloj, pri kiuj la plejparte analfabeta popolo estis tute senscia. Kaj el tiuj striktaj reguloj formiĝis unuecaj leĝoj kaj ĉartoj skribitaj en la normigita Latino, kiu signifis nenion alian ol tekstan kulturon sur la bazo de la modelaj klasikaj verkoj. La sukcesa instruado de la gramatika arto ne nur estis konsiderata kiel la necesa antaŭkondiĉo por ĝuste kompreni la sencodonajn skribojn, sed ankaŭ estis fakte kunligita kun la politika aŭtoritato, donita "per la graco de Dio" (Lt: Dei gratia).

Tabelo 4: La instruaj verkoj (Lt: opera didascalia) de Alcuinus pri lingvaj temoj

De Dialectica	= Pri la dialektiko
De Grammatica	= Pri la gramatiko
De Orthographia	= Pri la ortografio
De Rhetorica et Virtutibus	= Pri la retoriko kaj pri la virtoj

Tri el ĉi tiuj titoloj rekte kaj senpere referencas la fakojn de la "Trivium" (Eo: Trivojo), kiu konsistas el gramatiko (t.e. la regule ĝusta parolo), dialektiko (t.e. la logike ĝusta parolo) kaj retoriko (t.e. la efike ĝusta parolo). Tiuj el liaj verkoj, kiuj rilatas al la prilingva instruado, eksplicite baziĝas sur la prilingvaj verkaroj de Aristotelo, Vergilio, Prisciano el Cezareo (8) kaj Boecio (9).

Propagandante la priliteraturan studadon kaj la gramatikan arton, Alcuinus origine ne zorgis pri specifa formo de literumado. Sed la kortegaj ediktoj kaj la kortega korespondado, kiujn li traktadis sur la bazo de sia plej influa verko "Pri la ortografio" (Lt: De Orthographia), havis grandan efikon sur la disvastiĝo de normigitaj ortografiaj reguloj kiel imanenta parto de la Karolida reformo de klerigado, pri kiu Alcuinus estis respondeca. "Pri la ortografio" estas fakte nur inventarlisto de vortoj en alfabeta ordo kaj baziĝas sur la samtitola verko de la anglosaksa instruitulo Beda Venerabilis (10).

Kvankam la listo donas nur malmultajn detalojn pri la metodaj principoj aplikitaj al la kompilado, ĝi tamen malkaŝas kelkajn malfacilaĵojn rilate la literumadon de la vortoj, kion ilustras la ekzemplo pri la vortoj "vinea" kaj "venia":

> *"Se la latina vorto "vinea" (vitejo) signifu la plantejon, ĝi havu "i" en la unua silabo kaj "e" en la dua. Se la vorto kontraŭe rilatas al indulgo, la unua silabo estu "e" kaj la dua "i", por ke ĝi signifu "venia" (favoro)."* (11)

El tiu ekzemplo, same kiel el multaj similaj, estas konkludende ne nur, ke la alfabeta ordo de la vortoj ne estis memkomprenebla, sed ankaŭ ke la du koncernaj vortoj fojfoje ne estis klare distingataj en la reala lingvaĵo. Per tio evidentiĝas la ampleksaj konsekvencoj de la "metodoj de ĝusta skribo kaj ĝusta parolo" (Lt: ratio recte scribendi et loquendi), kiuj esence konsistigis la lingvoreformon fare de Alcuinus.

Konfuzo de "vitejo" (Lt: vinea) kun "favoro" (Lt: venia) certe ne estis probabla en reala sencodona komunika kuntexto, sed rigarde al nurnura listo de vortoj, kiuj estas ligitaj sole per la "kuntexto" de la alfabeta ordo, multaj uzantoj estus perditaj, se ili devus diferenci laŭ signifo kaj laŭ literumado inter la du terminoj. Rekonstruante strikte normigitan ortografion kiel gravan referencon de la lingvoreformo, Alcuinus samtempe ankaŭ donis regulojn por la ĝusta prononcado de la vortoj, kiuj estis laŭtlegendaj.

Tiu emfazo pri la ortografio kiel rimedo por certigi la ĝustan prononcadon de Latino havis gravajn konsekvencojn. Laŭ la usona filologo Joseph Farrell (2001: p.14) la propagando de Alcuinus por la klasika latineco kaj la konforma normigo de la ortografio finfine rezultigis la diferencigon inter la rigidiĝinta ideala latina skriblingvo unuflanke kaj la vivaj vulgar-latinaj parollingvoj aliflanke. Ĉi tiu argumento aparte apogiĝas sur la sendube ĝusta aserto, ke la klasika latineco, kiun favoris Alcuinus, konsiderinde distingiĝis de la kutima idiomo, kiu estis precipe uzata en la Akena kortego.

Preskribante la laŭliteran prononcadon (Lt: Pronuntiatio ad litteras), Alcuinus provis restarigi la klasikan Latinon, skribe kaj parole normigitan laŭ la normoj, kiujn li mem estis diligente lerninta per la studado de la antikva literaturo. Pro tio okazis, ke la klasika Latino de Alcuinus fariĝis la laŭarte (re)normigita literaturlingvo, adoptenda de ĉiuj abatejoj tra la tuta imperio, dum la vulgar-latinaj dialektoj nehaltigeble evoluadis al la latinidaj lingvoj en Italujo, Francujo kaj sur la ibera duoninsulo (en Hispanujo kaj Portugalujo).

Ĉi tiu diferencigo kaŭzis faktan "diglosion" (t.e. dulingvan situacion, en kiu unu el la du lingvaj variaĵoj ĝuas pli altan socian prestiĝon), laŭ la hodiaŭa lingvistika terminaro, en la sudokcidenta mezepoka Eŭropo (Kahane 1986): la klasika Latino estis uzata por ĉiuj celoj de liturgio, studado, administracio, diplomatio kaj ĉiuj aliaj "superaj" (prestiĝaj) funkcioj de la ŝtata komunikado, dum la diversaj vulgar-latinaj dialektoj estis uzataj precipe por satigi la malpli prestiĝajn bezonojn de la ĉiutaga vivo.

Pro la ĝenerala manko de legokapablo en la Karolida Imperio oni povus dubi, ĉu vere sola viro kapablis tiel forte influi la lingvan disvolviĝon. Sed la prestiĝo, kiun Alcuinus ĝuis kiel la estro de la palaca supera lernejo (Lt: magister scholae palatinae) kaj poste kiel abato de la abatejo Sankta Marteno, certigis la disvastigadon de liaj preskriboj al ĉiuj Frankujaj diocezoj. Alcuinus sendube havis gravan kaj longedaŭran normigan efikon sur la gramatikan kulturon kaj sur la ĝustan artikulacion de la latina skriblingvo. Plej probable la latinidaj lingvoj estus naskiĝintaj en ĉiu okazo, sed Alcuinus donis la definitivan prestiĝan formon al la aŭtoritata lingvo de la eklezio kaj de la kortego. Ĉi tiu formo persistis en la daŭro de multaj jarcentoj, dum la distanco inter la latina patrino kaj la latinidaj idiomoj senhalte pligrandiĝis.

Unueca kaj ekonomia skribo

En 789 la "Ĝenerala admono" (Lt: Admonitio Generalis) iniciatis la fondon de multaj skribejoj (Lt: Sciptoria) kaj lernejoj por disvastigi la legokapablon en ĉiuj abatejoj tra la imperio. La dekreto prezentis konceptan deklaron pri la reformo de klerigado kaj estis, kvankam oficiale aŭtorita de Karolo la Granda, fakte verkita de Alcuinus mem. La interligiteco inter materia kaj intelekta kulturoj en la Karolida Imperio estas plej bone ilustrita de ĉi tiu dekreto.

La malmultaj libroj, kiuj ekzistis, estis treege altvaloraj kaj faritaj el pergameno (ŝafa haŭto) aŭ el la pli delikata veleno (bovida haŭto). Dum nur la plej bonhavaj abatejoj entute disponis la necesajn ekonomiajn rimedojn por produkti proprajn librojn, la granda nombro da diversaj skribmanieroj kaj la ofte konsiderinde malsamnivelaj kaligrafiaj kapabloj de la kopiistoj plimalfaciligis la legadon de tiuj raraj libroj. Dum longa tempo, ĉiu abatejo devis trovi proprajn solvojn de ĉi tiuj problemoj.

Teksta unuformeco de la Sankta Skribo estis ankoraŭ nekonata, ĉar la manuskripta kulturo estis turmentata per malreguleco, per eraroj fare de la kopiistoj kaj per pletoro da skribaj variaĵoj. Kaj por venki ĉi tiujn malfacilaĵojn kaj por mezuri la sukceson de la lingva normigo, la ortografiaj reguloj bezonis kompletigon per skriba normigo rilate la forman aspekton de la literoj. La manuskriptoj sekve ricevis tute novan kaligrafian aspekton en ĉiuj skribejoj sub la gvidado de Alcuinus.

La nova skriba normo, kiu poste famiĝis sub la nomo "Karolida minusklo" (vidu Bildon 1), disvolviĝis dum la regado de Karolo la Granda. Ne estas tute klare, kiun rolon fakte ludis Alcuinus en la formado de la nova skriba normo, sed lia prilaborado de la Vulgato (Lt: Vulgata), la aŭtoritata latina traduko de la Biblio, kaj de multaj aliaj klasikaj tekstoj, kiun li plenumis uzante ĉi tiujn modelajn minusklojn, definitive favoris la propagandon de la nova skriba normo. Paŝon post paŝo la "Karolida minusklo" anstataŭis la malnovan Merovidan kaj la antikvan ĝermanan skribmanierojn, kiuj estis antaŭe uzataj en la Frankuja oriento (Aŭstrazio), same kiel la tiel nomatan "romanikan duonuncialon", kiu estis antaŭe uzata en la vulgar-latinlingvaj okcidento (Gaŭlujo) kaj sudo (Langobardujo).

Karolidaj minuskloj en manuskripto de abato Hartmut de Sankt-Galo el la jaro 882

Estante pli kompaktaj, la Karolidaj minuskloj bezonis kaj malpli da tempo kaj malpli da spaco dum la skribprocedo. Tiu skribmaniero sen kursivaj elementoj klare apartigis la vortojn per spacetoj kaj prezentis al la okuloj nur malmultajn ligaturojn. La skribaĵoj sekve estis pli facile legeblaj kaj samtempe permesis aranĝi pli da teksto sur ĉiu paĝo. Aldone al ĉi tiu forma ŝanĝo de la literoj, Alcuinus enkondukis du elementojn, kiuj plue plifaciligis la legeblecon de la skribaĵoj: nome versalojn (t.e. grandece distingitaj inicialoj de la versoj) kaj interpunkciajn signojn. Pro la ĝenerala manko de libroj, tiuj formaj ŝanĝoj kune kun la pli granda efikeco de la nova skriba normo kaŭzis, ke tiuj aspektoj de la granda lingvoreformo estis ankaŭ grava objekto de la ekonomia kalkulado por la Karolida Imperio.

La "Karolidaj minuskloj", kiuj estis diligente perfektigitaj en la skribejo de la abatejo Sankta Marteno en Turo, finfine fariĝis esenca parto de la liturgia regularo kaj eĉ emblemo de la Karolida reformo de klerigado mem. Ĉi tiu skriba normo, disvastigita al ĉiuj skribejaj centroj en la Karolida Imperio, estis destinita por finfine fariĝi la universala perilo de la okcident-Eŭropa civilizacio post la 15-a jarcento, spite al neglektindaj interrompoj dum sia longa kariero (Morison 1972: p.141). Estante la modelo por ĉiuj modernaj tiparaj familioj de la latina alfabeto, la heredaĵo de la Karolidaj minuskloj vivas plu ankoraŭ hodiaŭ.

Lingvopolitiko

Ĉu la agado de Alcuinus prezentas specon de lingvopolitiko *avant la lettre* (t.e. antaŭ ol ĉi tiu koncepto naskiĝis)? Sendube la koncepto pri administracia reguligo de la lingvouzo estis ankoraŭ nekonata dum la vivtempo de Alcuinus, kvankam lia agado rilate diversajn lingvajn vidpunktojn nekontesteble havis profunde politikajn motivojn. Se oni aplikus la modernan lingvistikan terminaron anakronisme, sed tamen ne trompe, oni povus priskribi la agadon de Alcuinus per la lingvistikaj kategorioj de lingvoplanado (12):

Tabelo 5: Kategorioj de lingvoplanado rilate la agadon de Alcuinus

Kategorioj de lingvoplanado	rilate la agadon de Alcuinus
Korpusa planado (An: corpus planning)	normigi la ortografion, la gramatikon kaj la prononcadon de la klasika Latino
Statusa planado (An: status planning)	konservi la eminentan funkcion de la klasika Latino en la eklezio kaj la imperio

La gramatika kulturo, kiun Alcuinus estis kreinta laŭ ordono de reĝo Karolo la Granda, fakte prezentis specon de sociolingvistika kulturo, kiu fervore batalis kontraŭ la nelatinlingva (pagana) neprogresinteco. La rekulturado de Latino kiel perilo de instruado tamen ne estis celo pro si mem, sed nemalhavebla elemento de pli granda strategio por plifortikigi la ŝtatan aŭtoritaton de la Karolida Imperio.

La subkuŝanta ideo de ĉi tiu strategio baziĝis unuflanke sur proksima interligiteco inter gramatiko kaj leĝo, kaj aliflanke sur la disciplinado de la ŝtataj servantoj laŭ la instruplanoj de la abatejaj lernejoj. La propagando por la nova skriba normo havis la valorajn kromefikojn, ke la produktado de novaj libroj estis raciigita kaj ke nova simbolo de identeco estis kreita. Sub la specifaj kondiĉoj de sole kaj ekskluzive manuskripta kulturo, la Karolida reformo de klerigado plenumis trioblan socian funkcion:

Tabelo 6: La tri funkcioj de la Karolida reformo de klerigado

Funkcio	Celo
religia	por produkti dignan ujon por la Vorto de Dio (evangelio laŭ Johano 1, 1) kaj por la aŭtoritataj kodoj de ekzegezo de la Sankta Skribo
tradicia	por gardi kaj revivigi la klasikajn sciencajn tradiciojn
administracia	por servi kiel rimedo de instruado kaj por sekurigi la laŭvortan disvastigon de la laŭvortaj tekstoj de ĉiuj proklamadoj fare de la reĝa kortego al ties reprezentantoj tra la tuta imperio, por ke sufiĉa nombro da oficistoj kapablu ĝuste efektivigi ĉiujn administraciajn taskojn

Lastaj vortoj

Coulmas: *Patro abato, mi deziras al vi bonan matenon! Kaj mi dankas vin, ke, spite al la ŝarĝo de viaj devoj kaj respondecoj, vi donas al mi vian tempon por respondi miajn senklerajn demandojn pri la regno de lingvo.*

Alcuinus: Mi ĝojas, mia filo, kaj mi penos konscience respondi viajn demandojn.

Coulmas: *Kion signifas "gramatiko"?*

Alcuinus: La gramatiko estas la nemalhavebla fundamento de ĉiuj ceteraj sciencoj (13). Nur la gramatika arto malfermas la vojon, kiu kondukas nin al la lernado, al la klereco kaj al la saĝeco (14). Danke al la Septem artes liberales, la sep liberalaj artoj, la kristanaj filozofoj aranĝas siajn publikajn kaj siajn privatajn okupojn, la konsuloj atingas la plej prestiĝajn efektojn, la reĝoj atingas la plej famajn, glorindajn kaj eterne memorindajn sukcesojn. Tiel, ankaŭ la sanktaj instruantoj kaj katolikaj defendantoj de nia kristana kredo montras sin senescepte superaj en la publikaj disputoj kontraŭ ĉiuj arĥi-herezuloj (15).

Coulmas: *Kiel oni povas elokventigi la lingvan stilon?*

Alcuinus: La stilo estos elokventa, se ĝi observas la regulojn de la gramatiko kaj se ĝi baziĝas sur la aŭtoritato de la antikvaj aŭtoroj (16).

Coulmas: *Kiel ni povas lerni, kiu lingvouzo estas ĝusta?*

Alcuinus: La respondo troviĝas en la *Compilatio* – la kompilado de la antikvaj tekstoj. Diligenta studado de la klasika Latino devas sekvi la ekzemplojn donitajn de elstaraj ekzemplodonaj verkistoj kiel Vergilio kaj Horacio, same kiel de elstaraj gramatikistoj kiel Prisciano el Cezareo (8) kaj Elio Donato (17). "Ĉar kiuj aspiras plaĉi al Dio per ĝusta vivado, tiuj neniel neglektu plaĉi al Dio ankaŭ per ĝusta parolo." La diligenta studado de la klasika literaturo kapabligos vin "penetri pli facile kaj pli profunde la Diajn misterojn de la Sankta Skribo" (7).

Coulmas: *Kiam ni kopias la Sanktan Skribon – ĉu ni reproduktu ĉiun literon, kiun ni trovas sur la paĝoj de la kopienda teksto?*

Alcuinus: Ho, neniel reproduktu barbarajn erarojn! Nur maturaĝaj viroj kopiu la Sanktan Skribon, post kiam ili estas

	zorgeme studintaj la sciencojn pri la ĝusta parolo laŭ la tri fakoj de la *Trivium*. Legu miajn verkojn, se vi volas reprodukti la antikvajn parolojn. Sed ne sekvu min, se vi nepre volas paroli sen observo de la leĝo (18).
Coulmas:	*Ĉu ni konsideru la komunajn kutimojn? La fama latina sentenco "vox populi – vox Dei", t.e. "la voĉo de la popolo estas la voĉo de Dio", ŝajnas sugesti tion, ĉu ne?*
Alcuinus:	Oni tute ne aŭskultu ĉi tiun frazon, ĉar la svarmado de la grego estas neniam malproksima de la frenezeco (19).
Coulmas:	*Kiel la ortografio helpas al ni en la skribo kaj ĉanto?*
Alcuinus:	La skribantoj nepre evitu senatente interpoli siajn vantajn vortojn en la Sanktan Skribon, kaj iliaj manoj ne eraru pro tiu vanteco. Ili strebu al diligente korektitaj libroj sur la rekta vojo, laŭ kiu la plumo de la birdo rapidas. Per dupunktoj kaj per komoj la skribantoj distingu la sencajn unuojn kaj metu ĉiujn punktojn konforme al ilia ordo, por ke la leganto en la eklezio nek legu ion malvere nek surprize subite silentu antaŭ la piaj fratoj (20).
Coulmas:	*Bonvolu akcepti la plej koran dankon de via humila studento.*
Alcuinus:	Nenio en la mondo estas komparebla kun la saĝeco (21). Nia sinjoro, la Eternulo, estu via gvidanto.

La strato "Alcuinus" en Akeno (fotografaĵo fare de Kiomasa Tsuboi)

Notoj

(1) "Alcuinus" estas la latinigita formo de lia anglosaksa nomo "Ealhwine" ("ealh" = protektanto, "wine" = amiko).

(2) *"Homo quidam debebat ultra flavium transferre lupum, capram, et fasciculum cauli. Et non potuit aliam navem invenire, nisi quae duos tantum ex ipsis ferre valebat. Praeceptum itaque ei fuerat ut omnia haec ultra illaesa omnino transferret. Dicat, qui potest, quomodo eis illaesis transire potuit."* (Folkerts 1978).

(Rimarko de la tradukinto: "Propositio" estas la latina traduko de la helena faktermino "πρότασις", kiu signifas unu el la du premisoj (la majora aŭ la minora) de la klasika Aristotela silogismo, kontraste al la konkludo. En la kunteksto de logikaj enigmoj, ĉi tiu "propositio" prezentas la problemon, kiun la junulo devas solvi, rezonante pri la komplementa premiso kaj tirante la konkludon).

(3) Vidu ekzemple ĉe Abbott (1974: p.90).

(4) "A mind which constructed no philosophy, which gave birth to no original thought, which was content to compile from the words of established authorities and to use such dull and dry compilations for the exercise [...] of ignorant people." (Shipley Duckett 1951: p.109).

(5) "A zest and enthusiasm for learning which was to burn for centuries." (Shipley Duckett 1951: p.109).

(6) Liturgiaj ritaroj, miksitaj kun lokaj kutimoj kaj praktikataj en la gaŭlujaj diocezoj plej malfrue ekde la 5-a jarcento p.K. ĝis la regado de Pipino la 3-a (reg. 751-768).

(7) La letero *"Karoli epistola de litteris colendis"* estas plurfoje tradukita kaj eldonita. La originalo, verkita en la mezepoka Latino, troviĝas en la *"Monumenta Germaniae Historica"* (MGH), sekcio II ([sen jaro]): Leges, Capitularia regum Francorum I, Karoli Magni Capitularia, n-ro 29, p.79: (www.dmgh.de/mgh_capit_1/index .htm#page/79/mode/1up).

(8) Priscianus Caesariensis (ĉ.470-ĉ.530), instruisto pri gramatiko en Konstantinopolo; lia ĉefverko "Institutiones Grammaticae" estis la plej sistema kaj la plej ampleksa esplorado de la gramatiko de Latino.

(9) Anicius Manlius Severinus Boethius (ĉ.480-ĉ.525) estis "la lasta el la antikvaj kaj la unua el la skolastikaj filozofoj" (It: l'ultimo dei romani ed il primo degli scolastici); krom sia fama ĉefverko "Consolatio Philosophiae", li aŭtoris lernolibrojn pri ĉiuj kvar studobjektoj de la *Quadrivium*: nome "Institutio arithmetica", "Institutio geometrica", "Institutio musica" kaj "Institutio astronomica".

(10) Rilate la verkon "De Orthographia" (Eo: Pri la ortografio) de Beda Venerabilis vidu pp.261-294 de Keil (1961); rilate la samnoman verkon de Alcuinus vidu pp.295-312 de Keil (1961).

(11) *Vinea, si arborem significat, in prima syllaba i debet habere et in secunda e; si ad indulgentiam pertinet, prima syllaba e et in secunda i habeat, ut est venia.*" (Keil 1961: p.311).

(12) La kategorioj de lingvoplanado estas unuafoje proponitaj kaj lingvistike difinitaj de la germana lingvisto Heinz Kloss (1904-1987) en jaro 1966 (Kloss 1966: pp.206–252).

(Rimarkode la tradukinto: La esperantigo de la origine anglaj fakterminoj "corpus planning" kaj "status planning" sekvas la ekzemplon de Humphrey Tonkin [Tonkin 1999]).

(13) La sistemo de la sep liberalaj artoj (Lt: septem artes liberales) estas unuafoje difinita en la naŭ ĉapitroj de la influa libro "Pri la nupto inter Filologio kaj Merkuro" (Lt: De nuptiis Philologiae et Mercurii), kiun aŭtoris la Roma verkisto Marciano Kapelo en la frua 5-a jarcento (Martianus Felix Capella, ĉ.410 p.K.):

Trivium (Eo: Trivojo)	Grammatica *(ĉapitro 3)*	= la regule ĝusta parolo
	Dialectica *(ĉapitro 4)*	= la logike ĝusta parolo
	Rhetorica *(ĉapitro 5)*	= la efike ĝusta parolo
Quadrivium (Eo: Kvarvojo)	Arithmetica *(ĉapitro 7)*	= la pura nombro
	Geometria *(ĉapitro 6)*	= la nombro en la spaco
	Musica *(ĉapitro 9)*	= la nombro en la tempo
	Astronomia *(ĉapitro 8)*	= la nombro en spaco kaj tempo

(Rimarko de la tradukinto: Ĉar la "Trivojo" estis konsiderata kiel la fundamento de la pli prestiĝa "Kvarvojo", "Trivium" fariĝis sinonimo de "nur fundamentaj scioj". Tial, la derivita adjektivo "triviala" estas hodiaŭ definita kiel "maldelikata, [...] ne apartenanta al la plej prestiĝaj kategorioj", kp. Plena Ilustrita Vortaro de Esperanto 2020).

(14) Alcuinus uzas ĉi tie retorikan figuron, nome la gradacion (Lt: Gradatio), ordigante la tri ĉefajn celojn de la gramatika arto laŭ la interna forto, kun la plej fortefika je la fino: la lernado (Lt: Disciplina), la klereco (Lt: Eruditio) kaj la saĝeco (Lt: Sapientia).

(15) Alcuinus, prefaco al "De Grammatica" en formo de fikcia dialogo inter instruisto (magister) kaj lernantoj (discipuli): *"Magister: Sunt igitur gradus, quos queritis, et utinam tam ardentes sitis semper ad discendum, quam curiosi modo estis ad videndum: grammatica, rhetorica, dialectica, arithmetica, geometrica, musica et astrologia. Per hos enim philosophi sua contriverunt otia atque negotia. Iis namque consulibus clariores effecti, iis regibus celebriores, iis videlicet aeterna memoria laudabiles; iis quoque sancti et catholici nostrae fidei doctores et defensores omnibus haeresiarchis in contentionibus publicis semper superiores exstiterunt."* (Alcuinus 1851 [ĉ.798], "De Grammatica").

(16) Alcuinus, "De Grammatica", citaĵo laŭ Martin Irvine (1994: p.326).

(17) Aelius Donatus (ĉ.320-ĉ.380), instruisto pri gramatiko en Romo; lia ĉefverko "Artes grammaticae" estis nur fundamenta, sed tre popularaj lernolibro de Latino.

(18) *"Me legat antiquas vult qui proferre loquelas,*
Me qui non sequitur, vult sine lege loqui."
(Alcuinus, prefaco al "De Orthographia", citaĵo laŭ Page 1909: p.83).

(19) El letero de Alcuinus al Karolo la Granda, citaĵo laŭ Shipley Duckett (1951: p224).

(20) *"Hic interserere caveant sua frivola verbis, / Frivola nec propter erret et ipsa manus, / Correctosque sibi quaerant studiose libellos, / Tramite quo recto penna volantis eat. / Per cola distinguant proprios et commata sensus, / Et punctos ponant ordine quosque suo, / Ne vel falsa legat, taceat vel forte repente, / Ante pios fratres lector in ecclesia."* (Alcuini carmina XCIV, citaĵo laŭ Dümmler 1978: p.83).

(21) El letero de Alcuinus al Karolo la Granda en la jaro 801, citaĵo laŭ Abbott (1974: p.83).

II. Sibawayh (سيبويه)
[sibavaj]

La monumento sur la tombo de Sibawayh en Ŝirazo

La vivo de Sibawayh

En la tuta historio de la islama civilizacio, nur malmultaj nomoj atingis gloron similan al tiu de Sibawayh. Lia naskiĝnomo estis Abu-Biŝr Amr Ibn-Usman Ibn-Kanbar, dum "Sibawayh" fariĝis lia nomepiteto (Ar: لقب [lakab]), t.e. la signifoplena aldonaĵo al la naskiĝnomo, kiu rilatas al distinga trajto de la nomito: "Sibawayh" [sibavaj] estas la araba elparolmaniero de la persa kunmetaĵo "Sibevyjh" (1), kiu signifas "simila al pomo", plej probable en la senco de "simila al la bonodoro/aromo de pomo", kvankam ne ĉiuj fakuloj konsentas pri tio. La nomparto "Ibn-Kanbar" (Eo: filo de Kanbar) rilatas al la nomo de lia avo, kiu evidentigas lian originе persan devenon. Kontraste al tio, kaj lia unua nomo kaj la patronomo "Ibn-Usman" estas arabaj, kio sugestas, ke lia familio estis konvertiĝinta al Islamo jam longe antaŭ lia naskiĝo. Pro la eminenta signifo de la urbo Basro en sia vivo, li poste portis la nomaldonaĵon "Al-Basri", t.e. "la basrano".

Sibawayh naskiĝis en la sud-persuja provinco "Fars" de la Abasida Imperio. La plimulto da fontoj indikas la vilaĝon Bejzo (Pe: بيضا [bejza]), norde de la metropolo Ŝirazo, kiel lian naskiĝlokon. La jaro de lia fakta naskiĝdato estas nekonata, sed la jaro 143 p.H. (760 p.K.) estas tradicie akceptita kiel la plej probabla (2). Sibawayh mortis, aĝante nur 40 jarojn, en Ŝirazo en la jaro 180 p.H. (796 p.K.). Lia renomo kiel "la imamo de la gramatikistoj" postvivas ankoraŭ ĝis hodiaŭ.

Malmulto estas certe konata pri la vivo de Sibawayh, sed la historiistoj interkonsentas, ke li, estante ankoraŭ adoleskanto, translokiĝis al la araba urbo Basro (Ar: البصرة [al-basra]) en la sudo de la mezopotamia provinco Irako. Tie li spertis siajn impresajn studentajn jarojn. En la malfrua 2-a jarcento p.H. (8-a jarcento p.K.), Basro estis jam fama centro de akademia studado, kiu allogis multajn eminentajn instruitulojn, alfluantajn por strebi kaj al religio kaj al scienco. Tiutempe nur Kufo (Ar: الكوفة [al-kufa]) sur Eŭfrato povis konkuri kun Basro kiel akademia centro de la rapide kreskanta religia komunumo, kiu fariĝis la vasta muzulmana civilizacio ene de nur malmultaj generacioj.

La studado de ĉiuj aspektoj de la Nobla Korano tiutempe leviĝis al la nivelo de nova akademia fako. Kaj Basro kaj Kufo, kiu de 749 ĝis 762 p.K. mallonge servis kiel la ĉefurbo de la Abasida Imperio, frue akiris grandan famon kiel elstaraj studlokoj pri la nova akademia fako. La alta estimo kaj al skriblingvo kaj al literaturo en Islamo evidentiĝas per la fakto, ke la termino "Korano" (Ar: القرآن [al-kuran]) signifas nenion alian ol "la deklamadon", nome la deklamadon de la Sankta Skribo (Versteegh 1997: p.62).

Sibawayh komencis sian akademian karieron per la studado de la ŝaria jurisprudenco (Ar: شريعة [ŝari'a]) kaj de la religia tradicio (Ar: أحاديث [ahadit]) en la kurso de la fama instruitulo Hamad Ibn-Salama Ibn-Dinar Al-Basri (3), kiu samtempe servis kiel muftio de Basro. Kvankam Sibawayh estis plej diligenta studento, unu fojon okazis en la kurso, ke li faris embarasan eraron: li voĉlegis araban verson kun malĝusta prononco, kiu tordis la sencon de la teksto. Hamad Ibn-Salama ne nur riproĉis, sed eĉ mokridis lin antaŭ la aliaj studentoj. Sibawayh ne povis elteni ĉi tiun humiliĝon, forlasis la kurson kaj ĵuris per sia animo, ke li dediĉos sian tutan vivon al la plej diligenta studado de la gramatiko, kiun li rigardis kiel la esencon de la lingvo, por ke neniu denove kapablu riproĉi lin pri iu ajn lingva eraro (Carter 2004: p.11).

La aŭstralia lingvisto Michael G. Carter referencas fontojn, kiuj asertas, ke Sibawayh havis tiel severan paroldifekton, ke lia prononcmaniero estis foje karakterizata kiel "balbutado" (Ar: ألكن [alkan]). Kvankam ekzistas neniu pruvo, ke li fakte ne suferis pro fizika malkapablo, almenaŭ same kredebla ŝajnas la eblo, ke oni intencis humiligi la ne-araban studenton, kies artikulaciaj parolkutimoj simple malkaŝis lian fremdlingvan devenon (Al-Nassir 1993: p.5). Jam ekde la plej fruaj tempoj, la diskriminacio de la tiel nomataj "barbaroj" (Ar: البرابرة [al-barabira]) estis kutima esprimo de profunda malestimo al ĉiuj alilingvanoj pro ĉi ties ŝajne mankohava parolkapablo: la helena vorto "βάρβαρος" estis origine uzata por karakterizi ĉiun alilingvanon, kiu ne scipovis paroli la helenan kaj anstataŭe aŭdigis sin per (almenaŭ al helenaj oreloj) tute nekompreneblaj "bla-bla"- aŭ nomdonaj "bar-bar"-sonoj.

Ĉiaokaze, la rememoro pri la humiligo kaj la malperfekteco de lia araba prononcado naskis en Sibawayh la plej ardan motivon por akiri renomon kiel gramatikisto. Post kiam li estis forlasinta la kurson de Hamad Ibn-Salama, du aliaj famaj instruituloj fariĝis liaj novaj akademiaj instruistoj: la literaturkritikisto kaj fakulo pri la araba poezio Junus Ibn-Habib (4) kaj la leksikografo kaj elstara gramatikisto Al-Ĥalil Ibn-Ahmad Al-Farahidi (5).

Al-Ĥalil estis jam metinta la fundamentojn de la araba leksikografio, verkinte la unuan vortaron de la araba lingvo: la "Libro pri la fonto" (Ar: كتاب العين [kitab al-'ajn]). Sibawayh disvolvis longedaŭrajn interrilatojn kun ambaŭ, Junus kaj Al-Ĥalil, kio sendube evidentiĝas per la granda nombro da referencoj al ili en lia verko, kiu konstituis la fundamenton de la araba gramatiko kiel nova scienco. Citante ilin multfoje (Junus 217-foje kaj Al-Ĥalil 608-foje), Sibawayh forigis ĉiujn dubojn, ke la du arabaj majstroj servis kiel la aŭtoritataj informantoj pri tio, kio estas laŭregula araba lingvo.

Kiel dirite, nur malmulto estas konata pri la vivo de Sibawayh. Li pasigis la plejmulton de sia kariero en Basro, kie li mem instruis studentojn, sed li daŭre restis pli multe inklina al la studado kaj verkado ol al la instruado. Publikaj debatoj pri sciencaj demandoj tiutempe estis esenca parto en la vivo de la intelekta elito en la Abasida Imperio, kaj Sibawayh regule partoprenis en tiaj kunvenoj. Kvankam la fakteco de la okazaĵo ne estas historie konfirmebla, unu el tiuj renkontiĝoj efektive konstituis turnopunkton en la vivo de Sibawayh per tio, ke ĝi markis la finon de lia akademia kariero. La areno de tiu fatala debato estis la kalifa kortego en Bagdado, kie li konfrontis la eminentan instruitulon Al-Kisai (6) de la rivala Kufa skolo, diskutante demandojn pri gramatika ĝusteco.

La epizodo eniris en la historion sub la titolo: "la demando pri la krabro" (Ar: مسألة الزنبورية [masalat az-zunburia]), ĉar la frazo en la centro de la debato temis pri piko de krabro: "Mi kutimis pensi, ke skorpio estigas pli doloran pikon ol krabro, kaj certe ĝi [estas/estigas] tio[n]." La gramatika problemo fakte konsistas en la ĝusta elekto de la kazoj por la pronomoj en la fina propozicio – "kaj certe ĝi [estas] tio" aŭ "kaj certe ĝi [estigas] tion" (7). La problemo estiĝas pro la ellaso de la klariganta predikato ("estas" aŭ "estigas"), kio estas karakteriza por la semida lingvaro, en la originala araba frazo. Fakte ambaŭ instruituloj, kaj Sibawayh kaj Al-Kisai, interkonsentis, ke la propozicio enhavas ellasitan predikaton.

Laŭ Michael G. Carter (Carter 2004: p.13), la arabaj pronomoj هو هي [huva hija] signifas "ĝi (la piko de la skorpio [nominativo]) estas tio (la pli dolora [nominativo])". La alternativa elekto de la pronomaj kazoj, nome هو إياها [huva ijaha], signifas "ĝi (la skorpio [nominativo]) estigas tion (la pli doloran pikon [akuzativo])". Ambaŭ variaĵoj de predikata komplemento estas same eblaj, sed necesigas tute malsamajn gramatikajn pravigojn. Sibawayh evidente sukcesis subkompreni nur "estas" kaj sekve deklaris, ke, laŭ la reguloj de la gramatika teorio, la formo هو إياها [huva ijaha] ne povas servi kiel predikata komplemento en la donita frazo.

Lia oponanto Al-Kisai ne longe pledis favore al la kontraŭa starpunkto, sed surprize enkondukis kvar beduenojn, kiuj estis "hazarde" atendintaj malantaŭ la pordo. La malkleraj paŝtistoj, kiuj estis plej probable subaĉetitaj, asertis, ke sendepende de gramatika teorio nur هو إياها [huva ijaha] estas, laŭ kutimo, la ĝusta esprimo. La debato estis decidita malfavore al Sibawayh, kiu pro tio sentis sian reputacion konsiderinde difektita. Profunde deprimita de sia malsukceso, li forlasis la kalifan kortegon kaj reiris al sia sudpersa hejmurbo Ŝirazo, kie li mortis nur malmultajn jarojn poste.

Ĉu historia fakto aŭ nura legendo – la epizodo estas vere rimarkinda pro pluraj kialoj: evidente lingvistikaj demandoj tiam altiris sufiĉan intereson por ebligi publikajn debatojn pri tio, kio estas ĝusta aŭ malĝusta lingvaĵo. Kaj la gramatika scienco estis sufiĉe evoluinta por diferenciĝi al diversaj gramatikaj teorioj kaj skoloj de gramatikistoj. Tamen estas neniel certe, ĉu la tiutempaj gramatikistoj en Basro respektive en Kufo fakte rigardis sin mem kiel reprezentantojn de kontraŭaj skoloj (8). Nur retrospektive oni resumis, ke "la Basra kaj la Kufa skoloj de gramatikistoj, kiel biografiistoj kaj historiistoj nomas ilin, ververe reprezentas du kontraŭajn [sciencajn] alirojn al lingvo" (9).

En la Abasida Imperio, la gramatikistoj sciis la lingvosciencan analizon el la helenisma tradicio de gramatika instruado kaj komencis apliki ĉi tiun analizon al la araba lingvo. Pro tio ne ekzistas dubo, ke la intelekta heredaĵo de la helenaj gramatikistoj fundamente influis la fruan araban lingvosciencon. Sed estas ne tute klare, kiagrade iliaj lingvistikaj kategorioj unuflanke kaj ilia Aristotela logiko aliflanke fakte inspiris la fruajn arabajn gramatikistojn (Versteegh 1977).

Klare estas tamen, ke la scienca studado de la araba lingvo kiel agnoskita akademia fako atingis sian klasikan formon en la tempo de Sibawayh, kaj same klare estas, ke neniu kontribuis pli al tiu sukceso ol Sibawayh mem – spite al la humiliĝo en la kunteksto de "la demando pri la krabro". Finfine la debato atestis, ke la beduenoj, malgraŭ (aŭ eble eĉ pro) ilia neinstruiteco, estis rigardataj kiel la plej originaj denaskaj parolantoj kaj tial ludis la rolon de la aŭtoritataj arbitraciantoj pri tio, kio estas, laŭ kutimo, gramatike ĝusta lingvaĵo.

La lingvoj en la frua Abasida Imperio

La Abasida Imperio, kiu estas konata ankaŭ sub la nomo "Kaliflando de Bagdado", ekzistis iom pli ol duonan jarmilon ekde la Abasida revolucio en 132 p.H. (750 p.K.) ĝis la detruo de ties ĉefurbo Bagdado fare de la mongoloj sub la ĥano Ĥulagu (Mo: Хулэгу хаган) en 656 p.H. (1258 p.K.) kaj estis atinginta sian plej vastan ekspansion jam dum la vivtempo de Sibawayh.

Sekve de la "konservativa revolucio" de la Abasidoj kontraŭ la Omajada aristokratio, la imperio estis perdinta la aŭtoritaton super la ibera duoninsulo (Ar: الأندلس [al-andalus]) kaj super la atlasa montaro kun la tuta Numidujo en la araba okcidento (Ar: المغرب [al-magrib]). La teritorio nun etendiĝis de sia centro, la tiel nomata "Fekunda Duonluno" (Mezopotamio kaj Egiptujo) en la araba oriento (Ar: المشرق [al-maŝrik]), okcidenten ĝis la malgranda Sirto, suden tra la araba duoninsulo ĝis la adena golfo, norden ĝis Kaŭkazo kaj orienten tra la tuta konkerita Sasanida Imperio ĝis Hindukuŝo kaj la bordo de Induso.

Post frua stadio de sukcesa konkero kaj rapida ekspansio de Islamo sub la regado de la Omajada aristokrataro, la ora epoko de la muzulmana civilizacio komencis leviĝi nur sub la regado de la Abasida dinastio, kiu fondis Bagdadon kiel novan kulturan centron. Kaŭze de la Omajadaj konkero kaj ekspansio, la araba lingvo disvastiĝis kaj forpelis multajn aliajn lingvojn – plene aŭ almenaŭ sur centraj funkciaj kampoj.

La araba fariĝis la nova Lingvafrankao (Lt: Lingua franca) de la muzulmana civilizacio, anstataŭante sur sia teritorio ne nur la bizancan grekan, sed ankaŭ la sirian (la mezepokan aramean), kiu daŭre tenis sin kiel la liturgian lingvon de la siria kristanaro. Paŝon post paŝo la araba kiel la dominanta lingvo (rilate kaj la religion kaj la administracion) same eklipsis la koptan en Egiptujo, la Afrikan variaĵon de Latino en la regiono ĉirkaŭ la urbo Kartago (la antikva provinco Africa Proconsularis) kaj la mezepokan persan en la orientaj provincoj, kiuj antaŭe konstituis la Sasanidan Imperion. Ĉiuj tiuj lingvoj tamen ne estis subprematoj, sed estis kontinue parolataj kaj eĉ transdonataj al multaj sinsekvaj generacioj.

En la vasta plurlingva Abasida Imperio, multspecaj kontaktoj inter diversaj lingvo-komunumoj estis neevitebla, precipe kiam parolantoj de ne-arabaj lingvoj aliĝis al la ŝtata administracio. En la fruaj jaroj de la Omajada Imperio, la oficistaro ankoraŭ uzis la bizancan grekan en la okcidento kaj la mezepokan persan en la oriento kiel administraciajn lingvojn.

Sed ĉirkaŭ la jaro 700 p.K., la 9-a kalifo Abd Al-Malik Ibn-Marvan (reg. 685-705 p.K.) dekretis, ke la solsola laŭleĝa administracia lingvo en la tuta Omajada Imperio estu la araba. Tiu eminenta kalifo famiĝis ne nur pro la konstruigo de la Kupolo de la Roko en Jerusalemo, sed ankaŭ pro la diversmaniera centralizado de la registaraj povoj: li ordonis, ke la impostaj registroj kaj ĉiuj administraciaj instrukcioj estu skribataj sole kaj ekskluzive en la araba, la sankta lingvo de la muzulmana civilizacio.

Abd Al-Malik same dekretis, ke la (ĝis tiam cirkulantaj) bizancaj moneroj "soldoj" (Gr: νομίσματα) estu anstataŭigitaj en la tuta imperio per propraj Abasidaj "dinaroj" (Ar: دنانير [dananir]), sur kiuj estu stampitaj arabaj enskriboj anstataŭ la bildo de la bizanca imperiestro. Bona posedo de la araba baldaŭ fariĝis granda avantaĝo, kiu instigis multajn alilingvanojn al la ellernado de la korana skriblingvo. Amasa konvertiĝo al Islamo estis aldona faktoro, kiu kaŭzis, ke la parolantaro de la araba kreskis rapide.

Gravaj kontaktoj kun aliaj literaturlingvoj okazis precipe pere de tradukado, ĉar ĉiaj sciencaj libroj, kiuj estis originale verkitaj en la helena, Latino, la siria (la mezepoka aramea) aŭ Sanskrito, fariĝis tiel akireblaj por la arablingva intelekta elito sekve de la islamaj konkero kaj ekspansio. La tradukado de la antikvaj sciencaj verkoj, kiuj estis origine plejparte verkitaj en la helena (10), fakte prezentis tre gravan rimedon por krei propran sciencan terminaron en la araba lingvo.

Kristanaj kaj judaj instruituloj estis same altirataj al la centroj de studado en Damasko, Bagdado, Kufo kaj Basro, kaj multaj el ili ricevis postenojn de profesoroj kaj akademiestroj. La variaĵoj de la araba, kiujn ili parolis, estis tamen ofte konsiderinde neperfektaj, kio vekis la fortan deziron de gramatikistoj labori cele al la normigo de la lingvo. El la intereso de la gramatikistoj rezultis la rapida disvolviĝo de la araba gramatika scienco (Ar: علم النحو ['ilm an-naĥu]), kiu konstituis novan akademian fakon sendepende de la lingvistika scienco (Ar: علم اللغة ['ilm al-luga]). La progresemaj pioniroj inter la arabaj gramatikistoj penis krei ne nur sciencajn konceptojn pri sia akademia fako, sed ankaŭ kiel eble plej praktikan modelon de gramatiko por plifaciligi la akiron de ĉiuj bezonataj lingvoscioj fare de la novaj parolantoj (Versteegh 2003: p.202).

La studado de la araba lingvo estas neeviteble plej proksime ligita kun la studado de la Nobla Korano, ĉar, laŭ la islama kredo, Alaho intence elektis nenion alian ol la araban lingvon por riveli sian eternan saĝecon al Mahometo. La ellernado de la korana skriblingvo, kiu ĝuas kvazaŭ religian rangon, estas pro tio nepra devo de ĉiu fidela kredanto. En la islama civilizacio, la ulemaro (Ar: علماء ['ulama] = scienculoj, derivita de Ar: علم ['ilm] = scienco) kiel instruita klerikaro personigas la sciencan studadon. Kaj en ĉi tiu intelekta atmosfero Sibawayh studadis en Basro sub la gvidado de Junus kaj Al-Ĥalil, ensorbante kiel eble plej multajn sciojn pri la laŭregula araba lingvo por fine verki la faklibron, kiu baldaŭ akiris elstaran renomon sub la nomepiteto: "la Korano de la gramatiko" قرآن النحو [kuran an-naĥu]) (Versteegh 1997: p.37).

Al-Kitab – "La libro"

"La libro pri la gramatiko" (Ar: الكتاب في النحو [al-kitab fi an-naĥu]) metis la lingvosciencan fundamenton de la sistema esplorado pri la araba gramatiko kaj estas ankoraŭ hodiaŭ referencata simple kiel "La libro" (Ar: الكتاب [al-kitab]) (11). Laŭ Michael G. Carter (2004: p.31), Al-Ĥalil meritas almenaŭ parton de la honoro, ĉar li mentoris la specifan aliron de Sibawayh al la lingvo. La araba termino por "gramatiko", النحو [an-naĥu], laŭvorte signifas "parolmanieron", kaj la ĝusta araba parolmaniero estis ja precize tio, kion la aŭtoro de "Al-Kitab" intencis priskribi kaj klarigi. Sur la bazo de giganta korpuso, la libro prezentis priskriban gramatikon kun granda normiga aŭtoritato. Laŭ Sibawayh, lingvo estas antaŭ ĉio agado, kiu estas regata de reguloj, sed ankaŭ formo de sociaj interrilatoj, kiuj estas esplorendaj kaj komprenigendaj laŭ la terminoj de homaj kvalitoj, motivoj kaj kondutmanieroj.

Tiusence, lia metodo estas kvazaŭ pragmata (kvankam ankoraŭ ne "pragmatika" laŭ la hodiaŭa lingvistika terminaro) pro tio, ke li direktas la rigardon pli multe al realaj situacioj de parolado kaj aŭskultado ol al teoriaj elementoj elprenitaj el la kunteksto. Sibawayh trovis solvojn de diversaj gramatikaj problemoj laŭ la principo de la logika analogio, kiun li estis lerninta en sia unua studfako, la jurisprudenco. El ĉi tiu fonto originas ankaŭ granda parto de lia terminaro, kiu ofte konsistas el metaforaj adjektivoj: li ne nur karakterizas ekzemplajn frazojn kiel gramatike "ĝustajn" aŭ "malĝustajn", sed ankaŭ juĝas ilin kiel "(ne)pravigeblajn" kaj "(ne)permeseblajn" aŭ absolvas ilin kiel "validajn danke al poezia licenco".

Tiuj terminoj tute ne estas intencitaj kiel moralismo, sed simple spegulas lian specifan komprenaĵon pri lingvo, kiu estis simila al lia laŭleĝeca komprenaĵo pri socio, ĉar kaj lingvo kaj socio estas esence determinitaj de la tre dinamika dimensio de interagado. La gramatika analizo de Sibawayh sisteme kaj kvazaŭ "pragmatike" ekzamenas la komunikan kunteksto n de aŭtentika ĉiutaga parollingvo, kiu estas uzata por esprimi realajn interesojn kaj adresata al aŭskultantoj, kies kompreno estas same parto de sukcesaj lingvaj interrilatoj.

"Al-Kitab" estas monumenta verko, kiu celis la kompletan strukturan priskribon de la araba lingvo. La tuta libro konsistas el 571 ĉapitroj, kiuj traktas ĉiujn lingvistikajn aspektojn: ekde la frazelementoj ĝis la fizikaj lokoj de la artikulacio. En la referenca germana traduko fare de la germana orientalisto Gustav Jahn la verko etendiĝas sur pli ol 900 paĝoj (eldonitaj en 2 volumoj, la unua en 1895 kaj la dua en 1900). La prezentado de la temoj estas sistema, antaŭenirante ĉiam de la plej maldetalaj al la plej detalaj elementoj de la parollingvo. Sibawayh rezonis, ke la signifo de la pli detalaj elementoj ĉiam rezultas el la signifo de la malpli detalaj, kaj ke ili estas sekve pritraktendaj laŭ tiu gradiento.

Post la enkonduko, kiu klarigas la ĝeneralajn principojn, la libro rivelas sian enhavon en tri paŝoj: unue la sintakso, due la morfologio kaj trie la fonologio. La ampleksa korpuso da altvaloraj tekstoj, kiu konsistigas la neelĉerpeblan fonton por ĉiuj gramatikeroj kaj kiu pravigas la epiteton "priskriba", estas ordigita laŭ gramatikaj kategorioj: ekzemple la vortspecoj, la sintaksaj konstruoj aŭ la fleksiaj modifoj, kiujn spertas la morfemoj en la araba lingvo. En la fonologia parto, Sibawayh precize priskribas la fizikajn lokojn de la artikulacio por ĉiuj fonemoj kaj prezentas detalan analizon de ĉiuj faktaj kaj teorie eblaj kombinaĵoj de ĉi tiuj fonemoj por formi silabojn kaj vortojn (kio estas konata sub la faktermino "fonotakso" [An: phonotactics] laŭ la hodiaŭa lingvistika terminaro).

La informo, kiun liveras Al-Kitab, precipe originas el tri fontoj: (a) la parolmaniero de la nomadaj beduenoj, kiujn Sibawayh mem rigardas kiel la plej originajn parolantojn kaj la plej fidindajn atestantojn de la aŭtentika lingvouzo; (b) la skriblingvo de la Nobla Korano, de la jurisprudenco (Ar: شريعة [ŝari'a]) kaj de la tradicio (Ar: أحاديث [ahadit]); (c) la poezio de la antaŭ-islama kaj fru-islama epokoj.

Aldone li kelkfoje referencas proverbojn kaj eĉ elpensas siajn proprajn ekzemplojn aŭ ekzamenas la ekzemplojn de aliaj gramatikistoj. Kvankam li nenie citas iujn faklibrojn, kio povus supozigi, ke neniuj aliaj ampleksaj gramatikoj de la araba lingvo ekzistis antaŭ Al-Kitab, li nepre apogas siajn eksplikojn kaj rezonadojn sur aliaj aŭtoritatoj – ĉu sur "fidindaj arablingvaj atestantoj", ĉu sur aliaj instruituloj. Multaj el liaj eksplikoj sekve estas subtenataj per referencoj kiel "laŭ Al-Ĥalil" kaj "kiel diras Junus".

Sibawayh amasigis gigantan korpuson, kies amplekso restis nesuperebla fare de postaj verkoj. Sed ne nur la amplekso de Al-Kitab faris la libron nesuperebla referenco, kiu estas tute ne-ignorebla por studento de la araba gramatiko ĝis la hodiaŭa tago. La sistema strukturo same kiel la konvinka argumentado estas ekzemplodonaj kaj montras specifan, surprize modernan komprenaĵon pri lingvo kaj pri la metodoj por lingva analizo (Owens 1990: p.35).

Sibawayh eksplikas la mensajn procezojn, sur kiuj baziĝas la parolo, kaj li montras sin tute konscia pri la problemo de lingva vario. Tiurilate li eksplicite agnoskas la signifon de du arabaj dialektoj, al kiuj li atribuas privilegian pozicion, ĉar ili meritas specialan atenton de la gramatikistoj: la plej prestiĝa Hiĝaza dialekto, en kiu la Nobla Korano estas skribita, kaj la Tamima dialekto, kiun parolas la ekzemplodonaj beduenoj.

Tabelo 7: La plej konsiderindaj dialektoj de la araba lingvo: Hiĝaza kaj Tamima

Dialekto		Parolantoj	Regiono
Hiĝaza	(Ar: حجازي [hiĝazi])	ne-nomada loĝantaro	okcidenta Arabujo
Tamima	(Ar: تميمي [tamimi])	nomadaj beduenoj	orienta Arabujo

Lia priskribo de la dialektaj trajtoj estas tiel preciza kaj detala, ke ĉi tiuj trajtoj estas ankoraŭ facile rekoneblaj en la hodiaŭaj dialektoj (Levin A. 2000: p.254). Sibawayh rigardas lingvajn ŝanĝiĝojn kaj dialektajn variaĵojn kiel naturajn procezojn, kiujn lingvokomunumo neeviteble spertas. Sibawayh detale priskribas, kiamaniere parolantoj inklinas mallongigi aŭ alimaniere plisimpligi ofte uzatajn esprimojn, kaj per tio li kvazaŭ anticipas la perspektivon de la moderna socilingvistiko (Al-Nassir 1993: p. 117).

Kie ajn Al-Kitab deklaras iun esprimon "bona araba" aŭ, kontraŭe, malakceptas alian kiel "malbonan araban", Sibawayh neniam neglektas prezenti la strukturan eksplikon aŭ la ateston pri la fontoj. Li neniel intencis mem difini la regulojn por la socilingvistika praktiko, sed havis la sciencan esplorimpulson malkovri kaj klarigi la bazajn regulojn, sur kiuj konstruiĝas la ĝusta lingvouzo, kiun li estis lerninta. Al-Kitab estis ofte referencita de postaj gramatikistoj kaj pro tio neeviteble atingis normigan aŭtoritaton ankaŭ por la praktiko, parte pro la plej ampleksa korpuso, parte pro la plej detale priskribita gramatiko de la araba lingvo.

Al-Kitab fakte konstituis la deirpunkton por la scienca normigo de la araba lingvo laŭ la principoj de la Basra skolo. Tio donis al la Basra skolo iom da supereco super la Kufa skolo, kvankam inter la du skoloj ekzistis ne nur rivaleco, sed ankaŭ multe da reciproka intelekta stimulado, kiel la usona filologo Jonathan Owens tre detale montris (1990: pp.227-228). Sed dum la konkurado inter Basro kaj Kufo estas nur historie interesa, Al-Kitab restas ĝis hodiaŭ la plej ampleksa scienca priskribo de la araba lingvo. Per sia verko Sibawayh sendube metis la fundamenton de tuta scienca fako – la araba lingvistiko.

Lingvopolitiko

Ĉu la agado de Sibawayh estis speco de lingvopolitiko? Li estas pli trafe karakterizebla kiel klasika instruitulo en la "turo el eburo" (12) de sia scienco, kiu zorgis nur pri la sistemigo de la gramatikaj formoj kaj pri la ekstraktado de la ĝusta parolmaniero el siaj donitaĵoj. Lia tuta agado celis nenion alian ol strikte sciencan libron pri la araba gramatiko. La analizo de ĉiuj disponeblaj fontoj sugestas, ke Sibawayh havis neniujn politikajn ambiciojn. Al-Kitab tamen donis ne nur la nepre necesan instrumenton, sed ankaŭ la ĉiam sekvendan direkton de ĉiu lingvopolitika reĝimo en la arablingva mondo, ĉar ĝia aŭtoro konsekvence bazis la normigon de la araba lingvo sur la plej prestiĝaj, kvazaŭ imperativaj fontoj: la Nobla Korano, la poezio kaj la origina beduena parollingvo.

Kune kun la leksikografia tradicio, kiun Al-Ĥalil jam estis fondinta per sia "Libro pri la fonto" (Ar: كتاب العين [kitab al-'ajn]), la unua vortaro de la araba lingvo, Al-Kitab fariĝis la plej grava rimedo por "korpusa planado" (An: corpus planning, laŭ Kloss 1966), ĉar neniam antaŭe aŭ poste iu alia araba gramatiko atingis tian abundon da donitaĵoj. Ĉi tiuj du brilaj verkoj, la vortaro de Al-Ĥalil kaj la gramatiko de Sibawayh, konstituas ne nur la plej fruajn referencojn de la normigita araba lingvo, sed ĝis hodiaŭ helpajn gvidilojn por la deklamado de la Nobla Korano.

La alta estimo al la parollingvo, kiu troviĝas en Al-Kitab, metas la fundamenton de la dua esenca elemento de lingvopolitiko: la "statusa planado" (An: status planning, laŭ Kloss 1966). La Hiĝaza dialekto, kiun Sibawayh konsideris kiel la plej puran variaĵon de la araba, estis jam tiutempe rigardata de la plejmulto da arablingvanoj kiel iom arĥaika kaj nekutima. Sibawayh tiel kreis sekvoriĉan precedencon por la arablingva normo, kiu estis malproksima de la ĉiutaga parollingvo de la plej multaj araboj, sed tamen tute nerefutebla pro ĝia sakrala kaj nepre respektenda fonto, nome la Nobla Korano.

La fakta diferenco inter la skriblingva normo kaj la parollingva praktiko fariĝis mem-komprenebla realaĵo, kiu baldaŭ hardiĝis kiel esenca parto de la araba socilingvistika kulturo, kiun la franca orientalisto William Marçais priskribis multajn jarcentojn poste, en 1930, kiel "diglosion" (Fr: diglossie) laŭ la lingvistika terminaro.

Sibawayh certe ne aŭtoris religian verkon, sed nur uzis la Koranon kiel la originon de gramatikaj donitaĵoj. Al-Kitab tamen fariĝis la plej grava fonto de la arablingva kulturo en la muzulmana civilizacio pro sia unikeco, pro la plej profundaj scioj, kiujn ĝi liveras, kaj pro sia granda signifo por la disvastiĝo de la araba lingvo inter la ne-arabaj muzulmanoj. Carter resumas: "Lingvistiko ĉiam enhavas politikan dimension, sed ĉi tiun fakton neniu alia lingvo pli klare evidentigas ol la araba, kiu estas tiel forte ligita kun la islama religio." (13)

Lastaj vortoj

Coulmas: السلام عليكم [as-salamu alajkum] – La paco estu kun vi!
Sibawayh: وعليكم السلام [va alajkum as-salam] – Kaj kun vi estu la paco!
Coulmas: Profesoro Sibawayh – se vi permesas, ke mi nomu vin tiel –, mi havas kelkajn demandojn pri via verko الكتاب في النحو [al-kitab fi an-naĥu].
Sibawayh: Vi ja scias, ke "Sibawayh" ne estas mia vera nomo, sed ĉiuj nomas min tiel. Demandu do!
Coulmas: Kio estas lingvo proprasence?
Sibawayh: Lingvo estas asocio de vortoj (14).
Coulmas: Kiel mi povas kompreni ĉi tiun difinon?
Sibawayh: Vortoj ne ekzistas kiel izolitaj partetoj. Ili laŭsence sekvas unu la alian, ili interagas, ili obeas aŭ fojfoje eĉ malobeas regulojn. Ĉiaokaze ili efikas unu sur la alian.
Coulmas: Kaj tio estas, kion la gramatikistoj devas priskribi?
Sibawayh: Jes, ni priskribas ne nur tion, kio estas ĝusta kaj taŭga, sed ankaŭ tion, kio estas malĝusta kaj maltaŭga, kaj fine eĉ tion, kio estas samtempe gramatike ĝusta kaj sence maltaŭga. Ekzemple, se vi dirus "Mi portas la montaron" aŭ "Mi vizitos vin hieraŭ", la frazo estus gramatike ĝusta, sed sence maltaŭga (15).

Coulmas: *Kiel vi scias, kio estas ĝusta?*

Sibawayh: Mi ne scias, sed la beduenoj scias (16). Kaj precipe ilian parolmanieron ni devas priskribi.

Coulmas: *Multaj terminoj, kiujn vi aplikas al la gramatika analizo, supozigas, ke vi havas ampleksajn sciojn pri la leĝo. Kial la jurisprudenco?*

Sibawayh: La principo de la leĝo kaj la principo de la gramatiko estas la du flankoj de unu sama medalo (17).

Coulmas: *Poetoj ne ĉiam obeas la leĝon.*

Sibawayh: Tio estas vera. Sed poetoj ĝuas iom da poezia licenco pro la bezonoj de metro kaj verso. Kelkaj parolmanieroj do estas tute validaj en la poezio, kiuj ne estas permeseblaj en la prozo (18). Tio estas eksplicite notinda. Sed la plej grava leĝo estas la lingvouzo de la denaskaj parolantoj (19). En okazo de dubo, ni devas priskribi la parollingvon de la beduenoj (20).

Coulmas: *Evidente ekzistas ambigueco kaj vario en la lingvo ...*

Sibawayh: Sendube. Kaj ĝuste pro tio mi verkis الكتاب في النحو [al-kitab fi an-naĥu]. Ĉar ĉiuj, kiuj deziras ellerni la aŭtentikan araban lingvon, kiun parolas la beduenoj, bezonas gramatikon, kiu estas klara, senambigua kaj tamen sufiĉe ampleksa (21).

Coulmas: شكراً جزيلاً [ŝukran ĝazilan] – Koran dankon! Vi profunde lumigis mian komprenon per via saĝeco.

Sibawayh: عفواً ['afŭan] – Nedankinde. La paco estu kun vi!

Notoj

(1) *Rimarko de la tradukinto: "Sibevyjh" (laŭ la tiel nomata "Farsanto", t.e. transskribsistemo por persaj vortoj aŭ propraj nomoj, en kiu la litero "y" prezentas la vokalan sonvaloron [æ]) estas kunmetaĵo de la persa vorto "Sib" (Pe: سیب) = "pomo" kun la sufikso "-vyjh" (Pe: ویه) = "simila al". La alnomo "Sibevyjh" do signifas "simila al pomo", plej probable en la senco de "simila al la bonodoro/aromo de pomo" (laŭ komunikaĵo de Ahmad Reza Mamduhi, unua prezidanto de la Irana Esperanto-Asocio).*

(2) p.H. = "post la Heĝiro", t.e. laŭ la luna islama kalendaro, kiu nombras la jarojn post la heĝiro (Ar: هجرة [hiĝra]) de Mahometo el Mekko al Medino la 15-an de Julio 622 p.K.
(3) La ulemo kaj pioniro de la araba gramatiko Hamad Ibn-Salama Ibn-Dinar Al-Basri (حماد بن سلمة بن دينار البصري) naskiĝis ĉirkaŭ 82 p.H. (702 p.K.) kaj mortis en 167 p.H. (784 p.K.).
(4) La literaturkritikisto kaj fakulo pri la araba poezio Junus Ibn-Habib (يونس بن حبيب) naskiĝis ĉirkaŭ 94 p.H. (713 p.K.) kaj mortis en 182 p.H. (798 p.K.).
(5) La leksikografo kaj elstara gramatikisto Al-Ĥalil Ibn-Ahmad Al-Farahidi (الخليل بن أحمد الفراهيدي) naskiĝis ĉirkau 99 p.H. (718 p.K.) kaj mortis en 173 p.H. (790 p.K.); lia ĉefverko estas la "Libro pri la fonto" (Ar: كتاب العين [kitab al-'ajn]).
(6) Al-Kisai (الكسائي) naskiĝis en 119 p.H. (737 p.K.) kaj mortis en 189 p.H. (805 p.K.).
(7) (Ar: كن أظن أن العقربَ أشد لسعة من الزنبور فإذا [kuntu azunu an al-'akraba aŝadu lisa'atun min az-zunburi faida]): "Mi kutimis pensi, ke skorpio estigas pli doloran pikon ol krabro, kaj certe ..."

Sibawayh:	هو هي [huva hija]	"... ĝi (la piko de la krabro) [estas] tio (la pli dolora)."
Al-Kisai:	هو إياها [huva ijaha]	"... ĝi (la krabro) [estigas] tion (la pli doloran pikon)."

(8) Laŭ la hodiaŭa lingvistika terminaro oni povus karakterizi la aliron de la Basra skolo kiel "teorian analogion" (An: theoretic analogy) kaj la aliron de la Kufa skolo kiel "pragmatikan anomalion" (An: pragmatic anomaly).
(9) *"The Basran and Kufan schools of grammar, as biographers and historians label them, genuinely reflect two opposing approaches to language."* (Scott Meisami & Starkey 1998: p.255; vidu ankaŭ Owens 1990, ĉapitro 10).
(10) La plej grandan influon ĝuis la verkaroj de filozofoj kiel Platono kaj Aristotelo, de matematikistoj kiel Eŭklido kaj Klaŭdio Ptolemeo (Κλαύδιος Πτολεμαῖος, ĉ.100-ĉ.170 p.K.) kaj de medicinistoj kiel Hipokrato el Koso kaj Klaŭdiu Galeno (Κλαύδιος Γαληνός, 129-216 p.K.).
(11) La referenca germana traduko de الكتاب في النحو [al-kitab fi an-naĥu] ("Sîbawaihi's Buch über die Grammatik, übersetzt und erklärt", 4 partoj eldonitaj en 2 volumoj, Berlino 1895 kaj 1900) fare de la elstara germana orientalisto Gustav Jahn (1837-1917),

siatempe profesoro en Kenigsbergo, estas ĝis hodiaŭ la plej ofte citata traduko en la Okcidenta orientalistiko: (Jahn 1969 [1895/1900]).

(12) *(Rimarko de la tradukinto: La lokucio "turo el eburo" origine fontas el la Alta Kanto de la Biblio [Alta Kanto 7, 5: "Via kolo estas kiel turo el eburo."]. Ekde la 19-a jarcento, la esprimo estas uzata por karakterizi intelektan medion tute apartigitan de la zorgoj de la ĉiutaga vivo. En la jaro 1837 la franca literaturkritikisto Charles-Augustin Sainte-Beuve [1804-1869] unuafoje uzis ĉi tiun esprimon por kontrastigi la romantikismon de Alfred de Vigny kun la realismo de Victor Hugo: "Kaj Vigny, pli kaŝema, kiel en turo el eburo, revenis antaŭ tagmezo" [Fr: Et Vigny, plus secret, comme en sa tour d'ivoire, avant midi rentrait]).*

(13) "Linguistics has always had a political dimension and this is more than ever true with a language and a religion so tightly bound together as Islam and Arabic." (Carter 2004: p.144).

(14) Carter (2004: p.52).

(15) "§ 6: *Ueber die richtige und über die verkehrte Ausdrucksweise. Hierher gehört 1. was (grammatisch) richtig und (dem Sinn nach) angemessen ist; 2. was verkehrt ist; 3. was (grammatisch) richtig, aber (dem Inhalt nach) eine Lüge ist; 4. was (grammatisch) richtig, aber (der Wortstellung nach) incorrect ist; 5. was (dem Sinn nach) verkehrt und (dem Inhalt nach) eine Lüge ist. Beispiele für 1.: Ich bin gestern zu dir gekommen. Ich werde morgen zu dir kommen. 2. tritt ein, wenn das Ende der Rede dem Anfang widerspricht, z.B. Ich bin zu dir gekommen morgen. Ich werde zu dir kommen gestern. Beispiele für 3.: Ich habe den Berg getragen. Ich habe das Wasser des Meeres getrunken u. dgl. Beispiele für 4. ergeben sich, wenn man ein Wort zwischen kad oder kei und das davon abhängige Verbum setzt. Für 5.: Ich werde das Wasser des Meeres gestern trinken."* (Jahn 1969 [1895/1900]: pp.10-11).

(16) Ekzemple: "§ 99: *Ueber die speciellen Ortsbestimmungen, die wie die allgemeinen behandelt werden, da sie überhaupt Ortsbestimmungen ausdrücken. Beispiele, die wir von den Beduinen gehört haben: [...]*" (Jahn 1969 [1895/1900]: p.258).

(17) La principo de la leĝo (Ar: اصول الفقه [usul al-fikĥ]) kaj la principo de la gramatiko (Ar: اصول النحو [usul an-naĥu]) estas la du flankoj de unu sama medalo. (Carter 1999: p.67).

(18) "§ 25: *Ueber diejenigen Zeit- und Ortsbestimmungen, welche ebenso construirt werden, wie Zeid in den Beispielen des vorigen §. [...] Es ist aber nicht gut arabisch, das Verbum auf ein Nomen zu bauen und kein auf das Nomen rückbezügliches Pronomen zu setzen, so dass man dem*

Wortlaut nach die Rection des Verbi auf das vorangestellte Nomen und die Abhängigkeit desselben von dem Verbum (also den Acc.) aufgiebt und dieses auf ein anderes Nomen als das vorangestellte (d.i. auf das Suffix) Rection ausüben lässt, so dass es auf das vorangestellte Nomen keine Rection ausüben kann. Doch ist solche Construction in der Poesie wohl gestattet, während sie in der Prosa für incorrect gilt." (Jahn 1969 [1895/1900]: pp.50-51).

(19) "§ 99: Ueber die speciellen Ortsbestimmungen, die wie die allgemeinen behandelt werden, da sie überhaupt Ortsbestimmungen ausdrücken. [...] Man muss sich darin nach dem Sprachgebrauch der Araber richten." (Jahn 1969 [1895/1900]: pp.258-262).

(21) Versteegh (1977: p.48).

(21) Owens (1990: p.102).

III. Danto Alighieri
[danto aligjeri]

Statuo de Danto Alighieri en Napolo (fotografaĵo fare de Florian Coulmas)

La vivo de Danto Alighieri

La plejmulto de tio, kion ni scias pri Durante (mallonge "Danto") di Alighiero degli Alighieri, ni sciiĝas nur el liaj propraj verkoj, precipe el lia majstraĵo "La Dia komedio" (It: La Divina Commedia), kiu baziĝas sur la historio de lia vivo. La dato de lia naskiĝo en Florenco estas nekonata, sed pluraj strofoj en diversaj kantoj (It: canti) sugestas, ke li naskiĝis en 1265 sub la zodiaka signo de Ĝemeloj (1), t.e. iam inter la mezo de Majo kaj la mezo de Junio.

Lia patro, Alighiero di Bellincione, estis malaltranga aristokrato, sukcesa borsisto kaj monpruntisto (It: usuraio, t.e. uzuristo laŭ Danto), kiu estis edziĝinta kun Bella degli Abati el riĉa familio. La patrino mortis, kiam Danto kaj lia pli juna fratino ankoraŭ estis infanoj (ĉirkaŭ 1270). Lapa di Chiarissimo Cialuffi, la dua edzino de Alighiero di Bellincione, baldaŭ naskis du duongefratojn de Danto, nome Francesco kaj Gaetana. La juna Danto akiris sian fundamentan instruitecon (memkompreneble en Latino) en la lernejo de la franciskanoj ĉe la baziliko Sankta Kruco kaj poste en la lernejo de la dominikanoj ĉe la baziliko Sankta Maria Novella (Mulchahey 2005). Probable, li estis aldone instruata de privata instruisto (Lewis R.W.B. 2001: p.25).

Kiel dirite, nur malmultaj dokumentoj ekzistas pri la junaĝo de Danto. Lia infana amo al la preskaŭ samaĝa Beatrico Portinari fariĝis determinanta forto en lia vivo, ĉar tiu amo estis idealigita kaj neniam realigita. Pro interfamilia kontrakto pri geedziĝo, Danto edziĝis en la jaro 1285 kun Gemma di Manetto Donati, kiu naskis al li almenaŭ kvar gefilojn (Pietro, Giovanni, Jakopo kaj Antonia). Beatrico siaflanke edziniĝis kun alia viro, sed tamen ŝi daŭre inspiris la verkadon de Danto dum lia tuta vivo – eĉ post sia antaŭtempa morto en 1290.

Kvin jarojn poste Danto detale priskribis sian amon al Beatrico en "La nova vivo" (It: La Vita Nuova), lia unua libro verkita en la vulgara popollingvo, per kiu li baldaŭ akiris la reputacion de konsiderinda literaturisto. En "La komedio" (It: Commedia) – la epiteto "Dia" (It: Divina) estis aldonita al la titolo nur post la morto de Danto – ludis la junaĝa Beatrico la centran rolon kiel la personigo de saĝeco kaj de gracieco, instruante al la protagonisto, nome Danto mem, moralon kaj bonkonduton (2).

Post la morto de Beatrico, Danto komencis diligente studi filozofion kaj okupiĝis pri la politiko. Florenco estis floranta urboŝtato, kun kiu nur malmultaj aliaj en Eŭropo povis rivali rilate riĉecon kaj belecon. La aŭtonoma urboŝtato aŭ civito (It: Città) estis, laŭ Danto, la ideala modelo de civila socio. La mondo ĉirkaŭ Florenco tamen ne estis tiel ideala pro la daŭra impliciĝo en sennombraj tumultoj, konfliktoj, militoj kaj pro la senĉesa luktado inter la partianoj de la papo kaj tiuj de la imperiestro.

La Gelfoj (3) kaj la Gibelinoj (4) estis la grandaj partioj en tiuj konfliktoj sur la apenina duoninsulo en la 12-a kaj 13-a jarcentoj. En la jaro 1289 la Gelfoj, aparte la Florencaj, venkis la Gibelinojn de Arezzo en la batalo de Campaldino, en kiu Danto mem batalis kiel rajdisto. Tiu venko fortikigis la politikan superregadon de Florenco super Toskanujo, sed la venkintaj Gelfoj baldaŭ disiĝis en du frakciojn: la Nigraj Gelfoj daŭrigis sian subtenadon al la papo, dum la Blankaj Gelfoj turnis sin kontraŭ ĉia papa influo sur la urban registaron. Ne nur pro familia tradicio, sed ankaŭ, kiel li atestas en pluraj verkoj, pro propra konvinko, Danto frue aliĝis al la partio de la ("preskaŭ gibelinaj") Blankaj Gelfoj.

En la jaro 1300 li fariĝis membro de la Florenca magistrato (It: Priorato delle Arti) kiel kandidato de la gildo de kuracistoj kaj apotekistoj. Kvankam la oficperiodo de la tiutempe naŭ magistratanoj (senjoroj) daŭris nur du monatojn, Danto gajnis konsiderindan politikan influon per ĉi tiu eniro en la aktivan politikon. La profunda malkonkordo inter la Blankaj kaj la Nigraj Gelfoj denove ekflamis, kaj la Nigraj akiris la potencon en Florenco, dum Danto estis en diplomatia misio en Romo. Ofte esprimante sian obstinan opozicion al la konstanta enmiksiĝo de la Eklezia Ŝtato (Lt: Patrimonium Petri) en ĉiujn internajn aferojn de Florenco, Danto estis en profunda malfavoro ĉe la papo kaj ĉe la Nigraj Gelfoj, kiuj ĉiam pli flankenpuŝis kaj eĉ persekutis la Blankajn. Dum li troviĝis ankoraŭ en Romo, li estis akuzita de la Nigraj pri asertita financa malakurateco kaj sekve estis arestita. Post sia liberiĝo el la Roma aresto li deziris reiri hejmen, sed kiam li survoje en Sieno eksciis pri la persekutado fare de la Nigraj, li rezignis reveni al Florenco por defendi sian propran aferon. Same kiel multaj aliaj opoziciuloj li estis forestante kondamnita al ekzilo – verdikto, kiu en 1302 estis eĉ pligravigita al mortpuno suferenda sur la brulŝtiparo.

Danto estis tutkora kaj ĝisosta florencano kaj, petante pardonon, li plurfoje provis akiri la rajton reveni al sia hejmurbo, sed la malamikaj aŭtoritatoj montris sin nekortuŝeblaj. Nur unufoje, nome en 1315, la Nigraj Gelfoj, kiuj urĝe bezonis laborfortojn, proponis amnestion al fuĝintaj Blankaj. Sed la humiligaj kondiĉoj – ne nur monpuno, sed ankaŭ publika konfeso kaj pentofarado – estis neakcepteblaj por Danto, kiu do devis daŭrigi sian ekzilan vivon kaj neniam plu rajtis reveni al sia amata naskiĝurbo.

Dum la unuaj jaroj de sia entute 19-jara ekzilo, li translokiĝis senripoze de unu loko al alia, unue en Toskanujo kaj poste pli norden al Bolonjo, Padovo, Verono kaj Milano. Laŭdire, li pasigis la jarojn inter 1307 kaj 1309 verŝajne eĉ en Parizo. Kvankam ne ekzistas dokumenta konfirmo pri ĉi tiu restado en la Francuja ĉefurbo, tia restado tamen estas verŝajna, ĉar estis tute kutime vojaĝi de norda Italujo al Parizo kaj resti tie dum iom da tempo pro la vasta reto de la italaj bankoj kaj komercaj kompanioj kaj pro diversaj aliaj proksimaj interligoj inter Italujo kaj Francujo (5).

Danto dumtempe kuniĝis kun aliaj ekzilitoj, sed li fine retiris sin el la aktiva politiko, anstataŭe koncentrante siajn energiojn sur sian verkadon. Li tamen neniel perdis sian grandan intereson pri politiko. Kiel verkisto li elokvente esprimis siajn ideojn pri ĝusta regado, per tio denove ekscitante la koleron de la papo kaj de ties nigra-gelfaj aliancanoj en Florenco. Kiam en 1308 princo Henriko de Luksemburgo estis elektita reĝo de la Sankta Roma Imperio, sub la nomo Henriko la 7-a (reg. 1308-1313), Danto verkis la ampleksan politikan traktaĵon "Pri la monarĥio" (Lt: De monarchia), resumante sian politikan filozofion. Li propagandis la striktan politikan apartigon inter la sekulara kaj la religia mondoj, tiamaniere subfosante la aŭtoritaton de la papo.

Li rezonis, ke la ŝtatpotenca legitimeco de la imperiestro pli ĝuste devenas rekte de la graco de Dio, ol ke ĝi estu nur pruntedonita de la papo. Ĉar kaj la imperiestro kaj la papo estas finfine nur homoj, ili ambaŭ, laŭ Danto, sammezure respondecas nur antaŭ Dio, de kiu senpere dependas kaj la sekulara kaj la religia aŭtoritatoj (Toynbee 1900: p.237). Li celis fortan sekularan ŝtaton kun potenca neŭtrala monarĥo ĉe la supro, kiu kapablas disdoni justecon al ĉiuj kaj ĉesigi la internajn malpacojn kaj militojn inter la multaj urboŝtatoj, kiuj karakterizis la amare dispartigitan Italujon. "Pri la monarĥio" ne plu idealigas la urboŝtaton kiel la plej taŭgan formon por realigi la komunan bonon, sed antaŭenigas la pli grandan strukturon de superregiona, nome tut-Italuja, imperia ŝtato – revo, kiun Henriko la 7-a kiel imperiestro de la Sankta Roma Imperio povus realigi, kiel Danto pensis kaj esperis. En ĉi tiu tempo Danto komencis la plej ambician entreprenon de sia tuta vivo, la alegorian verkon "La komedio" (It: Commedia):

> "Nel mezzo del cammin di nostra vita mi ritrovai per una selva oscura, ché la diritta via era smarrita." (Eo: En mezo de la voj' de vivo nia mi trovis min en arbareg' obskura, de l' rekta voj' estinte fordevia.) (6)

"La komedio" konsistas el tri libroj (It: Cantiche) de po 33 kantoj (It: Canti), laŭ la tri postmortaj regnoj "Infero", "Purgatorio" kaj "Paradizo". Aldona enkonduka kanto plenigas la centon. Ĉi tiu grandioza poezia ekzercado de la filozofio laŭ la principo "Konu vin mem" (Gr: Γνῶθι σεαυτόν) okupis lin preskaŭ ĝis la fino de lia vivo. Kontraste al kelkaj aliaj el siaj verkoj, kiuj restis nefinitaj, li sukcesis kompletigi "La komedion", kiu fariĝis tio, kion li celis: la fundamento de la itala popollingva literaturo.

Dum sia longa ekzilo, Danto ĝuis la patronadon de riĉaj familioj kaj de lokaj potenculoj. Li ne pasigis vivon en riĉeco, sed li tamen ne suferis pro malriĉeco aŭ mizero, krom ke li ne povis reveni al sia hejmurbo Florenco. Famiĝinte kiel instruitulo kaj poeto, Danto ekde 1312 loĝis en Verono, kie li senlace prilaboris "La komedion" ĝis 1318, kiam li akceptis la inviton de Guido Novello da Polenta, same fama poeto kaj tiutempa reganto de la urboŝtato Raveno (It: Ravenna). Danto pasigis la lastajn tri jarojn de sia vivo kune kun sia familio en Raveno, finante la lastajn kantojn de la "Paradizo", la lasta el la tri libroj, iam en 1320. En la malfrua somero de la sekva jaro, kiam li revenis de diplomatia misio en Venecio en la nomo de sia protektanto Guido Novello da Polenta, li infektiĝis je malario kaj baldaŭ poste mortis en sia lasta ekzilejo Raveno la 14-an de Septembro 1321, atinginte la aĝon de 56 jaroj (Toynbee 1900: p.103).

Danto estis eminenta instruitulo, publika intelektulo, kies politikan filozofion vanigis la senbridaj tiranaj fortoj de lia tempo, kiuj devigis lin obei sian veran vokitecon: nome fariĝi la "plej supera poeto" (It: sommo poeta) kaj la "patro de la itala lingvo" (It: padre della lingua italiana), kiel li estas honorata de siaj samlingvanoj ĝis hodiaŭ.

La lingvoj en Italujo dum la vivtempo de Danto

La lingva situacio en Italujo dum la 13-a jarcento estas priskribebla (almenaŭ laŭ la hodiaŭa lingvistika terminaro) kiel diglosio (t.e. dulingva situacio, en kiu unu el la du lingvaj variaĵoj ĝuas pli altan socian prestiĝon). La tiel nomata "gramatika lingvo" (It: lingua grammaticale) prezentis la "altan" (An: high) literaturtaŭgan variaĵon, kiu klare distingiĝis de la "vulgara popollingvo" (It: lingua volgare), la "malalta" (An: low) ĉiutaga variaĵo. Por ĉiuj skribaj celoj oni uzis la gramatikan lingvon, kiu estis tute malsimila al la kutime parolata popollingvo. La diferenco inter la vulgara popollingvo kaj la ellaborita literaturlingvo estis evidenta trajto de la lingva kulturo dum la vivtempo de Danto.

Laŭ ofte esprimata opinio, ĉi tiu diglosio rezultis el la malapero de la Roma Imperio: En la antikveco, la diferenco inter parolata kaj skribata Latino supozeble estis malpli granda, sed kiam la komunikado inter la provincoj kaj Romo malfortiĝis, la aŭtoritato de la centro kadukiĝis, kaj la normoj kolapsis. El la imperia kadukiĝo sekvis lingva kadukiĝo, naskante diversajn dialektajn variaĵojn, kiuj dum jarcentoj fine disvolviĝis en la modernajn latinidajn lingvojn. Laŭ alia, hodiaŭ pli vaste akceptita opinio, la antikvaj Romanoj ne pli konforme al la skribo parolis ol iliaj mezepokaj posteuloj. Tiamaniere ekzistis kontinueco inter la antikva "vulgar-latina parollingvo" (Lt: sermo vulgaris) kaj la itala "vulgara popollingvo" (It: lingua volgare) parolata en la malfrua mezepoko (Cornish 2011: p.172). La ŝajna malakordo inter la du menciitaj opinioj estas tamen dissolvebla, ĉar ili ne nepre ekskluzivas unu la alian, sed probable nur emfazas malsamajn aspektojn de unu sama procezo.

Urboŝtata Italujo estis komerca kulturo kun relative malalta proporcio de analfabetoj (Hyde 1994). Ĉiuj komercaj kaj aliaj negocaj transakcioj necesigis dokumentadon forme de kontraktoj, libroj ktp. "Serioza" literaturo rilate religiajn kaj sciencajn temojn estis nepre verkenda en Latino, sed ne nepre ĉiuj, kiuj dependis de skriba informado kaj komunikado, ĝuis la privilegion ricevi klasikan instruitecon kaj sekve regis la klasikajn lingvojn (precipe Latinon, sed ankaŭ la helenan). Normigita vulgara popollingvo do rezultis el neceso.

La scioj pri la klasikaj gramatikaj lingvoj, Latino kaj la helena, estis akireblaj nur por malgranda instruita elito, sed speco de duaranga klereco ekestis inter la kreskantaj vicoj de bonhavaj komercistoj, kiuj eltiris siajn profitojn el neeviteble komunika profesio. La vulgara popollingvo, kiu ja havis nek gramatikon nek vortaron, estis ĝenerale konsiderata kiel pli-malpli nereguligita malnobla surogato de la prestiĝaj klasikaj lingvoj, sed la leviĝanta klaso de komercistoj bezonis sian propran same prestiĝan literaturlingvon.

La komercistoj kutimis legi ne nur siajn profesiajn registradon kaj korespondadon, sed en sia libertempo ankaŭ la novan literaturan ĝenron de la noveloj (It: novelle) en la vulgara popollingvo. Ilia postulado de legaĵoj ekster piaj libroj pri religiaj temoj konsiderinde akcelis la procezon de la tiel nomata "popollingvigo" (It: volgarizzamento), kiel origine nomiĝas la traduko de klasikaj antikvaj literaturaĵoj en la vulgaran popollingvon, kvankam la termino havis iomete malestimajn implicojn. Ankaŭ la tradicie latinlingva jura kulturo estis parto de la tiutempaj socilingvistikaj aranĝoj.

La legokapablo en la administracio de la urboŝtatoj ampleksiĝis, ĉar la burokrataro pli kaj pli dependis de kiel eble plej detala dokumentado pri konsiliaj kunvenoj kaj kortumaj procesoj. La diglosia disdivido inter la "altnivela" gramatika skriblingvo kaj la "malaltnivela" vulgara popollingvo estigis propran klason de specialaj profesiuloj, kiuj scipovis ekspluati tiun situacion por sia propra profito: "Notarioj konstituis la ĉiutagajn tradukistojn, kiuj peris inter la latinlingva jura kulturo kaj la popollingva socio reguligita de tiu kulturo" (Cornish 2011: p.2).

Estas rimarkinde, ke Brunetto Latini, la genia instruisto de Danto, verkis siajn "Livres dou tresor" (Eo: Libroj de trezoro) en la franca lingvo (7), same kiel la veneciano Marco Polo, nur jardekon pli aĝa ol Danto, diktis, ankaŭ uzante la francan lingvon, la historion de siaj mirigaj aventuroj en Azio sub la titolo "Livres des merveilles du monde" (Eo: Libroj pri la mirindaĵoj de la mondo) al Rustichello da Pisa, dum ili ambaŭ estis enprizonigitaj en Ĝenovo. Ĉi tiuj eminentaj ekzemploj evidentigas, ke ankaŭ la franca lingvo ludis certan rolon sur la itala literatura scenejo de la 13-a jarcento (Walter 1994: p .136) kune kun la okcitana lingvo de la trobadoroj.

Ĉiaokaze, por konvinke elmontri la signifon kaj la dignon de siaj tekstoj, aŭtoroj devis nepre verki en prestiĝa "instruiteca" lingvo, anstataŭ en la kruda idiomo de la simpla popolo. Poezio verkita en diversaj lokaj dialektoj, kiel ekzemple la sicilia, la venecia kaj la toskana, aliflanke trovis siajn ŝatantojn, dum la tradukado de klasikaĵoj el Latino en ĉi tiujn dialektojn fariĝis vera industrio, en kiu Danto engaĝis sin inter multaj aliaj (Cornish 2011: ĉapitro 5).

Ĝuste sur tiu fono Danto entreprenis levi la vulgaran popollingvon al literaturlingva nivelo, kiu fine estu tute samranga kun la klasikaj lingvoj. Spitante al la tradicio kaj donante monumentan ekzemplon, li sendube atingis tiun celon per la 14 233 versoj de "La komedio". Li prenis sur sin la ambician taskon esprimi la plej komplikajn aferojn de la universo kaj la plej subtilajn sentojn de la homa psiko per neniu alia lingvo ol la vulgara itala popollingvo. Tiucele Danto kreis superregionan kompromisan variaĵon de komuna itala lingvo sur la bazo de la toskana dialekto, kiu estis poste nomita "neimagebla miraklo". La germandevena usona romanisto kaj literatursciencisto Erich Auerbach konkludis, ke "ĉi tiu viro [Danto] per sia lingvo remalkovris la mondon" (Tavoni 2010).

Danto bone preparite komencis sian longan vojaĝon tra la tri regnoj de "La komedio", kiu estis ne nur la historio de lia propra vivo, sed ankaŭ grandskala kosmologio, nome poezia raporto pri la cistomba kaj la transtomba mondoj. Por verkisto, kiu regis Latinon sur la plej alta nivelo, la decido estis aŭdaca verki sian majstraĵon en la vulgara popollingvo. Li metis la teorian fundamenton per la mallonga latinlingva traktaĵo "De vulgari eloquentia" (Eo: Pri la elokventeco en la vulgara popollingvo), origine konceptita en kvar libroj, el kiuj finfine nur du estis realigitaj. Tiuj du libroj estis verkitaj inter 1303 kaj 1305, sed neniam eldonitaj dum lia vivtempo. Pritraktante la decidigan demandon pri la principa taŭgeco de la vulgara popollingvo kiel kompleksa literaturlingvo, li ne nur fakte pruvis la asertitan taŭgecon, sed ankaŭ alproksimigis la italan popolon al la altnivela literaturo.

La vulgara popollingvo

Danto verkis sian fundamentan traktaĵon "De vulgari eloquentia" (Eo: Pri la elokventeco en la vulgara popollingvo) en eleganta latina prozo, direktante la parolon al la instruita elito. Sed nur longe post lia morto, en la 16-a jarcento, instruituloj fine referencis ĉi tiun tekston, kiam nova scienca intereso pri lingvaj demandoj forte instigis debaton pri la kriterioj, kiujn plenumu taŭga itala literaturlingvo.

La maniero, laŭ kiu Danto traktas sian temon, estas tiel sistema, ke la franca lingvistino Henriette Walter (1992: p.139) povis karakterizi lin kiel "teoriiston pri lingvoplanado" kaj "socilingviston *avant la lettre*" (t.e. antaŭ ol ĉi tiu branĉo de scienco naskiĝis). Danto skizas teorion de elokventeco en la vulgara popollingvo. Tio estas, laŭ Danto, elstare signifoplena tasko, ĉar fakte ĉiuj homoj, "ne nur viroj, sed ankaŭ virinoj kaj infanoj" (8) strebas al natura esprimilo kun klare kompreneblaj vortoj. En la komenco de sia traktaĵo, li prezentas sian ĉefan argumenton, kiun li poste eksplikas kaj plifortigas helpe de jam akceptitaj argumentoj, propraj observoj kaj logika rezonado.

Laŭ Danto, ekzistas du variaĵoj de lingvo: la vulgara popollingvo (It: lingua volgare), "kiun ni akiras sen formala instruado, imitante nian vartistinon", kaj la gramatika lingvo (It: lingua grammaticale), nome Latino. El ĉi tiuj du variaĵoj – kaj jen la aŭdaca aserto de Danto – la pli nobla estas la vulgara popollingvo. La kialo, per kiu li defendas sian malortodoksan starpunkton, estas mirinde moderna: la vulgara popollingvo, kiun ĉiuj homoj parolas, estas natura esprimilo, dum la gramatika lingvo estas kvazaŭ artefarita. Estas evidente, ke la plej multaj el la samtempuloj de Danto, por ne mencii la antikvajn gramatikistojn, estus trovintaj la saman argumenton por prefere laŭdi ol malestimi la gramatikan lingvon, kiu estas regata de reguloj kaj tial malpli inklina al misformiĝo.

Lingvo estas esenca parto de la homa naturo, ĉar "nek la anĝeloj, nek la malaltaj bestoj bezonas paroli" (9). Sed, kvankam racio gvidas la homojn, ĉi tiu racio tamen montriĝas tute ŝanĝiĝema kaj tial ankaŭ lingvo estas neeviteble ŝanĝiĝema. Sur ĉi tiu vojo, Danto alvenas al sia teorio pri lingva ŝanĝiĝo, kiu komenciĝas per la legenda konfuzo de lingvoj ĉe la piedo de la Babela turo (10).

De ĉi tiu religia doktrino de la Biblio, kiu metas la antikvan hebrean en la pozicion de la originala homa lingvo, li transiras en la lingvistikan regnon de scienca-empiria observado, priskribante la lingvojn de Eŭropo. Kvankam la Eŭropaj lingvoj estas disdividitaj en multajn vulgarajn popollingvojn, ili ĉiuj kunhavas iun formon de la morfemo "jes" (en multaj hindeŭropaj lingvoj iu formo de [je] aŭ [jo]). En Francujo, Italujo kaj sur la ibera duonsulo, pliaj diferencigoj produktis tripartan disdividon:

Tabelo 8: La diferencigo de la latinidaj lingvoj laŭ la vorto por "jes"

"Jes"	Latina origino	Teritorio	Latinidaj lingvoj
Oïl	hoc illud [est]	norda Francujo (Fr: Langue d'oïl)	la franca
Oc	hoc [est]	suda Francujo (Fr: Langue d'oc)	la okcitana
Sì	sic [est]	apenina duoninsulo, ibera duoninsulo	la itala, la hispana kaj la portugala

Tiu fama distingo resonos tra la tempoj kaj estas ankoraŭ hodiaŭ uzata por priskribi la latinidan lingvaron. Ekirante de tiu deirpunkto, Danto aŭdacas suriri ankoraŭ ne esploritan teritorion, "en kiu neniu aŭtoritato apogas nin", nome la teritorion de la movofortoj de vario en lingvo (11).

La 10-a ĉapitro de la unua libro detale pritraktas la dialektojn de la vulgara popollingvo sur la apenina duoninsulo. Danto identigas 14 facile distingeblajn dialektojn, kiuj dividiĝas en du grupojn: oriente kaj okcidente de la apenina montoĉeno, kiel li trafe observas. Ĉiu el tiuj 14 dialektoj siavice prezentas sin en multaj malgrandaj variaĵoj, kaj ĉi tiu dialekta vario estas detektebla eĉ interne de unu sama urbo. Sumigo de ĉiuj dialektaj variaĵoj entute liveras nombron de pli ol mil malsamaj parolmanieroj. Plej probable, la ekzila vivo de Danto en multaj diversaj lokoj vekis lian atenton pri dialektaj variaĵoj. Inventarinte "la kakofonion de la abundo da variaĵoj de la itala lingvo", li ekzamenis la taŭgecon de ĉiu variaĵo por servi kiel modelo de komuna itala "estiminda kaj glora" vulgara popollingvo.

Donante sennombrajn ekzemplojn de regionlingvaj "barbarismoj", li detale elmontras por ĉiuj variaĵoj, kial neniu el ili kvalifikiĝas kiel sola solvo de la problemo. Laŭ Danto, la dialekto de la Romanoj estas la plej malbona, ĉar ĝi ne prezentas eĉ dialektan variaĵon de la "vulgara popollingvo", sed nur "malnoblan ĵargonon". La parolantoj de aliaj variaĵoj, kiel la loĝantaroj de Ankono, Milano, Bergamo, Akvilejo (It: Aquileia) kaj Sardujo, estas taksitaj ne multe pli favore. Kvankam la sicilia variaĵo ĝuas "superan famon" kiel tradicia dialekto de elstare eleganta poezio, la kutime parolata sicilia same malsukcesas en la ekzameno. Danto ne nur rimarkigas pri la regionlingva vario, sed li estas ankaŭ atenta pri la diversaj lingvaj diferencoj kaŭze de klaso aŭ de sekso.

Lia propra toskana dialekto, kiun li detale pritraktas en la 13-a ĉapitro de la unua libro de "De vulgari eloquentia", estas nekontestata favorato kiel modelo de la komuna itala vulgara popollingvo. Sed pro la provincisma aroganteco de multaj toskanoj, la lingvonivelo de ilia verkado estas taŭga "ne por kortumo, sed maksimume por magistrato" (12). Ankaŭ la romanja dialekto tute ne ricevas lian agnoskon: laŭ Danto, la romanja estas tiel femina, ke viro, kiu parolas ĝin, "estas konfuzita kun virino" (13).

Kontraste al la romanja, la maldolĉeco de la dialektoj, kiuj estas parolataj en Breŝo (It: Brescia), Verono kaj Vinĉenco (It: Vincenza), "detruas la feminecon de ĉiu virino" tiel, ke "ŝi estas opiniata viro" (14). La dialekto parolata en Bolonjo, eble pro ties situo en la geografia centro de la apenina duoninsulo, estas taksita forta, multe pli harmonia kandidato ol multaj aliaj, sed la bolonjaj poetoj mem rifuzas prestiĝan pozicion por sia propra parolmaniero (15). Pro ilia situo tro proksima al la Alpoj, la nordaj landlimoj de Italujo, Danto forte malaprobas la dialektojn, kiuj estis parolataj en Piemonto kaj en Trentio, kiel malfacile konsenteblaj.

Finfine li trovas ĉiun dialektan variaĵon en tiu aŭ alia formo difektita de unu aŭ pluraj makuloj. Tial, Danto konkludas, ke la modelo de la komuna itala popollingvo, kiun li serĉas, ankoraŭ ne ekzistas en iu el la italaj urboŝtatoj. Anstataŭ elekti unu el la naturaj variaĵoj, li starigas kvar kriteriojn, kiujn la ellaborenda komuna itala popollingvo devas plenumi: ĝi devas esti "glora, plej grava, inda je la kortego kaj je la kortumo" (16) kaj ĝi "estu komuna al ĉiuj kaj estu nenies posedaĵo" (17), taŭga por kaj prozo kaj poezio.

Konkludante la unuan libron de "Pri la elokventeco en la vulgara popollingvo", Danto promesas pritrakti en la sekvaj libroj la demandojn, "kiuj parolantoj meritas uzi ĉi tiun plej elstaran lingvon, kiucele kaj kiamaniere, same kie, kiam kaj kun kiu" (18). Ĉar la traktaĵo finfine restis fragmento, Danto povis nur parte plenumi ĉi tiun promeson. Li ekzamenis en la dua libro diversajn formojn de la popollingva poezio kun aparta emfazo sur la konstruo de la plej populara kaj esprimplena formo, nome la provencdevenaj "kanzono" (It: canzone), kiu plej bone taŭgas por prezenti la plej vastan gamon da temoj.

Danto pitoreske difinas la vulgaran popollingvon kiel la lingvon, "kiun ni akiras sen formala instruado, imitante nian vartistinon" (19). Sed ĉi tiu "glora vulgara popollingvo" (Lt: vulgare illustre), kiun Danto serĉis travagante ĉiujn regionojn de Italujo, tute ne estas identa kun iu nepolurita dialekto. La "glora vulgara popollingvo" pli ĝuste estas kompromisa variaĵo, kiu estas laŭarte ĉerpenda el la naturaj variaĵoj kaj skribenda kun scio, gusto kaj rafiniteco. La plej bono el ĉiuj regionoj sur la apenina duoninsulo eniru en ĉi tiun "gloran vulgaran popollingvon". Ĝuste ĉi tiun ellaborendan "vulgaran lingvon" (It: lingua volgare) Danto celis kaj konsideris pli nobla ol la "gramatikan lingvon" (It: lingua grammaticale), nome Latinon. Kaj por doni neatakeblan literaturan ekzemplon, Danto verkis sian unikan "Dian komedion", samtempe glorante sian idealigitan amon kaj la novnaskitan tut-italan lingvon.

Ĉu lingvo estas planebla?

Se Danto estus demandinta, ĉu lingvo estas planebla - la demando estas ankaŭ la titolo de eminenta anglalingva fakverko (An: Can Language Be Planned? Rubin & Jernudd 1971) - li certe estus doninta pozitivan respondon. Li bazis siajn ideojn pri la vulgara popollingvo sur la fundamento de ĝenerala teorio pri lingvo, kiu, laŭ Danto, estas rimedo de interŝanĝo simila al mono, kion konvinke montris la usona filologino Joan Ferrante (1984: p.311). Dum elokventeco kaj komerco povas servi al multaj diversaj celoj, la granda nombro da regionaj dialektoj, same kiel la granda nombro da regionaj valutoj - la plejmulto da urboŝtatoj sur la apenina duoninsulo havis propran valuton – minacis la komunan bonon, kiu urĝe bezonis unuecon kaj legitimecon.

Sur la bazo de siaj esploroj pri la italaj dialektoj, Danto rigardis la geografion, la sociajn diferencojn kaj la sekson kiel la plej signifoplenajn faktorojn en la senĉesa ŝanĝiĝo de ĉiu homa lingvo. Kvankam li ripete laŭdis la vulgaran popollingvon kiel la naturan esprimilon de ĉiuj, liaj argumentoj senescepte rilatas al ties kulturado kaj reguligo. Estante denature politika poeto kaj intelektulo, Danto konsideris la lingvon kiel instrumenton de unuiĝo, kiu "estu komuna al ĉiuj kaj nenies posedaĵo" (17) kaj kiu kompensas la fiaskon de la regantaj italaj princoj, respondecaj pri la fragmentiĝo de Italujo.

En sia pionira verko "De vulgari eloquentia", Danto teorie pritraktis problemojn, kiuj, laŭ la moderna lingvistika terminaro, temas pri "statusa planado" (An: status planning) kaj "korpusa planado" (An: corpus planning). La "statusa planado" troviĝas en la rolo, kiun li atribuas al la vulgara popollingvo, nome la rolo de la glora komuna lingvo de la tuta Italujo. La "korpusa planado" troviĝas en la diligenta ellaborado fare de "elstaraj instruituloj", kiuj liberigu la vulgaran popollingvon "de tiom da nekompreneblaj konstruoj, de tiom da difektitaj formoj kaj de tiom da barbaraj prononcoj" (20).

Per "La komedio" li mem donis praktikan ekzemplon de la glora kompromisa variaĵo de komuna tut-itala lingvo sur la bazo de la toskana dialekto, ideale konceptita en "Pri la elokventeco en la vulgara popollingvo" kaj profunde ankrita en la tradicio de Latino. Ne hazarde la latina poeto Vergilio, la nepre sekvinda ekzemplo de lingvokrea verkisto, gvidas Danton el la infero al la sojlo de la paradizo, donante vojmontran konsilon pri la neevitebla ŝanĝiĝo de lingvo.

Lastaj vortoj

Coulmas: *Majstro Danto, estas malfacile ordigi miajn pensojn vidalvide al vi, do lasu min komenci la interparolon per simpla demando: Kial vi ordonis al neniu alia ol Vergilio gvidi vin per via majstra verko?*

Danto:	La poeto Publio Vergilio Marono (21) estas nepre sekvinda ekzemplo de lingvokrea verkisto – kvazaŭ mia "rolmodelo", kiel vi probable nomus tion (22).
Coulmas:	*Do kial vi verkis vian poemon ne rekte en Latino?*
Danto:	Ĉar neniu plu parolas Latinon. "Vi parolas kaŭze de la homa naturo; sed ĉu en tiu aŭ alia formo, la naturo fine liberlasas al vi, kiamaniere vi plibeligas vian parolon" (23). Ĉar homoj estas denature tre malstabilaj kaj ŝanĝiĝemaj animaloj, nia lingvo povas esti nek daŭra nek kongrua kun si mem. Same kiel niaj moroj kaj kutimoj kaj ĉio, kio apartenas al ni, ankaŭ la lingvo devas varii laŭ la distanco de spaco kaj de tempo (24).
Coulmas:	*Kaj tia vario ĉiam ekzistis?*
Danto:	Jes, lingva vario ekzistas denature. Ekzemple, se la delonge mortintaj civitanoj de la antikva Pavio leviĝus de siaj tomboj, ili parolus lingvon distingeblan kaj diferencan de la dialekto de la hodiaŭaj Pavianoj (25).
Coulmas:	*Do vi tute ne volis haltigi tiun naturan ŝanĝiĝon, ĉu?*
Danto:	Certe ne, tio estus neebla. Sed, ĉar pli ol mil diversaj variaĵoj de lingvo estas nombreblaj eĉ en tiu malgranda angulo de la mondo, kiu nomiĝas Italujo (26), unu sola tut-itala popollingvo, kiu meritas kaj meritigas la plej grandan honoron, estas simple nemalhavebla.
Coulmas:	*Kiel do vi trovis tiun unu solan variaĵon?*
Danto:	La plejmulto da noblaj agoj faritaj de italoj ne estas propraj atingoj de unuopaj italaj urboj, sed komunaj atingoj de ĉiuj (27). Kaj sammaniere ni povas difini la popollingvon, kiu estas glora, plej grava, inda je la kortego kaj je la kortumo en Italujo, kiel la lingvon, kiu apartenas al ĉiu itala urbo, kvankam ĝi ŝajnas aparteni al neniu (16).
Coulmas:	*Unu lastan demandon, se vi permesas: Kial vi nomas la gloran vulgaran popollingvon "kortega"? Ĉu pro politikaj kaŭzoj?*

Danto: La respondo estas "jes". Se ni italoj havus komunan kortegon, la glora vulgara popollingvo estus la lingvo de la palaco. Ĉar se la kortego estas la komuna domo de la tuta regno, decas konfidi ĉion, kio estas komuna al ĉiuj kaj nenies posedaĵo, al la komuna domo. Tio certe validas ankaŭ por la glora vulgara popollingvo, kiu same estu komuna al ĉiuj kaj nenies posedaĵo (17).

Coulmas: *Grazie mille (28), ke vi lumigis mian komprenon.*

La placo "Danto" en Napolo
(fotografaĵo fare de Florian Coulmas)

Piednotoj

(1) *"L'aiuola che ci fa tanto feroci, volgendom'io con li etterni Gemelli, tutta m'apparve da' colli a le foci."* (Eo: La glob', iganta homon tre kruela, aperis kun la plena panoramo, dum mi giradis kun la par' ĝemela; La Dia Komedio, Paradizo XXII, 151-153), citaĵo laŭ la traduko de Enrico Dondi en: Alighieri 2006.

(2) *"I' son Beatrice che ti faccio andare; vegno del loco ove tornar disio; amor mi mosse, che mi fa parlare."* (Eo: Mi, Beatrico, iri vin insti-

gas; al mia loko la sopir' min trenas, la amo movis min kaj paroligas; La Dia Komedio, Infero II, 70-72). "*È Beatrice quella che sì scorge di bene in meglio, sì subitamente che l'atto suo per tempo non si sporge.*" (Eo: Ja estas Beatrico, kiu gvidas al la plej altaj ŝtupoj, sed la menso ĝin ne rimarkas: tiom ŝi rapidas; La Dia Komedio, Paradizo X, 37-39), citaĵoj laŭ la traduko de Enrico Dondi en: Alighieri 2006.

(3) "Gelfoj" (It: Guelfi, derivita de Ge: Welfen).
(4) "Gibelinoj" (It: Ghibellini, derivita de Ge: Waiblinger).
(5) Pro ĉi tiuj proksimaj interligoj inter Italujo kaj Francujo, la provenca urbo Avinjono povis servi kiel rezidejo de ses papoj inter 1309 kaj 1377.
(6) Infero I, 1-3 (citaĵoj laŭ la elstara traduko de Enrico Dondi en: Alighieri 2006).
(7) Danto forte malaprobis ĉi tiun "gaŭlomanion", draste akuzante Brunetto Latini en la kanto "Infero" (It: Inferno) pri sodomio pro ties perfido kontraŭ la gepatra lingvo.
(8) "*Cum neminem ante nos de vulgaris eloquentie doctrina quicquam inveniamus tractasse, atque talem scilicet eloquentiam penitus omnibus necessariam videamus, cum ad eam non tantum viri, sed etiam mulieres et parvuli nitantur, in quantum natura permittit.*" (De vulgari eloquentia I.I, 1).
(9) "*Non angelis, non inferioribus animalibus necessarium fuit loqui: sed nequicquam datum fuisset eis; quod nempe facere natura abhorret.*" (De vulgari eloquentia I.II, 2).
(10) *(Rimarko de la tradukinto: La legenda rakonto pri la Babela turo [laŭ Genezo 11, 1-9] provas ekspliki la diferenciĝon de la lingvoj: "Sur la tuta tero estis unu lingvo kaj unu parolmaniero. [...] Kaj ili diris: Venu, ni konstruu al ni urbon, kaj turon, kies supro atingos la ĉielon, kaj ni akiru al ni gloron, antaŭ ol ni disiĝos sur la supraĵo de la tuta tero. [...] Kaj la Eternulo diris: Jen estas unu popolo, kaj unu lingvon ili ĉiuj havas; kaj jen, kion ili komencis fari, kaj ili ne estos malhelpataj en ĉio, kion ili decidis fari. Ni malleviĝu do, kaj Ni konfuzu tie ilian lingvon, por ke unu ne komprenu la parolon de alia. Kaj la Eternulo disigis ilin de tie sur la supraĵon de la tuta tero, kaj ili ĉesis konstrui la urbon. Tial oni donis al ĝi la nomon Babel, ĉar tie la Eternulo konfuzis la lingvon de la tuta tero kaj de tie la Eternulo disigis ilin sur la supraĵon de la tuta tero.").*
(11) "*Nos autem nunc oportet quam habemus rationem periclitari, cum inquirere intendamus de hiis in quibus nullius auctoritate fulcimur, hoc est de unius eiusdemque a principio ydiomatis variatione secuta.*" (De vulgari eloquentia I.IX, 1).
(12) "*Et quoniam Tusci pre aliis in hac ebrietate baccantur, dignum utileque videtur municipalia vulgaria Tuscanorum singulatim in aliquo depompare.*" (De vulgari eloquentia I.XIII, 1).

(13) *"Quorum unum in tantum muliebre videtur propter vocabulorum et prolationis mollitiem, quod virum, etiam si viriliter sonet, feminam tamen facit esse credendum."* (De vulgari eloquentia I.XIV, 2).
(14) *"Est et aliud, sicut dictum est, adeo vocabulis accentibusque irsutum et yspidum, quod, propter sui rudem asperitatem, mulierem loquentem non solum disterminat, sed esse virum dubitare cogit."* (De vulgari eloquentia I.XIV, 4).
(15) *"Non etenim est quod aulicum et illustre vocamus; quoniam, si fuisset, maximus Guido Guinizelli, Guido Ghisilerius, Fabrutius et Honestus et alii poetantes Bononie, nunquam a proprio divertissent: qui doctores fuerunt illustres et vulgarium discretione repleti. Maximus Guido: Madonna, lo fino amor c'a vui porto; Guido Ghisilerius: Donna, lo fermo core; Fabrutius: Lo meo lontano gire; Honestus: Più non attendo il tuo secorso, Amore: que quidem verba prorsus a mediastinis Bononie sunt diversa."* (De vulgari eloquentia I.XV, 6).
(16) *"Itaque, adepti quod querebamus, dicimus illustre, cardinale, aulicum et curiale vulgare in Latio, quod omnis latie civitatis est et nullius esse videtur, et quo municipalia vulgaria omnia Latinorum mensurantur, ponderantur, et comparantur."* (De vulgari eloquentia I.XVI, 6).
(17) *"Quia vero aulicum nominamus, illud causa est, quod, si aulam nos Ytali haberemus, palatinum foret. Nam si aula totius regni comunis est domus et omnium regni partium gubernatrix augusta, quicquid tale est ut omnibus sit comune nec proprium ulli, conveniens est ut in ea conversetur et habitet; nec aliquod aliud habitaculum tanto dignum est habitante. Hoc nempe videtur esse id de quo loquimur vulgare."* (De vulgari eloquentia I.XVIII, 2).
(18) *"Et quia intentio nostra, ut polliciti sumus in principio huius operis, est doctrinam de vulgari eloquentia tradere, ab ipso tanquam ab excellentissimo incipientes, quos putamus ipso dignos uti, et propter quid, et quomodo, nec non ubi, et quando, et ad quos ipsum dirigendum sit, in inmediatis libris tractabimus."* (De vulgari eloquentia, I.XIX, 2).
(19) *"Sed quia unamquanque doctrinam oportet, non probare, sed suum aperire subiectum, ut sciatur quid sit super quod illa versatur, dicimus celeriter attendentes quod vulgarem locutionem appellamus eam quam infantes adsuefiunt ab adsistentibus, cum primitus distinguere voces incipiunt; vel quod brevius dici potest, vulgarem locutionem asserimus, quam sine omni regula, nutricem imitantes, accipimus."* (De vulgari eloquentia I.I, 2).
(20) *"Per hoc quoque quod illustre dicimus, intelligimus quid illuminans et illuminatum prefulgens. Et hoc modo viros appellamus illustres, vel quia, potestate illuminati, alios et iustitia et caritate illuminant; vel quia, excellenter magistrati, excellenter magistrent, ut Seneca et Numa Pompilius. Et vulgare de quo loquimur, et sublimatum est magistratu et potestate, et suos honore sublimat et gloria."* (De vulgari eloquentia I.XVII, 2).

(21) La plej granda Roma poeto Publius Vergilius Maro (70-19 a.K.); lia ĉefverko estas la granda epopeo "Eneido".
(22) *"Tu se' lo mio maestro e 'l mio autore, tu se' solo colui da cu' io tolsi lo bello stilo che m'ha fatto onore."* (Eo: Vi estas mia majstro kaj aŭtoro; ja vi la belan stilon komunikas al mi donintan multe da honoro; La Dia Komedio, Infero I, 85-87), citaĵo laŭ la traduko de Enrico Dondi en: Alighieri 2006.
(23) *"Opera naturale è ch'uom favella; ma così o così, natura lascia poi fare a voi secondo che v'abbella."* (Eo: Por hom' estas natura la parolo, sed lasas la natur', ke l' manieron oni elektu laŭ la propra volo; La Dia Komedio, Paradizo XXVI, 130-132), citaĵo laŭ la traduko de Enrico Dondi en: Alighieri 2006.
(24) *"Dicimus ergo quod nullus effectus superat suam causam, in quantum effectus est, quia nil potest efficere quod non est. Cum igitur omnis nostra loquela – preter illam homini primo concreatam a Deo – sit a nostro beneplacito reparata post confusionem illam que nil aliud fuit quam prioris oblivio, et homo sit instabilissimum atque variabilissimum animal, nec durabilis nec continua esse potest, sed sicut alia que nostra sunt, puta mores et habitus, per locorum temporumque distantias variari oportet."* (De vulgari eloquentia I.IX, 6).
(25) *"Nec dubitandum reor modo in eo quod diximus temporum, sed potius opinamur tenendum: nam si alia nostra opera perscrutemur, multo magis discrepare videmur a vetustissimis concivibus nostris quam a coetaneis perlonginquis. Quapropter audacter testamur quod si vetustissimi Papienses nunc resurgerent, sermone vario vel diverso cum modernis Papiensibus loquerentur."* (De vulgari eloquentia I.IX, 7).
(26) *"Quare ad minus XIV vulgaribus sola videtur Ytalia variari. Que adhuc omnia vulgaria in sese variantur, ut puta in Tuscia Senenses et Aretini, in Lombardia Ferrarenses et Placentini; nec non in eadem civitate aliqualem variationem perpendimus, ut superius in capitulo immediato posuimus. Quapropter, si primas et secundarias et subsecundarias vulgaris Ytalie variationes calcolare velimus, et in hoc minimo mundi angulo non solum ad millenam loquele variationem venire contigerit, sed etiam ad magis ultra."* (De vulgari eloquentia I.X, 9).
(27) *"Que quidem nobilissima sunt earum que Latinorum sunt actiones, hec nullius civitatis Ytalie propria sunt, et in omnibus comuniu sunt: inter que nunc potest illud discerni vulgare quod superius venabamur, quod in qualibet redolet civitate nec cubat in ulla."* (De vulgari eloquentia I.XVI, 4).
(28) "Grazie mille" (Eo: [laŭvorte] milon da dankoj).

IV. Sejong la Granda (세종대왕)
[seĝong devang]

Sejong la Granda
(fotografajo fare de
Kim Juwon, Seulo)

La vivo de Sejong la Granda (Yi Do)

En la jaro 1392 la jam maljuna generalo Yi Seong-gye estis forpelinta Gongyang (reg. 1389-1392), la lastan reĝon de la Goryeo-dinastio (918-1392) de la Reĝlando Goryeo (el kies nomo fontas la hodiaŭa landnomo Koreujo). La nova reĝo Yi Seong-gye (reg. 1392-1398) fondis ne nur novan dinastion, sed ankaŭ la novan ĉefurbon Hanyang, la hodiaŭa Seulo, kaj ŝanĝis la nomon de la regno en "Joseon" (Ko: 조선), revivigante legendan landnomon (1). Yi Seong-gye nomumis la plej junan el siaj ok filoj kronprinco kaj sukcedonto, kvankam tia grava neglektado de la pli aĝaj filoj konsiderinde konfliktis kun la konfuceanisma principo de rita konveneco (Ĉn: Lǐ). Pro la sangoverŝa interfrata milito, kiu sekve ekflamis, la reĝo Yi Seong-gye rezignacie abdikis en 1398 por pasigi la reston de sia vivo (ĝis 1408) en sia norda hejmurbo

Hamhung. En la jaro 1400 lia kvina filo Yi Bang-won fine sukcesis ĉesigi la sangoverŝan interfratan militon, akirante la reĝecon (reg. 1400-1418).

Yi Do, la tria filo de Yi Bang-won, naskiĝis en la nova ĉefurbo Hanyang la 15-an de Majo (= la 10-an de la serpento-monato laŭ la tradicia korea kalendaro) 1397. Jam tre frue evidentiĝis, ke Yi Do estis elstare talenta kaj rimarkinde inklina al la plej diligenta studado. La reĝo Yi Bang-won nomumis lin kronprinco kaj sukcedonto, kiam Yi Do atingis la aĝon de 21 jaroj. Post la abdiko de sia patro en 1418, Yi Do suriris la tronon, kiun li tenis ĝis sia morto en 1450. Postmorte li ricevis la honoran titolon "La epokfaranta prapatra grandreĝo" (Ko: 세종대왕, Sejong Daewang), kun kiu li eniris en la analojn (Ko: 실록, Sillok) kiel la plej fama kaj la plej admirata reĝo de la tuta korea historio.

Tabelo 9: Nomoj kaj honoraj titoloj de la unuaj reĝoj de la Yi-dinastio (1392-1910)

Vivtempo	Nomo	Regado	Honora titolo
1335-1408	Yi Seong-gye	1392-1398	Taejo
1367-1422	Yi Bang-won	1400-1418	Taejong
1397-1450	Yi Do	1418-1450	Sejong Daewang

La regado de la reĝo Sejong estis longa sinsekvo de tre rimarkindaj reformoj kaj atingoj dum 32 jaroj (Kim-Renaud 1992). La filozofia doktrino de la nov-konfuceanismo estis la ideologia fundamento de lia regno, kiu liveris la necesajn principojn de bona regado kaj de socia organizado. En 1401 Joseon-Koreujo fariĝis vasala ŝtato de la Ĉinuja Imperio sub la regado de la Míng-dinastio (1368-1644), agnoskante la superregecon de la potenca najbaro, kiu prezentis la dominantan civilizacion en orient-Azio ekde la malfrua 3-a jarcento a.K. (Qín-dinastio 221-207 a.K.).

La reĝo Sejong estis plej klera monarĥo, kiu dediĉis sian vivtempon al la studado de la sciencoj kaj al la klerigado de la korea popolo, ĉar li estis senescepte adoptinta la filozofian doktrinon de la nov-konfuceanismo, laŭ kiu malklereco estas la fonto ne nur de eraroj, sed ankaŭ de malmorala konduto. La filozofo, kiu plej profunde impresis la reĝon Sejong, estis la ĉina nov-konfuceanisto Zhāng Zài, la aŭtoro de la klasikaĵo "La korektado de malklereco" (Ĉn: Zhèng Méng). Zhāng Zài instruis, ke "klereco naskas sincerecon" kaj ke "granda viro, kiu kapablas kompreni kaj efektivigi tiun principon, nepre deziras, ke ankaŭ aliaj atingu la samon" (Chan 1963: pp.499 & 508). Laŭ tiu vidpunkto la ĝusta konduto rezultas el la ĝusta komprenado de la laŭnatura ordo de ĉiuj aferoj. La plej grava tasko de la reĝo estas certigi, ke harmonio regu "inter la ĉielo kaj la tero", alivorte inter la ordo en la naturo kaj la ordo en la homa socio. La precipa rimedo por atingi ĉi tiun harmonion estas la diligenta studado. Ekzistas abunde da atestoj, ke Sejong mem vivis kaj regis konsekvence laŭ ĉi tiu principo.

En 1420, nur du jarojn post la surtroniĝo, li fondis la Akademion de Saĝaj Eminentuloj (Ko: 집현전, Jip-hyeon-jeon) kaj eĉ lokis ĝin interne de la reĝa palaco (Peterson 1992: p.17). Li komisiis al ĉi tiu institucio diversajn sciencajn kaj instruajn taskojn, el kiuj la plej fama certe estis la skribsistema reformo. Jam en la sekva jaro (1421) Sejong dekretis, ke ĉiu verdikto de mortpuno premisu tri neinterdependajn juĝprocesojn, antaŭ ol la akuzito estu ekzekutita. Ĉi tiu leĝo prezentis nur la unuan paŝon al ampleksa reformo de la juraj kodoj kaj de la tuta tribunala sistemo inter 1426 kaj 1433, kiu esence fondis la daŭran famon de la juna Joseon-dinastio (= Yi-dinastio 1392-1910).

En 1438 Sejong enkondukis rigoran ekzamensistemon (Ko: 과거, Guago), kiu estis sukcese trapasenda de ĉiuj kandidatoj por funkcioj en la ŝtata administracio. La "Guago" havis la fokuson en la ekzegezo de la klasika ĉina literaturo laŭ la nov-konfuceanisma spirito. Sejong ne nur progresigis la Koreujan instrusistemon kaj la sciencojn, sed ankaŭ ordonis la kompiladon de la koreaj popolkantoj, same kiel li sponsoris la pejzaĝan pentrarton, ĉar ĉi tiu arto rangigas la naturon antaŭ la homoj.

En 1426 li dekretis, ke elstare talentaj junaj studentoj estu liberigataj de ĉiuj aliaj devoj, por permesi al ili koncentri ĉiujn fortojn sur la studadon, kaj en 1432, ke ĉiuj lernejoj en Koreujo estu alireblaj ankaŭ por la filoj de nenobelaj koreoj. Sub la regado de la reĝo Sejong, Koreujo atingis konsiderindan progreson kaj en la higienaj vivkondiĉoj kaj en la medicina prizorgado de la loĝantaro. Danke al ĉi tiuj progresoj, la demografia kreskindico de Koreujo kvarobliĝis sub lia regado de 1 al 4 elmiloj (Yi & Jeon 1992: p.98). Ceteraj kampoj, kiujn reĝo Sejong signifoplene antaŭenigis, estas listigitaj en la Tabelo 10:

Tabelo 10: Signifoplenaj atingoj en scienco kaj tehniko sub la regado de la reĝo Sejong (Kim-Renaud 1992)

Agrikulturo	Manlibro pri terkultivado	(Ko: 농사직설, Nongsa-jikseol)	1429
Astronomio	Astrolabo	(Ko: 혼천의, Honcheonui)	1433
Tempomezurado	Akvohorloĝo	(Ko: 자격루, Jagyeokru)	1434
	Sunhorloĝo	(Ko: 앙부일구, Angbu-ilgu)	1434
Meteorologio	Pluvmezurilo	(Ko: 측우기, Cheugugi)	1441

En la 1440-aj jaroj li alpaŝis al lingvopolitika reformprojekto: la kreado de propra korea skribsistemo. La plejmulto da historiistoj konsentas, ke la reĝo Sejong ne simple komisiis ĉi tiun projekton al la fakuloj de la Akademio de Saĝaj Eminentuloj, sed ke li mem ludis aktivan rolon en la disvolvado de la sistemo, kiu estas hodiaŭ konata sub la termino "Han-geul" (Ko: 한글), t.e. laŭvorte "la granda skribo" (Ledyard 1998; Lee K.-M. 2009). En Nord-Koreujo la sama skribsistemo kurioze nomiĝas "Joseon-geul" (Ko: 조선글), rilatigante ĝin al la dinastia landnomo.

En la jaro 1446, post pluraj jaroj de konscienca ellaborado, la nova korea skribsistemo estis promulgita en la nomo de la reĝo. Kvankam tiu lingvopolitika reformprojekto ne estis lia lasta entrepreno, ĝi sendube restas lia plej fama heredaĵo al la posteularo, kiu admiras lin ĝis hodiaŭ kiel la reĝon Sejong "la Granda" (Ko: 대왕, Daewang). Ĉi tiu honora nomepiteto restis kunligita kun la rememoro pri nur du el ĉiuj reĝoj en la korea historio.

Tabelo 11: Titoloj de la ceteraj literaturaj verkoj de reĝo Sejong

용비어천가	"Kantoj de drakoj, kiuj flugas al la ĉielo"	1445
석보상절	"Epizodoj el la vivo de Budho"	1447
월인천강지곡	"Kantoj pri la lunlumo, kiu brilas sur mil riveroj"	1447
동국정운	"La normaj rimoj de la orientaj ŝtatoj"	1447

La lingvoj en Koreujo sub la frua Joseon-dinastio

Joseon-Koreujo estis socilingvistike eksterordinare homogena lando. Ankaŭ hodiaŭ, neniu alia lingvo ol la korea estas parolata en ambaŭ partoj de Koreujo, kaj ĉi tiu stato daŭras jam dum multaj jarcentoj. Inter 1231 kaj 1270, la mongoloj ripete invadis la korean duoninsulon, fine turnante ĝin en vasalan ŝtaton por preskaŭ unu jarcento (t.e. ĝis la fino de la mongol-devena Yuán-dinastio en 1368). La korea kaj la mongola nacioj fariĝis pli kaj pli dinastie interligitaj, ĉar dum tiu jarcento (1270-1368) senescepte ĉiu korea reĝo edziĝis kun mongola princidino. Komprenebla, la mongola lingvo estis tiam plej diligente studata en Joseon-Koreujo. La lingva kontakto inter la mongola kaj la korea postlasis spurojn en diversaj koreaj dialektoj. Kontraste al la mongola, la tunguza lingvo de la najbara ĝurĝena popolo (Ĉn: Nǚzhēn), kiu loĝas tuj nordokcidente de la limrivero Jaluo (Ĉn: Yālù Jiāng, Ko: 압록강, Amrokgang) en Manĉurujo, estis neniam vaste studata en Koreujo.

La ununura fremda lingvo, kiu daŭre ludis signifoplenan rolon en Koreujo, estis la ĉina. Estante la precipa lingvo de ĉiuj ŝtataj funkcioj, de ĉiuj sciencoj, de la literaturo kaj de la religio, la ĉina havis elstaran signifon por la korea kulturo. Koreaj juĝprocesoj, reĝaj dekretoj, juraj kodoj, sciencaj verkoj kaj poeziaĵoj estis ĉiuj ĉinlingvaj, ĉar la ĉina estis la aŭtoritata skriblingvo. Preskaŭ la tuta korea literaturo, t.e. la literaturo fare de koreaj aŭtoroj, estis verkita en la ĉina lingvo, kiu tamen restis fremda lingvo al la granda plimulto de la popolo.

La rolo, kiun la ĉina ludis en Joseon-Koreujo, estis certagrade simila al tiu de Latino en la mezepoka Eŭropo. Sed dum pluraj popoloj en Eŭropo parolis latinidajn lingvojn, kiuj naskiĝis el Latino, koreoj neniam parolis la ĉinan kiel gepatran lingvon. La ĉina kiel lingvo de la sciencoj tamen havis profundan efikon sur la korean. Precipe la teĥnika kaj la literatura vortprovizo estas ĝis hodiaŭ traplektita de ĉindevenaj terminoj, kiuj laŭ kelkaj lingvistoj konsistigas preskaŭ 50 elcentojn de la moderna korea vortaro (Sohn 1999).

La uzo de la ĉina skriblingvo estis limigita al la elito de la korea socio. Laŭ la hodiaŭa lingvistika terminaro, la lingva situacio en Koreujo dum la vivtempo de Sejong do estas priskribebla kiel kampospecifa, socie determinita diglosio (t.e. dulingva situacio, en kiu unu el la du lingvaj variaĵoj ĝuas pli altan socian prestiĝon). Tiu "dulingveco" prezentis neniam kontestatan aspekton de la korea kulturo kaj gravan parton de la potencrilatoj, kiuj estis fortikigitaj helpe de la nov-konfuceanismo kiel la ŝtata ideologio.

Skribsistema reformo

La skribsistema reformo de la reĝo Sejong originis el du problemoj: la maltaŭgeco de la ĉinaj ideografiaĵoj por skribi la korean unuflanke kaj la relative alta proporcio de analfabetoj en Koreujo aliflanke. Tion plej klare evidentigas la komentario pri la dokumento, per kiu la nova skribsistemo estis proklamita: "La klarigo pri la ĝustaj sonoj instruendaj al la popolo" (Ko: 훈민정음 해례, Hunmin Jeong-eum Haerye) (2).

La signifoplena enkonduka unua paragrafo (vidu Bildon 4), kiun reĝo Sejong verkis en la klasika ĉina lingvo, tekstas jene:

> "La lingvo de nia popolo estas tute malsimila al tiu de la Ĉinuja nacio. La noblaj ĉinaj ideografiaĵoj ne taŭgas por videbligi la strukturon de nia lingvo. El tio sekvas, ke multaj (precipe senkleraj) membroj de la korea popolo ne kapablas skribe esprimi tion, kion ili deziras. Ĉar ĉi tiu situacio afliktis min, mi kreis 28 novajn literojn, kiujn ĉiu membro de la korea popolo espereble povos facile lerni kaj komforte uzi en la ĉiutaga vivo."

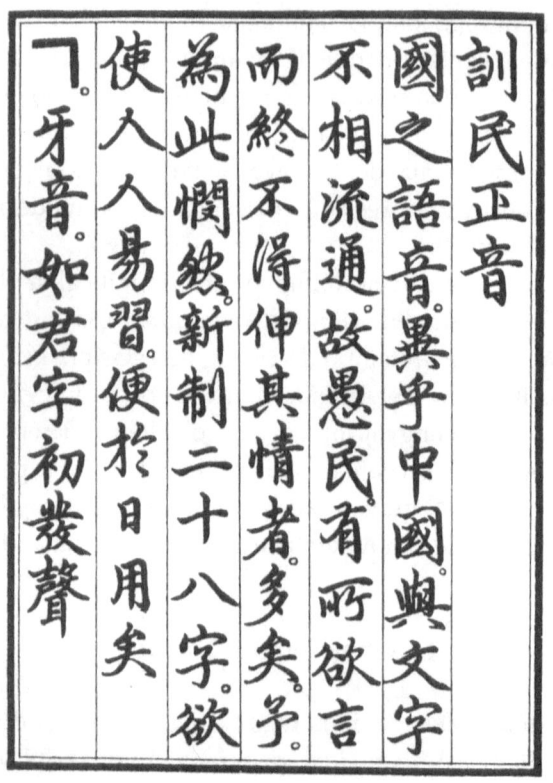

La enkonduka paragrafo de *"La klarigo pri la ĝustaj sonoj instruendaj al la popolo"* (Ko: 훈민정음 해례, *Hunmin Jeong-eum Haerye*)

Post ĉi tiu enkonduka unua paragrafo komenciĝas priskriboj kaj klarigoj pri la novaj koreaj literoj, el kiuj la unua estas figurita supre de la lasta kolumno (t.e. la plej maldekstra kolumno) sur la paĝo en Bildo 4:

"ㄱ *estas molara [velara] sono kiel la komenca sono de la ĉina ideografiaĵo* 君 *[Ĉn: kūn = monarĥo]."* (Shin S.-S. et al. 1990: p.1)

Laŭ la moderna esprimmaniero, ambaŭ kaŭzantaj problemoj, kiuj estas indikitaj en la komenco de la enkonduka unua paragrafo, rilatas al la lingva tipologio unuflanke kaj al la legokapablo aliflanke: (a) ĉar la lingva tipologio de la korea estas tute malsimila al tiu de la ĉina, la ĉinaj ideografiaĵoj ne taŭgas por skribi la korean lingvon; (b) la novaj facile lerneblaj literoj permesas al ĉiuj koreoj esprimi sin skribe. La du argumentoj estas apenaŭ kontesteblaj: dum la ĉinaj ideografiaĵoj estas plej taŭgaj por analiza (izolanta) lingvo kiel la ĉina, ili fakte ne taŭgas por skribi sintezan (aglutinan) lingvon kiel la korean kun ties ampleksa morfologio.

Sur la bazo de plisimpligitaj ideografiaĵoj, la Akademio de Saĝaj Eminentuloj ellaboris tri malsamajn koreajn skribsistemojn, sed ĉiu sistemo montriĝis pli malfacila ol la antaŭa. El ĉi tio kompreniĝas la emfazo pri la dua celo: la facila lernebleco. Kio ĝenerale validis por la ĉinaj ideografiaĵoj, tio eĉ pli multe validis por ilia aplikado al la korea lingvo: oni neeviteble bezonis multajn jarojn por lerni ilin. La paragrafoj, kiuj sekvas post tiu enkonduka deklaro pri la celoj, konsistigas sisteman pritraktadon de la 28 literoj de la nova alfabeto, el kiuj 24 estas uzataj hodiaŭ (Kim-Renaud 1997: p.2).

Scienca rigoreco

"La klarigo pri la ĝustaj sonoj instruendaj al la popolo" detale rivelas la principojn, laŭ kiuj la nova korea skribsistemo estas konstruita kaj ĝuste uzenda. Sejong kaj liaj fakuloj de la Akademio de Saĝaj Eminentuloj, kun kiuj li ellaboris la novan skribsistemon, ne nur estis spertaj pri la ĉinlingva fonetiko, sed ankaŭ studis ĉiujn aliajn skribsistemojn, pri kiuj ili povis ekscii, kiel ekzemple la mongolan "Phagpa" [pagba] skribsistemon. La tibeta lamao Phagpa (Пагва лам) estis kreinta tiun skribsistemon, strukture alfasilaban Abugidon (3), sur la bazo de la tibeta skribsistemo en la jaro 1269 laŭ ordono de la ĥano Ĥubilaj (Хубилай хаган), la fama fondinto de la Yuán-dinastio de la Mongol-Ĉinuja Imperio. Sekvante la Abugidan principon, ĉiu litero prezentas fik-san kombinaĵon de konsonanto kun defaŭlta vokalo, kiu tamen ne nepre akordas kun la parolata vokalo en ĉiuj kuntekstoj (Coulmas 1996: p.393).

Same kiel ĉinaj ideografiaĵoj, la "Phagpa" literoj estis skribataj en vertikalaj kolumnoj. La hipoteza influo de la "Phagpa" sur la kreadon de la korea Han-geul restas malcerta, sed jam la fakto, ke interne de la ĉina kultursfero estis naskita nova skribsistemo por transskribi ĉinajn ideografiaĵojn, sendube inspiris la projekton de la reĝo Sejong. Li kaj liaj fakuloj de la Akademio konsciis la uzon de la "Phagpa" por grafemigi la ĉinan fonologion (Ledyard 1997: p.51). Kelkaj lingvistoj atentigis pri grafika simileco de kelkaj Han-geul literoj al la "Phagpa" literoj (Hope 1957), aliaj asertis grafikan similecon al la antikva ĉina kaligrafia sigelskribo (Ĉn: Zhuàn Shū) (Lee S.-O. 1997), sed la fundamentaj formantaj principoj de la Han-geul literoj klare distingiĝas de ambaŭ. La influo de la Abugida sistemo evidentiĝas en la ordo de la literoj: unue la velaroj ([k]/[g]), due la dentaloj ([n], [t]/[d] kaj [r]/[l]), trie la bilabialoj ([m] kaj [p]/[b]), kvare la siblantoj ([s] kaj [ĉ]/[ĝ]) kaj kvine la laringaloj ([ng] kaj [h]). Malgraŭ diversaj indicoj pri fremdaj influoj, la korea Han-geul, kiun Sejong kaj liaj akademiaj fakuloj estis ellaborintaj, estis do tamen aŭtentika kaj tute originala kreaĵo.

Tabelo 12: La 14 konsonantaj Han-geul literoj (Ko: 자모, Jamo)

La 14 konsonantaj Han-geul literoj							
5 fundamentaj		**9 derivitaj (kun aldonaj streketoj)**					
ㄱ	[k]/[g]	ㅋ	[kʰ]				
ㄴ	[n]	ㄷ	[t]/[d]	ㅌ	[tʰ]	ㄹ	[r]/[l]
ㅁ	[m]	ㅂ	[p]/[b]	ㅍ	[pʰ]		
ㅅ	[s]	ㅈ	[ĉ]/[ĝ]	ㅊ	[ĉʰ]		
ㅇ	[ng]	ㅎ	[h]				

La plej mirinda karakterizaĵo de la nova skribsistemo estas la ikonecaj rilatoj inter la fizikaj lokoj de la artikulacio kaj la grafikaj formoj de la literoj, kiel "La klarigo pri la ĝustaj sonoj instruendaj al la popolo" modele rivelas pri la kvin fundamentaj konsonantoj:

> "La litero por la molara [velara] sono ㄱ [k] prezentas la formon de la langodorso, kiu leviĝas por bari la spirvojon tra la gorĝo. La litero por la langa sono ㄴ [n] prezentas

la formon de la langopinto, kiu tuŝas la ostan palaton. La litero por la dulipa sono ㅁ *[m] prezentas la formon de la fermita buŝo. La litero por la inciziva sono* ㅅ *[s] prezentas la formon [sekcon] de trancodento. Kaj la litero por la laringa sono* ㅇ *[ng] prezentas la formon de la gorĝo [malfermita buŝo]." (Lee H.-M. 1990: p.203)*

La principoj por formi la literojn estas tre konsekvence aplikitaj. Ekzemple la litero por la "molara sono" (velaro) ㄱ estas aŭ senvoĉa [k] aŭ voĉa [g]. Por prezenti la senvoĉan aspiracian velaron [kh], la litero ricevas aldonan streketon: ㅋ. Kaj la glotigitan velaron [k] pre-zentas la duobligita litero: ㄲ. Tiuj samaj principoj estas aplikitaj tra la tuta Han-geul alfabeto. Same sistema estas la grafika formado de la vokalaj Han-geul literoj, uzante nur tri elementojn: horizon-tala streketo por la malrondigita malvasta malantaŭa vokalo [ɯ] (simila al la ruslingva "ы"), vertikala streketo por la malrondigita malvasta antaŭa vokalo [i], punkto super aŭ sub la horizontala streketo, respektive dekstre aŭ maldekstre de la vertikala streketo por krei la "derivitajn" vokalojn (kun unu punkto) kaj la "jotigi-tajn" vokalojn (kun du punktoj):

Tabelo 13: La 10 vokalaj Han-geul literoj (Ko: 자모, *Jamo)*

La 10 vokalaj Han-geul literoj							
2 fundamentaj		4 derivitaj (kun unu punkto)			4 jotigitaj (kun du punktoj)		
—	[ɯ]	ㅗ	[o]	ㅜ	[u]	ㅛ	[jo]	ㅠ	[ju]
ǀ	[i]	ㅏ	[a]	ㅓ	[ɔ]	ㅑ	[ja]	ㅕ	[jɔ]

Tiuj tri kombinendaj elementoj, nome la horizontala streketo, la vertikala streketo kaj la punkto, havas ankaŭ simbolajn kvalitojn: (a) la horizontala streketo simbolas la teron; (b) la vertikala streketo simbolas la rekte starantan homon; (c) la punkto simbolas la sunon en la ĉielo. La konsonantaj kaj la vokalaj Han-geul literoj estas skribataj ne simple laŭ kontinue linia aranĝo, sed la literoj, kiuj kune formas silabon, estas kunigitaj al unuo, kiu tiamaniere povas ankaŭ konformi al morfemo de ĉina ideografiaĵo. Ĉiu silaba unuo precize prezentas propran, klare distingeblan fonetikan unuon. La fakto, ke Sejong kaj liaj akademiaj fakuloj atingis la celon per aro de nur 28 grafemoj (el kiuj aplikiĝas hodiaŭ eĉ nur 24), atestas rigore sciencan analizon de la specifaj fonetikaj bezonoj de la korea lingvo kaj grandan inĝeniecon en la kreado de la Han-geul literoj (Ko: 자모, Jamo).

Ne nur la ikonecaj rilatoj inter la fizikaj lokoj de la artikulacio kaj la grafikaj formoj de la literoj, sed ankaŭ la senescepte preciza prezentado de la klare distingeblaj fonetikaj unuoj per silabaj unuoj estas unikaj kvalitoj de la Han-geul alfabeto, kiuj ne troviĝas en iu alia skribsistemo. Sejong kaj liaj akademiaj fakuloj sprite kombinis la sciencan rigorecon de fonetika analizo kun la prudenta koncepto, ke la morfema unuo de la lingvo, la silabo, estas multe pli decidiga, ol iu alia distingiĝa trajto. Krome, la skribo en silabaj unuoj estetike multe pli bone konformas al la ĉina kaligrafia praktiko ol iu skribo en fonem-prezentantaj grafemoj laŭ kontinue linia aranĝo (kiel, ekzemple, la latina alfabeto). La reĝo Sejong kaj lia akademiaj fakuloj tiel ankaŭ sukcesis harmoniigi la novan skribsistemon kun la ĉina kaligrafia tradicio.

Ideologia apogo

La skribsistema reformo de Sejong estis nenio alia ol kultura revolucio. Por adekvate estimi la aŭdacon de ĉi tiu entrepreno, necesas konstati, ke krom la oficiala nomo "La ĝustaj sonoj instruendaj al la popolo" (Ko: 훈민정음, Hunmin Jeong-eum) ekzistis ankaŭ la iom malestima termino "vulgara skribsistemo" (Ko: 언문, Onmun), kiun uzis la konservativa instruita elito por misfamigi la popolan aliron al la skribarta privilegio. El la oficiala nomo jam evidentiĝas, ke Sejong la Granda senkaŝe celis la klerigadon de la nenobela popolo. Ĉi tiu celo ne estis atingebla per la ĉinaj ideografiaĵoj, ĉar la tradicia instruado neevitable bezonis multajn jarojn por atingi kontentigajn rezultojn.

La Han-geul alfabeto origine ne estis intencita kiel anstataŭo de la ĉinaj ideografiaĵoj por literaturaj celoj, sed nur kiel rimedo por satigi duarangan (ĉar nenobelan) bezonon. La ĉina literatura heredaĵo prezentis ne nur la kutiman vojon, de kiu devii estis malfacile, sed ankaŭ la nemalhaveblan kulturan kernon de la tuta "ĉinosfero" (4). La korea intelekta elito rigardis sin mem kiel esencan parton de la ĉinosfero. Sejong memkompreneble konsciis ĉi tiun sintenon de la korea intelektularo, kiu konsideris la novan skribsistemon kiel atencon kontraŭ la establita ordo, ja kontraŭ la kulturo mem. Estis evidente al li kaj al liaj akademiaj fakuloj, ke la imanentaj avantaĝoj de la nova alfabeto neniam estos sufiĉe konvinkaj por la korea elito. Por havi iun ajn ŝancon de sukceso, forta ideologia apogo do estis nepre bezonata.

La filozofia pravigo por antaŭenigi la Han-geul alfabeton estas ekzemplodona modelo de sukcesa "statusa planado" (An: status planning). Tiun filozofian pravigon de la formo kaj de la uzo liveris fru-antikva ĉina teksto, kiun konfuceanoj kaj taoistoj sammaniere honoris: "La libro pri la ŝanĝiĝoj" (Ĉn: Yì Jīng), metafizika verko pri aŭgurado el la tempo de la frua okcidenta Zhōu-dinastio (1046-771 a.K.). "La libro pri la ŝanĝiĝoj" en la interpretado laŭ la taoismo eksplikas la tutan universon kiel interagon de la du antagonismaj principoj "ombra flanko" aŭ jino (Ĉn: Yīn) kaj "suna flanko" aŭ jango (Ĉn: Yáng) kaj same kiel metamorfozon de la kvin fazoj (t.e. ligno, fajro, tero, metalo kaj akvo), kiuj determinas ĉion.

"La klarigo pri la ĝustaj sonoj instruendaj al la popolo" (Ko: 훈민정음 해례, Hunmin Jeong-eum Haerye) ampleksas ankaŭ traktaĵon pri la principo, laŭ kiu mezaj parolsonoj estas ĝuste apartigendaj en helajn ("sunajn") parolsonojn unuflanke kaj en malhelajn ("ombrajn") sonojn aliflanke, kaj kiel la kvin fundamentaj konsonantaj sonoj (ㄱ/ㄴ/ㅁ/ㅅ/ㅇ) konformas al la kvin fazoj de metamorfozo. Iliaj rilatoj al la fizikaj lokoj de la artikulacio estas pravigitaj ne nur science de la empiria observado, sed ankaŭ religie de la metafizika ordo en la universo. La komentario eksplikas:

> "La parolsonoj, la propraĵoj de la homoj, baziĝas sur la interagado de la kvin fazoj de metamorfozo. La gorĝo estas profunda kaj malseka kiel la akvo. La laringaj sonoj, kiuj venas el la gorĝo, estas liberaj kaj nebaritaj, same kiel la akvo estas klara kaj flua. La molaroj estas kompleksaj kaj

longaj kiel arboj. La molaraj [velaraj] sonoj estas similaj al la laringaj sonoj, sed pli fortikaj, same kiel la arboj kreskas el la akvo, sed tamen havas formon. La lango estas akra kaj moviĝema kiel la fajro. La langaj sonoj suliĝas kaj flugas, same kiel la fajro ruliĝas kaj etendiĝas kaj flagras. La incizivoj estas malmolaj kaj trančaj kiel la metaloj. La incizivaj sonoj fendiĝas kaj tamen kunfandiĝas, same kiel la metaloj estas fandataj kaj kunmartelataj, por ke ili fortikiĝu. La lipsonoj estas ampleksaj kaj daŭraj kiel la tero, kiu estas daŭra kaj ampleksas ĉion." (citaĵo laŭ Park 1990: pp.293-294)

Tiamaniere la kvin fundamentaj konsonantoj perfekte kongruas kun la laŭnatura ordo de la universo konforme al la ĉina sistemo de la kvin fazoj de metamorfozo (Ĉn: Wǔ Xíng, Ko: 오행, O-haeng):

Tabelo 14: *La kvin fazoj de metamorfozo (Ĉn: Wǔ Xíng) kaj la grafemoj (Ko: 자모, Jamo) por la kvin fundamentaj konsonantoj de la korea lingvo*

Fazo	ligno	fajro	tero	metalo	akvo
Ideografiaĵo	木 [mù]	火 [huǒ]	土 [tǔ]	金 [jīn]	水 [shuǐ]
Direkto	oriento	sudo	centro	okcidento	nordo
Sezono	printempo	frua somero	malfrua somero	aŭtuno	vintro
Sono	"molara"	"langa"	"lipa"	"inciziva"	"laringa"
Grafemo	ㄱ [k/g]	ㄴ [n]	ㅁ [m]	ㅅ [s]	ㅇ [ng]
Literformo simila al la	lango-dorso, kiu leviĝas al la palata velo	lango-pinto, kiu leviĝas al la osta palato	fermita buŝo (kunpremitaj lipoj)	(sagitala sekco de) incizivo	gorĝo (malfermita buŝo)

El moderna perspektivo estas malfacile imagi, kiel nepre konvinka estis la efiko de tiu klasifiko, ĉar ĝi perfekte konvenis al la kohera mondkoncepto, laŭ kiu ĉiuj fenomenoj estis fine eksplikeblaj kiel specoj de metamorfozoj (Ĉn: Xíng) en kvin fazoj. Unuflanke firme fondita sur rigora lingvistika scienco, la nova skribsistemo aliflanke rezultigis nerefuteblan prezentadon de la religia universa ordo de ĉiuj fenomenoj.

Efektivigo

La nova skribsistemo estis genia en sia simpleco, plej konvinka jam pro sia sistemeco kaj multe pli facile lernebla ol la abundo da ĉinaj ideografiaĵoj. Sed tiuj nekontesteble elstaraj kvalitoj ne estis sufiĉaj por certigi la akcepton de la Han-geul literoj. Jam antaŭ la oficiala promulgo de "La ĝustaj sonoj instruendaj al la popolo" (Ko: 훈민정음, Hunmin Jeong-eum), Sejong kaj la plimulto de liaj akademiaj fakuloj spertis obstinan opozicion de kelkaj fakuloj pri la klasika ĉina literaturo sub la gvidado de Choe Manri (최만리), la unuaranga konsilisto de la Akademio de Saĝaj Eminentuloj.

Iliaj kialoj por kontraŭstari la reĝan projekton, kiujn ili vortigis en la jaro 1444 en la tiel nomata "kontraŭ-alfabeta memuaro", estis precipe la sekvaj: unue, la ĝenerala uzo de la nova skribsistemo dissolvus la ligilon kun la korea literaturo en ĉinaj ideografiaĵoj, kaj due, la enkonduko de ne-ĉina skribsistemo damaĝus la prestiĝon de Joseon-Koreujo en la okuloj de la ĉinaj najbaroj. Eĉ la nura ideo de rompo kun la ĉina literatura tradicio, des pli multe la preparo de rimedo por efektivigi tian rompon, alportis la danĝeron, esti kunligata kun la ne-ĉinaj (t.e. necivilizitaj) popoloj kaj pro tio kun barbareco. La "kontraŭ-alfabeta memuaro" tekstas jene:

> *"Kvankam jam ekde antikvaj tempoj la naŭ regionoj de la Ĉinuja Imperio distingiĝas unu de la aliaj per moroj kaj lokaj kutimoj, tamen neniam ekzistis aparta skribsistemo por unu el la lokaj dialektoj. Nur la mongoloj, la tangutoj, la ĝurĝenoj [manĉuroj], la japanoj kaj la tibetanoj havas proprajn skribsistemojn. Sed tio estas afero de barbareco kaj tial ne menciinda." (citaĵo laŭ Ledyard 1997: p.69)*

Plej probable la opoziciaj instruituloj havis trian (kvankam neesprimitan) motivon por kontraŭstari la reĝan skribsisteman reformon, nome la plej komprenebla deziron defendi la proprajn privilegiojn. Se la prezo por akiri la legokapablon konsiderinde malaltiĝus, kiel la nova alfabeto ja prave promesis, ilia eminenta kaj malfacile atingebla rango kiel instruituloj estus fundamente endanĝerigita. Ne malmultaj oficistoj kaj instruituloj kunhavis la kritikon de Choe Manri kontraŭ la projekto.

Kiam la reĝo Sejong mortis en la jaro 1450, lia plej postulema reformo estis progesinta nur malmulte: manpleno da budhismaj verkoj estis tradukita kaj transskribita per la novaj literoj, "La normaj rimoj de la orientaj ŝtatoj" (Ko: 동국정운, Dong-guk Jeong-un), t.e. vortaro por la ĝusta prononcado de la ĉinaj ideografiaĵoj, kaj malmultaj aliaj libroj estis publikigitaj en la Han-geul alfabeto. Sed ĉiuj signifoplenaj dokumentoj estis senŝanĝe publikigataj en ĉinaj ideografiaĵoj, dum la granda skribsistemo de Sejong la Granda transvivis lian morton dum longa tempo nur ĉe la rando de la socio.

La malfavora reputacio de preskaŭ forgesita "skribsistemo por analfabetoj" algluiĝis al la ne-ĉinaj literoj, ĝis ili estis retrovitaj kvar kaj duonan jarcentojn post la morto de la reĝa aŭtoro. "La ĝustaj sonoj instruendaj al la popolo" el la 15-a jarcento estis nun, en la frua 20-a jarcento, adoptitaj kun entuziasmo, kiam la Japanuja kolonia reĝimo perforte minacis la ekziston de la korea kulturo, kaj "La granda skribo" (Ko: 한글, Han-geul) neatendite turniĝis en veran emblemon de la korea patriotismo.

Lastaj vortoj

Coulmas: *Via reĝa moŝto, unu el la plej elstaraj reformoj, kiujn vi atingis en via regno, estis la skribsistema reformo. Ĉu vi permesas, ke mi demandu vin, kiuj estis viaj motivoj por celi tiun reformon?*

Sejong: Se ekzistas sonoj naturaj al la ĉielo kaj al la tero, tiam do ankaŭ ekzistu literoj naturaj al la ĉielo kaj al la tero (5).

Coulmas: *Sed ĉu ne ankaŭ la ĉinaj ideografiajoj estis naturaj al ĉielo kaj al tero?*

Sejong: Ne, la ĉinaj ideografiaĵoj bedaŭrinde ne estis naturaj al la koreaj ĉielo kaj tero. La lingvoj de la regnoj najbaraj al la Ĉinuja Imperio ja posedas siajn proprajn sonojn, sed neniujn proprajn literojn. Ĉi tiuj regnoj estis jam frue depruntintaj la ĉinajn ideografiaĵojn por skribi siajn proprajn, ne-ĉinajn lingvojn. Tio estis same absurda kiel la provo ŝtopi rondan truon per kvadrata kejlo (6).

Coulmas: *Ĉu ne multaj oficistoj kaj kelkaj akademiaj fakuloj, kiuj estis instruituloj pri la klasika ĉina literaturo, kontraŭstaris vian skribsisteman reformon?*

Sejong: Jes, tute antaŭvideble. La akademia fakulo Choe Manri kaj liaj amikoj ja rezonis, ke ni neeviteble perdus ĉiun respekton de la ĉinoj, se ni kreus propran skribsistemon, kiu konformu al la bezonoj de nia lingvo (7). Sed eĉ ili neniel povis negi, ke "La ĝustaj sonoj instruendaj al la popolo" estis formitaj en plena harmonio kun la plej altaj universalaj principoj Jino, la "ombra flanko", kaj Jango, la "suna flanko" (8).

Coulmas: *Kiuj estas la avantaĝoj de la nova skribsistemo?*

Sejong: La nova alfabeto estas ekonomia, efika, preciza kaj antaŭ ĉio plej facile lernebla. La saĝuloj povas ellerni ĝin ene de nur unu antaŭtagmezo, kaj eĉ la malsaĝuloj povas ellerni ĝin ene de nur dek tagoj (9).

Coulmas: *Sed ĉu ne estas probable, ke la tradicia studado de la ĉinaj ideografiaĵoj ruiniĝus, se la nova skribsistemo enradikiĝus?*

Sejong: Ho, tion mi tute ne intencas! La diligenta studado de "La korektado de malklereco" (10) kaj de multaj aliaj ĉinaj konfuceanismaj majstroverkoj restas plej grava. Sed la ofte malpreciza aŭ eĉ tute malĝusta prononcado de la ĉinaj ideografiaĵoj konsiderinde malhelpas la studadon de la ĉinaj lingvo kaj literaturo. Diversaj ĉinaj fonologiaj teorioj, precipe tiu de la nov-konfuceanisma skolo de la principo (11), kiu instruas la nomdonan principan konformecon de la naturo kun la racio, estis la angulŝtonoj de nia reformprojekto. Danke al la 28 literoj de la nova alfabeto, ĉiuj ĉinaj sonoj estas nun precize transskribeblaj, kaj "La ĝustaj

Coulmas: sonoj instruendaj al la popolo" kune kun "La normaj rimoj de la orientaj ŝtatoj" (12) fariĝis elstaraj helpiloj por studi la klasikan ĉinan literaturon (13).
대단히 감사합니다 [tedanhi kamsahamnida] – Koran dankon (14), via reĝa moŝto, mi kore dankas vin pro via afableco.

Notoj

(1) La Joseon-dinastio dominis la korean duoninsulon dum la sekvaj kvin jarcentoj (de la fondo en 1392 ĝis la okupado de Koreujo fare de Japanujo en 1910). La hodiaŭa nord-korea landnomo "Joseon" (Ko: 조선) rilatas al ĉi tiu dinastia regno, dum la hodiaŭa sud-korea landnomo "Han-guk" (Ko: 한국) rilatas al la antikva (ekde la 1-a jarcento a.K.) konfederacio de la "Tri sudaj reĝlandoj" (Ko: 삼한, Sam-han).

(2) "La klarigo pri la ĝustaj sonoj instruendaj al la popolo" (Ko: 훈민정음 해례, Hunmin Jeong-eum Haerye), la grava komentario fare de la fakuloj de la la Akademio de Saĝaj Eminentuloj, estis tute forgesita dum preskaŭ 5 jarcentoj, ĝis oni retrovis ĝin en la jaro 1940.

(3) "Abugidoj" estas prakritdevenaj alfasilabaj skribsistemoj, en kiuj ĉiu signo prezentas konsonanton kun defaŭlta vokalo (kontraste kun helendevenaj "alfabetoj", en kiuj ĉiu signo prezentas aŭ vokalon aŭ konsonanton, kaj kontraste kun la arabdevena "Abĝado", en kiu preskaŭ ĉiuj signoj prezentas konsonantojn).

(4) La "ĉinosfero" (An: Sinosphere) ampleksas Ĉinujon kaj ĉiujn orient-Aziajn landojn, kiuj almenaŭ ekde la malfrua 3-a jarcento a.K. (Qín-dinastio 221-207 a.K.) estis sub la influo de la ĉinaj ideografiaĵoj, la konfuceanismo kaj la taoismo: nome Japanujo, Koreujo kaj Vjetnamujo. La koncepton origine proponis la japana historiisto Nishijima Sadao (1919-1998).

(5) Antaŭparolo al "La ĝustaj sonoj instruendaj al la popolo" (Ko: 훈민정음, Hunmin Jeong-eum) fare de Jeong In-ji, laŭ la traduko de Shin S.-S. et al. (1990: p.31).

(6) Shin S.-S. et al. (1990: p.31).

(7) "La diskonigoj de Yong-jae" (Ko: 용재총화, Yong-jae Chonghwa), publikigitaj en la jaro 1525, estas populara kolekto da anekdotaj rakontoj pri la historio kaj la kulturo de Koreujo (citaĵo laŭ Ledyard 1997: p.69).

(8) La universalaj taoismaj principoj de Jino, laŭvorte la "ombra

flanko" (Ĉn: Yīn, Ko: 음, Eum), kaj Jango, laŭvorte la "suna flanko" (Ĉn: Yáng, Ko: 양, Yang); Lee D.-J. (1990: p.69).
(9) "La ĝustaj sonoj instruendaj al la popolo" (Ko: 훈민정음, Hunmin Jeong-eum) estas la origina nomo de la Han-geul alfabeto, sub kiu ĝi estis publikigita en la jaro 1446 (Shin S.-S. et al. 1990: p.33).
(10) "La korektado de malklereco" (Ĉn: Zhèng Méng) estas ĉina klasika verko de la nov-konfuceanisma filozofo Zhāng Zǎi (1020-1077).
(11) "La skolo de la principo" (Ĉn: Lǐ Xué) estis ĉina raciisma nov-konfuceanisma skolo, kiu instruis la principan konformecon de la naturo kun la racio (ĉ.1000-1750).
(12) "La normaj rimoj de la orientaj ŝtatoj" (Ko: 동국정운, Dong-guk Jeong-un), la lasta verko de la reĝo Sejong, estas vortaro por la ĝusta prononcado de la ĉinaj ideografiaĵoj.
(13) Lee D.-J. (1990: pp.56-57).
(14) 대단히 감사합니다 – daedanhi gamsahabnida (Eo: koran dankon), t.e. dankesprimo al pli altranga persono.

V. Antonio de Nebrija
[antonio de nebriĥa]

Antonio de Nebrija

La vivo de Antonio de Nebrija

Antonio naskiĝis en 1444 en la urbeto Lebrija proksime de Sevilo en familio de hidalgoj (t.e. plej malaltrangaj nobeloj), eble familio de eks-judoj, kiuj estis iam konvertitaj al katolikismo. Li estis baptita Antonio Martínez de Cala y Xarana konforme al la familinomoj de la gepatroj Juan Martínez de Cala e Hinojosa kaj Catalina de Xarana y Ojo. Lia latinigita nomo "Aelius Antonius Nebrissensis" rilatis al la antikva latina nomo de lia naskiĝurbeto Lebrija dum la tempo de la Roma Imperio: "Nebrissa Veneria" ("Nebrija" estas kompromisa formo inter la latina "Nebrissa" kaj la hispana "Lebrija"). Lia poste alprenita antaŭnomo, Elio (Lt: Aelius), celis emfazi la pretendon je Romana deveno. Li ankaŭ uzis la nomon "Antonius Lebrixen", sed fine eniris en la historion sub la nomo "Nebrija".

Ricevinte sian fundamentan instruitecon en sia hejmurbo, Antonio de 1459 ĝis 1463 vizitadis la universitaton en Salamanko (Hi: Salamanca), "citadelo de la mezepoka skolastiko" (Valle Rodríguez 2008: p.57). Li studis matematikon, fizikon, juron kaj teologion. En 1463, kiam li havis la aĝon de nur 19 jaroj, li translokiĝis al la itala urbo Bolonjo por daŭrigi siajn studojn en la unua kaj plej prestiĝa universitato de la tuta Eŭropo (fondita en 1088). En la 15-a jarcento Bolonjo estis floranta urbo de arto kaj de instruiteco sub la regado de la Eklezia Ŝtato (Lt: Patrimonium Petri). Antonio ricevis la permeson de la diocezo Kordovo, studi teologion en la reĝa altlernejo de Sankta Klemento por hispanoj (It: Reale Collegio Maggiore di San Clemente degli Spagnoli). Dum sia sepjara restado en Bolonjo (de 1463 ĝis 1470) li profunde proprigis al si la humanisman instruitecon, kiu tiam floris en la renesanca Italujo.

En 1470 Nebrija revenis sur la iberan duoninsulon, kie li fariĝis la hejma instruisto de nevo de la kardinalo Alfonso de Fonseca y Ulloa, la tiutempa arĥiepiskopo de Sevilo. Ĉi tiu laboro sekurigis lian vivtenon, sed lasis al li sufiĉe da tempo por liaj propraj lingvistikaj esploroj. La renesanca alta estimo al la helena kaj latina literaturoj, kiu inspiris lin ekde liaj studjaroj en Bolonjo, plenigis lin per la deziro lumigi siajn sampatrujanojn per la spirito de la klasika latineco.

En la jaro 1475 li subskribis kvinjaran kontrakton, per kiu li devontigis sin servi kiel docento pri retoriko kaj poezio en la universitato en Salamanko (Nebrija 1980 [1492]: p.12). Nur unu jaron poste, en 1476, li sukcesis ricevi la pli prestiĝan katedron pri gramatiko en Salamanko. El la vidpunkto de Nebrija, gramatiko estis la reĝino de ĉiuj sciencoj. Laŭ lia komprenaĵo, la "gramatiko" estas malstrikte difinenda lingvoscienco, kiu pritraktas ĉiujn aspektojn de lingvo. La ĉefajn aspektojn de lingvo, kiuj estas submeteblaj kaj submetendaj al sistema priskribo kaj regulado, konstituas: ortografio, stilo, sintakso kaj etimologio.

La unua grava libro, kiun li verkis post sia reveno en Hispanujo, estis latina gramatiko, presita en Salamanko en la jaro 1481, kiun li prezentis kiel "armilon en la milito kontraŭ barbareco". En siaj "Enkondukoj latinaj" (Lt: Introductiones latinae), li rivelis sian intencon, "venki la malamikojn de Latino, kontraŭ kiuj mi deklaris militon per ĉi tiu eldono" (Valle Rodríguez 2008: p.59). "Liberigi la patrujon de la barbareco" estis la misio, al kiu li dediĉis la reston de sia vivo. Gramatike difinita skriblingvo, ne nepre nur Latino, ludis la centran rolon en liaj klopodoj - lingvo kiel "armilo kontraŭ barbareco". Tiu militema metaforo estis ne nur simple provoka vortfiguro, sed pli multe la esprimo de nova ideo, kiun Nebrija estis alportinta el Italujo. Li plej bone konis la verkaron de Lorenzo Valla, la originala pensulo kaj elstara figuro de la itala humanisma movado, kiu celis purigi Latinon de ĉiuj mezepokaj difektoj kaj establis la tekstkritikon kiel sciencan filologian fakon. Danke al la metodoj de la tekstkritiko, Lorenzo Valla estis pruvinta en la jaro 1440, ke la tiel nomata "Donaco de Konstanteno" (Lt: Donatio Constantini) estas falsaĵo el la 9-a jarcento. Nebrija estis forte influita de la koncepto de Valla pri lingvo kiel "organismo, kiu ekfloras kaj velkas kune kun sia regno" (Hernandorena 2004).

En la jaro 1487 Juan de Zúñiga y Pimentel, la grandmajstro de la ordeno de Alkantaro (Hi: Orden de Alcántara) kaj posta arĥiepiskopo de Sevilo, proponis al Nebrija la bone pagatan postenon de privata instruisto. Pro sia granda deziro dediĉi pli da tempo al siaj propraj lingvistikaj esploroj, Nebrija akceptis ĉi tiun allogan proponon de Zúñiga kaj forlasis la universitaton en Salamanko. En la sekvaj dudek jaroj ĝis la morto de sia patrono en 1504, Nebrija travivis periodon de febra agado, dum kiu li publikigis siajn majstroverkojn, nome la "Gramatikon de la kastilia lingvo" (Hi: Gramática de la lengua castellana) kaj la "Vortaron latinan-hispanan" (Hi: Diccionario latino-español) en la sekvoriĉa jaro 1492, kaj du jarojn poste la "Trezoron hispanan-latinan" (Hi: Vocabulario español-latino). Iam en ĉi tiu periodo (inter 1487 kaj 1504), Nebrija edziĝis kun Isabel Solís de Maldonado, tiel finfine forlasante karieron en la eklezio. El ĉi tiu feliĉa geedzeco estiĝis sep gefiloj.

En 1502 Nebrija akceptis inviton kunlabori pri la "Plurlingva Biblio de Komputo" (Lt: Biblia Polyglotta Complutensia), nomita laŭ la antikva latina nomo de la urbo Alkalao (Hi: Alcalá de Henares, Lt: Complutum). La "Plurlingva Biblio de Komputo" konstituis la unuan presitan plurlingvan Biblion, kiu estis verkita en ĉiuj tri "sanktaj lingvoj": en la hebrea (la Malnova Testamento), en la helena (la Septuaginto kaj la Nova Testamento) kaj en Latino (la Vulgato) (1). Francisco Jiménez de Cisneros, la arĥiepiskopo de Toledo kaj ĉefministro de Hispanujo, estis fondinta la novan universitaton en Alkalao en 1499 laŭ ordono de la tiel nomataj Katolikaj Gereĝoj (Hi: Los Reyes Católicos). La signifoplenan "Plurlingvan Biblion de Kompluto" kompilis kaj diligente prilaboris la plej elstaraj lingvistoj kaj filologoj el la tuta Hispanujo inter 1502 kaj 1517.

En 1505 Nebrija estis vokita sur la katedron pri gramatiko en sia origina universitato en Salamanko. Li restis sur ĉi tiu posteno ĝis 1514, kiam li ricevis la pli prestiĝan katedron pri retoriko en la nova universitato en Alkalao. Li pasigis la ok lastajn jarojn de sia vivo en Alkalao, studante la bibliajn lingvojn kaj publikigante traktaĵojn pri ties diversaj gramatikaj problemoj. La 2-an de Julio 1522, profesoro Elio Antonio de Nebrija mortis en Alkalao, kie lia korpo estis entombigita en la universitata kapelo de Sankta Ildefonso.

La "reviviĝo" (la laŭvorta traduko de "Renesanco") de la klasikaj literaturo kaj arto, kiun li estis studinta en Italujo, kreskigis en lia menso la ideon pri misio, plenumenda per sciencaj metodoj malantaŭ la pupitro kaj en la aŭditorio. Tiu akademia misio estu simila al la misio de militisto, kiu batalis per armiloj sur batalkampo (Rojinsky 2010: p.129) cele al defendo kaj al kreskigado de la regno. Nebrija sukcesis akiri la subtenadon de altrangaj favorantoj al siaj klopodoj kaj antaŭenigi la ĝeneralajn sciojn pri klasikaj literaturo kaj arto. Estante elstara respektinda instruitulo, Nebrija estis bonvena en la kortego de la Katolikaj Gereĝoj, kies devizon sur ilia blazono li vortigis: "Tanto monta, monta tanto – Isabel como Fernando" (Eo: Kiom valoras unu, tiom valoras la alia – Izabela same kiom Ferdinando"). En 1509 li estis nomumita reĝa kronikisto (Hi: Cronista Real). Sub ĉi tiu titolo Nebrija aperigis plurajn el siaj libroj, kiel ekzemple siajn en 1517 publikigitajn "Regulojn de la ortografio en la kastilia lingvo" (Hi: Reglas de la ortografía en la lengua castellana), ĉar li estis plene konvinkita, ke kroniko de reĝoj estas sole kaj ekskluzive verkenda en normigita lingvo, kiu esperble ne estis submetita al la kapricoj de ŝanĝiĝo kaj dekadenco.

La latinlingva historio pri la du jardekoj (1479-1504) da kuna regado de Izabela la 1-a de Kastilio kaj de Ferdinando la 2-a de Aragono estis publikigita postmorte en 1563 sub la titolo "Historio pri la plej feliĉaj gereĝoj de Hispanujo Ferdinando kaj Izabela dum du jardekoj" (Lt: Rerum a Fernando et Elisabeth Hispaniarum felicissimis Regibus gestarum Decades duas). La verkoj, pro kiuj Nebrija estas hodiaŭ plej ofte memorata – per poŝtmarkoj, per stratŝildoj, per la privata Universitato "Nebrija" en Madrido kaj per la statuo, kiu salutas la gevizitantojn antaŭ la Nacia Biblioteko de Hispanujo – estas la "Vortaro latina-hispana" (1492), la "Trezoro hispana-latina" (1494), sed antaŭ ĉio la "Gramatiko de la kastilia lingvo", kiu estis laŭmerite dediĉita al la reĝino de Kastilio kaj publikigita en la sekvoriĉa jaro 1492.

La lingvoj en Hispanujo fine de la rekonkero (1492)

Kiam Nebrija naskiĝis meze de la 15-a jarcento, grandaj partoj de Hispanujo, konataj kiel la maŭra Iberujo aŭ "Al-Andalus" (Ar: الأندلس), estis sub muzulmana regado jam tra preskaŭ sep jarcentoj (ekde la konkero de Gibraltaro fare de Tarik Ibn-Zijad en 711). Ĉi tiu muzulmana konkero estis forpelinta la visigotojn, kies ĝermana lingvo estas postlasinta nur malmultajn spurojn. La kristanaj regnoj en la nordo de la ibera duoninsulo kunekzistis kun la Emirlando Kordovo (756-929), poste la Kaliflando Kordovo (929-1031), en multfacetaj konstelacioj de kunlaboro, kultura interŝanĝo aŭ konflikto inter muzulmanoj, kristanoj kaj judoj.

La araba estis la lingvo de la kulturo kaj de la potenco, parolata ne nur de muzulmanoj, sed ankaŭ de arabigitaj kristanoj, la "mozaraboj" (Ar: مستعربون [must'aribun] = "arabigitoj"), kiuj estis adaptiĝintaj al multaj aspektoj de la vivmaniero de la muzulmanoj. La hebreoj, el kiuj multaj estis dulingvaj, ofte parolis la mezepokan kastilian kiel sian gepatran lingvon, nome Ladinon (judhispanan). Aliflanke nur malmultaj muzulmanoj scipovis la mezepokan kastilian (Roth 1994: p.53).

Pro la intensa kontakto inter la lingvaj kaj religiaj komunumoj, lingvo daŭre estis objekto de intereso por multaj. La araba kiel la plej prestiĝa lingvo de la poezio kaj de la scienco altiris multajn ne-denaskajn parolantojn. La kristanoj inter si parolis gamon da dialektaj variaĵoj de la mezepoka kastilia, kiu ĉiam pli kaj pli malproksimiĝis de Latino, dum judoj ofte funkciis kiel perantoj inter muzulmanoj kaj kristanoj. Gramatikajn studojn pri la araba verkis ne nur muzulmanoj, sed ankaŭ judoj. Ofte tiaj studoj pri la araba inspiris la sciencan esploradon de la parenca hebrea, kiu estis supervivinta nur kiel liturgia lingvo.

La ĝenerala neglektado de Latino fare de la iberaj kristanoj estis rekte interligita kun la ekflorado de pluraj parollingvoj kun diversaj regionaj variaĵoj sur la duoninsulo, ekzemple en Aragono (la kataluna), en Eŭskujo (la eŭska) kaj en Galegujo (la galega). Dum la jarcentoj tamen unu latinida lingvo leviĝis al superregiona eminenteco: la kastilia. Ekde la unuiĝo de Kastilio kun la Reĝlando Leono (Hi: Reino de León) en la jaro 1230 kaj aparte sub la regado de Alfonso la 10-a (reg. 1252-1284), la kastilia atingis la statuson de la administracia lingvo de la plej potenca reĝlando sur la duoninsulo.

La kastilia estis tamen ne normigita lingvo, kvankam ĝi servis kiel la eminenta idiomo de la granda unuiganta politika potenco Kastilio, kiu gvidis la rekonkeron kaj finfine ĉesigis la muzulmanan regadon. La kastilia fariĝis la oficiala lingvo de la kortego de la nova duobla Reĝlando Kastilio kaj Aragono, kunigitaj nur per la Trastámara-dinastio, kio kulminis en la geedziĝo inter Izabela la 1-a de Kastilio kaj Ferdinando la 2-a de Aragono en Oktobro 1469 (Sánchez & Dueñas 2002: p.281).

Lingvo kaj imperio

Kiam Nebrija transpaŝis la 50-an vivojaron, li estis – laŭ sia propra juĝo – ĉe la sojlo de la maljuneco kaj preta proponi originalan kaj aŭdacan ideon al sia reĝa patronino: ekzaktan kaj detalan gramatikon de la kastilia lingvo, kiu ankoraŭ malhavis gramatikan priskribon. En la malferma alineo de la prologo, Nebrija deklaris en precizaj terminoj, pri kio temas lia verko:

> "*Ĉiam, kiam mi pensas, ho plej klera reĝino, pri la antikveco, metante antaŭ miajn okulojn ĉiujn aferojn, kiuj estas skribe konservitaj al nia memoro, mi neeviteble venas al la firma konkludo, ke lingvo ĉiam estis la kunulo de imperio kaj tia restos por ĉiam; kaj ke ili ekestas kune, kreskas kune, floras kune kaj finfine disfalas kune.*" (2)

Prezenti ĉi tiun perspektivon montriĝis elstare sagaca, ĉar la imperio de la "plej klera reĝino" estis ja nur ekestinta. Konkerante la Emirlandon Granadon en Januaro 1492 kaj per tio ĉesigante la muzulmanan regadon en okcidenta Eŭropo, reĝino Izabela la 1-a de Kastilio sendube jam akiris senmortan gloron, sed ŝi havis eĉ pli altflugajn ambiciojn. Kvankam ŝiaj konsilistoj estis rekomendintaj malakcepti la peton pri financado fare de certa kartografo kaj korsaro el la itala Ĝenovo, nome Kristoforo Kolumbo, la reĝino reviziis sian pli fruan decidon kaj finfine sponsoris la multekostan transmaran ekspedicion. La 3-an de Aŭgusto 1492, la tri ŝipoj "Santa Maria", "Pinta" kaj "Niña" ekveturis de la haveno de Palo (Hi: Palos de la Frontera) por serĉi novan, nome okcidentan, pasejon al Hindujo, kaj por neŝanceleble etendi la regadon de Hispanujo sub la katolika kruco al foraj landoj trans la oceano.

Nur malmultajn mejlojn pli sude, la hispanaj judoj, forpelitaj el la katolika reĝlando per reĝa dekreto, samtempe forlasis sian naskiĝlandon tra la haveno de Kadizo (Hi: Cádiz). Ĝuste sur tiu fono kaj nur du semajnojn poste, Nebrija prezentis sian gramatikon al la reĝino Izabela la 1-a. Kiaj ajn estis la biografiaj akcidencoj de la protagonistoj, tiu prezentado estis momento en la historio, kiu estis ĉio alia ol hazarda koincido. Kolumbo pioniris sur la vojo al la okcidenta ekspansio de la Rom-katolika kristanismo, sed lia miskalkulo pri la perimetro de la terglobo ne estis korektita dum lia vivtempo. Kolumbo mortis kredante, ke li trovis la vojon al Hindujo, sed la terpeco, kiun li malkovris, estis insulo de la Bahamoj. Kontraste al la revo de Kolumbo, la revo de Nebrija (nome la "regado" de la normigita kastilia), kiun li konkludis el la studado de la pasinteco, estos pruvita en la estonteco laŭ multe pli granda mezuro, ol li povis imagi. Fakte la vivofortoj de la kastilia lingvo montriĝis multe pli persistaj ol tiuj de la Hispanuja kolonia reĝimo.

En la humanisma spirito de siaj famaj italaj instruistoj, Nebrija klopodis revigligi la studadon de la klasikaj literaturo kaj arto en Hispanujo, malgraŭ ke li agnoskis la fakton, ke la klasika Latino neniam reviviĝos. Sed des pli grava estis lia decido establi firman interligon inter Latino kaj la kastilia, por kio liaj vortaroj kaj lernolibroj metis la fundamenton. La gramatiko estis la nemalhavebla rimedo por plibonigi kaj levi la kastilian popollingvon al nivelo simila al tiu de la klasika Latino. Por aprezi la plenan signifon de ĉi tiu projekto, estas memorende, ke gramatikaj faklibroj ĝis tiu tempo en Eŭropo servis nur kiel instrumentoj por certigi la ĝustan lernadon de la lingvoj de la Sankta Skribo (la hebrea, la helena kaj Latino).

Neniu gramatika faklibro de viva parollingvo ekzistis aŭ estis konsiderata iel necesa. Tion klare atestas la surprizo de la reĝino, kiam ŝi eksciis pri la plano de Nebrija: kiam li prezentis al Izabela sian projekton pri gramatiko de la kastilia pli frue en la eventoplena jaro 1492 en Salamanko, ŝi laŭdire demandis, kiamaniere tia verko povus servi al ŝi, kiu ja jam posedas la kastilian. En ĉi tiu momento, Hernando de Talavera, la episkopo de Avilo (Hi: Ávila), kiu hazarde ĉeestis la aŭdiencon, helpis al Nebrija. Nebrija rakontas en sia prologo, ke la episkopo Talavera diris:

> *"Baldaŭ via reĝina moŝto estos metinta sian jugon sur multajn barbarajn popolojn, kiuj parolas fremdajn lingvojn. Kaj sekve de ĉi tiu venko, tiuj barbaraj popoloj estos necesigitaj akcepti la leĝojn, kiujn la venkinto diktas al la venkito, kaj kune kun tiuj leĝoj nian lingvon, kiun ni alportos al ili."* (3)

Al tio Nebrija aldonis: "Kaj mia arto de la kastilia gramatiko utilos al la lernado de la kastilia, same kiel ni nun uzas la arton de la latina gramatiko por lerni Latinon" (4). La estontaj subuloj de la hispana reĝino devos lerni la kastilian, same kiel hispanaj junuloj devis lerni la fremdan, sed pli prestiĝan Latinon: helpe de lernolibroj kaj gramatiko. Kvankam Latino estis grava intelekta rimedo por akiri sciojn pri la mondo, ĝi tamen ne apartenis al tiuj iloj, *"kiujn la venkinto diktas al la venkitoj"*. Laŭ Nebrija, la estontaj subuloj bezonos kultivitan lingvon por komuniki kun siaj hispanaj mastroj, kiuj liberigos ilin de la antaŭa "barbareco". Gramatiko kaj ortografio levus la kastilian al la nivelo de Latino – cele al la eterna famo de la reĝino.

> "La helena kaj Latino estas regataj de la arto de gramatiko, kaj danke al tio ili kapablis konservi sian unuformecon tra la jarcentoj de la historio. Se ni ne atingos la samon por nia lingvo, la kronikistoj kaj historiistoj de via reĝina moŝto vane priskribos kaj gloros viajn laŭdindajn farojn al la senmorta memoro. Kvankam tiu laboro ne daŭrus pli ol kelkajn jarojn, sen ĝi ni kontinue kontentigus nin per kastiliaj tradukoj de fremdaj rakontoj pri niaj propraj gereĝoj. Tial, la memoro pri la heroaĵoj de via reĝina moŝto aŭ velkos kune kun efemera nekultivita lingvo aŭ vagos inter fremdaj nacioj, estante sen propra hejmo, en kiu la memoro povus resti." (5)

La klasikaj lingvoj, la helena kaj Latino, estas reference prezentitaj kiel lingvoj de arto, kiuj, danke al la diligentaj antikvaj gramatikistoj, transvivis la eroziajn fortojn de la jarcentoj. Transformi la kastilian en samnivele kultivitan lingvon estis projekto inda je la patroneco de la reĝino – por ties propra avantaĝo. Pro tio Nebrija proponas *"transformi la kastilian parollingvon en gramatikan artaĵon"*, t.e. en instrumenton kun granda valoro ne nur por estontaj konkeroj, sed ankaŭ por denaskaj parolantoj:

> "denaskaj parolantoj de nia lingvo, kiuj deziras diligente studi la gramatikon de Latino. Se la studentoj profunde konas la laŭarte normigitan kastilian, kio ne estos tre malfacila, ĉar temas pri lingvo, kiun ili jam sentas, ili renkontos nenion nekompreneblan ĉe la transiro al Latino." (6)

Estas rimarkinde, ke la lingvo, pri kiu Nebrija verkis sian gramatikon, proprasence ne estis la vulgara parollingvo, kiu estis aŭdebla en lia ĉirkaŭaĵo, sed sole radikis en la *"lingvo, kiun ili jam sentas"* (Hi: lengua que ia ellos sienten). La lingvo de la gramatiko de Nebrija pli ĝuste estis *"laŭarte normigita"* (alivorte purigita kaj sistemigita laŭ la reguloj, kiujn li difinis analoge al la latina gramatiko). La "arto", la mallongigo de "arto de gramatiko" (Hi: arte de gramática), antaŭ ĉio signifis la unusencajn rilatojn inter la literoj kaj la sonoj de la lingvo. Literoj, laŭ Nebrija la plej gravaj el ĉiuj eltrovaĵoj, estis ne nur bildoj de sonoj, sed ankaŭ la preskriboj de ĝusta prononcado (Mignolo 1992). Protekti la lingvon kontraŭ ĉia kadukiĝo estis la precipa intenco malantaŭ la projekto, *"transformi la kastilian parollingvon en gramatikan artâjon"*. Paradokse, la unua laŭarte sistemigita gramatiko de viva parollingvo en Eŭropo do prezentis specon de "de-parollingvigo" (An: de-vernacularization) por utiligi tiun kvazaŭ disciplinitan lingvon kiel instrumenton de regado.

Laŭarte sistemigante la gramatikon de la kastilia, Nebrija celis atingi por sia gepatra lingvo tion, kion la antikvaj gramatikistoj Dionizio la trako (Διονύσιος ὁ Θρᾷξ, 170–90 a.K.) kaj Terencio (Marcus Terentius Varro, 116-27 a.K.) estis siatempe atingintaj por la helena lingvo respektive por Latino. Nebrija, la humanisto-gramatikisto, provis konvinki la reĝinon, ke ŝi adoptu lian ideon. Li tiucele prezentis plian argumenton, kiu rilatis al la popolklerigado. Li rakontas, ke li decidis ...

"... doni al miaj samlingvanoj verkojn, per kiuj ili pli bone povos uzi sian libertempon, kiun ili nun disipas, legante romanojn kaj rakontojn envolvitajn en mil mensogoj kaj eraroj. Mi decidis antaŭ ĉio transformi nian kastilian lingvon en gramatikan artâjon, por ke la nun skribataj kaj la estonte skribotaj verkoj povu sekvi normon etendeblan por ĉiuj tempoj." (7)

En tiu kunteksto Nebrija parolas pri "la aferoj de nia nacio" (Hi: las cosas de nuestra nación). Kvankam la termino "nacio" ne signifis por liaj samtempuloj tion, kion ĝi signifas hodiaŭ, lia decido antaŭfiguris la disvastigon de politika unueco helpe de komuna unuforma lingvo, same kiel la normigon de instruado, kiu forigus la popularan literaturon *"envolvitan en mil mensogoj kaj eraroj"*. La aŭstra-usona filozofo Ivan Illich (1926-2002) interpretis la lingvopolitikan aliron de Nebrija kiel anticipon de la moderna ideologio pri naciaj lingvoj, kiu senposedigas la homojn je ilia propraĵo (nome la popola parollingvo) kaj subigas ĝin al la ŝtata potenco, transformante ĝin "en instrumenton de burokrata kontrolo de la naskiĝanta nacia ŝtato" (8).

Nebrija estis instruitulo, sed lia instruiteco estis instigita kaj de sciavido kaj de lia misio ekstermi ĉiun barbarecon, same kiel ĉiun suspekton, ke lia hejmlando povus esti tiurilate malpli progresinta ol Italujo, kie Nebrija estis propriginta al si tiun ideon. Provizi la kastilian lingvon per laŭarte sistemigita gramatiko, rangigante ĝin sur la sama nivelo kiel la helena kaj Latino, sendube helpis atingi tiun celon, ĉar eĉ la prestiĝa itala lingvo malhavis ion ajn similan. Anstataŭ nun prezenti sian "Gramatikon de la kastilia lingvo" (Hi: Gramática de la lengua castellana) al la komunumo de instruituloj, kiuj eble kunhavus la sciencan intereson, li unue serĉis la benon de la reĝino Izabela, kiu kunhavis lian politikan intereson, por certigi maksimuman efikon de sia verko. Tiucele li ellaboris en la prologo kompleksan argumenton, kunligante sian "arton" kun la juna imperio, kun la reĝaj kronikoj kaj kun la popolklerigado.

Tiutempe, la skribita vorto estis pli kaj pli uzata kiel "rimedo ne nur por propagandi la reĝan ideologion, sed ankaŭ por faciligi la registaran administracion helpe de presita kaj tut-lande disvastigita leĝaro" (9). En tiu kunteksto, Nebrija memorigis pri la klasika heredaĵo de Eŭropo, lerte kunligante sian lingvopolitikan projekton kaj kun la renesanca humanismo kaj kun la imperia propagando de la Katolikaj Gereĝoj. La brita romanisto David Rojinsky (2010: p.100) certe pravas asertante, ke Nebrija "ne povis rilati al iu imperia lingvopolitiko por ankoraŭ nekonata Ameriko". Tamen la retorika deklaro pri la interligo inter "gramatiko" kaj "imperio" komence de la prologo sendube celis lingvopolitikan aplikadon en la estonteco, sendepende de liaj ceteraj intencoj kaj de la historiaj sekvoj.

La heredaĵo de Nebrija

Retrospektive, la koncepto pri lingvo sub la termino "kunulo de la imperio" (Hi: Compañera del imperio) havas certan allogon, ĉar Nebrija publikigis sian ideon ĝuste en la sekvoriĉa jaro 1492, kiu sen malkonvena arbitreco estas historie konsiderebla kiel la komenco de la Eŭropa koloniismo. Sed lia "Gramatiko de la kastilia lingvo", la unua sistemigita gramatiko de viva Eŭropa parollingvo, neniel povis troviĝi en la ekipaĵo, kiun la unuaj transatlantikaj maristoj portis kun si. Kolumbo komencis sian unuan vojaĝon la 3-an de Aŭgusto, do 15 tagojn antaŭ la publikigo de la libro (la 18-an de Aŭgusto). Nebrija tiutempe ne povis diveni, ke la ekspedicio de Kolumbo malkovros nekonatan kontinenton (la 12-an de Oktobro). Sed ĉi tiu rigardmaniero estas tro simpla.

La fakto, ke la kastilia ekde 1492 havis laŭarte sistemigitan gramatikon, estis tamen plej grava por la "triumfo de la ideo pri unueca kaj universala imperia lingvo" en la sekva 16-a jarcento (Llamas Pombo 2012: p.26), kvankam la verko de Nebrija ricevis nur tre malmultan publikan aprezon por ĉi tiu atingo – kaj en la Vicreĝlando Nova Hispanujo (Hi: Virreinato de Nueva España) kaj en la metropola Hispanujo (Mignolo 1992: p.192). La vortaroj de Nebrija ludis elstaran rolon en la disvastigo de la kastilia trans la limojn de la reĝlando, ĉar ili plifortigis la ligon de la kastilia lingvo kun Latino, la sankta lingvo uzata de la Rom-katolikaj misiistoj, kiuj akompanis la kolonian ekspansion sub la kastilia krono per Vatikana dekreto. Ili uzis la vortarojn en siaj evangelizaj klopodoj, tiamaniere disvastigante kaj fidon kaj lingvon.

Pro historiaj kaŭzoj, la asertita interrespondeco inter leviĝo kaj falo de imperioj kaj lingvoj estas pridubebla, ĉar la regado de Hispanujo super la vasta imperio akirita en la 16-a kaj 17-a jarcentoj forvelkis, dum la teritorioj sub regado de la kastilia lingvo kontinue kreskis, farante ĝin unu el la lingvoj, kiuj estas hodiaŭ plej vaste parolataj sur nia planedo. Aliflanke, Hispanujo estas unu el la landoj en Eŭropo, kiuj estas lingve plej diversaj – malgraŭ la moderna naciismo kaj la konstitucio de la Dua Hispanuja Respubliko de 1931, kiu deklaris la kastilian sia oficiala lingvo:

> "Artikolo 4: la hispana estas la oficiala lingvo de la Respubliko. Ĉiuj hispanoj havas la devon scii ĝin kaj la rajton uzi ĝin, kun rezervo pri la rajtoj, kiujn la leĝoj de la ŝtato cedas al la lingvoj de la provincoj aŭ regionoj. Krom tio, kio estas preskribita en specialaj leĝoj, neniu povas esti devigita scii aŭ uzi iun regionan lingvon." (10)

La prologo de la "Gramatiko de la kastilia lingvo" estas rimarkinde plena de retorika troigo kaj propagando – kaj ne sen kaŭzo, ĉar ekzistis neniu merkato (ĝis tiam neniu propono kaj neniu atendebla postulo) por gramatikoj de vivaj parollingvoj. Por presigi sian verkon kaj por konigi ĝin trans la limojn de sia fako, Nebrija devis uzi ĉiujn disponeblajn persvadajn strategiojn, inkluzive de la sinprezentado kiel la plej kompetenta fakulo, nepre bezonata de la gereĝoj. Liaj klopodoj konsistigis, se ne malkaŝe herezan, almenaŭ implican defion al la establita religia ordo, kiu agnoskis sole kaj ekskluzive Latinon kiel la dominantan lingvon de la Rom-katolika kristanismo.

La levado de la kastilia super aliajn vivajn parollingvojn transformis por la unua fojo vivan parollingvon en administracian instrumenton. Kvankam tio eble ne evidentiĝis dum lia vivtempo, lia verko sendube akcelis la transiron de la potenco reguligi la skriblingvon for de la eklezio al la ŝtato. Metinte la fundamentojn, Nebrija sukcese pretigis la vojon al la nova ideo pri laŭarte sistemigita gramatiko de viva parollingvo en Eŭropo, kiu estis intime asociita kun politika unueco kaj ŝtata potenco – simile al moderna nacia lingvo por nacia ŝtato.

Lastaj vortoj

Coulmas: ¡Buenos días, Maestro Nebrija! – Bonan tagon, majstro Nebrija!

Nebrija: Bonan matenon al vi! Neniun troan ĝentilecon, mi petas ...

Coulmas: Profesoro Nebrija, vi verkis pri kosmografio, pri botaniko, pri teologio kaj pri poezio. Vi entreprenis multajn literaturajn studadojn. Sed fine vi pasigas la reston de via vivo studante lingvojn. Kial oni dediĉu tiom da atento al la gramatiko?

Nebrija: Ĉar lingvo estas la distingilo, kiu distingas nin de aliaj animaloj (11).

Coulmas: Kio estas via plej grava kontribuaĵo al la mondo de instruiteco?

Nebrija: La kvazaŭ-religia misio de mia vivo estis redoni al Hispanujo la klasikajn latinajn aŭtorojn, kiuj estis tiel longe en ekzilo (12). Ekde la apero de la unua eldono

	en la jaro 1481, mi vidis ne malpli ol 50 eldonojn de miaj "Enkondukoj latinaj" dum mia tuta cetera vivtempo. Tiuj "Enkondukoj" kune kun miaj leksikografiaj verkoj, nome la "Vortaro latina-hispana" kaj la "Trezoro hispana-latina", estis la plej efikaj rimedoj por venki la malamikojn de Latino (13).
Coulmas:	Vi ricevis la imponan alnomon "Debelador de la barbarie" (venkinto de la barbareco). Kial? – Se vi permesas al mi demandi ...
Nebrija:	"La venkinto de la barbareco" estas honora titolo por mi. La kristanoj en Hispanujo tro longe neglektis la studadon de Latino, de la helena kaj de la klasikaj aŭtoroj.
Coulmas:	Ĉu vi do atendis, ke la kristanoj denove parolos Latinon?
Nebrija:	Ho ne! Sed mi donis al ili la rimedojn, kiuj kapabligu ilin ĝisfunde lerni Latinon kaj samtempe korekti sian gepatran lingvon.
Coulmas:	Do, same kiel Latinon, ili lernu sian gepatran lingvon el libroj?
Nebrija:	Jes, miatempe neniu skribis la kastilian klare kaj precize – pro la manko de kelkaj literoj por parolsonoj, kiujn ni prononcas, sed ne skribas, kaj inverse de aliaj literoj, kiujn ni skribas, sed ne prononcas (14).
Coulmas:	Ĉu mi do komprenas vin ĝuste, ke ni devas studi literojn por kompreni nian gepatran lingvon?
Nebrija:	Miaj latinaj kaj kastiliaj verkoj pri la gramatiko kaj pri la ortografio klare liveras la gvidliniojn. Kiel instruis al ni Marko Fabio Kvintiliano (15): "Ni skribu, kiel ni prononcas, kaj ni prononcu, kiel ni skribas, ĉar se ne, la literoj estas vane inventitaj." (16)
Coulmas:	Ĉu vi ne povis fidi la instruitajn klerikojn, ke ili instruos la literojn al la hispanoj, same kiel ili jam instruis al iliaj patroj?
Nebrija:	Jesuo diris: "Quae sunt Casaris, reddite Caesari et, quae sunt Dei, Deo" (17). Niaj scioj pri la mondo devas ne esti limigitaj de la eklezio. Ĉu ne sufiĉas bridi mian intelekton pro la amo al Kristo en tiuj aferoj, kiuj

	estas kredendaj laŭ la religio? Ĉu oni devas postuli ankaŭ nescion pri ĉiuj aliaj aferoj? [...] En kia speco de sklaveco ni vivas? Kiun enorman potencon havas la klerikaro, kiu ne permesas al ni libere esprimi niajn pensojn, sen ke ni riskus la akuzon pri malpieco? (18)
Coulmas:	Do rilate la literojn, laŭ vi, ni ne aŭskultu la eklezion?
Nebrija:	Ne! Ĉu ni legas kaj skribas ĝuste, eĉ rilate la Sanktan Skribon, neniam decidu la klerikoj, al kiuj tro ofte mankas adekvata instruiteco. Nepre necesas logika rezonado, argumentoj kaj konvinkaj demonstradoj (19). Decas al laŭarte sistemigita gramatiko, ĉeesti ĉiutempe kaj ĉiuloke, por ke ni ne faru ion ajn sen klaraj reguloj, ĉu ni legas, skribas, parolas aŭ pensas (20). La eklezio ja neniam instigis siajn kredantojn al gramatikaj studoj pri aliaj ol la bibliaj lingvoj. Sed mia laboro kiel gramatikisto pri Latino kaj pri la kastilia estas vere esenca por la batalo kontraŭ ĉiaspeca barbareco, kio estas realigebla nur helpe de precize difinita lingvo.
Coulmas:	Muchísimas gracias (21), profesoro Nebrija, ke vi elmontris al mi vian saĝecon!
Nebrija:	Adiós y buena suerte! (22)

Notoj

(1) La "Plurlingva Biblio de Kompluto" (Lt: Biblia Polyglotta Complutensia) estas fakte verkita en entute kvar "sanktaj lingvoj", ĉar la kompilaĵo krome enhavas la aramean tradukon de la Pentateŭko, la tiel nomatan "Targum Onkelos" el la 2-a jarcento p.K.

(2) "*Cuando bien comigo pienso, mui esclarecida Reina, i pongo delante los ojos el antigüedad de todas las cosas que para nuestra recordación et memoria quedaron escriptas, una cosa hállo et sáco por conclusión mui cierta: que siempre la lengua fue compañera del imperio; et de tal manera lo siguió, que junta mente començaron, crecieron et florecieron, et después junta fue la caida de entrambos.*" (Nebrija 1980 [1492]: p.97).

(3) "*[...] respondiendo por mí el mui reverendo padre Obispo de Ávila, dixo que después que vuestra Alteza metiesse debaxo de su iugo*

muchos pueblos bárbaros et naciones de peregrinas lenguas, et con el vencimiento aquellos tenían necessidad de recebir las leies quel vencedor pone al venvido, et con ellas nuestra lengua [...]" (Nebrija 1980 [1492]: p.101).

(4) *"[...] entonces, por esta mi Arte, podrían venir en el conocimiento della, como agora nos otros deprendemos el arte de la gramática latina para deprender el latín."* (Nebrija 1980 [1492]: p.102).

(5) *"[...] la lengua griega et latina, las cuales por aver estado debaxo de arte, aun que sobre ellas an passado muchos siglos, toda vía quedan en una uniformidad. Por que si otro tanto en nuestra lengua no se haze como en aquéllas, en vano vuestros cronistas et estoriadores escriven et encomiendan a immortalidad la memoria de vuestros loables hechos, et nos otros tentamos de passar en castellano las cosas peregrinas et estrañas, pues que aqueste no puede ser sino negocio de pocos años. I será necessaria una de dos cosas: o que la memoria de vuestras hazañas perezca con la lengua; o que ande peregrinando por las naciones estrangeras, pues que no tiene propria casa en que pueda morar [...]"* (Nebrija 1980 [1492]: p.101).

(6) *"I seguir se a otro no menor provecho que aqueste a los ombres de nuestra lengua que querrán estudiar la gramática del latín. Por que después que sintieren bien el arte del castellano, lo cual no será mui dificile por que es sobre la lengua que ia ellos sienten, cuando passaren al latín no avrá cosa tan escura que no se les haga mui ligera, maior mente entreveniendo aquel Arte de la Gramática que me mandó hazer vuestra Alteza, contraponiendo línea por línea el romance al latín."* (Nebrija 1980 [1492]: p.101).

(7) *"[...] dar a los ombres de mi lengua obras en que mejor puedan emplear su ocio, que agora lo gastan leiendo novelas o istorias embueltas en mil mentiras et errores, acordé ante todas las otras cosas reduzir en artificio este nuestro lenguaje castellano, para que lo que agora et de aquí adelante en él se escriviere pueda quedar en un tenor, et estender se en toda la duración de los tiempos [...]"* (Nebrija 1980 [1492]: p.101).

(8) *"Further, the line between literate and illiterate was different from what we recognize now. Literate was he who had been taught Latin. The great mass of people, thoroughly conversant with the vernacular literature of their region, either did not know how to read and write, had picked it up on their own, had been instructed as accountants, had left the clergy or, even if they knew it, hardly used their Latin. This held true for the poor and for many nobles, especially women. And we sometimes forget that even today the rich, many professionals, and high-level bureaucrats have assistants report a verbal digest of documents and information, while they call on secretaries to write what they dictate. To the queen, Nebrija's proposed enterprise must have seemed even more improbable than Columbus' project. But, ulti-*

mately, it turned out to be more fundamental than the New World for the rise of the Habsburg Empire. Nebrija clearly showed the way to prevent the free and anarchic development of printing technology, and exactly how to transform it into the evolving national state's instrument of bureaucratic control." (Illich 1981: p.43).

(9) *"[...] the years following the end of the Castilian civil war in 1479 provide striking evidence of the increased importance of the written word as a tool for propagating royal ideology and for facilitating government administration through printed and comprehensively-distributed legislation."* (Rojinsky 2010: p.109).

(10) *"Artículo 4: El castellano es el idioma oficial de la República. Todo español tiene obligación de saberlo y derecho de usarlo, sin perjuicio de los derechos que las leyes del Estado reconozcan a las lenguas de las provincias o regiones. Salvo lo que se disponga en leyes especiales, a nadie se le podrá exigir el conocimiento ni el uso de ninguna lengua regional."* (www.cepc.gob.es).

(11) *"Entre las primeras, es aquélla que nos enseña la lengua, la cual nos aparta de todos los otros animales et es propria del ombre [...]"* (Nebrija 1980 [1492]: p.100).

(12) Nebrija, antaŭparolo al la "Vortaro latina-hispana" (Hi: Diccionario latino-español, Lt: Lexicon hoc est Dictionarium ex sermone latino in hispaniensem, Salamanca 1492), citaĵo laŭ Valle Rodríguez (2008: p.57).

(13) Valle Rodríguez (2008: p.59).

(14) Nebrija, "Ortografiaj reguloj en la kastilia lingvo" (Hi: Reglas de ortografia en la lengua castellana), citaĵo laŭ Mignolo (1992: p.190).

(15) Marcus Fabius Quintilianus (ĉ.35-ĉ.96 p.K.), plej elstara retoro kaj instruisto pri retoriko en Romo; lia ĉefverko "Institutio oratoria" havis enorman efikon kaj sur la mezepokajn kaj sur la renesancajn aŭtorojn.

(16) *"[...] tenemos de escrivir como pronunciamos, et pronunciar como escrivimos, por que es otra manera en vano fueron halladas las letras."* (Nebrija 1980 [1492]: p.116).

(17) "Redonu al Cezaro la propraĵon de Cezaro, kaj al Dio la propraĵon de Dio." (Evangelio laŭ Marko 12, 17).

(18) Nebrija, "Apologio" (Lt: Apologia), kompilita en 1507, citaĵo laŭ Valle Rodríguez (2008: p.66).

(19) Valle Rodríguez (2008: p.66).

(20) Valle Rodríguez (2008: p.70).

(21) "Muchísimas gracias" (Eo: koran dankon).

(22) "Adiós y buena suerte" (Eo: adiaŭ kaj fartu bone).

VI. Kardinalo Richelieu
[riŝeljo]

Kardinalo Richelieu

La vivo de la kardinalo Richelieu
(Armand-Jean du Plessis)

Armand-Jean du Plessis naskiĝis en nobela familio la 9-an de Septembro 1585 en Parizo. Li estis la kvina el ses gefiloj de François du Plessis kaj Susanne de La Porte. François estis nobela armeano, kiu mortis en 1590 en la oka kaj lasta Hugenota Milito (1585-1598), kiam Armand-Jean havis nur kvin jarojn. Ekde 1597 Armand-Jean frekventis la "Navaran Liceon" (Fr: Collège de Navarre) en Parizo, kie li akiris vere profundan klasikan klerecon (filozofio, Latino, la helena kaj la hebrea), kiun li kompletigis studante teologion ekde 1602.

Jam kvar jarojn poste, kiam Armand-Jean havis nur 21 jarojn, la papo Paŭlo la 5-a (reg. 1605-1621) nomumis lin episkopo de Luçon en Vendeo. Li tiutempe ŝajnis destinita por teda vivo en provinca diocezo, sed lia sorto pliboniĝis en 1614, kiam li estis elektita en la Ĝeneralajn Statojn (Fr: États généraux), la leĝdona asembleo de Francujo sub la regado de la reĝo. Ekde ĉi tiu momento lia vivo temis pri politiko, pri diplomatio kaj pri senĉesa sinsekvo da intrigoj – vivo plena de interesaj taskoj kaj defioj, kiuj sekurigis al li unikan pozicion en la historio de Francujo (Hildesheimer 2008).

La ascendo de Armand-Jean du Plessis al la ŝtatestra potenco komenciĝis, kiam li altiris la atenton de la reĝino-patrino Maria de Mediĉoj (Marie de Médicis), kiu fakte dominis sian filon Ludoviko la 13-a (reg. 1610-1643). Pro tiu influo la reĝo en 1617 nomumis la episkopon de provinca diocezo ŝtatsekretario de sia kortego. En 1622 la papo Gregorio la 15-a (reg. 1621-1623) promociis la episkopon al kardinaleco, kaj en 1624 Armand-Jean du Plessis fariĝis membro de la reĝa konsilio (Fr: Conseil du roi), danke al la lertaj politikaj manovroj de la reĝino-patrino. Ĝis sia morto en la jaro 1642 (en kiu mortis ankaŭ Maria de Mediĉoj), li havis senkomparan influon sur la regadon de Francujo, kvankam li estis plurfoje ekzilita el la kortego.

Kiel ĉefministro, li celis centralizi ĉiun potencon en la reĝa kortego kaj krei absolutan monarĥion en la interna politiko, dum en la ekstera politiko li strebis al unuaranga pozicio por Francujo en Eŭropo. La politika ludo de la potenco estis la kampo, sur kiu li elstaris. En la jaro 1629, post la definitiva milita malvenko de la (protestantaj) hugenotoj, la kardinalo forprenis ĉiujn privilegiojn, kiujn la hugenotoj havis ekde la edikto de Nantes (1598), per tio fortikigante sian propran potencon. Samtempe li subtenis la protestantajn princojn en Germanujo kontraŭ la Rom-katolika Habsburga Imperio.

Danke al siaj militaj atingoj, du Plessis fariĝis general-leŭtenanto kaj ricevis la titolon "duko de Richelieu" en la jaro 1629. La senkompateco, per kiu li efektivigis ĉiujn reformojn en la feŭda ŝtato, liaj diplomatiaj kapabloj kaj lia milita ekspansiismo malfermis la vojon al la hegemonio de la Burbonoj (Fr: Bourbons) en Eŭropo, al la historiaj Vestfaliaj Pactraktatoj (1648), same kiel al la absolutisma regado de Ludoviko la 14-a (reg. 1661-1715). Sed ĉiuj tiuj rezultatoj estas atingitaj nur longe post lia morto en 1642.

Richelieu estis instruitulo, kiu ne nur aspiris famon kiel literaturisto, sed ankaŭ multe interesiĝis pri la bildaj kaj vortaj artoj (Fr: arts et lettres) kaj pri la sciencoj. Li estis zorgema patrono de la Pariza universitato Sorbono (Fr: Sorbonne), kie li konstruigis propran kapelon por sia tombo. En 1635 li fondis sian plej daŭran heredaĵon, la tiel nomatan Francan Akademion (Fr: Académie française). Ĉi tiu institucio transvivis la absolutismon, la Francan Revolucion de 1789, la Bonapartismon (1799-1814), la restaŭradon de la Burbona monarĥio (1814-1830), la revoluciojn de la jaroj 1830 kaj 1848, la Duan Imperion (1852-1870), la Trian Respublikon (1871-1940), same kiel la tempestoplenan 20-an jarcenton.

La ĝis hodiaŭ senĉese aktiva Franca Akademio estas neniam kontestita, sed sendube integra parto de la intelekta vivo de Francujo (1). Komence de la 17-a jarcento, la stelo de la renesanca Italujo ankoraŭ brilis sur Francujon. Tiun renesancan spiriton aparte favoris Maria de Mediĉoj, la reĝa protektantino de Richelieu kaj poste lia politika rivalino, gvidante sian propran literaturan salonon. Devenante de la itala "sala", la vorto "salono" (Fr: salon) mem atestas la fortan tiutempan influon de Italujo sur ĉiuj kulturaj kampoj, same kiel la Franca Akademio fakte imitis la modelon de la itala "Akademio de la Brano" (It: Accademia della Crusca), kiu estis fondita nur duonjarcenton pli frue (nome en 1583) en Florenco, la naskiĝurbo de Maria de Mediĉoj.

La Franca Akademio estis politika projekto, renkontante la kontraŭstaron de multaj nobeloj, kiuj rigardis la projekton kiel ankoraŭ alian ruzaĵon de la kardinalo cele al subfoso de ilia pozicio. Tial, Richelieu bezonis du jarojn kaj duonan, ĝis la reĝo finfine subskribis la fondajn dokumentojn (Fr: lettres patentes). La 10-an de Julio 1637, la reĝo konfirmis la oficialan statuson de la Franca Akademio kiel nacia institucio kaj nomumis la kardinalon ĝia "ĉefo kaj protektanto" (Fr: le chef et le protecteur).

Ceteraj kvin jaroj restis al li por formi la kreskadon de sia geniaĵo kaj por direkti ĝiajn unuajn paŝojn. La fakton, ke la Franca Akademio precipe estis la verko de Richelieu, atestas la unua artikolo de la originala ĉarto, kiu kondiĉis, ke "neniu estu akceptita en la Akademion, kiu ne plaĉas al la sinjoro protektanto" (Fr: Personne ne sera reçu dans l'Académie qui ne soit agréable à Monseigneur le Protecteur). Richelieu restis la ĉefo kaj la protektanto de la Franca Akademio ĝis sia morto, la 4-an de Decembro 1642.

La lingvoj en Francujo en la 17-a jarcento

Komence de la 17-a jarcento multaj loĝantoj en Francujo fakte parolis alian gepatran lingvon ol la francan. En la jaro 1539 la reĝo Francisko la 1-a (reg. 1515-1547) donis edikton kun la titolo "Ordonnance de Villers-Cotterêts" (Eo: Ordonitaĵo de Villers-Cotterêts) (2), per kiu la franca anstataŭis Latinon kiel la oficiala lingvo de Francujo. Sed la historiistoj ĝenerale agnoskas, ke la plimulto de la tiutempa loĝantaro de Francujo ne pli bone posedis la francan ol Latinon (Picoche & Marchello-Nizia 1998: p.29).

Ekzistis ĉirkaŭ 2 aŭ 3 miloj da verkistoj, sed ili verkis por legantaro, kiu tiam nombris nur kelkajn dekmilojn. Dum pli ol unu jarcento, diversaj reĝaj dekretoj permesis elekti inter la franca (Fr: le françoys) kaj la loka idiomo (Fr: Patois aŭ "la langue vulgaire locale") por la oficiala komunikado. Komence de la 17-a jarcento, Latino, la franca kaj la lokaj idiomoj do kunekzistis en Francujo en sociolingvistika situacio de funkcia specialiĝo, per kiu aparta funkcio estis atribuita al ĉiu lingvo (Walter 1994: p.244).

La komunika valoro de la franca estis limigita pli-malpli al Parizio (Fr: Île-de-France, laŭvorte "insulo de Francujo"), dum diversaj variaĵoj de la okcitana lingvo, kiuj estis neniel reciproke kompreneblaj kun la franca, estis parolataj en suda Francujo (en la Langvedoko kaj en la Provenco). En 1661, kiam Racino (Jean Racine) vojaĝis tra suda Francujo, li skribis en letero al Lafonteno (Jean de La Fontaine), ke li "nepre bezonas interpretiston, same kiel moskvano en Parizo", kaj ke la lingvo, kiun li aŭdis surstrate, estis miksaĵo el la hispana kaj la itala. Ĉi tiu priskribo estis trafa kaj viva ilustraĵo de la tiama multlingveco de Francujo (3). Troviĝante ĉe la supro de la funkcia kaj prestiĝa rangordo, Latino estis daŭre uzata kiel honorinda klasika skriblingvo, ne malofte flankon ĉe flanko kun la franca. Tion ekzemplis Kartezio (René Descartes), kiu unuflanke verkis sian "Diskurson pri la metodo" (Fr: Discours de la méthode [1637]) en la franca, sed aliflanke la "Principojn de la filozofio" (Lt: Principia philosophiae [1644]) en Latino. La franca rangis kvazaŭ en la mezo inter la senprestiĝaj lokaj idiomoj de la ordinara popolo kaj la plej prestiĝa skriblingvo de la elito.

Sed la Ordonitaĵo de Villers-Cotterêts (1539) propagandis la adaptadon de tiu aranĝo al la ŝtataj bezonoj, celante etendi la funkcian gamon de la franca lingvo en ambaŭ direktojn: kaj en la kancelariojn kaj en la hejmojn. La normigo de la franca lingvo tiel fariĝis politika celo, kiun subtenis la membroj kaj de la intelekta kaj de la potenca elitoj. Gvida sur tiu vojo kaj la plej elstara el ĉiuj literaturistoj estis François de Malherbe, kiun pelis la pasia deziro defendi, plibonigi kaj purigi la francan lingvon.

Malherbe akiris la reputacion de konsiderinda poeto, verkinte la bonvenigan "Odon al Maria de Mediĉoj" (Fr: Ode à Marie de Médicis), kiam ŝi alvenis en Marsejlo la 9-an de Novembro 1600 por edziniĝi kun Henriko la 6-a. Lia elitisma doktrino pri lingvaj pureco, klareco kaj preciezco (Brunot 1891: pp.177-178) baldaŭ fariĝis elstare influa. Simile al Danto Alighieri, ankaŭ François de Malherbe decide malaprobis ĉiujn regionismojn, arĥaismojn kaj fremdvortojn. Sur ĉi tiu bazo li disvolvis koncepton pri lingvo, kiu estis inspironta kaj la laboron de la Franca Akademio kaj la ĝeneralan lingvan kulturon de Francujo dum multaj jarcentoj (Nadeau & Barlow 2006: pp.64-68).

"La lingvo de senmorteco"

La ĉefa misio de la Franca Akademio, kiel Richelieu difinis ĝin en sia 50-artikola ĉarto, estis "labori kun kiel eble plej granda diligenteco kaj plej granda fervoro por doni al nia lingvo klarajn regulojn kaj por fari nian lingvon pura, eleganta kaj kapabla trakti la artojn kaj la sciencojn" (4). Tiuj postuloj implicas unue, ke lingvo bezonas reguligon, kaj due, ke la franca estis ankoraŭ ne taŭga kiel lingvo de la artoj kaj de la sciencoj.

Ne ĉiuj akceptis la novan ideon, ke ŝtata institucio laŭplaĉe remodlu la lingvon por kontentigi la proprajn postulojn. Jean-Louis Guez de Balzac, fama verkisto kaj kunfondinto de la Franca Akademio, avertis pri "la tiranio, kiu penetros la mensojn" kaj ĵuris kontraŭstari al ĉi tiu tiranio kaj subteni la "barbarojn" (Caput 1986: pp. 94-95). Sed tiaj admonoj tute ne povis impresi la kardinalon, kiu preferis senĝene dikti la leĝojn avantaĝe al Francujo, rilate ne nur la aferojn de la ŝtato, sed ankaŭ tiujn de la lingvo. La franca eldonisto Claude-Bernard Petitot karakterizis lin jene (Petitot 1821: p.118): "Amante, protektante kaj kultivante ambaŭ artojn, la bildajn kaj la vortajn, Richelieu etendis al la artoj la spiriton de superregado, kiu prezentis la fundamenton de lia karaktero."

Richelieu firme kredis je centralizado kaj je precizeco, nome precizeco fondita sur la racio. Kontraste al Danto Alighieri, kiu en sia vojmontra traktaĵo "Pri la elokventeco de la vulgara popollingvo" (Lt: De vulgari eloquentia) prezentis la ŝanĝiĝemon de la racio kiel motivon por toleri ankaŭ lingvan ŝanĝiĝon, Richelieu rigardis la racion kiel pli absolutan valoron, kio plej bone akordis kun la esencisma koncepto pri lingvo de Malherbe. Laŭ la ekzemplo de la klasikaj lingvoj (Latino kaj la helena), la franca estu ne nur klara kaj preciza, sed ankaŭ senŝanĝa kaj nepre libera de la strangaĵoj, kiujn estigas individua ekstravaganco kaj regiona vario. La Franca Akademio estis fondita por levi la francan al la nivelo de artaĵo, idealo kaj modelo de lingvo, anstataŭ nur liveri bildon de la fakta lingvouzo. Malherbe estis konvinkita, ke estas eble laŭ tute racia kaj senarbitra maniero distingi tion, kio estis franca, disde ĉio, kio estis ne-franca.

La Franca Akademio ricevis la taskon kodigi kaj konservi ĉi tiun perfektan modelon de la franca lingvo, nepre protektante la atingotan unuforman normon, kiu estu "eterne" valida tra la tuta reĝlando. Laŭ tiu spirito kompreniĝas la postulema devizo, kiun donis al si la nova institucio: "Al la senmorteco" (Fr: À l'immortalité). Tial, la dumvivaj membroj, kies nombro estas strikte limigita al 40 akademianoj (Fr: limité à quarante personnes), ĝis hodiaŭ nomiĝas "la senmortuloj" (Fr: les immortels). La lingvo, kiun la Franca Akademio tiamaniere famigis kaj eternigis, estis komparata al la revolucia prototipa metro (Robitaille 2002: p.47), la netuŝebla mezuro por la modernaj tempoj.

Tiucele la artikolo 26 de la ĉarto postulas, ke la 40 akademianoj produktu vortaron, gramatikon, traktaĵon pri retoriko kaj traktaĵon pri poezio (5). La vortaro kaj la gramatiko bezonis kurioze multe da tempo por finfine aperi, kaj la du traktaĵoj eĉ neniam realiĝis. La Franca Akademio tamen fariĝis ekzemplodona institucio, kiu ne nur ĝuas grandan prestiĝon, sed ankaŭ prezentas la plej faman lingvan akademion en la tuta mondo, modelo ofte imitita sed neniam atingita en multaj aliaj landoj. Ĝi nepre devis esti nacia institucio, ĉar nur la franca kaj neniu alia lingvo (6) povis esti la lingvo de la franca nacio (7).

La heredaĵo de Richelieu

La kardinalo Richelieu, kiu estis konata ankaŭ sub la iom timiga titolo "la ruĝa eminenco" (Fr: L'éminence rouge), sendube estis la plej granda ŝtatisto de Francujo. Dum li siatempe precipe zorgis pri la reformo de la socia ordo en la interna politiko kaj pri la efektivigo de la influo de Francujo sur la internacia scenejo, la signifo, kiun li atribuis al kulturo, al klerigado kaj al lingvo, fine havis gravajn kaj longedaŭrajn efikojn sur la francan civilizacion, kiel ĝi estas konata hodiaŭ.

Ĉu la agado de Richelieu estis lingvopolitiko? Ĝenerale estas konstatende, ke fakte ĉio, kion la kardinalo tuŝis, baldaŭ fariĝis politiko. Sed ankaŭ laŭ la kriterioj de la hodiaŭa lingvo-scienco, lia agado cele al la kodigo kaj al la rangaltiĝo de la franca estas sendube konsiderinda kiel speco de lingvopolitiko. "La ruĝa eminenco" celis kiel eble plej potencan Francujon kaj rigardis racie reguligitan kaj senŝanĝan ("eternan") lingvon kiel nemalhaveblan rimedon por atingi ĉi tiun celon. Li fondis la Francan Akademion por stabiligi kaj kontroli la lingvouzon ("korpusa planado" laŭ la hodiaŭa lingvistika terminaro), por disvastigi la ĉiucelan uzadon de la franca tra la tuta regno kaj por plialtigi ĝian prestiĝon tra la tuta Eŭropo ("statusa planado") (8):

Tabelo 15: Kategorioj de lingvoplanado

Kategorioj de lingvoplanado	rilate la agadon de Richelieu
Korpusa planado (An: corpus planning)	fiksi racie reguligitan lingvon, por eternigi ("Al la senmorteco") kaj kontroli la lingvouzon
Statusa planado (An: status planning)	disvastigi la uzadon de la franca lingvo en ĉiuj sferoj de la vivo tra la tuta reĝlando; plialtigi la prestiĝon de la franca tra la tuta Eŭropo

Krome, "Richelieu sendube konsciis la fakton, ke la normigo de lingvo estas tro grava politika ago, ol ke oni cedu ĝin al gramatikistoj" (Lodge 1993: p.160). La Franca Akademio neniam estis klubo de filologoj aŭ de lingvistoj, sed pli ĝuste estis (kaj certagrade ankoraŭ estas hodiaŭ) monumento al la gloro de Francujo. Antaŭ la oficiala malfermo, kelkaj el la fondaj membroj proponis, ke la nova institucio estu nomita "la Akademio de la elokventeco" (Fr: l'Académie de l'éloquence). Sed finfine ili tamen interkonsentis pri la nomo "Académie française", en kiu la adjektivo "française" povas rilati al la lingvo, same kiel al la nacio. Plej verŝajne, ĉi tiu ambigueco helpis nutri la miton de la nacia elito kaj de la ŝtata aŭtoritato, kiun "la ruĝa eminenco" deziris doni al la Franca Akademio (Nadeau & Barlow 2006: p.71).

Lastaj vortoj

Coulmas: *Via eminenca moŝto, mi jam antaŭe submetis miajn demandojn por ĉi tiu intervjuo – laŭ la peto de via oficejo. Ĉu vi permesas al mi komenci?*

Richelieu: [nur silente rigardas sian interparolanton unu momenton, tiam subtile kapjesas]

Coulmas: *Vi longe funkciis kiel ĉefministro, vi instruis al Ludoviko la 13-a esti bona reĝo, vi devigis la nobelaron subteni lin, vi kastris la hugenotojn kaj restarigis la reputacion de la reĝlando inter la aliaj Eŭropaj potencoj al la statuso, kiu decas al Francujo (9). Tre malfrue en via brila kariero, vi turnis vian atenton al grupo da instruituloj kaj instigis ilin formi la Francan Akademion. Kial doni oficialan statuson al privata kunveno?*

Richelieu: Laŭ mia konvinko, la plej elstaraj intelektuloj povas kaj devas meti siajn talentojn en la servon de sia nacio. Kaj nacia institucio tiucele subtenu ilin, ĉar la nacia lingvo estas la angulŝtono de ĉiu politika sistemo. Tial, se la lingvo estas korupta, la politika sistemo estas same korupta (10).

Coulmas: *Oni diras, ke vi malkonsentis kun via kolegaro pri la unua malneto de la "Statutoj kaj reguraloj" (11) de la nova institucio. Kion vi malaprobis?*

Richelieu: Nenion. La kunfondintoj ja sekvis miajn instrukciojn. Mi proponis nur kelkajn negravajn ŝanĝojn. En artikolo V de la malneto la akademianoj promesis "respekti la virton kaj la memoron de la sinjoro protektanto", kiu estas mi. Mi pensis, ke tio estis nenecesa kaj eble eĉ kompromitos la reputacion de la Akademio.

Coulmas: *Post kiam la Akademio estis fondita, ĉu la akademianoj kontentigis viajn atendojn?*

Richelieu: Ne, fakte ili tute ne kontentigis min.

Coulmas: *Kial ne?*

Richelieu: La akademianoj estis senhonte vantaj. Ili faris nenion alian ol renkontiĝi ĉiun lundon posttagmeze nur por interŝanĝi komplimentojn, sed ili ne komprenis, ke ili ne plu estis privata grupo da sinjoroj. La akademianoj faris nenion utilan por la publiko (12).

Coulmas: *Kaj kion ili estus devintaj fari?*

Richelieu: Mi jam frue klarigis, ke la akademianoj nepre devas ellabori vortaron, gramatikon, traktaĵon pri retoriko kaj traktaĵon pri poezio (5). Sed ili plenumis neniun el ĉi tiuj devoj. Estis eĉ necese doni la ordonon, ke ĉiuj akademianoj regule partoprenu en la kunsidoj aŭ cedu sian sidlokon al aliaj espereble pli laboremaj instruituloj.

Coulmas: *Kelkaj kontestis la monopolan jurisdikcion de la Franca Akademio pri vortoj ...*

Richelieu: Mi konscias tion, sed la plebanoj ja plej ofte ne parolas laŭ racia maniero. Ili nepre bezonas gvidadon.

Coulmas: *Ĉu tiu gvidado estas la devo de la Franca Akademio?*

Richelieu: Nepre jes.

Coulmas: *Retrospektive – ĉu la Franca Akademio estis sukcesa?*

Richelieu: Unuflanke ne kaj aliflanke jes. Kial unuflanke ne? La Akademio tro longe atendigis la nacion. La unua eldono de la "Vortaro de la Franca Akademio" (13) estis eldonita ne pli frue ol en la jaro 1687, duonjarcenton post mia morto, kaj enhavis nur 13 milojn da kapvortoj. Sed la prokrastado rilate la gramatikon estis eĉ plenkreska skandalo! La akademianoj malsukcesis plenumi siajn devojn dum preskaŭ 300 jaroj, kaj kiam "La gramatiko de la Franca Akademio" (14) finfine aperis en la jaro 1930, la profesiaj lingvistoj mokridis ĝin pro ĝia pletoro da mankoj. Kial aliflanke jes? La elstara akademiano Favre de Vaugelas difinis kaj kodigis "la bonan lingvouzon" en 1647 (15) – konsiderinda atingo sur la vojo al la senmorteco de mia lingvo. Sed pli grava estas la fakto, ke princoj kaj instruituloj en multaj Eŭropaj landoj sekvis nian ekzemplon kaj fondis lingvajn akademiojn, ekzemple en Berlino, Vieno, Madrido, Lisbono, Stokholmo kaj Sankt-Peterburgo.

Coulmas: *Ĉu ne fakte ekzistas tre multaj gramatikaj kaj leksikonaj malfacilaĵoj, kiujn la ordinaraj homoj simple ne kapablas memori kaj observi?*

Richelieu: Se la plebanoj ĝuas tro komfortan vivon aŭ havas tro facilan tempon, ili estas malfacile reteneblaj ene de la limoj de iliaj devoj, ĉar ili malpli scias ol la aliaj klasoj, kaj por reteni ilin ene de la limoj de racio kaj de leĝo, ili devas esti daŭre okupataj (16).

Coulmas: *Ĉu oni ne celu instrui al ĉiuj regatoj la arton legi kaj skribi?*

Richelieu: Dum la ĝenerala legokapablo estas absolute necesa en respubliko, estas certe, ke oni nepre ne alfabetigu indiferente ĉiujn subulojn en reĝlando (17).

Coulmas: *Dankon, via eminenca moŝto.*

Notoj

(1) La historion de la Franca Akademio mallonge resumis la franca filologo Jean-Pol Caput (Caput 1986); pli ampleksan historiografion aŭtoris la kanada verkisto Louis-Bernard Robitaille (Robitaille 2002).

(2) "CXI: *Et pource que telles choses sont souventeffois advenues sur l'intelligence des motz latins contenuz esdictz arrestz, nous voulons que doresenavant tous arrestz ensemble toutes autres procedeures soyent de noz cours souveraines ou autres subalternes et inferieures, soyent*

de registres, enquestes, contractz, commissions, sentences, testamens et autres quelzconques actes et exploictz de justice, ou qui en dependent, soyent prononcez, enregistrez et deliurez aux parties en langage maternel françoys, et non autrement." La originala teksto de la Ordonitaĵo troviĝas sur la retejo: (www.assemblee-nationale.fr/histoire/villers-cotterets.asp).

(3) *"Je vous jure que j'ai autant besoin d'un interprète, qu'un Moscovite en aurait besoin dans Paris. Néanmoins je commence à m'apercevoir que c'est un langage mêlé d'espagnol et d'italien; et comme j'entends assez bien ces deux langues, j'y ai quelquefois recours pour entendre les autres et pour me faire entendre."* (Racine 1813 [1661]).

(4) Artikolo XXIV de la ĉarto de la Franca Akademio: *"La principale mission de l'Académie sera de travailler avec tout le soin et toute la diligence possibles à donner des règles certaines à notre langue et à la rendre pure, éloquente et capable de traiter les arts et les sciences."* (Académie française 1995 [1635]: *Statuts et règlements*).

(5) Artikolo XXVI de la ĉarto de la Franca Akademio: *"Il sera composé un dictionnaire, une grammaire, une rhétorique et une poétique sur les observations de l'Académie."* (Académie française 1995 [1635]: *Statuts et règlements*).

(Noto de la tradukinto: La lingvopolitikajn funkciojn, kiuj konformas al la postuloj de la supre citita artikolo XXVI de la ĉarto de la Franca Akademio, en Esperantujo plenumadas la sekvaj faklibroj:)

Vortaro	**Plena Vortaro de Esperanto** (Grosjean-Maupin kaj aliaj)	1930
	Plena Ilustrita Vortaro de Esperanto (Waringhien kaj aliaj)	1970
Gramatiko	**Plena Gramatiko de Esperanto** (Kalocsay & Waringhien)	1935
	Plena Manlibro de Esperanta Gramatiko (Wennergren)	2005
Retoriko	**Retoriko** (Lapenna)	1950
Poetiko	**Parnasa Gvidlibro** (Kalocsay, Waringhien & Bernard)	1932

(6) Lastatempe, nome en Junio 2008, la Franca Akademio klare mal-rekomendis al la Francuja registaro cedi oficialan statuson al la regionaj lingvoj en Francujo

(7) En sia politika testamento la kardinalo ripete rilatas al "nia nacio" (Fr: notre nation) pli-malpli en la moderna senco de la vorto.

(8) La kategorioj de lingvoplanado estas unuafoje proponitaj kaj lingvistike difinitaj de la germana lingvisto Heinz Kloss (1904-1987) en la jaro 1966 (Kloss 1966: pp.206–252).
(Rimarko de la tradukinto: La esperantigo de la origine anglaj fakterminoj "corpus planning" kaj "status planning" sekvas la ekzemplon de Humphrey Tonkin [Tonkin 1999]).
(9) Vidu Richelieu 1764: parto I, p.2
(10) *"La langue, c'est la pierre angulaire du système politique. Et si la langue est corrompue, le système politique est corrompu."* (Robitaille 2002: p.49).
(11) "Statutoj kaj regularoj" (Académie française 1995 [1635]: *Statuts et règlements*)
(12) *"L'Académie ne fait rien d'utile pour le public."* (Caput 1986: p.95).
(13) "Dictionnaire de l'Académie française", kiu aperis en "prepara eldono" (Fr. édition préliminaire) en la jaro 1687 kaj en "unua eldono" (Fr: première édition) en la jaro 1694.
(14) "La Grammaire de l'Académie française", kiu unuafoje aperis en la jaro 1930.
(15) La elstara filologo kaj akademiano Claude Favre de Vaugelas (1585-1650) publikigis en la jaro 1647 sian ĉefverkon "Remarques sur la langue françoise, utiles à ceux qui veulent bien parler et bien escrire" (Eo: Rimarkoj pri la franca lingvo, utilaj al tiuj, kiuj volas bone paroli kaj bone skribi), en kiu li difinis kaj kodigis "la bonan lingvouzon" (Fr: le bon usage) laŭ la modela lingvouzo de la instruita aristokrataro en la reĝa kortego.
(16) *"Si les Peuples étoient trop à leur aise, il seroit impossible de les contenir dans les règles de leur devoir. Leur fondement est, qu'ayant moins de connoissance que les autres Ordres de l'Etat beaucoup plus cultivés & plus instruits, s'ils n'étoient retenus par quelque nécéssité, difficilement demeureroient-ils dans les règles qui leur sont prescrites par la raison & par les Lois."* (Richelieu 1764: parto I, p.225).
(17) *"Comme la connaissance des lettres est tout à fait nécessaire en une République, il est certain qu'elles ne doivent pas être indifféremment enseignées à tout le monde."* (Richelieu 1764: parto I, p.168).

VII. Katerino la Granda
(Екатерина Великая)
[jekaterina velikaja]

Katerino la Granda

La vivo de Katerino la Granda
(Sophie von Anhalt-Zerbst)

Sophie Auguste Friederike von Anhalt-Zerbst naskiĝis la 2-an de Majo 1729 en Ŝtetino (Ge: Stettin), la ĉefurbo de la Prusuja provinco Pomerujo. Ŝia patro, princo Christian August, tiutempe servis kiel generalo en la armeo de la Prusuja reĝo Frederiko Vilhelmo la 1-a kaj poste, en 1742, fariĝis kunreganto de la malgranda feŭdisma princlando Anhalt-Zerbst. Ŝia patrino estis la talenta princino Johanna Elisabeth von Schleswig-Holstein-Gottorf, kiu estis plej bone ligita kun la tuta Eŭropa aristokrataro. Tial, Johanna kapablis sekurigi al sia filino Sophie kiel eble plej favoran pozicion en la granda karuselo de la nobelaj intergeedziĝoj inter la reĝaj dinastioj. La juna princidino Sophie okaze, nome en 1743, estis prezentita al la Rusuja imperiestrino Elizabeto (Елизавета Петровна Романова, reg. 1741-1762), kiu estis serĉanta konvenan edzinon por sia nevo, la germana princo Carl Peter Ulrich von Schleswig-Holstein-Gottorf, la heredonto de la cara trono kaj malproksima parenco de Sophie (ili estis gekuzoj de la dua rango).

La 21-an de Aŭgusto de 1745, aĝante nur 16 jarojn, Sophie edziniĝis kun Carl kaj per tio aniĝis al la Romanov-dinastio. En la antaŭtago de la geedziĝo, Sophie konvertiĝis al la rus-ortodoksa konfesio, deklamante la kredkonfeson en senriproĉa rusa, kvankam ŝi estis nur ĵus komencinta lerni ĉi tiun orient-slavan lingvon. Okaze de sia konfesia konvertiĝo ŝi akceptis novan nomon – ne hazarde la nomon de la patrino de la imperiestrino Elizabeto – Katerino (Екатерина) por ankaŭ laŭnome signi sian oficialan aniĝon al la Rusuja nobelaro (Alexander 1989: p.28).

Malmulte da amo regis inter Katerino kaj ŝia preskaŭ samaĝa edzo. Komence ili ambaŭ kondutis plej ĝentile unu kontraŭ la alia, sed baldaŭ la junaj geedzoj pli kaj pli disiris laŭ malsimilaj vojoj, fine vivante en du apartaj mondoj. Ĉar la juna Katerino disponis pri multe da libera tempo, precipe dum la mallumaj vintraj monatoj, ŝi fervore legadis ĉiujn iel ajn akireblajn librojn kaj energie perfektigis sian sendependan studadon, profunde proprigante al si la kulturon, la kutimojn kaj la lingvon de sia nova hejmlando. Ŝia entuziasma intereso pri libroj estis tute nekutima en la Rusuja imperiestra kortego, sed Katerino ne nur disvolvis ardan pasion por la legado de la klasika literaturo, sed ankaŭ mem verkis diversajn dramojn (precipe komediojn) kaj operojn en la klerisma spirito (1). Ĉi tiu arda literatura pasio inspiris ŝin dum ŝia tuta vivo.

Ŝi studadis la verkarojn de la helenaj kaj latinaj klasikuloj kiel Platono, Plutarĥo, Cicerono kaj la "Analojn" (Lt: Annales) de Tacito. Sed ŝi plej multe ŝatis la verkarojn de la francaj klasikaj dramistoj Moliero (Jean-Baptiste Poquelin) kaj Kornelio (Pierre Corneille), la verkaron de la franca pensulo Voltero (François-Marie Arouet) kaj la klerisman verkon "Pri la spirito de la leĝoj" (Fr: De l'Esprit des Loix, 1748) de Charles de Montesquieu. El ĉi tiuj kaj el multaj aliaj klerismaj libroj, verkitaj precipe en la franca, la tiama Lingvafrankao en Eŭropo, foje ankaŭ en la germana aŭ en la rusa, ŝi abunde lernis pri politika historio kaj pri la ŝtatestra arto (Herzen 1859: p.225).

Rangante kiel princino, Katerino rajtis disponi pri lukse ekipita propra buĝeto, kiun uzis la juna virino por plifortigi sian pozicion en la kortego kaj sian influon sur la Rusujan aristokrataron. Kiam la imperiestrino Elizabeto mortis en la kristnaska tago de la jaro 1761 (laŭ la Julia kalendaro), Katerino estis farinta sin konsiderenda potenco, kion ŝia edzo spertis nelonge post sia surtroniĝo kiel imperiestro Petro la 3-a. Dum la juna aŭtokrato tute malkaŝe esploris la jurajn eblojn, oficiale anstataŭigi sian edzinon per sia konkubino grafino Elizaveta Voroncova (Елизавета Романовна Воронцова), Katerino kune kun grupo da malkontentaj oficiroj sub la gvidado de grafo Aleksej Orlov (Алексей Григорьевич Орлов) konspiris por renversi la imperiestron, la junan "aŭtokraton de la tuta Rusujo".

La konspirantaj oficiroj estis profunde frustritaj pro la ŝoka ŝtatestra malkompetenco, kiun Petro la 3-a estis montrinta la 5-an de Majo 1762, kiam li sennecese faris la nekredeble malavantaĝan pactraktaton de Sankt-Peterburgo: pro persona emocia admiro al la Prusuja reĝo Frederiko la 2-a (reg. 1740-1786), la juna Rusuja imperiestro estis ĉesiginta la Sepjaran Militon (1756-1763) kaj senkompense redoninta ĉiujn konkeritajn teritoriojn, kiuj fakte ampleksis la plej grandan parton de la tuta Reĝlando Prusujo. Kvankam la detaloj pri la morto de la enprizonigita eksimperiestro Petro la 3-a restis malklaraj, la ŝtatrenverso pasis sukcese kun nur tre malmulte da sangoverŝo.

La germana deveno de Katerino, ŝia sekso kaj ŝia kompleta manko de propra sperto kiel regantino ŝajne prezentis ne tro promesplenajn antaŭkondiĉojn por sukcesa regado de tiel senmezure vasta kaj malkvieta imperio kiel Rusujo. Sed jam baldaŭ evidentiĝis, ke la elstare inteligenta, ambicia kaj fascine energia virino havis superan talenton por la ŝtatestra arto. La 22-an de Septembro 1762, ŝi suriris la caran tronon en la Katedralo de Endormiĝo de la Dipatrino (Ru: Успенский Собор) en la Moskva kremlo kiel la Rusuja imperiestrino Katerino la 2-a.

Dum la 34 jaroj de sia regado (1762-1796), Katerino plurfoje militis kaj refoje paciĝis, konsiderinde plivastigante la ŝtatan teritorion. Ŝi travivis plurajn atencojn kaj enkondukis la principojn de la "klera absolutismo" (Fr: despotisme éclairé) en la Rusujan Imperion, kiun ŝi fine sukcesis transformi en tian grandan Eŭropan potencon, kiun Petro la Granda (Пётр Алексеевич Романов, reg. 1672-1725) estis imaginta, kiam li estis iniciatinta la eŭropigan politikon en la plej granda ŝtato de la mondo. Dediĉinte sin al la "iluminado de la nacio, kiu estas regenda" (Ru: Нужно просвещать нацию, которой должен управлять) (2), Katerino la Granda mortis la 6-an de Novembro 1796 laŭ la Julia kalendaro (3) post longa vivo, plena de aventuroj por la Prusuja princidino, la klerisma verkistino kaj la Rusuja aŭtokratino.

La lingvoj en la Rusuja Imperio ekde la regado de Petro la Granda

En la 18-a jarcento, Rusujo estis pluretna kaj plurlingva imperio, simila al siaj precipaj rivaloj, nome la Habsburga kaj la Otomana Imperioj. Estante la ŝtato, kiu okupas la plej vastan teritorion de la loĝata tersurfaco, la Rusuja Imperio ampleksis pli ol 100 etnajn kaj lingvajn minoritatojn de diversaj devenoj kaj de malsamaj religioj (Evtuhov et al. 2004, p.282):

Tabelo 16: La pli grandaj etnoj kaj iliaj lingvoj en la Rusuja Imperio

Lingvaro	Sublingvaro	Etnoj	Religio [§]
Hindeŭropa	armena	armena	kristana
	balta	litova, latva	kristana
	ĝermana	germana	kristana
	irana	taĝika, oseta	muzulmana
	slava	rusa, ukraina, belorusa, pola	kristana
Kaŭkaza	nord-okcidenta	kabarda, adigea, abĥaza	muzulmana
	nord-orienta	ĉeĉena, avara, lezga, darga, inguŝa	muzulmana
	suda	kartvela	kristana
Mongola	okcidenta	kalmuka	budhana

Semida	kanaana	hebrea	juda
Tjurka	karluka	uzbeka	muzulmana
	kipĉaka	kazaĥa, kirgiza, baŝkira, tatara	muzulmana
	oguza	azera, turkmena	muzulmana
	siberia	jakuta, tuva	kristana
Urala	finno-volga	finna, estona, mordva, ĉeremisa	kristana
	perma	udmurta, komia	kristana
	samojeda	neneca	kristana

(§) = la plej dominanta religio ĉe la respektivaj etnanoj

En la sud-oriento, la Rusuja Imperio alfrontis la ribeleman muzulmanan loĝantaron de la vastaj ebenaĵoj de la Azia stepo. Tiu loĝantaro estis ĉiam preta, defii la Rusujan regadon. Dum siaj longaj vojaĝoj cele al la inspektado de sia imperio, Katerino estis impresata de la kultura diverseco de la multaj etnoj. En 1767 ŝi skribis en letero al la franca filozofo Voltero (François-Marie Arouet) pri sia vojaĝo al la Tataruja urbo Kazano, kiu troviĝas ĉirkaŭ 110 Rusujajn mejlojn (770 verstojn) oriente de Moskvo:

> "Jen mi en Azia Rusujo. Mi deziris vidi ĉi tiun parton de la imperio per miaj propraj okuloj. En ĉi tiu urbo vivas dudek diversaj etnoj flankon ĉe flanko, kaj eĉ ne unu similas alian. Sed ni devas tajlori unu veston, kiu taŭgu por ĉiuj." (4)

La socia ordo de la Rusuja Imperio estis feŭda. La potenco kuŝis senescepte en la manoj de la nobelaro kaj de la klerikaro, kiuj kune konsistigis malpli ol unu elcenton de la tuta Rusuja loĝantaro, dum la burĝaro konsistigis ĉirkaŭ dek elcentojn. La grandegan plimulton da loĝantoj konstituis analfabetaj kamparanoj, el kiuj multaj eĉ estis servutuloj, vivodaŭre ligitaj al la bieno de siaj nobelaj mastroj. Kontaktoj inter la nobela burokrataro kaj la servutaj kamparanoj estis tre raraj, plejparte limigitaj al la kolektado de impostoj kaj la rekrutigo de soldatoj.

Kvankam la rusa estis la lingvo parolata de la plimulto, ĝi ne ĝuis la rangon de oficiala lingvo en tiu senco, ke ĝi kunigus regantojn kaj regatojn. El la pluretna naturo de la imperio rezultis, ke la Rusuja nacio tute ne povis baziĝi sur socilingvistika unueco, ĉu reala, ĉu imaga. Tion ekzemplas la fakto, ke Carl Peter Ulrich von Schleswig-Holstein-Gottorf, la edzo kaj rekta antaŭulo de Katerino, povis suriri la caran tronon, malgraŭ ke li tute ne sufiĉe posedis la rusan lingvon. Kvankam la geedzoj Carl (Petro) kaj Katerino estis ambaŭ germandevenaj, ili korespondis uzante sole kaj ekskluzive la francan konforme al la spirito de la epoko, kiu adoris la kortegan lingvon de Versajlo pro la nesuperebla prestiĝo, kiun ĝuis la franca ĉe la tuta Eŭropa aristokrataro (Rjéoutski 2007).

Vere kleraj rusoj plej flue parolis la francan kaj eble la germanan, sed la plej estimatan literaturon konsistigis aŭ franclingvaj originalaj legaĵoj aŭ tradukoj el la franca (Dixon 1999: p.161). La tiel nomata "Gaŭlomanio" (Ru: Галломания), la mania adoro al la franca lingvo, de la Rusuja nobelaro estis tiel universala, ke la literaturo Denis Fonvizin (Денис Иванович Фонвизин) akiris grandan sukceson, kiam li primokis tiun manion en sia populara komedio "La brigadestro" (Ru: Бригадир) en 1769 (Lubenow 2002).

Ĝis la regado de Petro la Granda (reg. 1682-1725), la ortodoksa eklezio estis plejparte respondeca pri la Rusuja instrusistemo rilate la elementajn lernejojn. Pro manko de rimedoj, ĉi tiu sistemo permesis nur al malmultaj loĝantoj la akiron de altnivela instruiteco. Ankaŭ la religie bazita alta estimo al la kultura valoro de Slavono (Ru: старославянский язык) grave malfaciligis la celatan klerigadon de la Rusujaj popolamasoj. La fru-mezepoka Slavono estas la slava literaturlingvo, kiu servis kiel liturgia lingvo jam ekde la tempo de la sanktuloj Cirilo (827-869) kaj Metodo (815-885), "la apostoloj de la slavoj". Kvankam iom malsimila al la ordinara rusa lingvo de la laikoj, la liturgia Slavono estis konsiderata la pli digna kaj pli origina variaĵo de la rusa. Pro tio, la rusa vulgara parollingvo nur tre malrapide eniris en la sferojn de la instrusistemo aŭ eĉ de la literaturo.

Imperiestro Petro la Granda abolis ĉi tiun eklezian monopolon pri la elementa instru-sistemo en la Rusuja Imperio, same kiel li iniciatis multajn aliajn sociajn reformojn pro sia entuziasmo por la okcident-Eŭropa civilizacio. Metante la fundamenton de sekulara instru-sistemo, li establis novajn ŝtatajn lernejojn kaj akademiojn. En la jaro 1708 Petro la Granda dekretis reformon de la cirila alfabeto (Ru: азбука) por plisimiligi ties literojn al la grafemoj de la Okcidenta latina alfabeto. Kvankam la skribsistema reformo estis nur unu el la multaj sociaj progresoj, kiujn estigis ĉi tiu eksterordinara reganto, ĝi estis la videbla manifestaĵo de lia moderniga strebado. Kiam Katerino siatempe kontinuigis kaj pliintensigis liajn iniciatojn, ŝi montris sin sagace konscia pri la socilingvistikaj dimensioj.

Lingvistino sur la cara trono

Katerino dediĉis sin al la plibonigo de la Rusuja instrusistemo, kiu servis unuflanke al la internpolitikaj celoj de la imperio, sed aliflanke al la pli ĝenerala humanisma celo alporti la idealojn de la okcident-Eŭropa klerismo al la Rusuja nacio. En la jaro 1786 ŝi enkondukis la statuton pri la klerigado de la Rusuja nacio, establante nacian instrusistemon kun lernejoj, kiuj estu senpage alireblaj por ambaŭ seksoj kaj ĉiuj sociaj klasoj. La realigo montriĝis tamen malfacila, ne nur pro la okaza manko de rimedoj, sed ankaŭ pro tio, ke la kamparanoj ofte ne komprenis la utilon sendi siajn gefilojn en lernejon. Malgraŭ ĉi tiuj obstakloj, ĉirkaŭ 600 senpagaj publikaj lernejoj, kiuj uzis la rusan kiel instrulingvon, estis fonditaj per tiu statuto por la unua fojo en la historio de Rusujo (Ockenfuss 1979).

Same kiel la Rusuja socio profitis de la reformoj laŭ la modelo de la Okcidentaj socioj, tiel profitis ankaŭ la rusa lingvo de la modernigo laŭ la modelo de la Okcidentaj lingvoj. Kiam Katerino alvenis en Rusujo, ŝi enprofundiĝis en la lernadon de la rusa, kaj post la *coup d'état* (ŝtatrenverso), per kiu ŝi sukcese starigis sian potencon, ŝi povis apogi sian legitimecon ne malmulte sur sia elokventa majstrado de la rusa lingvo (Schippan 2009).

Dum Katerino definitive instalis Rusujon inter la respektataj Eŭropaj potencoj (5), la okcident-Eŭropaj lingvoj, kiujn ŝi posedis, t.e. precipe la germana kaj la franca, sed ankaŭ la angla (Alexander 1989: p.146), konstituis la socilingvistikajn normojn, laŭ kiuj ŝi prijuĝis la taŭgecon de la rusa. En kelkaj rilatoj, ŝi trovis la tiutempan rusan mankohava. Jam en 1764, nur du jarojn post sia surtroniĝo, Katerino komencis verki la "Instrukcion al la komisiono, al kiu estas komisiita la tasko ellabori novan juran kodon" en la franca lingvo (Fr: Instruction pour la commission chargée de dresser le projet d'un nouveau code de lois), kiun ŝi mem poste tradukis en la rusan (Ru: Наказ комиссии о составлении проекта нового уложения).

En ĉi tiu ambicia verko, Katerino eksplikis sian profunde klerisman filozofion rilate la ideojn kaj principojn por krei vere modernan juran kodon por la tuta Rusujo. Anstataŭ nur komisii la kompilaĵon de la nova jura kodo al iuj komisianoj kaj sekretarioj, ŝi dediĉis sin mem al ĉi tiu celo kun senkompromisa fervoro. La "Instrukcio" (Ru: Наказ), kiu komenciĝas per la devizo "La kristana religio instruas al ni, ke ni faru unu al la alia tiom da bono, kiom ni povas." (Fr: La religion chrétienne nous enseigne de nous faire les uns aux autres tout le bien que nous pouvons), estas originale verkita en la franca, sed la rusan tradukon realigis neniu alia ol la germandevena imperiestrino mem. Post tri jaroj (1764-1767), dum kiuj ŝi estis senlace prilaboranta la "Instrukcion", kaj la ruslingva kaj la germanlingva versioj fine estis publikigitaj en la jaro 1767 en Moskvo. "Entute 25 eldonoj en naŭ lingvoj aperis en la jaroj inter 1767 kaj 1797." (Madariaga 1981: p.609) (6).

Pro la abundo da solvendaj problemoj, kiuj ampleksis politikajn, jurajn, sociajn kaj ekonomiajn defiojn, Katerino renkontis sur ĉiu paŝo diversajn malfacilaĵojn, kiam ŝi provis transponti la distancon inter la rusa kaj la okcident-Eŭropaj lingvoj. Tiu sperto pri multaj lingvaj malfacilaĵoj akrigis ŝian komprenaĵon pri la necesa antaŭkondiĉo por sukcesa traduk-laboro: diligente ellaborita terminaro. Pro tio ŝi fondis en Novembro 1768 la "Asembleon klopodantan por la tradukado de fremdlingvaj libroj en la Rusujan lingvon" (Ru: Собрание старающееся о переводе иностранных книг на российский язык). Ĉi tiu asembleo estis transformita en la jaro 1783 laŭ la modelo de la Franca Akademio (Fr: Académie française) en la Rusujan Akademion (Ru: Академия российская) cele al la kompilado de la enciklopedia "Vortaro de la Rusuja Akademio" (Ru: Словарь Академии российской) laŭ la modelo de la franca "Dictionnaire de l'Académie française". La unua eldono de tiu akademia ruslingva vortaro enhavis 43 257 kapvortojn kaj aperis en 6 volumoj inter 1783 kaj 1794.

Kontraŭe al la tiama kutimo, laŭ kiu sendube estus nomumita viro sur tiu posteno, la virino sur la cara trono nomumis alian virinon unua prezidanto de la Rusuja Akademio: Jekaterina Daŝkova (Екатерина Романовна Дашкова, la fratino de la siatempa konkubino de Petro la 3-a), kiu estis elstare kvalifikita per tio, ke ŝi eldonis eminentan ĉiumonatan literaturrevuon sub la poezia titolo: "La kunparolanto de amantoj de la Rusuja vorto" (Ru: Собеседник любителей российского слова) inter Junio 1783 kaj Septembro 1784.

Permesante la instalon de privataj presejoj kaj eldonejoj, la imperiestrino kuraĝigis la Rusujan intelektularon, ludi pli aktivan kaj memstaran rolon. Ŝi verkis eseojn pri la Rusuja historio, publikigis en la menciita literaturrevuo "La kunparolanto" kaj komponis en 1797 alfabetigan lernolibron: "Rusuja abocolibro por la alfabetiga instruado de la junularo" (Ru: Российская азбука для обучения юношества чтению) (Dixon 2009: p.248), kiu enhavis ankaŭ sekcion pri la greka alfabeto, ĉar ŝi konsideris la grekan kiel la fundamenton de ĉiuj Eŭropaj lingvoj. La fakto, ke ŝi verkis abundon da popularaj komedioj kaj da operaj libretoj en la rusa (1), atestas ŝian altan estimon al la lingvo, kiun ŝi estis tiel sukcese propriginta al si. En 1782 ŝi aŭtoris la alegoriajn rakontojn, kiuj laŭdire konsistigis la unuajn ruslingvajn infanlibrojn, nome "La rakonto pri la carido Ĥloro" (Ru: Сказка о царевиче Хлоре) kaj "La rakonto pri la carido Fevejo" (Ru: Сказка о царевиче Февее).

La ĝeneralan intereson de Katerino pri lingvoj kaj precipe pri la pozicio de la rusa inter la lingvoj de la mondo atestas la granda leksikografia esplorprojekto, kiun ŝi iniciatis en la jaro 1787: la "Komparaj vortaroj de ĉiuj lingvoj kaj idiomoj" (Ru: Сравнительные словари всех языков и наречий, vidu Bildon 5) estis kompilataj laŭ ŝia ordono, listigante 285 vortojn en 200 lingvoj, el kiuj pli ol 60 estis parolataj sur la teritorio de la Rusuja Imperio (7). Per ĉi tiu verko ŝi intencis firmigi la prestiĝon de la rusa kaj elmontri "la lingvistikan riĉecon de la Rusuja Imperio" same kiel "la historian devenon de la rusa" (Hoogenboom 2012: p.89). La brita diplomato James Harris Junior, kiu oficis kiel eksterordinara sendito de Brituјo en Sankt-Peterburgo inter 1777 kaj 1783, donacis al Katerino ekzempleron de la lingvistika traktaĵo "Hermeso, aŭ filozofia esploro koncerne la universalan gramatikon" el la plumo de sia patro (8), kio eble inspiris la projekton pri la komparaj vortaroj.

La komparo de la rusa kun aliaj lingvoj estis grava, sed tio efektive necesigis ankaŭ unulingvan klarigan vortaron de la rusa. Kaj vortaroj kaj gramatikoj estis treege laŭmodaj en Eŭropo dum la epoko de la klerismo (9). La kompilado de la unulingva klariga vortaro, kiu fine aperis en 6 volumoj inter 1789 kaj 1794, estis komisiita al la nove establita Rusuja Akademio. Ĉi tiu institucio diligente entreprenis sian taskon kaj science precize difinis la regulojn de la moderna rusa literaturlingvo kontraste al Slavono (malnovslava lingvo). La rezultanta gramatiko estis publikigita en 1802, ses jarojn post la morto de la imperiestrino.

Katerino la 2-a regadis la Rusujan Imperion dum la tiel nomata "ora epoko de la klera absolutismo" (Fr: despotisme éclairé, ĉ.1740-ĉ.1790). La imperiestra aŭtoritato estis tute laŭ ŝia gusto, kaj konceptante la modernigon de la Rusuja Imperio laŭ la modelo de la okcident-Eŭropaj ŝtatoj, ŝi neniam forgesis la grandan potencon de lingvo kaj klereco. En ĉiuj rilatoj kaj al ĉiuj celoj, kvankam ne ĉiam sub ĉi tiu nomo, ŝi neŝanceleble sekvis bone planitan lingvopolitikon. La propraj spertoj kiel verkistino kaj tradukistino konvinkis ŝin, ke la rusa bezonis normigon pere de precizaj leksikonaj difinoj kaj klaraj gramatikaj reguloj. Katerino per tio multe helpis disvastigi kaj la legokapablon rilate la cirilan alfabeton kaj la lingvoscion rilate la rusan tra sia tuta vasta imperio. Ŝi same considerinde levis la prestiĝon de la rusa, provizante ĝin per la prestiĝo de normigita imperia lingvo.

```
        СРАВНИТЕЛЬНЫЕ
С Л О В А Р И
    ВСѢХЪ ЯЗЫКОВЪ И НАРѢЧІЙ,
           собранные
  ДЕСНИЦЕЮ ВСЕВЫСОЧАЙШЕЙ ОСОБЫ.


      ОТДѢЛЕНІЕ ПЕРЬВОЕ,
        содержащее въ себѣ
   ЕВРОПЕЙСКІЕ И АЗІАТСКІЕ ЯЗЫКИ.


        ЧАСТЬ ПЕРЬВАЯ.


         ВЪ САНКТПЕТЕРБУРГѢ,
    Печатано въ Типографіи у Шнора 1787 года.
```

La titolpaĝo de la "Komparaj vortaroj de ĉiuj lingvoj kaj idiomoj"
(Ru: Сравнительные словари всех языков и наречий)

Lastaj vortoj

Coulmas: *Votre Majesté, je suis très honoré. Il est embarrassant, mais je ne parle pas russe. Vous avez étudié cette langue avec grand soin. Pourquoi? (10)*

Katerino: Ĉu ne ĉiu klera monarĥo parolu la lingvon de sia popolo? Krome, mi ĉiam sentis grandan plezuron parolante la rusan. La rusa lingvo estas multe pli viveca kaj pli riĉa je esprimoj ol la germana, kaj pli fleksebla rilate la sinsekvon de la frazelementoj ol la franca. Konversaciante kun alilandaj amikoj, ni ofte devas parafrazi tion, kio estas direbla per nur unu rusa vorto (11).

Coulmas: Via imperiestrina moŝto, vi devontigis vin al la ideo, ke "la suvereneco estas absoluta" (12). Kial vi do faris al vi mem tiom da peno, tradukante vian "Instrukcion" en la rusan?

Katerino: Absoluta aŭtoritato ja nepre ne signifas, ke oni regas arbitre, sed pli trafe, ke oni zorgas pri la deca plenumado de la leĝoj. La leĝoj estas universale donitaj al ĉiuj homoj. Ĉiuj havas la devon agi konforme al la leĝoj. Pro tio estas necese, ke ĉiuj povu kompreni la leĝojn (13).

Coulmas: Ĉu estas vere, ke multaj el viaj regatoj ne scipovis legi kaj multaj eĉ ne parolis la rusan?

Katerino: Jes, tio estas vera. Tial, ni nepre bezonas lernejojn en ĉiu vilaĝo kaj urbo. La leĝoj devas esti skribitaj en la vulgara parollingvo. Kaj la jura kodo, kiu enhavas ĉiujn leĝojn, devas fariĝi familiara libro, kiu estu aĉetebla por same modera prezo kiel abocolibro. [...] La krimoj estos tiom pli maloftaj, kiom pli granda nombro da homoj kaj legos kaj komprenos la juran kodon. Pro tio estis necese ordoni, ke, por alfabetigi la infanojn, en ĉiuj lernejoj estu uzataj same ofte la libroj, kiuj enhavas la leĝojn, kiel la libroj, kiuj pritraktas la religion (14).

Coulmas: Ĉu estis malfacile esprimi en la rusa, kion via imperiestrina moŝto estis origine elpensinta kaj verkinta en la franca?

Katerino: Jes. Mia plej talenta sekretario Grigorij Kozickij (15), kiu ankaŭ realigis la latinan tradukon, asistis al mi. La finforma teksto estas pure ruslingva sen iu ajn fremdlingva vorto. Sed estis ververe malfacile ĉiam trovi la ĝuste respondajn esprimojn (16). Leĝoj devas nepre eviti esprimojn kun nedeterminita signifo (17). La stilo de la leĝoj devas esti kaj simpla kaj konciza: la rekta esprimmaniero estas ĉiam pli bone komprenebla ol la subtile ellaborita esprimmaniero (18).

Coulmas: Via imperiestrina moŝto videble atribuas grandan gravecon al vortoj ...

Katerino: Klareco de vortoj estas grava, sed oni neniel prenu vortojn por faroj kaj neniel konsideru vortojn kiel la esencon de krimoj. Ekzistas ja nenio same ambigua kaj same malcerta kiel la vasta kampo de semantiko, la tuto de la signifoj de vortoj. Tial, la leĝo neniel rajtas submeti la vortojn al la mortpuno (19). Kaj bonvolu rimarki, ke silento fojfoje esprimas pli ol mil vortoj (20).

Coulmas: *Votre Majesté Impériale m'a donné une grande perspicacité. Daignez agréer mon profond respect et gratitude. (21)*

La loknoma signo de la urbo Jekaterinburgo (Ru: Екатеринбург) en la Sverdlovska gubernio

Notoj

(1) Inter 1772 kaj 1788, Katerino verkis entute 23 ruslingvajn komediojn kaj komediajn operojn, ekzemple la popularajn klerigajn kontraŭ-obskurantismajn komediojn "La trompulo" (Ru: Обманщик, 1785), "La delogito" (Ru: Обольщённый, 1785) kaj "La siberia ŝamano" (Ru: Шаман Сибирский, 1786). En la jaro 1796 ŝi krome tradukis la Ŝekspiran komedion "The Merry Wives of Windsor" en la rusan (Ru: Вот каково иметь корзину и бельс).

(2) La unua el la kvin celoj, kiujn ŝi notis sub la titolo "Maksimoj de administracio" (Ru: Правила управления), citaĵo laŭ Dixon (2009: p.199).

(3) La 17-an de Novembro 1796 laŭ la Gregoria kalendaro (ĉi tiu origine Rom-katolika kalendaro anstataŭis la ortodoksan Julian kalendaron ne antaŭ Februaro 1918).

(4) Katerino en sia letero al Voltero (la 29-an de Majo 1767): *"Me voilà en Asie. J'ai voulu voire cela par mes yeux. Il y a dans cette ville vingt peuples divers, qui ne se ressemblent point de tout. Il faut pourtant leur faire un habit qui leur soit propre à tous."* (Reddaway 1931: p.18).
(5) La "Instrukcio", ĉapitro 1, artikolo 6: *"La Russie est une Puissance Européenne."* (Reddaway 1931: p.216).
(6) La "Instrukcio" praktike evoluigis ideojn pri la regado kaj pri racie ordigita socio, kiujn unuafoje proponis okcident-Eŭropaj pensuloj (fakte pli ol 400 el entute 655 artikoloj citas plejparte laŭvorte teksterojn el la sekvaj verkoj):

John Locke (1632-1704)	"Kelkaj pensoj koncerne edukadon" (An: Some Thoughts concerning Education, 1693)
Charles de Montesquieu (1689-1755)	"Pri la spirito de la leĝoj" (Fr: De l'Esprit des Loix, 1748)
Cesare Beccaria (1738-1794)	"Pri la deliktoj kaj la punoj" (It: Dei Delitti e delle Pene, 1764)

La eminenta itala jurfilozofo Cesare Beccaria argumentis por "proporcieco inter la deliktoj kaj la punoj" (It: proporzione fra i delitti e le pene, ĉapitro 6), same kiel por la abolo de torturo kaj de mortpuno. Lia sekvoriĉa verko "Pri la deliktoj kaj la punoj" prezentis tute novan sociopolitikan koncepton kaj estis pro tio konsiderata kiel tiom renversema, ke ĝia disvastigo en Francujo estis strikte malpermesita. Voltero nomis ĝin "la plej grava verko de la jarcento" (Fr: l'ouvrage le plus important du siècle; Reddaway 1931: XXIII), kaj la franca artisto Étienne Maurice Falconet (1716-1791) nomis ĝin "la majstroverko de racio kaj de humaneco" (Fr: le chef-d'œuvre de la raison et de l'humanité; Falconet 1921: p.101).
(7) La latina titolo *"Linguarum totius orbis vocabularia comparativa; augustissimae cura collecta"* atribuis la aŭtorecon al la Rusuja imperiestrino (Lt: augustissima) mem. La usona lingvistino Mary Ritchie Key detale esploris ŝian verkon kaj fakte elmontris, ke Katerino signifoplene kontribuis al la kompilado de la komparaj vortaroj per sia kolekto da vortlistojn el la tuta mondo. Pli multe ol nur fragmentajn vortlistojn, tiuj komparaj vortaroj prezentas klasifikon de lingvoj pere de komparscienca ekzamena metodo (Key 1980: p.52). Fruaj komparsciencistoj same

aprezis ĉi tiun atingon de Katerino (ekzemple Adelung 1815).
(8) James Harris Senior (1709-1780): *"Hermes, or a Philosophical Inquiry Concerning Language and Universal Grammar"* (H. Woodfall, London 1751).
(9) La anglalingva vortaro de Samuel Johnson (1709-1784) *"Dictionary of the English Language"* aperis en 1755. La germanlingva vortaro de Johann Christoph Adelung (1732-1806) *"Versuch eines vollständigen grammatisch-kritischen Wörterbuchs der hochdeutschen Mundart"* aperis en 1774.
(10) "Via imperiestrina moŝto, mi sentas min tre honorata. Estas embarase, sed mi ne parolas la rusan. Vi studis ĉi tiun lingvon plej diligente. Kial?"
(11) Katerino en letero al la Prusuja reĝo Frederiko la 2-a: *"La langue russe est beaucoup plus énergique et plus riche en expressions que l'allemand et en inversions que le français. On a souvent été obligé de paraphraser ce qui avait été dit avec un seul mot en russe."* (citaĵo laŭ Madariage 1981: p.151).
(12) La "Instrukcio", ĉapitro 2, artikolo 9: *"Le Monarque de Russie est Souverain. Il n'y a qu'un pouvoir unique, résidant en sa personne, qui puisse agir convenablement à l'étendue d'un Empire aussi vaste."*
(13) La "Instrukcio", ĉapitro 19, artikolo 458: *"Les Loix sont faites pour tous les hommes en général. Tous sont obligés de s'y conformer; il faut donc, que tous puissent les comprendre."*
(14) La "Instrukcio", ĉapitro 10, artikolo 158: *"Les Loix doivent être écrites en langue vulgaire; et le Code, qui les renferme toutes, doit devenir un livre familier, qu'on puisse se procurer à un prix modique, comme un ABC. Autrement le Citoyen ne pouvant connoître par lui-même les suites de ses propres actions sur sa personne et sur sa liberté, demeurera dans la dépendance d'un certain nombre d'hommes, qui se seront rendus dépositaires et interprêtes des Loix. Les crimes seront d'autant moins fréquents, que le texte des Loix sera lu et entendu d'un plus grand nombre d'hommes. Il faudra donc prescrire, que dans toutes les Écoles on se serve, pour apprendre à lire aux enfants, tantôt de Livres, qui traitent de la Religion, tantôt de ceux, qui contiennent les Loix."*
(15) Grigorij Kozickij (Григорий Васильевич Козицкий, 1724-1776).
(16) Katerino en letero al Falconet: *"Je n'ose citer mon propre ouvrage, la grande Instruction pour la composition des lois; demandez aux Russes: il n'y a pas un mot étranger et cependant la matière n'est pas des plus simples et j'espère qu'on n'y prendra pas un mot pour un autre."* (Eo: Mi ne kuraĝas citi mian propran verkon, la granda "Instrukcio" por la kompilado de leĝoj; demandu la Rusuja-

nojn: Ne troviĝas eĉ unu fremdlingva vorto [en la "Instrukcio"]. Sed tamen la afero mem ne estas la plej simpla. Mi esperas, ke oni ne konfuzos unu vorton kun alia.) (Falconet 1921: p.25).

(17) La "Instrukcio", ĉapitro 19, artikolo 456: "*Il faut éviter les expressions indéterminées, par exemple: La Loi d'un Empereur Grec punissoit de mort celui, qui achetoit, comme serf, un affranchi, ou qui auroit voulu l'inquiéter. Il ne falloit point se servir d'une expression si vague: l'inquiétude, que l'on cause à un homme, dépend entièrement du dégré de sa sensibilité.*"

(18) La "Instrukcio", ĉapitro 19, artikolo 454: "*Le stile des Loix doit être concis et simple; l'espression directe s'entend toujours mieux que l'expression réfléchie.*"

(19) La "Instrukcio", ĉapitro 12, artikolo 481: "*Rien ne rend le crime de Lèze-Majesté plus arbitraire, que quand des paroles indiscrettes en deviennent la matière. Les discours sont si sujets à interprétation, il y a tant de différence entre l'indiscrétion et la malice, et il y en a si peu dans les expressions, qu'elles employent, que la Loi ne peut guère soumettre les paroles à une peine capitale, à moins qu'elles ne déclare expressément celles, qu'elle y soumet.*"

(20) La "Instrukcio", ĉapitro 12, artikolo 482: "*Les paroles ne forment donc point un corps de délit. La plupart du temps elles ne signifient point par elles-mêmes, mais par le ton, dont on les dit. Souvent, en redisant les mêmes paroles, on ne rend pas le même sens; ce sens dépend de la liaison, qu'elles ont avec d'autres choses. Quelquefois le silence exprime plus que tous les discours. Il n'y a rien de si équivoque que tout cela. Comment donc en faire un crime de Lèze-Majesté, et punir de simples paroles comme l'action même? Je ne prétends point diminuer l'indignation, que l'on doit avoir contre ceux, qui veulent flétrir la gloire de leur Prince, mais Je dirai bien, qu'une simple punition correctionnelle conviendra mieux dans ces occasions qu'une accusation de Lèze-Majesté, toujours terrible à l'innocence même.*"

(21) "Via imperiestrina moŝto donis al mi okazon pligrandigi mian komprenon. Degnu akcepti mian profundan respekton kaj dankon."

VIII. Adamantios Korais
(Ἀδαμάντιος Κοραῆς)
[adamantios korais]

Adamantios Korais

La vivo de Adamantios Korais

Adamantios Korais naskiĝis la 27-an de Aprilo 1748 en Smirno (Gr: Σμύρνα), la urbo ĉe la Malgrand-Azia marbordo, kiu ekzistis jam en antaŭ-helenaj tempoj. Eĉ sub la regado de la Otomana Imperio, la granda plimulto de la loĝantaro estis ne-muzulmana (precipe grekoj kaj armenoj), tiel ke la turkoj nomis la urbon "la malkredanta Smirno" (Tu: Gâvur İzmir [1]). Lia patro, Ioannis Korais, estis komercisto el Ĥio, kaj lia patrino, Thomaida, unu el la filinoj de la instruitulo Adamantios Rhisios (Ἀδαμάντιος Ῥύσιος) el Smirno. Laŭdire, Thomaida kaj ŝiaj tri fratinoj siatempe "estis la solaj virinoj en la granda urbo de Smirno, kiuj sciis legi kaj skribi" (Lotos 1880: p.22).

Ĉi tiu persona verdikto fare de Adamantios pri sia patrino kaj onklinoj sendube estas konsiderenda kun deca skeptikeco, sed tamen indikas la bedaŭrindan staton de la tiutempa instrusistemo en la ortodoksa greka lingvokomunumo sub regado de la Otomana Imperio. Smirno tamen estis grava ekonomia centro kun komercaj rilatoj kun pluraj Eŭropaj ŝtatoj. Francaj, anglaj, nederlandaj kaj veneciaj negocistoj tenis kontorojn en la urbo, kiuj formis la kernojn de rimarkindaj fremdlingvaj komunumoj. La nederlandanoj tenis eĉ konsulaton kaj propran protestantan preĝejon. En 1766 Adamantios konatiĝis kun la nederlanda pastoro Bernard Keun, kiu oficis kiel predikisto en la Nederlanda konsulato inter la jaroj 1755 kaj 1801. La pastoro Keun ne nur instruis al la juna Adamantios plurajn klasikajn kaj modernajn Okcidentajn lingvojn, sed ankaŭ enkondukis lin en la sciencajn tradiciojn de la Okcidento. Danke al Keun, Adamantios tiamaniere lernis Latinon, la nederlandan, la francan, la anglan, la italan kaj eĉ la hebrean.

En 1771 lia patro sendis lin al Amsterdamo kiel komercan agenton de sia kompanio. Sed Adamantios baldaŭ dediĉis malpli da atento al la komerco ol al la vigla intelekta vivo en la nederlanda metropolo. En Amsterdamo li aniĝis al rondo de francaj "filhelenistoj" (Fr: Philhellénistes), plibonigis siajn lingvosciojn pri la nederlanda, franca kaj Latino kaj lernis la germanan. Dum la entute ses jaroj (1771-1777), kiujn li pasigis en la nederlanda metropolo, Korais transformiĝis el ortodoksa orientano en klerigitan okcident-eŭropanon, kiu sindone aliĝis al liberalismaj ideoj, ensorbante la literaturon de la francaj pensuloj.

Kiam li revenis en la jaro 1777 al sia hejmurbo Smirno, li sentis sin fremdiĝinta de la tradiciaj kutimoj kaj de la greka ortodoksismo kaj de la Otomana regado, pro la okulfrapa kontrasto kun la moderna vivo en Amsterdamo. Li baldaŭ planis pluan restadon en Eŭropo kaj finfine atingis la permeson de sia familio, studi medicinon en Montpeliero. Danke al siaj ampleksaj lingvoscioj, li povis perlabori sian vivtenon en la langvedoka urbo kiel tradukanto. En tiu tempo li enprofundiĝis ne nur en la medicinon, sed ankaŭ en la helenan kaj latinan literaturojn, same kiel en la impresajn verkarojn de la klerismaj filozofoj David Hume kaj Voltero (François-Marie Arouet) inter aliaj.

En 1787 Korais publikigis sian doktoran disertaĵon pri la antikva medicinisto Hipokrato el Koso sub la latina titolo "Medicus Hippocraticus, sive de praecipuis officiis medici" (Eo: La hipokrata kuracisto, aŭ pri la precipaj devoj de kuracisto). Li mem tamen neniam praktikis kiel kuracisto, sed anstataŭe enprofundiĝis en siajn studojn de la klasika helena literaturo (precipe de verkoj en la Atika dialekto [Gr: Ἀττικὴ διάλεκτος] de la helena lingvo). La 24-an de Majo 1788, Korais alvenis al Parizo, la "nova Ateno" (Fr: nouvelle Athènes), kiun li neniam plu forlasos ĝis la fino de sia vivo.

En Parizo, "Adamance Coray", kiel li nun francigis sian nomon (2), pli kaj pli profunde ensorbis la spiriton de la franca klerismo kaj vidis propraokule la spektaklan disvolviĝon de la Franca Revolucio ekde la 14-a de Julio 1789. Li kunlaboris kun la gvidaj francaj helenistoj Simon Chardon de la Rochette kaj Étienne Clavier, kaj disvolvis proksimajn interrilatojn kun la grupo de la tiel nomataj "Ideologoj" (Fr: Idéologues), kiuj verve kaj senkondiĉe apogis la revolucian reĝimon. Li kunlaboris kun diversaj akademiaj asocioj, ekzemple kun la elstara, kvankam iom efemera, antropologia "Asocio de la observantoj de la homo" (Fr: Société des observateurs de l'homme, 1799-1804).

Por sukcese perlabori sian vivtenon, li dediĉis sin al la tradukado kaj eldonado de la klasikaj helenaj verkistoj. Pro tio li fondis la "Helenan libraron" (Gr: Ἑλληνικὴ βιβλιοθήκη) por eldoni serion da klasikaj verkoj en la originala helena lingvo (precipe en la prestiĝa Atika dialekto). Li garnis ĉi tujn eldonojn, kiujn li publikigis inter 1805 kaj 1826, per siaj propraj filologiaj komentarioj. Lia pasia okupiĝo pri la helena antikveco neniel signifis, ke li provis eskapi la nuntempon. Fakte, li ne nur fervore observis la plej rapidajn politikajn disvolviĝojn en la revolucia Parizo, sed certagrade mem politikis: Per ravaj bildoj de la heroa pasinteco, li intencis plue eksciti la romantikan spiriton de la tiutempa tut-Eŭropa adoro al ĉio helena, la "filhelenismo" (Fr: Philhellénisme) por entuziasmigi la eŭropanojn por la afero de la greka sendependeco.

La idealoj de la Usona (1776) kaj de la Franca (1789) Revolucioj firmigis lian decidon dediĉi sian vivon al la liberigo de sia greka patrujo de la "Otomana jugo" (Fr: carcan ottoman). Li sekve metis sian tutan klerecon en la servon al la kultura renovigo kaj al la konsciigo pri la helena identeco de la grekoj (Gourgouris 1996: p.96). Pro tio Korais celis krei "novan" (aŭ pli ĝuste "antikvan") nacian identecon por siaj grekaj samtempuloj, ĉar li sentis humiligan malhonoron pro tio, ke ili ankoraŭ fiere nomiĝis "civitanoj de Romo" anstataŭ "helenoj" (3). Liaj lingvohistoriaj atingoj, antaŭ ĉio lia granda kompara kompilaĵo de helenaj kaj grekaj tekstoj (Gr: Άτακτα), kiu aperis en kvin volumoj inter 1828 kaj 1835, alportis al li la internacian reputacion de eminenta instruitulo.

La greklingva diasporo en Eŭropo ludis signifoplenan rolon en la sukcesa transdonado de la klerisma ideologio al Grekujo, kaj Korais sendube okupis centran funkcion en ĉi tiu procezo, kiu neeviteble pli kaj pli implikis lin en la politikon cele al la kreado de sendependa greka nacia ŝtato. Li fariĝis civitano de la Francuja Respubliko, sed tio neniel signifis, ke li estus formetinta sian grekan identecon. Li observis kun kreskanta abomeno, kiel la Franca Revolucio fariĝis ĉiam pli kaj pli violenta. Tial, li tutkore aprobis la leviĝon de la juna brigada generalo Napoleono Bonaparto, kiu imponis al Korais precipe per la riska kampanjo kontraŭ la Otomana Imperio en Egiptujo (de Majo 1798 ĝis Aŭgusto 1799).

Kiam la Otomana Imperio deklaris militon kontraŭ la Francuja Respubliko en 1798, li verkis batalemon himnon: "Kanto pri la milito de la grekoj, kiuj batalas en Egiptujo por la afero de la libereco" (Fr: Chant de guerre des Grecs qui combattent en Égypte pour la cause de la Liberté), per kiu li idealigis la francojn kiel noblajn liberigantojn de la egiptoj kaj entuziasme deklaris, ke la francoj kaj la grekoj formu unuopan "grekogaŭlan nacion" (Gr: Γραικογάλλοι) (Kitromilides 2007: p.278). La densan interplektitecon inter liaj politikaj kaj liaj filologiaj celoj atestas la vortoj, per kiuj li dediĉis sian francan tradukon de "Karakteroj" (Gr: Χαρακτῆρες) de Teofrasto el Ereso (Θεόφραστος Ἐρέσιος, 371-287 a.K.) "Aux Grecs libres de la mer ionienne":

> "Al la liberaj grekoj de la Ionia maro:
>
> La granda [franca] nacio, gvidata de la klerismo kaj sekvanta la spurojn de niaj [helenaj] prapatroj, ĵus frakasis viajn katenojn kaj donacas al vi per la libereco ĉiujn rime-

dojn por ne nur imiti niajn antikvajn prapatrojn, sed eble eĉ konkuri kun ili. Unu el ĉi tiuj rimedoj estas, ke vi alkutimiĝas kaj al la [helena] lingvo de niaj antikvaj prapatroj kaj al la [franca] lingvo, kiun parolas viaj liberigantoj. La helena, kiu prave povas nomiĝi la lingvo de la dioj, klerigis la plej grandan parton de la malnova kontinento, dum la franca, konata kiel la lingvo de la racio kaj de la filozofio, baldaŭ instruos la tutan universon." (4)

Korais nomis la celatan francan klerigadon "transverŝado" (Gr: Μετακένωσις), nome la transverŝado de la Okcidenta klerismo el la franca en la grekan ujon. En la jaro 1803 li faris prelegon en la "Asocio de la observantoj de la homo" sub la titolo "Memorando pri la aktuala stato de la civilizacio en Grekujo" (5), kiu estas fundamenta teksto de la greka klerismo (Gr: Διαφωτισμός). De tempo al tempo li karesis la revon reiri al sia naskiĝurbo Smirno por tie praktiki ĉion, kion li mem predikis al siaj sampatrujanoj, sed li neniam realigis ĉi tiun ideon. Malgraŭ tio, li subtenis la kreskantan grekan rezistadon kontraŭ la kaduka Otomana regado, kiun li vipis kiel la "kanibalan jugon" (Evrigenis 2004: p.178), el la malproksimo.

El sia vidpunkto Korais kontribuis al la liberiga batalo per la eldono de klasikaj verkoj, kiujn li pliriĉigis per siaj inspirantaj komentarioj, kiel ekzemple la verkoj de Aristotelo "Politiko" (Gr: Πολιτικά) en la jaro 1821 kaj "La etiko por Nikomaĥo" (Gr: Ἠθικὰ Νικομάχεια) en 1822. Sed li atingis verŝajne eĉ pli grandan efikon per la eldono de politikaj tekstoj, kiuj ne radikis en la helena antikveco, kiel ekzemple la sekvoriĉa verko "Pri la deliktoj kaj la punoj" (It: Dei Delitti e delle Pene) de la itala jurfilozofo Cesare Beccaria, kiu batalis por justa "proporcieco inter la deliktoj kaj la punoj" (It: proporzione fra i delitti e le pene) kaj por la abolo de torturo kaj de mortpuno.

Kvankam li mem ne ĉeestis la revoluciajn eventojn dum la Sendependiga Milito, kiu komenciĝis la 25-an de Marto 1821 per la Greka Insurekcio (Gr: Ἑλληνικὴ ἐπανάστασις), Korais estis tamen konsiderata kiel elstara inspirfonto por la estonta lingvopolitiko kaj en Grekujo kaj en la greklingva diasporo. Kiam li mortis en Parizo la 6-an de Aprilo 1833, dekoj da miloj da civiluloj estis masakritaj sur ambaŭ flankoj de la batalejo, kaj la nova Reĝlando Grekujo (Gr: Βασίλειον τῆς Ἑλλάδος) ekzistis ekde nur kelkaj monatoj (nome ekde la 8-a de Aŭgusto 1832) – la unua Eŭropa ŝtato sur la bazo de la postulata unueco de nacia lingvo kaj nacia popolo (6), kvankam la reĝo Otto la 1-a (Ὄθων, reg. 1832-1862) estis importita princo el la Bavaruja Wittelsbach-dinastio. Ankoraŭ dum sia vivtempo, Korais estis honorata per la titoloj "instruisto de la nacio" (Fr: le maître de la nation) kaj "patro de la patrujo" (Gr: πατέρας τῆς πατρίδος). Lia impona statuo sur la teritorio de la Atena universitato estas hodiaŭa memorigilo pri lia gloro.

La demando pri la nacia lingvo

La Otomana Imperio estis pluretna, plurreligia kaj plurlingva. Unu el la malfacilaj demandoj, kun kiuj Korais kaj aliaj grekaj pensuloj luktis, koncernis la rilaton inter la greka lingvo de la samtempuloj kaj la helena lingvo de la antikvaj prapatroj. La greka lingvo okupis sian legitiman pozicion en la Otomana Imperio kiel la oficiala lingvo de la greka-ortodoksa eklezio, ĉar, ene de la potenca strukturo de la Otomana Imperio, la religiaj komunumoj ĝuis la rajton administri siajn civilajn aferojn en siaj propraj lingvoj.

Sed ĉi tiu oficiala lingvo de la eklezio estis arĥaika kaj tre malproksima de la popola parollingvo. El la vidpunkto de kleraj grekoj, ne nur la eklezia lingvo, sed ankaŭ la eklezio mem estis perdinta ĉiun aŭtoritaton, ĉar la "superstiĉa kaj malklera klerikaro, kiu laŭplaĉe gvidas eĉ pli malkleran popolon" (Fr: clergé superstitieux et ignorant, menant à son gré un peuple plus ignorant encore, Korais 1803; Kedourie 1970: p.156) estis akceptinta la sultanan despotismon kaj tro ofte estis subpreminta la liberigan batalon de la propra popolo.

Aliflanke multaj jarcentoj da superregado fare de diversaj fremdaj potencoj (7) estis degradintaj la origine dignan helenan lingvon al multoble difektita ordinara ĵargono, kiu urĝe bezonis riparon. Dum la jardekoj antaŭ la Sendependiga Milito (1821-1829), la identigo de la evidenta politika dekadenco kun la asertita lingva difekteco estis ripetiĝanta temo por la grekaj kleristoj (Gr: Διαφωτιστές). Tamen cirkulis diversaj strategioj, rekomenditaj cele al plibonigo de la situacio, por ke la grekoj denove parolu sian propran lingvon kun fiero.

Laŭ klerikalaj Atikistoj kiel Nikiforos Theotokis (Νικηφόρος Θεοτόκης) kaj Neofitos Dukas (Νεόφυτος Δούκας), la resurekto de la Atika dialekto de la klasika helena lingvo estis la lingva idealo por ĉiu memfida greko. Sed pro la enorma distanco inter ĉi tiu idealo kaj la popola parollingvo, ili fine favoris kompromisan kandidaton de nacia lingvo por la estonta denove sendependa Grekujo: nome la helenisman Kojneon, t.e. la "komunan lingvon" (Gr: Κοινὴ γλῶσσα) (8). Ili malestime rigardis la mezepokan (bizancan) grekan kaj eĉ pli multe la siatempe parolatan popollingvon nur kiel dolorigan rememoron pri la heroa pasinteco de la helena. Laŭ la Atikistoj, ĉi tiuj variaĵoj estis malpurigitaj dum la jarcentoj da fremdlanda dominado pro la neevitebla "fremdlingva poluado".

Kontraste al la Atikistoj, la pli demokratemaj reformistoj el la leviĝanta greka burĝaro klare favoris la popolan parollingvon, kvankam ili koncedis, ke ĉi tiu lingvo estas adaptenda al altnivelaj skriblingvaj kaj instrulingvaj bezonoj. La greka instruitulo Athanasios Stagiritis (Αθανάσιος Σταγειρίτης), profesoro pri la helenaj lingvo kaj literaturo en Vieno, estis unu el la plej eminentaj propagandistoj de la "Demotika", la popola parollingvo (Gr: Δημοτική γλῶσσα). Stagiritis eldonis la progreseman literaturrevuon "Kaliopo" (Gr: Καλλιόπη), kiu konstituis inter 1819 kaj 1821 la elstaran organon de la Demotikistoj kontraŭ la nostalgio de la lingvaj puristoj.

Korais okupis mezan pozicion (aŭ "la mezan vojon" [Gr: μέση οδός]) inter la klerikalaj Atikistoj kaj la demokratemaj Demotikistoj (Tonnet 1993: p.151). Li estis ĝisosta kritikisto de la elitismaj klerikalaj Atikistoj, kiuj propagandis la revivigon de la helenisma Kojneo, sed li ankaŭ ne subtenis senkondiĉe la celon de la Demotikistoj. Li agnoskis la faktou, ke la Atika dialekto de la klasika helena estis jam tro malproksima de la siatempa popola parollingvo, ol ke ĝi povus servi al la celata klerigado de la popolo. Sed li samtempe sentis profundan abomenon kontraŭ la mizera stato de la vulgara ĵargono de la "malklera popolo". Li tamen argumentis, ke la popola parollingvo servu kiel la deirpunkto por la disvolvado de nova nacia lingvo, kvankam tiu multoble difektita parollingvo bezonis fundamentan korekton.

Li juĝis, ke antaŭ ĉio estis necese purigi la vulgaran parollingvon de ĉiuj fremdlingvaj vortoj (precipe tiaj de turka deveno) kaj de ĉiuj eraraj trajtoj rilate la sintakson, morfologion kaj fonologion. Anstataŭ akcepti pruntovortojn kiel la neeviteblan rezulton de ŝanĝiĝintaj komunikaj bezonoj, li rigardis tiajn leksemojn nur kiel bedaŭrindajn atestojn de la nescio, per kiu la Otomana tiranio plagis la mizeran grekan popolon. Sed (laŭ la modelo de la helena) purigita versio de la greka parollingvo, kiu ĉerpu la nepre riĉigendan leksikon el siaj propraj noblaj historiaj fontoj, konservitaj en la literaturaj monumentoj de la antikva pasinteco, estu, laŭ Korais, la taŭga vehiklo de la nacia klerigado kaj de la nacia resurekto.

Tiu variaĵo de planlingvo, kiun Korais pene ekzemplis en siaj propraj skriboj, fariĝis konata sub la nomo "Katharevusa", la purigita skriblingvo (Gr: Καθαρεύουσα γλῶσσα). Kvankam Korais nek inventis nek mem uzis ĉi tiun terminon, la lingvo estas lia persona verko kaj tial plej proksime asociita kun lia nomo. Kontraste al malamikaj opinioj, la Katharevusa greka certe estis pli multe variaĵo de kompromisa solvo aŭ "meza vojo" (Gr: μέση οδός) ol blinda adoro al la antikveco. Ekzemple, kiam li provis plibonigi la popollingvan vorton por fiŝo "ψάρι" [psari], kiun li trovis difektita, Korais proponis anstataŭigi ĝin per ties malfruantikva origina formo "ὀψάριον" [opsarion], sed ne per la klasika helena leksemo "ἰχθύς" [iĥthis] (Adrados 2002: p.287). Sed pro sia fakte granda nombro da leksikaj arĥaismoj, la Katharevusa greka tamen fine ne sukcesis atingi la deziratan lingvan unuiĝon inter popolo kaj elito (Browning 1969: p.105). La Katharevusa greka almenaŭ dumtempe fariĝis la nacia lingvo en tiu senco, ke ĝi helpis elŝiri la aŭtoritaton pri la greka instrusistemo el la manoj de la ortodoksa eklezio.

La heredaĵo de Korais

Propriginte al si la francajn raciismon kaj klerismon, Korais dediĉis la pli bonan parton de sia vivo al la lukto por sendependa greka ŝtato. Liaj armiloj estis la lingvistiko kaj la filologio, kiujn li servigis favore al la kreado de novspeca, sekulara lojaleco al la ŝtato – lojaleco sur la fundamento de la nacieco, kontraste al la tradicia lojaleco sur la fundamento de la religio. Li metis la lingvon en la centron de sia ideologia rekonstruo de la grek-helena identeco, ĉar la lingvo konstituis la evidentan ligon kun la glora pasinteco. Sur la fono de la tut-Eŭropa "filhelenismo", Korais senlace provis instigi siajn sampatrujanojn reproprigi al si la prestiĝan kulturon de siaj paganaj helenaj prapatroj, kiuj estis kreintaj la fundamentojn de la Eŭropa civilizacio. Transforminte la helenan lingvon de la gloraj prapatroj en produktivan fosejon de la patriotisma spirito, Korais ne nur spronis la politikan postulon pri sendependeco por la propra nacio, sed ankaŭ prezentis la romantikan modelon de "purigita" (antikvigita) nacia lingvo. Multaj patriotoj en aliaj landoj strebis imiti lian inspirantan ekzemplon.

Inter 1751 kaj 1780 aperis en 35 volumoj la fama "Enciklopedio aŭ racia vortaro de la sciencoj, artoj kaj metioj" (Fr: Encyclopédie ou Dictionnaire raisonné des sciences, des arts et des métiers). La francaj enciklopediistoj sub la gvidado de Dideroto (Denis Diderot) kaj Jean le Rond d'Alembert, kiuj kune projektis la sisteman kolektadon de ĉiuj pruvitaj scioj, koncepte klasifikis lingvojn kiel simplajn nombreblajn objektojn. La demando sekve ripete leviĝis dum la frua 19-a jarcento, ĉu la antikva helena (tiel okulfrape malsimila al la siatempe parolata lingvo) kaj la moderna greka estas du apartaj lingvoj aŭ du variaĵoj de nur unu sama lingvo (Mackridge 2009). La tuta vivoverkado de Adamantios Korais, kiu senlace utiligis la klasikan helenan heredaĵon al la kreado de nova greknacia konscio laŭ la franca modelo, prezentas grandiozan pledadon favore al la kontinueco de du variaĵoj de unu sama lingvo.

En la spirito de la klerismo, kiu pri lingvoj favoris ordon, regulecon kaj distingon, li alprenis rigore normigan sintenon. Lia serĉado de la normoj por estonta greknacia lingvo en la pasinteco estas certe kontraŭdira elemento en lia prilingva strebado. Ĉi tiu kontraŭdiro rezultis el du faktoroj: unuflanke lia vivo en la diasporo ekster la patruja vivejo kaj aliflanke lia decido fortikigi la ligon kun la klasika helena lingvo. Eble ĉi tiu kontraŭdiro kaŭzis, ke liaj sindonaj penadoj cele al la kreado de plenvalora nacia lingvo por la greka nacio rezultigis nur partan sukceson.

Kvankam la Katharevusa greka, la lingvoplanada projekto de Adamantios Korais, fakte fariĝis la oficiala skriblingvo en la nova Reĝlando Grekujo (1832-1924), en la Dua Grekuja Respubliko (1924-1935) kaj en la restaŭrita Reĝlando (1935-1973), la propagandistoj de la greka popollingvo (Demotikistoj) neniam rezignis. El tio rezultis, ke la malnova diferenco inter la arĥaika skriblingvo de la ortodoksa eklezio kaj la vulgara parollingvo de la senkleraj popolamasoj estis anstataŭigita per nova diferenco, nome la diferenco inter Katharevusa kaj Demotika greka. Por tiu dulingva situacio, en kiu unu el la du variaĵoj ĝuas pli altan socian prestiĝon, la sprita greka literaturisto kaj tradukisto Emmanuil Rhoidis (Ἐμμανουήλ Ροΐδης) en 1885 kreis la esprimon "diglosio" (Gr: Διγλωσσία), kiu eniris en la lingvistikan terminaron (Frangoudaki 1992).

Bedaŭrinde temis ne nur pri funkcia specialiĝo kun apartaj funkcioj por la du variaĵoj de unu lingvo, sed la diglosio fakte havis nemiskompreneble gravan socian dimension: la greka diglosio plue profundigis la apartigan fosaĵon inter la konservativa, bone instruita elito, kiu uzis la Katharevusan, kaj la laboristaj popolamasoj, kiuj parolis la Demotikan grekan. La privilegia rango de la Katharevusa ene de tiu socilingvistika aranĝo tute ne hazarde finiĝis kune kun la monarĥio per la demokratia konstitucio de Junio 1975. En Januaro 1976, nur kelkajn monatojn post la proklamo de la Tria Grekuja Respubliko, la Demotika finfine fariĝis la ununura oficiala lingvo de Grekujo kiel la "nov-greka Kojneo" (Gr: Νεοελληνική κοινή) (Mackridge 1990).

Lastaj vortoj

Coulmas: *Citoyen Coray (9) – espereble mi neniel ĝenas vin, se mi alparolas vin per ĉi tiu franca titolo, ĉu?*

Korais: Memkomprenebla ne! Mi rigardas ĝin kiel honoran titolon.

Coulmas: *Vi estas civitano de Francujo kaj vi estas greka popolano – vi parolas la francan same perfekte kiel la grekan. Sed kiu lingvo estas pli proksima al via koro?*

Korais: Nu, kiel estas skribite sur mia epitafo: Mi amas ilin ambaŭ egalmezure (10). La greka estas ja la heredinto de la helena, la lingvo de miaj prapatroj, kiuj sukcesis transvivi sian pasintan grandecon en la memoro de la posteularo danke al la genia helena literaturo. Kaj la franca estas la lingvo de la gastama kaj filantropia nacio, en kies sino mi trovis novan "patrinujon" (11). Ĝi estas ankaŭ la lingvo de la libereco (12), de kiu ni, la grekoj, devas lerni.

Coulmas: *Kiel ni povas lerni de lingvo?*

Korais: La plej bona maniero lerni de lingvo sendube estas la traduklaboro. Antaŭe, instruitaj grekoj legis en sia lingvo sole la Sanktan Skribon kaj la verkojn de la klasika antikveco, dum ĉia moderna literaturo estis nur legebla en fremdaj lingvoj. Sed tamen lastatempe kreskanta nombro da verkoj pri matematiko, natursciencoj, medicino kaj filozofio estas tradukitaj en la nov-grekan Kojneon, kiujn miaj sampatrujanoj nun legas kun plezuro. Ĉi tiu Kojneo estas relative nova lingvo, kiu troviĝas pli-malpli en la sama stato kiel la franca dum la tempo de Montanjo (13).

Coulmas: *La franca eseisto Michel de Montaigne?*

Korais: Jes. Eĉ la konservativa, bone instruita elito, kiu ĝis tiam ne nur neglektis, sed malestimis la Demotikan grekan, nun senĝene uzas ĝin por ĉiuj celoj, inkluzive de la tradukado de fremdlingvaj verkoj. La novgreka Kojneo pensigas ilin pri siaj denaskaj kapabloj kaj pri la konvenaj rimedoj por plue riĉigi la vortprovizon kaj sinonimaron. Kaj ni jam sentas, ke ĉi tiu

	nov-greka Kojneo mem estas speco de lingva revolucio (14).
Coulmas:	*Ĉu tio do signifas, ke por nia edukado ne nur gravas, kion ni legas, sed ankaŭ en kiu lingvo? Kaj ke la lingvo mem edukas nin?*
Korais:	Vi tute pravas. Semantike nedeterminitaj vortoj estigas ĥaosajn ideojn, kiuj siavice estigas ĥaosajn agadojn (15). Preciizeco en la uzo de vortoj estas esenca por la racia klerismo.
Coulmas:	*Ĉu tio estas la sola ligo kun la klerismo?*
Korais:	La plej grava libro de ĉiu nacio estu la vortaro de la propra lingvo (16). Moderna greka vortaro estas projektita, kiu estu same ampleksa kiel la "Vortaro de la helena lingvo" de la franco Estienne (17). La nacioj meritas, ke oni nomu ilin "kleraj", nur tiam, se ili estas racie perfektigintaj siajn lingvojn. La italoj, la francoj kaj la angloj vere komencis liberigi sin de la barbareco nur en tiu momento, kiam iliaj instruituloj (kvankam komence nur malmultaj) prenis sur sin la taskon verki en purigita variaĵo de la propra lingvo (18). Kaj nun estas nia vico, ĉar nun estas la epoko de la greka vekiĝo (19).
Coulmas:	*Pardonu, sed mi estas iomete konfuzita. Se mi informiĝis ĝuste, vi diris je alia okazo, ke la lingvo de la popolo bezonas "korekton". Kion vi volis diri per tio?*
Korais:	Per la termino "Διόρθωσις", la korektado, mi ne nur celis la eliminadon de pletoro da plej barbare formitaj vortoj kaj konstruoj, sed ankaŭ celis la konservadon de multaj aliaj leksemoj, kiuj estas tro haste elpelitaj el la lingvo! Kelkaj homoj el nia popolo, kiuj estis nek sufiĉe instruitaj nek sufiĉe atentaj pri la naturo de la propra lingvo, celis elpeli nature grekajn leksemojn kiel barbarismojn (20).
Coulmas:	*Ĉu, laŭ vi, la popolo bezonas instruadon pri la lingvo de la popolo? Ĉu ne ekzistas logika kontraŭdiro en ĉi tiu aserto?*
Korais:	Se mi diras, ke la nacio laŭ demokratia egaleco partoprenu en la destino de sia propra lingvo, mi neniel opinias, ke ni cedu la disvolvadon kaj la pluan for-

madon de la lingvo al la popolamasoj. Kvankam la instruituloj en la nacio estas nur reprezentantoj de ĉiuj parolantoj de la nacia lingvo, pro sia instruiteco ili tamen havas la privilegion fari la leĝojn por ĉiuj aliaj parolantoj. Tial, la "korekto" de la lingvo estas la privilegia tasko de la instruituloj en la nacio, dum la lingvo mem estas la sankta propraĵo de la tuta nacio (21).

Coulmas: Doktoro Korais, mi sentas min plej privilegiita, ke vi iomete rivelis al mi vian klerisman rigardon al la mondo. Koran dankon pro tio!

Korais: Ne dankinde!

Coulmas: Jen mia lasta demando: Kion, laŭ via deziro, mi konklude raportu pri vi al miaj amikoj en la internacia rondo de lingvo-entuziasmuloj? Pro kiu atingo vi volas esti precipe memorata?

Korais: En malfeliĉa Grekujo sub la Otomana jugo, nur tre malmultaj lernejoj gardis por la tuta nacio la scion pri la nobla lingvo de la prapatroj, same kiel sanktan fajron por iam revivigi kaj lingvon kaj sendependan nacion (22). Mi kontribuis al tiu revivigo kaj atentigis pri tio, ke la nacia lingvo estas nefordonebla propraĵo de la tuta nacio (23).

Coulmas: Εὐχαριστῶ πολύ (24), citoyen Coray.

La strato "Adamantios Korais" en Ateno (fotografaĵo fare de Zyranna Zateli)

Notoj

(1) La turka "Gâvur" devenas de la araba كافر [kafir] = malkredanto).
(2) En la literaturo lia nomo aperas en diversaj variaĵoj: Korais aŭ Koraes (en Francujo plej ofte francigita kiel "Adamance Coray").
(3) Ekde malfru-antikvaj tempoj, la bizancaj grekoj pli fieris pri la nomo "civitanoj de Romo" (Gr: Ῥωμαῖοι [romajoj], kiu estis asociita kun la greka vorto Ῥωμή [rome] = "fizika forto") ol pri la klasika antikva nomo "helenoj" (Gr: Ἕλληνες).
(4) *"Aux Grecs libres de la mer ionienne:*
Une grande nation, conduite par les lumières et marchant sur les pas de nos ancêtres, vient de briser vos fers, elle vous offre avec la liberté tous les moyens de devenir les émules, peut-être meme les rivaux des anciens Grecs. Un de ces moyens est de vous familiariser avec la connoissance de la langue de ces derniers, et de celle que parlent vos libérateurs. L'une, que l'on peut à juste titre nommer la langue des dieux, éclaira une grande partie de l'ancien continent; l'autre, appelée la langue de la raison et de la philosophie, ne tardera point à instruire tout l'univers", Lotos (1880: p.331).
(5) *"Mémoire sur l'état actuel de la civilisation dans la Grèce"* (Kedourie 1970: pp.153-188).
(6) La lingvistika koncepto pri la nacia ŝtato laŭ la devizo "unu popolo, unu lingvo, unu nacio" (Fr: un peuple, une langue, une nation), kiu fatale determinis la naciisman ideologion en la 19-a jarcento (Renan 1887).
(7)

Roma Imperio	Ρωμαιοκρατία	post la batalo de Korinto en 146 a.K.
Krucistoj	Φραγκοκρατία	post la kvara krucmilito en 1204 p.K.
Venecianoj	(Β)ενετοκρατία	post la kvara krucmilito en 1204 p.K.
Otomana Imperio	Τουρκοκρατία	ekde la konkero de Konstantinopolo la 29-an de Majo 1453

(8) En la historia epoko de la helenismo (t.e. 300 a.K. ĝis 300 p.K.), la helena Kojneo (Gr: Κοινὴ γλῶσσα, laŭvorte la "komuna lingvo") estis la dominanta Lingvafrankao en la tuta orienta Roma Imperio kaj sekve fariĝis ankaŭ la lingvo de la Septuaginto, de la Nova Testamento kaj de la ortodoksa liturgio.
(9) "Citoyen Coray" (Eo: civitano Korais).
(10) Helena kaj franca epitafo sur la tomboŝtono, kiun vortigis Adamantios Korais mem:

Gr: Ἀδαμάντιος Κοραῆς Χίος – Ὑπὸ ξένην μὲν ἴσα δὲ τῇ φυσάσῃ μ'
Ἑλλάδι πεφιλημένην γῆν τῶν Παρισίων κεῖμαι.
Fr: Ci-gît Adamantios Koraïs de Chios – Une terre étrangère me couvre, mais cette terre de Paris, je la chérissais à l'égal de mon pays natal, la Grèce.
(Eo: Ĉi tie ripozas Adamantios Korais de Ĥio – Fremda tero kovras min, sed ĉi tiun teron de Parizo mi amis same kiel mian naskiĝlandon, Grekujo), Lotos (1880: p.35).
(11) Korais nomis Francujon "μητρίδα" (Eo: patrinujo) kontraste al sia greka "πατρίδα" (Eo: patrujo), Korais (1803: p.488); Kedourie (1970: p.186).
(12) "La langue de la liberté", en letero de la 15-a de Majo 1801, Lotos (1880: p.371).
(13) "C'est une langue nouvelle, qui se trouve à peu près à la même époque où étoit la langue Françoise au siècle de Montaigne", Korais (1803: p.483).
(14) "Et l'on sent déjà que cette langue est aussi dans une espèce de révolution", Korais (1803: p.484).
(15) Korais el la "Antaŭparoloj al la malnovaj grekaj verkistoj" (Gr: Προλεγόμενα στους ἀρχαίους Ἕλληνες συγγραφεῖς), citajô laŭ Gourgouris (1996: p.101).
(16) Korais el la "Antaŭparoloj al la malnovaj grekaj verkistoj" (Gr: Προλεγόμενα στους ἀρχαίους Ἕλληνες συγγραφεῖς), citajô laŭ Gourgouris (1996: p.102).
(17) La eminenta "Vortaro de la helena lingvo" (Gr: Θησαυρὸς τῆς Ἑλληνικῆς γλώσσης, Lt: Thesaurus graecae linguae), kiun kompilis kaj publikigis la franca humanisto Henri Estienne (1531-1598) en la jaroj 1572 kaj 1573; Korais (1803: p.483).
(18) Korais el la "Antaŭparoloj al la malnovaj grekaj verkistoj" (Gr: Προλεγόμενα στους ἀρχαίους Ἕλληνες συγγραφεῖς), citajô laŭ Beaton (2009: p.349).
(19) Korais (1803: pp.483-484).
(20) Korais, el la prefaco al lia eldono de "Etiopaj rakontoj" (Gr: Αἰθιοπικά), romanco de la malfru-antikva helena aŭtoro Heliodoro el Emeso (Ἡλιόδωρος Ἐμεσηνός, 3-a aŭ 4-a jarcento p.K.), citajô laŭ Beaton (2009: p.348).
(21) Korais, el la "Antaŭparoloj al la malnovaj grekaj verkistoj" (Gr: Προλεγόμενα στους ἀρχαίους Ἕλληνες συγγραφεῖς), citajô laŭ Beaton (2009: p.344).
(22) "Entretenoit au milieu de la nation la connoissance de la langue de ses ancêtres, comme un feu sacré qui devoit un jour la vivifier", Korais (1803: p.456).
(23) Gourgouris (1996: p.98).
(24) "Εὐχαριστῶ πολύ" (Eo: mi multe dankas).

IX. Noah Webster
[nọa ŭẹbster]

Noah Webster

La vivo de Noah Webster

Noah Webster naskiĝis la 16-an de Oktobro 1758 en la okcidenta distrikto de Hartford en la Konektikuta kolonio (An: Connecticut). Liaj gepatroj, Noah Senior kaj Mercy Webster, havis kvin gefilojn: unu filinon kaj kvar filojn. Noah adoltiĝis dum la malkvietaj jaroj antaŭ la Sendependiga Milito (1775-1783), kiu naskis la Unuiĝintajn Ŝtatojn de Ameriko (Usono).

Li vizitadis mizere ekipitan lernejon en la okcidenta distrikto de Hartford. En 1774 li enmatrikuliĝis en la prestiĝa altlernejo (An: College) Yale en Nov-Haveno (An: New Haven). Sukcese trapasinte la eliran ekzamenon en 1778, li fariĝis instruisto en malgranda lernejo en Glastonbury, ne malproksime de sia naskiĝurbo. Pro la treege malagrablaj laborkondiĉoj kaj la malalta salajro, kiuj malbone respondis al liaj ideoj pri la propra vivo, li baldaŭ rezignis pri ĉi tiu okupiĝo por studi jurisprudencon. La jurista diplomo, kiun li akiris en la jaro 1781, konstituis la unuan paŝon en brila kariero kiel juristo, politikisto, instruitulo kaj verkisto.

Unu el liaj multaj projektoj estis patriotisma politikrevuo, nome "La usona magazino" (An: The American Magazine), kiun li fondis en Nov-Jorko en 1787. La plej gravaj temoj de ĉi tiu revuo estis la historio, la nova konstitucio kaj la morala edukado en Usono. En la jaro 1783 li publikigis la unuan volumon de sia fine trivoluma kompendio "Gramatika institucio por la angla lingvo" (An: A Grammatical Institute of the English Language). La unua volumo poste famiĝis sub la alnomo "Bludorsa ortografia lernolibro" (An: Blue-Backed speller) pro la blua koloro de la librokovrilo. La du aliaj volumoj estis gramatika lernolibro, aperanta en 1784, kaj krestomatio, aperanta en 1785. La sukcesa disvastigado de la trivoluma kompendio trafis du celojn per unu ŝtono: danke al ĉi tiu publikigo, li povis kaj perlabori sian vivtenon kaj anstataŭigi la Britujajn lernolibrojn por lernejoj en Usono.

Post lia geedziĝo kun Rebecca Greenleaf en la jaro 1789, la juna paro transloĝiĝis al lia hejmurbo Hartford, kie baldaŭ naskiĝis la unua el entute ok gefiloj. Sed Hartford ne estis la fina loĝloko de la juna familio. Ili transloĝiĝis reen al Nov-Jorko, plue al Nov-Haveno, poste al Amherst en Masaĉuseco kaj denove reen al Nov-Haveno. En Amherst li kontribuis al la fondado de la altlernejo (An: College) Amherst kaj al la leĝdona procezo de la fondinto-ŝtato Masaĉuseco.

Webster dediĉis multe de sia tuta vivtempo al la elstara verko, pro kiu lia memoro estas honorata ankoraŭ hodiaŭ: la universala vortaro de la "usona lingvo". En la jaro 1806 li publikigis la unuan eldonon sub la modesta titolo "Kompendia vortaro de la angla lingvo" (An: A Compendious Dictionary of the English Language). Ĉi tiu unua eldono prezentis nur la malampleksan antaŭŝtupon de la giganta verko, kiun penplene alcelis Webster dum la sekvaj du jardekoj. Por atingi sian celon, Webster lernis multajn aliajn lingvojn kaj senlace kolektis vortojn de ĉiaj specoj. La rezulto, la granda "Usona vortaro de la angla lingvo" (An: An American Dictionary of the English Language), aperis ne pli frue ol en 1828, enhavante 70 milojn da kapvortoj (kaj tiel konsiderinde pli multe ol la "Vortaro de la angla lingvo", kiun la brito Samuel Johnson estis publikiginta en 1755, kun nur 43 miloj da kapvortoj).

Liaj profesiaj ambicioj estis kronitaj en la jaro 1822, kiam li ricevis de la altlernejo Yale la titolon "doktoro pri juro" (Lt: legum doctor [LLD]), kiun li utiligis en sia profesia praktiko, estante eminenta propagandisto de la leĝa protektado de aŭtorrajtoj, de kiuj li mem profitis ne malmulte kiel aŭtoro de pluraj verkoj. Dum sia tuta vivo Webster estis same klopodema kiel talenta. Li akiris konsiderindan famon kiel politika ĵurnalisto, produktema verkisto de lernolibroj kaj gvida naciisto, kvankam li kaj lia familio neniam tiris rimarkindan riĉecon el ĉi tiu famo. Kiel persono li eble montris sin ne tre simpatia. La usona historiisto Henry Steele Commager karakterizis lin malfavore: "pelata de turmenta ambicio, de rigora persisteco, de nelacigebla fervoro kaj ankaŭ de orgojlo [...], li estis malgrandanima, malvarma, preskaŭ senpasia kaj tute fiaskis sur tiuj sociaj kampoj, sur kiuj liaj grandaj samtempuloj tiel senpene sukcesis." (Commager 1958: p.3). Noah Webster Junior mortis la 28-an de Majo 1843 en sia hejmurbo Nov-Haveno, kie lia korpo estis entombigita sur la tombejo Grove Street.

La lingvoj en la Nova Mondo post la sendependiĝo

La koloniado de la Nova Mondo kuntrenis iom da lingva konkurado, ĉar kreskanta nombro da homoj el diversaj Eŭropaj landoj – kaj poste ankaŭ el aliaj partoj de la mondo – setlis sur la malabunde popolita kontinento. En la tempo de la Usona Sendependiga Milito (1775-1783), la lingva situacio estis karakterizata de granda diverseco, kvankam fakte neniu alia lingvo endanĝerigis la tute dominantan pozicion de la angla. Jam en la plej frua periodo tuj post la Sendependiga Milito, ĉiaspecaj lingvaj problemoj estis ofte diskutataj.

La centra demando estis, ĉu lernejoj por la enmigrintaj lingvaj minoritatoj, kiuj uzis ne-anglan instrulingvon (ekzemple la germanan en Pensilvanio kaj la francan en Luiziano), estas entute akceptindaj aŭ eble eĉ subtenindaj. La diversaj eklezioj de la minoritatoj celebris alilingvajn diservojn; abundo da lokaj gazetoj aperis en sennombraj lingvoj; karitataj organizaĵoj sponsoris fremdlingvajn bibliotekojn; sufiĉe grandaj komunumoj de enmigrintoj plue uzis sian originan gepatran lingvon por ĉiuj internaj celoj, parolante la komunan anglan nur por oficiala kaj superregiona komunikadoj.

La nacia administracio de Usono neniam decidis deklari iun ajn lingvon oficiala, sed la anglalingva socia elito atendis, ke la minoritataj komunumoj agnosku la avantaĝojn de la angla, kiu sekve per si mem disvastiĝos tra la tuta nacio sen devigo aŭ interveno fare de la registaro (Heath 1992). La angla estis ne nur la lingvo de la Brituja reĝo, sed ankaŭ la lingvo de la kolonianoj, kiuj estis ribelintaj kontraŭ ĉi tiu reĝo. Neniu alia lingvo atingis similan gravecon por la juna nacio de Usono.

La unua censo, kiu estis okazigita en 1790, "ekskluzivante indianojn ne impostitajn" (An: excluding indians not taxed), rivelis, ke la loĝantaro de la Unuiĝintaj Ŝtatoj de Ameriko tiutempe nombris pli ol 3,89 milionojn, el kiuj rondcifere 694 miloj (17,8%) estis sklavoj. Ĉar la popolnombrado tiutempe (fakte ĝis 1890) nur diferencigis inter malmultaj kategorioj ("vira blankulo", "virina blankulo" "alia liberulo" kaj "sklavigito") (1), el la menciitaj nombroj bedaŭrinde tute ne evidentiĝas la relativa distribuo de la enmigrintaj lingvokomunumoj. Nur ekde la jaro 1890 la censistoj demandis pri la parolata lingvo, kiel ekzemple la germana, la nederlanda, la franca, la sveda aŭ la jida (judgermana). Tamen ekzistas nenia dubo, ke la pozicio de la angla lingvo estis neniam kontestita.

La indiĝenaj lingvoj, kiuj estis parolataj sur la nord-Amerika kontinento jam longe antaŭ la alveno de la unuaj Eŭropaj setlantoj, ne estis objekto de atento, ĉar oni kredis dum longa tempo, ke ĉiuj aŭtoktonaj popoloj parolas nur unu saman lingvon, ke ĉi tiu "indiana lingvo" estas ĉiurilate primitiva kaj ke ĝi baldaŭ forpasos (Ferguson & Heath 1981: p.111). Krome, la religia entuziasmo de la "Pilgrimantoj-Prapatroj" (An: Pilgrim Fathers) kredigis al la puritanaj kolonianoj, ke ili nepre devos savi la indianojn, kiuj estas "tute mankaj je ĉio, kio konsistigas civilizacion" (Reyhner 1992: p.42). La indianoj siavice devis lerni la anglan por legi la kateĥismon, sed, pro ankoraŭ klarigendaj kaŭzoj, ili kontribuis kelkajn vortojn al la angla lingvo.

Ĉiuj dokumentoj, kiuj atestis la naskiĝon de la juna nacio de Usono, estis konceptitaj kaj fine vortigitaj en la angla, kio faris ĉi tiun Eŭropan lingvon nerefutebla parto de la nacia rakonto pri la origino de la Unuiĝintaj Ŝtatoj de Ameriko. Tiamaniere la angla fariĝis la plej grava rimedo por konstrui propran nacian identecon de usonanoj. Sed la demando estis: kiu speco de la angla estu la nacia usona lingvo?

Nacia lingvo por la nova nacio

En la malfrua 18-a jarcento regis granda intereso pri la signifo de nacia lingvo por la identeco de nacio ne nur en Eŭropo, sed ankaŭ en la Nova Mondo. Webster, kiu estis verŝajne ne tre originala, sed certe tre atenta pensulo, prezentis la usonan avangardon de tiuj eminentuloj, kiuj necedeme postulis propran nacian lingvon por la novnaskita nacio de Usono. La ĉefa motoro de ĉi tiu postulo estis la naciisma ideologio – importita kun tuta posedo kaj heredo el la abomeninda Malnova Mondo. Laŭ Webster, propra nacia lingvo same apartenas al la esenca ekipaĵo de ĉiu memfida nacio kiel flago, himno kaj konstitucio. Liaj verkoj temis pri sendependeco, honoro kaj la unuiga funkcio de la propra nacia lingvo kiel kuniganta ligilo inter ĉiuj nacianoj. Sed li nek povis nek volis kontesti la elstaran pozicion de la angla kiel la sola taŭga kandidato.

Ĉar la angla lingvo konstituis la plej evidentan ligon kun la Brituja metropolo kaj ties kolonioj, ĉi tiu ligo nepre necesigis konscian adaptadon kaj rekonceptadon de la lingvo post la sendependiĝo. La enciklopediista mondrigardo en la epoko de la racia klerismo konsideris lingvojn kiel nombreblajn objektojn, ĉar, laŭ la kleristoj, ĉiu lingvo estu klare distingebla de ĉiuj aliaj (van der Horst 2008). Sed kion fari en la okazo de tiel evidenta kontinueco inter du proksimaj lingvaj variaĵoj? La ekzemplo de la "usona lingvo" ilustris la politikan naturon de ĉi tiu fundamenta demando.

Webster klare konsciis ĉi tiun problemon. En siaj "Disertaĵoj pri la angla lingvo" (An: Dissertations on the English Language) li rekte komparis la usonan situacion kun tiu de la klasikaj lingvoj, la helena kaj Latino, la idealaj lingvoj el la renesanca vidpunkto. La klasikan ekzemplon prezentis, laŭ Webster, la Roma Imperio, kiu enkondukis sian lingvon en ĉiujn konkeritajn naciojn "kiel la necesan paŝon al la forigo de la barbara malklereco, al la ebligo de la interkompreniĝo kun la provincoj kaj al la akordigo de la malproksimaj etnoj kun la Roma registaro" (2).

Sendube Webster ne nur hazarde menciis la ekzemplon de la Roma Imperio, ĉar ankaŭ li esperis atingi per komuna lingvo por la juna nacio "la forigo[n] de la barbara malklereco" kaj "la akordigo[n] de la malproksimaj etnoj kun la [...] registaro". Tiu komuna lingvo tamen ne povis esti identa kun la lingvo, kiu alligis la novnaskitan nacion al la malestimata pasinta registaro kaj kontraŭulo dum la milito. Daŭrigi la lingvouzon de la Brituja metropolo klare kontraŭdirus la revolucian naciisman koncepton pri "unu popolo, unu lingvo, unu nacio" (3). La celo estis la starigo de propra "usona lingvo" (An: American language), kaj neniu alia kontribuis pli multe al la progresigo kaj efektivigo de ĉi tiu projekto ol Noah Webster.

Laŭ lia rigardo al la mondo, lingvo kaj lingvistiko estas neniel apartigeblaj de politiko. Pro tio estis nepre necese pruvi, ke la "usona lingvo" estas sufiĉe klare distingebla de la brita angla, por konvinki ne nur la samnacianojn, kiuj jam konsideris sin usonanoj, sed ankaŭ la ceteran mondon, ke fakte ekzistas usona kiel propra lingvo. Oni devis antaŭ ĉio elmontri, ke la usona lingvo estas racia, nome pli regula ol la brita angla, kiu konate suferis pro diversaj ortografiaj difektoj. Kaj ĉi tiuj difektoj instigis lin al lia projekto pri ortografia reformo.

La angla ortografio havis literojn, kiuj ne respondis al iuj ajn parolsonoj; parolsonojn, kiuj ne estis reprezentataj de iuj ajn literoj; tute samajn literumojn, kiuj permesis malsamajn prononcojn; kaj pletoron da aliaj neregulaĵoj, por ne mencii la fakton, ke la ĉiutage realigata literumado estis tre ofte ekstreme varia. Pro tio la angla urĝe bezonis ortografian reformon, kiun Webster finfine pli-malpli realigis. Kvankam liaj plej radikalaj proponoj (ekzemple "nu speling" anstataŭ "new spelling") estis obstine rifuzitaj, multaj el la helpaj plisimpligoj, kiujn li elpensis, estis akceptitaj kaj disvastigitaj (vidu Tabelon 17). La lingvoreformo fare de Noah

Webster konstituas la solsolan sukcesintan reformon en la historio de la angla ortografio (4).

Favore al la sendependiga lingvoreformo, kiun li proponis, Webster prezentis plurajn lingvistikajn argumentojn: la pli bonan konformecon inter prononcado kaj literumado; la forigon de la "silentaj" (t.e. neprononcataj) literoj; la pli grandan regulecon kaj la pli facilan lerneblecon kaj por denaskaj parolantoj kaj por enmigrintoj, kiujn la reformo "pli rapide kapabligos akiri la ĝustan prononcadon de la angla". Laŭ Webster, la reformo krome atingos "unuformecon de la literumado kaj de la prononcado tra la Unuiĝintaj Ŝtatoj de Ameriko" (Webster 1789: p.396). Ĉiuj tiuj raciaj argumentoj rilatas al la sistem-internaj ŝanĝoj, kiuj tamen aspektas tute neglektindaj kompare kun la atendeblaj sistem-eksteraj efikoj, pri kiuj Webster atentigas:

> "La plej granda avantaĝo de la lingvoreformo estos, ke la usona ortografio rimarkeble distingiĝos de la angla. Tio surprizos nur tiujn, kiuj ĝis nun ne atentis la problemon. Sed mi estas certa, ke ĉi tiu reformo estos la decidiga deirpunkto de signifoplenaj politikaj sekvoj." (Webster 1789: p.397)

Tabelo 17: Proponoj de Noah Webster pri reformo de la angla ortografio

Proponoj de Webster, kiuj estis akceptitaj			Proponoj de Webster, kiuj estis rifuzitaj		
centre	=>	*center*	**ache**	=>	*ake*
draught	=>	*draft*	**cloak**	=>	*cloke*
gaol	=>	*jail*	**machine**	=>	*masheen*
humour	=>	*humor*	**tongue**	=>	*tung*
plough	=>	*plow*	**women**	=>	*wimmen*

Kiel dirite, la francaj enciklopediistoj rigardis lingvojn kiel simplajn nombreblajn objektojn. Tial, ĉiuj kriterioj, kiuj helpis distingi unu lingvon de la aliaj, estis bonvenaj. La usona germandevena literaturo Henry Louis Mencken (1945 [1919]: p.379) poezie nomis la anglan ortografion de la brit-kolonia epoko "bele svaga" (An: beautifully vague), sed Webster ne havis senton por tia malpreciza estetiko. Laŭ Webster, ĉiuj reguloj estu kiel eble plej precizaj kaj unusencaj. Inter la eminentaj intelektuloj, kiuj interesiĝis pri la proponita ortografia reformo, troviĝis la multfakulo Benjamin Franklin, kiu dezajnis propran fonetikan alfabeton (5). Sed estis plejparte la persona atingo de Noah Webster, ke Usono sukcesis establi proprajn ortografiajn konvenciojn, pli-malpli diferencajn de la britaj.

Lia "Bludorsa ortografia lernolibro" (Webster 1962 [1783]) vendiĝis en multaj milionoj da ekzempleroj kaj dominis la elementan instruadon en usonaj lernejoj dum la 19-a jarcento. Ĉar instruiteco ĝuis pli kaj pli grandan socian prestiĝon kaj ĉar la certa regado de ortografiaj reguloj estis rigardata kiel mezurilo de instruiteco, la ĝusta literumado fariĝis afero de nacia signifo. Webster liveris la proprajn regulojn en la "Bludorsa ortografia lernolibro", al kiu li aldonis la tiel nomatan "Moralan Kateĥismon" (An: A Moral Catechism) pri diversaj virtoj kaj bonfaroj (6). Ortografio, la enirbileto en la instruitan socion, ne hazarde troviĝis en kvazaŭ-religia kunteksto, ĉar ortografio kaj religio estis longe konsiderataj kiel la plej taŭgaj rimedoj por eduki generaciojn da usonanoj en la patriotisma spirito.

Dum lia "Bludorsa ortografia lernolibro" havis jam grandan efikon sur la tutan socion, lia monumenta verko "Usona vortaro de la angla lingvo" (An: An American Dictionary of the English Language) eĉ pli multe plifortigis la pretendon pri lingvistika sendependeco. La vortaro de Webster prezentis frontan atakon kontraŭ la tiel nomata "reĝa angla" (An: King's English) kaj kontraŭ ties leksikografo, Samuel Johnson. Same kiel la "Bludorsa ortografia lernolibro", la vortaro devis esti specife usona. Sed krome ĝi devis (almenaŭ parte) distingi sin de la "reĝa angla" rivalo kaj per la ortografio kaj per la leksiko. La kapvortoj de la vortaro ampleksis kaj la komunan leksikon kaj specifajn terminojn, kiuj estis arĥaikiĝintaj en la angla, sed restis kutimaj en la nord-Amerikaj kolonioj, same kiel indiandevenajn vortojn el la indiĝena vivosfero:

Tabelo 18: Ekzemploj de specife (arĥaikiĝinta aŭ indiandevena) usona leksiko

	Usona	Angla	Signifo
Arĥaikiĝinta	diaper	napkin	vindaĵo
leksiko	fall	autumn	aŭtuno
	faucet	tap	krano
Indiandevena	hickory	[]	karjo
leksiko	opossum	[]	oposumo
	raccoon	[]	prociono

La inkluzivo de tiaj leksemoj estis plej utila por emfazi la diferencon inter la usona kaj la angla, sed tamen ne malhelpis, ke Webster – konforme al la tiutempa Eŭropa ideologio pri lingvo – aliflanke klare favoris lingvan purecon. Kaj li vidis aparte grandan danĝeron por la celata pureco de la usona en francaj pruntovortoj kaj en toponimoj en franca ortografio (ekzemple "Ouisconsin" anstataŭ "Wisconsin" [Viskonsino]) (Webster 1962: p.17).

Pli grava defio al la angla vortaro de Samuel Johnson koncernis la demandon pri la normigo. Konsiderante la rimarkindan regionan varion de la angla prononcado sur la britaj insuloj, Webster asertis, ke "la britoj fakte ne havas iun ajn lingvan normon" kaj ke "deklari la lingvouzon de la kortego kaj de la scenejo en Londono la sola kriterio de ĝusteco [...] estas maljuste kaj senutile" (Webster 1789: p.24). Li prezentis du ĉefajn argumentojn kontraŭ la normigo sur la bazo de la lingvouzo en la reĝa kortego kaj en literaturaj citaĵoj (kion Johnson estis proponinta): unue, la socia klaso ne plu ludu gravan rolon en demokratia socio, kiu alte estimas egalecon; due, kaj eĉ pli rimarkinde, tia aliro malhelpas la atingon de la supera celo, nome "korekti la lingvon", ĉar, "se la lingvouzo de la nobelaj ĝentlemanoj en la reĝa kortego konstituas la normon, ili staras eĉ super la kortego, kaj ilia lingvouzo neevitable ŝanĝiĝas laŭ iliaj pasioj kaj kapricoj" (Webster 1789: p.25).

Webster, kiel multaj el liaj samtempuloj, konsideris lingvan ŝanĝiĝon kiel aberacion kaŭze de "perfortaj influoj", kiuj estas nepenseblaj en Usono, kie la angla "estas savita el la danĝero de difekto" kaj sekve ŝanĝiĝos nur malrapide, "krom se la frenezeco regus nin tiom, ke ni imitus nian [anglan] metropolan kulturon kaj senĉese novigus nian [usonan] lingvon" (Webster 1789: p.35). Laŭ la revo de Webster, en ideala socio same kiel en ideala lingvo, novigo kaj ŝanĝo estas laŭeble evitendaj. Lia vortaro kaj lia "Bludorsa ortografia lernolibro" metis la fundamenton de usona nacia lingvo, kiu estu kaj pura kaj stabila kaj parolata de ĉiuj samnacianoj kun kiel eble plej malmulte da regiona aŭ socia vario.

"Ĉiuj usonaj civitanoj de ĉiu socia rango parolu [ĝin] laŭeble precize kaj unuforme" (Webster 1789: p.396). Kvankam ĉi tiu revo de ideala senmova lingvo estas iom utopia, estas tamen koncedende, ke la faŭltolinioj de la lingvistikaj diferencoj rilate regionan aŭ socian varion estas multe malpli rimarkeblaj en Usono ol sur la britaj insuloj. La empiria pruvo de tiaj lingvistikaj diferencoj estas certe malfacila. Sed, konsidere la sukcesan vastan disvastiĝon kaj daŭran uzadon kaj de la "Usona vortaro de la angla lingvo" kaj de la "Bludorsa ortografia lernolibro", la elstara kontribuaĵo de Noah Webster al la pli granda unuformeco de la usona lingvo estas tamen alte aprezinda.

Lastaj vortoj

Coulmas: *Bonan tagon, sinjoro Webster. La "indiana somero" en Nov-Haveno estas vere rave bela. Koran dankon, ke vi konsentas pri ĉi tiu intervjuo. Lasu nin senprokraste komenci! Ĉu vi kreis la terminon "usona lingvo"?*

Webster: Jes, mi fakte atribuas al mi la meriton esti kreinto de ĉi tiu termino, kaj mi fieras pri tio. La honoro de Usono kiel sendependa nacio postulis, ke ni havu propran nacian lingvon same kiel propran nacian registaron (7).

Coulmas: *Sed ĉu ne la angla estas taŭga lingvo, kiu estas parolata en multaj landoj de la mondo?*

Webster: Usono estas sendependa nacio, kiu nepre disvolvu sian propran nacian karakteron. [...] Nenio povus malkaŝi pli malindan, ja eĉ pli abomenan sintenon, ol se la usonanoj kiel simioj imitu la eŭropanojn (8). La nacia lingvo estas la kuniganta ligilo inter ĉiuj nacianoj, kiu formas la nacian unuecon. Ni laborigu ĉiun motoron de la usona civilizacio, por ke ĉiu samlandano sentu sin membro de la granda usona nacio, por ke ĉiuj niaj korinklinoj direktiĝu al nia propra lando, por ke ni ĉiuj inspiriĝu el la fiero pri nia nacio (9).

Coulmas: *Sed vi ja parolas la anglan, ĉu ne?*

Webster: [grincante per la dentoj] Jes. Sed ni parolas multe pli bonan specon de la angla ol la britoj. Kaj ni skribas la usonan. La lingvo de Britujo neniel povas servi kiel la normo de la usona lingvo, ĉar la lingvouzo de multaj britaj verkistoj estas jam dekadenca, kaj ilia lingvo kadukiĝas (10).

Coulmas: *Kio ekscitis vian intereson pri la ortografio?*

Webster: La ortografio de la angla estas tute difektita kaj fuŝa. Ĉu la usonanoj konservu tiujn difektojn, kiuj nepre sekvigas sennombrajn ĝenaĵojn ĉe la akiro kaj ĉe la uzado de la lingvo? Aŭ ĉu ni ne korektu senprokraste tiujn mankojn, enkondukante ordon kaj regulecon en la ortografion de nia propra "usona lingvo"? (11) La respondo estas evidenta. Kaj kio validas pli multe: doktoro Benjamin Franklin jam frue priskribis la malfacilaĵojn, kun kiuj luktas la lernantoj de nia lingvo (12), kaj proponis plibonigitan alfabeton. Franklin opiniis, ke lingvoreformo estas ne nur nepre necesa, sed ankaŭ reale efektigebla.

Coulmas: *Se la angla ortografio estas tiel fuŝa, ĉu oni ne penu kunordigi ĉiujn eblajn reformproponojn, por ke ĉiuj parolantoj de la angla profitu?*

Webster: La britoj neniam adoptus nian ortografion por sia propra lingvouzo (13). Kaj niaflanke, kiel sendependa nacio, ni havas la plej grandan intereson kontraŭstari efektivigon de ĉiu plano, kiu celus la unuformecon inter la usona kaj la brita ortografioj, eĉ se la proponita plano estus senriproĉa (14).

Coulmas: *Vi kritikis doktoron Samuel Johnson pro tio, ke lia pedanteco, kiel vi diris, difektis la purecon de la angla lingvo (15).*

Webster: La pureco de la angla prononcado montriĝas plej klara ĉe la neinstruita popolo (16). Mi sentas min devigita deklari, ke la usonanoj, precipe la posteuloj de la anglaj kolonianoj, parolas la plej puran anglan, kiu estas hodiaŭ konata en la mondo. En ilia lingvo apenaŭ troviĝas fremdlingvaj influoj (17). Ni decidis priskribi la lingvon de la ordinaraj usonaj liberaj ter-kulturistoj (18) anstataŭ la dekadencan lingvon de la brita elito, kiun Samuel Johnson preferis. Ni ja havas la devon eltrovi, kia lingvo estas la angla denature, kaj ne, kiel ĝi povas esti denaturigita laŭplaĉe (19).

Coulmas: *Ĉu tiu plej pura angla estu la unuforma lingvo de la usona nacio? Kaj se jes, kial tiu unuformeco entute gravas? Kaj kiel ĝi estas fine atingebla?*

Webster: Eĉmalgrandaj diferencoj en la prononcado ofte sekvigas konsiderindajn politikajn konsekvencojn. Provincaj akĉentoj fojfoje povas rezultigi tre malfavorajn efikojn sur la simpation inter samnacianoj. Tial, nia politika harmonio dependas de kiel eble plej unuforma lingvouzo (20). Kvankam perfekta unuformeco en la prononcado estas probable ne atingebla en vivanta lingvo (21), kiel eble plej unuforma lingvouzo en la lernejoj kaj en la libroj ebligas al ni iom niveligi la diferencojn kaj konservi la purecon de nia usona lingvo (22). Unuformeco estas tiurilate esenca. Nun estas la tempo, kaj nia estas la lando, en kiu niaj penoj fine kroniĝos per sukceso. Prokrasti la efektivigon de la proponita plano povus esti fatale. Lasu nin ekkapti la perfektan momenton por oficialigi la nacian lingvon de la Unuiĝintaj Ŝtatoj de Ameriko (23).

Coulmas: *Thank you for your time (24), sinjoro Webster. Mi deziras al vi bonan vesperon.*

Notoj

(1) Rezultoj de la unua tutnacia popolnombrado en la Unuiĝintaj Ŝtatoj de Ameriko en la jaro 1790 (www.archive.org/details/1790_census):

viraj blankuloj ≥ 16 jarojn	viraj blankuloj < 16 jarojn	virinaj blankuloj	aliaj liberuloj	sklavigitoj	**sumo**
807 094	791 850	1 541 263	59 150	694 280	3 893 635

(2) *"As a necessary step towards removing prejudices, facilitating an intercourse with their provinces, and reconciling distant nations to the Roman government"* (Webster 1789: p.45).
(3) La lingvistika koncepto pri la nacia ŝtato laŭ la sekvoriĉa devizo "unu popolo, unu lingvo, unu nacio" (Fr: un peuple, une langue, une nation), kiu fatale determinis la naciisman ideologion en la 19-a jarcento (Renan 1887).
(4) Shoemaker (1936: pp.267-272) prezentas detalan raporton pri la ortografiaj novigoj fare de Noah Webster.
(5) Franklin B. (1779). *A reformed mode of spelling.* En: *Political, Miscellaneous, and Philosophical Pieces.* N-ro 72, London: J. Johnson Paul's Church Yard, pp.467-478.
(6) Kvankam la sinteno de la "Bludorsa ortografia lernolibro" estis esence sekulara, la aldono "La instruisto: Suplemento al la elementa ortografia lernolibro" (An: The Teacher: A Supplement to the Elementary Spelling Book) enhavis "Morala[n] kateĥismo[n]" (An: A Moral Catechism) pri diversaj virtoj kaj bonfaroj, ekzemple humileco, kompato kaj repacigo (An: Of Humility; Of Mercy; Of Peace-Makers).
(7) *"As an independent nation, our honor requires us to have a system of our own, in language as well as in government."* (Webster 1789: p.20).
(8) *"America is an independent empire, and ought to assume a national character. [...] Nothing can betray a more despicable disposition in Americans, than to be the apes of Europeans."* (Webster 1789: p.47).
(9) *"Besides this, a national language is a band of national union. Every engine should be employed to render the people of this country national, to call their attachments home to their own country, and to inspire them with the pride of national character."* (Webster 1789: p.397).

(10) *"Great Britain, whose children we are, and whose language we speak, should no longer be our standard; for the taste of her writers is already corrupted, and her language on the decline."* (Webster 1789: p.20).

(11) *"The question now occurs: ought the Americans to retain these faults which produce innumerable inconveniences in the acquisition and use of the language, or ought they at once to reform these abuses, and introduce order and regularity to the orthography of the AMERICAN TONGUE?"* (Webster 1789: p.394).

(12) *"This sage philosopher [Benjamin Franklin] has suffered nothing useful to escape his notice. He very early discovered the difficulties that attend the learning of our language; and with his usual ingenuity, invented a plan to obviate them."* (Webster 1789: p.406).

(13) *"For the alteration, however small, would encourage the publication of books in our own country. It would render it, in some measure, necessary that all books should be printed in America. The English would never copy our orthography for their own use; and consequently the same impressions of books would not answer for both countries."* (Webster 1789: p.397).

(14) *"As a nation, we have a very great interest in opposing the introduction of any plan of uniformity with the British language, even were the plan proposed perfectly unexceptionable."* (Webster 1789: p.171).

(15) *"[...] Johnson, whose pedantry has corrupted the purity of our language, and whose principles would in time destroy all agreement between the spelling and pronunciation of words."* (Webster 1789: p.XI).

(16) *"The people are right, and a critical investigation of the subject warrants me in saying, that common practice, even among the unlearned, is generally defensible on the principles of analogy, and the structure of the language, and that very few of the vindications recommended by Lowth and his followers, can be vindicated on any better principle than some Latin rule, or his own opinion."* (Webster 1789: p.141).

(17) *"I am constrained to declare that the people of America, in particular the English descendants, speak the most pure English now known in the world. There is hardly a foreign idiom in their language."* (Webster 1789: p.288).

(18) "Yeomanry" (Eo: terkulturistaro), t.e. liberaj civitanoj, terkulturistoj kaj milicianoj. Laŭ Thomas Jefferson, kunfondinto kaj la tria prezidento de Usono (reg. 1801-1809), ĉi tiu liberaj terkulturistoj konstituis la fundamenton de la respublikaj valoroj.

(19) *"It is our business to find what the English language is, and not, how it might have been made. [...] When I speak of the American yeomanry, the latter are not to be compared to the illiterate peasantry of their own country. The yeomanry of this country consist of substantial inde-*

pendent freeholders, masters of their own persons and lords of their own soil. These men have considerable education. They not only learn to read, write and keep accounts; but a vast proportion of them read newspapers every week, and besides the Bible, which is found in all families, they read the best English sermons and treatises upon religion, ethics, geography, and history." (Webster 1789: pp.X & 288).

(20) *"A sameness of pronunciation is of considerable consequence in a political view; for provincial accents are disagreeable to strangers and sometimes have an unhappy effect upon the social affections. [...] Thus small differences in pronunciation at first excite ridicule – a habit of laughing at the singularities of strangers is followed by disrespect – and without respect friendship is a name, and social intercourse a mere ceremony. [...] Our political harmony is therefore concerned in a uniformity of language."* (Webster 1789: pp.19 & 20).

(21) *"In the progress of society and improvement, some gradual changes must be expected in a living language; and corresponding alterations in elementary books of instruction, become indispensable: but it is desirable that these alterations should be as few as possible, for they occasion uncertainty and inconvenience. And although perfect uniformity in speaking, is not probably attainable in any living language, yet it is to be wished, that the youth of our country may be, as little as possible, perplexed with various differing systems and standards."* (Webster 1789: p.18).

(22) *"Nothing but the establishment of schools and some uniformity in the use of books, can annihilate differences in speaking and preserve the purity of the American tongue."* (Webster 1789: p.19).

(23) *"Uniformity is essential. Now is the time, and this is the country, in which we may expect success. Delay in the plan here proposed, may be fatal. Let us then seize the perfect moment, and establish a national language."* (Webster 1789: p.406).

(24) *"Thank you for your time"* (Eo: dankon pro tio, ke vi oferis vian tempon).

X. Jacob Grimm
[j<u>a</u>kob grim]

Jacob Grimm

La vivo de Jacob Grimm

Jacob Ludwig Carl Grimm naskiĝis la 4-an de Januaro 1785 en la urbo Hanau, oriente de Frankfurto sur Majno, en la tre malgranda Landgrafujo Hesujo-Kaselo (Ge: Landgrafschaft Hessen-Kassel). La patro Philipp Wilhelm Grimm, kiu perlaboris la vivtenon de la familio kiel justica prefekto de la Landgrafuja registaro, kaj la patrino, Dorothea, naskita Zimmer, havis entute ok gefilojn, el kiuj nur kvin (unu filino kaj kvar filoj) transvivis la tiutempe tre malfavorajn vivkondiĉojn, atingante la plenaĝecon.

Wilhelm Carl Grimm, lia unu jaron pli juna frato, estis la plej grava persono en la vivo de Jacob. Ili ambaŭ eniris en la historion kiel la famaj fratoj Grimm precipe pro sia kolekto da "Porinfanaj kaj hejmaj fabeloj" (Ge: Kinder- und Hausmärchen) (1). Kvankam la financa situacio de la familio fariĝis malfacila post la morto de la patro en 1796, Jacob povis frekventi la universitaton danke al la malavara helpo de sia patrinflanka onklino Henriette Philippine Zimmer. En la jaro 1802 li enmatrikuliĝis en la universitato en Marburg sur Lahn por studi jurisprudencon. La frato Wilhelm sekvis lin, komencante sian studadon en la sama fakultato nur unu jaron poste.

Unu el la plej impresaj profesoroj de Jacob kaj Wilhelm estis la jurosciencisto Friedrich Carl von Savigny, fama kompetentulo pri la Roma juro, kiu instruis al ili ne nur la sciencan metodon, sed ankaŭ la signifon de profundaj scioj pri la historio por kompreni la nuntempon. Laŭ la atesto de Jacob, profesoro Savigny ne nur donis neforgeseblajn lekciojn, sed ankaŭ persone havis decidigan influon sur la studadon kaj vivon de la fratoj (Grimm 1967 [1822]: p.6). Savigny tiel alte aprezis la elstare talentan kaj diligentan studenton, ke en la jaro 1805 li invitis la junan Grimm labori por si en la naciaj arĥivoj de Parizo. Jacob profitis la okazon por progresigi siajn proprajn esplorojn kaj por perfektigi sian posedon de la franca lingvo.

Post la reveno li dumtempe vivis sen enspeziga laboro en Kaselo, sed jam baldaŭ dungiĝis kiel reĝa bibliotekisto de Ĵeromo Bonaparto (reg. 1807-1813), la pli juna frato de Napoleono, kiu estis instalita kiel la reĝo de la nova Reĝlando Vestfalujo (Fr: Royaume de Westphalie), ŝtato-membro de la "Rejnaj Federaciaj Ŝtatoj" (Fr: États confédérés du Rhin) (2).

En 1809 Jacob estis promociita al la rango de "aŭditoro de la ŝtatkonsilio" (Fr: Auditeur au Conseil d'État), kio faris lin la sola germandevena membro de la ŝtatkabineto de la reĝo Ĵeromo Bonaparto. Liaj oficaj taskoj lasis al Jacob sufiĉe da tempo por liaj multaj lingvaj kaj folkloraj esploroj, kiujn li elfaris en proksima kunlaboro kun sia frato Wilhelm. Ili laboris kune kaj vivis kune, atinginte konsiderindan famon pro siaj multfacetaj verkoj, precipe pro sia kolekto da "Porinfanaj kaj hejmaj fabeloj" (1812) kaj pro la "Germana gramatiko" (1819). En Decembro 1829 ambaŭ fratoj transloĝiĝis al la urbo Göttingen en la tiutempe pli liberala Reĝlando Hanovrio (Ge: Königreich Hannover), ĉar Jacob estis vokita kiel profesoro sur la katedron pri germanaj lingvo kaj literaturo en la universitato en Göttingen, kie lia frato Wilhelm estis ricevinta la postenon de bibliotekisto.

Kiam Jacob kaj Wilhelm en 1837 aliĝis al grupo de kvin progresemaj profesoroj, kiuj protestis kontraŭ la nuligo de la liberala konstitucio de Hanovrio fare de la nova (pli reakcia) reĝo, la entute sep profesoroj (Ge: Göttinger Sieben) estis forpelitaj ne nur el la universitato, sed devis forlasi ankaŭ la reĝlandon ene de nur tri tagoj post la eldiro de la verdikto. La fratoj Grimm revenis en la elektoprinclandon Hesujo, nome al la urbo Kaselo, kie gastigis ilin la pli juna frato Ludwig. La fratoj estis nun denove sen enspeziga laboro.

Ŝanĝo de la registaro foje plimalbonigas, foje pliboniĝas la politikan situacion: dum la nova (pli reakcia) reĝo de Hanovrio estis forpelinta la fratojn, ili estis nun invititaj de la nova (pli progresema) reĝo de Prusujo, nome Frederiko Vilhelmo la 4-a (reg. 1840-1861). Jacob kaj Wilhelm akceptis ĉi tiun inviton kaj en 1841 transloĝiĝis al Berlino, kie nun ambaŭ fratoj ricevis la titolon de profesoro kaj fariĝis membroj de la Prusuja Akademio de Sciencoj (Ge: Preußische Akademie der Wissenschaften).

Estante liberaj de ia devo instrui, la fratoj havis sufiĉe da tempo por kompili ampleksan vortaron de la moderna germana lingvo, sed ne sufiĉe da vivtempo por vidi ties kompletigon. La unua volumo (de "A" ĝis "Biermolke") estis eldonita ankoraŭ sub la prizorgado de ambaŭ fratoj en la jaro 1854. La dua volumo (de "Biermörder" ĝis la fino de "D") kaj la tria (de "E" ĝis "Forsche") aperis 1860 respektive 1862, do post la forpaso de Wilhelm, kiu mortis la 16-an de Decembro 1859. Jacob mortis kvar jarojn poste, la 20-an de Septembro 1863, kiam li estis ĵus okupiĝinta pri la kapvorto "Frucht" – la frukto de lia vivo. La lasta el la entute 16 volumoj de la granda vortaro aperis nur en la jaro 1961, do preskaŭ jarcenton post la morto de Jacob. Aldona fontvolumo estis publikigita kiel la 17-a volumo en 1971 (3).

Jacob Grimm estis ĝisosta instruitulo. Kiel honora membro de sennombraj sciencaj asocioj kaj akademioj en Parizo, Amsterdamo, Lejdeno, Kopenhago, Berlino, Kenigsbergo, Frankfurto kaj Levardo (Nl: Leeuwarden), Jacob dediĉis sian tutan vivon al la studado de lingvo, literaturo kaj juro. Tial, li neniam edziĝis, kaj evidente la edzino kaj la du filoj de Wilhelm jam kontentigis lian bezonon je familia vivo. Li interesiĝis pri politiko kaj havis siajn proprajn opiniojn, sed neniun personan ambicion okupi eminentan postenon.

Kiel sekretario de la Hesuja legacio, li partoprenis en la Viena Kongreso (de Septembro 1814 ĝis Junio 1815) kaj, probable pro sia malobeo en Göttingen, li estis elektita en la Nacian Asembleon (Ge: Nationalversammlung), kiu finfine kunvenis en Frankfurto sur Majno post la revolucio en la printempo de 1848. Lia misio estis la esplorado de la lingvo en la servo de la patrujo. Lia "Germana gramatiko" (Ge: Deutsche Grammatik), kiu fakte prezentas detalan komparan gramatikon de la ĝermana lingvaro, kaj lia historia-etimologia "Germana vortaro" (Ge: Deutsches Wörterbuch) estis ambaŭ arketipaj projektoj de la lingva naciismo en la 19-a jarcento. Ĉi tiuj plej imponaj verkoj transvivis la tempon de la verkisto danke al la ĝisfunda diligenteco, per kiu ili estis ellaboritaj.

La titolpaĝo de la unua volumo de la "Germana vortaro" fare de Jacob kaj Wilhelm Grimm (1854)

Lingva naciismo fine de la Sankta Roma Imperio

Post kiam Karolo la Granda (reg. 768-814) estis metinta la ideologian fundamenton de la regno, kiu multe pli poste (ekde la 12-a jarcento) famiĝis sub la nomo "Sankta Roma Imperio" (Lt: Sacrum Romanum Imperium), la ŝtata superstrukturo en la centro de Eŭropo ampleksis abundon da malgrandaj princlandoj, graflandoj kaj aŭtonomaj urboj, kiuj estis regataj de princoj-elektistoj (Ge: Kurfürsten), princoj, grafoj kaj urbestroj. Ĉi tiu malunueco estigis jam longe antaŭ la Franca Revolucio diversajn internajn konfliktojn, kiel ekzemple la kreskantan rivalecon inter la plej potencaj membroj-ŝtatoj de la imperio, nome la Arĥiduklando Aŭstrujo (Ge: Erzherzogtum Österreich) kaj la Reĝlando Prusujo (Königreich Preußen). Malunueco kaj internaj konfliktoj estis la breĉo en la defendlinio, kiu finfine sigelis la sorton de la imperio.

La loĝantaro de la neniam strikte ligitaj landoj de la pluretna kaj plurlingva imperio konsistis precipe el germanaj gentoj, sed ankaŭ el latinidaj kaj slavaj minoritatoj. En 1806 la dividita imperio estis definitive enterigita fare de la efika centralizisma Francuja registaro sub Napoleono Bonaparto (reg. 1799-1815) kaj de la patriotisma franca nacio, kiu volonte ekprenis la armilojn por disvastigi la liberigan mesaĝon de "Libereco, Egaleco, Frateco" (Fr: Liberté, Égalité, Fraternité) aŭ simple nur por sekvi la militajn aventurojn de Napoleono tra la kontinento. La netranspontebla malunueco inter la sennombraj mikroŝtatoj de la imperio malfermis la pordon al la ekspansia politiko de Napoleono. La Francuja superregado siavice neeviteble provokis la necedeman rezistadon de la venkitoj, kiuj tre baldaŭ disvolvis senton pri la aparteco de la propra nacio.

En ĉi tiu kunteksto, germanaj patriotoj direktis sian atenton al la germana lingvo, kiu tute ne ĝuis iun ajn institucian subtenon, sed prezentis allogan sentimentalan ligilon kun la idealigita pasinteco. Danke al la klerismaj verkaroj de Gotthold Ephraim Lessing, Goeto (Johann Wolfgang von Goethe), Ŝillero (Friedrich Schiller) kaj aliaj, la germana literaturo ekfloris, dum germanaj filozofoj vortigis gravajn ideojn en la spirito de la klerismo kaj de la romantikismo. En la dramo "Don Karlos" de Ŝillero (1787), la markizo de Poza postulas en la tria akto: "Ho, donu pensoliberecon!" (Ge: Sire, geben Sie Gedankenfreiheit!), parolante la germanan anstataŭ la multe pli prestiĝajn francan aŭ Latinon. Johann Gottfried Herder priskribis la ideon de genia kaj distinga kultura identeco de popolo, kies membroj estas kunligitaj per la komuna lingvo. Laŭ Herder (1774), la propra gepatra lingvo konstituas la esencon de la nacia identeco, kiu distingas nacion de ĉiuj aliaj:

> "La plej bela esploro de la historio kaj de la multfacetaj trajtoj de la homaj menso kaj koro do estus filozofia komparo de la lingvoj: ĉar en ĉiun lingvon estas formiĝintaj la specifa mondkompreno de popolo kaj ties karaktero [...] tiel, ke la genio de popolo estas nenie pli bone aperigita ol en la fizionomio de ties lingvo." (4)

La filozofo Johann Gottlieb Fichte ellaboris tiun pensmanieron en siaj "Alparoladoj al la germana nacio" (Ge: Reden an die deutsche Nation), kiujn li verkis en 1808 en Berlino sub franca okupacio, pledante por nacia suvereneco sur la fundamento de la "nacia edukado" (Ge: Nationalerziehung).

Sed tiu nacia spirito, kiu laŭaserte estas ankrita en la nacia lingvo, havis sendube kontraŭ-elitan kaj emancipiĝan tonon: la nacia ideo, vestita per la komuna germana lingvo, estis la glavo por kontraŭstari ne nur la francan superregadon, sed ankaŭ la regantan aristokrataron, kiu distingis sin de la ordinara popolo dum pluraj jarcentoj, parolante la francan anstataŭ la komunan germanan. Uzi lingvon kiel la precipan kriterion por identigi nacion havis multajn sekvojn por la politiko, same kiel por la lingvoscienco. Plej grave, tiu lingva difino bezonis klare markitajn limojn en spaco kaj tempo. Se nacio konsistas el parolantoj de lingvo, nepre necesas montri sen tro da arbitreco, kie unu lingvo finiĝas kaj alia komenciĝas.

La scienca ellaborado de tiuj lingvistikaj limoj konstituas la imponan vivoverkadon de la juristo kaj lingvisto Jacobo Grimm, kiu, danke al la studado de la jurisprudenco, estis plej bone preparita por la rigore scienca ellaborado de klaraj difinoj. Li fervore esploradis ne nur la historion kaj la genealogion de la germana lingvo, sed ankaŭ la multspecajn rilatojn al la parencaj ĝermanaj lingvoj kiel la nederlanda, la frisa kaj la nordĝermanaj lingvoj.

En sia "Germana gramatiko" (Ge: Deutsche Grammatik), li detale priskribas sur pli ol 4 000 paĝoj la limojn de la moderna germana, kiu (kiel li klarigis en la antaŭparolo al la dua eldono) estis malfacile apartigebla de la alt-mezepoka germana (Ge: Mittelhochdeutsch) kaj fru-mezepoka germana (Ge: Althochdeutsch), sed multe pli facile distingebla de la alt-mezepoka nederlanda (Nl: Middelnederlands) kaj de la anglosaksa (la fru-mezepoka angla). La giganta lingvoscienca verko, kiu aperis en kvar volumoj inter 1819 kaj 1837, ne nur pritraktas ĉiujn ĝermanajn lingvojn, sed ankaŭ komparas ilin kun la klasikaj hindeŭropaj lingvoj, precipe kun Latino, la helena kaj Sanskrito.

La "Germana vortaro" (Ge: Deutsches Wörterbuch), kiun Jacob ellaboris kun sia frato Wilhelm, estas same brila atingo. Ekde la publikigo de la unua volumo en 1854, ĉi tiu verko ne nur samrangigis la germanan kun la lingvoj de la grandaj vortaristoj (la franca en 1687, la hispana en 1739, la angla en 1755 kaj la rusa en 1794), sed siavice baldaŭ servis kiel modela lingvoscienca referenco por ĉiuj sekvaj generacioj.

En sia eseo pri antikvaj germanaj landlimaj monumentoj, Grimm (1843: p.31) koncize klarigas, ke "la limo estas komprenenda ne nur kiel disiga, sed ankaŭ kiel kuniga principo". Li senlace laboris por levi la prestiĝon kaj de la germana lingvo kaj de la germana kulturo. Ĉar lia aliro estis determinita de rigore scienca esploro anstataŭ de nur ideologia retoriko, liaj klopodoj estis fine kronitaj de sukceso.

Ekde sia transloĝiĝo al Berlino en 1840, li akiris la reputacion de eminenta intelektulo, kiu publike komentis multajn aferojn, kvankam li restis esence fremda al la ĉiutaga politiko. Nur koncerne la interligon inter lingvo kaj nacio, li havis precizajn ideojn. Lia hejmlando estis Hesujo en "Germanujo", kvankam neniu nacia ŝtato "Germanujo" ekzistis dum lia tuta vivo. Lia parolmaniero konservis por ĉiam fortan hesan akĉenton, sed li opiniis, ke la hesa dialekto estu, kune kun ĉiuj aliaj germanaj dialektoj, iam unuigita sub la tegmento de unu normigita nacia lingvo. Sammaniere estu, laŭ Grimm, ĉiuj germanlingvaj landoj unuigitaj sub la tegmento de unu nacia ŝtato "Germanujo".

De Majo ĝis Oktobro 1848, Grimm partoprenis kiel deputito en la Nacia Asembleo en Frankfurto sur Majno. Konforme al sia ideo pri la interligo inter nacia lingvo kaj nacia ŝtato, li voĉdonis favore al la aliĝo de la regionoj kun germanlingva loĝantaro en Ŝlesvig-Holstinio (Ge: Schleswig-Holstein), kiu estis tiutempe tute sub la regado de la Danuja reĝo, al ankoraŭ fondenda nacia ŝtato "Germanujo".

En 1991 la usona politikisto Benedict Anderson priskribis la koncepton de Grimm pri nacioj kiel "Imagataj Komunumoj" (An: Imagined Communities), nome "imagataj" sur la bazo de komuna lingvo kaj literatura kulturo. En la letero, kiun Grimm sendis en 1846 al la Danuja reĝo Kristiano la 8-a (reg. 1839-1848), li postulis la "agnoskon de la neŝanĝebla leĝo, ke ĉiuj, kiuj parolas la germanan, apartenas al la germana nacio kaj, en okazo de bezono, povas absolute fidi la potencan subtenadon fare de la tuta nacio" (5). Tiusence Grimm estis advokato de la lingva naciismo, la populara ideologio de la 19-a jarcento, kiu promesis pli da libereco al pli granda nombro da homoj ol la jam forpasinta "Sankta Roma Imperio".

Jacob Grimm eniris en la historion de la lingvistiko pro sia fama malkovro kaj sistema priskribo de la tiel nomata "unua ĝermana konsonantŝoviĝo" (dua eldono de la "Germana gramatiko" en 1822), la laŭregula transformiĝo de la hindeŭropaj konsonantoj en specifajn ĝermanajn, koncize referencata sub la nomo "Leĝo de Grimm" (Collinge 2001):

Tabelo 19: La hindeŭropaj senvoĉaj plozivoj transformiĝis en senvoĉajn frikativojn en la ĝermana lingvaro:

			Helene	Latine	Angle	Signifo
[p]	=>	[f]	ποὺς	pes	foot	piedo
[t]	=>	[θ]	τρεῖς	tres	three	tri
[k]	=>	[χ]	κύων	canis	hound	hundo

Tabelo 20: La hindeŭropaj voĉaj plozivoj transformiĝis en senvoĉajn plozivojn en la ĝermana lingvaro:

			Helene	Latine	Angle	Signifo
[b]	=>	[p]	βακτηρία	baculum	peg	bastono
[d]	=>	[t]	δέκα	decem	ten	dek
[g]	=>	[k]	γελανδρός	gelu	cold	malvarmo

Tabelo 21: La hindeŭropaj aspiraciaj voĉaj plozivoj perdis sian aspiracion en la ĝermana lingvaro:

			Helene	Latine	Angle	Signifo
[bʰ]	=>	[b]	φρατήρ	frater	brother	frato
[dʰ]	=>	[d]	θέσις	factum	deed	faro
[gʰ]	=>	[g]	χήν	[h]anser	goose	ansero

La Leĝo de Grimm klare elmontras la laŭregulan karakteron de la konsonantŝoviĝo kaj tiamaniere decidige progresigis la transformadon de la lingvistiko en ekzaktan sciencon, kiu pritraktas kvazaŭ naturajn fenomenojn. Studinte jurisprudencon kaj historion, Grimm mem tamen ne konsideris lingvojn kiel fiksajn objektojn, kiuj estas submetataj al la strikta reĝimo de la naturaj leĝoj, sed kiel ŝanĝiĝemajn produktojn de homa agado tra multaj generacioj.

La jurosciencisto Friedrich Carl von Savigny, la instruisto de la fratoj Grimm, estis la fondinto kaj eminenta pioniro de la fama "historia skolo de jurisprudenco" (Ge: Historische Rechtsschule), havante enorman influon sur la disvolvadon de la germana civila juro, kiu poste fariĝis la imitinda modelo por multaj aliaj landoj (Beiser 2011). Savigny instruis, ke la jura ordo senescepte baziĝas sur la kutimjuro, kiu siavice reflektas la "nacian spiriton" (Ge: Volksgeist). En sia traktato "Pri la tasko de nia tempo por la leĝdonado kaj la jurosciencio" (Ge: Vom Beruf unserer Zeit für Gesetzgebung und Rechtswissenschaft), li eksplikas, ke la abstrakta juro, eĉ en la formo de konkreta leĝo, "same kiel la lingvo vivas en la konscio de la nacio" (Ge: das Recht wie die Sprache im Bewußtseyn des Volkes lebt; Savigny 1814: p.9), kaj ke "la denatura interligo inter la juro kaj la spirito kaj karaktero de la nacio elmontriĝas tra la epokoj, pro tio la juro estas plej simila al lingvo"(6).

Tiu vidpunkto implicis, laŭ Savigny same kiel laŭ Grimm, ke juraj sistemoj kaj lingvoj progresas al ĉiam pli altaj niveloj konforme al la evoluo de la homaro. Sed dum Sanskrito, la plej malnova konata skriblingvo de la hindeŭropa familio, estis tute nesuperebla, la germana ankoraŭ havis siajn malfortaĵojn kaj difektojn. Grimm sekve rigardis sian propran verkaron pri lingvohistorio kaj gramatiko kiel rigore sciencan kaj adekvate priskriban laboron en la servo de la plibonigo de la germana. Kvankam tiu ideo ŝajnas kontraŭi la "Leĝon de Grimm", Jacob mem kredis, ke elstaraj individuoj ne nur povas influi la disvolviĝon de lingvo, sed ankaŭ havas la devon uzi ĉi tiun influon favore al la nacio. Lia antaŭparolo al la "Germana vortaro" ne lasas dubon pri lia tiurilata celo: la vortaro estu sanktejo de la nacia lingvo kaj trezoro de la nacio, sendepende de iaj religiaj aŭ politikaj lojalecoj:

> "Amataj germanaj sampatrujanoj, sciu, ke tute ne gravas via kredo nek via ŝtataneco! Kunvenu en la granda malfermita templo de via hereda prapatra lingvo! Lernu kaj sanktigu kaj firme tenu vian lingvon, ĉar la forto kaj la transvivo de la tuta nacio dependas de tio. La germana lingvo ankoraŭ etendiĝas transe de Rejno en Alzaco ĝis Loreno, transe de Eidero [7] en Ŝlesvigio, laŭlonge de la marbordo de la Balta Maro ĝis Rigo kaj Talino kaj transe de la Karpatoj en Transilvanio, la lando heredita de la antikvaj dakoj. Kaj ankaŭ al vi, amataj germanaj elmigrintoj, ĉi tiu libro alportos dolĉajn melankoliajn pensojn pri via hejmlingvo trans la salan maron." (8)

Lastaj vortoj

Coulmas: *Profesoro Grimm, koran dankon pro la invito, ke mi akompanu vin dum via ĉiutaga promenado en la parko "Tiergarten" por paroli pri via laboro. Mi rimarkis, ke mi interrompis vian esploradon, sur kiu vojo la franca vorto "Fruit" kaj la germana "Frucht" (frukto) devenis de la latina verbo "Frui" (ĝui). Kial studi etimologion en via aĝo anstataŭ iom ĝui la vivon?*

Grimm:	Preskaŭ ĉiuj miaj dumvivaj klopodoj estis dediĉitaj, rekte aŭ nerekte, al la esplorado de niaj pli fruaj lingvo, poezio kaj juro. Ĉi tiu esplorado eble ŝajnis al kelkaj tute senutila. Sed mi ĉiutempe rigardis ĝin kiel seriozan kaj plej noblan okupiĝon, kies rezultoj sendube nutras nian amon al nia komuna patrujo. [...] Principo, al kiu mi restis ĉiam fidela, estis, ke mi neniel subtaksu ion ajn en ĉi tiu esplorado, sed ke mi uzu la malgrandajn por pliklarigi la grandajn fenomenojn, kiel mi uzis ekzemple la popolan tradicion por pliklarigi la skribajn monumentojn (9).
Coulmas:	*Lingvoj estas komuna proprâjo de la homaro. Ĉu ili estas submetataj al la naturaj leĝoj?*
Grimm:	Ne, lingvo ne estas strikte submetata al la rigidaj kaj eternaj naturleĝoj kiel la lumo kaj la gravito, sed pli multe al la varmaj manoj de la homa libereco. [...] Lingvo aŭ ĝuas la progresigon fare de la florantaj fortoj de la popolo aŭ suferas la subpremon fare de ties barbareco. [...] Ĉio atestas, ke lingvo estas verko kaj faro de homoj (10). Nia lingvo estas nia historio, nia heredaĵo (11).
Coulmas:	*Ĉu kelkaj lingvoj estas pli grandiozaj ol aliaj?*
Grimm:	Ĉi tiu malsameco inter la lingvoj estas malfacile negebla. Rigardu nur la anglan: neniu alia el ĉiuj modernaj lingvoj akiris pli grandan forton kaj viglecon. Tio rezultis el la malfortiĝo de antikvaj fonetikaj leĝoj kaj el la redukto de preskaŭ ĉiuj fleksioj. [...] La angla lingvo estas prave nomata mondlingvo, kiu ŝajnas, same kiel la angla nacio, esti destinita por havi ĉiam pli grandan influon sur ĉiuj kontinentoj de la mondo. Neniu alia el ĉiuj vivaj lingvoj similas la anglan lingvon rilate riĉecon, raciecon kaj kompaktan konstruon, eĉ ne la germana, kiu havas multajn difektojn, same kiel la germana nacio. Por ke ĝi kapablu konkurenci kun la angla, la germana lingvo estus antaŭ ĉio liberigenda de ĉi tiuj difektoj (12) – el la perspektivo de la 19-a jarcento, kompreneble.

Coulmas: *Do vi provis plibonigi la germanan lingvon?*

Grimm: La fonto, el kiu la germana lingvo estis origine elfluinta, estis profunda kaj pura, sed la germana mem estas tre neglektita kaj malpurigita. Mia kontribuaĵo al ĝia revigligo estas nur malgranda. Pro sia nobla, preskaŭ miranda pureco kaj pro sia potenca influo, la lingvaĵo de Martin Lutero estas agnoskenda kiel la kerno kaj la fundamento de la tuta moderna normigita germana lingvo (13).

Coulmas: *Detale konceptinte la "Germanan vortaron", vi diris al via eldonisto, ke, en granda verko pri la tuta lingvo, vi ne intencas konservi kaj eternigi "la barbaran kaj hontindan literumadon", kiu estis tiutempe uzata por la germana. Antaŭ ĉio vi volis elimini la sennecesan majuskligon de ĉiuj substantivoj, kion vi mem realigis en ĉiuj viaj propraj verkoj. Sed, kiam en la 1990-aj jaroj la akra disputado pri ĉi tiu majuskligo atingis preskaŭ la dimension de religia milito, la germanaj aŭtoritatoj finfine decidis, ke ĉiuj substantivoj estu senŝanĝe skribataj majuskle. Ĉu ĉi tiu decido estis disreviĝo por vi?*

Grimm: Kun granda aflikto mi devas konfesi, ke jes. Miaj sampatrujanoj pedante realigas tiun sensencan majuskligon ĝis hodiaŭ, kvankam ekzistas eĉ ne unu logika argumento favore al la majuskloj. Neniu germanlingva teksto el tempoj antaŭ la 17-a jarcento vidigis tian majuskligon. Konsideri la historian originon de tiu pedanta literumado jam sufiĉas por kondamni ĝin. Ĉar tiu tute malutila majuskligo ekzistis, kiam regis la plej konfuzaj konceptoj pri lingvohistorio kaj gramatiko (14). Multaj lingvaj malsanoj de la nuntempa germana estus eksterneblaj, se oni revivigus la modelan usklecon de la alt-mezepoka germana (15). Sed mi lernis dum mia longa vivo, ke racio ne ĉiam triumfas. La pedanta mensostato de la germanoj kutimas rezisti per amaso da bagatelaj kialoj al ĉiu nobla novigo (16).

Coulmas: *Herzlichen Dank (17), estimata profesoro Grimm, pro ĉi tiu kompreniga promenado!*

La strato "Grimm" en Berlino (fotografajô fare de Diana Coulmas)

Notoj

(1) Ĉerpante kaj el la fabelliteraturo kaj el la loka rakonttradicio, Jacob kaj Wilhelm Grimm kolektis la famajn "Porinfanaj[n] kaj hejmaj[n] fabeloj[n]" (Ge: Kinder- und Hausmärchen) inter 1806 kaj 1812 (unua eldono en 1812).

(2) La "Rejnaj Federaciaj Ŝtatoj" (Ge: Rheinische Bundesstaaten, Fr: États confédérés du Rhin), estis fonditaj la 12-an de Julio 1806 en Parizo sub la premo de Napoleono. Per ĉi tiu fondo, la plejmulto da ŝtatoj-membroj (fakte ĉiuj Germanujaj ŝtatoj escepte de la plej potencaj ŝtatoj, nome Prusujo kaj Aŭstrujo) forlasis la Sanktan Roman Imperion, kaŭzante ties disfalon.

(3) Cifereca versio de la "Germana vortaro" de Jacob kaj Wilhelm Grimm kun detala germanlingva priskribo de ĝia historio kaj strukturo, troviĝas sur la retejo:
(www.dwb.uni-trier.de/de/das-woerterbuch/das-dwb).

(4) *"Der schönste Versuch über die Geschichte und mannigfaltige Charakteristik des menschlichen Verstandes und Herzens wäre also eine philosophische Vergleichung der Sprachen; denn in jede derselben ist der Verstand eines Volks und sein Charakter geprägt. Nicht nur die Sprachwerkzeuge ändern sich mit den Regionen, und beinah jeder Nation sind einige Buchstaben und Laute eigen, sondern die Namengebung selbst, sogar in Bezeichnung hörbarer Sachen, ja in den unmittelbaren Äußerungen des Affekts, den Interjektionen, ändert sich überall auf der Erde. Bei Dingen des Anschauens und der kalten Betrachtung wächst diese Verschiedenheit noch mehr, und bei den uneigentlichen Ausdrücken den Bildern der Rede, endlich beim Bau der Sprache, beim Verhältnis, der Ordnung, dem Consensus der Glieder zueinander ist sie beinah unermeßlich, noch immer aber also, daß sich der Genius eines Volks nirgend besser als in der Physiognomie seiner Rede offenbart."* (Herder 1774)

(5) *"Möge endlich doch als unverbrüchliches gesetz anerkannt werden, daß alle welche deutsche zunge reden auch dem deutschen volke ange-*

hören und in ihrer noth auf seine mächtige hülfe rechnen dürfen." (Grimm 1884 [1846]: pp.430-431).

(6) *"Dieser organische Zusammenhang des Rechts mit dem Wesen und Charakter des Volkes bewährt sich auch im Fortgang der Zeiten, und auch hierin ist es der Sprache zu vergleichen."* (Savigny 1814: p.11)

(7) La rivero "Eidero" (Ge: Eider, Dn: Ejderen) konstituis ĝis 1864 la ŝtatlimon inter la Germana Federacio (Ge: Deutscher Bund) kaj la Reĝlando Danujo (Dn: Kongeriget Danmark).

(8) *"Deutsche geliebte landsleute, welches reichs, welches glaubens ihr seiet, tretet ein in die euch allen aufgethane halle eurer angestammten, uralten sprache, lernet und heiligt sie und haltet an ihr, eure volkskraft und dauer hängt an ihr. Noch reicht sie über den Rhein in das Elsaß bis nach Lothringen, über die Eider tief in Schleswig-Holstein, am ostseegestade hin nach Rigan und Reval, jenseits der Karpathen in Siebenbürgens altdakisches gebiet. Auch euch, ihr ausgewanderten deutschen, über das salzige meer gelangen wird das buch und euch wehmütige, liebliche gedanken an die heimatsprache eingeben."* (Deutsches Wörterbuch, volumo 1, LXVII, Kidner et al. 2009: p.581).

(9) *"Bemerke ich, daß fast alle meine bestrebungen der erforschung unserer älteren sprache, dichtkunst und rechtsverfassung entweder unmittelbar gewidmet sind oder sich doch mittelbar darauf beziehen. Mögen diese studien überhaupt manchem unergiebig geschienen haben und noch scheinen, mir sind sie jederzeit vorgekommen als eine würdige, ernste aufgabe, die sich bestimmt und fest auf unser gemeinsames vaterland bezieht und die liebe zu ihm nährt. [...] Ein anderer grundsatz, der mir stets vorschwebte, war, in diesen untersuchungen nichts gering zu schätzen, vielmehr das kleine zur erläuterung des großen, die volkstradition zur erläuterung der geschriebenen denkmähler zu brauchen."* (Grimm 1967 [1822]: p.18).

(10) *"Nicht starr und ewig wirkendem naturgesetz, wie des lichts und der schwere, anheimgefallen waren die sprachen, sondern menschlicher freiheit in die warme hand gegeben, sowohl durch blühende kraft der völker gefördert als durch deren barbarei niedergehalten. [...] Alles verbürgt uns, daß die sprache werk und that der menschen ist."* (Grimm 1864 [1851]: p.295).

(11) *"Sie ist unsere geschichte, unsere erbschaft."* (Grimm 1864 [1851]: p.276).

(12) *"Keine unter allen neueren sprachen hat, gerade durch das aufgeben und zerrütten alter lautgesetze, durch den wegfall beinahe sämmtlicher flexionen, eine grössere kraft und stärke empfangen als die englische [...] ja, die englische sprache darf mit vollem recht eine weltsprache heissen und scheint, gleich dem englischen volke, ausersehen,*

künftig noch in höherem masse an allen enden der erde zu walten. Denn an reichthum, vernunft und gedrängter füge lässt sich keine aller noch lebenden sprachen ihr an die seite setzen, auch unsere deutsche nicht, die zerrissen ist, wie wir selbst zerrissen sind, und erst manche gebrechen von sich abschütteln müsste, ehe sie kühn mit in die laufbahn träte." (Grimm 1864 [1851]: p.294).

(13) *"Luthers sprache muss ihrer edlen, fast wunderbaren reinheit, auch ihres gewaltigen einflußes halber für kern und grundlage der neuhochdeutschen sprach-niedersetzung gehalten werden."* (Grimm 1967 [1822]: XI).

(14) *"Für [die großen Buchstaben] spricht kein einziger innerer grund, wider sie der beständige frühere gebrauch unserer sprache bis ins siebzehnte jahrhundert [...] man braucht nur dem ursprung einer so pedantischen schreibweise nachzugehen, um sie zu verurtheilen: sie kam auf, als über sprachgeschichte und grammatik gerade die verworrensten begriffe herrschten."* (Grimm 1967 [1822]: XVII-XVIII).

(15) La alt-mezepoka germana (Ge: Mittelhochdeutsch): *"Es wäre fast allen übelständen abgeholfen, wenn sich zu dem mittelhochdeutschen brauch zurückkehren ließe."* (Grimm 1884 [1849]: p.219).

(16) *"Das meiste scheiterte an dem pedantischen sinn der deutschen, die jeder edlen neuerung einen haufen kleinlicher gründe entgegen zu setzen gewohnt sind."* (Grimm 1884 [1849]: p.219).

(17) "Herzlichen Dank" (Eo: koran dankon).

XI. Eliezer Ben-Yehuda (אליעזר בן-יהודה)
[eli̱ezer ben-jehuda̱]

Eliezer Ben-Yehuda

La vivo de Eliezer Ben-Yehuda (Eliezer Perelman)

Eliezer Perelman (Лейзер Ицхок Перельман) naskiĝis la 7-an de Januaro 1858 (la 21-an de Tevet 5618 laŭ la hebrea kalendaro) en strikte ortodoksa juda familio en Luĵko (Ru: Лужки), malgranda vilaĝo en la Vilna gubernio, la kernlando de la eksa Grandprinclando Litvo, kiu tiutempe apartenis al la Rusuja Imperio (1). Liaj gepatroj, Fejge kaj Lejb Perelman, havis ok gefilojn, el kiuj Eliezer estis la unua. Lia gepatra lingvo estis la jida (judgermana).

Kiam li havis tri jarojn, li jam vizitadis la elementan religian lernejon (Hb: חדר [ĥeder]), kie knaboj lernis la hebrean kaj legis kelkajn pli facilajn alineojn el la Torao (Hb: תורה [tora]), kiel estis la kutimo de ortodoksaj judoj. Kiam li aĝis kvin jarojn, lia patro mortis, kaj li estis sendita al sia tre bonhava patrinflanka onklo, David Wolfson, kiu subtenis lin, ĝis li atingis la 13-an jaraĝon kaj festis sian bar-micvon. Tuj poste Wolfson sendis lin al la religia instruejo (Hb: ישיבה [jeŝiva]) en la urbo Polocko (Ru: Полоцк), kie

Eliezer povis daŭrigi sian religian studadon de Torao kaj Talmudo (Hb: תלמוד [talmud]).

Dum tiu tempo Eliezer unuafoje kontaktiĝis kun la movado de la juda klerismo (Hb: השכלה [haskala]), fondita de Moses Mendelssohn (2). Danke al ĉi tiu movado li sciiĝis pri la politikaj ideoj kaj sociaj disvolviĝoj en okcidenta Eŭropo, kie, sekve de la Franca Revolucio, feŭdaj sociaj strukturoj ĉiam pli cedis terenon al la modernaj naciaj ŝtatoj. Tiutempe Eliezer komencis kaŝe legi la novan sekularan literaturon en la hebrea, kion li spertis kiel intelektan revelacion, ĉar ĝis tiam la hebrea estis por li, same kiel por ĉiu alia ortodoksa judo, sole kaj ekskluzive la konsekrita lingvo de Torao kaj Talmudo. Uzi ĉi tiun sanktan lingvon por paroli aŭ skribi pri banalaĵoj de la ĉiutaga vivo estis nepenseble por ortodoksaj judoj (3).

Kiam la rabeno, kiu estris la religian instruejon, eltrovis, ke Eliezer legis hebrelingvan tradukon de "Robinsono Kruso" de Daniel Defoe (4), la knabo estis tuj elpelita el la instruejo kaj perdis ĉian subtenadon de sia onklo. Bonŝance Eliezer baldaŭ poste konatiĝis kun la klera entreprenisto Shlomo Jonas (Шломо Йонас), kiu kore akceptis la senhejman adoleskantan studenton en sian grandan familion (5). Danke al la malavara subtenado de ĉi tiu liberpensa kaj progresema patrono, Eliezer povis vizitadi la ruslingvan gimnazion en la urbo Dinaburgo (Ru: Динабург), kie li lernis Latinon, la helenan, la francan kaj la germanan lingvojn.

Aĝante 20 jarojn, Eliezer translokiĝis al Parizo por studi medicinon. Ĉi tie li konatiĝis kun liberpensantaj intelektuloj, kiuj okupiĝis pri la problemoj de la juda diasporo ene de la rapide ŝanĝiĝanta mondo: teritorioj kaj lingvoj anstataŭis ŝtatojn kaj religiojn, kiuj estis ĝis tiam konstituintaj la plej sekurajn ankrojn de la identeco kaj de la sociaj interrilatoj. En la kunteksto de la Sendependiga Milito de la grekoj kontraŭ la Otomana Imperio, ankaŭ la Habsburga Imperio venis sub premon de siaj diversaj etnoj – ĉeĥoj, poloj, kroatoj, rutenoj, rumanoj kaj aliaj – kiuj ĉiuj postulis memdeterminadon.

En la jaro 1877 la Rusuja Imperio eniris en la militon kontraŭ la Otomana Imperio por helpi la bulgarojn, kiuj strebis fine liberigi sin de la "Otomana jugo". La judoj kunhavis kiel komunajn ligilojn nur la Mosean religion, la memoron pri antikva historio kaj malnovan kultlingvon, kiu neniel taŭgis por la moderna ĉiutaga vivo. Tial, ili luktis kun pli grandaj organizaj malfacilaĵoj ol aliaj etnoj, kiam ili volis siavice efektivigi la modernajn politikajn movadojn (precipe la naciisman ideologion) favore al la propra popolo. Pro manko de propra hejmlando, la judoj ĝuis malfavoran perspektivon en sia strebado al propra nacia ŝtato.

Sur tiu fono konsiderante la kreskantan antisemitismon ne nur en la Rusuja Imperio, sed ankaŭ en la okcidenta Eŭropo, Eliezer komencis pripensi la nacian renaskiĝon de la juda popolo en propra nacia ŝtato, kiam en 1896 aperis sekvoriĉa eseo sub la programa titolo: "La juda ŝtato" (Ge: Der Judenstaat) – la literatura fundamento de la "cionismo" (6). Lia findecido dediĉi la reston de sia vivo al la cionisma ideo des pli firmiĝis, kiam li spertis en Parizo, ke la sefardaj judoj, kiuj venis el diversaj landoj kaj tial parolis malsamajn lingvojn, fojfoje uzis la hebrean kiel Lingvafrankaon (Lt: Lingua franca). Se la hebrea povas servi kiel provizora pontlingvo, Eliezer pensis, ĝi estas ankaŭ evoluigebla al la stato de plene funkcia nacia lingvo por ĉiuj sferoj de la vivo en la Promesita Lando.

Infektiĝinte je tuberkulozo, li ne plu kapablis daŭrigi siajn medicinajn studojn kaj pro tio findecidis turni ĉiujn fortojn al la revivigo de la hebrea kiel nacia lingvo de Israelo, la patrujo de la prapatroj. Li alvenis en Palestino en la jaro 1881 por pasigi la reston de sia vivo servante al la revivigo de la hebrea lingvo. Lia unua publika deklaro pri tiu ideo troviĝis en gazetartikolo, kiun li publikigis en la jaro 1897 sub la titolo "Serioza Demando" (Hb: שאלה דבכנה [ŝeela niĥbada]) en la hebrelingva Viena gazeto "La Aŭroro" (Hb: השחר [ha-ŝaĥar]) de la cionisma publicisto Peretz Smolenskin (Перец Моисеевич Смоленскин).

Okaze de ĉi tiu publikigo, Eliezer estis unuafoje uzinta la signifoplenan plumnomon "filo de Jehudo" (Hb: בן-יהודה [ben-jehuda]), kiu baldaŭ anstataŭis la ĝistiaman familinomon "Perelman". La geedzoj Ben-Yehuda ekloĝis en la sankta urbo Jerusalemo, kiu tiutempe, por la unua fojo de post la jaro 70 p.K., ekhavis judan plimulton de la pluretna kaj plurreligia loĝantaro pro la unua granda ondo de enmigrado (Hb: עלייה [alija]). La juda loĝantaro en la tiutempe Otomana "sankta provinco Jerusalemo" (Tu: Kudüs-i Şerif Mutasarrıflığı) nombris inter 24 kaj 28 da miloj (Fellman 1973: p.27).

Post la frua morto de lia edzino Devora en 1891, ŝia pli juna fratino Hemda proponis zorgi pri liaj du gefiloj kaj poste edziniĝis kun li. Por efektivigi siajn ideojn pri la revivigo de la hebrea lingvo, Eliezer radikale formetis sian gepatran jidan (judgermanan) lingvon, kiu "gustis je la malestiminda diasporo", kaj transformis sian propran familion en la ĝermon de la nov-hebrea lingvokomunumo. La filo Ben-Zion, kiu poste ŝanĝis sian nomon al Itamar Ben-Avi, estis la unua denaskulo de la hebrea de post ĉirkaŭ du mil jaroj.

Dum Hemda, lia dua edzino, (same kiel ŝia fratino Devora) estis denaske ruslingva kaj devis eklerni la hebrean tuj post ilia geedziĝo, la hebrelingva esprimkapablo de Eliezer mem restis daŭre disvolviĝanta. Li tamen sukcesis perlabori la vivtenon de la familio uzante siajn lingvosciojn kiel instruisto kaj ĵurnalisto. Lia senescepte hebrelingva familio fariĝis la temo de la urbaj klaĉoj en la tuta Jerusalemo kaj finfine eĉ entuziasmigis kreskantan nombron da imitantoj (Harshav 1993: p.107).)

En 1890 Ben-Yehuda fondis la "komitaton por la hebrea lingvo" (Hb: ועד הלשון העברית [vaad ha-laŝon ha-ivrit]), kiun anstataŭos en la jaro 1953 la Akademio por la Hebrea Lingvo (Hb: אקדמיה ללשון העברית [akademja la-laŝon ha-ivrit]). Li intencis, ke la komitato, kies unua prezidanto li estis, ebenigu la vojon al la enkonduko de la hebrea lingvo en la instrusistemon en Palestino. Tiu ŝajne donkiĥota celo neeviteble konfliktis kun la religia kredo de la ultra-ortodoksa juda komunumo en Jerusalemo, laŭ kiu la konsekrita hebrea lingvo estu nepre protektenda kontraŭ ĉia "sekulara degenerado" (7). La ĉefrabeno de Jerusalemo finfine eĉ ekskomunikis la renverseman instruitulon Ben-Yehuda.

Pro artikolo pri la historia ribelado de la Makabeoj kontraŭ la Seleŭkidoj (167-160 a.K.), iu el liaj ultra-ortodoksaj antagonistoj tute malprave kulpigis lin pri instigo al nuna ribelo kontraŭ la Otomana regado. Ben-Yehuda estis akuzita pro konspiro kaj fakte kondamnita al unujara malliberneco en 1895. Nur danke al la helpo de siaj subtenantoj li sukcesis apelacii kontraŭ la verdikto kaj liberiĝis post kelkaj monatoj.

En la sekvaj jaroj, Eliezer kaj Hemda ree kaj ree vojaĝadis tra la Eŭropaj ĉefurboj por inklinigi subtenantojn kaj kolekti rimedojn favore al sia projekto, "La vortaro de la hebrea lingvo, nova kaj malnova" (Hb: מילון הלשון העברית הישנה והחדשה [milon ha-lašon ha-ivrit ha-ješana ve-ha-ĥadaŝa], Lt: "Thesaurus Totius Hebraitatis et Veteris et Recentioris"), kies unua volumo aperis en 1910.

Dum la Unua Mondmilito li estis devigita elmigri en la Novan Mondon, kie li restadis en Nov-Jorko ĝis la fino de la milito. En 1919 li revenis en Palestinon por revivigi sian kampanjon favore al la hebrea. La ĉiurilate kaduka Otomana Imperio enabismiĝis, kaj Palestino venis sub Brituan kolonian mandaton (kvankam kontrolatan de la Ligo de Nacioj). En 1920 Ben-Yehuda sukcese apelaciis al la unua ĉefkomisaro de la Brituja kolonia reĝimo, Herbert Samuel, ke la hebrea estu enkondukita kiel la tria oficiala lingvo de Palestino – tute egalrajta al la angla kaj al la levantena variaĵo de la araba.

Multajn jarojn li senlace prilaboris kaj plivastigis sian vivoverkon, la gigantan hebrean vortaron. Kaj oni diras, ke li ĵus estis okupiĝinta pri la kapvorto "animo" (Hb: נפש [nefeŝ]), kiam lia koro ĉesis bati la 16-an de Decembro 1922 (la 26-an de Kislev 5683 laŭ la hebrea kalendaro). Lia korpo estis solene entombigita sur la juda tombejo de la Olivarba Monto (Hb: הר הזיתים [har ha-zejtim]) en Jerusalemo.

La hebrea en la malfrua 19-a jarcento

Dum preskaŭ du jarmiloj, kaj la aŝkenazaj judoj (en centra kaj orienta Eŭropo) kaj la sefardaj judoj (en Mediteraneaj landoj) uzis la hebrean sole kaj ekskluzive kiel religian kultlingvon. La hebrea estis la sankta lingvo de la Hebrea Biblio (Hb: תנ״ך [tanaĥ]), kiun la kristanoj konas sub la nomo "Malnova Testamento" kaj kiu konsistas el la triopo Torao aŭ Leĝo (Hb: תורה [tora]), Profetoj (Hb: נביאים [neviim]) kaj instruaj Skriboj (Hb: כתובים [ketuvim]), same kiel la instrulingvo de Talmudo (Hb: תלמוד [talmud]).

De post la detruo de la Dua Templo en la jaro 70 p.K., la uzo de la hebrea estis plejparte limigata al la kuntekstoj de liturgio kaj religia instruado, dum la lingvoj de la ĉirkaŭaj gentoj servis kiel parollingvoj por la ĉiutagaj agoj de la judoj. Tiu speco de "diglosio" estis simila al la dulingveco de instruitaj kristanoj, kiuj sammaniere distingis inter la loka parollingvo kaj la (ankaŭ liturgia) skriblingvo Latino en la mezepoka Eŭropo, kie "homoj preskaŭ senescepte parolis unu lingvon kaj skribis alian" (Rabin 1952: p.109). Ĉi tiu priskribo estis plej trafa por la situacio de la hebrea en la malfrua 19-a jarcento, kiel la Viena verkisto kaj pensulo Nathan Birnbaum konstatis, skribante pri "la unika paraleleco de du malsamaj lingvoj, kiuj evoluas ene de unu sama nacio" (Acher 1902: p.460) (8). La dua ("malalta") lingvo estis precipe la jida (judgermana) ĉe la aŝkenazaj judoj kaj Ladino (judhispana) ĉe la sefardaj judoj.

Konstituante la heredan konsekritan kultlingvon de la juda kulturo, la hebrea estis ne tute morta lingvo kiel ekzemple la egipta aŭ la hitita, kiuj mortis simple pro manko de vivaj parolantoj. Ene de malvastaj sociaj niĉoj ekzistis hebrelingva sekulara literaturo kaj gazetaro, je la granda ĉagreno de la ultra-ortodoksaj judoj, kiuj sentis la sanktan lingvon misuzata por ĉiutaga komerco. Tute simile al la konservativaj Atikistoj, kiuj rigardis eĉ la bizancan grekan kiel malnobligitan degeneraĵon de la helena, la ultra-ortodoksaj judoj rigardis la mezepokan kaj modernan variaĵojn de la hebrea lingvo kiel malobservon de la religia devo. La veran kaj puran hebrean prezentis, laŭ la ultra-ortodoksaj judoj, sole kaj ekskluzive la "Biblia hebrea" (Hb: עברית מקראית [ivrit mikrait]), t.e. la lingvaĵo de la Hebrea Biblio (Hb: תנ״ך [tanaĥ]). Tial, la gazetartikolo "Serioza Demando", en kiu Eliezer Ben-Yehuda estis klare konceptinta sian programon de lingvopolitika cionismo, neeviteble provokis la obstinan kontraŭstaron de la ultra-ortodoksaj judoj.

Kiom ajn la hebrea lingvo estis entute parolata, ĝi prezentis du malsamajn manierojn de prononcado: la aŝkenaza prononcado de judoj el centra kaj orienta Eŭropo unuflanke kaj la sefarda prononcado de judoj el Mediteraneaj landoj aliflanke. Ambaŭ prononcmanieroj estis forte influataj de la ĉirkaŭaj lingvoj, nome la jida (judgermana), Ladino (judhispana) kaj la levantena araba. Laŭ la israela literaturisto Benjamin Harshav (1928-2015), la aserto, ke la hebrea servis en la malfrua 19-a jarcento kiel pontlingvo inter aŝkenazoj kaj sefardoj, estas nenio alia ol nur legendo:

> "Tra la tuta historio, judoj el distancaj landoj, kondiĉe ke ili sufiĉe bone sciis la hebrean skriblingvon, povis balbute interŝanĝi kelkajn vortojn aŭ eĉ tre simplajn frazojn kaj iel-tiel kompreni unu la alian. Sed tio tute ne transformis la hebrean en la komunan lingvon de la juda socio." (Harshav 1993: pp.107-108).

Tiusence, la hebrea estis nek morta skriblingvo, nek tute viva parollingvo. Kiam Ben-Yehuda venis en Palestinon en 1881, la sukceso de lia ambicia projekto ellabori la hebrean en modernan denaskan lingvon por la (ankoraŭ naskenda) israela nacio kaj tiel kvazaŭ "re-denaskigi" la hebrean ankoraŭ longe ne estis afero decidita. Dum la sekvontaj du jardekoj, la obstina kontraŭstaro ne nur de la ultra-ortodoksaj judoj, sed ankaŭ de sekularaj cionistoj, kiuj tamen ne estis pretaj formeti la uzon de la hejma jida lingvo, certe ne prezentis la plej favorajn antaŭkondiĉojn.

La re-denaskigo de la hebrea

Ben-Yehuda estis ne la sola advokato, kiu pasie pledis por la revivigo de la hebrea kiel lingvo de nacia unueco, sed li certe estis la kapo de ĉi tiu movado. Oferante la intimecon de senpena komunikado kun la familio en la propra hejmo, li donis la modelan ekzemplon de diligenta lernanto, kiu, kvankam malperfekte kaj malflue, parolas neniun alian ol la amatan lingvon. Pro sia idealismo, kiu estis ne malofte ekspluatata, Ben-Yehuda estis senlaca ĉampiono de la lukto por la modernigo kaj la "re-denaskigo" de la hebrea.

Eĉ nur la ideo uzi la sanktan lingvon por vulgaraj sekularaj celoj estis jam sakrilegio laŭ la ultra-ortodoksa komunumo en Jerusalemo. Laŭ la piuloj, la hebrea strikte apartenis al la sfero de la sinagogo, kiel la jida aŭ Ladino al la sferoj de hejmo kaj bazaro. La tradiciistoj same malmulte deziris ŝanĝi ĉi tiun socilingvistikan dispartigon kiel la politikan ordon mem. Aliflanke, la progresemaj cionistoj, kiuj estis ensorbintaj la modernajn Eŭropajn kulturojn kune kun la kulturlingvoj (precipe la germana, la franca, la rusa kaj la angla), tute ne deziris atribui iun ajn signifoplenan rolon al la hebrea kultlingvo en la celata moderna juda ŝtato.

La germanlingva aŭstra-hungara publicisto Theodor Herzl diskutis multajn praktikajn kaj ideologiajn problemojn en sia eseo "La juda ŝtato" (Ge: Der Judenstaat, aperinta en 1896), sed li dediĉis malmultan atenton al la lingva demando. Herzl mem neniam parolis la hebrean kaj forte dubis, ke ĉi tiu antikva lingvo povos taŭgi por la terminologiaj bezonoj de scienco, teĥniko kaj ĉiuj aliaj aspektoj de la moderna vivo. Kvankam li tute konsciis la antaŭvideblajn komunikajn problemojn de tre diversdevena popolo, kiu enmigros el multaj malsamaj landoj kaj parolos malsamajn lingvojn, li estis konvinkita, ke speco de Svisuja "lingva federaciismo" estos la plej bona vojo por solvi ĉi tiujn problemojn: "Ĉiu retenu sian gepatran lingvon, kiu estas la kara hejmlando de liaj pensoj."(9)

Theodor Herzl mem tamen konsideris nur la grandajn normigitajn Eŭropajn lingvojn (antaŭ ĉio la germanan, sian gepatran lingvon) akcepteblaj, sed nepre neniel la geto-lingvaĵojn, kiujn li malestime nomis "la velkintaj kaj embarasaj ĵargonoj" (Ge: die verkümmerten und verdrückten Jargons). Li eksplicite malaprobis la jidan (judgermanan), kiun la judoj formetu kiel eble plej baldaŭ favore al la reputacio de la nova ŝtato (10).

Kontraste al Herzl, la Viena jidisto Nathan Birnbaum preferis la kontinuan uzon de ambaŭ, la hebrea kaj la jida, kvankam li metis al tiu paralela uzo la antaŭkondiĉon, ke ambaŭ lingvoj estu skribataj sole per la latina alfabeto (Acher 1902: p.463), ĉar li, same kiel multaj aliaj judaj pensuloj, opiniis la Okcidentan alfabeton multe pli moderna kaj malpli provinca ol la hebrea alfabeto, kiu "odoris je geto". Forigi ĉi tiun ŝajnan stigmaton de neprogresinteco kaj de provincismo estis por Birnbaum pli grave ol la identecodona emblema funkcio de la hebreaj literoj.

Ben-Yehuda siavice rigardis precize ĉi tiun identecodonan embleman funkcion kiel la plej gravan motivon de la reviviga movado en la spirito de la lingva naciismo, kiu tiutempe floris ĉe la Eŭropaj nacioj. Li klare vidis la interligon inter la lingva modernigo kaj la politika renaskiĝo, kial li konsekvence adoptis la lingvopolitikan koncepton pri la nacia ŝtato laŭ la fatala devizo "unu popolo, unu lingvo, unu nacio" (Fr: un peuple, une langue, une nation), kiu determinis la naciisman ideologion en la 19-a jarcento (Renan 1887).

Li multe suferis pro la dilemo, ke la plej spertaj instruituloj pri la hebrea estis ĝuste la ultra-ortodoksaj rabenoj, kiuj sentis la malplej grandan simpation por liaj politikaj kaj aperte kontraŭ-religiaj ideoj, dum la plejmulto da cionistoj apenaŭ interesiĝis pri la revivigo de la hebrea. Sed, kontraŭ ĉia probableco, lia lingvopolitika batalado estis finfine sukcesa. Dum la jardeko antaŭ la Unua Mondmilito, la moderniĝanta hebrea lingvo pli kaj pli trovis novan hejmon en multaj malgrandaj komunumoj en la kampara Palestino, sed ne en la sinagogoj. La novaj enmigrintoj, kiuj vivis en ĉi tiuj relative izolitaj komunumoj, lernis la hebrean kiel eble plej rapide, ĉar ili volis tiamaniere klare apartigi sin de sia malŝatata diaspora deveno.

Dum la politiko de la juda enmigrado (Hb: עלייה [alija]) en Palestinon estis jam sufiĉe komplika, la novaj hebrelingvaj denaskuloj (Hb: צברים [cabarim]) (11), kiuj senlace luktis pro patriotismo kaj idealismo en la laciga kulturado de la Promesita Lando (Hb: הארץ המובטחת [ha-arec ha-muvtaĥat]), fojfoje spertis certan klasbatalan endoktriniĝon en la kolektivismaj komunumoj, t.e. la kibucoj (Hb: קיבוצים [kibucim]), kontraŭ la "burĝaj intelektuloj", kiel ili nomis la eŭropigitajn judojn, kiuj ofte eltenis nur malmultajn jarojn en la malfacila ĉirkaŭaĵo de tiu neprogresinta provinco de la Otomana Imperio. La kibucanoj pli multe antaŭenigis la aferon de la hebrea ol la intelektuloj, kiel vidiĝas per letero, kiun la juna David Ben-Gurion skribis en 1906, la jaro de lia enmigrado, al sia patro en Polujo:

> "Jen la hebrea renaskiĝo! Hebreaj literoj sur ĉiu vendejo, hebrelingva babilado sur la stratoj, en la bazaroj kaj la restoracioj – la burĝonoj de la reviviĝo! Ne, pri tio ne eblas dubi, tute ne eblas malkredi [...] Jen fiera hebrea knabo rajdas memfide sur galopanta azeno, jen okjara hebrea

> *knabino kantante rajdas sur peze ŝarĝita azeno. Per ĉi tiuj vidaĵoj montriĝas la reviviĝo!" (citaĵo laŭ Harshav 1993: p.136)*

Ben-Gurion, kiu 40 jarojn poste fariĝis la unua ĉefministro de la renaskita ŝtato Israelo (reg. 1948-1963), ĉi tie esprimis lingvonacian entuziasmon, kiu esence akordas kun la ideoj de Ben-Yehuda. Sed malgraŭ tio, ke la hebrea nepre bezonis liberiĝon de la "malmodernaj kultlingvaj katenoj" (eble eĉ helpe de geknaboj, kiuj rajdas sur azenoj), la surstrata ĵargono sola certe ne sufiĉis kiel lingva substrato por adapti la hebrean al ĉiuj aspektoj de la moderna vivo. Al la hebrea ne nur mankis diversaj lingvaj variaĵoj kiel la junularslanga registro, sed la lingvo estis ankaŭ tute mankhava sur multaj kampoj, kiujn rigardis instruitaj judoj kiel la plej gravajn: la faklingvaj terminaroj de scienco kaj teĥniko, jurisprudenco kaj filozofio, politiko kaj ekonomio. La parollingva re-denaskigo "de malsupre" (nome per la rekreskado de nova generacio de denaskaj parolantoj) estis kompletigenda "de supre" (nome helpe de diligentaj verkistoj, instruistoj kaj lingvistoj). Ben-Yehuda kvazaŭ per lertaj manoj bantigis ĉi tiujn du rubandojn de la lingva disvolviĝo (de malsupre) respektive de la lingva disvolvado (de supre), kiuj estis akcelataj per sociaj fortoj transe de la lingvopolitika influsfero.

La heredaĵo de Ben-Yehuda

Malgraŭ lia giganta leksikografia verko kaj aliaj eksterordinaraj atingoj por la hebrea lingvo, Ben-Yehuda restis pasie pridisputata persono ankaŭ post sia morto: heroo kaj "patro de la moderna hebrea" por unuj, hereza perfidulo, kiu makulis la sanktan lingvon, por aliaj. Laŭ la israela lingvisto Jack Fellman (1973: p.36), Ben-Yehuda sukcesis transformi la antikvan kultlingvon en florantan, por ĉiu aspekto de la moderna vivo plene funkcian nacian lingvon. Laŭ Fellman, ĉi tiu sukceso estis atingebla nur pro tio, ke Ben-Yehuda samtempe luktis sur sep progresantaj agadkampoj, la "Sep Ŝtupoj" de Ben-Yehuda:

Tabelo 22: La "Sep Ŝtupoj" de Ben-Yehuda (Fellman 1937: ĉapitro IV)

I	La unua hebrelingva familio
II	La admono al la diasporo kaj al la loka loĝantaro
III	La fondo de hebrelingvaj asocioj
IV	La "rekta metodo" en la lernejoj ("la hebrea per la hebrea")
V	La eldonado de hebrelingvaj gazetoj
VI	"La vortaro de la hebrea lingvo, nova kaj malnova"
VII	La "komitato por la hebrea lingvo"

En 1884 Ben-Yehuda fondis la senescepte hebrelingvan gazeton "La gazelo" (Hb: הצבי [ha-cevi]), kiu estis refondota en la jaro 1908 sub la nomo "La lumo" (Hb: האור [ha-or]). La gazeto konstituis eminentan organon ne nur por ekzerci la stilistikan esprimkapablon, sed ankaŭ por prezenti ĉiujn novkreitajn terminojn. Por "La vortaro de la hebrea lingvo, nova kaj malnova" (t.e. moderna kaj antikva), kiun la publicisto Yehoshua Rawnitzki primokis kiel "fabrikon de vortoj" (Hb: בית חרושת למלים [bejt-ĥaroŝet le-milim]), Eliezer Ben-Yehuda kreis sennombrajn novajn, retrovis malnovajn, deprutis alilingvajn vortojn, precipe el la proksime parenca (laŭ Ben-Yehuda "frata") araba lingvo, kaj kreis analogiojn laŭ leksemoj de ne-semidaj Eŭropaj lingvoj (7) por produkti la urĝe bezonatan terminaron.

Al la "komitato por la hebrea lingvo" (Hb: ועד הלשון העברית [vaad ha-laŝon ha-ivrit]), fondita en 1890, estis komisiitaj tri taskoj: (a) ĉiel ebligi la ĉiutagan uzon de la hebrea lingvo; (b) propagandi la sefardan prononcadon; (c) esplori la hebrelingvan literaturon (Fellman 1973: p.82). Lia definitiva prefero por la sefarda prononcado memkompreneble renkontis la antaŭdireblan kontraŭstaron de la enmigrintaj aŝkenazoj, al kiuj li mem apartenis. Malgraŭ ke la sefarda prononcado estis finfine ĝenerale akceptita, ĉi tiu decido tamen ne estis arbitra laŭ la persona plaĉo de Ben-Yehuda.

En la jaro 1903 la "Asocio de la instruistoj pri la hebrea" per grandioza plimulto favoris la sefardan prononcadon, kiu ekde tiam prezentas la normon en ĉiuj hebreaj lingvolernejoj (Hb: אולפנים [ulpanim]). La fakto, ke ekzistis pluraj tre malsimilaj aŝkenazaj dialektoj, kvazaŭ nature decidis la demandon favore al la multe pli unueca sefarda prononcado, kvankam ĉi tiu decido aliflanke dumtempe helpis neŭtraligi la malkonkordojn inter la diversaj aŝkenazaj dialektokomunumoj.

Fine de la 19-a kaj komence de la 20-a jarcentoj, abundo da politikaj kaj sociaj faktoroj influis la ŝanĝiĝantan lingvan situacion en Palestino. Tial, la plimulto de la hodiaŭa hebrea instruitularo kontestas la heroan imagon, laŭ kiu Ben-Yehuda tute sola, sen helpo de iu alia revivigis la antikvan hebrean lingvon.

Kvankam li nepre agnoskas la valoron kaj la imponan kuraĝon de la avangarda decido eduki siajn proprajn gefilojn senescepte en la hebrea, la lingvisto Chaim Rabin rezonas, ke la re-denaskigo de la hebrea estis realigebla nur pro tio, ke la lingvo "jam antaŭ la revivigo estis plej riĉa kaj fleksebla vehiklo de pensoj" (Rabin 1952: p.117). La israela literaturisto Benjamin Harshav eĉ entute relativigas la signifon de Ben-Yehuda, kontraŭe rimarkigante pri la ĝenerala politika disvolviĝo:

> "Dum 25 jaroj, Eliezer Ben-Yehuda havis malmultajn adeptojn, dum la interna ideo, la principo por revivigi la hebrean jam ekzistis. La revolucia atmosfero, kiu estis inspirinta la judan junularon sekve de la revolucio en Rusujo en 1905, poste ekflamigis la fajron por la hebrea reviviĝo en la Promesita Lando kaj en la diasporo." (Harshav 1993: p.179)

La israela lingvisto Jack Fellman simile asertas, ke Eliezer Ben-Yehuda "havis nur tre limigitan influon dum la du kulminoj en la kroniko de la hebrea revivigo" (Fellman 1973: p.138), tamen samtempe koncedante, ke Ben-Yehuda ja estis "la pioniro por la revivigo de la hebrea lingvo en Palestino" (Fellman 1973: p.139). La brita historiisto Tudor Parfitt rezonas, ke la projekto pri la "re-denaskigo" de la hebrea ne estus sukcesinta, se multaj palestinaj judoj ne estus jam uzintaj la lingvon antaŭ la ekscitiĝo de la cionisma ideologio (Parfitt 1972).

Dum la jaroj, en kiuj Ben-Yehuda estis aktiva en Jerusalemo, la ideologiaj disvolviĝoj kaj la politikaj kondiĉoj estis kreskante avantaĝaj por la re-denaskiga movado, kiu portis la hebrean lingvon el la sinagogoj sur la stratojn, same kiel la cionismo tiris la judojn el la diasporo en Palestinon/Israelon. La re-denaskiga movado nemiskompreneble postulis, ke la hebrea denove okupu, post du jarmiloj en la diasporo, la sociolingvistike centran pozicion en la vivo de la juda nacio, anstataŭ nur la ermitan pozicion en la Sankta Skribo. Ben-Yehuda eble ne estis sistema pensulo, sed sendube sindona lingvoprojektisto kaj kreema leksikografo. Lia lingva patriotismo inspiris multajn aliajn per sia entuziasmo. Dum longa tempo li estis konsiderata kiel la plej eminenta standardisto de la movado, kiu preskaŭ unike enkorpigis la emocian ligitecon, kiun lingvoj ofte estigas en la koroj de siaj parolantoj.

Oni same ne forgesu la kuriozan fakton, ke Ben-Yehuda estis pioniro de lingvopolitika movado cele al la revivigo de lingvo, kiu tute ne estis lia gepatra. Li estis pli multe inspirata de la romantika lingvopatriotismo kaj de la naciisma ideologio de la 19-a jarcento. Sed dum la naskiĝantaj naciaj ŝtatoj en Eŭropo, kies lingvonaciismaj movadoj estis same romantike inspirataj, celis "skriblingvigi" la gepatran parollingvon, la projekto de Ben-Yehuda celis la inversan direkton: "parollingvigi" la heredan skriblingvon. Kaj tiurilate li nekontesteble sukcesis, kvankam kelkaj lingvistoj opinias, ke la moderna hebrea estu neniel konsiderenda kiel la revivigita daŭrigo de la Tanaĥa lingvo, ĉar la diferencoj inter la du variaĵoj aperas tro profundaj. La lingvo, kiun la israelanoj hodiaŭ fakte parolas en Israelo, laŭ ĉi tiuj lingvistoj, pli trafe nomiĝu "la israela" anstataŭ "la hebrea" lingvo (Zuckermann & Holzman 2014).

Lastaj vortoj

Ben-Yehuda: שלום! [ŝalom] – Pacon!
Coulmas: שלום! [ŝalom]!
Ben-Yehuda: מה שלום האדון? [ma ŝlom ha-adon] – Kiel vi fartas?
Coulmas: טוב, תודה! [tov, toda] – Bone, dankon!
Ben-Yehuda: אתה מדבר עברית? [ata medaber ivrit] – Ĉu vi parolas hebree?
Coulmas: Ne, bedaŭrinde ne.

Ben-Yehuda:	Vere bedaŭrinde. Nu, bonvolu enveni! Kiel mi povas helpi vin?
Coulmas:	*Ĉu vi konsentas respondi kelkajn demandojn pri via vivo?*
Ben-Yehuda:	Mia vivo estis la revivigo de la hebrea lingvo en la Promesita Lando. Je via servo.
Coulmas:	*Mi vidis, ke en la koro de Jerusalemo ekzistas la strato "Ben-Yehuda", kiu estas nomita honore al vi. Ĉu vi fieras pri ĉi tiu honoro?*
Ben-Yehuda:	Fiero signifas malmulte al mi. Kaj ne forgesu, ke la memortabulo sur la domo de mia familio en la strato "En-Gedi" estis ŝtelita tiel ofte, ke oni fine rezignis reinstali ĝin. Mi havis (kaj verŝajne ankoraŭ havas) tiom da malamikoj, kiom da amikoj.
Coulmas:	*Sed kial?*
Ben-Yehuda:	Lingvo kaj unuigas kaj disigas. Kaj la interligiteco inter lingvo kaj religio estas aparte tikla.
Coulmas:	*Kiu motivo instigis vin al la ideo uzi la hebrean por politikaj celoj?*
Ben-Yehuda:	Tiun motivon liveris la batalo de la bulgara popolo por la sendependeco de la Otomana jugo en 1877. Leginte pri ĉi tiu batalo en la gazetoj, estis kvazaŭ la ĉielo subite malfermiĝis, brila, blankarda lumo ekbrulis antaŭ miaj okuloj kaj potenca interna voĉo tondris en miaj oreloj: la renaskiĝo de Israelo en la lando de la prapatroj! [...] Ju pli la nacia koncepto kreskis en mia kapo kaj koro, des pli klare mi konsciis tion, kion komuna lingvo signifas por nacio! (12)
Coulmas:	*Kial la hebrea?*
Ben-Yehuda:	Kiam mi venis al Jerusalemo en 1881, la loka judaro tute ne prezentis per komuna lingvo unuigitan lingvokomunumon. Ilia lingva situacio estis fakte tiel konfuza, kiel en la legenda rakonto pri la Babela turo. Krome, multaj el ili ne estis normalaj homoj. Nur la sefarda komunumo konsistis el ordinaraj homoj, kiuj staris kun ambaŭ piedoj sur

	la tero kaj perlaboris sian vivtenon kiel metiistoj aŭ laboristoj – kontraste al la aŝkenazoj, kiuj plejparte estis studentoj de Dio kaj laboris eĉ nur de tempo al tempo (13).
Coulmas:	Kaj tio allogis vin al la sefarda prononcmaniero?
Ben-Yehuda:	Jes, la sefardoj parolas la hebrean pli flue kaj pli nature kun pli riĉaj vort-provizo kaj esprimaro. Krome, la sefarda prononcmaniero estas sendube la pli origina kaj pli aŭtentika (14). Ĉiaokaze, la sefarda akĉento estas la pli ĉarma kaj la pli taŭga (15).
Coulmas:	Theodor Herzl, kies cionismon vi ja subtenis, forte dubis, ke la hebrea povos taŭgi kiel la oficiala lingvo de la celata juda ŝtato. "Ni ja ne povas paroli la hebrean unu kun la alia", li skribis. "Ĉar kiu el ni sufiĉe regas la hebrean por eĉ nur aĉeti trajnbileton en ĉi tiu lingvo!" (9) Li preferis specon de Svisuja "lingva federaciismo".
Ben-Yehuda:	Herzl estis profunda klerulo, sed li estis blinda pri la fakto, ke lingvo ja vivas ne nur en la kapo, sed ankaŭ en la koro. Post kiam mi estis elpelita el la instruejo, mi mem estis rusa nihilisto, por kiu la individua libereco estas la plej granda feliĉo (16). Sed neniu rimedo de la nihilismo povis difekti mian amon al la hebrea lingvo (17). Kaj danke al nia decideco, ni fine lernis aĉeti trajnbiletojn en la hebrea.
Coulmas:	Kiam vi loĝis en Parizo, influaj intelektuloj rekomendis, ke judoj strebu certigi la plej grandan feliĉon de ĉiuj judoj, kie ajn en la mondo ili loĝas. Kaj ke la plej granda feliĉo troviĝu en la egalrajta membreco en la nacioj, en kiuj ili vivas (18). Ĉu ĉi tiu plej granda feliĉo ne estis same inda celo?
Ben-Yehuda:	Eble estis inda celo dum kelke da tempo post la Franca Revolucio, sed la vere kruelaj pogromoj en Rusujo en 1881 kaj la misjuĝo kontraŭ la oficiro Alfred Dreyfus en Francujo en 1894 klarigis al mi,

	ke la nacioj neniam ajn estos gastamaj al popolo, kiu mem ne estas nacio en propra ŝtato.
Coulmas:	*Sed la judaro fakte ja transvivis multajn jarcentojn, sukcese protektante sian judisman identecon, kvankam ili parolis la jidan (judgermanan), Ladinon (judhispanan), la jevanan (judgrekan) aŭ aliajn lingvojn.*
Ben-Yehuda:	Vi pravas. Sed la transplanto de ĉi tiuj lingvoj el la diasporo en la novan-malnovan patrujon estus rezultiginta nacian pereon (19). Mi sentis, ke la daŭre sukcesa ekzistado de la hebrea nacio nepre bezonos ion sense percepteblan, la grundon sub niaj piedoj, la polvan teron kaj distingan lingvon (20).
Coulmas:	*Kelkaj pridubas la revivigon de la hebrea kaj rezonas laŭvorte, ke "la tiel nomata revivigita hebrea, kiu naskiĝis fine de la 19-a kaj komence de la 20-a jarcentoj, neniel prezentas rektan daŭrigon de la antikva hebrea de Tanaĥo. Estas fakto, ke la israelanoj ne komprenas la Tanaĥan lingvon kaj ke plej multaj el ili ne estas ĝiaj parolantoj." (21). Kion vi respondas al tiaj kritikantoj?*
Ben-Yehuda:	Mi respondas: se la israelanoj ne komprenas la Tanaĥan lingvon, tio plej probable rezultas el ilia neintereso pri Tanaĥo mem. Sed malgraŭ tio ili tamen ja parolas la hebrean, ĉu ne? Ĝi konstituas ilian nacian lingvon. La antikva hebrea de Tanaĥo estis la skriblingvo de niaj prapatroj, kiam mi studadis la Sanktan Skribon, kaj la skriblingvo de niaj prapatroj ĝi estas ankoraŭ hodiaŭ.
Coulmas:	*Aliaj riproĉis vin, ke vi ĉasis proprasence nerealisman revon.*
Ben-Yehuda:	Al tiuj mi dirus: אין זו אגדה! [ejn zo agada] – Tio ne estas revo! (22)
Coulmas:	תודה רבה! [toda raba] – Koran dankon!
Ben-Yehuda:	אל לו דבר! [al lo davar] – Nedankinde! – צאתך לשלום ושובך לשלום! [cetĥa le-ŝalom ve-ŝuvĥa le-ŝalom] – Iru en paco kaj revenu en paco!

La strato "Ben-Yehuda" en Tel-Avivo
(fotografaĵo fare de Elana Shohamy, Tel-Avivo)

Notoj

(1) Luĵko (Ru: Лужки) hodiaŭ apartenas al la Ŝarkovŝĉina regiono (Ru: Шарковщинский район), Vitebska provinco (Ru: Витебская область), en norda Belorusujo.

(2) La juda klerismo (Hb: השכלה [haskala]), fondita de Moses Mendelssohn (1729-1786) en Berlino, celis la egalrajtecon de la judoj helpe de lingva asimilado, t.e. per la kiel eble plej perfekta akiro de la nacia lingvo. Tiucele Mendelssohn tradukis la hebrean Toraon en la germanan. Aliflanke li postulis la revivigon de la konsekrita hebrea por sekular-literaturaj celoj kaj nur reduktitan uzon de la jida (judgermana). La juda klerismo havis fortan influon ankaŭ sur Markon Zamenhof (vidu ĉapitron XII).

(3) Tiusence, la lingvouzo estis tabuita, ĉar nur la religia funkcio estis atribuita al la hebrea lingvo, por apliki la modernan socilingvistikan terminaron (Fishman 2000).

(4) Tiamaniere, hebrelingva traduko de "Robinsono Kruso" (1719) de la brita literatoro Daniel Defoe (ĉ.1660-1731) nerekte kontribuis al la "re-denaskigo" de la hebrea lingvo (St. John 1952: pp.22-29).

(5) Poste du filinoj de Shlomo Jonas, nome Devora (1855-1891) kaj Hemda (1873-1951), sinsekve edziniĝis kun Eliezer: Devora de 1881 ĝis sia morto pro tuberkulozo en 1891; Hemda de 1891 ĝis lia morto en 1922 (St. John 1952).

(6) "Mathias Acher" (Hb: אחר [aĥer] = la aliulo) estis unu el la pseŭdonimoj de la aŭstra publicisto Nathan Birnbaum (1864-1937), kiu kreis la terminon "cionismo" laŭ la monto Ciono en Jerusa-

lemo, sur kiu staris la kastelo de Davido. La cionismo celas la renaskiĝon de la tuta judaro kiel la hebrea nacio en la Promesita Lando (Hb: הארץ המובטחת [ha-arec ha-muvtaĥat]).

(7) Ben-Yehuda devis krei sennombrajn modernajn terminojn, kiel ekzemple la vorton "עיתון" [iton] (Eo: gazeto) de "עת" [et] (Eo: tempo), kreita laŭ la modelo de la germana "Zeitung" de "Zeit".

(8) Kvankam li ne inventis tiun terminon, la usona sociolingvisto Charles A. Ferguson (1921-1998) unuafoje difinis "diglosion" en sia vojmontra artikolo "Diglossia" (1959) kiel la kunekzistadon de du (alta kaj malalta) "variaĵoj de la sama lingvo [...] uzataj de kelkaj parolantoj sub malsamaj kondiĉoj" (An: varieties of the same language [...] used by some speakers under different conditions):

Lingvo	Alta variaĵo (H = High)	Malalta variaĵo (L = Low)
Araba	Korana	Idioma
Germana	Normigita	Svisa
Franca	Normigita	Kreola
Greka	Katharevusa	Demotika

La asertita "unika paraleleco" inter la hebrea kaj la jida (judgermana) poste estigis intensan debaton inter fakuloj, kiam en 1967 la usona sociolingvisto Joshua Aaron Fishman (1926-2015) argumentis, ke ankaŭ la kunekzistado de la hebrea kun la jida (judgermana) estu klasifikita sub la sama kategorio de diglosio (dulingveco). Vidu tiurilate ankaŭ la biografion de Fishman pri Nathan Birnbaum (Fishman 1987) kaj la originale germanlingvan prelegon de Birnbaum (1905) pri orient-Eŭropaj judoj (Fishman 2014).

(Rimarko de la tradukinto: La pli komunlingva termino "dulingveco" rilatas al samnivela uzado de du malsamaj lingvoj ["ŝtato de homoj, kiuj kapablas uzi egale du lingvojn"], dum la lingvistika faktermino "diglosio" rilatas al la malsama prestiĝo de du lingvoj aŭ du variaĵoj de unu sama lingvo ["dulingva situacio, en kiu unu el la lingvoj havas pli malaltan socian pozicion"]. Tial, la du terminoj semantike ne koincidas – krom en la nekutima uzo de la termino "diglosio" laŭ Fishman.)

(9) "Vielleicht denkt jemand, es werde eine Schwierigkeit sein, daß wir keine gemeinsame Sprache mehr haben. Wir können doch nicht Hebräisch miteinander reden. Wer von uns weiß genug Hebräisch, um in

dieser Sprache ein Bahnbillett zu verlangen? Das gibt es nicht. Dennoch ist die Sache sehr einfach. Jeder behält seine Sprache, welche die liebe Heimat seiner Gedanken ist. Für die Möglichkeit des Sprachenföderalismus ist die Schweiz ein endgültiges Beispiel. Wir werden auch drüben bleiben, was wir jetzt sind, sowie wir nie aufhören werden, unsere Vaterländer, aus denen wir verdrängt wurden, mit Wehmut zu lieben." (Herzl 1920 [1896]: pp.121).

(10) *"Die verkümmerten und verdrückten Jargons, deren wir uns jetzt bedienen, diese Ghettosprachen werden wir uns abgewöhnen. Es waren die verstohlenen Sprachen von Gefangenen. Unsere Volkslehrer werden dieser Sache ihre Aufmerksamkeit zuwenden. Die dem allgemeinen Verkehre am meisten nützende Sprache wird sich zwanglos als Hauptsprache einsetzen. Unsere Volksgemeinschaft ist ja eine eigentümliche, einzige. Wir erkennen uns eigentlich nur noch am väterlichen Glauben als zusammengehörig."* (Herzl 1920 [1896]: pp.121).

(11) צברים [cabarim] estas la hebrea termino por la fruktoj de la figokakto Opuntia ficus-indica; la termino siatempe servis kiel la karesnomo por la nova, ne-enmigrinta, sed jam en Palestino /Israelo naskita generacio, kiu montriĝis "ekstere dorna kaj interne dolĉa" – same kiel kaktofigoj.

(12) Ben-Yehuda (1993: p.26).
(13) Ben-Yehuda (1993: p.63).
(14) Ben-Yehuda (1993: pp.65-66).
(15) Ben-Yehuda en la unua konferenco de la "Asocio de la instruistoj pri la hebrea" en la jaro 1903, citaĵo laŭ Saposnik (2008: p.72).
(16) Ben-Yehuda (1993: p.67).
(17) Ben-Yehuda (1993: p.23).
(18) Ben-Yehuda (1993: p.33).
(19) Ben-Yehuda 1908, citaĵo laŭ Saposnik (2008: p.124).
(20) Ben-Yehuda (1993: p.47).
(21) *"The so-called revived Hebrew that came to life at the end of 19th and early 20th centuries cannot be perceived as a direct continuation of the language of the Bible. [...] The fact is that Israelis do not understand Biblical Hebrew, and most are certainly not its speakers."* (Zuckermann & Holzman 2014: p.68).
(22) Epigrafo sur la pordo antaŭ la tombo de Ben-Yehuda sur la Olivarba Monto: אגדה זו אין! [ejn zo agada] (Eo: tio ne estas revo) citas la devizon de la romano "La malnova nova lando" (Ge: Altneuland), kiun publikigis Theodor Herzl en 1902: "Se vi volas, tio ne estas revo" (Ge: Wenn ihr wollt, ist es kein Märchen, Hb: אם תרצו , אין זו אגדה [im tircu, ejn zo agada]).

XII. Ludoviko Lazaro Zamenhof

Portreto de Ludoviko Lazaro Zamenhof fare de Aĥileo Bentos (Achilles De Maertelaere)

La vivo de Ludoviko Lazaro Zamenhof

Lazaro Zamenhof (Лазарь Маркович Заменгоф), kiu poste en Varsovio alprenis la ne-judan nomon "Ludoviko" por vivi pli senĝene inter kristanoj (Boulton 1962 [1960]: p.12), naskiĝis la 15-an de Decembro 1859 (laŭ la Gregoria kalendaro) en Bjalistoko (Ru: Белосток, Pl: Białystok), plurlingva kaj pluretna urbo en la okcident-Rusuja gubernio Grodno (Ru: Гродненская губерния), proksime de la orienta limo de la Reĝlando Polujo (Ru: Царство Польское, Pl: Królestwo Polskie) sub la regado de la Rusuja Imperio. Pli-malpli takseble laŭ la "Unua ĝenerala censo en la Rusuja Imperio rilate la jaron 1897" (Ru: Первая всеобщая перепись населения Российской империи 1897 года), la plimulto de la urba loĝantaro en Bjalistoko estis jidlingva, sed konsiderindaj lingvokomunumoj parolis la polan, la rusan, la germanan kaj la belorusan (GPIB – ГПИБ России 2015 [1905]):

Tabelo 23: Lingvokomunumoj en la urbo Bjalistoko (1897)

Lingvo	Parolantoj	Elcentoj de entute 66 032 urbaj loĝantoj
jida (judgermana)	40 972	62,0%
pola	11 385	17,2%
rusa	6 797	10,3%
germana	3 705	5,6%
belorusa	2 447	3,7%

Estas rimarkinde, ke en la tuta Bjalistoka distrikto (Ru: Белостокский уезд) regis aliaj proporcioj inter la konsiderindaj lingvokomunumoj (GPIB - ГПИБ России 2015 [1905]):

Tabelo 24: Lingvokomunumoj en la distrikto Bjalistoko (1897)

Lingvo	Parolantoj	Elcentoj de entute 206 615 distriktaj loĝantoj
pola	70 149	34,0%
jida (judgermana)	58 565	28,3%
belorusa	53 979	26,1%
rusa	14 419	7,0%
germana	7 412	3,6%

La jida (judgermana) kaj la pola evidente servis kiel ĉiutagaj parollingvoj sur la stratoj kaj en la vendejoj de Bjalistoko. La patro de Lazaro, Mordeĥaj (מרדכי), eŭropigis sian nomon al Marko (Марк Фабианович Заменгоф), estante ateisto kaj fervora movadano de la juda klerismo (Hb: השכלה [haskala]). La Haskala celis la egalrajtecon de la judoj helpe de lingva asimilado, t.e. per la kiel eble plej perfekta akiro de la nacia lingvo. Pro tio ne estas surprize, ke la rusa estis la hejmlingvo de la familio Zamenhof. La patro krome instruis al siaj gefiloj la francan kaj la germanan.

Laŭ la volo de la patrino, Rozalia, kiu estis pia religianino, Lazaro frekventis sinagogon, kie li profunde konatiĝis kun la hebrea lingvo. Inter 1869 kaj 1873 Lazaro vizitadis la Realan

Gimnazion en Bjalistoko. En 1873, la familio translokiĝis al Varsovio, kie li lernis Latinon, la helenan, la francan kaj la germanan en la Dua Filologia Gimnazio. Laŭ sia propra atesto, Lazaro fine sciis pli-malpli bone dekduon da lingvoj (altnivele la rusan, polan kaj germanan, sufiĉe la francan, jidan, helenan kaj Latinon, rudimente ankaŭ la hebrean, aramean, anglan, italan kaj Volapukon [Holzhaus 1969]; sendube pruveblaj estas liaj diversgradaj scioj pri la rusa, pola, germana, franca, jida, helena kaj Latino).

> "Mi kun plezuro lernadis ankaŭ diversajn aliajn lingvojn, sed ili interesadis min ĉiam pli teorie ol praktike; kaj ĉar mi neniam havis la eblon ekzerciĝadi en ili, kaj ĉar mi ĉiam legadis nur per la okuloj, sed ne per la buŝo, tial mi libere parolis nur en tri lingvoj (ruse, pole kaj germane), la lingvon francan mi legas libere, sed parolas ĝin tre malmulte kaj malbone; krom tio mi en diversaj tempoj lernis iom ankoraŭ ĉirkaŭ 8 aliajn lingvojn, kiujn mi konas tamen nur tre malmulte kaj nur teorie. [...] Supre mi diris, ke vastan publikan paroladon pri mia nacieco mi trovas en la nuna tempo neoportuna, ĉar mi devas nun eviti ĉion, kio senbezone donus kaŭzon al grandaj disputoj. Sed kaŝi mian naciecon mi tute ne deziras. Kaj se Vi parolos pri mia nacieco, volu diri, ke mi nomas min ruslanda hebreo."
> (Korĵenkov 2009: pp.9-11)

Studinte medicinon en la universitatoj en Moskvo (1879-1881) kaj en Varsovio (1881-1885), Lazaro akiris la kuracistan diplomon en Februaro 1885. Kolektinte iom da ĝenerala praktika sperto, li decidis specialiĝi pri oftalmologio: li laboris dum 6 monatoj en la okulista sekcio de Varsovia malsanulejo, poste lernis kelkan tempon en la "Dua universitata kliniko de Vieno" kaj fine de la jaro 1886 komencis okulistan praktikadon en Varsovio (Korĵenkov 2009: pp.9-11). La 9-an de Aŭgusto 1887, nur du semajnojn post la publikigo de la Lingvo Internacia forme de la fama Unua Libro, li edziĝis kun sia fianĉino Klaro Zilbernik (Клара Александровна Зильберник) el Kovno, kun kiu li estis amikiĝinta jam dum siaj studentaj tagoj. Ili havis tri gefilojn: Adam, Sofia kaj Lidia. Ĉiuj tri gefiloj estis murditaj fare de la nazia reĝimo dum la Dua Mondmilito (1939-1945).

La bombatenco en Marto 1881, per kiu mortis la pli progresema caro Aleksandro la 2-a (Александр Николаевич Романов, reg. 1855-1881), baldaŭ sekvigis la unuajn pogromojn kontraŭ la juda minoritato. Tial, Zamenhof vere simpatiis kun la cionisma movado. Sed li pensis, ke la dispelitaj judoj ne povas fariĝi politika nacio, ĉar la hebrea estis morta lingvo, kaj juda ŝtato en Palestino estis nur iluzio. Li sekve konsideris internaciismon kiel multe pli bonan respondon al la juda demando (en orienta Eŭropo kaj aliloke) ol propran hebrean naciismon.

La plej grava tasko estis transponti la religiajn, lingvajn kaj kulturajn diferencojn, kiuj disigas la homaron. La juna Lazaro propraokule estis spertinta ĉi tiujn diferencojn dum sia infanaĝo en Bjalistoko, kie profundaj reciprokaj malamikeco kaj malfido inter la diversaj lingvokomunumoj abundis. La uzo de la pola lingvo en oficialaj kuntekstoj estis dumtempe eĉ malpermesita. (Boulton 1962 [1960]: p.11).

La maltrankvila plurlingva medio, en kiu li pasigis sian infanaĝon, same kiel la zorgo de lia patro pri lingvoj havis fortan influon sur la juna Lazaro, kiu revis iam fariĝi granda rusa poeto. Li frue komencis dediĉi sian vivtempon al la solvado de la interlingva problemo, kaj lia entuziasmo por lingvistikaj temoj neniam forlasis lin. Kiam Lazaro ankoraŭ vizitadis la gimnazion en Varsovio, li ellaboris sian unuan provon de artefarita lingvo. La 15-an de Decembro 1878, t.e. en sia 19-a naskiĝtago, li prezentis al siaj amikoj sian unuan planlingvan projekton sub la titolo "Lingwe uniwersala":

Lingwe Uniwersala (1878)
Malamikete de las nacjes,
Kadó, kadó, jam temp' está!
La tot' homoze in familje
Konunigare so debá.

Lingvo Internacia (1887)
Malamikeco de la nacioj,
Falu, falu, jam temp' estas!
La tuta homaro en familion
Kununuigi sin devas.

En 1885 li sentis, ke la nun multe plibonigita projekto estis preta kaj publikiginda, kaj li preparis 40-paĝan broŝuron, nome la faman ruslingvan Unuan Libron, kiun li publikigis sub la pseŭdonimo "D-ro Esperanto" la 26-an de Julio 1887 (laŭ la Gregoria kalendaro). La internacia komunumo de esperantistoj hodiaŭ festas je tiu dato la "naskiĝtagon" de sia lingvo kiel la "Esperanto-tagon". La pseŭdonimo, kiun la aŭtoro elektis por protekti sian profesian reputacion, rapide fariĝis la sinonimo de la nova lingvo mem. La pola, germana kaj franca versioj aperis poste en la sama jaro, la unua angla versio en 1888, la hebrea kaj la plibonigita angla versioj en 1889. La antaŭparolo koncize pritraktas la "tri celojn":

> *"La plej ĉefaj problemoj, kiujn estis necese solvi, estis la sekvantaj:*
>
> (I) *Ke la lingvo estu eksterordinare facila, tiel ke oni povu ellerni ĝin ludante.*
>
> (II) *Ke ĉiu, kiu ellernis tiun ĉi lingvon, povu tuj ĝin uzi por la kompreniĝado kun homoj de diversaj nacioj, tute egale ĉu tiu ĉi lingvo estos akceptita de la mondo kaj trovos multe da adeptoj aŭ ne, t.e. ke la lingvo jam de la komenco mem kaj danke al sia propra konstruo povu servi kiel efektiva rimedo por internaciaj komunikiĝoj.*
>
> (III) *Trovi rimedojn por venki la indiferentecon de la mondo kaj igi ĝin kiel eble plej baldaŭ kaj amase komenci uzadi la proponatan lingvon kiel lingvon vivan, ne kun ŝlosilo en la manoj kaj en okazoj de ekstrema bezono."* (Zamenhof 1992 [1903]: p.231)

Dum la sekvaj jardekoj, Zamenhof sekurigis la vivtenon de la familio per sia okulista praktikado, sed, subtenata de sia edzino, li senlace laboris en ĉiu libertempa minuto por la disvastigado de Esperanto. En 1889 li fondis la gazeton "La Esperantisto" (vidu Bildon 11), kiun eldonis la prezidanto de "la klubo mondlingva" en Nurenbergo, Germanujo, kie la unua Esperanto-klubo (precipe el konvertiĝintaj volapukistoj) estis deklarinta sian aliĝon al la Esperanto-movado unu jaron antaŭe. La projekto plej rapide akiris la subtenadon de multaj intelektuloj kaj en Rusujo kaj en aliaj landoj, precipe en Francujo. En Marto 1890 Zamenhof starigis la "Ligon Internacian de Esperantistoj" (la antaŭiranta organizaĵo de la Universala Esperanto-Asocio [UEA], fondita en 1908), kiu konsistis el la abonantoj de la gazeto.

Inter la subtenantoj troviĝis la rusa literaturisto Tolstojo (Лев Николаевич Толстой), kiu kontribuis artikolon al la februara numero de 1895, respondante al la disputa demando "Prudento aŭ Kredo?":

> *"Tamen la leĝo, kiun devas sekvi homo, estas tiel simpla, ke ĝi estas aligebla por ĉiu infano, tiom pli, ke homo ne bezonas mem denove eltrovi la leĝon de sia vivo. Homoj, kiuj vivis antaŭ li, eltrovis kaj esprimis ĝin, kaj la homo bezonas nur reesplori per sia prudento, akcepti aŭ ne akcepti tiujn tezojn, kiujn li trovas esprimitajn en la tradicio, t.e. ne tiel, kiel konsilas fari la homoj, kiuj deziras ne plenumi la leĝon: per la tradicio trakontroli la prudenton, sed kontraŭe: per la prudento trakontroli la tradicion. La tradicioj povas esti de homoj kaj esti malveraj, sed la prudento estas certe rekte de Dio kaj ne povas esti malvera. Kaj tial por ekkonado kaj esprimado de la vero estas bezonaj neniaj eminentaj kapabloj, sed oni devas nur kredi je tio, ke la prudento estas ne sole la plej alta dia eco de la homo, sed ankaŭ la sola rimedo por ekkonado de la vero. [...] Kaj tial mi pensas, ke la klarigado al si de ĉiu homo (kia ajn malgranda lin kalkulus li mem kaj aliaj: la malgrandaj ĝuste estas grandaj) tiun tutan religian veron, kiu estas atingebla por li, kaj ĝia esprimado per vortoj (ĉar la esprimado per vortoj estas unu senduba signo de plena klareco de penso) estas unu el la plej ĉefaj kaj sanktaj devoj de ĉiu homo."* (Tolstoj 1895: pp.28-30)

Pro tiu artikolo la cara cenzuro malpermesis la importon de la gazeto en la Rusujan Imperion, kie la organo havis la plej grandan parton (ĉirkaŭ 60 elcentojn) de siaj pli ol 700 abonantoj. La eldonistoj devis ĉesi la publikigadon de "La Esperantisto", de kiu estis aperintaj entute 66 numeroj. Sed ankoraŭ en la sama jaro, la Esperanto-gazeto "Lingvo Internacia" el Svedujo povis transpreni la rolon kiel la centra organo de la movado, aperonte en 252 kajeroj inter 1895 kaj 1914.

La Esperantisto.

Zeitschrift für die Freunde der Esperantosprache.

Herausgegeben unter der Mitwirkung des **Dr. Esperanto** (Dr. L. Samenhof) von **Chr. Schmidt**, Vorstand des Weltsprachevereins in Nürnberg.

Erscheint monatlich einmal.

Zu bestellen auf der Post und in der Buchhandlung von Heerdegen-Barbeck in Nürnberg.

Preis 1 Mark für das Vierteljahr (durch die Post 1.15 Mk.).

Anzeigen werden angenommen zu 20 Pfennig für die Petitzeile.

Gazeto por la amikoj de la lingvo Esperanto.

Sub la kunlaborado de **Dr. Esperanto** (Dr. L. Zamenhof) eldonata de **Chr. Schmidt**, prezidanto de la klubo mondlingva en Nürnberg.

Eliras unu fojon en la monato.

Oni povas aboni sur la poŝto kaj en la librejo de Heerdegen-Barbeck en Nürnberg.

Kosto 1 marko por ¼ de jaro (per la poŝto 1 marko 15 pf.).

Anoncoj estas akceptataj por 20 pfenigoj por la petitlinio.

Nr. 1.   **Nürnberg,** 1. September 1889.   **1. Jahrgang.**

Prospekt.

In kurzer Zeit hat die internationale Sprache des Dr. Esperanto in verschiedenen Ländern zahlreiche Freunde gefunden und täglich, ja stündlich wächst deren Zahl, so dass schon jetzt das Bedürfnis eines Organs, welches die Anhänger unserer Sache mit einander verbinden und die Möglichkeit bieten würde, sich gegenseitig zu besprechen und zu beraten, in hohem Grade sich fühlbar macht. Einer vielfach geäusserten Bitte entsprechend, haben wir uns entschlossen, eine Zeitschrift zu gründen, welche den Zweck verfolgen wird, für den Fortschritt und die Verbreitung dieser Sprache zu wirken.

Da unser Blatt das Centralorgan für alle unsere Freunde auf der ganzen Erde bilden soll, wird der Verfasser der Esperantosprache (Herr Dr. Samenhof) bei der Leitung dieses Unternehmens an der Spitze stehen.

Ausser dem reichen Unterhaltungsstoff zur Fortbildung wird unsere Zeitung auch stets Mitteilungen über den Gang unserer Sache, sowie Vor- und Ratschläge für alle diejenigen enthalten, welche sich in den Dienst unserer Bestrebungen gestellt haben. An uns gerichtete Fragen werden unter der Rubrik »Antworten« stets pünktliche Erledigung finden.

Alle Freunde der Esperantosprache werden gebeten, uns über den Fortschritt unserer Sache an ihrem Platze jederzeit zu unterrichten, sowie werden wir für jeden guten Rat oder Vorschlag, der zur Förderung unserer Sache abzielt, stets dankbar sein.

Unsere Zeitschrift wird nicht allein unseren Freunden sehr willkommen erscheinen, sondern auch von solchen Personen mit Freuden begrüsst werden, die sich für die Weltsprache-Idee interessieren, bis jetzt aber aus irgendwelchen Gründen unseren Bestrebungen ihre Teilnahme nicht widmeten.

Die Esperantosprache ist nicht abgeschlossen und unveränderlich. Was ihre Zukunft betrifft, so äussert sich der Verfasser darüber wie folgt: »Ich habe zwar die Grundlage zu dieser Sprache gegeben, was aber deren Weiterbildung anlangt, so liegt das Schicksal derselben in den Händen ihrer Anhänger. Es sollen von nun an ausschlaggebend sein: die Logik, das Talent und die Ansicht der Mehrzahl. Was in der Sprache beibehalten werden soll, darüber soll lediglich — ohne Rücksicht auf meine Person — die Majorität entscheiden.«

Prospectus.

La langue internationale du Dr. Esperanto a trouvé en peu de temps bien des amis dans différents pays. Le nombre de ces amis s'accroît tous les jours, même d'heure en heure. Déjà maintenant le manque d'un organe se fait sentir au plus haut degré pour rallier tous nos amis et pour leur rendre possible de se communiquer mutuellement leurs desseins et les débats. A force de prières de leur part, nous avons résolu de fonder un journal qui a pour but de propager la langue internationale du Dr. Esperanto.

Ce journal, étant en même temps l'organe central pour tous les adhérents de notre cause, qui vivent dispersés sur toute la terre, l'inventeur (l'auteur M. Dr. Samenhof) de cette langue se chargera lui-même de la direction de cette entreprise.

Outre une riche matière de conversation pour se perfectionner dans cette langue, le journal contiendra toujours des communications du progrès de notre cause ainsi que des propositions et des conseils pour tous ceux qui se sont adonnés à notre cause. Toutes les questions seront toujours exactement répondues sous la rubrique »Réponses.«

Tous les amis de la langue internationale »Esperanto« sont priés de nous communiquer toujours le progrès de notre cause dans leur endroit. Nous serons aussi toujours reconnaissants de tout bon conseil ou de toute proposition qui aboutit à la propagation de notre cause.

A l'apparition de notre journal non-seulement nos amis ressentiront la plus vive joie, mais encore tous ceux qui ne se sont pas encore intéressés à nos idées jet ne savent pas pour quelles raisons.

La langue internationale »Esperanto« n'est pas encore fixée ni invariable. L'auteur s'exprime ainsi sur l'avenir de cette langue: J'ai donné seulement les principes de cette langue, mais quant à son développement, le sort en est mis dans les mains de ses adhérents. Dorénavant le logique, le talent et les avis de la majorité seront décisifs. La majorité décidera aussi — sans égard à ma personne — tout ce qui doit être retenu dans cette langue.

La langue internationale en question a une haute signification. Pouvoir réaliser cette idée,

Prospekto.

La lingvo internacia »Esperanto« en mallonga tempo trovis multegon da amikoj en diversaj landoj. La nombro de tiuj ĉi amikoj kun ĉiu tago, kun ĉiu horo kreskas, kaj nun jam forte estas sentata la bezono de la organo, kiu interligus ĉiujn la diĵetintajn amikojn kaj donus al ili la eblon paroli kaj konsiliĝi unu kun la alia. Obeante la peton de multegaj amikoj de la lingvo Esperanto, ni decidis fondi gazeton, kiu havos la celon labori por la progresado ĝi tiu ĉi lingvo kaj por ĝia vastigado ĝin en la mondo. La ĉefan kondukadon de nia gazeto prenis sur sin la aŭtoro de la lingvo mem (Dr. L. Zamenhof), kaj tial nia gazeto estos centra organo por ĉiuj disĵetitaj amikoj de nia afero.

Ekster la riĉa materialo por legi kaj por perfektiĝi en la lingvo, la leganto trovos en nia gazeto diversajn sciigojn pri la irado de la afero, proponojn kaj konsilojn por tiuj, kiuj volas labori por nia afero, kaj eĉ la »Respondoj« al la amikoj estos donataj respondoj je la diversaj apartaj demandoj, kiuj venas de multaj personoj.

Ĉiujn amikojn de la lingvo Esperanto ni petas sendadi al ni ĉiam sciigojn pri la progresado de nia afero en tiu loko kaj ankaŭ proponojn kaj konsilojn, kiuj ĉii trovos utilaj por nia afero.

Nia gazeto havos intereson ne sole por la amikoj de la lingvo »Esperanto«; ĝi havos ankaŭ vivan intereson por ĉiuj, kiuj jus interesas je la ideo mem de la lingvo »Esperanto«. La lingvo Esperanto ne estas fermita kaj neŝanĝebla. En afero de la lingvo internacia diras la aŭtoro de tiu ĉi lingvo: »Mi ne volas esti leĝdonanto; mi donis nur la fundamenton, kaj nun nula rolo estas finita, kaj la afero de la lingvo internacia iris trovas nun en niaj manoj ne pli multe ol en la manoj de ĉiu alia amiko de tiu ĉi lingvo. Leĝdonanto la afero de la lingvo internacia de nun devas esti nur logiko, talento kaj la opinio de la plejmulto. Ĉio en la lingvo devas resti tiel, kiel decidos la plej multaj, rute egale, ĉi mi persone konsentos aŭ ne.«

La demando pri lingvo tutmonda havas grandegan sig on. Se nia sankta celo estos atingita, tiam nia centjaro brilos eterne en la historio de l. homaro. Kun la efektiviĝo de nia

La unua numero de "La Esperantisto. Gazeto por la amikoj de la lingvo Esperanto. Sub la kunlaborado de Dr. Esperanto (Dr. L. Zamenhof) eldonata de Christian Schmidt, prezidanto de la klubo mondlingva en Nürnberg" (Nurenbergo, la 1-an de Septembro 1889)

Malgraŭ diversaj malfacilaĵoj, la Esperanto-movado tamen senhalte kreskadis. Sub la fervora gvidado de Louis (Ludoviko) de Beaufront (plumnomo de Louis Chevreux), la movado gajnis grandan impeton en Francujo. En 1898 Beaufront fondis la "Societon por la disvastigo de Esperanto" (Fr: Société pour la propagation de l'Espéranto [SPPE]) kaj verkis multajn imprese sukcesajn lernolibrojn, inkluzive de la unua sistema gramatiko de Esperanto (Fr: Commentaire sur la Grammaire de la Langue Internationale Espéranto, 1900).

Sed en la jaro 1906 ekestis malkonkordoj inter Zamenhof kaj Beaufront, kiuj koncernis ne prilingvajn aspektojn, sed la ideologiajn celojn de la movado, precipe la homaranismon kaj la internan ideon (Lins 1988: p.25). Sennombraj Esperanto-kluboj kaj societoj fondiĝis tra la tuta Eŭropo. La movado baldaŭ transpasis la oceanojn, disvastiĝante en Usonon kaj multajn latin-Amerikajn landojn, same kiel en Aŭstralion kaj Nov-Zelandon. En la jaro 1906 fondiĝis la Japana Esperantista Asocio (Jp: Nippon Esperanto Kyōkai), en la jaro 1909 la Ĥina Esperanto-Asocio (Ĉn: Zhōngguó Shìjièyŭ Huì [1]) kaj en 1920 la Korea Esperanto-Asocio (Ko: 한국에스페란토협회, Han-guk Eseupelanto Hyeobhoe).

Okaze de la unua Universala Kongreso (UK) de Esperanto, 688 partoprenantoj el 20 Eŭropaj landoj kunvenis en la nordfrancan urbon Bulonjo-sur-Maro (Fr: Boulogne-sur-Mer) en la departemento Kaleza markolo (Fr: Pas-de-Calais) en la semajno inter la 7-a kaj la 12-a de Aŭgusto 1905. Kadre de la inaŭguro de la kongreso, Lazaro faris vojmontran paroladon:

> *"Kaj nun la unuan fojon la revo de miljaroj komencas realiĝi. En la malgrandan urbon de la franca marbordo kunvenis homoj el la plej diversaj landoj kaj nacioj, kaj ili renkontas sin reciproke ne mute kaj surde, sed ili komprenas unu la alian, ili parolas unu kun la alia kiel fratoj, kiel membroj de unu nacio. [...] Ni konsciu bone la tutan gravecon de la hodiaŭa tago, ĉar hodiaŭ inter la gastamaj muroj de Bulonjo-sur-Maro kunvenis ne francoj kun angloj, ne rusoj kun poloj, sed homoj kun homoj. Benata estu la tago, kaj grandaj kaj gloraj estu ĝiaj sekvoj!"* (Korĵenkov 2006)

Zamenhof dum la unua UK proponis, ke "Akademio de Esperanto" estu fondita laŭ la modelo de la Franca Akademio. Baldaŭ poste, sendependa lingva institucio estis fondita sub la titolo "lingva komitato", al kiu estis komisiita la malfacila tasko superrigardi la kreskadon kaj la plibonigon de la Lingvo Internacia. Zamenhof konsideris Esperanton kiel donacon al la tuta homaro kaj tute ne deziris kontroli ĝian disvolviĝon. Per ĉi tiu liberala sinteno li plej probable celis eviti problemojn similajn al tiuj, kiuj estis aperintaj en la Volapuko-movado pro la grandaj penadoj de Johann Martin Schleyer akiri la totalan kontrolon pri la disvolviĝo de sia kreaĵo.

Ekde 1905, Universala Kongreso de Esperanto estis preskaŭ ĉiujare aranĝita (nur kaŭze de la Mondmilitoj ne okazis la kongresoj en 1914, 1916-1919 kaj 1940-1946) fine de Julio aŭ komence de Aŭgusto. Vidante la movadon pli kaj pli grandiĝi, Zamenhof havis plenan kaŭzon por esti optimista, malgraŭ la aflikta malsukceso, kiun li devis sperti en 1907, kiam la ĝis tiam plej fidela movadano Ludoviko de Beaufront ("la dua patro de Esperanto") neatendite apostatis kaj tute senaverte prezentis sian reformitan Esperanton sub la nomo "Ido". Esperantistoj kaj idistoj ne povis transponti la diferencojn.

La zamenhofa kreaĵo transvivis la defion, ĉar "Ido" neniam vere sukcesis rivali kun la elstaraj kvalitoj de la Lingvo Internacia. Zamenhof intencis, ke Esperanto kompletigu la ekzistantajn naciajn lingvojn, anstataŭ konkurenci kun ili, servante kiel tutmonda neŭtrala lingvo, "kiu havas neniun materialan aŭ moralan mastron, sed estas plene libera kaj egalrajta apartenaĵo de ĉiuj siaj uzantoj" (Zamenhof 1929 [1911]), kiel li klarigis okaze de la "Unua universala kongreso de rasoj" (An: First Universal Races Congress) en Londono inter la 26-a kaj la 29-a de Julio 1911.

Pli tragika bato por la Esperanto-movado estis la eksplodo de la Unua Mondmilito la 28-an de Julio 1914 (Aŭstrujo deklaris militon kontraŭ Serbujo), enterigante ĉian esperon pri unuiĝinta, paca kaj frata mondo, al kiu Zamenhof dediĉis sian tutan vivoverkadon. Kiam komenciĝis la milito, Lazaro kaj Klaro estis rekte survoje al Parizo por partopreni en la 10-a Universala Kongreso de Esperanto, planita por la semajno inter la 2-a kaj la 9-a de Aŭgusto. Sed la 1-an de Aŭgusto (Germanujo deklaris militon kontraŭ Rusujo), ili estis haltigitaj kiel "malamikaj fremduloj" (ĉar ŝtatanoj de la Rusuja Imperio) en Kolonjo. La kongreso estis nuligita. La sola ebla revenvojo al Varsovio estis tra Germanujo, Danujo, Svedujo kaj Finnujo: tiu inkubsonĝa vojaĝo daŭris 14 tagojn (Boulton 1962 [1960]).

Ekde la 5-a de Aŭgusto 1915, Varsovio estis sub regado de la Germanuja armeo. Lazaro pasigis siajn lastajn jarojn en Varsovio sub okupacio, nelacigeble zorgante pri la disvastigado de la esperantismo, kvankam la poŝta cenzuro fare de la Germanuja armeo permesis nur la uzon de la franca aŭ de la germana en leteroj senditaj al la eksterlando. Mallonge antaŭ la okupacio, Zamenhof estis sukcesinta sendi signifoplenan leteron el Varsovio al Londono. La Esperanta teksto kune kun la angla traduko aperis en la numero 123 (pp.51-55) de la gazeto "La Brita Esperantisto" (An: The British Esperantist) en Marto 1915, prezentante la politikan testamenton de Zamenhof sub la titolo "Post la Granda Milito: Alvoko al la Diplomatoj de D-ro L.L. Zamenhof":

> "Resumante ĉion, kion mi diris, mi ripetas: Kiam post la fino de la milito kunvenos la diplomatoj, ili povos fari ŝanĝojn en la karto de Eŭropo; sed tio ne devas esti ilia ĉefa laboro. Ilia ĉefa laboro devas esti: starigi en la nomo kaj sub la garantio de siaj registaroj pli-malpli la sekvantajn leĝojn:
> (a) Ĉiu regno apartenas morale kaj materiale al ĉiuj siaj naturaj kaj naturigitaj loĝantoj, kian ajn lingvon, religion aŭ supozatan devenon ili havas; neniu gento en la regno devas havi pli grandajn aŭ pli malgrandajn rajtojn aŭ devojn ol la aliaj gentoj.
> (b) Ĉiu regnano havas plenan rajton uzi tiun lingvon aŭ dialekton, kiun li volas, kaj konfesi tiun religion, kiun li volas. Nur en la institucioj publikaj, kiuj ne estas destinitaj speciale por unu gento, devas esti uzata tiu lingvo, kiu per komuna interkonsento de la regnanoj estas akceptita kiel lingvo regna. En tiuj publikaj institucioj, kiuj havas karakteron speciale lokan, anstataŭ la regna lingvo povas esti uzata alia lingvo, se ne malpli ol 9/10 de la urbanoj donis por ĝi sian konsenton. Sed la lingvo regna aŭ urba

devas esti rigardata ne kiel humiliga tributo, kiun ŝuldas gentoj mastrataj al gento mastranta, sed nur kiel propravola poroportuneca cedo de la malplimulto al la pli-multo.

(c) Pro ĉiuj maljustaĵoj, farataj en ia regno, la registaro de tiu regno estas responda antaŭ Konstanta Tut-Eŭropa Tribunalo, starigita per interkonsento de ĉiuj Eŭropaj regnoj.

(d) Ĉiu regno kaj ĉiu provinco devas porti ne la nomon de ia gento, sed nur nomon neŭtrale-geografian, akceptitan per komuna interkonsento de ĉiuj regnoj.

Sinjoroj diplomatoj! Post la terura eksterma milito, kiu starigis la homaron pli malalten ol la plej sovaĝaj bestoj, Eŭropo atendas de vi pacon. Ĝi atendas ne kelktempan interpaciĝon, sed pacon konstantan, kiu sola konvenas al civilizita homa raso. Sed memoru, memoru, memoru, ke la sola rimedo, por atingi tian pacon, estas: forigi unu fojon por ĉiam la ĉefan kaŭzon de la militoj, la barbaran restaĵon el la plej antikva antaŭcivilizacia tempo, la regadon de unuj gentoj super aliaj gentoj." (Boulton 1962 [1960])

Ludoviko Lazaro Zamenhof mortis la 14-an de Aprilo 1917 (laŭ la Gregoria kalendaro), dum la Unua Mondmilito ankoraŭ furiozis en Eŭropo – la "Granda Milito", kiu finfine sigelis la sorton de la pluretnaj kaj plurlingvaj Habsburga kaj Otomana Imperioj. Kiam la korpo de "Doktoro Esperanto" estis entombigita sur la juda tombejo en la strato Okopowa en Varsovio, la solena sepulto altiris grandan amason ne nur da esperantistoj, sed ankaŭ da eksaj pacientoj.

Ideologiaj fontoj

Kiam Lazaro Zamenhof ankoraŭ vizitadis la Realan Gimnazion (inter 1869 kaj 1879), la ideo pri artefarita lingvo tute ne plu estis nova. La germana filozofo kaj matematikisto Lejbnico (Gottfried Wilhelm Leibniz) estis konceptinta sian "Universalan Lingvon" (Lt: Characteristica Universalis) kiel absolute logikan (sed tamen paroleblan) sistemon de unusencaj semantikaj simboloj cele al raciigita instrumento de filozofio (Lt: instrumentum rationis) (2).

En 1765 la franca literaturisto kaj ekonomiisto Joachim Faiguet de Villeneuve aŭtoris artikolon pri "Nova lingvo" (Fr: Langue nouvelle) por la fama "Enciklopedio aŭ racia vortaro de la sciencoj, de la artoj kaj de la metioj" (Fr: Encyclopédie ou dictionnaire raisonné des sciences, des arts et des métiers) de la enciklopediistoj sub la gvidado de Dideroto (Denis Diderot) kaj Jean le Rond d'Alembert.

Faiguet de Villeneuve reflektis la fakton, ke diversaj specoj de planlingvoj jam estis aperintaj en la historio de la homaro, kiuj estas principe ordigeblaj laŭ sistemo kun du klasoj: unuflanke la "aposterioraj planlingvoj", kiuj ĉerpas sian leksikon kaj la principojn de siaj gramatikaj strukturoj plejparte el naciaj fontlingvoj, kaj aliflanke la "aprioraj planlingvoj", kiuj estas konstruitaj sur la bazo de lingvofilozofiaj konceptoj sen rekonebla rilato al naciaj lingvoj (Large 1985: pp.51-52). La intereso de la socio pri artefaritaj lingvoj malkreskis en la daŭro de la 19-a jarcento, ĉar la lingva naciismo kaj separatismo ekfloris tra la tuta Eŭropo, kvankam Volapuko (3), kreita de la germana Rom-katolika pastro Johann Martin Schleyer kaj unue publikigita en Marto 1879, siatempe altiris grandan publikan atenton.

Tabelo 25: Planlingvaj projektoj en la 19-a jarcento

Planlingvo	Klaso	Jaro	Lingvokreisto	Profesio
Solresol	apriora	1827	J.F. Sudre (1787-1862)	muzikisto
Communications-sprache	aposteriora	1839	J. Schipfer (1761-1843)	vinberisto
Universalglot	aposteriora	1868	J. Pirro (1813-1886)	lingvisto
Volapük	aposteriora	1879	J.M. Schleyer (1831-1912)	pastro
Lingvo Internacia	aposteriora	1887	L.L. Zamenhof (1859-1917)	kuracisto

Zamenhof neniam preterlasis okazon por atentigi pri Volapuko kiel eminenta antaŭ-irinto de sia Lingvo Internacia. Li mem tiris sian inspiron el multaj fontoj inkluzive de la juda klerismo, la mememancipiĝo de la kuracisto Leon Pinsker (Лев Семёнович Пинскер), la juda aŭtonomismo de la historiisto Simon Dubnov (Семён Маркович Дубнов), la politika cionismo de la publicisto Theodor Herzl kaj de la spirita cionismo de la pensulo Aĥad Ha-Am (Ушер Исаевич Гинцберг) (4). Sed la precipan fonton de la interna ideo fakte konstituis la doktrino de la saĝa rabeno Hilelo el Babilono (5), kiu jam unu generacion antaŭ la Nazoreo klarigis la Sanktan Skribon kun mildeco kaj toleremo (Privat 2007 [1920]).

Zamenhof kun certa fiereco alkalkulis sin mem al la hebrea popolo, sed la interna ideo de la esperantismo celis la unuigon de la tuta homaro por venki la rasan, religian, politikan kaj lingvan malfeliĉojn de la disiĝo kaj tiamaniere liberigi la homaron de la malbenoj de malamo kaj milito. Li disvolvis sian individuan interpreton de la hilelisma doktrino, la liberalan kaj pacisman "homaranismon" por filozofie kompletigi la mondlingvan movadon (Privat 1922), sed rezistis al la tento altrudi pacisman instrukcion al la Esperanto-movado. "Homaranismo" devis esti neŭtrala en ĉiu pensebla rilato por esti akceptebla por la tuta mondo.

Klare konsciante la danĝerojn de ĉiuj stereotipoj kaj antaŭjuĝoj, Zamenhof eĉ detenis sin de iu kunligado kun siaj judaj simpatiantoj ene de la Esperanto-movado. Dum la preparo al la 10-a Universala Kongreso de Esperanto en Parizo en 1914, li estis invitita aliĝi al la Hebrea Esperanto-Asocio, kies fondo estis planita por ĉi tiu okazo. Li tamen malakceptis la inviton, klarigante:

> "Mi mem bedaŭrinde devas stari flanke de la afero, ĉar laŭ miaj konvinkoj, mi estas homarano, kaj mi ne povas ligi min kun la celado kaj idealoj de speciala gento aŭ religio. Mi estas profunde konvinkita, ke ĉiu nacionalismo prezentas por la homaro nur plej grandan malfeliĉon, kaj ke la celado de ĉiuj homoj devus esti: krei harmonian homaron. Estas vero, ke la nacionalismo de gentoj prematoj – kiel natura sindefenda reago – estas multe pli pardoninda, ol la nacionalismo de gentoj premantaj. Sed, se la nacionalismo de fortuloj estas nenobla, la nacionalismo de malfortuloj estas neprudenta; ambaŭ naskas kaj subtenas unu la alian, kaj prezentas eraran rondon de malfeliĉoj, el kiuj la homaro

neniam eliros, se ĉiu el ni ne oferos sian grupan memamon kaj ne penos stariĝi sur grundo tute neŭtrala. Tio estas la kaŭzo, pro kiu mi, malgraŭ la korŝirantaj suferoj de mia gento, ne volas ligi min kun hebrea nacionalismo, sed mi volas labori nur por interhoma justeco absoluta. Mi estas profunde konvinkita, ke per tio mi alportos al mia malfeliĉa gento multe pli da bono, ol per celado nacionalisma."
(Privat 2007 [1920]: pp.185-186)

Meritoj kaj limoj de Esperanto

Neŭtraleco (= lingvo nenacia), reguleco (= lingvo rapide lernebla) kaj altnivela esprimpovo (= lingvo kapabla plenumi ĉian komunikan funkcion) estis la tri ĉefaj postuloj, kiujn diskutis la propagandistoj de artefaritaj helplingvoj. La Lingvo Internacia de la D-ro Esperanto bonege kontentigis ĉiujn postulojn jam dum la vivtempo de Zamenhof. La vortprovizo estas derivita de la plej komune uzataj vortoj el ekzistantaj naciaj (precipe Eŭropaj) lingvoj: ekzemple la tagoj de la semajno el la latinidaj lingvoj laŭ la francaj vortformoj (lundo, mardo, merkredo, ĵaŭdo, vendredo kaj dimanĉo, sed sabato el la hebrea) kaj la unuoj de tempo el la ĝermanaj lingvoj laŭ la germanaj vortformoj (jaro, monato kaj tago, sed horo el Latino).

La fakto, ke la Lingvo Internacia estas pli rapide lernebla ol naciaj lingvoj, rezultas el ĝia strikte senescepta reguleco. La gramatiko estas esence priskribebla per la 16 bazaj reguloj, kiujn Zamenhof prezentis en la "Fundamento de Esperanto" (Zamenhof 2007 [1905]). Sufiĉa esprimkapablo estas akirebla ene de kelkaj semajnoj – aŭ "post ne pli ol du horoj da lernado", se la lernanto estas same talenta kiel Tolstojo (6). Ceteraj trajtoj, kiuj plifaciligas la lerneblecon, estas la fonetika ortografio kaj la leksiko sur la bazo de malgranda nombro da radikoj, el kiuj pli ampleksa vortprovizo estas logike derivebla helpe de semantike difinitaj afiksoj (prefiksoj kaj sufiksoj). Per multaj elegantaj tradukoj de beletraĵoj, Zamenhof frue pruvis la taŭgecon de la Lingvo Internacia kiel arte ellaborita nuancoplena esprimrimedo:

Tabelo 26: Beletraj esperantigoj fare de Zamenhof

La Batalo de l' Vivo	laŭ la germana "Der Kampf des Lebens" (Dickens)	1891
Hamleto	laŭ la germana "Hamlet" (Ŝekspiro)	1894
La Revizoro	el la rusa "Ревизор" (Gogolo)	1907
Georgo Dandin	el la franca "George Dandin" (Moliero)	1908
Ifigenio en Taŭrido	el la germana "Iphigenie auf Tauris" (Goeto)	1908
La Rabistoj	el la germana "Die Räuber" (Ŝillero)	1908
La Rabeno de Baĥaraĥ	el la germana "Der Rabbi von Bacherach" (Heine)	1909
La Gimnazio	el la jida (judgermana) "גימענאזיע" (Ŝalom-Alejĥem)	1909
Marta	el la pola "Marta" (Orzeszkowa)	1910
Malnova Testamento	el la hebrea	1915
Fabeloj de Andersen	laŭ la germana "Andersens Märchen"	postmorte

En la jaro 1910 aperis la Proverbaro, vera "trezorejo de ofte spritaj, ĉiam trafaj esprimoj" (Lapenna 1974), kiuj esence kontribuis al la vivigo de la artefarita lingvo (7). Zamenhof same pruvis la plenan taŭgecon de sia kreaĵo por sciencaj tekstoj, ekzemple per la Fundamentaj artikoloj "Kroniko katara konjunktivito" kaj "La sunhorloĝo en Dijon" (Zamenhof 1992 [1903]). Danke al ĉi tiuj nekontesteblaj lingvistikaj meritoj de la kreaĵo kaj al la nelacigebla komprenemo kaj pacienco, kun kiuj la kreinto gvidis la movadon almenaŭ dum ĝia infanaĝo, Esperanto prosperis kaj fariĝis la plej sukcesa artefarita lingvo iam ajn en la homara historio, antaŭe aŭ poste, kreita.

Aliflanke, ankaŭ kelkaj limoj estas menciendaj. Esperanto estas neŭtrala en la senco, ke ĝi ne estas nacia lingvo, sed ĝi tamen prezentas nenegeble eŭropdevenan lingvon. Ĝia kreinto estis pligloto, kies lingvistikaj konceptoj estis plejparte determinitaj de hindeŭropaj lingvoj (ekster la hebrea). La latindevena leksiko estas tiel evidente dominanta, ke denaskaj parolantoj de latinidaj lingvoj havas certan avantaĝon super ĉiuj alilingvaj lernantoj. Multaj denaskaj parolantoj de ne-Eŭropaj lingvoj, precipe en Ĉinujo, Japanujo kaj Koreujo, tamen bone akceptas la neŭtralecon de la Lingvo Internacia, aparte aprezante ĝian propedeŭtikajn kvalitojn (precipe ĝian senduban funkcion plifaciligi la lernadon de naciaj Eŭropaj lingvoj).

La plej granda obstaklo, kiu malhelpis la avancadon de la Lingvo Internacia al la celata statuso de tutmonda helplingvo, havis ne lingvan, sed sociekonomian kaj politikan naturon. Neŭtraleco neniel allogis ĉiujn: unuflanke, la lingva heredaĵo de la kolonia ekspansio de la Eŭropaj imperiismaj potencoj estis tro ĝenerale akceptita (ekde la malkovro de Ameriko), aliflanke la lingvaj naciismo kaj separatismo estis tro profunde enradikiĝintaj (ekde la Franca Revolucio).

Nur idealismaj entuziasmuloj estis pretaj dediĉi sin al la lernado de lingvo sen tuja evidenta avantaĝo, kvazaŭ investante sian tempon kaj energion en tre malcertan estontecon. La fama Unua Libro, kiun aperigis pseŭdonima "D-ro Esperanto" la 26-an de Julio 1887 en Varsovio sub la titolo "Internacia lingvo: Antaŭparolo kaj plena lernolibro" (Ru: Международный язык: Предисловие и полный учебник), enhavis ruslingvan antaŭparolon kun ses mallongaj specimenoj de la nova lingvo, plenan lernolibron kaj malgrandan Internacian-rusan vortaron kaj "la promeso[n]", kiu laŭvorte tekstis:

> "Mi, subskribita, promesas ellerni la proponitan de D-ro Esperanto Lingvon Inter-nacian, se estos montrita, ke dek milionoj personoj donis publike tian saman promeson."

Estas nekonate, kiom da homoj devontigis sin per tiu promeso, sed neniu subskribinto iam ajn venis en la embarason rompi ĝin. La planlingvo Esperanto estas (ekde 1887) la viva pruvo, ke racia lingvoplanado estas ne nur ebla, sed ankaŭ daŭre sukcesa. Post multaj jaroj de diligenta projektado, la Lingvo Internacia estis fine vivigita de unu sola viro, kiu sukcesis inspiri kreskantan komunumon de entuziasmuloj, kiuj ne nur ekkonis ĝian idealan valoron, sed ankaŭ volonte propagandis ĝin. Estante amata de unuj (Schulz 1989 [1976]) kaj disdegnata de aliaj, Esperanto paŝon post paŝo kurioze akiris kelkajn trajtojn de naciaj lingvoj (ekzemple diversajn gramatikajn konvenciojn aldone al la 16 fundamentaj reguloj), kio eventuale povus subfosi la originan celon, por kiu la "Doktoro Esperanto" estis kreinta la Lingvon Internacian: la tutmonda disvastiĝo de neŭtrala lingvo.

Lastaj vortoj

Coulmas: *Bonan matenon, estimata doktoro Zamenhof! Kia plezuro renkonti vin!*

Zamenhof: Saluton kaj bonvenon!

Coulmas: *Ĉar vi perfekte regas la germanan, mian gepatran lingvon, mi ĝenas min montri mian nur elementan posedon de la Lingvo Internacia ...*

Zamenhof: Sed kial do? Ni ĉiuj estas lernantoj en la juna lando Esperantujo!

Coulmas: *Vi kun plezuro lernadis dekduon da lingvoj. Multajn el ili vi parolas flue. Kial ni bezonas aldonan lingvon?*

Zamenhof: Ni urĝe bezonas neŭtralan lingvon, kaj pro evidentaj kaŭzoj neniu nacia lingvo povas esti neŭtrala.

Coulmas: *Kio do estas la vera kaŭzo de la intergenta diseco kaj malamo?*

Zamenhof: Malgraŭ ĉiaj kvazaŭsciencaj teorioj pri rasaj apartaĵoj, klimatoj, hereda sango ktp., la veraj muroj inter la gentoj, la vera kaŭzo de ĉia intergenta malamo estas nur la malsameco de la lingvoj kaj religioj (8).

Coulmas: *Tio sonas kiel la usona politiksciencisto Samuel P. Huntington, kiu diris, ke "la grandaj disigoj inter la homoj, same kiel la plej gravaj fontoj de konflikto estas kulturaj [...] ĉar civilizoj diferenciĝas unu de la alia per historio, lingvo, kulturo, tradicio kaj, antaŭ ĉio alia, la religio" (9).*

Zamenhof: Mi konas lin, Huntington. Li estus povinta ellasi la demandosignon en la titolo de sia influa artikolo "La kolizio de civilizacioj?" (9), se li nur estus leginta miajn verkojn. Kiam mi ĵus renkontis lin en Edeno, mi proponis instrui al li la Lingvon Internacian, sed li tre ĝentile rifuzis kaj eksplikis, ke denaska parolanto de la angla, precipe en akademiaj rondoj, tute ne bezonas ĝin.

Coulmas: *Sed ĉu vi konsentas kun li pri "la kolizio de civilizacioj"?*

Zamenhof: En kelkaj punktoj, jes, sed lia ĉefa argumentado celas pravigi tutmondan superregadon fare de Usono, kion mi tute ne povas akcepti. Kaj mi ne pensas, ke li konsentus kun mi, ke la intergenta diseco kaj malamo plene malaperos el la mondo nur tiam, kiam la tuta homaro havos unu lingvon kaj unu religion (10).

Coulmas: *Ĉu ĉi tiu unu lingvo estu Esperanto? Ĉu vi sugestas, ke la Lingvo Inter-nacia anstataŭu la naciajn lingvojn?*

Zamenhof: Ho ne, sed estas necese, ke la homaro aranĝu sian vivon tiamaniere, ke, konservante sian gentan lingvon kaj gentan religion en la interna vivo de sia lingva aŭ religia grupo, la homoj por ĉiuj rilatoj intergentaj uzu lingvon neŭtrale homan kaj vivu laŭ etiko, moroj kaj vivaranĝoj neŭtrale homaj (11).

Coulmas: *Multaj kredas, ke komuna nacia lingvo plifortigas naciajn sentojn, kiuj, kunigante samlingvanojn, kapabligis samnacianojn decidi pri la propra destino kaj forskui la katenojn de subpremo kaj aŭtokrata regado.*

Zamenhof: Mi estas profunde konvinkita, ke ĉiu naciismo prezentas por la homaro nur plej grandan malfeliĉon, kaj ke la celado de ĉiuj homoj devus esti: krei harmonian homaron. Estas vero, ke la naciismo de gentoj prematajn (kiel natura sindefenda reago) estas multe pli pardoninda ol la naciismo de gentoj premantaj. Sed, se la naciismo de fortuloj estas nenobla, la naciismo de malfortuloj estas neprudenta. Ambaŭ naskas kaj subtenas unu la alian (12).

Coulmas: *Ĉu la disvastiĝo de Esperanto malpliigos la tendencon al milito?*

Zamenhof: Ni ne estas tiel naivaj, kiel pensas pri ni kelkaj personoj. Ni ne kredas, ke neŭtrala fundamento faros el la homoj anĝelojn. Ni scias tre bone, ke la homoj malbonaj ankaŭ poste restos malbonaj. Sed ni kredas, ke komunikiĝado kaj konatiĝado sur neŭtrala fundamento forigos almenaŭ la grandan amason de tiuj bestaĵoj kaj krimoj, kiuj estas kaŭzataj ne de malbona volo, sed simple de sinnekonado kaj de devigata sinaltrudado (13).

Coulmas: *La mondo bedaŭrinde aspektas hodiaŭ ne pli paca ol cent jarojn antaŭe. Kion atingis Esperanto? Ĉu Esperanto estas eluzinta sian vivoforton?*

Zamenhof: Bonvolu havi iom pli da pacienco! Nia movado progresas. La Universala Esperanto-Asocio (UEA) havas entute 70 aliĝintajn landajn asociojn sur ĉiuj kontinentoj kaj individuajn membrojn en 120 landoj (14). Sed eble Esperanto hodiaŭ ĉiam pli kaj pli floras ekster la kadro de la tradiciaj organizitaj strukturoj ...

Coulmas: *Vi parolas pri la interreto.*

Zamenhof: Jes, almenaŭ laŭ mia komprenaĵo pri tiu kreskanta komunika monstraĵo. Ĉiaokaze, la vortprovizo de la Lingvo Internacia nature kreskas kune kun nia literaturo, ĉu la originala aŭ la tradukita. Ekzemple, la Plena Ilustrita Vortaro de Esperanto (15) ebligas al ĉiu parolanto tre nuancoplenan esprimkapablon per siaj nun preskaŭ 17 miloj da kapvortoj kaj ĉirkaŭ 47 miloj da leksikaj unuoj – kompare kun nur ĉirkaŭ 9 miloj da kapvortoj dum mia vivtempo. Kaj la Esperanto-versio de la interreta enciklopedio Vikipedio enhavas rondcifere 300 milojn da artikoloj (16). Apenaŭ la simptomoj de baldaŭa morto, ĉu?

Coulmas: *La 10-a Universala Kongreso de Esperanto en Parizo estis jam planita por la semajno inter la 2-a kaj la 9-a de Aŭgusto 1914, sed estis nuligita pro la eksplodo de la Unua Mondmilito la 28-an de Julio 1914. Vi mem estis haltigita en Kolonjo kaj reatingis Varsovion nur tra Svedujo kaj Finnujo. Kion vi fakte planis diri al la partoprenantoj de la 10-a UK, kaj ĉu via mesaĝo estus la sama ankoraŭ hodiaŭ?*

Zamenhof: Mi devus adapti la mesaĝon al la aktualaj cirkonstancoj, sed mi senŝanĝe dirus: "Rompu, rompu la murojn inter la popoloj!" (17) Kaj senŝanĝe validas la deklaro: "La esperantismo estas la penado disvastigi en la tuta mondo la uzadon de lingvo neŭtrale homa, kiu, ne entrudante sin en la internan vivon de la popoloj kaj neniom celante elpuŝi la ekzistantajn lingvojn naciajn, donus al la homoj de malsamaj nacioj la decidigan eblon kompreniĝadi inter si." (18)

Coulmas: *Per diversaj tradukoj vi sukcese demonstris, ke Esperanto taŭgas por la esprimo de kompleksaj ideoj en ĉiu ajn literatura ĝenro. Sed ŝajnas al mi, ke la Lingvo Internacia diferencas de la naciaj lingvoj antaŭ ĉio per la foresto de ĉiu sentimentala ŝarĝo. Ĉu la progresigo de Esperanto baziĝu prefere sur la praktika uzado ol sur iu ajn filozofia impeto?*

Zamenhof: Ho, ne, neniam! Se nin, la unuajn batalantojn por Esperanto, oni devigos, ke ni evitu en nia agado ĉion idean, ni indigne disŝiros kaj bruligos ĉion, kion ni skribis por Esperanto, ni neniigos kun doloro la laborojn kaj oferojn de nia tuta vivo, ni forĵetos malproksimen la verdan stelon, kiu sidas sur nia brusto, kaj ni ekkrios kun abomeno: "Kun tia Esperanto, kiu devas servi ekskluzive nur al celoj de komerco kaj praktika utileco, ni volas havi nenion komunan!" La esperantistoj ŝatas Esperanton ne tial, ke ĝi alproksimigas reciproke la korpojn de la homoj, eĉ ne tial, ke ĝi alproksimigas la cerbojn de la homoj, sed nur tial, ke ĝi alproksimigas iliajn korojn (19).

Coulmas: *Mi ekvidas, ke mi eraris pri la emociaj implikaĵoj de la esperantismo. Ĉu ne tiel emocia engaĝiĝo alportas ankaŭ riskon? Ĉu ne estas kontraŭdire, ke la esperantismo alkroĉas sian plej noblan internan ideon al praktika rimedo de komunikado?*

Zamenhof: Nu, parolante pri riskoj ... kiam mi estis ankoraŭ infano, mi, en la urbo Bjelostoko, rigardadis kun doloro la reciprokan fremdecon, kiu dividas inter si la naturajn filojn de sama lando kaj sama urbo. Kaj mi revis tiam, ke pasos certa nombro da jaroj, kaj ĉio

	ŝanĝiĝos kaj boniĝos. Kaj pasis efektive certa nombro da jaroj, kaj anstataŭ miaj belaj sonĝoj mi ekvidis teruran efektivaĵon. [...] Mi ne volas rakonti al vi la terurajn detalojn de la bestega Bjelostoka buĉado. Al vi kiel al esperantistoj mi volas diri nur, ke terure altaj kaj dikaj estas ankoraŭ la interpopolaj muroj, kontraŭ kiuj ni batalas (20).
Coulmas:	Mi komprenas ...
Zamenhof:	Sed ni ne dronu en tristeco! Kaj ni neniam malesperu! Iun tagon [...] sur neŭtrala lingva fundamento, komprenante unu la alian, la popoloj faros en konsento unu grandan rondon familian! (21)
Coulmas:	Koran dankon, doktoro Zamenhof, pro la lumiga interparolo!
Zamenhof:	Fartu bone!

La strato "Zamenhof" en Vieno
(fotografaĵo fare de Florian Coulmas)

Notoj

(1) 世界语 (Shìjièyǔ) estas la ĉina traduko de "Lingvo Internacia" (世界 [shìjiè] = mondo kaj 语 [yǔ] = lingvo). 世界语 (Shìjièyǔ) servas kiel ekzakta sinonimo de "Esperanto" en ĉinlingvaj tekstoj.

(2) Vidu ankaŭ la artikolon "Al la historio de la provoj de lingvoj tutmondaj de Leibniz ĝis la nuna tempo", publika parolado, havita en la Nurnberga klubo de instruistoj la 11-an de Novembro 1884 de L. Einstein (El la "Bayerische Lehrerzeitung" No. 11 kaj 12, 1885) en: Artikoloj pri Esperanto, Fundamenta Krestomatio (Zamenhof L.L. 1992 [1903]).

(3) "Volapük" estas kunmetaĵo de la genitivo de "vol" = mondo (de An: world) kaj "pük" = lingvo (de An: speak). "Volapük" do laŭvorte signifas "la lingvon de la mondo".

(4) *"Liaj verkoj, precipe la plej fruaj, estis influitaj de la ideoj de la estingiĝanta Haskala, la asimilismo, la mememancipiĝo de Pinsker, la aŭtonomismo de Dubnov, la politika cionismo de Herzl, kaj precipe de la spirita cionismo de Aĥad Ha-Am. La ideoj de Zamenhof estas diversgrade parencaj kun la ideoj de la franca revolucio, usona mikspoto, rusa kosmismo, kosmopolitismo, kristana ekumenismo, framasonismo, bahaismo ... Oni rimarkas la influon de la rusa filozofo kaj poeto Vladimir Solovjov, de la Germania juda filozofo Hermann Cohen, de la franca filozofo Auguste Comte ..."* (Korĵenkov 2010: p.60).

(5) Al la rabeno Hilelo el Babilono (ĉ.60 a.K.-10 p.K.) estas atribuita la formulo de la "ora regulo": "Kion vi malamas, tion ne faru al via proksimulo – jen la esenco de la tuta Torao, kaj la cetero estas nur komentario." (Am: וז היא כל התורה כולה, ואידך פירושה הוא – דעלך סני לחברך לא תעביד) (Babylonian Talmud [sen jaro], Shabbat 31 a).

(6) *"Одно, что я знаю, это то, что воляпюк показался мне очень сложным, эсперанто же, напротив, очень легким, каким он должен показаться всякому европейскому человеку. [...] Легкость обучения его такова, что, получив лет шесть тому назад эсперантскую грамматику, словарь и, статьи, написанные на этом языке, я после не более двух часов занятий был в состоянии, если не писать, то свободно читать на этом языке."* (Eo: Unu afero, kiun mi scias, estas, ke Volapuko aperis al mi tre malfacila, dum Esperanto, kontraŭe, estas plej facila, kiel ĝi devas aperi al ĉiu eŭropano. [...] La Lingvo Internacia estas tiel facile lernebla, ke, antaŭ ses jaroj ricevinte gramatikon, vortaron kaj aldone kelkajn artikolojn en ĉi tiu lingvo, mi kapablis post ne pli ol du horoj da lernado, se ne verki, do almenaŭ bone kompreni

tekstojn en ĉi tiu lingvo.) El letero al la esperantistoj en Voronejo (Воронежским эсперантистам), la 27-an de Aprilo 1894 (Tolstoj 1894).

(7) *"En 1910 aperis la romano Marta de Eliza Orzeszko. Samjare venis ankaŭ la Proverbaro (reeldonita en 1961 kun filologia aranĝo de Rogister kaj Waringhien), vera trezorejo de ofte spritaj, ĉiam trafaj esprimoj."* (Lapenna 1974).
(Rimarko de la tradukinto: Multaj el la zamenhofaj proverboj aperas surprize plej modernaj, ekzemple poverbo n-ro 671: "Groŝon ŝtelis – ho ŝtelisto! Milojn ŝtelis – financisto").

(8) *"Kio do estas la vera kaŭzo de la intergenta diseco kaj malamo? El ĉio, kion mi supre montris, oni povas jam vidi, ke, malgraŭ ĉiaj kvazaŭsciencaj teorioj pri rasaj apartaĵoj, klimatoj, hereda sango k.t.p., la veraj muroj inter la gentoj, la vera kaŭzo de ĉia intergenta malamo estas nur la malsameco de la lingvoj kaj religioj"* (Zamenhof 1929 [1911]: p.429).

(9) La usona politiksciencisto Samuel P. Huntington (1927-2008) en sia fama artikolo "The clash of civilizations?" (Eo: La kolizio de civilizacioj?) en la influa geopolitika fakrevuo "Foreign Affairs" (Eo: Eksterlandaj Aferoj): *"It is my hypothesis that the fundamental source of conflict in this new world will not be primarily ideological or primarily economic. The great divisions among humankind and the dominating source of conflict will be cultural. Nation states will remain the most powerful actors in world affairs, but the principal conflicts of global politics will occur between nations and groups of different civilizations. The clash of civilizations will be the battle lines of the future. [...] Why will this be the case? First, differences among civilizations are not only real – they are basic. [...] Civilizations are differentiated from each other by history, language, culture, tradition and, most important, religion."* (Huntington 1993: pp.22 & 25).

(10) *"Ĉio supre dirita alkondukas nin al la sekvanta konkludo principa: La intergenta diseco kaj malamo plene malaperos en la homaro nur tiam, kiam la tuta homaro havos unu lingvon kaj unu religion; ĉar tiam la tuta homaro en efektiveco prezentos nur unu genton."* (Zamenhof 1929 [1911]: p.430).

(11) *"Tute same, kiel por interna paco en ia lando ne estas necese, ke la familioj kun siaj familiaj moroj kaj tradicioj malaperu, sed estas nur necese, ke ili ne bezonu altrudi siajn familiajn apartaĵojn al aliaj familioj kaj ke por ĉiuj eksterfamiliaj aferoj ekzistu leĝoj kaj moroj neŭtralelandaj, tiel same por la paco de la homaro ne estas necese, ke la gentoj nepre malaperu, sed estas nur necese, ke ili trovu tian "modus vivendi" [maniero de vivado], kiu permesus al ili forigi siajn eksterajn pikilojn kaj ne altrudi al si reciproke siajn gentajn apartaĵojn.*

Estas necese, ke la homaro aranĝu sian vivon tiamaniere, ke, konservante sian gentan lingvon kaj gentan religion en la interna vivo de sia lingva aŭ religia grupo, la homoj por ĉiuj rilatoj intergentaj uzu lingvon neŭtrale homan kaj vivu laŭ etiko, moroj kaj vivarangôj neŭtrale homaj." (Zamenhof 1929 [1911]: pp.430-431).

(12) *"Mi estas profunde konvinkita, ke ĉiu nacionalismo prezentas por la homaro nur plej grandan malfeliĉon, kaj ke la celado de ĉiuj homoj devus esti: krei harmonian homaron. Estas vero, ke la nacionalismo de gentoj prematoj – kiel natura sindefenda reago – estas multe pli pardoninda, ol la nacionalismo de gentoj premantaj. Sed, se la nacionalismo de fortuloj estas nenobla, la nacionalismo de malfortuloj estas neprudenta; ambaŭ naskas kaj subtenas unu la alian, kaj prezentas eraran rondon de malfeliĉoj, el kiuj la homaro neniam eliros, se ĉiu el ni ne oferos sian grupan memamon kaj ne penos starigi sur grundo tute neŭtrala."* (Zamenhof: "Mi estas Homo", citajô laŭ Korĵenkov 2006: p.76).

(13) *"Ni ne estas tiel naivaj, kiel pensas pri ni kelkaj personoj. Ni ne kredas, ke neŭtrala fundamento faros el la homoj anĝelojn. Ni scias tre bone, ke la homoj malbonaj ankaŭ poste restos malbonaj. Sed ni kredas, ke komunikiĝado kaj konatiĝado sur neŭtrala fundamento forigos almenaŭ la grandan amason de tiuj bestaĵoj kaj krimoj, kiuj estas kaŭzataj ne de malbona volo, sed simple de sinnekonado kaj de devigata sinaltrudado."* (Zamenhof 1907: p.43).

(14) Laŭ la retejo de la Universala Esperanto-Asocio (www.uea.org).

(15) *(Rimarko de la tradukinto: La agregaciulo pri la klasika filologio kaj elstara esperantologo Gaston Waringhien [1901-1991], prezidanto de la Akademio de Esperanto de 1963 ĝis 1979, eternigis sian nomon pro sennombraj atingoj, interalie kiel ĉefredaktoro, kiu kune kun 59 fakuloj ellaboris la Plenan Ilustritan Vortaron de Esperanto [unua eldono en 1970]).*

(16) Laŭ la retejo de Vikipedio en Esperanto (eo.wikipedia.org).

(17) *"Rompu, rompu la murojn inter la popoloj, donu al ili la eblon libere konatiĝi kaj komunikiĝi sur neŭtrala fundamento, kaj nur tiam povos malaperi tiaj bestaĵoj, kiujn ni nun vidas en diversaj lokoj!"* (Zamenhof 1907: p.43).

(18) *"La Esperantismo estas penado disvastigi en la tuta mondo la uzadon de lingvo neŭtrale homa, kiu, ne entrudante sin en la internan vivon de la popoloj kaj neniom celante elpuŝi la ekzistantajn lingvojn naciajn, donus al la homoj de malsamaj nacioj la eblon kompreniĝadi inter si, kiu povus servi kiel paciga lingvo de publikaj institucioj en tiuj landoj, kie diversaj nacioj batalas inter si pri la lingvo, kaj en kiu povus esti publikigataj tiuj verkoj, kiuj havas egalan intereson por ĉiuj popoloj. Ĉiu alia ideo aŭ espero, kiun tiu aŭ alia Esperantisto ligas kun la Espe-*

rantismo, estos lia afero pure privata, por kiu la Esperantismo ne respondas." (Zamenhof 2007 [1905]: pp.33-39).

(19) *"Bedaŭrinde en la lasta tempo inter la Esperantistoj aperis tiaj voĉoj, kiuj diras: Esperanto estas nur lingvo, evitu ligi eĉ tute private la Esperantismon kun ia ideo, ĉar alie oni pensos, ke ni ĉiuj havas tiun ideon, kaj ni malplaĉos al diversaj personoj, kiuj ne amas tiun ideon! Ho kiaj vortoj! El la timo, ke ni eble ne plaĉos al tiuj personoj, kiuj mem volas uzi Esperanton nur por aferoj praktikaj por ili, ni devas ĉiuj elŝiri el nia koro tiun parton de la Esperantismo, kiu estas la plej grava, la plej sankta, tiun ideon, kiu estis la ĉefa celo de la afero de Esperanto, kiu estis la stelo, kiu ĉiam gvidadis ĉiujn batalantojn por Esperanto! Ho, ne, ne, neniam! Kun energia protesto ni forĵetas tiun ĉi postulon. Se nin, la unuajn batalantojn por Esperanto, oni devigos, ke ni evitu en nia agado ĉion idean, ni indigne disŝiros kaj bruligos ĉion, kion ni skribis por Esperanto, ni neniigos kun doloro la laborojn kaj oferojn de nia tuta vivo, ni forĵetos malproksimen la verdan stelon, kiu sidas sur nia brusto, kaj ni ekkrios kun abomeno: Kun tia Esperanto, kiu devas servi ekskluzive nur al celoj de komerco kaj praktika utileco, ni volas havi nenion komunan! [...] Ĉiuj memoris nur pri la interna ideo entenata en la Esperantismo. Ĉiuj ŝatis Esperanton ne tial, ke ĝi alproksimigas reciproke la korpojn de la homoj, eĉ ne tial, ke ĝi alproksimigas la cerbojn de la homoj, sed nur tial, ke ĝi alproksimigas iliajn korojn."* (Zamenhof 1907: pp.44-45).

(20) *"Kiam mi estis ankoraŭ infano, mi, en la urbo Bjelostoko, rigardadis kun doloro la reciprokan fremdecon, kiu dividas inter si la naturajn filojn de sama lando kaj sama urbo. Kaj mi revis tiam, ke pasos certa nombro da jaroj, kaj ĉio ŝanĝiĝos kaj boniĝos. Kaj pasis efektive certa nombro da jaroj, kaj anstataŭ miaj belaj sonĝoj mi ekvidis teruran efektivaĵon: en la stratoj de mia malfeliĉa urbo de naskiĝo sovaĝaj homoj kun hakiloj kaj feraj stangoj sin ĵetis kiel plej kruelaj bestoj kontraŭ trankvilaj loĝantoj, kies tuta kulpo konsistis nur en tio, ke ili parolis alian lingvon kaj havis alian gentan religion, ol tiuj ĉi sovaĝuloj. Pro tio oni frakasis la kraniojn, kaj elpikis la okulojn al viroj kaj virinoj, kadukaj maljunuloj kaj senhelpaj infanoj! Mi ne volas rakonti al vi la terurajn detalojn de la bestega Bjelostoka buĉado; al vi kiel al esperantistoj mi volas nur diri, ke teruroj altaj kaj dikaj estas ankoraŭ la interpopolaj muroj, kontraŭ kiuj ni batalas."* (Zamenhof 1907: p.42).

(21) El la tria strofo de la poemo "La Espero", verkita de L.L. Zamenhof kaj unue eldonita de la frua aktivulo kaj fruktodona tradukisto Antoni Grabowski (1857-1921) en "La Liro de la Esperantistoj. Kolekto da Versaĵoj en la Lingvo Internacia Esperanto" (Nurenbergo 1893).

XIII. Ueda Kazutoshi (上田 萬年)
[u̯eda kazuto̯ŝi]

Ueda Kazutoshi (fotografajo reproduktita kun permeso de la Tokia universitato pri fremdaj lingvoj [Jp: Tōkyō Gaikokugo Daigaku])

La vivo de Ueda Kazutoshi

Kazutoshi naskiĝis en la Ueda-familio, kiu estis generinta multajn generaciojn da samurajoj, kiel la unua filo de Ueda Toranosuke kaj lia edzino Ineko, la 7-an de la Mutsuki-monato en la tria jaro de la Keio-periodo (1865-1868 p.K.). Ĉi tiu dato respondas al la 11-a de Februaro 1867 laŭ la Gregoria kalendaro, kiun Japanujo adoptis nur ses jarojn poste (ekde la 1-a de Januaro 1873). Ueda Kazutoshi, kiu en postaj jaroj nomis sin ankaŭ "Mannen" (1), adoleskis en Tokio, la eksa Edo, kies nomo estis ŝanĝita en 1868. Li frekventis la unuan mezlernejon de la Tokia gubernio en la centro de sia hejmurbo. Ĉi tiu respektinda mezlernejo troviĝis en la rezidejo de la lasta daimio (feŭda sinjoro) de la Nagoja gubernio. En 1885 Ueda komencis la studadon de literaturo (Jp: Bungaku) en la "Imperia universitato" (Jp: Teikoku Daigaku), kiu ekde 1947 nomiĝas "Tokia universitato" (Jp: Tōkyō Daigaku).

Sukcese trapasinte la diplomiĝan ekzamenon en 1888, li daŭrigis sian studadon cele al doktoriĝo kaj interalie aŭskultis la lekciojn pri lingvistiko (Jp: Gengogaku) fare de la elstara angla japanologo Basil Hall Chamberlain. Ueda estis aparte impresita de la "Manlibro de la japana parollingvo" (An: A Handbook of Colloquial Japanese, 1887) de la juna Chamberlain. Tiutempe Ueda tradukis la fabelon "La lupo kaj la sep kapridoj" (Ge: Der Wolf und die sieben Geißlein) el la germanlingva originalo laŭ la fratoj Jacob kaj Wilhelm Grimm kaj publikigis ĝin sub la mallongigita titolo "La lupo" (Jp: Ōkami).

Post kiam Ueda estis fininta la doktorigan kurson pri lingvistiko, la prezidanto de la Imperia universitato, profesoro Katō Hiroyuki, rekomendis lin por la akademia interŝanĝa studprogramo, kiun subtenis la Japanuja ministrejo pri klerigado kun eksterlandaj registaroj. Inter 1890 kaj 1894 Ueda studadis lingvistikon en Germanujo, nome en la ĉefurbo Berlino kaj en Lepsiko, sed pasigis dumtempe ankaŭ ses monatojn en Parizo. En Berlino li aŭskultis lekciojn pri lingvistiko fare de la elstara ĉinologo Georg von der Gabelentz, kiu regis ankaŭ la japanan. Li konatiĝis kun multaj eminentaj lingvistoj: nome kun Karl Brugmann, Eduard Sievers, Hermann Osthoff kaj Hermann Paul de la tiutempe influa nov-gramatikista skolo, same kiel kun la psikologo Wilhelm Wundt.

Ueda estis la unua sciencisto el Japanujo, kiu studis komparan lingvistikon en Eŭropo. Baldaŭ post sia reveno en Japanujon, li estis nomumita docento pri filologio en la Imperia universitato. Aĝante nur 27 jarojn, Ueda komencis elstaran akademian karieron kiel lingvo-scienca instruitulo. Li enkondukis la metodojn de la moderna Eŭropa lingvistiko, kiuj akre kontrastis kun la tradiciaj Niponaj aliroj al la japanaj lingvo kaj literaturo, kaj helpis establi la sciencon "nacia lingvistiko" kiel novan universitatan fakon (2). Li tamen ricevis la titolon de doktoro pri literaturo ne pli frue ol en 1899, kiam li jam okupis la katedron pri filologio (Jp: Hakugengaku), kies nomon li ŝanĝis al katedro pri lingvistiko (Jp: Gengogaku) nur unu jaron poste (Eschbach-Szabo 1997).

En 1900 li fariĝis vicestro de la Tokia lernejo pri fremdaj lingvoj (Jp: Tōkyō Gaikokugo Gakkō). Sekvante lian rekomendon, la Japanuja ministrejo pri klerigado establis en 1902 la "komitaton por la studado de la nacia lingvo" (Jp: Kokugo Chōsa Iinkai), estrotan de Ueda mem. Ueda disvolvis plej proksimajn interrilatojn kun la Japanuja ministrejo pri klerigado, okupante diversajn oficialajn postenojn en ekzamenaj komisionoj kaj en komitatoj por la revizio de lingvoinstruaj lernolibroj. Kiam li emeritiĝis de la Imperia universitato en la jaro 1927, li fariĝis honora profesoro de la prestiĝa privata "universitato por naciaj studoj" (Jp: Kokugakuin Daigaku) kaj samtempe prezidanto de la ŝtata altlernejo por ŝintoismaj studoj (Jp: Jingū Kōgakkan) en Iseo, la hodiaŭa universitato "Kōgakkan".

Inter liaj multenombraj publikaĵoj troviĝas la influa kolekto da teoriaj eseoj "Cele al nacia lingvo" (Jp: Kokugo No Tame), same kiel la fama "Granda vortaro de la nacia lingvo de Japanujo" (Jp: Nihon Kokugo Daijiten). Li helpis lanĉi la unuan japanlingvan lingvistikan fakrevuon "Gengogaku" kaj fondis la "Fonetikan asocion de Japanujo" (Jp: Nihon Oseigaku Kyōkai), servante kiel ties unua prezidanto.

En 1926 li estis unu el nur kvar reprezentantoj de la Imperia Akademio de Sciencoj (Jp: Teikoku Gakushiin), kiuj estis elektitaj en la Ĉambron de Lordoj (Jp: Kizokuin) de la Imperia Parlamento (Jp: Kokkai) por la sekvaj ses jaroj. Ekde 1929 Ueda servis kiel speciala konsilanto al la "Instituto por studoj pri la japanaj klasikaĵoj" (Jp: Koten Kokyusho). Li estis ne nur sincere admirata de pluraj generacioj da studentoj, sed ankaŭ honorita de la imperiestro, kiu promociis lin al la tria vera rango (Jp: Shōsanmi) de la nobelaro (Eschbach-Szabo 1997). Kiam Ueda Kazutoshi mortis la 26-an de Oktobro 1937, li estis plej brile honorita per tut-imperiaj fune braĵoj. Lia tombo troviĝas sur la tombejo Yanaka en Tokio

La lingvoj en Japanujo fine de la Tokugawa-ŝoguneco (1868)

Dum la ĉirkaŭ du kaj duona jarcentoj de la Tokugawa-ŝoguneco inter la jaroj 1603 kaj 1868, la japanoj estis pasigintaj pli-malpli izolan kaj pacan vivon, ĝis la kanonŝipa diplomatio de Usono minace eldevigis la malfermon (Jp: Bakumatsu) de la lando sekve de la traktato de Kanagawa (1854). Ĝis ĉi tiu tempo la kontakto kun okcidentanoj estis limigita al malgranda Nederlanda komercejo sur la artefarita insulo Dejima en la haveno de Nagasako. Pro tio la nederlanda longe estis la sola Okcidenta lingvo, kiu estis konata en Japanujo kaj eĉ nur de malmultaj fakuloj.

Ne pli malfrue ol dum la Nara-periodo (710-794), la budhismo kaj la ĉinaj ideografiaĵoj estis enkondukitaj sur la Nipona arĥipelago (plej probable la japanoj kontaktiĝis kun ambaŭ, budhismo kaj ĉinaj ideografiaĵoj, jam plurajn jarcentojn pli frue). La mikslingvo, kiu rezultis el ĉi tiu kontakto inter la indiĝena japana lingvo kaj la enkondukitaj ĉinaj ideografiaĵoj, nomiĝis "Kanbun" kaj ekde tiam servis por multaj jarcentoj kiel la administracia lingvo de la feŭda japana ŝtato.

La ĉindevena termino "Kanbun" (Ĉn: Hànwén) laŭvorte signifas "la hanan skribon" (la ĉinaj ideografiaĵoj) kaj estis sinonima al "la skriblingvo". Multaj Okcidentaj instruituloj ofte karakterizis "Kanbun" kiel "Latinon de orienta Azio", ĉar ĝi plenumis socilingvistikajn funkciojn mirige similajn al tiuj de Latino en la mezepoka Eŭropo. Sed la vortordo de la ĉina tro diferencas de la japana vortordo, pro kio ĉiu legado estis tre peniga ekzerco de tradukado, dum nur malmultaj japanoj sufiĉe regis la klasikan ĉinan. Por solvi ĉi tiun lingvoproblemon, japanaj instruituloj disvolvis elegantan sistemon de helpsignoj sub la programa devizo "ĉina skribo, japana legado" (Jp: Kanbun Kundoku), kiu permesis konformigi la legadon de la ĉinaj ideografiaĵoj al la bezonoj de la japana gramatiko. Helpe de ĉi tiu "Kanbun Kundoku", tekstoj origine verkitaj en la klasika ĉina lingvo fariĝis same legeblaj al sole japanlingvaj gelegantoj.

Dum la ĉin-japana "Kanbun" daŭre servis kiel oficiala lingvo por publikaj kaj oficialaj dokumentoj kaj kiel instrulingvo de la akademia elito, la indiĝena japana lingvo ĉiam pli kaj pli estis skribata ankaŭ por neoficialaj, literaturaj celoj, paŝon post paŝo naskante florantan literaturon en la japana mezepoko (Jp: Chūsei, inter 1185 kaj 1600). La ellaborita stilo de ĉi tiu klasika japana literaturlingvo (Jp: Wabun) estis jam frue atinginta tiel altan nivelon de normigiteco, ke ĝi estis finfine, en la malfrua 19-a jarcento, konsiderinde malproksimiĝinta de la ĉiutaga vulgara parollingvo. La socilingvistika scenejo prezentis kompleksan situacion de plurlingveco kun apartaj funkcioj por la oficiala "alta" ĉin-japana skriblingvo "Kanbun", kiun uzis nur la instruita elito, por diversspecaj stiloj de la japana literaturlingvo "Wabun" kaj fine por la vasta gamo da "malaltaj" senprestiĝaj variaĵoj de la japana vulgara parollingvo (Takada 1989; Twine 1991).

Skribi kaj paroli estis rigardataj ne nur simple kiel du diferencaj faroj, sed ankaŭ kiel du tute diferencaj sistemoj de komunikado, kiuj nur malmulte interrilatas unu kun la alia. Resume, la socilingvistika situacio en Japanujo fine de la Tokugawa-ŝoguneco (1868) estis karakterizata de klaraj limoj inter la vulgara parollingvo kaj la elitaj skriblingvoj (ĉin-japana "Kanbun" kaj japana "Wabun"), same kiel de lingva fragmentiĝo inter la regionoj unuflanke kaj inter la sociaj klasoj aliflanke. Tial, tiutempe preskaŭ neniu vere konsciis la ekziston de unu komuna japana lingvo.

La lingva variaĵo, kiu plej proksime respondis al la publika ideo pri "la japana lingvo", estis la klasika japana literaturlingvo "Wabun", kies sublima vortprovizo tamen estis tute fremda al la ĉiutaga vulgara parollingvo. Kompare kun la modernaj Eŭropaj naciaj lingvoj, kiujn ne malmultaj japanaj intelektuloj el la malproksimo perceptis kiel enviinde unuecajn, kaj kun la pli-malpli homogenaj naciaj lingvokomunumoj en Eŭropo, la komunika praktiko en Japanujo aspektis senespere ĥaosa kaj tute netaŭga por la celo de moderna japana ŝtato, kiun la intelekta elito arde aspiris sub la impreso de la superregado fare de la Okcidentaj imperiismaj potencoj. Sur ĉi tiu fono evidentiĝas, kiun sensacion faris Ueda, kiam li parolis por la unua fojo pri "nia nacia lingvo".

Dum la drasta modernigo en la Meiji-periodo (1868-1912), la arĥitekturo de la ŝtato estis submetita al fundamenta revizio. La ĝis tiam feŭda imperio transformiĝis en modernan nacian ŝtaton danke al ampleksaj instituciaj reformoj, kiuj kreis multajn novajn instituciojn (Nagai & Urrutia 1985). Ankaŭ la lingvoproblemo estis reviziata. La ĉin-japana "Kanbun", kiu dum longa tempo estis konstituinta la plej fierigan instrulingvon de la akademia elito, nun subite ekaperis kiel anakronisma enkorpigo de forvelkinta erao.

La japanoj observis kun angoro, kiel la Okcidentaj imperiismaj potencoj senkompate elsuĉis Ĉinujon sekve de la unua "Opia Milito" (Ĉn: Yapian Zhanzheng, de 1839 ĝis 1842). Evidentiĝis, ke la respektinda ĉina civilizacio tute ne plu kapablis postuli ĉi tiun respekton kaj kontraŭstari la atakojn de la modernaj, forte armitaj Okcidentaj potencoj. Ne malmultaj japanaj intelektuloj kulpigis la asertitan neprogresintecon de la ĉinaj ideografiaĵoj kaj de la ĉinaj komunikaj modeloj pri tiu mizero. Alfabetaj skribsistemoj estis rigardataj kiel simboloj de la Okcidenta moderneco. Kaj la ŝajne multe pli granda kongrueco inter parollingvo kaj skriblingvo ĉe Okcidentaj nacioj prezentis tre allogan kontraŭ-modelon kontraŭ la tradicia senvaloriĝinta ordo. Tial, la lingvoreformo estis unu el la plej urĝaj politikaj demandoj pri nacia suvereneco kaj memdeterminado.

Lingvoreformo

Letero de la tiutempa ministro pri klerigado en Japanujo, Mori Arinori, kiu en la jaro 1872 petis konsilon de la usona lingvisto William Dwight Whitney, peras impresan imagon pri la malagrabla sento en la koroj de la gvidaj japanaj intelektuloj rilate la lingvistikajn povojn de la propra gepatra lingvo:

> "La lingvo, kiu estas hodiaŭ parolata en Japanujo, estas tute ne taŭga por kontentigi la kreskantajn komunikajn bezonojn de la popolo de tiu regno, montrante sin tro malriĉa por fariĝi, eĉ per fonetika alfabeto, sufiĉe utila kiel moderna nacia skriblingvo. Pro tio la ideo konkeris terenon, ke ni devas propigi al ni iun el la leksike plej ampleksaj kaj mondvaste disvastiĝantaj Eŭropaj lingvoj, por ke ni kapablu konkurenci kun la modernaj Okcidentaj nacioj. Tiuj bezonoj precipe originas el la fakto, ke Japanujo estas denature komerca nacio. Tial, se ni ne propigas al ni lingvon kiel ekzemple la anglan, kiu estas same respektata en Azio kiel en la resto de la komerca mondo, progreso de la Nipona civilizacio estas evidente neebla.

> *La tuta Japanujo fakte postulas novan lingvon, ĉar la japanoj mem tiris la konkludon, ke la propra lingvo estas tute ne taŭga por la moderna mondo. La postulo pri nova lingvo estas nerezistebla, nepre deviganta, konsidere la rapide ampleksiĝantajn interrilatojn inter Japanujo kaj la tuta mondo. Ĉiuj lernejoj, kiuj iam ekzistis en la tuta historio de la regno de la leviĝanta suno, interesiĝis nur pri la ĉina lingvo. Estas strange konstati, ke ni eĉ ne havis unu lernejon, unu lernolibron, kiu uzis nian propran lingvon cele al instruado.*
>
> *Tiuj ĉinlingvaj lernejoj estas hodiaŭ kontinue formortantaj, ĉar ni rigardas ilin ne nur kiel malutilajn, sed eĉ kiel grandajn obstaklojn al nia progreso. Modernaj lernejoj, kiuj uzas la japanan lingvon, estas nepre necesaj hodiaŭ, sed ekzistas nek instruistoj nek lernolibroj por ili. La ununura rimedo por atingi ĉi tiun celon estas kompleta rekomenco, unue transformante la parolatan lingvon en adekvate skribitan formon sur la bazo de strikte fonetikaj principoj. Ne malmultaj opinias, ke ni adoptu la latinajn literojn."* (Mori 1964: p.59)

Sur tiu fono, sennombraj reformproponoj estis diskutataj rilate la lingvan normigon, la ĝeneralan disvastigon de la legokapablo kaj la prilingvan instruadon en la unuaj jaroj de la Meiji-periodo (3) (Twine 1991; Lee Y. 1996; Heinrich 2012). La ĉefaj temoj estis la skrib-sistema reformo, la scienca transformado de la vulgara parollingvo al skriblingva nivelo kaj la tiurilate necesa normigo de la lingvo. La debato pri la skribsistema reformo estis plejparte dominata de du konkurencaj lingvopolitikaj programoj, kiujn pasie antaŭenigis du rivalaj premgrupoj: unuflanke la "Latiniga klubo" (Jp: Rōmaji Kai), kiu favoris la enkondukon de la latina alfabeto (kvankam adaptenda al la bezonoj de la japana fonetiko), kaj aliflanke la "Kanaara klubo" (Jp: Kana No Kai), kiu pasie advokatis la senesceptan uzadon de la kanaaro (4) (Seeley 1991: pp.138-142).

Multaj japanaj intelektuloj, kiuj partoprenis en la debato, opiniis, ke la abolo de la ĉinaj ideografiaĵoj implicis ankaŭ la abolon de sennombraj ĉinaj pruntovortoj, ĉar la distingo inter la skribsistemo kaj la vortprovizo estis nur svaga. Laŭ ili, la uzado de ĉinaj nocioj ("ideoj") sen ĉinaj ideografiaĵoj estis neimagebla. Per tia radikala abolo, la japanoj estus detranĉintaj sian kulturon de ĝiaj fontoj: la ĉina ideografia kulturo (Jp: Kanji Bunka) kaj la multjarcenta tradicio de orient-Azia instruiteco. Tial, nek la "Latiniga klubo" nek la "Kanaara klubo" finfine sukcesis, ĉar ambaŭ reformprogramoj estis radikale abolismaj rilate la ĉinajn ideografiaĵojn. Anstataŭe, tria reformprogramo, kiu celis nur limigon de la abundo da ĉinaj ideografiaĵoj en la komuna lingvouzo, fine gajnis la plej grandan subtenon kaj tiel destinis la disvolviĝon de la japana skribkulturo.

La projekto pri la transformado de la japana vulgara parollingvo al skriblingva nivelo, la japana "Genbun itchi" (5), transpontis (aŭ almenaŭ malvastigis) la enorman lingvistikan abismon inter la pli-malpli senskribsistema vulgara parollingvo kaj la literatura skriblingvo "Wabun", kiuj ekzistis en la komenco de la Meiji-periodo. Dum konservativaj literaturistoj obstine kontraŭstaris la, laŭ ili, "kripligan fuŝadon" de la honorinda tradicia skribsistemo, la reformistoj rigardis la klerigadon de la popolo kiel nemalhaveblan antaŭkondiĉon por ĉia socia progreso. Tial, la reformistoj proklamis, ke la grava celo de ĝenerala legokapablo estas nur atingebla per konvene uzebla skriblingvo sur la bazo de la vulgara parollingvo. La transformado de la vulgara parollingvo al skriblingva nivelo estis sekve plej forte kunligita kun la socia progreso.

La tria elemento de la lingvoreformo, nome la sistema normigo de la japana lingvo, havis apartan signifon por la celata klerigado de la popolamasoj kaj por la centralizado de la ŝtata administracio kun ties fruktoriĉa kreskigado de oficialaj dokumentoj, produktataj de la nacia registaro.

Por atingi la celojn de la tri menciitaj procezoj (lingva normigo, ĝenerala disvastigo de la legokapablo kaj prilingva instruado), kiuj estas resumitaj sub la frapvorto "modernigo de la japana lingvo", la japanoj bezonis plurajn jardekojn. Post la efektivigo de multaj reformoj sur la kampoj de la administracio, de la juraj kodoj kaj de la instrusistemo en la 1870-aj jaroj, la komence ardaj debatoj pri la lingvoreformo silentiĝis.

Dua ondo da intensaj reformklopodoj ekaperis en la 1890-aj jaroj. En ĉi tiuj reformoj, Ueda ludis gravan rolon, inspirante la debaton pri la lingvoreformo per politika motivo, kiu ĝis tiam estis malpli signifoplena: la naciismo. Li mem tiris sian inspiradon el du fontoj: unuflanke el la intelekta klimato, kiun li estis spertinta dum siaj studjaroj en Germanujo, kaj aliflanke el la kreskantaj streĉitecoj en orienta Azio, kiuj fine rezultigis la unuan militon inter Japanujo kaj Qīng-dinastia Ĉinujo de Aŭgusto 1894 ĝis Aprilo 1895.

La formado de la nacia lingvo

En Germanujo Ueda estis renkontinta du tute malsamajn konceptojn pri lingvo, kiuj havis daŭran influon sur lian prilingvan idearon: unuflanke la scienca esplorado de lingvo, kiel praktikata de la tiel nomataj "Junaj Gramatikistoj" (Ge: Junggrammatiker), kaj aliflanke la romantika ideo, ke la nacia lingvo estas la tenejo de la nacia spirito (Ge: Volksgeist).

La "Junaj Gramatikistoj" postulis, ke la lingvoscienco fundamente ŝanĝu la paradigmon de la lingvistika analizo, forlasante la tradiciajn filologiajn metodojn favore al la studado de senesceptaj fonetikaj reguloj. La romantika ideo kaŭzis la aperon de purisma lingvomovado, kiu ekfloris baldaŭ post la milito inter la unuiĝantaj Germanujaj ŝtatoj kaj Francujo (de Julio 1870 ĝis Majo 1871). Dum sia restado en Germanujo, Ueda observis kun granda intereso la sukcesan agadon de la "Ĝenerala asocio por la germana lingvo" (Ge: Allgemeiner Deutscher Sprachverein), kiu estis fondita en 1885 en la spirito de la romantika naciismo. Ĉi tiu lingvo-asocio tamen estis iom duvizaĝa: la "Ĝenerala asocio por la germana lingvo" progresigis kun demokratia intenco la plifaciligon de la komunikado inter ĉiuj germanaj sampatrujanoj, sed aliflanke kun fervoro propagandis la anstataŭigon de ĉiuj fremdlingvaj elementoj, aparte de la sennombraj franclingvaj pruntovortoj, per pure germanlingvaj ekvivalentoj. Ueda sentis sin profunde impresita, kiam li lernis, ke scienca rigoreco povas kunekzisti kun la emocia allogo de la lingva naciismo. Post sia reveno en Japanujon, li prenis sur sin la taskon krei la antaŭkondiĉojn por sekvi similan vojon.

La 1-an de Aŭgusto 1894, du monatojn post lia reveno el Eŭropo, Japanujo deklaris la unuan militon kontraŭ Ĉinujo sub la Qīng-dinastio (Ĉn: Jiǎwǔ Zhànzhēng, Jp: Nisshin Senso). En Novembro de la sama jaro, Ueda faris lekcion sub la programa titolo "Por la nacia lingvo" (Ueda 2011 [1895]), enkondukante la kategorion de la "nacia lingvo" (Jp: Kokugo), kiu prezentis tute rimarkindan novaĵon en la debato pri la japana lingvoreformo. Ĉi tiu "Kokugo" baldaŭ estis plej kutima termino, kiam ajn japanoj parolis pri sia propra lingvo.

Ueda klare konsciis la nepran neceson establi lingvajn esprimrimedojn, kiuj estu same kompreneblaj por ĉiuj sociaj klasoj tra la tuta patrujo. Li klare konsciis, ke la kontraŭstaro fare de la malnova elito, kiu ankoraŭ neŝanceleble uzis la klasikan ĉinan lingvon (Jp: Kanbun), estos neevitebla, sed tamen antaŭvidebla. Apogante sin sur la principo de la lingva naciismo, la dominanta ideologio de la tuta 19-a jarcento, Ueda liveris al siaj samnacianoj la ideologian fundamenton por fortikigi la unuecon inter la nacio, la lingvo kaj la ŝtato, kiuj estu liberaj de ĉiu fremda superregado (Lee Y. 1996, Heinrich 2012).

Ueda (2011: p.17) aprobe referencis la germanan koncepton pri la "gepatra lingvo" (Ge: Muttersprache) kiel tute naturan donitaĵon, kiu inspiras al ĉiuj denaskaj parolantoj la edifan senton, ke ili ĉiuj estas membroj de unu sama nacio. La termino bone konvenis al la japana ideologio de la "nacia familio", kies familianoj estis ĉiuj kunligitaj per la sango. La fakto, ke Ueda mem eksplicite referencis la germanan ekzemplon, evidentigas la paralelecon inter la lingva naciismo de la germanoj post la venko super la francoj en la jaro 1871 unuflanke kaj la programo de Ueda "Por la nacia lingvo" en la konteksto de la unua Japanuja milito kontraŭ Ĉinujo aliflanke.

Baldaŭ post la unuaj venkoj en la milito, Ueda rezonis, ke estas "anakronismo, ankoraŭ altestimi la ĉin-japanan mikslingvon [Jp: Kanbun], dum la ĉinoj estas nun devigitaj respekti la standardon de Japanujo" (Ueda 2011: p.30). Laŭ Ueda, efikaj rimedoj estis aplikendaj por redukti la dependecon de la japana lingvo de fremdlingvaj elementoj, same kiel la germanaj lingvopuristoj estis reduktintaj la superregadon de la franclingvaj (kaj latinaj) fremdvortoj en la germana vortprovizo. Sed, dum la "Ĝenerala asocio por la germana lingvo" jam povis bazi sian programon sur solidaj lingvistikaj scioj, la scienca esplorado de la japana lingvo troviĝis ankoraŭ en tre frua stadio. Ueda pro tio difinis dekdu prioritatajn studobjektojn por lingvoscience esplori la kvalitojn de la japana "nacia lingvo" (Jp: Kokugo):

(I)   *la historia gramatiko*
(II)   *la kompara gramatiko*
(III)   *la prononcado*
(IV)   *la historio de la esplorado de la nacia lingvo*
(V)   *la debato pri la skribsistemo*
(VI)   *la problemo de la normigita lingvo (skriblingvo kaj parollingvo)*
(VII)   *la redukto de la nombro da fremdvortoj*
(VIII) *la sinonimaro*
(IX)   *la homonimaro*
(X)   *la ĝenerala kaj la teĥnika leksikografio*
(XI)   *la prilingva instruado*
(XII)   *la metodoj de studado de fremdaj lingvoj*
        (Ueda 2011: pp.24-25)

Ueda (2011: p.29) krome rimarkigis pri tio, ke la japana lingvohistorio ne konas tiel elstarajn pionirojn de normigo, kiuj kuraĝis uzi la vulgaran parollingvon de la popolo por verki siajn majstraĵojn, kiel ekzemple la italo Danto Alighieri, la anglo Geoffrey Chaucer aŭ la germano Lutero (Martin Luther). Sed ankaŭ la japana "nacia lingvo" (Jp: Kokugo) nepre bezonis pionirojn, kiuj kuraĝe ellaboru la normigitan japanan skriblingvon el la substrato de la siatempa vulgara parollingvo – sen iu konsidero al la katenantaj reguloj de la tradiciaj literaturlingvoj.

Kvankam tiu nova skriblingvo, kiu estu nepre "natura" (Ueda 2011: p.29), baziĝu sur "la popola parollingvo", tamen ne senkontrole sur ies ajn lingvaĵo. En 1895 Ueda lekciis "Pri la normigita lingvo", kiu ankoraŭ ne ekzistis en Nipono, sed estis formenda laŭ la modeloj de la angla "norma lingvo" (An: Standard Language) kaj de la germana "komuna lingvo" (Ge: Gemeinsprache). Ueda proponis, ke la parollingvo de la klera Tokia elito estu rigardata kiel la fundamento de la normigita nacia lingvo de Japanujo (Ueda 2011: p.44). Per ĉi tiu propono, li efektive montris la vojon al la estonta lingva disvolvado, kiu validis por multaj jardekoj.

Ŝanĝi la kutiman lingvouzon estas preskaŭ ĉiam malfacila entrepreno. Sed en la okazo de Japanujo, la ampleksa gamo da sociaj kaj politikaj reformoj, kiujn efektivigis la registaro dum la plej dinamika Meiji-periodo, tamen akcelis la procezon. Estante la gvida voĉo en la koncerto kun multaj aliaj, Ueda decidige helpis transformi sennorman provincan idiomon, kiu estis karakterizata de ĉiaspecaj (precipe sociaj, sed ankaŭ regionaj kaj ĝenraj) variaĵoj, en normigitan esprimrimedon, kiu disponis la tutan ekipaĵon de moderna nacia lingvo: klare difinitan lingvan normon, ampleksan diferencigitan vortprovizon, referencan gramatikon, lernolibrojn kun lerta didaktiko kaj gardan instancon, kiu gvidas la lingvan disvolvadon.

Ueda instigis ne nur la akademian, nome lingvistikan esploradon de la japana lingvo, sed ankaŭ la agnoskon kaj la plibonigon de la parollingva stilo. La signifo de la klasika ĉin-japana mikslingvo (Jp: Kanbun) sekve malkreskis. Dum "Kanbun" estis fakte superreginta la japanan instrusistemon pli-malpli ĝis la fino de la Tokugawa-ŝoguneco (1868), ĝi ludis nun rolon similan al tiu de Latino en la instruplano de la liceoj (Ge: Gymnasium) en Germanujo, nome la rolon de kleriga rimedo, sed ne de praktike uzata lingvo.

Kontraste al "Kanbun", la "nacia lingvo" (Jp: Kokugo) estis disvolvita al la statuso de la plej prestiĝa fako, kiun ĉiu japana lernanto devis diligente studi por esti konsiderata kiel bona civitano kaj kiun studis ankaŭ nejapanoj en la eksterlandaj teritorioj, kiujn la regno de la leviĝanta suno estis kaptinta, formante la Japanujan Imperion post la venko super la Qīng-dinastia Ĉinujo en 1895 (Carroll 2001: pp.55-56).

Lastaj vortoj

Coulmas: *Ueda-sensei (profesoro), mi supozas?*

Ueda: Jes, mi estas profesoro Ueda. Mi atendis vin!

Coulmas: *Koran dankon, profesoro Ueda! La celo de mia vizito – se vi permesas, ke mi tuj aliras al la kerno de la afero – estas demandi vin pri la "nacia lingvo" alivorte pri "Kokugo". Vi lekciis abunde pri ĉi tiu koncepto. Kial ĝi estas tiel grava?*

Ueda: Oni ja ne povas diskuti la koncepton pri "la nacia lingvo", antaŭ ol oni estas akceptinta la koncepton pri "la nacia ŝtato" (6). La nacia lingvo kaj la nacia ŝtato apartenas unu al la alia. Ni ja estas la elstara Yamato-raso (7) kun la lojala kaj patriotisma Yamato-spirito, kiu allasas nur unu nacian lingvon. Ni nepre devas protekti ĉi tiun unuecon inter lingvo kaj spirito, kiu esprimiĝis en la majesta historio de nia imperio, kontraŭ dekadenco kaj malordo (8).

Coulmas: *Kiel vi karakterizas la funkcion de la japana nacia lingvo en la moderna Japanujo?*

Ueda: La lingvo de la japana nacio estas kvazaŭ la spirita sango en la korpo de la japana popolo. La nacia ŝtato vivas nur danke al ĉi tiu spirita sango, kaj la japana raso estas unuiĝinta nur danke al ĉi tiu forta kaj longedaŭra ligilo (9).

Coulmas: *Ĉu ne ankaŭ nejapanoj povas lerni kaj eĉ flue uzi la japanan?*

Ueda: Jes, certe. Sed tio estas alia afero. Nia lingvo, la propraĵo de nia nacio, ne nur prezentas instrumenton, kiun uzas ĉiu samnaciano laŭbezone, sed ĝi samtempe estas edukanto simila al la propra favorkora patrino. Ekde la tago de nia naskiĝo, nia patrino ja tenere brakumis nin kaj pacience instruis al ni la ĝustan vojon por pensi kaj senti kiel valora membro de nia granda nacio. En Germanujo la lingvo kiel esprimrimedo nomiĝas "Muttersprache", dum la lingvo kiel instrurimedo cele al ĝusta pensado estas "Sprachmutter" (10).

Coulmas: *En via junaĝo, kiam vi vizitadis la lernejon, la japanoj estis jam relative bone instruitaj. Kvankam la proporcio de analfabetoj en Japanujo estis malpli alta ol la proporcioj de analfabetoj en kelkaj Eŭropaj landoj, vi tamen nehaltigeble antaŭenpuŝis la instrusisteman reformon. Kiuj estis viaj motivoj?*

Ueda: Estis tute ne akcepteble, ke la reguloj de fremda arĥaika lingvo ankoraŭ superregis la gramatikon de nia japana lingvo. Ni nepre bezonis novajn regulojn por nia elstara Meiji-lingvo (11). Kaj pro tio ni same bezonis la reformon de nia instrusistemo. La nacia klerigado, kontraste al la religia aŭ humanisma instruado, celas la instruitecon de bonaj membroj de la ideala nacio. [...] Kaj la nacia lingvo estas la plej grava rimedo por atingi ĉi tiun nacian celon. La moderna nacia lingvo estas la fundamento de la nacia instruiteco (12).

Coulmas: *Per kio diferencas ĉi tiu celo de similaj celoj en antaŭaj tempoj?*

Ueda: La malnova instrulingvo taŭgis nur por klerigi 20 aŭ eble 200 milojn da instruituloj pri la klasikaĵoj. La nova nacia lingvo estos la instrulingvo por klerigi ĉiujn 40 milionojn da sampatrujanoj (13). Jen la diferenco.

Coulmas: *Multaj lokaj lingvoj estas parolataj tra la tuta Japanujo. Kio fariĝos el ili?*

Ueda: Mi certe ne intencas ekstermi ĉi tiujn lokajn idiomojn. [...] Sed ni tamen nepre bezonas unu unuecan nacian lingvon, kiun regas ĉiuj instruistoj tra la tuta imperio (14).

Coulmas: *Retrorigardante, ĉu vi konsideras vian projekton "por la nacia lingvo" sukcesa?*

Ueda: Nu, ja ne estas mia tasko juĝi mian propran projekton, sed mi povas fiere konstati, ke la parollingvo de la klera Tokia elito fariĝis la normo de la nacia lingvo, kiel mi planis kaj proponis. Kiel miaj pli junaj kolegoj de la influa "Nacia instituto por la japana lingvo kaj lingvistiko" (15) estis montrintaj en longatempa stu-

	daĵo ekde 1950, la normigo de nia lingvo estas longedaŭra procezo, kiu bezonas la diligentan laboradon de pluraj generacioj da lingvistoj. La procezo eĉ daŭras ankoraŭ ĝis hodiaŭ.
Coulmas:	Vi parolas pri la lingvistoj de la fama NINJAL (15).
Ueda:	Jes. Bonvolu rimarki, ke ĉi tiu signifoplena institucio nomas la japanan ĝis hodiaŭ "Kokugo" – precize laŭ la faktermino, kiun mi miatempe enkondukis kadre de mia lekcio en 1894.
Coulmas:	Sed certe la kondiĉoj tiutempe estis aliaj ol hodiaŭ. Ĉu vi ankaŭ hodiaŭ nomus la japanan "Kokugo", la nacian lingvon? Ĉu vi ankoraŭ dirus, ke "Kokugo, la nacia lingvo, estas kaj la klano de la imperiestra familio kaj la bonvola patrino de la popolo"? (16)
Ueda:	Ĝuste tion mi diris. Vi komprenos, ke mi ne povas revoki miajn vortojn. Kaj, eĉ se mi povus, mi ne revokus ilin.
Coulmas:	Dōmo arigatō gozaimashita – Koran dankon (17), profesoro Ueda, mi dankas vin pro viaj sinceraj respondoj.

Notoj

(1) "Kazutoshi" kaj "Mannen" estas fakte la sama persona nomo skribata per la samaj ĉinaj ideografiaĵoj (Jp: Kanji, Ĉn: Hànzì), sed legebla aŭ laŭ la japana legmaniero (Jp: Kun-Yomi [laŭsenca legado] => Kazutoshi) aŭ laŭ la ĉin-japana legmaniero (Jp: On-Yomi [laŭsona legado] => Mannen).

(2) Detalan priskribon de la establo de la japana lingvistiko kiel universitata fako dum la Meiji-perioda Japanujo prezentas la germana japanologo kaj lingvisto Patrick Heinrich (2012).

(3) La Meiji-periodo daŭris ekde la abolo de la ŝoguneco en 1868 ĝis la morto de la 122-a japana imperiestro Mutsuhito (kiu postmorte ricevis la honoran titolon "Meiji", laŭvorte "klereca regado") en 1912.

(4) "Kanaaro" estas la hiperonimo de la du japanaj fonetikaj skribsistemoj "Katakana" kaj "Hiragana", en kiuj ĉiu skribsimbolo ("kanao") prezentas po unu silabo. La hodiaŭa japana skribkulturo prezentas tri skribsistemojn:

Kanji	la ĉinaj ideografiaĵoj	por ĉiuj ĉinaj kaj japanaj nomoj
Katakana	la "vira" fonetika skribsistemo	por fremdvortoj, pruntovortoj kaj por la ĉin-japana legmaniero (Jp: On-Yomi) de Kanji-ideografiaĵoj en vortaroj
Hiragana	la "virina" fonetika skribsistemo	por la gramatikaj morfemoj (Jp: Okurigana) kaj por la japana legmaniero (Jp: Kun-Yomi) de Kanji-ideografiaĵoj en vortaroj

(5) "Genbun itchi" laŭvorte signifas: "konformecon [itchi] inter la parollingvo [gen] kaj la skriblingvo [bun]".
(6) Ueda (2011: p.11).
(7) 大和 [yamato] (Eo: [laŭvorte] granda harmonio) estas la nomo de la historia kern-provinco (Jp: Yamato no kuni) en centra Japanujo ĉirkaŭ la antikva ĉefurbo Nara. "Yamato" prezentas ankaŭ terminon por la tradicia ("pli aŭtentika") Japanujo antaŭ la moderniga kaj okcidentiga Meiji-periodo. La konservativisma ŝintoo rigardas la "Yamato-spiriton" (Jp: Yamato Damashii) kiel la esencon de la japana nacia identeco.
(8) Ueda (2011: p.16).
(9) Ueda (2011: p.17).
(10) Laŭ la lingva idealismo de la germana instruitulo Wilhelm von Humboldt (1767-1835), la gepatra lingvo estas samtempe persona aplikata verko (Gr: ἔργον) kaj la parolanto kaj formanta energio (Gr: ἐνέργεια), kiu neevitable determinas la pens-kategoriojn de la parolanto laŭ la specifaj terminologiaj esprimkapabloj de la lingvo: "La lingvo estas la formanta organo de la penso" (Ge: Die Sprache ist das bildende Organ des Gedankens), kiel li vortigis en sia verko "Pri la diverseco de la strukturoj de homaj lingvoj kaj ilia influo sur la spiritan disvolviĝon de la homaro" (Ge: Über die Verschiedenheit des menschlichen Sprachbaues und ihren Einfluß auf die geistige Entwicklung des Menschengeschlechts; Humboldt 1836). La vortludo prezentita de Ueda pri "Muttersprache" (Eo: gepatra lingvo) kaj "Sprachmutter" (Eo: lingvopatrino) respondas respektive al "verko" kaj "energio" (Ueda 2011: p.17).
(11) Ueda (2011: p.35).
(12) Ueda (2011: p.21).

(13) Ueda (2011: p.23).
(14) Ueda (2011: pp.52 & 53).
(15) 国立国語研究所

[kokuritsu kokugo kenkyūjo] estas pli bone konata sub la internacia akronimo "NINJAL" = Nacia instituto por la japana lingvo kaj lingvistiko. NINJAL estas prestiĝa institucio, kiu celas la studadon, esploradon, disvolvadon kaj rekomendadon rilate la ĝustan uzon de la japana lingvo (www.ninjal.ac.jp/info).

(16) 国語は帝室の藩屏なり、国語は国民の慈母なり

[kokugo wa teishitsu no hanpei nari, kokugo wa kokumin no jibo nari] (Eo: Kokugo, la nacia lingvo, estas kaj la klano de la imperiestra familio kaj la bonvola patrino de la popolo) (Ueda 2011: p.10).

(17) どうもありがとうございました

[dōmo arigatō gozaimashita] (Eo: [laŭvorte] tio estis plej rara [altvalora] = koran dankon).

XIV. Lenino (Владимир Ильич Ленин)
[vlad<u>i</u>mir <u>i</u>ljiĉ l<u>e</u>nin]

Bronzaĵo de Vladimir Iljiĉ Uljanov en la muzeo pri la germana historio (Ge: Museum für deutsche Geschichte) en Berlino (fotografaĵo fare de Florian Coulmas)

La vivo de Lenino (Vladimir Iljiĉ Uljanov)

Vladimir Iljiĉ Uljanov (Владимир Ильич Ульянов) naskiĝis la 22-an de Aprilo 1870 kiel la tria el fine ses gefiloj de pli-malpli bonhava familio en Simbirsk, la ĉefurbo de la samnoma gubernio, sur la rivero Volgo (1). Lia patro estis inspektoro de lernejoj, kiu, pro siaj oftaj vojaĝoj tra la tuta lando, klare konsciis la multajn sociajn mankojn kaj problemojn en la Rusuja Imperio. Ĉiuj liaj gefiloj poste fariĝis revoluciuloj en tia aŭ alia formo.

    Vladimir estis elstare talenta studento, kiu frue interesiĝis pri historio kaj pri la klasikaj lingvoj. La travivaĵo, kiu postlasis traŭmatan impreson sur la juna psiko de Vladimir, estis la ekzekuto de lia nur kvar jarojn pli aĝa frato Aleksandr (Александр Ильич Ульянов) la 20-an de Majo 1887. Aleksandr estis aniĝinta al renversema grupo, kiu konspiris por atenci la Rusujan caron Aleksandro la 3-a (Pomper 2010). Nur malmultajn monatojn poste

Vladimir sukcese trapasis la abiturientan ekzamenon kaj ricevis oran medalon pro akademia elstareco, malgraŭ ke lia familio estis politike profunde kompromitita pro la partopreno de familiano en atenco kontraŭ la imperiestro.

La familio Uljanov poste transloĝiĝis al Kazano, la ĉefurbo de la provinco Tatarujo, kie Vladimir baldaŭ enmatrikuliĝis en la tiea Imperiestra Kazana universitato (Ru: Императорский Казанский университет) por studi jurisprudencon. Nur pro sia partopreno en protesto de studentoj kontraŭ la arbitreco de la aŭtokratia carisma reĝimo, li estis senprokraste forpelita el la universitato kaj ekzilita al vilaĝeto en la kampara Tatarujo.

Kvankam Vladimir neniam plu ricevis la permeson daŭrigi sian studadon en la fakultato pri jurisprudenco en Kazano, li rajtis partopreni kiel eksterulo en la studfinaj ekzamenoj de la Sankt-Peterburga Imperiestra universitato (Ru: Санкт-Петербургский Императорский университет) en 1891. Danke al sia diligenta aŭtodidakta studado, li denove elstare sukcesis, ricevante la plej bonajn notojn. La malbona rikolto en la Rusuja Imperio kaj la sekva malsato de la popolamasoj en 1891 plifortigis lian decidon dediĉi sian vivon al la politiko por atingi pli justan socion (Gitermann 1960: p.142).

En la jaro 1893 Vladimir transloĝiĝis al Sankt-Peterburgo por labori kiel asistanto ĉe advokato kaj kiel politika komentariisto. Kiel verkisto li adoptis la pseŭdonimon „Lenino", kiun estis jam uzinta lia frato Aleksandr. Studinte la verkaron de Markso (Karl Marx) kaj Friedrich Engels kaj tradukinte la "Manifeston de la komunisma partio" (Ge: Manifest der Kommunistischen Partei, 1848) en la rusan, li plu disvolvis sian revolucian filozofion. Li precipe atentigis pri la turmente mizera situacio de la malriĉa kamparanaro, kiu en la frue industriiĝintaj ŝtatoj de okcidenta Eŭropo ne estis konsiderata kiel progresema forto, taŭga por antaŭenpuŝi la revolucion.

En la printempo de 1894 li konatiĝis kun la samaĝa instruistino Nadeĵda Krupskaja (Надежда Константиновна Крупская). Kaj en la somero de 1895 li entreprenis sian unuan vojaĝon eksterlanden, antaŭ ĉio en Francujon (Parizo) kaj en Germanujon (Berlino), por kontaktiĝi kun la gvidantoj de la Okcidentaj socialismaj partioj, sed ankaŭ en Svisujon por renkontiĝi kun eminentaj politikaj ekzilitoj el Rusujo, precipe kun la social-revoluciisto Georgij Pleĥanov (Георгий Валентинович Плеханов).

Reveninte al Peterburgo, li tie fondis la "Batalligon por la liberigo de la laborista klaso" (Ru: Союз борьбы за освобождение рабочего класса) kaj tuj ekeldonis la subteran gazeton "La laborista afero" (Ru: Рабочее дело), pro kio li estos jam baldaŭ arestita. Post 14-monata esploraresto, li estis finfine, nome en Februaro 1897, pro agitado kondamnita al trijara ekzilo en la siberia vilaĝo Ŝuŝenskojo (Ru: Шушенское) en la suda parto de la Krasnojarska regiono. En Julio 1898 li edziĝis kun Nadeĵda Krupskaja, kiu sekvis lin en la ekzilon. Dum la siberia ekzilo, Lenino verkis en la spirito de la historia materiismo la traktaĵon "La disvolviĝo de la kapitalismo en Rusujo" (Ru: Развитие капитализма в России, 1899).

Lenino decidis dediĉi la reston de sia vivo al la renverso de la aŭtokratia reĝimo de la caro kaj al la kreado de nova Rusujo, kiu prezentu la avangardon de la tutmonda socialisma revolucio laŭ la idealo de senklasa socio. Sed la politika potenco de la carisma reĝimo super la tuta imperio estis ankoraŭ sufiĉe forta por subpremi ĉian opozicion, forpelante la gvidajn opoziciulojn en ekzilon. Lenino kaj Krupskaja ne estis solaj en sia agado. Multaj aliaj Rusujaj politikaj aktivuloj kaj intelektuloj troviĝis en la siberia ekzilo, kiuj en la distanco observis, komentis kaj provis laŭeble akceli la malfortigon de la monarĥio.

Inter 1900 kaj 1917 Lenino kaj Krupskaja pasigis entute pli ol dek jarojn en okcident-Eŭropa ekzilo – nome en Svisujo, Munkeno, Parizo kaj Londono –, kie ili daŭrigis sian politikan agadon kiel profesiaj revoluciuloj. Lenino baldaŭ akiris la reputacion de elokventa batalanto por la subpremata laborista klaso kaj de eminenta revolucia strategiisto, ĉar li sukcese verkis kaj redaktis sennombrajn artikolojn por la subtera gazeto "Fajrero" (Ru: Искра), la organo de la Rusuja social-demokrata laborista partio (Ru: Российская социал-демократическая рабочая партия). Li same publikigis politikajn flugfoliojn (ekzemple "Kion fari?" Ru: Что делать? 1902) kaj diversajn teoriajn esejojn pri ampleksa gamo da sociaj, politikaj kaj ekonomiaj temoj.

Kiam serio da strikoj paralizis la Rusujan Imperion, kaj fine eksplodis la revolucio de 1905 en la kunteksto de la perdoriĉa milito kontraŭ Japanujo, imperiestro Nikolao la 2-a (Николай Александрович Романов, reg. 1894-1917) estis finfine devigita, cedi diversajn civilajn liberecojn same kiel la establon de elektota parlamento, nome la Dumao (Ru: Дума). Provizora liberala registaro estis instalita, kiu fakte limigis la povojn de la carisma aŭtokratio. Lenino tiam forlasis Ĝenevon kaj revenis al Sankt-Peterburgo por partopreni en la politika lukto kontraŭ la carisma reĝimo kaj same kontraŭ la provizora registaro.

Kvankam Lenino silente konsentis kun la burĝa registaro pri kelkaj el ties reformoj, li tamen oficiale opoziciis al ĉiuj iniciativoj de la aristokrata ĉefministro Stolipin (Пётр Аркадьевич Столыпин). En la okuloj de la socialrevoluciuloj, la agrara reformo de Stolipin pli multe intencis savi la monarĥion ol efike kaj daŭre plibonigi la tre mizeran vivon de la kamparanaro. Strikoj kaj publikaj maltrankviloj determinis la oficperiodon de la registaro sub Stolipin (reg. 1906-1911). La ĉefministro uzis la policon por sisteme subpremi ĉiun kontraŭstaron, en 1907 denove forpelante Leninon, same kiel multajn el liaj kamaradoj, en la ekzilon.

Ne nur la kamparana subklaso, sed ankaŭ la ne-rusaj minoritatoj renkontis la politikon de Stolipin kun perforta rezisto. La statuso de Finnujo kiel aŭtonoma grandprinclando estis ripete malrespektata (vidu sube), kaj la kreskanta registara despotismo kontraŭigis la polojn, la ukrainojn kaj la kaŭkazajn popolojn, dum la judoj suferis pro ferocaj pogromoj. Perfortaĵoj kontraŭ la politika malamiko estis preskaŭ ĉiutagaj (Stolipin transvivis ses atencojn, sed ne la sepan), malfermante la vojon al la detronigo de la Romanov-dinastio kaj al la renverso de la malnova carisma reĝimo en la printempo de 1917, kiam la loĝantaro de la Rusuja Imperio estis profunde lacigita de la Unua Mondmilito.

Vojaĝinte kune kun grupo de ĉirkaŭ tridek gekamaradoj en speciala trajno, liverita de la Germanuja registaro (kiu esperis tiamaniere profunde malstabiligi la Rusujan Imperion), Lenino revenis al Petrogrado (2) la 3-an de Aprilo 1917 (laŭ la Julia kalendaro) por ludi gvidan rolon en la disvolviĝo, fine kulminanta en la ŝtatrenverso, kiu eniris en la historion kiel la Oktobra Revolucio

(Ru: Октябрьская революция). La 25-an de Oktobro (laŭ la Julia kalendaro, sed la 7-an de Novembro laŭ la Gregoria kalendaro), la provizora burĝa registaro estis senpotencigita kaj anstataŭigita per Sovetia regado sub Lenino.

Kvankam la ŝtatrenverso komence ŝajnis pli-malpli paca, sanga intercivitana milito baldaŭ ekflamis kontraŭ la carismaj fortoj (inter Februaro 1918 kaj Novembro 1920). Spite al multe da partipolitika lukto ene de la propraj vicoj, Lenino kaj lia kunlaboranto Trocki (Лев Давидович Бронштейн) fine kondukis la bolŝevistojn al la celata venko. Lenino estris la bolŝevisman registaron de la nove fondita "Rusuja Soveta Federacia Socialisma Respubliko" (RSFSR) (Ru: Российская Советская Федеративная Социалистическая Республика) de Oktobro 1917 ĝis sia morto la 21-an de Januaro 1924.

Lenino estis ne nur disciplinema kaj nelacigebla verkisto, sed ankaŭ elstare inteligenta kaj lerta strategiisto kaj karisma oratoro, plene konvinkita pri sia misio. Vivinte eksterlande dum multaj jaroj, li senpene posedis plurajn lingvojn. Li senmanke uzis la germanan parole kaj skribe, esprimis sin flue en la franca kaj en la angla, kaj povis legi aliajn Eŭropajn lingvojn aldone al la klasikaj lingvoj, kiujn li estis lerninta en la lernejo (3).

En 1918 li transvivis du atencojn, el kiuj unu postlasis kuglon en lia korpo. Post sia resaniĝo, li estis eĉ pli populara ol iam antaŭe. Favore al la ekspluatitaj senhavuloj, precipe inter la kamparanoj, Lenino luktis kaj strebis al la marksisma idealo de senklasa socio. Kvazaŭ ripetante la plej tragikan disvolviĝon de la franca socio sekve de la revolucio en 1789, ankaŭ la bolŝevisma revolucio baldaŭ degeneris en diktaturan teroron. Estante samtempe plej ŝatata de unuj kaj malamata de aliaj pro la kreado de nova, socialisma Rusujo, Lenino fine forlasis la scenejon kiel unu el la plej influaj politikaj eminentuloj de la 20-a jarcento. Lia enbalzamigita korpo estas ĝis hodiaŭ gardata kvazaŭ sanktulo de la marksismo en maŭzoleo sur la Ruĝa Placo en Moskvo – la urbo, kiun Lenino estis denove farinta la ĉefurbo de Rusujo en Marto 1918.

La lingvoj en la Rusuja Imperio antaŭ
la Oktobra Revolucio

Fine de la eventoplena 19-a jarcento, la aŭtokratia Rusujo estis multlingva imperio kun la rusa kiel la superreganta lingvo de la registaro. Ekde la tempo de Katerino la Granda (vidu ĉapitron VII), la imperio estis konsiderinde disvastiĝinta. Ruslingvaj setlintoj estis portintaj la rusan lingvon al multaj teritorioj ekster la Rusuja kernlando. En la okcidento, la Rusuja Imperio estis aneksinta Estonujon, Livonujon, Kurlandon, Litvon kaj la plej grandan parton de Polujo. En la jaro 1809, sekve de la Napoleonaj militoj, ankaŭ Finnujo estis integrita en la imperion kiel aŭtonoma grandprinclando (Ru: Великое княжество Финляндское).

Pro la enmigrado de amasoj da ruslingvanoj sur la nordan bordon de la Nigra Maro, la Krime-tataroj (4) fariĝis lingva minoritato en sia ĝis tiam unuforme tjurklingva teritorio. La rusa lingvo sammaniere penetris en la provincojn norde de Kaŭkazo, la tiel nomata "Cis-Kaŭkazion", kio rezultis el la aktiva rusiga politiko ekde la mezo de la 19-a jarcento. Sed ĉi tiu rusigo okazis kun iom da streĉiteco.

En la balta regiono (Ru: Прибалтика) la germanlingva socia elito estis forte ligita al sia hereda lingvo, kies lokan uzadon, eĉ por oficialaj celoj, vole nevole akceptis la aŭtokrata carisma registaro. La rusa lingvo tamen konkeris terenon kaj kiel administracia lingvo kaj kiel instrulingvo en la lernejoj. Kiam la imperiestro Nikolao la 2-a en 1899 iniciatis rusigan kampanjon en Finnujo, tiu ĉi paŝo provokis akrajn protestojn, kiuj en 1904 kulminis en la sukcesa atenco kontraŭ la ĝenerala guberniestro. La finna popolo havis ne nur siajn proprajn lingvan kaj konfesian tradiciojn, kiuj diferencis de la rusa ortodoksismo, sed ankaŭ averaĝan nivelon de instruiteco, kiu estis konsiderinde pli alta ol tiu de la rusa popolo. El tio rezultis, ke la finnoj eĉ malpli volonte cedis al la rusa premado en la lingva demando.

Similaj lingvopolitikaj kondiĉoj troviĝis en la plimulte Rom-katolika Reĝlando Polujo (Ru: Царство Польское, Pl: Królestwo Polskie), kvankam la okcidentslava pola lingvo estas proksime parenca al la orientslava rusa lingvo. Dekretoj, kiuj celis la instalon de la rusa kiel la oficiala lingvo en ĉiuj registaraj kaj instrusistemaj institucioj de la Reĝlando, inkluzive de la universitato en Varsovio, tute ne povis redukti la fidelecon de la poloj al sia gepatra lingvo. Kontraŭe, la lingvopolitikaj dekretoj provokis multe da rankoro kontraŭ la Rusuja registaro. La pola naciismo ne malofte manifestiĝis ankaŭ en la diskriminacio kontraŭ la jidlingva juda minoritato en pollingvaj regionoj.

Post la revolucio de 1905, la lingva demando estis denove plej kontestata temo kaj en Polujo kaj en Finnujo. La carisma registaro donis leĝon, kiu emfazis la unuecon de la Rusuja Imperio kaj precipe la ŝtatan statuson de Finnujo kiel ties neapartigebla parto, atribuante al la rusa la rolon de "deviga ŝtatlingvo, ĝenerale uzenda por ĉiuj administraciaj kaj sociaj celoj, same kiel por la terarmeo kaj la mararmeo" laŭ atesto de Max Weber (5).

Pli proksime al la Rusuja kernlando, la rusiga lingvopolitiko estis eĉ pli rigida. En la 1860-aj jaroj, la carisma registaro promulgis leĝojn, kiuj restriktis la uzadon de la ukraina lingvo al la publikigo de folkloraĵoj kaj de beletraĵoj, sed malpermesante la importon de ĉiuj ukrainlingvaj libroj presitaj en la eksterlando. Fakte, la lingvistiko en la Rusuja Imperio tute ne agnoskis la ukrainan kiel memstaran lingvon, sed nur kiel "rusan dialekton makulitan de polaj fremdvortoj" (Hosking 1997: p.379).

Inter 1876 kaj 1905 la ukraina estis malpermesita, ĉar la lingvopolitiko de la carisma aŭtokratio intencis starigi la rusan kiel la ununuran nekontesteblan literaturlingvon tra la tuta Rusuja Imperio (Comrie 1981: p.21). La rusa sekve fariĝis la administracia lingvo kaj la instrulingvo en la kristanaj gubernioj, kiuj situis en la sudo ĉe la landlimo kun la Otomana Imperio. La kartvela (Ru: грузинский язык) kaj la armena (Ru: армянский язык) tamen senĝene prosperis kiel liturgiaj lingvoj en siaj respektivaj naciaj kristanaj eklezioj, same kiel parollingvoj por ĉiuj ĉiutagaj celoj.

En la Mez-Aziaj regionoj de la Rusuja Imperio, kiuj estis ekonomie malpli evoluintaj ol la Eŭropaj regionoj, la rusigado progresis en Turkestano (Ru: Туркестан), en la ĥanejo Buĥara (Ru: Бухарское ханство) kaj en la ĥanejo Ĥiva (Ru: Хивинское ханство), kiuj estis fariĝintaj rusaj protektoratoj inter 1868 kaj 1873. La lingvopolitiko de la aŭtokratia carisma reĝimo akcelis la disvastigon de la rusa lingvo malproksime eksteren de la Rusuja kernlando en la orient-Eŭropan ebenaĵon: norden en la finnan lingvujojn, okcidenten en la baltan kaj en la polan lingvujojn, suden en la multfacetajn kaŭkazajn lingvujojn kaj sudorienten en la tjurkan lingvujon. La rusa lingvo tiamaniere akiris plej grandan signifon por la komunikado en la tuta Eŭrazio. Sed ĉar la imperia lingvopolitika reĝimo estis efektivigita nur pere de registara ordono kaj kun malmulta konsidero al la interesoj de la koncernataj popoloj, la rusigado estigis multe da rankoro inter la parolantoj de la subprematoj minoritataj lingvoj.

"La plej senmanka egalrajteco de la etnoj kaj de iliaj lingvoj"

La ideoj de Lenino pri lingvoj, same kiel la tuta bolŝevisma lingvopolitiko, kiu inspiriĝis el liaj ideoj, estas rigardendaj sur la fono de la antaŭirinta carisma lingvopolitiko. Lenino mem klare konsciis la politikajn dimensiojn de lingvo, kion atestas liaj multflankaj skribaĵoj – liaj kolektitaj verkoj ampleksas entute pli ol 80 volumojn (6). Lia multjara ekzilo, interalie en plurlingva Svisujo, verŝajne konsciigis Leninon pri la eblo de paca kunvivado de malsamaj lingvokomunumoj en komuna ŝtato.

Lenino estis fervora kontraŭimperiisto kaj arde batalis por la rajto je memdeterminado de ĉiuj nacioj, inkluzive de la kolonioj (Lenin 1972 [1914b]) pli frue kaj pli profunde ol la sekvoriĉaj "Dek Kvar Punktoj" (An: Fourteen Points), kiujn la Usona prezidento Woodrow Wilson (reg. 1913-1921) proponis en Januaro 1918. Lenino forte kritikis ĉiujn formojn de subpremo kaj de diskriminacio (7), precipe la antisemitismon (Lenin 2004 [1903]), kiu estis preskaŭ ĉiea en la Rusuja Imperio, kaj "la subpreman prirabadon de aliaj nacioj" (Lenin 1972 [1914b]) fare de la koloniismaj potencoj.

Lenino estis konvinkita, ke la atingo de la nacia memdeterminado laŭ historia neceso sekvas el plene evoluinta kapitalismo, ĉar "la komuna naturo de ĉiuj modernaj ŝtatoj estas kapitalisma, kaj tial ili estas submetitaj al komuna leĝo de disvolviĝo" (Lenin

1972 [1914b]: parto III). Li rezonis, ke ĉi tiu "memdeterminado de nacio" en la programo de la marksismo, el historia-ekonomia vidpunkto, povas signifi nenion alian ol nur "politikan memdecidon, ŝtatan sendependecon kaj kreadon de nacia ŝtato" (Lenin 1972 [1914b]: parto I). Surbaze de ĉi tiu principo, la nova Sovetia registaro sub Lenino agnoskis la sendependecon de Finnujo jam en Decembro 1917, do preskaŭ tuj post la potencakiro de la bolŝevistoj, kaj publikigis "La deklaron pri la rajtoj de la etnoj de Rusujo" (Ru: Декларация прав народов России), per kiu proklamiĝis:

(I) *La egalrajteco kaj suvereneco de la etnoj de Rusujo.*
(II) *La rajto de la etnoj de Rusujo je libera memdeterminado, inkluzive de la rajto je secesio kaj je formado de memstara ŝtato.*
(III) *La abolo de ĉiuj kaj ĉiaj etnaj kaj religiaj privilegioj kaj restriktoj.*
(IV) *La libera disvolviĝo de la etnaj minoritatoj kaj de la etnaj subgrupoj, kiuj popolas la teritorion de Rusujo.* (8)

La deklaro estis subskribita de Lenino kaj de la "unua popolkomisaro pri etnaj aferoj", nome Stalino (Иосиф Виссарионович Джугашвили) la 15-an de Novembro 1917 laŭ la Gregoria kalendaro (Gitermann 1960: p.165). Kvankam la rajto je secesio (Ru: отделение) estis laŭleĝe koncedata, la bolŝevisma reĝimo tamen favoris federacian ŝtaton, kiu konsistu el aŭtonomaj etnaj respublikoj, kaj penis krei superetnan identecon de "Sovetia popolo" (Ru: Советский народ), silente implicante, ke ĉiuj provoj forlasi la komunumon de ĉi tiu Sovetia popolo estu konsiderataj kiel kontraŭ-revoluciaj (Fierman 1990: p.207).

En la 1920-aj jaroj la tiel nomata "Indiĝeniga politiko" (Ru: Коренизация, laŭvorte: "Enradikigo", derivita de Ru: коренное население [laŭvorte: "enradikiĝinta loĝantaro"] = la indiĝena loĝantaro), kiu antaŭenigis kaj la lingvan kaj la kulturan disvolvadojn de la etnaj minoritatoj cele al pli bona integrado de la nerusaj etnoj en la formendan Sovetian popolon, estis aklamata de multaj ne-rusoj en la juna Sovetio pro la entuziasmiga sento de liberiĝo kaj progreso. En la nova Ukraina SSR (Uk: Українська

Радянська Соціалістична Республіка), kiu precipe profitis de la "Enradikigo", ĉi tiu lingvopolitiko elkreskis ĝis grandskala "ukrainigo".

La etnaj minoritatoj en la carisma Rusuja Imperio estis ĝuintaj malmulte da protektado, kaj kelkaj el ili estis eĉ sisteme subprematoj. Kontraste al ĉi tiu malfavora lingvopolitiko, la bolŝevistoj adoptis tre progresigan sintenon. "La plej senmanka egalrajteco de la etnoj kaj de iliaj lingvoj" (Lenin 1972 [1913]) estis unu el la plej gravaj programeroj de Lenino (9), kiu volis vidi ĉiujn naciojn kaj etnojn kunigitaj per la komuna celo de liberiĝo el subpremo. Por atingi ĉi tiun gravan celon, ĉiu formo de superregado kaj de diskriminacio estis eliminenda.

Li malakceptis privilegian statuson por la rusa. En artikolo aperinta en 1914, li starigis la demandon: "Ĉu deviga oficiala lingvo estas bezona?", kiun li kategorie neis. Sovetiigo aŭ "konstruado de socialismo" (Ru: построение социализма) estis enkondukita pere de multaj lingvoj uzataj en Sovetio (Smeets 1994: p.524), dum ĉiuj etnaj minoritatoj estis kuraĝigataj disvolvi siajn proprajn lingvojn, el kiuj ne malmultaj ankoraŭ ne estis atingintaj skriblingvan nivelon. La sola malhelpo al la rapida disvolvado de ĉiuj minoritataj lingvoj estis la manko de instruituloj, kiuj estis kapablaj fari la necesajn lingvistikajn laborojn.

Komence de la 20-a jarcento, nur ĉirkaŭ 24 elcentoj de la tuta loĝantaro de la Rusuja Imperio estis alfabetigitaj, kaj la proporcio de analfabetoj estis aparte alta en la kamparana loĝantaro (Grenoble 2003: p.46). Ĉar la analfabeteco estis ĝuste rigardata kiel la plej granda obstaklo al la celata nacia disvolviĝo, la Rusuja ministrejo pri klerigado de la provizora burĝa registaro donis dekreton cele al plisimpligo de la rusa ortografio en Majo 1917 (Gitermann 1960: p.165; Greenberg [sen jaro]). La reformo celis faciligi la akiron de la legokapablo kaj por denaskaj kaj por alilingvaj parolantoj de la rusa.

Samtempe, la instruado en kaj pri la gepatra lingvo estis enkondukita por multaj etnoj, kaj publikaĵoj en minoritataj lingvoj estis subtenataj. Jam en la fruaj 1920-aj jaroj, lingvoj kun literatura tradicio, kiel ekzemple la armena, la kartvela kaj la tatara, estis akceptitaj en la superan instrusistemon. La starpunkto, ke la ne-rusaj etnanoj devas formeti sian propran kulturon por adopti anstataŭe la rusajn lingvon kaj kulturon, estis decide rifuzita (Fierman 1990: p.207). La kondiĉoj por la malpli evoluintaj parollingvoj estis malpli favoraj, ĉar ili ankoraŭ atendis la transformadon al skriblingva nivelo. Laŭ Lenino, la cirila alfabeto (Ru: азбука) liveris tro multajn asociojn kun la carismaj tradicioj de la forpasinta Rusuja Imperio, same kiel kun la reakcia ortodoksa eklezio. Tial, li preferis modifitajn latinajn alfabetojn por tiuj lingvoj, kiuj ankoraŭ tute ne havis propran alfabeton. Tiu "Latinigo" (Ru: латинизация) diskoniĝis sub la termino "la alfabetoj de Lenino" (Khansuvarov [Хансуваров] 1932, citaĵo laŭ Kreindler 1982: p.8).

Dum la rondcifere ses jaroj de la regado de Lenino (reg. 1917-1924), la proporcioj de analfabetoj signife reduktiĝis tra la tuta Sovetio, kaj la progresigaj efikoj de la "Indiĝeniga politiko" (Ru: коренизация) estis jam baldaŭ palpeblaj. Lernolibroj kaj aliaj publikaĵoj en ne-rusaj lingvoj multobliĝis. Fine de sia vivo, kiam li estis forte malkapabligita de apopleksio, Lenino devis konstati, ke plena efektivigo de lia lingvopolitiko estis elĉerpiga batalo, ĉar la administracia aparato estis senŝanĝe dominata de la "grandrusaj ŝovinistoj" (Lenin 1971 [1922]). Li pravis timi, ke la "tipaj rusaj burokratoj" en la nomo de nacia unueco subfosos la uzadon de la lingvoj de la etnaj minoritatoj en la ne-rusaj respublikoj (Lenin 1971 [1922]). Liaj tiurilataj avertoj bedaŭrinde montriĝis plej pravaj.

La heredaĵo de Lenino

En sia lingvopolitiko, Lenino direktis sian atenton al du celoj: li instituciigis la egalrajtecon de la lingvoj, fortikigante la oficialan uzadon de la etnaj lingvoj en la aŭtonomaj teritorioj, kaj instalis la gepatrajn lingvojn de la etnaj minoritatoj kiel instrulingvojn sur la elementa nivelo por elradikigi la analfabetecon. Ambaŭ celoj de la Lenina lingvopolitiko estis sukcese atingitaj kaj restis nekontestataj dum longa tempo post lia morto.

Lia sukcedinto, la kartvelo Stalino (Иосиф Виссарионович Джугашвили, reg. 1924-1953), estis konsilinta lin pri etnaj aferoj jam en multaj antaŭaj okazoj kaj sekve fariĝis la unua popolkomisaro pri etnaj aferoj (inter 1917 kaj 1923) en lia registaro. Dum la malfruaj 1920-aj kaj fruaj 1930-aj jaroj, Stalino ankoraŭ pli-malpli (10) sekvis la bazajn principojn de la Lenina lingvopolitiko, donante la devizon: "nacia laŭ la formo, socialisma laŭ la enhavo" (Ru: национальный по форме, социалистический по содержанию), per kiu li agnoskis la egalrajtecon de ĉiuj minoritataj etnoj kaj lingvoj en Sovetio. Modifitaj latinaj alfabetoj estis kreitaj por multaj ĝis tiam senskribsistemaj lingvoj, kaj la konstanta batalado kontraŭ la analfabeteco akiris impone rapidajn sukcesojn (Lewis E.G. 1972: p.175):

Tabelo 27: Sukceso de la alfabetigaj kampanjoj en la juna Sovetio
(Lewis E.G. 1972)

	Proporcioj de analfabetoj en 1897	Proporcioj de analfabetoj en 1939
Rusuja SFSR	70,4%	10,3%
Ukraina SSR	72,1%	11,8%
Belorusa SSR	68,0%	19,2%
Litova SSR	45,8%	23,3%

La eldonado de libroj, verkitaj en la lingvoj de la etnaj minoritatoj, pro tio prosperis. Dum diversaj lernolibroj estis eldonitaj en 25 minoritataj lingvoj en la jaro 1924, la nombro pli ol kvarobliĝis ene de nur unu jardeko, egalante 104 lingvojn en la jaro 1934 (Kreindler 1982: p.10). Sed en la malfruaj 1930-aj jaroj, la principoj de la Lenina lingvopolitiko tamen estis fine forlasitaj, reflektante la ideon, ke la centrifugaj fortoj (nome la privilegiado de la etnaj minoritatoj) estis fariĝinta tro dominantaj. La centrifugaj fortoj subfosis la gravan rolon de la rusa kiel la sola kunliga lingvo, kiu ja unuigu la "Sovetian popolon". En la jaro 1938 la jura statuso de la rusa estis ŝanĝita: la rusaj lingvo kaj literaturo fariĝis devigaj studobjektoj en ĉiuj lernejoj tra la tuta Sovetio.

Baldaŭ sekvis revizio de la ankoraŭ junaj skribsistemoj de ĉiuj minoritataj lingvoj. La diversaj latindevenaj alfabetoj (la tiel nomataj "alfabetoj de Lenino"), kiuj estis enkondukitaj nur malmultajn jarojn antaŭe por pli efike alfabetigi multajn etnajn minoritatojn, estis nun anstataŭigitaj per alfabetoj sur la bazo de la cirila. La Stalinan lingvopolitikon, kiu precipe intencis faciligi la akiron de la rusa, la usona lingvisto Uriel Weinreich (1953) trafe resumis sub la termino "rusigado" (An: russification). Tiel longe, kiel Sovetio ekzistis (nome de 1922 ĝis 1991), la origina Lenina doktrino, ke ĉiuj popoloj rajtas uzi sian propran gepatran lingvon por instruaj celoj, restis principo de la oficiala lingvopolitiko, sed la reala praktiko dum la 1940-aj jaroj fakte deturniĝis de ĉi tiu doktrina idealo, kreante socilingvistikan aranĝon, kiu danĝere alproksimiĝis al la aŭtokratia koncepto de la caroj pri la rusa lingvo kiel "la cemento de la imperio" (Kreindler 1982: p.7).

Lastaj vortoj

Coulmas: *(flustre) Kamarado Lenino, nun estas tute kviete ĉi tie en la maŭzoleo. Ĉu ni povas interparoli?*

Lenino: Jes, jes, la gardistoj kutime ne estas tro atentaj post la fermo de la pordoj. Sed kial ili ne rimarkis vian ĉeeston jam antaŭ la fermo?

Coulmas: *Eble, ĉar mi ja nur elpensas mian ĉeeston ...*

Lenino: En ordo. Kion vi volas ekscii?

Coulmas: *Dankon. Unua demando: kio vekis vian intereson pri lingvopolitiko?*

Lenino: Mian intereson vekis la simpla fakto, ke lingvo estas la plej grava rimedo en ĉiuj interhomaj rilatoj (11).

Coulmas: *Tio estas iom tro ĝenerala. Kio estas via vidpunkto pri la politika funkcio de lingvo?*

Lenino: Ekzistas la malbonfama devizo el la tagoj de la servuteco: "Aŭtokratio, ortodoksismo kaj la nacia esenco" - kvankam ĉi tiu "nacia esenco" fakte validis nur por la grandrusa etno. Eĉ la ukrainoj estis deklaritaj ne-rusa etno, kaj ilia lingvo estis subpremata (12).

Coulmas: *Ĉu tio nepre devas esti tute malsama afero en la socialisma socio?*

Lenino: Jes, sed ni ne faru la duan paŝon antaŭ la unua. La burĝa naciismo de ĉiu subpremata nacio enhavas

	liberigan, fundamente demokratian signifon, kiu direktiĝas kontraŭ la subpremanto. Kaj ĉi tiun signifon de naciismo ni senkondiĉe subtenas. Sed ĉi tiun liberigan signifon ni strikte distingas de la dekadenca ŝovinisma tendenco al nacia ekskluziveco. Ekzemple, ni batalas kontraŭ la tendenco de la polaj burĝoj subpremi la judojn (13).
Coulmas:	*Ĉu lingva naciismo sekve ne estas kategorie kondamninda?*
Lenino:	Ni nepre devas distingi inter la naciismo de subpremanta nacio kaj tiu de subpremata nacio (14). Tiuj el ni, kiuj estas membroj de granda nacio, preskaŭ ĉiutempe montriĝis kulpaj pri perforto en nenombreblaj kazoj. Aldone, ni ofte eĉ tute nerimarkite faris perforton kaj insulton en same nenombreblaj kazoj. Bonvolu nur rememori, kiel ne-rusaj etnanoj estis mistraktataj: la poloj estis malestime nomataj "polaĉoj", la tataroj estis ironie nomataj "princoj", la ukrainoj ĉiam estis "hupoj", kaj la kartveloj, same kiel aliaj ne-rusaj kaŭkazianoj ĉiam nomiĝis "ĉapkazianoj" (15).
Coulmas:	*Tiaj moknomoj ja ne malofte troviĝas en la rilatoj inter malgrandaj kaj grandaj nacioj ...*
Lenino:	La "grandaj nacioj", kiel ili nomas sin mem (kvankam ili estas grandaj sole kaj ekskluzive en sia perforto, grandaj nur kiel ĉikanantoj), pli trafe nomiĝu "subpremantaj nacioj". Por atingi fratecon inter la nacioj, ĉi tiuj "subpremantaj nacioj" devas ne nur respekti la formalan egalecon inter la nacioj, sed eĉ akcepti certan neegalecon malfavore al la subpreminta granda nacio, kiu tiamaniere devas kompensi la neegalecon, kiun ĝis nun la subpremitaj malgrandaj nacioj estas suferintaj (16).
Coulmas:	*Vi sendube prezentas admirinde valorajn principojn, sed ĉu ne ekzistas ankaŭ objektivaj fortoj, kiuj fakte diferencas de la naciisma ideologio, sed tamen esence kontraŭas al la ideala plurlingvismo?*

Lenino: La unueco de lingvo kaj la vere libera disvolviĝo de lingvo estas du el la plej gravaj antaŭkondiĉoj por vere libera kaj ampleksa komerco laŭ la nivelo de la moderna kapitalismo, same kiel por vere libera kaj ampleksa grupiĝo de la loĝantaro laŭ la diversaj klasoj, kaj fine por la plej proksima ligo de la merkato kun ĉiu posedanto, ĉu granda aŭ malgranda, kun ĉiu vendisto kaj ĉiu aĉetanto (17).

Coulmas: *El tio sekvus, ke ekzistas kaŭza interrilato inter la disvolviĝo de lingvo kaj la soci-ekonomia disvolviĝo, ĉu ne?*

Lenino: Tute ĝuste. Por la kompleta venko de la varproduktado, la burĝaro devas antaŭ ĉio konkeri la unuecan hejmlandan merkaton. Sed ĉi tiu unueca merkato povas ekzisti nur sur unueca ŝtata teritorio, kies loĝantaro parolas unuecan komunan lingvon. Oni devas elimini ĉiujn obstaklojn al la disvolviĝo de ĉi tiu unueca komuna lingvo, kiu estas fortikigenda en la literaturo (18).

Coulmas: *Ĉu tio validas ankaŭ por Azio?*

Lenino: Restas nekontesteblaj faktoj, ke la kapitalismo, vekinte Azion, elvokis ankaŭ naciismajn movadojn ĉie sur tiu kontinento, ke ĉi tiuj movadoj celas la kreadon de naciaj ŝtatoj en Azio, kaj ke tiaj ŝtatoj certigas la plej bonajn kondiĉojn por la disvolviĝo de la kapitalismo (19).

Coulmas: *Ĉu la nacia ŝtato, kiu estas difinita laŭ la uzado de unu dominanta aŭ eĉ ekskluziva lingvo, anstataŭis la modelon de la multlingva imperio?*

Lenino: La nacia ŝtato estas la normala okazo en la historio de la kapitalismo. La pluretna ŝtato aŭ atestas neprogresintecon aŭ prezentas esceptan okazon (20).

Coulmas: *Ĉu Sovetio estas tia escepta okazo?*

Lenino: Jes, memkompreneble. Ni estas la unua socialisma lando en la mondo, kiu garantias egalrajtecon al ĉiuj, sendepende de sekso, etno aŭ lingvo.

Coulmas: *Ĉu vi pro tio kontraŭis la proponon doni oficialan statuson al la rusa?*

Lenino: Jes, ĉar praktike, tio (la oficiala statuso de la rusa) signifus, ke la lingvo de la grandrusoj, kiuj mem estas minoritato rilate la tutan loĝantaron de Sovetio, estus altrudata al ĉiuj aliaj loĝantoj (21).

Coulmas: Sed vi samtempe argumentis, laŭ mi tute konvinke, ke unueca komuna lingvo estas nepre necesa por la nacia disvolviĝo. Kiel vi povas akordigi ĉi tiun argumenton kun via obstina kontraŭstaro al deviga nacia lingvo por Sovetio? Ĉu tiurilate ekzistas kontraŭdiro en via rezonado?

Lenino: Tute ne. La problemo troviĝas en la vorto "deviga". Ni nepre volas eviti elementon de altrudado. Ni ja ne volas puŝi la homojn en la paradizon per bastonado. Ĉar, kiom ajn da belaj frazoj pri "kulturo" vi deklamas, ĉiu deviga oficiala lingvo ja tamen neeviteble implicas iaspecan devigon, la vojon de bastonado (22).

Coulmas: Sed ĉu ne lingva fragmentiĝo minacas la nacian unuecon?

Lenino: Ne. Centoj da miloj da homoj estas ĵetitaj de unu fino de la lando al la alia. La etna konsisto de la "Sovetia popolo" miksiĝas, etna izolado kaj nacia ekskluziveco devas malaperi. Kaj tiuj, kies vivkondiĉoj aŭ laboro en tia aŭ alia formo necesigas, ke ili regu la rusan, lernos ĝin propravole, tute sen bastonado (23).

Coulmas: Vi ĉiam insistis pri la egalrajteco de ĉiuj lingvoj. Ĉu la institucioj, kiujn vi establis, estis sufiĉe fortaj por fari tiun egalrajtecon daŭra realaĵo?

Lenino: Tio estas maltrankviliga demando. Ĉu ni sufiĉe zorgis pri la plej taŭgaj rimedoj por protekti la ne-rusajn etnanojn kontraŭ la ŝovinismaj rusaj ĉikanantoj? Mi timas, ke ni ne sufiĉe zorgis pri ĉi tiuj rimedoj, kvankam ni povus kaj devus fari tion (24). Mi pensas, ke la senpacienco de Stalino kaj lia pasia amo al la administracia potenco ludis fatalan rolon, same kiel lia rankoro kontraŭ la fifama "social-naciismo". Ĝenerale, rankoro ludas la plej malbonan rolon en la politiko (25).

Coulmas: Большое спасибо (26), kamarado Lenino, ke vi plej afable akceptis min en via maŭzoleo.

Lenino: Formetu la "kamaradon" kaj bonvolu reveni. Kuŝante ĉi tie sur la Ruĝa Placo, antaŭ la Moskva Kremlo, mi estas nur la viktimo de la inklino de "Koba" (27) al personkulto.

*La avenuo "Lenino" en Moskvo
(fotografaĵo fare de Julia Aristova)*

Notoj

(1) Vladimir Iljiĉ Uljanov mortis la 21-an de Januaro 1924. La 9-an de Majo 1924, nur iom pli ol tri monatojn poste, la nomo de lia naskiĝurbo Simbirsk estis ŝanĝita al "Uljanovsk".

(2) La nomo de la tiama ĉefurbo de la Rusuja Imperio (1712-1918) "Sankt-Peterburgo" estis ŝanĝita al "Petrogrado" en Aŭgusto de 1914, tuj komence de la Unua Mondmilito, por rusigi la tro germane sonantan nomon, kaj refoje ŝanĝita al "Leningrado", tri tagojn post la morto de Lenino en Januaro 1924. Ekde decembro 1993 la havenurbo denove nomiĝas Sankt-Peterburgo (Ru: Санкт-Петербург).

(3) (www.spartacus-educational.com/RUSlenin.htm).

(4) La nomo de la duoninsulo Krimeo (Ru: Крым) plej probable devenas de la nomo de la ĉefurbo "Qırım" (hodiaŭ Ru: Старый Крым) de la mezepoka Krimea Ĥanejo sub la regado de la Ora Hordo, derivebla de la tjurka verbo "qorumaq" (Eo: protekti).

(5) *"Allgemein für alle staatlichen und gesellschaftlichen Verfügungen und ebenso für Armee und Flotte obligatorische Staatssprache"* (Max Weber 1989 [1906]: p.433).

(6) (www.marxists.org/archive/lenin/works/note.htm).

(7) La realigo de plena jura kaj socia egalrajteco inter viroj kaj virinoj ludis prioritatan rolon en la politika programo de la bolŝe-

vistoj. Tiu programero estis unu el pluraj motivoj por la enkonduko de la komuna termino "kamarado" (Ru: товарищ), kiu estis uzebla sen konsidero de la aĝo kaj de la sekso kaj kiu "baldaŭ akiris la statuson de oficiala alparola formo" (Ryazanova-Clarke & Wade 1999: p.9).

(8) "(I) Равенство и суверенность народов России. (II) Право народов России на свободное самоопределение, вплоть до отделения и образования самостоятельного государства. (III) Отмена всех и всяких национальных и национально-религиозных привилегий и ограничений. (IV) Свободное развитие национальных меньшинств и этнографических групп, населяющих территорию России." (https://bigenc.ru/domestic_history/text/1945189).

(9) La egalrajteco de lingvoj estis grava temo, kiun Lenino kaj liaj kamaradoj pritraktis jam longe antaŭ la potencakiro en 1917 (ekzemple vidu Lenin 2004 [1904]).

(10) *"pli-malpli"*, ĉar ekde la jaro 1921 Stalino alprenis pli kaj pli malcedeman rusigan sintenon al sia propra hejmlando, la Kartvela Soveta Socialisma Respubliko (SSR), pro kio Lenino malpaciĝis kun li.

(11) *"Язык есть важнейшее средство человеческого общения."* (Lenin 1972 [1914b]: p.393).

(12) *"Старый, взятый из времен крепостного права лозунг: самодержавие, православие, народность, причем под последней имеется в виду только великорусская. Даже украинцы объявлены «инородцами», даже их родной язык преследуется."* (Lenin 1972 [1914b]: sekcio 5).

(13) *"В каждом буржуазном национализме угнетенной нации есть обще-демократическое содержание против угнетения, и это-то содержание мы безусловно поддерживаем, строго выделяя стремление к своей национальной исключительности, борясь с стремлением польского буржуа давить еврея."* (Lenin 1972 [1914b]: sekcio 5).

(14) Lenin (1972 [1913]).

(15) *"По отношению ко второму национализму почти всегда в исторической практике мы, националы большой нации, оказываемся виноватыми в бесконечном количестве насилия, и даже больше того – незаметно для себя совершаем бесконечное количество насилий и оскорблений, – стоит только припомнить мои волжские воспоминания о том, как у нас третируют инородцев, как поляка не называют иначе, как «полячишкой», как татарина не высмеивают иначе, как «князь», украинца иначе, как «хохол», грузина и других кавказских инородцев, – как «капказский человек»."* (Lenin 1971 [1922]).

(16) *"Поэтому интернационализм со стороны угнетающей или так называемой «великой» нации (хотя великой только своими насилиями, великой только так, как велик держиморда) должен состоять не только в соблюдении формального равенства наций, но и в таком неравенстве, которое возмещало бы со стороны нации угнетающей, нации большой, то неравенство, которое складывается в жизни фактически."* Lenin (1971 [1922]).

(17) *"Единство языка и беспрепятственное развитие есть одно из важнейших условий действительно свободного и широкого, соответствующего современному капитализму, торгового оборота, свободной и широкой группировки населения по всем отдельным классам, наконец – условие тесной связи рынка со всяким и каждым хозяином или хозяйчиком, продавцом и покупателем."* (Lenin 1972 [1914b]: p.394).

(18) *"Экономическая основа этих движений состоит в том, что для полной победы товарного производства необходимо завоевание внутрежегодника буржуазией, необходимо государственное сплочение территорий с населением, говорящим на одном языке, при устранении всяких препятствий развитию этого языка и закреплению его в литературе."* (Lenin 1972 [1914b]: p.394).

(19) *"Но остается неоспоримым, что капитализм, разбудив Азию, вызвал и там повсюду национальные движения, что тенденцией этих движений является создание национальных государств в Азии, что наилучшие условия развития капитализма обеспечивают именно такие государства."* (Lenin 1972 [1914b]: p.396).

(20) *"Национальное государство есть правило и «норма» капитализма, пестрое в национальном отношении государство – отсталость или исключение."* (Lenin 1972 [1914b]: p.396).

(21) *"Что означает обязательный государственный язык? Это значит практически, что язык великороссов, составляющих меньшинство населения России, навязывается всему остальному населению России."* (Lenin 1972 [1914a]).

(22) *"Мы не хотим только одного: элемента принудительности. Мы не хотим загонять в рай дубиной. Ибо, сколько красивых фраз о «культуре» вы ни сказали бы, обязательный государственный язык связан с принуждением, вколачиванием."* (Lenin 1972 [1914a]).

(23) *"Сотни тысяч людей перебрасываются из одного конца России в другой, национальный состав населения перемешивается, обособленность и национальная заскорузлость должны отпасть. Те, кто по условиям своей жизни и работы нуждаются в знании русского языка, научатся ему и без палки."* (Lenin 1972 [1914a]).

(24) "Но тут является вопрос, можно ли выделить эти наркоматы полностью, и второй вопрос, приняли ли мы с достаточной заботливостью меры, чтобы действительно защитить инородцев от истинно русского держиморды? Я думаю, что мы этих мер не приняли, хотя могли и должны были принять." (Lenin 1971 [1922]).

(25) "Я думаю, что тут сыграли роковую роль торопливость и администраторское увлечение Сталина, а также его озлобление против пресловутого «социал-национализма». Озлобление вообще играет в политике обычно самую худую роль." (Lenin 1971 [1922]).

(26) "Большое спасибо" (Eo: koran dankon).

(27) Antaŭ ol li fariĝis "Stalino" sekve de la Oktobra Revolucio en 1917, li estis famiĝinta en la komunisma partio sub la kaŝnomo "Koba" (Коба) laŭ la samnoma ribela heroo en la siatempe tre populara romano "La patromurdinto" (Ru: Отцеубийца, 1882) fare de la kartvela realisma verkisto Aleksandr Kazbegi (Александр Михайлович Казбеги, 1848-1893).

XV. Mustafa Kemal Atatürk
[mustafa kemal atatjurk]

Mustafa Kemal Atatürk statuo sur la Taksim-placo en Istanbulo (fotografajô fare de Florian Coulmas)

La vivo de Mustafa Kemal Atatürk

Li naskiĝis en la makedona havenurbo Saloniko (Tu: Selanik). La gepatroj Zübeyde kaj Ali Rıza nomis sian trian filon "Mustafa" (Ar: مصطفى = "la elektito") (1). Konata estas nur lia naskiĝjaro 1881, dum la tago kaj la monato de lia naskiĝdato restas en la nebulo de la nescio, ĉar lia naskiĝatesto ne specifas, al kiu el du paralele uzataj kalendaroj la dato proprasence rilatas: al la "Roma kalendaro" (Tu: Rumi takvim) (2) aŭ al la tradicia islama kalendaro (Tu: Hicri takvim) (3). Poste en sia vivo, li mem decidis, ke la 19-a de Majo estu lia naskiĝtago, ĉar ĝuste en ĉi tiu tago de la jaro 1919 estis komenciĝinta la Turkuja Liberiga Milito (Tu: Türk Kurtuluş Savaşı) per la albordiĝo de Turkujaj taĉmentoj sub lia komando en Samsuno ĉe la Nigra Maro por kontraŭbatali la fremdlandajn okupantojn.

La naskiĝurbo Saloniko estis unu el la plej kosmopolitaj urboj en la Otomana Imperio, hejmurbo de multaj diversaj (lingvaj, etnaj kaj religiaj) komunumoj: flankon ĉe flanko loĝis sefardaj judoj, grekoj, turkoj, albanoj, slavoj, ciganoj kaj armenoj, sed ankaŭ konsiderindaj grupoj el britaj, francaj, italaj, hispanaj kaj rusaj eksterlandanoj (Anastassiadou 1997).

Signifoplene, "Kemal" (Ar: كمال = "perfekteco") fariĝis la dua nomo de Mustafa laŭ la propono de unu el liaj instruistoj en la oficirlernejo, kiun la talenta knabo vizitadis post la frua morto de sia patro. Ĉi tiu mezlernejo, al kiu li kandidatis, sen ke la patrino sciis pri tio, estis elita institucio laŭ la modelo de la Francuja instrusistemo, same kiel ankaŭ la oficir-akademio, kiun Mustafa Kemal frekventis poste. Li adoltiĝis fervore ensorbante la laikisman reformprogramon de ĉi tiuj modernaj institucioj, en kiuj matematiko, la natursciencoj kaj okcident-Eŭropaj lingvoj estis la precipaj fakoj, dum la religio ludis absolute neniun rolon. La okcident-Eŭropa laikismo, kiu originis en la franca klerismo kaj en la Franca Revolucio, faris profundan impreson sur lia intelekta disvolviĝo.

Pro siaj tre brilaj sukcesoj, la studento Mustafa Kemal estis elektita fariĝi oficiro de la Otomana armeo. Sed tiam la Otomana Imperio estis jam transpaŝinta la zeniton de sia potenco, kiam Mustafa Kemal estis ankoraŭ junulo. Pro la konsiderinda malfortiĝo kaŭze de la perdita milito kontraŭ la Rusuja Imperio (1877-1878), la vastaj nord-Afrikaj teritorioj okcidente de Palestino perdiĝis al okcident-Eŭropaj imperiaj potencoj (precipe doloris la perdo de la plej prestiĝoplena regado super Egiptujo, kiun Britujo konkeris en la jaro 1882), dum samtempe la secesiaj tendencoj kreskis sur la balkana duoninsulo kaj en la oriento (Armenujo).

Mustafa Kemal rapide avancis tra la oficiraj rangoj kaj jam fariĝis generalo, kiam li aĝis nur 35 jarojn. Li pruvis sian kuraĝon kiel armea komandanto en la sinsekvo da militaj bataloj kontraŭ la armitaj fortoj de Italujo (1911-1912), Bulgarujo (1912-1913), Britujo (1915-1916) kaj Grekujo (1919-1920) sur la Otomana teritorio en Sirujo, sur la balkana duoninsulo, ĉe la Dardaneloj kaj en Malgrand-Azio (Tu: Anadolu). Dum la Unua Mondmilito (1914-1918), li kunlaboris kun altrangaj germanaj oficiroj-konsilistoj, kiujn li tamen neniam tute fidis, ĉar li timis, ke la Germanuja registaro rigardas la Turkujan aliancanon nur kiel ekspluatindan objekton (Kreiser 2011: pp.95 & 110).

Frue en sia kariero, Mustafa Kemal estis sindona defendanto de la Otomana Imperio kontraŭ la ripetaj atakoj de la Okcidentaj imperiaj potencoj. Li tiutempe tutkore subtenis la ideologion de la tiel nomata "Otomanismo", t.e. kvazaŭ patriotisma lojaleco trans ĉiuj etnaj kaj religiaj limoj ene de modernigenda Otomana Imperio. Ĉi tiu "Otomanismo" estis simila al la kosmopolita etoso, kiun Mustafa Kemal konis de sia naskiĝurbo Saloniko. Malgraŭ tio, li klare perceptis la faktojn, ke la imperio estis jam malfortigita kaj ke ĉiuj klopodoj konservi la trostreĉitan potencon estis subfosataj de la leviĝantaj naciismaj kaj iredentismaj movadoj de la grekoj, bulgaroj kaj armenoj. Ĉi tiuj movadoj tiris sian inspiron el la tiutempe floranta naciisma ideologio, kiu estis kaptinta la tutan Eŭropon.

Kvankam li estis ĝisosta militisto, Mustafa Kemal jam frue disvolvis ankaŭ politikajn ambiciojn. En 1905, aĝante ne pli ol 25 jarojn, li aniĝis al la sekreta asocio de reformistaj oficiroj "Patrujo kaj Libereco" (Tu: Vatan ve Hürriyet) kaj baldaŭ poste partoprenis en la movado de la elstare progresemaj "Junaj Turkoj" (Tu: Jön Türkler), kiuj en 1909 sukcesis detronigi la dekadencan sultanon Abdulhamido la 2-a.

Ekkonsciinte pri tio, ke la Otomana regado super la ne-turkaj etnoj ne estos daŭrigebla, li deturnis sin de la ideo pri pluretnismo en la malnova imperio kaj favoris nun la naciisman ideologion, kiu servu kiel la fundamento de nova ŝtato nur por la turka nacio (Mango 1999). Malgrand-Azio (Tu: Anadolu) konstituu la kernlandon en ĉi tiu fondenda nacia ŝtato. Li komprenis, ke la respublika ŝtatformo estos la plej taŭga anstataŭo por la monarĥia regado de la Otomanida dinastio, kiu estis kondukinta la destinon de la imperio dum ses jarcentoj (1299-1922). Spite al la obstina kontraŭstaro de la ŝtata administracia aparato unuflanke kaj la relativa apatio de la publiko aliflanke, li tamen finfine sukcesis efektivigi sian revolucian ideon.

Dum la Turkuja Liberiga Milito (1919-1923), Mustafa Kemal forpelis la grandan grek-lingvan minoritaton el Malgrand-Azio kaj sukcesis puŝi la aliancajn taĉmentojn, kiuj batalis sub la gvidado de Brituio, for de la metropolo Istanbulo suden al Smirno (Tu: İzmir), kie li tute neniigis la malamikajn trupojn. Post tiu impona venko, la ŝtatoj de la Entento (Brituio, Francuio, Italuio,

Japanujo, Grekujo, Rumanujo kaj Jugoslavujo) subskribis la traktaton de Laŭzano la 24-an de Julio 1923, per kiu ili ne nur agnoskis la integrecon de la (tamen tre malgrandigita) Turkuja teritorio, sed ankaŭ legitimis la reciprokan forpeladon de ĉiuj naciaj minoritatoj. Nur tri monatojn poste, kiam ĉiuj fremdlandaj trupoj estis forlasintaj Malgrand-Azion, Mustafa Kemal solene proklamis la Turkujan Respublikon (Tu: Türkiye Cumhuriyeti) la 29-an de Oktobro 1923, kvazaŭ sur la ruinoj de la ĵus forpasinta Otomana Imperio. Estis kvazaŭ nature, ke li mem oficis kiel la unua Turkuja prezidento (Tu: Türkiye cumhurbaşkanı).

Dum la resto de sia vivo, li transformadis kun pasia fervoro ĉiujn fundamentojn de la ŝtato laŭ la politika idearo, kiu plejparte fontis el la okcident-Eŭropa kulturhistorio. La celo estis moderna laikisma nacia ŝtato sur la bazo de la (lingvo-)naciisma ideologio, kontraste al la forpasinta Otomana Imperio, kies aŭtoritato estis baziĝinta kaj sur la fideleco al la islama kredo kaj sur la lojaleco al la Otomanida dinastio. Laŭ lia propra atesto, la sola "religio", je kiu Mustafa Kemal vere kredis, estis la naturscienco.

En la 1930-aj jaroj, Mustafa Kemal bonvenigis multajn germanlingvajn sciencistojn, kiuj estis fuĝintaj de la naziisma persekutado en Germanujo kaj kiuj grave kontribuis al la konstruado kaj modernigo de la universitatoj en Ankaro kaj Istanbulo. Sed Atatürk sentis nur malmultan estimon al religioj, aparte al Islamo, kiun li iam karakterizis kiel "la araban religion, kiu estis rompinta la nacian kunteniĝon de la turka nacio" (Hanioğlu 2011: p.132).

Tabelo 28: La "Ses Sagoj" (Tu: Altı Ok) de la Kemalismo (Tu: Atatürkçülük)

Cumhuriyetçilik	= Respublikismo
Milliyetçilik	= Naciismo
Laiklik	= Sekularismo
Devletçilik	= Ŝtatismo
İnkılâpçılık	= Reformismo
Halkçılık	= Popolismo

Sekve de la ordono de prezidento Mustafa Kemal, la religia ofico de la kalifo – ĝis 1922 la dua kolono de la Otomana potenco – estis rigore apartigita de la Turkuja ŝtato en la jaro 1924. La islama kalendaro (Tu: Hicri takvim) estis anstataŭigita per la Okcidenta Gregoria kalendaro (Tu: Miladi takvim) fine de 1925. Modernaj juraj kodoj estis enkondukitaj en la 1920-aj jaroj pri la civila juro (laŭ la Svisuja modelo), pri la kriminala juro (laŭ la Italuja modelo) kaj pri la komerca juro (laŭ la Germanuja modelo). La Turkuja registaro antaŭenigis la rajtojn de la turkaj virinoj, malfavoriganta la vualon (Tu: Çarşaf) en 1926. Sed la kulmino de la nelacigebla reformado estis sendube la enkonduko de la latina alfabeto (Tu: Latin alfabesi), kvankam en iom modifita formo laŭ la specifaj fonemaj bezonoj de la turka lingvo (1928).

Estante militaristo kaj politikisto, Mustafa Kemal tutkore dediĉis sin al la defendo kaj al la renaskiĝo de la nacio, kio restigis al li malmulte da tempo por privata vivo. En la jaro 1923 li edziĝis kun la moderna (ĉar instruita laŭ la Okcidenta modelo) kaj verva Latife Uşaklıgil. Sed ili ĝuis nur mallongan geedzecan feliĉon dum du kaj duona jaroj kaj ne havis gefilojn, ĉar Mustafa estis samtempe "edziĝinta kun la turka nacio". Pro la rimarkinda konscio pri sia sociala respondeco, li adoptis ok georfojn, por kiuj li estis konscienca kaj bonkora patro. Sed la heredaĵo de Mustafa Kemal transvivis ne nur en lia familio, sed en la tuta turka nacio.

La 24-an de Novembro 1934, Mustafa Kemal oficiale ricevis la familinomon "Atatürk" (laŭvorte: "patro de la turkoj") pro iniciato de la Turkuja parlamento (Tu: Meclis). Li mortis la 10-an de Novembro 1938 en Istanbulo, sed lia enbalzamigita korpo estis translokita al la nova ĉefurbo Ankaro, kie ĝi restis en la Etnografia Muzeo dum 15 jaroj. En Novembro 1953, lia korpo estis finfine entombigita en la nacia maŭzoleo (Tu: Anıtkabir) en Ankaro.

Ekde lia morto la signifo de Atatürk pligrandiĝis al vere mitaj proporcioj en la publika konscio de la turka socio. Moneroj, bankbiletoj kaj poŝtmarkoj montras lian portreton. Ĉiuj publikaj konstruaĵoj neeviteble portas lian fotografaĵon. Supozeble ekzistas eĉ ne unu vilaĝo en la tuta Turkujo, kiu ne fieras pri sia Atatürk-statuo aŭ almenaŭ Atatürk-strato. Kaj dum festotagoj ĉie vidiĝas maro da ruĝaj naciaj flagoj, ornamitaj per lia fizionomio, ĉar neniu alia ol Mustafa Kemal Atatürk kreis, nutris kaj vivis la turknacian patriotismon tiamaniere, ke li mem fariĝis ties enkorpigo.

La lingvoj en la Otomana Imperio

Same kiel la Habsburga kaj la Rusuja Imperioj, la Otomana Imperio estis pluretna laŭ sia naturo, ampleksante multajn etnojn kaj religiojn. Tial, plurlingveco estis distinga trajto de la imperio. La "pelmelo de sonoj" (An: medley of sounds), kiun priskribis Mary Wortley-Montagu, la edzino de la Brituja ambasadoro en Konstantinopolo inter 1716 kaj 1718, en siaj famaj "Leteroj el ambasadejo en Turkujo" (An: The Turkish Embassy Letters), estis simile aŭdebla ankoraŭ dum la junaĝo de Mustafa Kemal:

> "Mi loĝas en loko, kiu prezentas veran Babelan turon: En Pera [4] oni parolas turke, greke, hebree, armene, arabe, perse, ruse, serbe, rumane, germane, nederlande, france, angle, itale kaj hungare. Sed pli malbone estas, ke dek el ĉi tiuj lingvoj estas parolataj ene de mia propra mastrumaĵo: miaj grumoj estas araboj, miaj lakeoj francoj, angloj kaj germanoj, mia vartistino armenino, miaj servistinoj rusinoj, ses aliaj servistoj grekoj, mia administranto italo kaj miaj janiĉaroj turkoj. Tiamaniere, mi vivas sub daŭra impreso de vera pelmelo de sonoj, kiu havas eksterordinaran efikon sur la homoj, kiuj estas naskitaj ĉi tie: ili samtempe lernas ĉiujn tiujn lingvojn, sed fakte regas neniun el ili sufiĉe bone por skribi aŭ eĉ nur legi ĝin." (citaĵo laŭ Dursteler 2012: pp.47-48)

La lingva diverseco en la ĉiutagaj interrilatoj estis memkomprenebla fakto de la vivo por la plejmulto de la loĝantaro kaj plejparte kaŭzis neniujn politikajn zorgojn. Kvankam la otomana turka (Tu: osmanlıca) fakte estis la neniam konsiderinde kontestita imperia lingvo de la regantoj jam ekde la 14-a jarcento, tamen nur la Otomana konstitucio de 1876 (kvazaŭ la kulmino de la Tanzimât-reformperiodo inter 1839 kaj 1876) determinis en artikolo 18, ke ĉiuj kandidatoj por publikaj oficoj kvalifikiĝu per sufiĉaj lingvoscioj pri la otomana turka. Sed tiaj lingvoscioj estis tute ne komunaj al la plimulto de la loĝantaro tra la vasta imperio.

Ekzemple Damasko en Levantenujo, kvankam jam ekde la jaro 1516 sub la regado de la Otomana sultano, neŝanceleble restis arablingva, same kiel Bagdado, la iama ĉefurbo de la Abasida Imperio. Diversaj lokaj, pli-malpli interkompreneblaj dialektoj de la araba lingvo estis parolataj sur la duoninsulo, en Mezopotamio, Levantenujo kaj nord-Afriko, dum la ne-muzulmana loĝantaro sur la balkana duoninsulo parolis hindeŭropajn lingvojn (la rumanan, serban, grekan, bulgaran, albanan kaj la Ladinon [judhispanan]).

La klasika araba estas la lingvo de Islamo, pli precize la skriblingvo de la Nobla Korano. Islamo estis la plej dominanta religio en la Otomana Imperio. La korana skriblingvo pro tio okupis elstare prestiĝan pozicion en la instrusistemo, ne nur en Arabujo, sed ankaŭ inter la muzulmanoj sur la balkana duoninsulo, en Malgrand-Azio kaj efektive ĉie, kie la tradiciaj islamaj instruejoj uzis la araban por religia instruado.

Ĉar nur malgranda elito kapablis skribi, kaj konsiderinda parto de la loĝantaro regis nek la otomanan turkan nek la klasikan araban, la plimulto de la regatoj bezonis skribistojn respektive eĉ tradukistojn, se ili devis komuniki kun la registaro. Kontraste al ĉi tiu plimulto, la bone instruita elito sciis paroli, legi kaj skribi ĉiujn tri grandajn kuturlingvojn de la islama civilizacio: la araban, la turkan kaj la persan. Etnaj kaj religiaj minoritatoj, precipe la grekoj, armenoj kaj judoj, kutime uzis siajn proprajn lingvojn por ĉiuj religiaj kaj aliaj internaj celoj. Multaj el ili estis dulingvaj, same kiel etnaj turkoj, kiuj loĝis en pluretnaj vilaĝoj aŭ urboj, kvankam la otomana turka ne malofte servis kiel Lingvafrankao (Lt: Lingua franca).

En la 19-a jarcento, post kiam la grekoj estis atingintaj ŝtatan sendependecon danke al la venko super la turkoj en la Sendependiga Milito (1821-1829), la ideo pri memdeterminado disvastiĝis. Kaj la sociolingvistikaj aranĝoj de la Otomana Imperio pli kaj pli venis sub premon, kiam la grandaj Eŭropaj potencoj - Britujo, Francujo, Rusujo kaj Italujo - komencis subteni la kristanajn minoritatojn aŭ serĉis aliajn pretekstojn por defii la Otomanan aŭtoritaton. La rimedoj de la sultana regado por komuniki kun siaj propraj regatoj estis tre limigitaj, ĉar la otomana turka skriblingvo estis tro malproksima de la turka vulgara parollingvo. La rilato inter ĉi tiuj du variaĵoj de la turka lingvo fakte konstituis specon de diglosio, laŭ la hodiaŭa lingvistika terminaro.

La reformata lingvo

La entuziasmo de Atatürk por la okcidentigo kulminis en lia grandioza reformado de la turka, kiun li komencis relative malfrue en sia kariero, sed kiu estis lia plej arda kordeziro. Ĉi tiu lingvoreformado montriĝis longedaŭra procezo, kiu kontinuis ankoraŭ dum multaj jaroj post la morto de Atatürk en 1938. Ekde la mezo de la 19-a jarcento, turkaj intelektuloj estis proponintaj diversajn ideojn pri lingvoreformado, kiujn Mustafa Kemal konis plej bone. Unu el la pli eminentaj aktivuloj estis la sociologo Ziya Gökalp, kiu havis fortan influon sur la ideojn de Atatürk pri lingvo kaj pri la necesaj lingvaj ŝanĝoj.

La enkonduko de la latina alfabeto estis la plej okulfrapa kaj tial la plej perceptita, sed ne la sola perceptinda parto de la reformado. La projekto estis kompleksa, ĉar ĝi koncernis ne nur novan skribsistemon, sed ankaŭ la leksikon de la turka lingvo mem. Atatürk ne estis la unua advokato, kiu pledis favore al profunda reformado de la turka lingvo, sed li estis la solsola homo, kiu havis kaj la firman decidon kaj la politikan aŭtoritaton por sukcese venki la obstinan kontraŭstaron de la konservativa elito. La tempa sinsekvo de la eventoj estis plej grava por la sukceso de la reforma procezo, kiu komenciĝis per religiaj demandoj:

- *la 3-an de Februaro 1928:*
  La imamoj de la Istanbulaj moskeoj devas fari la vendredan predikon en la turka.
- *la 10-an de Aprilo 1928:*
  Sekve de amendo al la konstitucio, Islamo ne plu estas la ŝtata religio.

- *la 9-an de Aŭgusto 1928:*
  En publika parolado, kiun li donas en la Istanbula Gülhane-parko, prezidento Mustafa Kemal anoncas la enkondukon de la latina alfabeto.
- *la 3-an de Novembro 1928:*
  La Nacia Asembleo alprenas la "Leĝon pri la akcepto kaj pri la aplikado de la [novaj] turkaj literoj" (Tu: Türk harflerinin kabul ve tatbiki hakkında kanun).
- *la 12-an de Julio 1932:*
  La "Asocio por la esplorado de la turka lingvo" (Tu: Türk Dili Tetkik Cemiyeti), ekde 1936 "Instituto por la turka lingvo" (Tu: Türk Dil Kurumu), estas fondita laŭ la inspiro per la verko "Por la turka lingvo" (Tu: Türk Dili İçin, 1930) de la tatara jurscienculo kaj sociolingvisto Sadri Maksudi Arsal.
- *de la 26-a de Septembro ĝis la 5-a de Oktobro 1932:*
  La "Unua kongreso por la turka lingvo" kunvenas en la Istanbula Dolmabahçe-palaco.
- *la 21-an de Junio 1934:*
  La Nacia Asembleo alprenas la leĝon pri la enkonduko de heredaj familinomoj, kiujn la plejmulto da turkoj – kiel Mustafa Kemal mem – ĝis tiam ne portis.
- *la 9-an de Januaro 1936:*
  La universitato en Ankaro establas fakultaton pri turka lingvo, historio kaj geografio.

La kompleta ŝanĝo de skribsistemo – multe pli ol nur iu ajn ortografia reformo – estas jam sufiĉe malfacila entrepreno sub ĉiuj cirkonstancoj, sed en ĉi tiu okazo la kondiĉoj estis aparte malfavoraj: unuflanke estis necese superforti la malaprobon de la konservativa, bone instruita elito, kiu fiere retrorigardis al siaj multjarcentaj tradicioj de instruiteco pri religio, jurisprudenco kaj poezio, ĉar ili havis multon por perdi, sed nur malmulton por gajni de la skribsistema reformo. Aliflanke estis necese komprenigi al la plejparte analfabetaj popolamasoj ĝuste tion, kio estas malfacile komprenebla por tiuj, kiuj ankoraŭ tute ne scias deĉifri literojn.

En la homa historio, multaj skribsistemoj disvastiĝis kune kun religioj kaj ties sanktaj skriboj. Tiurilate skribsistemoj estas interligitaj kun religioj. Ĉi tiu interligiteco estas aparte forta en la okazo de la araba alfabeto, la tiel nomata "Abĝado" (Ar: أبجد [abĝad]). Ĉiuj (precipe konsonantaj) literoj de la Abĝado estas, laŭ Islamo, la sanktaj donacoj de Alaho (Grunebaum 1946: p.38). Tial, la Abĝado troviĝas nur en landoj kun muzulmana plimulto de la loĝantaro aŭ ene de komunumoj de muzulmanaj minoritatoj.

La forlaso de la araba skribsistemo estis por multaj muzulmanoj pli-malpli samsignifa al apostata defalo (Ar: ارتداد [irtidad]) de Islamo mem, kiu ne nur donacas moralan certecon kaj konsolon en mizero, sed estas, laŭ ili, la sola digna vivmaniero por homoj. La percepto, ke la enkonduko de la latina alfabeto apostatigos la turkan nacion, prezentis la plej grandan obstaklon sur la vojo al la proponita lingvoreformo – eĉ por la analfabetoj. Sur ĉi tiu fono ekestas la demando: kiuj motivoj ankoraŭ favoris la skribsisteman reformon? Kaj kiuj argumentoj povis venki la malfavorajn emociojn?

Mustafa Kemal taktike plej lerte nomis la modifitan latinan alfabeton "la turkaj literoj" (Tu: Türk harfleri) kaj nur malofte "la internaciaj literoj" (Tu: uluslararası harfler). Kvankam la skribsistema reformo estis evidenta parto de lia lingvopolitika programo, li ne atentigis la publikon pri sia intenco forigi la religie tro ŝarĝitajn simbolojn de la Otomana pasinteco kaj krei novan, kiel eble plej Okcidentan identecon por la turka nacio. En la jaro 1910, la muftioj, la islamaj aŭtoritatoj pri religiaj kaj juraj demandoj, estis dekretintaj juĝon (Ar: فتوى [fatva]), laŭ kiu la uzo de alia skribsistemo ol la araba Abĝado konstituas pekon por ĉiu muzulmano (Hanioğlu 2011: p.215). La reformistoj, kiuj konsciis ĉi tiun riskon, ne atakis la muftiojn, sed nur rimarkigis pri la granda identeca valoro de "la turkaj literoj" kaj pri la teĥnika valoro de "la internaciaj literoj".

La centra argumento pri la teĥnika valoro de la latinaj literoj por la turka lingvo estis plej valida, precipe rilate la grafeman prezentadon de la vokaloj. La turka lingvo estas aparte riĉa je vokaloj kun esence dudimensia sistemo de vokalharmonio, kiu distingas la vokalojn laŭ la du fonemaj karakteriziloj "(mal)antaŭeco" (pli antaŭa aŭ pli malantaŭa pozicio de la lango en la buŝa kavo) kaj "(mal)rondigiteco" (pli rondigitaj aŭ pli malrondigitaj lipoj):

Tabelo 29: La vokalaj sonoj de la turka lingvo

	malrondigitaj		rondigitaj	
	malvasta	vasta	malvasta	vasta
malantaŭaj („malhelaj")	ı [ɯ]	a [a]	u [u]	o [o]
antaŭaj („helaj")	i [i]	e [æ]	ü [y]	ö [œ]

La araba Abĝado estas precipe konsonanta alfabeto, kiu liveras nur tri literojn uzeblajn por prezenti vokalojn: [a] = ا (Alif), [u] = و (Vav) kaj [i] = ي (Ja). Kvankam la Otomanaj turkoj provis kompensi ĉi tiun mankon per aldonaj vokalsignoj (Tu: Hareke), la Abĝado tamen tute ne sufiĉe respondas al la fonemaj bezonoj de la turka, sed necesigas la leganton havi multe da kuntekstaj scioj. La Abĝado do evidente neniam estis taŭga skribsistemo por la morfologie kaj fonologie esenca vokalriĉeco de la turka.

Kontraste al la Abĝado, la nova turka (fakte modifita latina) alfabeto enhavis nun ĉiujn ok vokalajn literojn, kiuj estas bezonaj por prezenti la turkspecifan vokalharmonion. La realigo de la laŭregula prononcado de ĉiu vorto estis nun multe pli facile atingebla (precipe por lernantoj). Kaj precize tion la reformistoj ja celis, kiam ili rimarkigis pri la teĥnika valoro de la novaj turkaj literoj.

Mustafa Kemal ludis la plej gravan rolon en la politika efektivigo de la reformo, senlace emfazante la multajn avantaĝojn de la nova skribsistemo por pli efike instrui al la analfabetaj popolamasoj. Li ruze uzis ekzemplojn ĝuste el la religia literaturo, kiuj estis transskribitaj en la novan skribsistemon, por pruvi, ke eĉ senkleraj legantoj kapablis tute laŭregule prononci tiajn altnivelajn tekstojn post malmulte da instruo, dum la samaj tekstoj montriĝis absolute nepenetreblaj, kiam ili estis prezentitaj en la tradicia araba Abĝado.

La prezidento senlace vojaĝis tra la tuta Turkujo por propagandi (kaj ofte mem instrui) la novan skribsistemon. Tiuj vojaĝoj rezultigis vere memorindajn scenojn – la prezidento de la Turkuja Respubliko kiel la ĉefinstruisto (Tu: Başmuallim [5]) antaŭ vilaĝanoj, kiuj sidis ĉe liaj piedoj kiel disĉiploj (Tu: Talebeler). Profesiaj instruistoj kaj burokratoj estis petintaj pli longan tempon de transiro, dum kiu ambaŭ skribsistemoj estu permeseblaj, sed kiam la leĝo (pri la enkonduko de la nova turka alfabeto) estis donita la 3-an de Novembro 1928, Atatürk tuj insistis, ke la reformo estis efektivigenda sen iu ajn prokrasto.

La nomoj de ĉiuj ŝipoj sub la Turkuja flago estis tuj transskribitaj per la novaj literoj, kaj la ŝildaro de ĉiuj publikaj placoj kaj stratoj sekvis baldaŭ. La transiro de la araba Abĝado al la latina alfabeto iris manon en mano kun grandioza alfabetiga kampanjo, kiu aparte celis la ankoraŭ junajn analfabetojn, kiuj aĝis inter 16 kaj 30 jarojn. Ĉi tiu kampanjo komenciĝis jam la sekvan jaron (1929). La socilingvistoj plejparte konsentas, ke la prioritata batalo de Atatürk kontraŭ la analfabeteco forte faciligis la efektivigon de ĉiuj ceteraj politikaj reformoj (Bayraktarlı 2008).

La heredaĵo de Atatürk

La latinan alfabeton uzas la historie ocident-kristanaj (Rom-katolikaj kaj protestantaj) nacioj en Eŭropo, dum la plejmulto da historie orient-kristanaj (ortodoksaj) nacioj uzas la grekan aŭ helendevenan alfabeton (ekzemple la cirilan). Multaj turkoj rigardis la latinan alfabeton kiel simbolon de progreso precipe pro la ĝenerale malpli grandaj proporcioj de analfabetoj en la Eŭropaj landoj. Ĉi tiun percepton pravigis la rapida sukceso de la alfabetiga kampanjo (Tu: Okuryazarlık).

Malmultaj modifitaj latinaj literoj, kiel ekzemple la senpunkta "ı" (por la malrondigita malvasta malantaŭa vokalo [ɯ] laŭ la Internacia Fonetika Alfabeto [IFA]) kaj la cedilita "ş" (por la senvoĉa postalveolara frikativo [ʃ] laŭ IFA) estas apartaĵo de la turka (aŭ almenaŭ de la latinigitaj tjurkaj lingvoj). Ĉi tiuj unikaj grafemoj tiel donis karakterizan "turkan aspekton" kaj identecon al la nova skribsistemo.

Alia vidpunkto de la lingvoreformado estis malpli okulfrapa, sed certe ne malpli grava: la otomana turka beletro, same kiel multaj oficialaj tekstoj, montris tendencon al ampleksa leksika bombasto kun abundo da floraj sinonimoj. La vortprovizo de ĉi tiu literaturlingvo estis saturita de elegantaj pruntovortoj el la persa kaj el la araba. Ĉar ĉi tiuj pruntovortoj plej potence simbolis la "palacan lingvaĵon" de la reginta Otomana elito, kiu tute konscie celis la kontraston kun la vulgara parollingvo, la lingvoreformistoj atakis same la arabajn kaj persajn pruntovortojn kiel la arabajn literojn.

Dum pluraj jardekoj, progresemaj turkaj intelektuloj estis eksperimentintaj pri poeziaj stiloj, kiuj malpli dependu de tiuj ne-turkaj leksemoj. Kaj Mustafa Kemal, kiu konis multajn el tiuj intelektuloj ekde siaj studentaj jaroj, ekzemple İbrahim Necmi Dilmen, forte subtenis ĉiujn tiujn klopodojn en la komuna strebo al moderna turka lingvo, komprenebla por ĉiuj samnacianoj. La reformistoj diligente kribris ne nur malnovajn fontojn de la turka literaturo, sed ankaŭ la leksikon de parencaj tjurkaj lingvoj por trovi senpeke taŭgajn ekvivalentojn de ĉiuj arabaj kaj persaj pruntovortoj. Tiusence, la spirito de purismo estis la dua kolono de la turka lingvoreformado (Bayar 2014: pp.59-60).

Tabelo 30: La proporcioj de arabdevenaj kaj persdevenaj pruntovortoj en turkaj ĵurnaloj inter 1931 kaj 1961 (Lewis G. 1999: p.158)

Jaro	Tjurkaj vortoj	Arabdevenaj vortoj	Persdevenaj vortoj	Alidevenaj vortoj
1931	35,0%	51,0%	2,0%	12,0%
1941	48,0%	40,0%	3,0%	9,0%
1951	51,0%	35,0%	3,0%	11,0%
1961	56,0%	30,5%	3,0%	10,5%

La unuaranga celo de Atatürk estis "venkobati la otomanan lingvon" (Lewis G. 1999: p.175), kiun li rigardis kiel la fundamentan kaŭzon de la Turkuja malmoderneco koncerne la sciencon, la teĥnikon kaj la ĝeneralan nivelon de instruiteco. Cele al la kreado de moderna kaj pura nacia lingvo, li establis la "Asocion por la esplorado de la turka lingvo" (Tu: Türk Dili Tetkik Cemiyeti) en Julio 1932. La elstara signifo, kiun li atribuis al la lingvoreformado, vidiĝis klare en 1933, kiam la "Unua kongreso por la turka lingvo" (Tu: Birinci Türk Dili Kurultayı) estis gvidata de neniu alia ol la prezidento de la Turkuja Respubliko mem kaj rekte disaŭdigita al ĉiuj samnacianoj, kiuj estis kunvenintaj ĉirkaŭ la (tiutempe malmultaj) radioriceviloj tra la tuta lando.

Kiam Mustafa Kemal ne nur fervore efektivigis sian purisman ideologion, sed ankaŭ arde intencis science pruvi, ke la turka estis la origina lingvo, de kiu ĉiuj uralaj, hindeŭropaj kaj semidaj lingvoj devenis, li evidente trostreĉis la justan aferon de sia lingvonaciismo trans ĉiujn raciajn limojn de tio, kion kapablas scienca pruvo (Laut 2000). Aliflanke sendube nur lia energio kaj lia sindonemo fakte ebligis la grandan reformadon.

Certe ne estas pravigeble, ke la brita tjurkologo Geoffrey Lewis nomis la vivoverkadon de Atatürk "katastrofa sukceso" (An: A catastrophic success, 1999), ĉar ties lingvoreformado sendube detranĉis la modernan turkan lingvon de la literatura tradicio de la otomana turka kaj per ĉi tiu lingvopolitika reĝimo iom malriĉigis la lingvon. La alfabetiga kampanjo, kiu fundamente helpis dissemi la novan skribsistemon, estis ĉiaokaze en la plej alta grado efika. Krome, estas dubinde, ĉu malpli rigora reformo estus sukcesinta estingi la plej malfavoran diglosion, kiu estis determininta la socilingvistikan aranĝon en la Otomana tempo. Same estas dubinde, ĉu malpli rigora reformo estus donacinta al la turka popolo la unuecan nacian lingvon, kiun "la patro de la turkoj" konsideris kiel nepre necesan rimedon por efektivigi la nacian sendependecon.

Lastaj vortoj

Coulmas: *Marŝalo Gazi Mustafa Kemal Paşa, estas ne nur privilegio, sed ankaŭ plezuro, interparoli kun vi! Koran dankon pro via konsento doni al mi intervjuon ĉi tie en la Dolmabahçe-palaco – la kongresejo de la "Unua kongreso por la turka lingvo" ... Oho! La vidaĵo trans la Bosporon estas vere majesta!*

Atatürk: Türkiye'ye hoş geldiniz! – Bonvenon en Turkujo!

Coulmas: *Dankon! Vi alvenis en ĉi tiu splenda rezidejo, gvidante la nacion al nova epoko – giganta tasko, kiun vi plenumis nehaltigeble. Se mi informiĝis ĝuste, vi opinias, ke Dio aŭ*

	Alaho ne helpis vin. Al kiu forto vi turnis vin, kiam vi mem bezonis spiritan gvidadon?
Atatürk:	La scienco estas ĉiam kaj ĉie la plej forta gvidanto de la civilizacio kaj de la homa vivo. Nur ĉi tiu forto akirigis al mi ĉiujn sukcesojn antaŭ la mondo (6).
Coulmas:	*Kian rolon ludis la lingvo en la transformado de Turkujo en modernan nacian ŝtaton?*
Atatürk:	La interligiteco inter patriotismo kaj lingvo fakte estas plej proksima. La precipa faktoro en la disvolviĝo de ĉia patriotisma sento estas riĉa nacia lingvo. Kaj la turka estas unu el la plej riĉaj lingvoj, se ĝi estas uzata kun prudento (7).
Coulmas:	*Ĉu la scienco estis via gvidanto ankaŭ rilate la planadon kaj efektivigon de via lingvoreformado?*
Atatürk:	Nepre jes. Nia granda turka nacio bezonis nacian lingvon, kiu estu taŭga por la moderna vivo. Ni trovis la solvon de ĉi tiu problemo en la kapablo de nia propra belega lingvo kaj sekve venkis la staton de nescio per kiel eble plej malmulte da peno (8).
Coulmas:	*Ekzistis ja vere gravaj obstakloj, ĉu ne? Via kamarado Falih Rıfkı Atay (9), membro de la lingva komitato, iam rimarkis, ke "el ĉiuj revolucioj de Atatürk, la nova skribsistemo kaŭzis la plejmulton da suferoj". Kiu plej obstine kontraŭstaris al la reformo?*
Atatürk:	La islamaj tradiciistoj, kiuj estas trompitaj per ĉiuj specoj da superstiĉo, kiel ekzemple la kredo, ke la arabaj literoj devenas senpere de Dio. Sed la Abĝado certe ne estis revelaciita de la arĥianĝelo Gabrielo! (10)
Coulmas:	*Kio estas malbona pri la Abĝado, la araba alfabeto?*
Atatürk:	La araba alfabeto estas kolekto da malraciaj signoj, kiuj tute ne taŭgas por la bezonoj de nia turka lingvo, sed kontraŭe altrudis al niaj mensoj ĉiel perfortantan Prokrustan liton (11).
Coulmas:	*Ĉu vi permesos al tiuj skribistoj, bibliotekistoj kaj burokratoj, kiuj uzis la araban Abĝadon dum sia tuta vivo, iom prokrasti la efektivigon de la skribsistema reformo?*

Atatürk: Certe ne! Ĉiuj, kiuj rifuzos akcepti la novan turkan alfabeton, frakasiĝos sub la fortaj piedoj de la turka popolo. Kiam ajn la turka nacio renkontos obstaklojn rilate la alfabetigon, mi kaj miaj kamaradoj ne hezitos oferi niajn vivojn por la nacio (12).

Coulmas: *Dum multaj jarcentoj, la otomana turka estis saturiĝinta de sennombaj pruntovortoj el la araba kaj el la persa. Ĉu tio ne estas valora heredaĵo?*

Atatürk: Ĉu vi vere diris "valora heredaĵo"? Ho ne, tute male! Fakte ekzistas urĝa neceso finfine liberigi la turkan de la fremdlingva jugo (13).

Coulmas: *Nomoj prezentas aparte kompleksan aferon. Oni diras, ke vi ĉesis uzi vian naskiĝnomon "Mustafa" en 1934. Kial?*

Atatürk: Nomoj estas grava parto de lingvo. En 1934 ni donis modernan leĝon, ke ĉiu civitano devas alpreni familinomon kiel en ĉiuj civilizitaj nacioj. Mi alprenis la nomon "Atatürk" kaj ĉesis uzi la nomon "Mustafa", ĉar ĝi ne estas turka nomo.

Coulmas: *Mi sciiĝis, ke vi iam renkontis la lingvoreformiston Eliezer Ben-Yehuda (14). Kiu speco de rilato estiĝis inter vi kaj Ben-Yehuda?*

Atatürk: Li estis regato de la Otomana Imperio. Mi renkontis lin nur unu fojon. Mi pensas, ke tio okazis en 1907, kiam mi haltis en Jerusalemo sur mia vojo al Bejruto. Li estis kaŭzinta grandan ekscitecon, propagandante la ideon, ke la judoj uzu sian fosilian liturgian terminaron kiel modernan nacian lingvon. Mi konsideris lian ideon kiel tre interesan projekton kaj pensis, ke oni eble povus anstataŭigi similmaniere la otomanan turkan per moderna turka skriblingvo. Tiurilate, li estis iaspeca fonto de inspiro al mi.

Coulmas: *Ĉu via lingvoreformo estis sukceso, retrospektive?*

Atatürk: Decidu do mem: el nia lingvoreformado rezultas, ke la granda plimulto de niaj turkaj samnacianoj hodiaŭ scipovas legi kaj skribi. Krom tio, nia glora lingvo fariĝis pli turka. Kaj la sukceso evidentiĝis ekzemple per tio, ke la internacia "Asocio por reformo de la

Coulmas: angla ortografio" (15) sendis al mi gratulan telegramon.
Coulmas: Çok teşekkür ederim (16), prezidento Atatürk.

La internacia flughaveno "Atatürk" en Istanbulo
(fotografaĵo fare de Florian Coulmas)

Notoj

(1) Nur tre malmultaj regatoj de la Otomana Imperio portis familinomon. La leĝo pri la enkonduko de heredaj familinomoj efektiviĝis la 1-an de Januaro 1935. En tiu kunteksto Mustafa Kemal alprenis la familinomon "Atatürk" (Eo: patro de la turkoj).

(2) La lun-suna "Roma kalendaro" (Tu: Rumi takvim) estis kompromisa kalendaro sur la bazo de la orient-Eŭropa Julia kalendaro, kiu validis en la Otomana Imperio inter 1840 kaj 1926.

(3) La tradicia islama nur-luna kalendaro (Tu: Hicri takvim) nombras la jarojn p.H. = "post la Heĝiro" (Ar: هجرة [hiĝra], Tu: Hicret) de Mahometo el Mekko al Medino la 15-an de Julio 622 p.K.

(4) "Pera" estis kvartalo de Konstantinopolo, norde de la Ora Korno (Tu: Haliç), en la Eŭropa parto de la metropolo. La hodiaŭa nomo de la kvartalo estas "Beyoğlu".

(5) "Başmuallim" estas kunmetaĵo de la tjurkdevena "baş" = kapo/ĉefo kaj la arabdevena "muallim" (Ar: معلم [mu'alim] = instruisto, derivita de Ar: علم ['ilm] = scienco). Pro ĉi tiu araba deveno, "muallim" estis jam frue anstataŭigita per la pure tjurkdevena "öğretmen", derivita de Tu: öğretmek = instrui.

(6) El publika parolado, kiun Atatürk faris en 1924, citaĵo laŭ "Atatürkçülük" (Eo: Kemalismo), volumo I, Millî Eğitim Basımevi, 1984, p.283.

(7) Atatürk, antaŭparolo al la sekvoriĉa verko "Por la turka lingvo"

(Tu: Türk Dili İçin, 1930), verkita de Sadri Maksudi Arsal (Садретдин Низаметдинович Максудов, 1879-1957), kiu estis tatardevena juroscienculo, socilingvisto kaj intima amiko de Atatürk, citaĵo laŭ Kreiser (2011: p.275).
(8) El la "Leĝo pri la akcepto kaj pri la aplikado de la turkaj literoj" (Tu: Türk harflerinin kabul ve tatbiki hakkında kanun), la 3-an de Novembro 1928.
(9) Falih Rıfkı Atay (1894-1971), verkisto, membro de la Nacia Asembleo (1923-1950) kaj membro de la lingva komitato dum la preparado kaj efektivigo de la nova turka alfabeto. Atay estis unu el la plej lertaj verkistoj kun forta, alloga esprimkapablo kaj klara turka stilo.
(10) Agâh Sırrı Levend (1894-1978): "Türk Dilinde Gelişme ve Sadeleşme Evreleri" (Eo: La ŝtupoj de evoluo kaj plisimpligo en la turka lingvo), citaĵo laŭ Hanioğlu (2011: p.217).
(11) Atatürk: "Türk Yazı İnkılâbı Hakkinda Konuşma" (Eo: Parolado pri la turka skribsistema revolucio), datita la 8-an de Oktobro 1928, citaĵo laŭ Hanioğlu (2011: p.217).
 (Rimarko de la tradukinto: Prokrusto [Gr: Προκρούστης] estas mitologia karaktero, kiu devigis siajn gastojn en nekonforman liton, aŭ streĉante tro mallongan korpon aŭ forhakante tro longajn membrojn. "Prokrusta lito" do priskribas aliron, kiu strebas adapti la enhavon al la formo anstataŭ la formon al la enhavo).
(12) El telegramo, kiu pritraktas la muzulmanan kritikon de la skribsistema reformo, publikigita en la turka gazeto "Hâkimiyet-i Milliye" (Eo: La nacia suvereneco) fondita de Atatürk en 1920, eldono de la 29-a de Aŭgusto 1928 (nur mallonge post la enkonduko de la reformo), citaĵo laŭ Kreiser (2011: p.272).
(13) Citaĵo laŭ Hanioğlu (2011: p.217).
(14) Vidu ĉapitron XI.
(15) Simplified Spelling Society, fondita en 1908.
(16) "Çok teşekkür ederim" (Eo: mi multe dankas).

XVI. Mohandas Karamchand Gandhi
[m̱ohandas ḵaramĉand g̱andhi]

Mohandas Karamchand Gandhi

La vivo de Mohandas Karamchand Gandhi

Mohandas Karamchand Gandhi naskiĝis la 2-an de Oktobro 1869 en familio de vaiŝjoj (la kasto de komercistoj kaj terkulturistoj) en la marborda urbo Porbandaro sur la duoninsulo Katiavaro, en vasalŝtato de Brituja Hindujo (1), la hodiaŭa Guĝarato. Lia gepatra lingvo estis la guĝarata. En la aĝo de 13 jaroj li edziĝis kun Kasturbai Makhanji Kapadia, kun kiu li havis kvar filojn. Baldaŭ poste li forlasis sian hejmon por komenci sian studadon de jurisprudenco en la Bombaja universitato. Kvankam li tie atingis nur averaĝajn rezultojn, li estis sendita al Britujo en 1888 por daŭrigi sian studadon en la elita Universitata Altlernejo (An: University College) en Londono. Post sia reveno en Junio 1891, li restis nur du jarojn en Brituja Hindujo. Jam en Majo 1893 li akceptis allogan laborpostenan oferton de hinda komerca kompanio en Johanesburgo en Transvalo (Sud-Afriko).

En Sud-Afriko, kie li pasigis la sekvajn 21 jarojn, Gandhi baldaŭ mem spertis la rasan diskriminacion, kiu estis direktata kontraŭ ĉiuj neblankuloj. Tial, li partoprenis en la lukto por civitanaj rajtoj kaj por socia justeco. Samtempe li nun pli klare konsciis ol iam antaŭe la enorme kompleksan interplektiĝon de religio, lingvo, raso kaj socia hierarĥio. En tiu tempo li legis anglan tradukon de "La regno de Dio estas ene de vi" (Ru: Царство Божие внутри вас, 1894) de la rusa literaturo Tolstojo (Лев Николаевич Толстой). La libro tiel forte influis Gandhi, ke li komencis inspirantan korespondadon kun la aŭtoro, kiu daŭris ĝis la morto de la rusa pensulo. La idearo de Tolstojo sendube inspiris ankaŭ lian filozofion de "senperforta rezistado" (Hu: Ahiṃsā).

Kvankam Gandhi estis plurfoje malliberigita en Sud-Afriko pro sia ribelemo kaj pro sia socia agado, li tamen plue sentime disvolvis sian moralan kaj politikan idearon, kiu poste famiĝis en la tuta mondo kiel la filozofio de "Sindediĉo al la vero" (Hu: Satyāgraha). Laŭ Gandhi, la komplemento de Satyāgraha estis la ahimso, la hinda filozofio de "senperforta rezistado" (Swan 1985: pp.111-122). En la jaro 1914 anonima ĵurnalisto sur la duoninsulo Katiavaro unuafoje donis al Gandhi la honoran titolon Mahatmo (Sa: Mahātman, laŭvorte: "granda animo"), kiu estas hodiaŭ plej proksime ligita kun lia nomo.

Post la reveno al sia hejmlando fine de 1914, Gandhi fariĝis la plej eminenta politika aktivulo en Hindujo, kritikante ne nur la koloniismon, sed multajn aliajn aspektojn de la moderna civilizacio (Chatterjee 1986). En sia influa guĝaratlingva verko "Hinda memregado" (Hu: Hind Swaraj), kiun Gandhi estis verkinta kaj publikiginta jam en la jaro 1909 (la anglalingva traduko aperis en 1910 sub la titolo "Indian Home Rule") en Johanesburgo, li propagandis ne nur la titoldonan memregadon, sed ankaŭ la "bonfarton de ĉiuj" (Hu: Sarvodaya), kiu estis inspirita de la verko "Unto This Last" (Eo: Al tiu lasta) de la brita socifilozofo John Ruskin (Gosh 2007: p. 38).

En la jaro 1919 Gandhi iniciatis kampanjon de "senperforta rezistado" (ahimso) kontraŭ la tiel nomata "Leĝo de Rowlatt" (An: Rowlatt Act), kiu legalizis la arestadon de ĉiuj, kiuj estis ĝenerale suspektataj pri ribelo. En 1922 li estis sendita al malliberejo pro sia gvida rolo en la bojkoto de ĉiuj varoj el Britujo, kio tamen nur plue firmigis lian decidan sintenon kaj lian reputacion de ĉampiono por justeco kaj sendependeco. Li nenegeble estis la spirita forto de la politika movado, kiu celis liberigi Hindujon de la Brituja kolonia reĝimo. Fine de 1931 Gandhi vojaĝis al Londono kiel la ununura reprezentanto de la Hinduja Nacia Kongreso (An: Indian National Congress) por diskuti konstituciajn reformojn en la Dua Packonferenco laŭ la principo de la ronda tablo (An: Second Round Table Conference).

La multaj kontraŭdiroj en la vivo de Gandhi konverĝas al la stranga fakto, ke li mem neniam akceptis iun politikan oficon kaj tamen eniris en la Baratan historion kiel "la patro de la nacio". Ĝuste en tiu tempo, kiam la Brituja aŭtoritato estis en retreto, ĉar la kampanjo "Rezignu Hindujon" (An: Quit India) pli kaj pli sukcesis, baldaŭ akironte sendependecon, Gandhi forlasis la Hindujan Nacian Kongreson, ĉar li estis tre malkontenta pri ties politika misuzo de Satyāgraha.

La Satyāgraha, la "sindediĉo al la vero", estis konsekvence verama variaĵo de la politika principo de civila malobeo, kiu estis esence inspirita de la verko "On the duty of civil disobedience" (Eo: Pri la devo malobei la registaron) de la usona pensulo Henry David Thoreau. Satyāgraha estis kvazaŭ morala "Eksperimento kun la vero" (An: The Story of My Experiments with Truth, la subtitolo de la aŭtobiografio de Gandhi), kiu fariĝis la ideologio de la nacia politika movado en Hindujo, kontraste al ĉiuj aliaj tiutempaj konceptoj pri politiko, kiuj baziĝis sur la principo de perforto, eŭfemisme nomata la "ŝtata monopolo pri perforto".

Gandhi tutkore simpatiis la Eŭropajn kritikantojn de la raciismo kaj de la industriigo, konsiderante modernajn maŝinojn ne kiel helpilojn al progreso, sed pli multe kiel rimedojn por senhavigi la kamparanojn de ilia vivopano (Kibriya 1999: pp.135-136). La respondo de Gandhi al la "leĝo de Rowlatt" (1919) estis obstina "nekunlaboro" (An: non-cooperation) kontraŭ ĉiuj institucioj de la Brituja kolonia reĝimo. Tiu nekunlaboro sukcesis transformi la malfortan situacion de la neinstruitaj kamparanoj en la forton de amasmovada politiko.

Gandhi mem vivis ekzemplodonan, asketan vivon, kiu estis karakterizata de periodoj de strikta fastado. Li fariĝis enorme populara, dum liaj politikaj pensoj senintence akcelis la maturiĝon de la hinda naciismo. Li klare malakceptis la poltikajn konceptojn kaj organizajn instituciojn, kiuj estis evoluintaj en la post-klerisma Eŭropo, sed propagandis la revenon al "la esenca genio de Hindujo, kiu estas kapabla, disvolvi formon de komunismo sur la bazo de fundamentaj rajtoj kaj de vera justeco por ĉiuj" (An: the essential genius of India which is capable of evolving a form of communism broad-based on the fundamental rights of all and equal justice to all; Gandhi 1934).

Anstataŭ laŭ sistemoj aŭ institucioj, Gandhi konceptis sian politikon laŭ la plej taŭgaj rimedoj, "per kiuj realiĝas la deziroj de la popolo". Li deklaris, ke "ekzistas nur du metodoj: unu estas fraŭdo kaj perforto, la alia estas neperforto kaj vero" (Gandhi 1927). Nur la vero estas sekvinda sur la vojo ne nur al memregado, sed ankaŭ al harmoniaj interkomunumaj rilatoj en Hindujo, precipe inter la religiaj komunumoj.

Sed ĝuste ĉi tiu harmonio malkreskis je lia plej granda malfeliĉo: ju pli alproksimiĝis la tago de la dezirata sendependeco, des pli malboniĝis la interreligiaj rilatoj ĝis malkaŝa malamikeco. Krom la klerigado de la popolamasoj, la tolero inter hinduoj kaj muzulmanoj nun fariĝis lia plej alta prioritato. En la 1930-aj jaroj, li proponis programon por elementa instruado, per kiu sennombraj malgrandaj lernejoj por la kamparana loĝantaro estis kreitaj, integrante la instruadon en la kamparanan vivon.

Li malespere luktis kontraŭ la disdivido de Brituja Hindujo en hindu-regatan Baraton kaj muzulmanan Pakistanon. Tial, li estis profunde afliktita, kiam, en 1947, la sendependeco estis senprokraste akompanata de eksplodo de masiva interkomunuma perforto, pro kiu pli ol 7,3 milionoj da hinduoj kaj sikoj kaj pli ol 7,2 milionoj da muzulmanoj estis fuĝantaj (precipe el respektive al Bengalujo kaj Panĝabujo) (Ahmed 2012 & Pandey 2001).

En Januaro 1948, por repacigi la damaĝitajn interrilatojn inter la religiaj komunumoj, Gandhi komencis publike anoncitan fastadon, kiun li promesis fini nur tiam, kiam la paco revenos al la tuta Hindujo. Baldaŭ poste Gandhi renkontis sian finan sorton: la apostolo de neperforto estis mortigita per tri kugloj, pafitaj de fana-tika hindua naciisto la 30-an de Januaro 1948. Post la solena kre-macio, lia cindro estis transdonita al la Gango, kiu portis ĝin en la oceanon.

La lingvoj en Brituja Hindujo

La plej rimarkinda trajto de la specifa socilingvistika situacio en Brituja Hindujo estas la enorma diverseco. Kvin lingvofamilioj formas grandan plurforman mozaikon, eldevigante ĝeneralan plurlingvecon, ofte eĉ plurecon de gepatraj lingvoj, kaj rezultigante ŝanĝiĝantajn lojalecojn al malsamaj lingvokomunumoj pro manko de ekzaktaj limoj: la hind-arja lingvaro en la nordo de Hindujo, la tibeto-birma lingvaro en la nord-oriento, la dravida lingvaro en la sudo, la aŭstro-azia lingvaro en la centra oriento kaj la andamana lingvaro sur la insuloj en la bengala golfo (Grierson 1903: p.28).

Apud la grandaj lingvoj kun dekoj da milionoj da parolantoj ekzistas sennombraj malgrandaj lingvoj kun nur kelkaj dekmiloj da parolantoj, skriblingvoj kaj senskribsistemaj lingvoj, transregionaj lingvoj kun alta prestiĝo, lingvoj asociitaj kun regionoj, religioj, kastoj kaj vivmanieroj. Kvazaŭ spegulante la krutan sociekonomian tavoligon (kaj antaŭ kaj sub la Brituja kolonia reĝimo), Hindujo same disponis la "perfektigitan lingvon", nome Sanskriton (Sa: Saṃskṛtā vāc, laŭvorte: "rafinita lingvo"), kaj la malrespektatan parolformon de la subkastaj "netuŝebluloj", kiun eĉ ĝiaj parolantoj ne revus nomi "lingvo". Komplekse influante unu la alian dum multaj jarcentoj, ĉiuj tiuj lingvoj kune formis kulturan unuecon.

La hinda civilizacio estas difinebla laŭ komuna alte spirita heredaĵo, filozofio, kredoj, artaĵoj, dietaj kutimoj kaj similaj trajtoj, sed ne per unu sola lingvo. Lingvoj en Hindujo pli ofte indikas inkluzivan apartenon al kulturaj tradicioj ol ekskluzivan apartenon al gento, etno aŭ nacio. Censaj donitaĵoj fakte pruvas tiun vaste konsentatan sintenon, rezultigante grandajn fluktuadojn de la deklaroj pri la individua aparteno al gepatra lingvokomunumo (Khubchandani 1981: p.15).

Kvankam la parola, plejparte plurlingva disvastigado de scioj havas fortan tradicion en Hindujo, samtempe ekzistas ekde miloj da jaroj grandioza literaturo en Sanskrito, nome la sanktaj Vedoj (2), same kiel la klasikaj epopeoj: la Mahabharato (inklu- zive de la Bagavadgito) kaj la Ramajano. En la daŭro de multaj jarcentoj, la hindoj ree kaj ree spertis, integris kaj transformis diversajn lingvajn influojn de eksterlandaj devenoj, ekzemple la persan kaj la araban (Qutbuddin 2007). Multaj lingvoj en Hindujo estis sinsekve (aŭ kelkfoje eĉ samtempe) skribataj per malsamaj skribsistemoj kaj diskoniĝis sub malsamaj nomoj. El ĉi tiu kompleksa situacio rezultas, ke diverseco, plurformeco kaj fluktuado restas la dominantaj trajtoj de la lingva komunikado en Hindujo.

La Brituja Orient-hinda Kompanio (An: British East India Company) enĵetis ankoraŭ alian lingvon, nome la anglan, en ĉi tiun enorman diversecon. Tio okazis en tempo, kiam la potenco de la Mogola Regno (1526-1858) malleviĝis, kaj ties lingvo, nome la persa, estis flankenŝovita de la pli malnova "Rekhta", t.e. la persigita variaĵo de la "Khari-Boli", kaj poste de la pli nova urdua. La persa en la Mogola Regno ludis la rolon de elita lingvo, same kiel poste la angla, kiu estis siavice akompanata de ideologio de pretendata Okcidenta supereco. Tiun pretendon ekzemplodone esprimis la sekretario de la kontrolkonsilio (An: Secretary to the Board of Control), la brita historiisto kaj politikisto Thomas Babington Macaulay, kiu enkondukis la anglan kiel instrulingvon en ĉiujn mezlernejojn en Brituja Hindujo, kio forte subfosis la tradician instrusistemon de la komunumoj en Hindujo. En sia ofte citata fifama "Memorando pri la klerigado de la hindoj" (An: Minute on Indian Education) el la jaro 1835, Macaulay opiniis:

> "Mi posedas neniujn sciojn pri Sanskrito aŭ pri la araba. Sed mi faris ĉion, kion mi povis, por akiri ĝustan taksadon pri ilia valoro. Mi legis tradukojn de la plej famaj arabaj kaj sanskritaj verkoj. Kaj en Hindujo kaj en Britujo mi pridemandis la fakulojn, kiuj estas plej elstaraj pro sia kompetenteco pri la orientaj lingvoj. Mi tute konsentas adopti la taksadon de la orientalistoj mem pri la valoro de la orienta scienco. Sed mi neniam renkontis eĉ nur unu el ili, kiu povus nei, ke sola bretaro da libroj en bona Eŭropa biblioteko samvaloris la tutan indiĝenan literaturon de Hindujo kaj Arabujo." (Macaulay 1835: p.241)

La koloniisma lingvopolitiko de Macaulay intencis uzi "la anglan por la supro" (An: English for the top) de la hinda socio kaj trejni superan klason da "homoj, kiuj estas hindoj laŭ sango kaj koloro, sed angloj laŭ gusto, opinioj, moralo kaj intelekto" (Macaulay 1835: p.239). Ĉi tiuj angligendaj hindoj servu kiel perantoj por doni instrukciojn al la analfabetaj popolamasoj, kiuj estas regataj de la britoj.

Dum longa tempo, tiu lingvopolitiko montriĝis efika por koopti instruitan eliton, kiu estis preta kunlabori kun la kolonia reĝimo. Okcidentaj valoroj kaj ideologioj, ne nur rilate la reĝimon, sed ankaŭ rilate la konceptojn pri kulturo kaj lingvo, penetris la hindan socion. Ekzemple, "multaj administrantoj okupiĝis pri la normigo de unueca skribsistemo same kiel pri normigitaj gramatikoj por ĉiuj lingvoj en Brituja Hindujo cele al la ordigo de la ĥaosa situacio" (Khubchandani 1983: p.123). Ĉar la hindaj intelektuloj, inkluzive de tiuj, kiuj batalis kontraŭ la Brituja kolonia reĝimo, estis profunde influitaj de la Okcidentaj konceptoj pri lingvo (kiel "simplaj nombreblaj objektoj"), la demando pri unu nacia lingvo por Hindujo fariĝis la dominanta temo en la politika debato.

Ĉu nacia lingvo por Hindujo?

Ĉu iu hinda lingvo povus defii la privilegian pozicion de la angla lingvo, kiun ja subtenis la anglalingva hinda elito en Brituja Hindujo? En la Eŭropo de la 19-a jarcento la demando pri nacia lingvo estis plej proksime ligita kun la klerigado de la popolamasoj. La ĉefa kaŭzo por formi nacian lingvon estis, ke la nacia ŝtato povis uzi ĝin por nutri la nacian unuecon per klerigado en la komuna instrulingvo. Estis ne pensable, ke la angla povus ludi tian rolon en Hindujo, ĉar la lingvo de la Brituja kolonia reĝimo estis tro fremda al la lingva repertuaro de la kamparana loĝantaro (3). Nur ĉirkaŭ 5 elcentoj de la loĝantaro de Brituja Hindujo estis alfabetigitaj (Daswani 2001: p.285). Gandhi, kune kun multaj hindaj pedagogoj, do favoris la instruadon en la (regionaj) vulgaraj parollingvoj.

Por ke la kamparanaj popolamasoj akiru almenaŭ bazan nivelon de instruiteco, kiu rajtigu ilin kaj helpu ilin liberigi sin de la plej mizera malriĉeco, la scioj nepre devis rilati al ilia vivo kaj estis instruendaj prefere en iliaj propraj lingvoj ol en la angla. Estis necese tute konscii pri ĉi tiu interligiteco, antaŭ ol iniciati ŝanĝojn en la atribuo de funkcioj al apartaj lingvoj en Hindujo, kies loĝantaro aspiris sendependecon kaj memregadon. Longe antaŭ la postmoderna debato pri la rolo de la angla lingvo kiel armilo de superregado kaj influo (Pennycook 1994), Gandhi ekkonsciis kaj atentigis pri tio, ke la angla ne nur estas oportuna rimedo de komunikado por interligi Hindujon kun la mondo, sed ankaŭ konsistiga parto de la tutmonda koloniisma sistemo kaj, en konsekvenco, parto de dominado.

Senpripense uzi la anglan do estis fakte idente kun akcepti la pretendatan superecon de britaj "gusto, opinioj, moralo kaj intelekto", kiun Macaulay (1835: p.239) celis. Ĉiu oficiala dokumento, ĉiu ĵurnalo, ĉiu lernolibro kaj ĉiu identigilo en la angla lingvo denove asertis la Britujan aŭtoritaton. Por kontesti tiun aŭtoritaton, estis nepre necese doni propran voĉon al la kamparana loĝantaro, ĉar "ne estas troigo diri, ke tiuj, kiuj rezignas sian lingvon, estas perfiduloj al sia lando kaj al sia popolo" (Gandhi 1965 [1909]: p.2).

Lingvoreformo en kunteksto kun la Hinduja instrusistemo signifis, ke multaj regionaj lingvoj, pluraj el ili sen la bezonata leksiko, estis paralele uzendaj por instruaj celoj. La defendantoj de tia lingvopolitiko tute ne konsideris la gravan problemon de nesufiĉa evoluinteco, ĉar (kiel jam menciite supre) hinda nacia identeco ĝis tiam ne estis dependinta de komuna lingvo.

Gandhi komprenis, ke "ekzistas preskaŭ netranspontebla distanco inter la dravidaj kaj ĉiuj aliaj hindaj lingvoj" (Gandhi 1918a). Li estis tute konvinkita, ke la hindia lingvo estas "la sola efektiva pont[lingv]o" (An: the only effective bridge). Tial, li ripete rezonadis, ke "por atingi nacian unuecon, sufiĉa posedo de la hindia estas nepra neceso" (Gandhi 1918a).

Gandhi inspiris al sia plej juna filo, Devdas, la ideon servi kiel instruisto pri la hindia lingvo en la dravidlingva sudo de Hindujo. En letero Gandhi klarigis, ke Devdas tiamaniere plenumas moralan taskon de la plej alta nivelo, kaj li laŭdis la "unuigajn melodiojn de la hindustana [4]", kiuj "malaperigos la grandan distancon, kiu ekzistas nuntempe inter la sudo kaj la nordo.

Danke al la unu hindustana lingvo, la popolo en la du partoj de Hindujo unuiĝas en unu nacion. Ĉiu, kiu kontribuas al la realigo de tiu nacia unueco, jam nur pro tiu atingo meritas esti inter la senmortuloj" (Gandhi 1918b). Gandhi ĉi tie evidente resonigas la lingvopolitikan devizon "unu popolo, unu lingvo, unu nacio" (Fr: un peuple, une langue, une nation), kiu determinis la naciisman ideologion en la 19-a jarcento (Renan 1887).

Konsidere la grandan distancon inter la hind-arja lingvaro en la nordo kaj la dravida lingvaro en la sudo, la insisto de Gandhi pri la nemalhavebla unueca nacia lingvo montriĝis plene pravigita pro lingvistikaj kaŭzoj. Kvankam la internaj diferencoj ene de la hind-arja lingvaro – precipe la disputo pri la identeco de la hindia kun la urdua (vidu sube) – estis alia afero, ĉi tiuj kaŭzoj prezentis same gravajn motivojn.

Per la establo de nacia lingvo, Gandhi esperis samtempe transponti la distancon, kiu ekzistis inter hinduoj kaj muzulmanoj, t.e. interreligia distanco, kiu rapide pligrandiĝis, post kiam la angla estis anstataŭinta la persan kiel la dominanta lingvo de regado. Ekde la 1860-aj jaroj, la ofte kontraŭdira lingvopolitiko de la Brituja kolonia reĝimo unuflanke kuraĝigis la uzadon kaj de la hindia kaj de la urdua kiel instrulingvo(j), sed aliflanke ĝi klare preferis la araban Abĝadon (12) de la urdua al la nagaria Abugido de la hindia por ĉiuj oficialaj celoj. Ĉi tiu paŝo kompreneble kolerigis la hinduajn subtenantojn de la nagaria Abugido.

Luktante kaj strebante solvi tiun problemon, Gandhi estis konsekvenca en sia pledo favore al unu sola nacia lingvo sur la bazo de la malnova nord-hinduja "Khari-Boli" (5), sed ne ĉiam konsekvenca en siaj tiurilataj eldiroj. Okaze de la "Dua konferenco pri klerigado en Guĝarato" (An: Second Gujarat Educational Conference) en Oktobro 1917, li publike deklaris: "Oni asertas, ke la hindia kaj la urdua estas du malsamaj lingvoj. Sed tiu aserto estas tute malĝusta. Fakte ambaŭ religiaj komunumoj, hinduoj kaj muzulmanoj, parolas la saman lingvon en norda Hindujo" (Gandhi 1965: p.9). Malgraŭ tio, li sentis la neceson transponti la diferencojn inter la du variaĵoj. Tial, li instigis kaj hinduojn kaj muzulmanojn al kompromisa lingvopolitika aliro por plibonigi la interreligiajn rilatojn: "Estas neeviteble, ke mi senlace ripetas:

la hinduoj nepre devas ellerni la urduan por alproksimiĝi al siaj muzulmanaj fratoj, same kiel la muzulmanoj devas ellerni la hindian por siavice alproksimiĝi al siaj hinduaj fratoj" (Gandhi 1965 [1909]: p.28).

Ĉu do nur unu lingvo aŭ du? La fakto, ke malsamaj fakuloj en malsamaj tempoj donas malsamajn respondojn al ĉi tiu demando, estas klara atesto pri la pli-malpli artefarita naturo de lingvoj, kiuj ne nur evoluas, sed ankaŭ estas formataj de siaj parolantoj. El lingvistika perspektivo, la situacio de la du variaĵoj estas priskribebla kiel "dugrafio" (An: Digraphia), t.e. unu lingvo skribata per du skribsistemoj. Origininte el la komuna fonto de la nord-hinda "Khari-Boli", la urdua kaj la hindia variaĵoj dum multaj jarcentoj iom post iom diverĝis. La urdua variaĵo de la hindustana estas skribata per la araba Abĝado kaj riĉigis sian leksikon per persaj, arabaj kaj turkaj pruntovortoj. La hindia variaĵo de la hindustana estas asociata kun la tradicio de Sanskrito kaj plejparte estas skribata per la nagaria Abugido.

Ĉar la du skribsistemoj samtempe servis kiel fortaj emblemoj por la respektivaj religiaj komunumoj (la araba Abĝado por la muzulmanoj kaj la nagaria Abugido por la hinduoj), ili estis ne simple konsidereblaj kiel sole teĥnikaj formalaĵoj. Gandhi ripete pritraktis la enorme kompleksan interplektiĝon de religio, lingvo kaj skribsistemo en la formado de komunumaj interrilatoj, formulante sian proponon pri komuna lingvo por transponti la distancon inter hinduoj kaj muzulmanoj. En sia libro "Hinda Memregado" (Hu: Hind Swaraj) de 1909/1910, Gandhi skribis:

> "La universala lingvo por la tuta Hindujo estu la hindia, alternative skribata aŭ per persaj aŭ per nagariaj literoj. Por ke la hindoj kaj la muzulmanoj havu pli proksimajn rilatojn, estas necese, ke ĉiuj posedu ambaŭ skribsistemojn. Kaj se ni sukcesos atingi tion, ni baldaŭ sukcesos ankaŭ forpeli la anglan lingvon el Hindujo." (Gandhi 1910)

Gandhi tiamaniere prezentas du ĉefajn motivojn por sia lingvopolitiko: unuflanke la repacigon de la komunumaj interrilatoj inter hinduoj kaj muzulmanoj, aliflanke la forpelon de la Brituja kolonia reĝimo el Hindujo. Ĉar li sentis, ke la forpelo tute ne sukcesos sen la repacigo, li lamentis pri la kontinua diverĝo inter la hindia kaj la urdua en la 1920-aj kaj 1930-aj jaroj kaj pasie pledis favore al la "feliĉa kunfandiĝo" de la du variaĵoj (Gandhi 1965 [1909]: pp.77 & 85).

La kompromisa variaĵo, kiu konsekvence nomiĝis "la hindustana", povis laŭdezire esti skribata per unu el la du skribsistemoj. Sed lia subtenado al la hindustana estis kelkfoje erare interpretita (Ghosh 2007: p.48) kiel propagando favore al la hindia variaĵo je la kosto de la urdua. Sekve de la definitiva ŝtata dispartigo de Hindujo per la deklaro pri la sendependeco de Pakistano la 14-an de Aŭgusto 1947, la urdua estis oficiale agnoskita kiel "la nacia lingvo de Pakistano", kio fiaskigis ĉiujn lingvopolitikajn planojn de Gandhi.

Ĵus antaŭ la deklaro pri la sendependeco de Barato, la 15-an de Aŭgusto 1947, Gandhi ankoraŭ estis pledinta favore al la akcepto de la hindustana, "kiu estas la kunfandaĵo de la du variaĵoj, purigita de artefarita karaktero, kaj kiu servu kiel nacia lingvo de la tuta Hindujo" (Gandhi 1965 [1909]: pp.110-111). En tio evidentiĝas la tria aspekto de lia lingvopolitiko: la "artefarita karaktero", kio signifas nenion alian ol la tro sanskritigitan hindian respektive la tro arabigitan kaj persigitan urduan, ĉar tiuj ekstremaj variaĵoj alportas neniun utilon al la analfabetaj vilaĝanoj, kiuj "ne povas sekvi lingvon, kiu estas tro ŝarĝita per Sanskrito aŭ per arabaj kaj persaj vortoj" (Gandhi 1965 [1909]: p.83). "Hind Swaraj", la hinda memregado, kiel Gandhi komprenis ĝin, ne celis anstataŭigi la Brituĵan kolonian reĝimon per anglalingva hinda elito, sed rajtigi la neinstruitan kamparanan loĝantaron. Kaj ĉi tiu rajtigo postulis, ke la tuta nacio parolu kaj prizorgu lingvojn, kiujn la malpli instruitaj samnacianoj komprenas, nome la hindustanan kaj la regionajn lingvojn, el kiuj Barato havis tiom multajn.

La heredaĵo de Gandhi

Lingvopolitiko ludis elstaran rolon en la sendependiga movado sub la gvidado de Gandhi. Li aktive partoprenis en la formado de la lingvopolitikaj celoj kaj enkorpigis multajn ecojn de la kompleksa kaj ofte kontraŭdira movado. Li instigis siajn kunbatalantojn fieri pri la riĉa multlingva heredaĵo de Hindujo kaj samtempe propagandis unu solan nacian lingvon por la patrujo, kiu ankoraŭ nur aspiris sendependecon. Li argumentis, ke la demando pri la nacia lingvo estas respondenda sendepende de la religiaj diferencoj, kvankam li konsciis la fakton, ke la sukcesa solvo de la lingva demando estas necesa antaŭkondiĉo por repacigi la religiajn komunumojn. Li senlace emfazis ree kaj ree, ke la rivaleco ekzistas ne inter la hindia kaj la urdua, sed inter la hindustana kaj la angla. Ĝis la fino de sia vivo li plue publikigis multajn el siaj ideoj pri hinda memregado kaj pri la regionlingva instruado, mem uzante la anglan.

Gandhi deziris limigi la funkcian potencon de la angla al la internacia komunikado kaj al la akiro de sciencaj scioj el la Okcidento. Pro la post-imperiisma procezo de la tutmondiĝo, la funkcia potenco de la angla en Barato tamen montriĝis pli multfaceta kaj pli longedaŭra ol Gandhi estis antaŭvidinta. Lia sindediĉo al la hindustana lingvo probable fortikigis ties statuson en la sendependa Barato (6).

Lia senlaca sindono al la interesoj de la senrajtigitaj popolamasoj donis fortan inspiron al ĉiuj, kiuj laboradis por la alfabetigo kaj por la regionlingva instruado de plenkreskuloj en la tuta Barato. La ampleksa verkaro de Gandhi pri la lingva demando helpis sekurigi elstaran pozicion de ĉi tiu temo inter la naciaj politikaj celoj de Barato. Kaj lia pledo por fidi prefere la fortojn de la propra popolo ol la altruditajn importojn el la imperiisma Okcidento, ankaŭ rilate la lingvon, ankoraŭ resonas hodiaŭ. La lingvopolitikaj defioj, kiujn Gandhi konfrontis, estas resumeblaj laŭ kvar dimensioj:

Tabelo 31: Dimensioj kaj celoj de la lingvopolitiko de Mohandas Karamchand Gandhi

Dimensio	Celo
Socia	Instrui la analfabetajn popolamasojn kaj doni al ili propran voĉon
Religia	Repacigi la komunumajn interrilatojn inter muzulmanoj kaj hinduoj
Lingvistika	Taŭgigi la hindustanan kaj la regionajn lingvojn por la moderna vivo
Politika	Forpeli la anglan lingvon kadre de la kontraŭkoloniisma lukto

Lastaj vortoj

Coulmas: *Bonan posttagmezon, Gandhiji (7), via sekretario informis min, ke vi konsentas nun respondi miajn demandojn pri la lingvaj problemoj de Hindujo.*

Gandhi: Sidiĝu, mi petas. La lingvaj problemoj de Hindujo? Jes, tiu temo estas tre proksima al mia koro. Sed bonvolu atenti malgrandan averton: Mi tute ne zorgas, ke mi ĉiam aperu konsekvenca. [...] Pli ĝuste mi zorgas, ke mi en ĉiu momento obeu la vokon de la vero, kiu estas mia Dio. Kaj pro tio, kiam oni trovas iun nekonsekvencon inter du el miaj verkoj pri la sama temo – kondiĉe ke oni ankoraŭ fidas mian prudenton –, mi rekomendas atenti nur la plej lastan verkon (8).

Coulmas: *Mi komprenas. Nu, permesu al mi komenci la intervjuon per demando pri la nacia lingvo. Vi nelacigeble propagandis, ke la hindustana estu la nacia lingvo de Hindujo. Kio estas tio – "la hindustana"?*

Gandhi: La hindustana estas identa kaj kun la hindia kaj kun la urdua, kiel ajn nomiĝu la nacia lingvo (9). La hindustana, kiu prezentas veran miksaĵon el la hindia kaj la urdua, ĉiaokaze estas la nacia lingvo de Hindujo. Sed mi ankoraŭ ne sukcesis pruvi tion en miaj propraj verkoj aŭ paroladoj. [...] Eble estas eĉ bone, ke la demando pri la nacia lingvo venis en la manojn de nefakulo. Ĉar la plej granda amaso de la popolo apartenas al ĉi tiu kategorio. Nur la lingvaj klopodoj de sindonaj popolanoj ebligos al la fakuloj pri lingvistiko krei la plej taŭgan miksaĵon, kiu estos facile komprenebla por ĉiuj (10).

Coulmas: *Kio distingas la hindustanan de la aliaj lingvoj en Hindujo?*

Gandhi: Ekzistas io nedifinebla en la hindustana, kio faras ĝin plej facile lernebla kaj donas certajn gramatikajn liberecojn, kiuj ne estas troveblaj, laŭ mia scio, en iu alia lingvo (11).

Coulmas: *Ĉu la hindustana estas pli facila ol la dravidaj lingvoj?*

Gandhi:	Ho jes! Mi iom scias la tamilan lingvon. Ĝi estas tre bela kaj melodia, sed ĝia gramatiko estas nur penplene regebla, dum la gramatiko de la hindustana estas vera facilaĵo (12).
Coulmas:	*Laŭ via opinio, ĉu estas eble konvinki muzulmanojn kaj hinduojn, ke ili parolas la saman lingvon? En ambaŭ tendaroj, multaj insistas, ke ili parolas tute malsamajn lingvojn kaj neniel komprenas unu la alian.*
Gandhi:	Fakte ekzistas nenia vera diferenco inter la hindia kaj la urdua. La unu sama lingvo estas la hindustana, kiun la hinduoj skribas per la nagaria Abugido kaj nomas "la hindia" kaj kiun la muzulmanoj skribas per la araba Abĝado kaj nomas "la urdua" (13). Ĉiuj verkistoj kaj parolantoj de la hindustana, kiuj eĉ intence uzas kiel eble plej multajn sanskritajn aŭ arabajn kaj persajn vortojn, kaŭzas grandan damaĝon al la tuta Hinduјo (14).
Coulmas:	*En Hinduјo ja ekzistas pluraj dekoj da lingvoj, kiuj estas neniel parencaj al la hindustana. Kelkaj argumentis, ke la angla estus potenca kaj neŭtrala lingvo por transponti la grandan distancon inter la hind-arja lingvaro kaj la dravida lingvaro.*
Gandhi:	La angla neniam povas fariĝi la nacia lingvo de Hinduјo (15). Samtempe kun la fino de la Brituja kolonia reĝimo, ankaŭ la funkcio de la angla kiel komuna parollingvo aŭ eĉ kiel kortuma lingvo devas ĉesi (16). Nia unua kaj precipa devo estas antaŭenigi la riĉajn lokajn lingvojn, je kiuj Hinduјo abundas. [...] Mi senĉese pledas por tio, ke ni finfine forpelu la anglan kiel kulturan uzurpanton, same kiel ni jam sukcese forpelis la kolonian reĝimon de la angla uzurpanto (17).
Coulmas:	*Vi iam sugestis, ke "kiam la Brituja jugo estos forskuita [...], la pasio al la angla lingvo aŭtomate forpasos" (18). Vi tamen daŭrigis la eldonadon de la anglalingva gazeto "Harijan" (19) ĝis la fino de via vivo.*
Gandhi:	Mi estas ĝisosta optimisto, kaj optimistoj fojfoje eraras. Rememoru, kion mi diris al vi en la komenco

de nia interparolo. Mi lernis el mia eraro: la Brituja Imperio forpasos, ĉar ĝi estis kaj restas esence malbona. Sed la imperio de la angla lingvo ne povas forpasi (20).

Coulmas: *Vi atendis, ke unu tagon ĉiuj oficialaj dokumentoj kaj publikaĵoj en Hindujo estos verkataj en la hindustana. En Majo 2014 Narendra Modi, kiu devenas el malalta kasto, estis elektita ĉefministro. Li estas la unua ĉefministro, kiu senescepte parolas nur la hindian en ĉiuj internaciaj kunvenoj kaj donis la striktan ordonon, ke ĉiuj oficialaj dokumentoj estu verkataj nur en la hindia. Ĉu vi aplaŭdas lian decidon?*

Gandhi: Tio ja ne estas bona demando. Inter 1948, la jaro de mia morto, kaj 2014 troviĝas la vivdaŭro de tuta nova generacio. Kaj certe ne estas mia tasko prijuĝi la aktualan politikon. Mi havis mian tempon, Modi havas la sian.

Coulmas: *Mi diras बहुत धन्यवाद [bahut dhanjavad] en la hindia kaj بہت شکریہ [bohat ŝukrija] en la urdua – Koran dankon!*

Gandhi: [riverencante kun kunmetitaj manoj antaŭ la brusto] अलविदा [alvida] kaj الوداع [alvida] – Adiaŭ! (21)

La aŭtovojo "Mahatmo Gandhi" en Nov-Delhio en kvar lingvoj: nome hindia (en nagaria Abugido), angla, panĝaba kaj urdua (en Abĝado) (fotografaĵo fare de Chander J. Daswani, Nov-Delhio)

Notoj

(1) Por eviti miskomprenojn, estas necese diferencigi la terminojn "Brituja Hindujo", "Hindujo" kaj "Barato":

Brituja Hindujo	la historia kolonio sub la persona regado de la Britujaj geregoj inter 1858 kaj 1947 (An: British Raj)
Hindujo	la tuta hinda subkontinento, kiu ampleksas la hodiaŭajn ŝtatojn Bangladeŝo, Barato, Butano, Nepalo kaj Pakistano
Barato	la Barata Respubliko (Hu: Bhārat Ganarājya), kiu estis proklamita kiel sendependa federacia ŝtato la 15-an de Aŭgusto 1947

(2) la Vedoj, t.e. la kvar kolektoj (Rigvedo, Samavedo, Jaĝurvedo kaj Atharvavedo) de preĝoj aŭ ritoj, konstituas la plej antikvajn Sanktajn Skribojn de la hinduismo el la tempo inter 1700 kaj 1100 a.K.
(3) Komence de la 20-a jarcento, kamparanoj konsistigis preskaŭ 90 elcentojn de la tuta loĝantaro de Brituja Hindujo.
(4) La "hindustana" estas la hiperonimo de la variaĵoj "hindia" kaj "urdua". Gandhi, kiu konsideris la diferencojn inter ĉi tiuj variaĵoj neglektindaj, preferis la hiperonimon por lingvopolitike emfazi la identecon.
(5) La malnova nord-hinduja "Khari-Boli", laŭvorte "la daŭra dialekto", estis la prestiĝa delhia dialekto, kiu konstituas la praformon de la hindia kaj urdua variaĵoj.
(6) La artikolo 351 de la Barata konstitucio de 1949 preskribas, ke *"la federacio havas la devon antaŭenigi la disvastigadon de la hindia lingvo; disvolvi ĝin, por ke ĝi povu servi kiel taŭga esprimrimedo por ĉiuj elementoj de la kompleksa kulturo en Barato; certigi la pliriĉigon de la hindia lingvo, sen noci ĝian originan spiriton, asimilante la formojn, stilon kaj esprimojn, kiuj estas uzataj kaj en la hindustana kaj en la aliaj lingvoj de Barato, specifitaj en la Oka Katalogo, kaj ĉerpante, kie ajn estas necese aŭ dezireble, la vortprovizon unuarange el Sanskrito kaj duarange el aliaj lingvoj."*
(An: It shall be the duty of the Union to promote the spread of the Hindi language, to develop it so that it may serve as a medium of expression for all the elements of the composite culture of India and to secure its enrichment by assimilating without interfering with its genius, the forms, style and expressions used in Hindustani and in the other languages of India specified in the Eighth Schedule, and by drawing, wherever

necessary or desirable, for its vocabulary, primarily on Sanskrit and secondarily on other languages) (www.indiankanoon.org/doc/1581449).
(7) La sufikso "-ji" (prononcenda same kiel "-ĝi"), metita post la familinomo, prezentas la tradician hindan honorigan titolon.
(8) Gandhi (1910, prefaco al la eldono de 1933) troviĝas sur la retejo: (www.mkgandhi.org/ebks/hind_swaraj.pdf).
(9) Gandhi (1918c).
(10) La artikolo "La hindustana" (An: Hindustani), publikigita en "Harijan", la 7-an de Aprilo 1946, citaĵo laŭ Gandhi (1965: pp.98-99).
(11) Gandhi (1918a).
(12) Gandhi (1919).
(13) "Abugidoj" estas prakritdevenaj alfasilabaj skribsistemoj, en kiuj ĉiu signo prezentas konsonanton kun defaŭlta vokalo (kontraste kun helendevenaj "alfabetoj", en kiuj ĉiu signo prezentas aŭ vokalon aŭ konsonanton, kaj kontraste kun la arabdevena "Abĝado", en kiu preskaŭ ĉiuj signoj prezentas konsonantojn).
(14) El prezidenta parolado okaze de la 24-a sesio de la hindia literatura societo (Hu: Hindi Sahitya Sammelan), Indaur, 1935, citaĵo laŭ Gandhi (1965: p.37).
(15) El prezidenta parolado okaze de la 24-a sesio de la hindia literatura societo (Hu: Hindi Sahitya Sammelan), Indaur, 1935, citaĵo laŭ Gandhi (1965: p.34).
(16) La eseo "La hindustana kiel nacia lingvo" (An: Hindustani as National Language), publikigita en "Harijan", la 26-an de Oktobro 1947, citaĵo laŭ Gandhi (1965: p.120).
(17) "Gardu vin" (An: Take Care) publikigita en "Harijan", la 21-an de Septembro 1947, citaĵo laŭ Gandhi (1965: p.120).
(18) "La hipnotismo de la angla" (An: Hypnotism of English), publikigita en "Harijan", la 26-an de Majo 1946, citaĵo laŭ Gandhi (1965: p.101).
(19) "Harijan" (Sa: Hari-jan, laŭvorte: "naskitoj de Viŝnuo") estis la nomo de anglalingva semajna gazeto, kiun Gandhi eldonis de 1933 ĝis sia morto en la jaro 1948. La nomo, eltrovita de Gandhi mem, prezentas eŭfemisman terminon, kiu rilatas al la ekster-kastaj "netuŝebluloj", kiuj hodiaŭ nomiĝas "listigitaj kastoj" (An: Scheduled Castes).
(20) "Lingvo kaj skribsistemo" (An: Language and Script), publikigita en "Harijan" la 25-an de Januaro 1948, citaĵo laŭ Gandhi (1965: p.131).
(21) La adiaŭo en la du variaĵoj de la hindustana distingiĝas unu de la alia solsole per la skribsistemo.

XVII, Zhōu Ēnlái (周恩来)
[ĝoŭ enlaj]

Zhōu Ēnlái (fotografaĵo fare de Sun Yifu, reproduktita kun permeso)

La vivo de Zhōu Ēnlái

Zhōu Ēnlái (1) naskiĝis la 5-an de Marto 1898 (la 13-an de la dua monato laŭ la tradicia ĉina kalendaro) en familio de mandarenoj (2) en la urbo Ĥŭajano (Ĉn: Huái'ān), en la orient-Ĉinuja provinco Ĝjangsuo. Ĉar li estis tiutempe la sola knabo en la Zhōu-familio, oni aranĝis lian adopton fare de lia bonhava onklo Zhōu Yìgǎn, kiu estis mortonta de tuberkulozo kaj sen vira heredonto.

Chén, la vidvino de Yìgǎn, instruis al Ēnlái legi kaj skribi la ĉinajn ideografiaĵojn, kiam li estis ankoraŭ tre juna. Li kore amis sian adoptan patrinon, danke al kiu li akiris dumvivan ŝaton por la ĉina literaturo. En la jaro 1908 ankaŭ Chén mortis. En la sekvaj du jaroj, Ēnlái estis sendata de unu parenco al alia, ĝis en 1910 alia onklo, nome Zhōu Yìgēng, venigis lin el la provinco Ĝjangsuo al sia loĝloko Ŝenjango, la ĉefurbo de la provinca Ljaŭningo, kie Yìgēng oficis kiel mandareno.

En Ŝenjango, Ēnlái vizitadis la modernan lernejon Dàdōng, kiam la Xīnhài-Revolucio en Februaro 1912 detronigis la tiam nur ses-jaran imperiestron Aìxīnjuéluó Pǔyí (reg. 1908-1912), per tio finigante la Qīng-dinastion, kiu estis reginta Ĉinujon ekde 1636. Kiam en 1913 Yìgēng estis translokita al la grandurbo Tjanĝino, najbara al la Ĉinuja ĉefurbo Pekino, Ēnlái povis vizitadi la prestiĝan altlernejon Nánkāi, kiun li finis en la jaro 1917.

Sukcese trapasinte la eliran ekzamenon, li translokiĝis al Tokio, ĉar li (same kiel multaj el liaj ĉinaj samtempuloj) pensis, ke la ĉina socio devas lerni modernecon laŭ la japana modelo. Sed la japana ŝovinismo estis tiam ĉie palpebla, kaj la konduto de japanoj kontraŭ ĉinoj estis malfacile tolerebla. Ēnlái tutkore malaprobis la bruajn japanajn elitismon kaj militismon, pro kiuj li seniluziigita foriris de Nipono en la printempo de 1919. Li estis konkludinta, ke la Japanuja Imperio ne prezentis taŭgan modelon por la modernigo de Ĉinujo (Barnouin & Yu 2006: pp.20-21). Dum sia tempo en Japanujo, li estis tamen propriginta al si profundan intereson pri la solvo de sociaj problemoj, pri marksismaj ideoj kaj pri la Oktobra Revolucio.

Reveninte al Tjanĝino, Ēnlái partoprenis en studentaj protestoj kadre de la "Movado de la 4-a de Majo [1919]" kontraŭ la okupacio de Ĉinuja teritorio fare de la Japanuja armeo, kio rezultigis duonjaran prizonpunon. Kiam Ēnlái eksciis, ke li estis definitive elpelita el la universitato, li decidis denove iri eksterlanden. En Decembro 1920 li vojaĝis kiel speciala raportisto de la katolika ĵurnalo "Yìshì Bào" (Eo: La bonfara epoko) al Eŭropo, kie li restis ĝis Julio 1924 – precipe en Parizo, sed dumtempe ankaŭ en Brituĵo kaj en Germanujo.

Studinte la diversajn alirojn al la solvo de la klasa konflikto, kiujn la diversaj Eŭropaj nacioj estis adoptintaj, li venis al la konkludo, ke la plej bona solvo ne nur por Ĉinujo, sed por la tuta mondo troviĝas en la komunismo. Li sekve ludis aktivan rolon en la komunisma movado de ĉinaj studentoj en Francujo kaj fine, la 4-an de Majo 1922, kunfondis la Ĉinan Komunisman Junularan Ligon. Li starigis efikan reton da sindonaj intelektuloj, kiu servis kiel solidara helporganizaĵo en la sekvaj jaroj.

Reveninte al Tjanĝino en 1924, li edziĝis kun Dèng Yĭngchāo en Aŭgusto 1925. Li estis konatiĝinta kun Yĭngchāo, kiu estis aktivulino en la studenta movado kaj poste membro de la Ĉina Komunisma Partio (ĈKP), jam dum la tempo de la "Movado de la 4-a de Majo". Ili neniam havis proprajn gefilojn, sed ili prizorgis tri junaĝajn fratetojn de Ēnlái kaj adoptis plurajn aliajn georfojn.

Ekde sia reveno en 1924 ĝis sia morto en 1976, Zhōu Ēnlái pasigis vivon, dediĉitan al la revolucia politiko kaj al la modernigo de Ĉinujo. Sekvante la konsilon, kiun donis Stalino (Иосиф Виссарионович Джугашвили), la tiutempe ankoraŭ malgranda komunisma partio komence kunlaboris kun la patriotisma partio Kuomintango (Ĉn: Guómíndǎng) de la unua Ĉinuja prezidento d-ro Sun Jatsen (Sūn Yìxiān), cele al la modernigo de Ĉinujo en registara alianco (inter 1924 kaj 1927). Sun Jatsen, la "patro de la respubliko", estis formulinta la "Tri Popolajn Principojn" jam en 1905: patriotismo, demokratio kaj socia bonfarto (3), kiuj estis inspiritaj de la fama diskurso apud Gettysburg fare de Abraham Lincoln: "La regado de la popolo fare de la popolo kaj por la popolo" (4).

En la registara alianco, Zhōu Ēnlái akceptis la postenon de la politika estro de la nove establita oficir-akademio Huángpǔ en Kantono. Post la morto de Sun Jatsen, la interrilatoj inter komunistoj kaj patriotistoj baldaŭ komencis plimalboniĝi kaj ekde 1927 rapide evoluis al plenkreska malamikeco. Gvidante la subteran komunisman movadon kaj plurajn malkaŝajn laboristajn ribelojn en Ŝanhajo, Zhōu Ēnlái plu kaj plu leviĝis en la partia hierarĥio, ĝis li akiris la postenon de ĝenerala sekretario de la centra oficejo en 1931.

La situacio en Ĉinujo fariĝis pli kaj pli konfuza kaj danĝera, kiam la imperia armeo de Japanujo okupaciis Manĉurujon en Septembro 1931 kaj provokis la sekvoriĉan "incidenton sur la Marko-Polo-ponto" (Ĉn: Lúgōuqiáo Shìbiàn) en Pekino, la 7-an de Julio 1937, per kiu komenciĝis la Dua Mondmilito en Azio. Ĉiang Kajŝek (Jiǎng Jièshí), la nova prezidento kaj partiestro de la Kuomintango, dum pluraj jaroj koncentris ĉiujn penadojn sur la batalon kontraŭ siaj komunismaj sampatrujanoj, anstataŭ kontraŭbatali la eksterlandajn invadintojn.

Estante armea komandanto trejnita en la prestiĝa oficirlernejo Shinbu Gakkō en Tokio, Ĉiang Kajŝek estis impone sukcesa kaj en 1934 encirkligis grandnombrajn komunismajn fortojn en la orient-Ĉinuja provinco Ĝjangŝjio. La du geniaj komunismaj gvidantoj, kiuj finfine atingis la ekstreme malfacilan trapenetron el tiu ĉirkaŭfermejo kaj kiuj organizis la sekvan retreton de pli ol 85 miloj da ruĝarmeanoj al la sekura nord-Ĉinuja provinco Ŝenŝjio, estis neniuj aliaj ol Zhōu Ēnlái kaj Maŭ Zedong.

Tiutempe Zhōu estis ankoraŭ la superulo de Maŭ ene de la hierarĥio de la komunisma partio, sed en la daŭro de la fama "Longa Marŝado" (Ĉn: Cháng Zhēng) de Oktobro 1934 ĝis Oktobro 1935, Zhōu ekkonsciis pri la superaj gvidaj kapabloj de Maŭ, dum ili kune gvidis la Unuan, Duan kaj Kvaran Ruĝajn Armeojn sur vojo de pluraj miloj da kilometroj tra la plej malebenaj regionoj de Ĉinujo. Zhōu volonte cedis la gvidadon al la kamarado Maŭ.

Post kiam la Japanuja Imperio estis superita en Aŭgusto 1945 kaj la ĉinaj komunistoj estis triumfintaj super la patriotisma partio Kuomintango, gajninte la civilan militon (1945-1949), Maŭ Zedong ceremonie proklamis la establon de la Popola Respubliko Ĉinujo (Ĉn: Zhōnghuá Rénmín Gònghéguó), mallonge PRĈ, la 1-an de Oktobro 1949.

En ĉi tiu nova Ĉinujo, Maŭ funkciis kiel partiestro de ĈKP, dum Zhōu okupis la duan rangon, oficante kiel ĉefministro (ĝis sia morto en 1976) kaj longe ankaŭ kiel ministro pri eksterlandaj aferoj (ĝis 1958). Dum la plej malkvietemaj komencaj jardekoj de PRĈ, Zhōu sendube estis la ĉef-konstruisto de la internaciaj rilatoj de Ĉinujo sur la bazo de la grava principo de "reciproka neenmiksiĝo en la internajn aferojn de alia ŝtato" (5). Lia prioritata celo estis akiri respekton al PRĈ en la mondo.

Dum la intensiĝanta malvarma milito, Zhōu flegis aparte amikajn interrilatojn kun ĉiuj "nealiancitaj landoj", t.e. la neŭtralaj ŝtatoj, kiuj ne apartenas al iu milita alianco (nek al la Usona alianco = NATO, nek al la Sovetia alianco = Varsovia Pakto). En la konferenco en Bandungo sur Javo, Indonezio, en Aprilo 1955, per kiu propraesence fondiĝis la grava "Movado de Nealiancitaj Landoj" (An: Non-Aligned Movement), Zhōu Ēnlái ludis eminentan rolon flanke de Jawaharlal Nehru de Hindujo, Gamal Abdel Nasser de Egiptujo kaj la gastiganto Sukarno de Indonezio.

Li senĉese subtenis la defendan batalon de Vjetnamujo kontraŭ la Usona agresmilito (1964-1975). En la fruaj 1970-aj jaroj, li tamen ebenigis la vojon al repaciĝo kun Vaŝingtono, plibonigante la interrilatojn per la Ŝanhaja deklaracio, kiun li mem subskribis kune kun la Usona prezidento Richard Nixon la 28-an de Februaro 1972.

Malgraŭ stilaj kaj politikaj diferencoj inter ili, Zhōu Ēnlái restis ĉiam lojala al Maŭ Zedong. Li travivis ne nur la turmentajn sociajn tertremojn de la "Granda Salto Antaŭen" (Ĉn: Dà Yuè Jìn) de 1958 ĝis 1961, kiu rezultigis teruran trijaran grandan malsaton (de 1959 ĝis 1962), sed ankaŭ la detruan "Grandan Proletaran Kulturrevolucion" (Ĉn: Wúchǎnjiējí Wénhuà Dàgémìng) dum la jardeko inter 1966 kaj 1976, kiu estis respondeca pri perdita generacio da studentoj kaj kaŭzis katastrofan ekonomian damaĝon.

Li ofte prenis sur sin la taskon alkonformigi la revoluciajn celojn de ĈKP (krei novan socion) al la foje kontraŭaj internaciaj interesoj de PRĈ (akiri respekton), kio ofte necesigis ekvilibrigon similan al la Ĉinuja lingvopolitiko: kaj la ĝenerala politiko kaj la lingvopolitiko devis same konsideri internajn kaj internaciajn bezonojn. Kiel ĉefministro, Zhōu Ēnlái estis respondeca pri la politiko rilate la etnajn minoritatojn (Zhou E. 1980 [1957]), kiu konstituis centran elementon de la interna politiko de Ĉinujo. Klerigado de la popolamasoj, disvastigo de la legokapablo kaj lingvoreformo prezentis la plej altajn prioritatojn inter la celoj de la komunisma registaro, kaj Zhōu ludis gvidan rolon ĉe ĉiuj tiuj temoj.

Zhōu Ēnlái prezentis la kulturitan vizaĝon de la revolucio. Tiu tre inteligenta kaj lerta diplomato, kiu flue parolis kaj la francan kaj la anglan, havis la talenton entuziasmigi siajn interparolantojn pri siaj ideoj. Li tamen klare preferis konvinki ol persvadi aliajn. Kvankam li unuflanke havis la firman decidon venki la Ĉinujajn malfortaĵojn, kiuj radikis en multaj malnoviĝintaj strukturoj kaj institucioj, li aliflanke estis plenkora patrioto, kiu alte aprezis la riĉan antikvan kulturon de sia patrujo. Li estis tute kontenta pri lia propra dua rango kaj eble pro tio gajnis la korojn de siaj sampatrujanoj. La 8-an de Januaro 1976, la komuniko pri lia morto vekis en la popolamasoj pli multe aŭtentikajn esprimojn de vera bedaŭro ol nur la preskribitan funebron.

La lingvoj en la Ĉinuja Imperio antaŭ la Xīnhài-Revolucio (1911)

Ekde plej antikvaj kaj antaŭmodernaj tempoj, Ĉinujo estis pluretna imperio, en kiu la granda hana gento estis ĉiam kulture dominanta, kvankam en multaj sinsekvaj dinastioj ankaŭ aliaj gentoj akiris la potencon. La ĉina sinteno al la ne-hanaj etnoj en la "Meza Regno" (6) estis karakterizata de la neŝancelebla konvinko pri la supereco de la ĉinaj kulturo kaj lingvo. Kiam la imperia ordo estis disrompiĝanta kaj d-ro Sun Jatsen agitadis kontraŭ la imperia regado, lia frapfrazo por "revivigi la Ĉinujan socion" (Ĉn: Xīng Zhōng Huì) tekstis: "Forpelu la tatarajn barbarojn [t.e. la manĉur-devenan Qīng-dinastion], revivigu la Ĉinujan nacion kaj establu unuiĝintan registaron" (7).

Tuj post kiam la Ĉinuja Respubliko (Ĉn: Zhōnghuá Mínguó) estis fondita sur la ruinoj de la forpasinta Qīng-imperio en Januaro 1912, d-ro Sun Jatsen adoptis pli akordiĝeman starpunkton kaj publike deklaris, ke la patriotisma principo (el liaj "Tri Popolaj Principoj") aplikiĝas ne nur al la dominanta hana gento, sed al la tuta "Ĉinuja nacio", kiu konsistas el ĉiuj kvin grandaj gentoj (hanoj, mongoloj, tibetoj, manĉuroj kaj ujguroj) de Ĉinujo (Zhou M. 2003: p.7).

Sed, same kiel multaj antaŭaj registaroj tra la ĉina historio, ankaŭ la registaro de la Kuomintango kontinue ŝanĝiĝis en sia lingvopolitiko rilate la etnajn minoritatojn inter komplezo, asimilado kaj bonvola neglektado. La etnaj minoritatoj kaj iliaj lingvoj ĝenerale ne ludis rimarkindan rolon en la Ĉinuja Respubliko, kvankam ili tiutempe konstituis pli ol 8 elcentojn de la loĝantaro (8) (egale al proksimume 35 milionoj da civitanoj).

Problemo, kiu ricevis multe pli da atento, estis la lingvoreformo. Post la humiligantaj malvenkoj en la unua Opio-Milito kontraŭ Brit ujo (1839-1842), la dua Opio-Milito kontraŭ Eŭropa alianco sub la gvidado de Brit ujo (1853-1860) kaj la unua milito kontraŭ Japanujo (1894-1895), la tute senkuraĝiga sento de netaŭgeco kaŭzis la naskiĝon de la lingvoreforma movado inter la ĉinaj intelektuloj cele al la modernigo de la ĉinaj lingvo kaj skribo.

Sun Jatsen, same kiel lia sukcedanto Ĉiang Kajŝek kaj multaj aliaj gvidantoj en Ĉinujo, dumtempe foriris al Japanujo, kie ili estis atestantoj de la granda sukceso de la tiea lingvoreformo kaj de la kvazaŭ ekzemplodona lingvopolitika reĝimo (vidu ĉapitron XIII). Sun Jatsen, kiu mem devenis de suda Ĉinujo, estis pli sentema ol aliaj pri la lingvaj diferencoj inter la nord-okcidentaj kaj la sud-orientaj ĉinoj. Dum la prestiĝa mandarena, la klasika ĉina lingvo (Ĉn: Guānhuà), estas vaste parolata en la lingve relative homogenaj nordo kaj okcidento, diversaj topolektoj (9), kiuj plejparte ne estas facile interkompreneblaj, troviĝas precipe en la sud-oriento (Zhou Y. 1986: p.7). El ĉiuj tiuj ok topolektoj, stiligita variaĵo de la mandarena nekontesteble dominis la tutan Ĉinujan skribkulturon sur la literaturlingva kampo.

Tabelo 32: La topolektoj en la Popola Respubliko Ĉinujo (CASS 2012)

Topolekto	Elcentoj de loĝantaro	Provincoj
Guānhuà	65,7%	(ĉiuj aliaj)
Mǐn	6,2%	Fuĝjano
Wú	6,1%	Ĝeĝjango, Ŝanhajo
Yuè	5,6%	Gŭangdongo, Honkongo, Makao
Jìn	5,2%	Ŝanŝjio
Gàn	3,9%	Ĝjangŝjio
Kèjiā	3,5%	Gŭangdongo, Honkongo, Makao
Xiāng	3,0%	Hunano

En precipe agrokultura socio estis memkompreneble, ke plena akiro de la legokapablo bezonas plurjaran studadon (speciale en la okazo de ideografia skribsistemo). Tial, favore al la celata socia modernigo, la akirebleco de la legokapablo devis plifaciliĝi. En la jaro 1912 la ministrejo pri klerigado de la Ĉinuja Respubliko kunvokis kompetentulojn al konferenco por antaŭenigi la lingvan normigon kaj ŝanĝi la klasikan skribmanieron al pli komuna stilo.

Post multaj monatoj kun sennombraj debatoj kaj voĉdonoj pri la ĝustaj prononcoj de 6 500 ideografiaĵoj, la konferenco rekomendis, ke la mandarena (Ĉn: Guānhuà) servu kiel la normigita "nacia lingvo" (Ĉn: Guóyǔ) en ĉiuj provincoj de la Respubliko

(10). "La respubliko volis rigardi Ĉinujon kiel unuecan landon, priloĝatan de unueca nacio, kiu parolas unuecan lingvon" (Taylor & Taylor 1995: p.113). Por sendube difini ekzakte normigitajn prononcojn, la konferencanoj decidis enkonduki ne-latinan fonetikan transskribsistemon (Ĉn: Zhùyīn Zìmǔ), kiu estis uzata inter 1913 kaj 1958 sub la termino "bopomofo" laŭ ties unuaj literoj por bilabialaj fonemoj (11). En la jaro 1958 la latina fonetika transskribsistemo "pinjino" (Ĉn: Hànyǔ Pīnyīn) anstataŭis la bopomofon (12).

La "nacia lingvo" (Ĉn: Guóyǔ) estis nepre uzenda kiel oficiala administracia lingvo kaj kiel instrulingvo en ĉiuj lernejoj tra la respubliko. Kiam ĉi tiu politiko renkontis la obstinan kontraŭstaron de pluraj ne-hanaj minoritatoj (kiel ekzemple la tibetoj kaj la mongoloj), la registaro koncedis, ke la lingvaj minoritatoj ne nepre devis uzi la normigitan nacian lingvon, sed havis la elekton. La registaro tamen ne lasis dubon pri tio, ke la unueca nacia lingvo estis la preferata opcio. Dum el ĉi tiu lingvopolitiko rezultis fakta diglosio, la registaro insistis pri la celo de unueca nacia lingvo pere de ŝtata lingvonormigo. En Aprilo 1919 fondiĝis la ŝtata "nacilingva normiga komitato" (Ĉn: Guóyǔ Tuīxíng Wěiyuánhuì) (13). Ne nur komunismaj, sed ankaŭ liberalismaj intelektuloj oponis ĉi tiun lingvopolitikan celon kaj anstataŭe favoris oficialan agnoskon de la pluretna kaj plurlingva naturo de Ĉinujo.

Egalrajteco, Disvolvado, Unueco

Por sukcese projekti la politikon rilate la etnajn minoritatojn, la ĉinaj komunistoj komence rigardis al la Sovetiaj kamaradoj en Moskvo, ĉar ili serĉis orientiĝon kaj estis konvinkitaj pri la praveco de la Leninaj principoj de la strikta egaleco de ĉiuj naciaj identecoj antaŭ la leĝo. Dum la 1930-aj kaj 1940-aj jaroj, ĈKP promesis, ke ĉiuj etnaj minoritatoj havos la rajton je memdeterminado. Ĉi tiu sinteno ŝajnis des pli alloga, ĉar ĝi prezentis la oportunan okazon pliakrigi la rezistadon de la etnaj minoritatoj kontraŭ la Kuomintango de Ĉiang Kajŝek same kiel kontraŭ la japanaj invadintoj.

Post kiam la komunistoj estis akirintaj la potencon en 1949, la nova registaro deklaris en la artikoloj 50 kaj 51 de la provizora konstitucio (la tiel nomata "komuna programo" de la Politika Konsultiĝa Konferenco de la Ĉinuja Popolo), ke ĉiuj lingvaj kaj etnaj grupoj en Ĉinujo estas egalrajtaj kaj havas precipe la rajton je loka aŭtonomio. Sed la tasko certigi la efektivigon de ĉi tiu ĝenerala principo montriĝis komplika. La nova registaro devis konstati, ke la rajto je aŭtonomio estas malfacile akordigebla ne nur kun la tradicio de nacia integriĝo, sed ankaŭ kun la ŝtataj devoj sekurigi la nacian unuecon kaj la teritorian integrecon. Ankaŭ la konkreta demando, kiuj etnaj minoritatoj estas fakte elekteblaj por efektivigi ĉi tiun rajton, prezentis konsiderindan defion (Zhou M. 2004).

La agnosko de la elekteblaj etnaj minoritatoj estis grava politika problemo, kies solvo necesigis teorian fundamenton kaj detalajn sciojn pri la demografio. Estis klare, ke ne sufiĉus agnoski nur la kvin grandajn gentojn (hanoj, mongoloj, tibetoj, manĉuroj kaj ujguroj) por konformi al la giganta komplekseco de la pluretna konsisto de la Ĉinuja nacio. Plivastigi la agnoskon al la malpli grandaj minoritatoj estis ne simple realigeble, ĉar multaj el tiuj malpli grandaj etnoj estis, se entute, same malpli bone difineblaj (kaj laŭ la ekstera perspektivo kaj laŭ la interna membildo) ol la grandaj gentoj, kiuj havis sian propran teritorion. Multaj el ĉi tiuj malgrandaj minoritatoj estis disigitaj tra la tuta Ĉinujo sur multajn fragmentajn setlejojn. La lingvoj kaj kulturoj de aliaj minoritatoj estis estis tro similaj por esti klare diferencigitaj, sed tamen tro malsimilaj por esti senĝene integritaj. En 1957 Zhōu Ēnlái diris en parolado pri la Ĉinuja politiko rilate la etnajn minoritatojn: "Sekve de nia historia disvolviĝo, la plej multaj el la etnaj minoritatoj en Ĉinujo vivas en sociaj miksamasoj, senĉese asimilante kaj influante unu la alian" (Zhou E. 1980 [1957]: p.20).

La 22-an de Oktobro 1949, nur tri semajnojn post la proklamo de la Popola Respubliko Ĉinujo (PRĈ), la "ŝtata komitato por etnaj aferoj" (Ĉn: Guójiā Mínzú Shìwù Wěiyuánhuì) estis establita (14). En Oktobro 1941, ankoraŭ dum la Dua Mondmilito, ĈKP estis fondinta la "centran universitaton por etnoj" (Ĉn: Zhōngyāng Mínzú Dàxúe) (15). Al ĉiuj centraj kaj provincaj administracioj estis komisiita la tasko klasifiki ĉiujn lokajn komunumojn laŭ la Stalina difino. Zhōu Ēnlái persone partoprenis en la organizado de laborgrupoj, kiujn li elsendis en ĉiujn regionojn de Ĉinujo por espiori la diversajn etnajn lingvojn (Chen L. 1996). La decidigan teorian deirpunkton por agnoski la etnajn minoritatojn la partio fine trovis en la Stalina difino de nacio, kiu estis unuafoje publikigita en la artikolo "Marksismo kaj la nacia demando" (Ru: Марксизм и национальный вопрос) en 1913:

> "Kio estas nacio? [...] Nacio do estas nek rasa nek genta grupiĝo, sed historie estiĝinta komunumo de homoj. [...] Nacio do estas nek hazarda nek efemera konglomeraĵo, sed stabila komunumo de homoj. [...] Komuneco de lingvo do estas unu el la karakterizaj distingiloj de nacio. [...] Komuneco de teritorio do estas unu el la karakterizaj distingiloj de nacio. [...] Komuneco de ekonomia vivo, ekonomia kunligiteco, do estas unu el la karakterizaj apartaĵoj de nacio. [...] Komuneco de psiĥa karaktero, kiu manifestiĝas en komuna kulturo do estas unu el la karakterizaj distingiloj de nacio." (16)

La kvar decidigaj kriterioj de nacio laŭ Stalino – nome lingvo, teritorio, ekonomio kaj kulturo – estas sufiĉe klaraj, sed certe ne aplikeblaj al ĉiuj etnoj, pro la evidenta diferenco inter la atingita evolunivelo de la han-genta plimulto unuflanke kaj tiu de multaj malgrandaj etnaj minoritatoj aliflanke. Ĉi tiu diferenco en la atingita evolunivelo vanigis la principon de komuneco.

Estas ankaŭ dubeble, ĉu la Sovetia modelo kun multaj aŭtonomaj respublikoj estis vere imitinda, ĉar la dominanta rango de la unueca rusa lingvo, kun kiu neniu el la sennombraj minoritataj lingvoj tra la tuta Sovetia teritorio inter Leningrado kaj Vladivostoko iam ajn povis konkuri, estis apenaŭ komparebla kun la lingvistika situacio en Ĉinujo kun diversaj preskaŭ ne interkompreneblaj topolektoj.

En la jaro 1953, tridek naŭ etnaj minoritatoj estis oficiale agnoskitaj en PRĈ. La censo en 1964 alkalkulis 15 ceterajn minoritatojn, unu plia alvenis sekve de la censo en 1965, kaj ankoraŭ unu per la censo en 1979. La censo en 1990 registris ankoraŭ ne konsentitajn petojn de 800 miloj da Ĉinujaj loĝantoj pri agnosko de ilia grupo kiel etna minoritato (17). Adekvate reflektante la ideologian valoron de propra lingvo por la etna identeco, la Ĉinuja registaro agnoskis kaj klasifikis pli ol 50 lingvojn en la 1950-aj jaroj. Ĉi tiu nombro kontinue kreskis dum la sekvaj jardekoj (Shearer & Sun 2002).

Kvankam ĈKP estis nemiskompreneble devontiginta sin al la etna plureco de la Popola Respubliko, la konkreta politiko rilate la etnajn minoritatojn kontinue oscilis inter agnosko de kultura aŭtonomio kaj "la ventoj de integriĝo", kiuj estis historie destinintaj la klimaton inter hanoj kaj ne-hanoj kaj ankaŭ en la nova ŝtato ne tute ĉesis. La politiko formiĝis ankoraŭ laŭ la ideoj de teritoria integreco kaj de siaspeca hierarĥio inter la pli-malpli civilizitaj etnoj kaj la hanoj, kiuj prezentis la kulminon de la celinda kulturo (Harrell 1995).

La ideologia pravigo de ĉi tiu hierarĥio troviĝis en la supre menciita Stalina difino de nacio kiel "historie estiĝinta, stabila komunumo de homoj". Laŭ Zhōu, la perspektivo de la Marksisma doktrino pri la historia materiismo, kiu instruas percepti la homan historion kiel sinsekvon de evoluniveloj, spronis la registaron starigi sistemon de aŭtonomaj regionoj sub la kontrolo de Pekino pro "la neceso samtempe evoluigi ĉiujn etnojn en Ĉinujo" (Zhou M. 2003: p.43). Alivorte, la centra registaro, kiu estis dominata de la hanoj, respondecis pri la evoluigo de la etnaj minoritatoj en Ĉinujo, ĉar nur la venko super la neprogresinteco ebligis realigi la interetnan egalrajtecon, kiu estis necesa por la nacia komunumo.

Skribsistema reformo

La plej evidenta indico pri la neprogresinteco de malgrandaj etnaj minoritatoj (kaj samtempe praktika obstaklo sur la vojo al la agnosko de ilia idiomo kiel oficiala lingvo) estis la fakto, ke multaj el tiuj lingvoj malhavis skribsistemon. En 1951 estrara komitato por la disvolvado de skribsistemoj por minoritataj lingvoj estis establita ene de la Ĉinuja Akademio de Sciencoj (Ĉn: Zhōngguó Kēxué Yuàn). Kaj en 1954 Sovetio sendis grupon da lingvistoj por konsili al la centra universitato por etno (Ĉn: Zhōngyāng Mínzú

Dàxúe) rilate la venontan reformon de la tradicia ĉina skribsistemo cele al la kreado de novaj, pli simplaj ideografiaĵoj (Zhou Q. 2004: p.61).

Ĉinaj lingvistoj dezajnis skemojn por bildigi la fonemojn de ĝis tiam senskribsistemaj lingvoj per la grafemoj de alternativaj novaj skribsistemoj sur la bazo aŭ de la latina aŭ de la cirila alfabetoj, kiuj estis ambaŭ jam aplikitaj al diversaj minoritataj lingvoj, pro kaj praktikaj kaj politikaj aspektoj. Por minoritataj lingvokomunumoj en Ĉinujo kiel ekzemple la uzbekoj, kirgizoj, tataroj kaj ujguroj, derivaĵoj de la cirila alfabeto estis provizore uzataj por plifaciligi la transliman komunikadon kun la sametnanaj civitanoj de Sovetio. En 1957 la ŝtatkonsilio sub la gvidado de Zhōu Ēnlái tamen decidis, ke novaj skribsistemoj por la etnaj minoritatoj en Ĉinujo baziĝu sole kaj ekskluzive sur la latina alfabeto.

La ŝlosila motivo de ĉi tiu decido estis la "fonetika skribo de la ĉina lingvo" (Ĉn: Hànyǔ Pīnyīn), la nova latina skribsistemo, kiu estis projektita en 1956 kaj fine publikigita en 1958 (Rohsenow 2004) (18). La aŭtoroj de la pinjino havis du celojn: (a) difini la prononcan normon de la tiel nomata "kolektiva popollingvo" (Ĉn: Pǔtōnghuà) (19), kontraste al la pli formala kaj pli klasika "nacia lingvo" (Ĉn: Guóyǔ); (b) helpi al la disvastigo de tiu "kolektiva popollingvo" tra la tuta Popola Respubliko por certigi kiel eble plej facilan komunikadon inter parolantoj de malsamaj ĉinaj topolektoj (Zhou E. 1979 [1958]).

Pinjino prezentis la konkludon de diversaj eksperimentaj latinigaj projektoj, kiuj estis proponitaj ekde la komencaj jaroj de la 20-a jarcento. Ĉar la senkuraĝige granda nombro de la ĉinaj ideografiaĵoj estis rigardata kiel malhelpo al la sukcesa disvastigo de la legokapablo (Chen P. 2001), kelkaj lingvistoj estis esperintaj, ke la pinjino estos uzata paralele kun la ideografiaĵoj kaj finfine anstataŭos ilin. La registaro tamen ne formetis la tradician skribsistemon, sed prenis la alian vojon: plisimpligi la ideografiaĵojn. La elstara graveco, kiun la Ĉinuja registaro atribuis al la projekto, trovis sian simbolan esprimon en la fakto, ke la "Ĉinuja asocio por ideografia reformo" (Ĉn: Zhōngguó Wénzì Gǎigé Xiéhuì) (20) estis fondita la 21-an de Septembro 1949, t.e. nur malmultajn tagojn antaŭ la proklamo de la Popola Respubliko Ĉinujo (PRĈ).

La normigo kaj la plisimpligo de la ideografiaĵoj estis rimedoj por fari la skriblingvon pli uzebla kaj pli taŭga por la moderna vivo. La unua malneto de la nova ĉina skribsistemo, kiu aperis en la jaro 1956, enhavis 2 236 plisimpligitajn ideografiaĵojn. Kvankam la projekto estis precipe lingvistika teĥnikaĵo, ĝi tamen ne sukcesis eviti politikiĝon. La fakto, ke la tuta projekto estis iniciatita kaj aprobita de la komunisma ŝtatkonsilio de PRĈ, faris ĝin absolute neakceptebla por la patriotisma registaro (Kuomintango) en Tajvano (21).

Lastaj vortoj

Coulmas: 您好 [nín hǎo] – Bonan tagon, ĉefministro Zhōu! (22)
Zhōu Ēnlái: 你好 [nǐ hǎo]! (22)
Coulmas: Multaj pensas, ke skribsistema reformo estas nur teĥnika problemo, kaj ili forte surpriziĝas, kiam ili aŭdas, ke tiu reformo bezonas la atenton de la ĉefministro. Kial ĝi estis ĉefa demando?
Zhōu Ēnlái: Neniel estas troigo, se mi diras, ke la ellaborado de la pinjino, la fonetika skribo de la ĉina lingvo, estas unu el la plej grandaj atingoj en la kulturhistorio de la Ĉinuja popolo (23).
Coulmas: Kio estas la precipa celo de la reformo?
Zhōu Ēnlái: La plej gravaj celoj de la skribsistema reformo estas: strukture plisimpligi la ideografiaĵojn, disvastigi la uzon de la fonetika skribo kaj normigi la uzon de la "Pǔtōnghuà", la kolektiva popollingvo (24).
Coulmas: Dum du jarmiloj ekzistis nur la ĉinaj ideografiaĵoj, sed neniu fonetika alfabeto. Kial ĉi tiu nun estis necesa?
Zhōu Ēnlái: Ni intelektuloj havis plurajn jardekojn da sperto pri la skribo de la ĉinaj ideografiaĵoj, sed ankaŭ ni sakras, kiam ni eraris kaj skribis la signojn malĝuste. Mi vere pensas, ke ni devas agnoski, ke la ĉinaj ideografiaĵoj estas nur malfacile legeblaj kaj skribeblaj – ne nur al infanoj, sed ankaŭ al plenkreskuloj. Eĉ post multaj jaroj da pena studado, multaj adoltoj tamen scias nur malmultajn ideografiaĵojn kaj sekve ne atingas sufiĉe

kontentigan legokapablon. Tial, ni unuflanke konsiderinde plisimpligis la skribon de multaj kompleksaj ideografiaĵoj kaj aliflanke normigis la fonetikan prononcon de ĉiu signo (25).

Coulmas: *Kial vi elektis la latinan alfabeton por la fonetika prononcado, kaj ne uzis la jam ekzistantan nacian fonetikan alfabeton Zhùyīn Zìmŭ?*

Zhōu Ēnlái: La latina alfabeto ne estas alfabeto, kiu apartenas al iu specifa lando. Ĝi estas vaste uzata en scienco kaj teĥniko. Ĉiu uzas ĝin kaj renkontas ĝin je multaj okazoj. Se vi estas lerninta ĝin, vi neniam plu forgesos ĝin. Pro tio la uzo de la latina alfabeto estas multe pli favora al la disvastigo de la "Pŭtōnghuà", la kolektiva popollingvo (26).

Coulmas: *Ĉu ankaŭ aliaj etnoj en Ĉinujo uzu ĝin?*

Zhōu Ēnlái: Kelkaj frataj etnoj uzas la tibetan alfabeton, aliaj la mongolan, ankoraŭ aliaj la araban, la korean aŭ iun alian, ĉar multaj el ili ne havas propran skribsistemon. Se la diversaj etnoj kreas aŭ reformas sian skribsistemon, ili bazu ĝin, ekde nun, prefere sur la latina alfabeto (27).

Coulmas: *Ĉu la aliaj etnoj libervole sekvas la gvidadon fare de la hanoj? Kaj ĉu la hanoj povas sincere ĉesi rigardi la ne-hanojn "de supre"?*

Zhōu Ēnlái: Por ĉiuj gentoj kaj etnoj en Ĉinujo validas unu sama devizo: "Unuiĝo, ne disiĝo" (28). Ni konsekvence kontraŭstaras al ĉiuj specoj de ŝovinismo: Kaj al la "granda nacia ŝovinismo", t.e. ŝovinismo de hanoj kontraŭ la etnaj minoritatoj, kaj al la "loka etna ŝovinismo", t.e. ŝovinismo de etna minoritato kontraŭ hanoj aŭ aliaj etnoj. Ni precipe direktis nian atenton al la kontraŭbatalo de la hana ŝovinismo. Sed fakte ambaŭ specoj de ŝovinismo estas simptomoj de burĝeco, similaj al naciismo (29).

Coulmas: *Kelkaj minoritataj etnoj ne disponas skriblingvon kaj estas ekonomie multe malpli evoluintaj ol la hanoj. Ili estas ofte diskriminaciataj de la hanoj kaj siaflanke rigardas la*

	hanojn kun malfido. Kiu estas via rimedo por trakti tiujn nedezirindajn sintenojn?
Zhōu Ēnlái:	Estas nepre necese, ke ni helpu ĉiujn niajn fratajn etnojn efektivigi la bezonatan ekonomian kaj kulturan disvolvadon, kaj ne rigardu ĉi tiujn objektivajn fenomenojn (t.e. la faktan ekonomian, socian kaj kulturan neprogresintecon) nur kiel tendencojn al "loka etna ŝovinismo". Hanaj reakciaj regantoj en pasintaj tempoj estis subpremintaj kaj ekspluatintaj diversajn etnajn minoritatojn. Ni povas elradikigi ilian malfidon nur per kontinuaj klopodoj por egalmezure disvolvi kaj la ekonomiajn kaj la kulturajn vivkondiĉojn de ĉiuj etnoj en Ĉinujo. Sed tio bezonas multe da tempo kaj laborado (30).
Coulmas:	*Ĉu tio implicas la disvolvadon aŭ la reformadon de propraj skribsistemoj por la etnaj minoritatoj?*
Zhōu Ēnlái:	Nepre jes! La pinjino, la fonetika skribo de la ĉina lingvo, kapablas servi kiel komuna bazo, sur kiu ni povas kaj krei kaj reformi la skribsistemojn de ĉiuj niaj frataj etnoj (31).
Coulmas:	*Ĉu la pinjino finfine rezultigos la anstataŭigon de la ideografiaĵoj?*
Zhōu Ēnlái:	Tute ne! La programo por la fonetika skribo de la ĉina lingvo celis ja nur la difinon de la ĝusta kaj unueca prononco de ĉiu signo por disvastigi la uzon de la "Pǔtōnghuà", la kolektiva popollingvo, sed neniam celis la anstataŭigon de la ideografia skribsistemo (32). Kaj pri la demando, kio okazos kun la ĉinaj ideografiaĵoj en la estonteco: kion pensas vi mem? Ĉu ili ŝanĝiĝos neniam plu? Ĉu la formoj de la signoj iam ajn ŝanĝiĝos hazarde per si mem? Ĉu ili iam ajn denove bezonos reformon? Ĉu iam ajn fonetika skribsistemo finfine tamen anstataŭos ilin?
Coulmas:	*Mi ne scias ...*
Zhōu Ēnlái:	[ridas] Ankaŭ mi ne scias. Neniu povas aŭguri la respondojn al ĉiuj tiuj demandoj. Sed skribsistemoj, same kiel lingvoj, sendube ĉiam iom post iom ŝanĝ-

iĝos (33). Eble vi scias, ke la ĉinaj ideografiaĵoj lastatempe estas gajnintaj rimarkindan atenton en la interreto, kie estas aperintaj multaj novaj esprimoj, kiel ekzemple 河蟹 (34).

Coulmas: Kiel vi scias?
Zhōu Ēnlái: Nu, rigardu vi mem!
Coulmas: Ĉu ĝenus vin, se mi citas vin?
Zhōu Ēnlái: Kial tio ĝenu min?
Coulmas: 谢谢 [xiè xie] – Koran dankon, ĉefministro!
Zhōu Ēnlái: 再见 [zài jiàn] – Ĝis revido!

Notoj

(1) Lia nomo estas skribata 周恩来 en ĉinaj ideografiaĵoj kaj "Zhōu Ēnlái" laŭ la pinjina transskribsistemo.
(2) Mandarenoj (Ĉn: Guān) estis la burokratoj en la Ĉinuja Imperio.
(3) La "Tri Popolaj Principoj" (Ĉn: Sān Mín Zhǔyì) fare de la unua Ĉinuja prezidento, d-ro Sun Jatsen (reg. 1911-1912), konsistis el la principoj patriotismo (Ĉn: Mínzú), demokratio (Ĉn: Mínquán) kaj socia bonfarto (Ĉn: Mínshēng).
(4) La 16-a prezidento de Usono, Abraham Lincoln (reg. 1861-1865), finis sian faman diskurson apud Gettysburg, la 19-an de Novembro 1863, jene: "ke ĉi tiu nacio sub Dio renaskiĝu danke al libereco, kaj ke regado de la popolo fare de la popolo kaj por la popolo neniam plu maleperu el la mondo." (An: that this nation under God shall have a new birth of freedom, and that government of the people, by the people, for the people shall not perish from the earth.).
(5) En 1953 Zhōu vortigis siajn "Kvin principojn de paca kunekzistado" 和平共处五项原则 [hépíng gòngchǔ wǔ xiàng yuánzé]:

(a) reciproka respekto al la teritoria integreco kaj al la suvereneco de alia ŝtato
(b) reciproka neagreso
(c) reciproka neenmiksiĝo en la internajn aferojn de alia ŝtato
(d) egalrajteco kaj reciproka avantaĝo
(e) paca kunekzistado

Tiuj principoj estis komune akceptitaj sub la termino "Kvin esencoj" (Sa: Pañca-śīla) de la konferenco en Bandungo sur

Javo, Indonezio, en Aprilo 1955, per kiu fondiĝis la signifoplena "Movado de Nealiancitaj Landoj" (An: Non-Aligned Movement).

(6) La termino "Meza Regno" (Ĉn: Zhōng Guó) originas en la centra pozicio de la plej fekunda meza pejzaĝo de la leŭsriĉa "Flava Rivero" (Ĉn: Huáng Hé).

(7) 驅除韃虜，恢復中華，創立合眾政府 [qūchú dá lǔ, huīfù zhōnghuá, chuànglì hézhòng zhèngfǔ] (Kim & Dittmar 1993: p.275).

(8) Ĉinujo nombris 415 milionojn da loĝantoj en 1900 kaj 1265 milionojn en 2000. Pro tio ĝi estis tiam kaj estas hodiaŭ la lando kun la plej granda loĝantaro en la mondo.

(9) La faktermino "topolekto" (el la grekaj vortoj τόπος = loko kaj λέγειν = paroli), laŭvorta traduko de la ĉina faktermino 方言 [fāngyán], estas pli preciza ol la pli kutima termino "dialekto", ĉar la diferencoj inter la lokaj variaĵoj de la ĉina estas multe pli grandaj ol tiuj inter la dialektoj de Eŭropaj lingvoj. Vidu ankaŭ la diskuton pri terminologiaj kaj teoriaj problemoj rilate parolon, skribon kaj varion en la ĉina ĉe la usona ĉinologo Victor H. Mair (1991).

(10) En 1920 la "Nacia prononca vortaro" (Ĉn: Guó Yīn Zìdiǎn) de la nacia ĉina lingvo (Ĉn: Guóyǔ) estis publikigita, enhavante pli ol 13 000 ideografiaĵojn.

(11) 注音符号 [zhùyīn zìmǔ], same konata sub la termino "bopomofo" laŭ ties unuaj kvar literoj por bilabialaj fonemoj.

(12) *(Rimarko de la tradukinto: En 1984, la Esperanta revuo "El Popola Ĉinio" kreis specialan sistemon por transskribi ĉinajn vortojn aŭ proprajn nomojn en Esperanto. Komparu la pinjinajn grafemojn de ĉinaj konsonantaj fonemoj kun la transskribsistemo en raktaj krampoj:*

		bilabialaj	alveolaraj	retro-fleksaj	alveolar-palatalaj	velaraj
Plozivoj	voĉaj	b [b]	d [d]			g [g]
	sen-voĉaj	p [p]	t [t]			k [k]
Nazaloj		m [m]	n [n]			
Afrikatoj	voĉaj		z [dz]	zh [ĝ]	j [ĝj]	
	sen-voĉaj		c [c]	ch [ĉ]	q [ĉj]	
Frikativoj		f [f]	s [s]	sh [ŝ]	x [ŝj]	h [ĥ]
Likvidoj			l [l]	r [j]		
Duon-vokaloj		w [ŭ]				y [j]

(13) 国语推行委员会 [guóyǔ tuīxíng wěiyuánhuì].
(14) 国家民族事务委员会 [guójiā mínzú shìwù wěiyuánhuì].
(15) 中央民族大学 [zhōngyāng mínzú dàxué], hodiaŭ la fama "Minzu University of China" (MUC).
(16) *"Что такое нация? [...] Итак, нация – не расовая и не племенная, а исторически сложившаяся общность людей. [...] Итак, нация – не случайный и не эфемерный конгломерат, а устойчивая общность людей. [...] Итак – общность языка, как одна из характерных черт нации. [...] Итак, общность территории, как одна из характерных черт нации. [...] Итак, общность экономической жизни, экономическая связность, как одна из характерных особенностей нации. [...] Итак, общность психического склада, сказывающаяся в общности культуры, как одна из характерных черт нации."* (Stalin 2010 [1913]).
(17) Ĉiuj 56 agnoskitaj etnaj minoritatoj de Ĉinujo kaj iliaj demografiaj potencoj estas listigitaj ĉe Zhou M. (2003: pp.12 & 13).
(18) 汉语拼音 [hànyǔ pīnyīn]
(Rimarko de la tradukinto: La termino 拼音 [pīnyīn], kiu signifas "fonetikon", eniris en la Plenan Ilustritan Vortaron de Esperanto en la formo "pinjino = Latinida alfabeto por la transskribo de la ĉinaj ideogramoj").
(19) "Pǔtōng" signifis "averaĝon" kun la kromnocio "simpla". En 1955 la termino "Pǔtōnghuà" adoptis per oficiala dekreto la signifon de "kolektiva popollingvo" en la senco de interlingvo (Chen P. 1993: p.508).
(20) 中国文字改革协会 [zhōngguó wénzì gǎigé xiéhuì].
(21) Tajvano (Ĉn: Zhōnghuá Mínguó) ĝis hodiaŭ estas akceptinta nek la plisimpligitajn ideografiaĵojn nek la pinjinan transskribsistemon.
(22) 你好 [nǐ hǎo] aŭ, pli respektoplene, 您好 [nín hǎo] laŭvorte signifas "vi [estas] bona" kaj estas la ĉina ekvivalento de "Saluton".
(23) Zhōu Ēnlái (1979: p.238).
(24) Zhōu Ēnlái (1979: p.228).
(25) Zhōu Ēnlái (1979: pp.229 & 235).
(26) Zhōu Ēnlái (1979: pp.242 & 236).
(27) Zhōu Ēnlái (1979: p.237).
(28) Zhōu Ēnlái (1980: p.23).
(29) Zhōu Ēnlái (1980: p.14).
(30) Zhōu Ēnlái (1980: p.15).
(31) Zhōu Ēnlái (1979: p.236).
(32) Zhou Ēnlái (1979: p.235).
(33) Zhōu Ēnlái (1979: p.242).
(34) 河蟹 [héxiè], kiu finiĝas per la 4-a (= falanta) tono, signifas "riverkrabon" kaj estas iom alitona homofono de 和谐 [héxié], kiu finiĝas per la 2-a (= leviĝanta) tono kaj signifas "harmonion" (primokante la "harmonian socion", t.e. la oficiala eŭfemismo por la ŝtata cenzuro de nedeziratj enhavaĵoj en la interreto).

XVIII. Papo Paŭlo la 6-a

Papo Paŭlo la 6-a (reproduktita kun permeso de la Vatikana taggazeto "L'Osservatore Romano")

La vivo de la papo Paŭlo la 6-a
(Giovanni Battista Montini)

La dua el fine tri filoj de Giorgio Montini kaj Giuditta Alghisi naskiĝis la 27-an de Septembro 1897 en la familia feridomo en Konĉezio (It: Concesio), malgranda vilaĝo proksima al Breŝo (It: Brescia) en la nord-Italuja regiono Lombardujo ĉe la piedo de la Alpoj. Tri tagojn poste, la novnaskito estis baptita Giovanni Battista Enrico Antonio Maria Montini en la preĝejo de Konĉezio.

La unu jaron pli aĝa frato Lodovico lernos la juristan profesion de ilia patro kaj post la Dua Mondmilito fariĝos senatoro de la Italuja Respubliko, dum la plej juna frato Francesco fariĝos kuracisto. En la tempo de la naskiĝo de Giovanni Battista, la patro estis magistratano de Breŝo kaj eldonisto de la Rom-katolika taggazeto "Il cittadino di Brescia" (Eo: La civitano de Breŝo). Kaj la patro kaj la patrino de Giovanni Battista estis piaj katolikoj kaj subtenantoj de la sociala doktrino de la eklezio.

Giovanni Battista frekventis la ŝtatan humanisman liceon (It: liceo classico) "Arnaldo da Brescia", sed pro sia tre malforta sanstato, li ofte devis resti hejme, kie li lernis pli-malpli aŭtodidakte, kaj ne povis partopreni en la eksterprogramaj kaj libertempaj agadoj de siaj samklasanoj. Ĉar li tiel ofte restis hejme, liaj gepatroj havis pli ol la kutiman influon sur la intelektan disvolviĝon de Giovanni Battista dum liaj formeblaj junaj jaroj. Lia literaturema patrino enplantis en lin sian grandan admiron por la francaj literaturo, kulturo kaj lingvo.

La ekzemplo de lia patro vidigis al li, ke katolikismo kaj politiko estas tute akordigeblaj. Sed, dum lia tuta adoleskeco, la Rom-katolika eklezio ankoraŭ eksplicite malpermesis al la itala katolikaro partopreni en politikaj elektoj (1). Multajn jardekojn poste, en 1942, Giorgio Montini, la patro de Giovanni Battista, eĉ kunfondis la konservativan partion "Democrazia Cristiana" (Eo: Kristana Demokratio), kiu favoris la mondkoncepton de la eklezio.

Post kiam Giovanni Battista estis sukcese trapasinta la abiturientan ekzamenon (It: maturità) en 1916, li aniĝis al la loka Jezuita seminario, sed pro sia kronike malbona sano, li ricevis la permeson loĝi hejme anstataŭ en la seminaria loĝejo. Danke al tiuj favoraj kondiĉoj, li povis sekvi siajn interesojn pri modernaj literaturo kaj arto multe pli libere ol sub la rigida disciplino de la seminario (Ernesti 2012: p.32). En Majo 1920, post kvar jaroj da diligenta studado, Montini estis ordinita sacerdoto en la katedralo de Breŝo.

Poste en la sama jaro, li akiris la doktorecon pri la kanona juro de la teologia fakultato de la universitato en Milano. Sed anstataŭ nun ricevi la ordinaran oficon de pastro en iu ajn paroĥo, li estis sendita al Romo por daŭrigi siajn studojn pri la kanona kaj civila juroj en la fama pontifika Gregoria universitato (Lt: Pontificia Universitas Gregoriana), kie la eklezia Latino servis kiel instrulingvo (2). Montini samtempe studis kaj literaturon kaj filozofion en la ŝtata universitato "Sapienza" en Romo.

Danke al la bonaj interrilatoj inter sia patro kaj diversaj ekleziaj eminentuloj, li estis akceptita nur malmultajn monatojn poste en la prestiĝan Pontifikan Eklezian Akademion (Lt: Pontificia

Ecclesiastica Academia), la akademio pri diplomatio de la eklezio. De Junio ĝis Oktobro de la jaro 1923, Montini havis la okazon akiri la postulatan eksterlandan sperton, servante kiel sekretario de la apostola nuncio en la Poluja ĉefurbo Varsovio. Pri la naciismo, kiun li tie spertis, li skribis:

> "Tiu formo de naciismo traktas alilandanojn kiel malamikojn, speciale tiujn el najbaraj landoj, kvazaŭ oni serĉas la ekspansion de la propra lando koste de la rektaj najbaroj. La popolo kunkreskiĝas kun la sento, kvazaŭ ĝi estas ĉirkaŭsieĝata. La paco tiamaniere fariĝas nenio pli ol transira kompromiso inter militoj." (3)

Reveninte al Romo, Montini aniĝis al la administracio de la ŝtatsekretaria ofico de la Sankta Seĝo (It: Segreteria di Stato della Santa Sede), kie li trapasis longan sukcesan karieron kiel eklezia diplomato dum la sekvaj tri jardekoj (de Novembro 1924 ĝis Novembro 1954). Jam en Decembro 1937, li avancis al la rango de vicsekretario de la Eklezia Ŝtato (It: Sostituto alle Segreteria di Stato) por ĝeneralaj aferoj.

Aldone, li funkciis kiel eklezia konsilisto de la Italuja federacio de katolikaj studentoj (It: Federazione Universitaria Cattolica Italiana) kaj aktiviĝis en la karitata agado. Ekde 1931, Montini prelegis pri la historio de la Vatikana diplomatio en la Ateneo de la Roma Pontifika Seminario (It: Ateneo del Pontificio Seminario Romano). Ekde sia promocio al la rango de vicsekretario de la Eklezia Ŝtato en 1937, li estis rekta subalternulo de Eugenio Pacelli, la kardinalo-sekretario de la Eklezia Ŝtato, kiu du jarojn poste estis elektita papo, nome Pio la 12-a (reg. 1939-1958).

Dum la Dua Mondmilito (1939-1945), Montini kunordigis la Vatikanajn helpilojn por persekutataj rifuĝintoj, familioj de malaperintoj kaj multaj aliaj mizeruloj. Multaj agadoj de Montini kuntrenis akrajn plendojn fare de la faŝisma ŝtatestro Benito Mussolini (reg. 1922-1945), kiu publike kritikis lin pro lia enmiksiĝo en la ŝtatan politikon, sed la papo Pio la 12-a konsekvence protektis sian diligentan diplomaton.

Post la morto de Luigi Maglione, la kardinalo-sekretario de la Eklezia Ŝtato inter 1939 kaj 1944, la papo lasis tiun elstaran postenon vaka, sed ekipis la du vicsekretariojn Montini kaj Domenico Tardini per la egalvalora kompetenteco. Dum Tardini havis la respondecon pri ĉiuj eksteraj aferoj, Montini estis respondeca pri ĉiuj internaj aferoj. Ambaŭ nun faktaj ĉefdiplomatoj de la Sankta Seĝo raportis rekte kaj senpere al la Vikario de Kristo.

Montini, kiu estis servinta al la tiutempa kardinalo-sekretario Pacelli jam ekde 1937, ĝuis denove la intensan kunlaboron kun la nuna papo Pio la 12-a. En la malfacilaj jaroj post la milito, Montini disvolvis eĉ pli proksimajn, preskaŭ amikajn interrilatojn kun Pacelli. Laŭdire, ambaŭ havis larmojn en la okuloj, kiam, en Novembro 1954, Pio la 12-a enoficigis Montini arĥiepiskopo de Milano, la plej granda diocezo en Italujo tiutempe kun 958 paroĥoj. Baldaŭ post la morto de Pio la 12-a, en Decembro 1958, Montini estis promociita al la rango de kardinalo fare de la sukcedinta papo Johano la 23-a (Angelo Giuseppe Roncalli).

Tabelo 33: Papoj de la Rom-katolika eklezio en la 20-a jarcento ĝis Paŭlo la 6-a

Regado	Pontifika nomo	Sekulara nomo	Vivtempo
1903-1914	Pio la 10-a	Giuseppe Sarto	1835-1914
1914-1922	Benedikto la 15-a	Giacomo della Chiesa	1854-1922
1922-1939	Pio la 11-a	Achille Ratti	1857-1939
1939-1958	Pio la 12-a	Eugenio Pacelli	1876-1958
1958-1963	Johano la 23-a	Angelo Giuseppe Roncalli	1881-1963
1963-1978	Paŭlo la 6-a	Giovanni Battista Montini	1897-1978

Dum la naŭ jaroj kiel arĥiepiskopo de Milano, Montini montris sin energia pastrestro kaj moderniganto de la eklezio rilate la metodojn, sed ne rilate la dogmaron. Li ekkonsciis pri tio, ke la amaskomunikiloj estas uzeblaj favore al la misio. Li same preĝis en laboristklasaj najbaraĵoj, kiel en ŝtalfabrikoj kaj en multaj aliaj tre nekonvenciaj okazejoj, etendante sian manon al ĉiuj tiuj, kiuj vivas sian vivon tute fremdiĝintaj al la kristana kredo. Kvankam li hezitis subteni la malfermiĝon de la Vatikano al la politika maldekstro (Versace 2007), li tamen komprenis, ke la eklezio devas adaptiĝi al la moderna mondo.

Lia spertiĝo kiel pastrestro kaj la ĉiutaga kontakto kun la ordinara kredantaro, kun kiu li ja ne estis konatiĝinta iam antaŭe dum sia diplomata kariero, plej bone preparis lin al la plej alta ofico en la Rom-katolika eklezio. La 21-an de Junio 1963, do nur 18 tagojn post la morto de la papo Johano la 23-a, la konklavo elektis la kardinalon Giovanni Battista Montini papo, kiu alprenis la pontifikan nomon "Paŭlo la 6-a" honore al la fama "unua vojaĝanta apostolo", nome Sankta Paŭlo, kiu estis sukcese disvastiginta la evangelion (Gr: εὐαγγέλιον, laŭvorte: "bona mesaĝo") pri Jesuo Kristo tra la tuta Roma Imperio.

Lia parolado okaze de la papa kronado, la 30-an de Junio 1963, jam donis la tonon por la tuta daŭro de lia regado. Li faris ĉi tiun paroladon sur la placo de Sankta Petro, laŭvice uzante la sekvajn naŭ lingvojn: komence Latinon, poste la italan, francan, anglan, germanan, hispanan, portugalan, polan kaj fine la rusan (Paulus VI 1963). La inaŭgura parolado de la nova papo estis ne simple iaspeca plurlingva prediko, sed ĉiu lingvo pli ĝuste havis imanentan rilaton al la respektive pritraktita temo: li uzis Latinon por paroli pri la liturgio kaj pri la peza ŝarĝo de la ĉefpontifika servo, kiu estis altrudita al li. La itala servis al li por prezenti la neceson unuflanke protekti kaj disvolvi la integrecon de la eklezio kaj aliflanke adapti la ritaron al la postuloj de la moderna tempo.

Li uzis la francan, sian plej ŝatatan lingvon ekde sia frua junaĝo, ĉar ĝi estis "pli large disvastigita kaj komprenata" (4), por ekspliki la sintenon, kiun li intencis adopti al ĉiuj aliaj kristanaj konfesioj kaj al la tuta cetera mondo. En la anglalingva parto de sia parolado, Paŭlo la 6-a pritraktis la bezonon antaŭenigi la interkompreniĝon kaj la toleremon inter ĉiuj nacioj kaj rasoj. Liaj vortoj en la ceteraj lingvoj (nome la germana, hispana, portugala, pola kaj rusa) esprimis lian respekton al la katolikaj kulturoj en la landoj, en kiuj tiuj lingvoj estis parolataj. Li fermis sian paroladon same, kiel li estis malferminta ĝin, uzante Latinon.

La sinsekvo kaj la respektiva longeco de la naŭ partoj de lia parolado adekvate spegulis ne nur la relativan signifon de la uzitaj lingvoj por la tuta Rom-katolika eklezio, sed ankaŭ la personajn preferojn de Paŭlo la 6-a. La franclingva parto estis la plej longa, sekvita de la iomete pli mallongaj itallingva kaj latinlingva partoj. La anglalingva teksto okupis nur ĉirkaŭ kvaronon de la franclingva parto, sed estis ankoraŭ iom pli longa ol la germanlingva teksto.

La hispanlingva kune kun la portugallingva partoj estis pli-malpli same longaj kiel la anglalingva teksto, dum la du slavlingvaj (pola kaj rusa) pecoj apenaŭ sumiĝis al la longeco de la portugallingva ero. Sed sendepende de tiaj formalaj detaloj, la parolado transportis tute nemiskomkreneblan mesaĝon: la nova papo celis entuziasmigi ĉiujn fidelajn samkonfesiajn kredantojn en ĉiuj landoj por la malfermado de la Rom-katolika eklezio al ĉiuj ne-katolikoj, ĉu alikonfesiaj kristanoj, ĉu alireligianoj, ĉu nekredantoj, en la tuta mondo.

La 13-an de Novembro 1964, dum la tria sesio de la Dua Vatikana Koncilio, Paŭlo la 6-a solene demetis la luksegan papan tiaron (Lt: triregnum), per kiu li estis kronita nur unu jaron antaŭe, sur la altaron de la Baziliko de Sankta Petro kaj ordonis forvendi ĉi tiun historian valoraĵon en aŭkcio, oferdonante la profiton por karitataj celoj. Per tio li aboliciis ne nur luksegan simbolon de la papa suvereneco, sed la solenan ceremonion de la kronado mem.

La 8-an de Decembro 1965, Paŭlo la 6-a fermis la Duan Vatikanan Koncilion, kiun la antaŭa papo Johano la 23-a (reg. 1958-1963) estis malferminta la 7-an de Decembro 1963. Lia epilogo reflektis la dialektikon inter fideleco al la tradicio, nome la "Approfondimento" (Eo: Profundigo), unuflanke kaj la adaptado al la moderna mondo, nome la "Aggiornamento" (Eo: Aktualigo), aliflanke.

Dum la resto de sia vivo, la papo Paŭlo la 6-a ekzemplodone realigis la malfermadon de la Rom-katolika eklezio al la moderna mondo. Li estis la unua "Primaso de Italujo" ekde la tempo de la papo Pio la 7-a (reg. 1800-1823), kiu kuraĝis transpaŝi la limojn de Italujo, la unua "Vikario de Kristo", kiu vojaĝis per acroplano, kaj la unua "Servisto de la servistoj de Dio", kiu vizitis ĉiujn kontinentojn.

Tabelo 34: Titoloj pretendataj de la papo de la Rom-katolika eklezio

Vicarius Christi	= Vikario de Kristo
Episcopus Romanus	= Episkopo de Romo
Primas Italiae	= Primaso de Italujo
Patriarcha occidentis	= Patriarĥo de la Okcidento
Successor principis apostolorum	= Sukcedinto de la Princo de la apostoloj
Summus pontifex ecclesiae universalis	= Ĉefpontifiko de la universala eklezio
Servus servorum Dei	= Servisto de la servistoj de Dio

Paŭlo la 6-a estis ankaŭ la unua papo, kiu vizitis la Sanktan Landon (Lt: Terra Sancta), kie originis la kristana kredo. La bibliaj lokoj Jerusalemo, Nazareto kaj Bet-Leĥemo estis la unuaj haltejoj de tutmonda pilgrimado, kiun li komencis en Januaro 1964 kaj kiu kontinuis tra la tuta daŭro de lia papa regado. Aliaj pioniraj agoj de Paŭlo la 6-a estis lia (franclingva) parolado antaŭ la Ĝenerala Asembleo de la Unuiĝintaj Nacioj, la 4-an de Oktobro 1965, kie li aperis ne kiel ĉefa reprezentanto de la Rom-katolika eklezio, sed kiel "kompetentulo pri humaneco" (Fr: expert en humanité) (Paulus VI 1965):

> "Kaj ĉi tie nia mesaĝo atingas sian kulminon. Negative unue: tiu ĉi estas la parolado, kiun vi jam atendas de ni, kaj kiun ni ne povas fari sen klare konscii ĝian gravecon kaj ĝian sublimecon – neniam plu la unuj kontraŭ la aliaj, neniam, neniam plu! Ĉu ne la organizaĵo de la Unuiĝintaj Nacioj estas naskita kun precize ĉi tiu celo: kontraŭ la milito kaj por la paco? Aŭskultu la lucidan parolon de la granda malaperinto, John Kennedy, kiu proklamis antaŭ kvar jaroj: la homaro devos ĉesigi ĉiujn militojn aŭ la militoj ĉesigos la homaron." (5)

Ankaŭ lia amika parolado antaŭ la "Internacia organizaĵo de laboro" (An: International Labour Organisation) en Ĝenevo, la 10-an de Junio 1969, estis sendube pionira ago. Li vizitis multajn urbojn ne nur en plejparte kristanaj landoj (nome Portugalujo, Kolombio, Ugando, Filipinoj kaj Aŭstralio), sed ankaŭ en Hindujo, Turkujo, Irano, Orient-Pakistano (ekde 1971: Bangladeŝo), Indonezio kaj Cejlono (ekde 1972: Srilanko). Li penis intensigi la interreligian dialogon kaj samtempe plifortikigi la internaciajn interrilatojn de la Eklezia Ŝtato. En 1970 li travivis atencon al sia vivo en Manilo.

Paŭlo la 6-a estis neniam en dubo pri la kongruebleco de eklezia kredo kaj moderneco. Li havis sincere pozitivan sintenon al la moderna civilizacio (almenaŭ interne de la limoj de tio, kio estas tolerebla al la dogmaro de la Sankta Seĝo), kaj etendi la manon al la ne-katolika mondo – la mondo de la alikonfesiaj kristanoj, de la alireligianoj kaj de la nekredantoj – estis lia aŭtentika zorgado.

Dum la 15 jaroj de lia regado (1963-1978), la Vatikano ricevis la statuson de observanto en la Ĝenerala Asembleo de la Unuiĝintaj Nacioj kaj atingis konkordatojn kun 30 ŝtatoj. Lia celo estis pli bona interkompreniĝo inter la ne-katolika mondo kaj la Romkatolika eklezio, ĉar, kiel li mem vortigis nelonge antaŭ sia vizito al Nov-Jorko en 1965: *"La vera problemo estas, ke la eklezio, malfermante sin al la mondo, trovas mondon, kiu grandparte ne kredas. [...] La eklezio volas esti pli multfaceta por reflekti pli bone la modernan mondon."* (6). Li diris tion ene de intervjuo, kiun li donis al la itallingva "Corriere della Sera" (Eo: Kuriero de la vespero). Neniu antaŭa papo estis doninta intervjuon al ĉi tiu rigore kontraŭ-klerikalisma ĉiutaga gazeto.

Paŭlo la 6-a estis diligente zorganta pri ĉiuj problemoj de la Rom-katolika eklezio en la mondo ĝis la fino de sia vivo. La 6-an de Aŭgusto 1978, je la aĝo de 81 jaroj, li mortis en Kastelo Gandolfo, la somera rezidejo de la papoj. Malgraŭ sia nelacigebla penado favore al pli bona interkompreniĝo inter la ne-katolika mondo kaj la Rom-katolika eklezio, malgraŭ siaj multaj atingoj, li estas apenaŭ memorata kaj tial nomita "la forgesita papo" (It: il papa dimenticato) (7).

La lingvo de la eklezio kaj la Dua Vatikana Koncilio

La 20-an de Septembro 1870, armitaj fortoj de la Reĝlando Italujo estis konkerintaj Romon kaj la tutan Eklezian Ŝtaton, kiu dum multaj jarcentoj ĝis 1860 estis ampleksinta pli-malpli la teritoriojn de la hodiaŭaj regionoj Latio, Umbrio, Markio kaj Romanjo. Ekde la jaro 1870, la tiutempa papo Pio la 9-a (reg. 1846-1878), same kiel ĉiuj liaj sukcedintoj ĝis Pio la 12-a, strikte rifuzis transpaŝi la murojn de la Vatikanurbo kaj publike deklaris sin politika "prizonulo de la Italuja ŝtato" (It: prigioniero dello Stato italiano).

La Rom-katolika eklezio bezonis ne malpli ol ses jardekojn (ĝis la Lateranaj Traktatoj estis ratifitaj en 1929) por akcepti la faktan situacion, ke la Eklezia Ŝtato estis nerevokeble perdinta preskaŭ ĉiujn antaŭajn teritoriojn escepte de malgranda terpeco (ĉirkaŭ 40 hektaroj) sur la monteto Vatikano ĉe la dekstra bordo de la rivero Tibero. Romo, la centro de la katolika civilizacio, tute neatendite estis nun ĉefurbo de la sekulara nacia ŝtato Italujo.

La oficialaj lingvoj de la Eklezia Ŝtato estis Latino kaj la itala. Ĉar la burokrataro de la pontifika kortego tradicie rekrutiĝis el ĉiuj regionoj de Italujo, la Vatikano ironie plenumis ne malgravan funkcion en la disvolviĝo de la normigita itala lingvo. Ĉi tiun diglosion priskribis la itala lingvisto Tullio De Mauro (2014: p.19) jene: "Dum Latino restis la oficiala lingvo de la eklezio, la [itala] popollingvo fariĝis la fundamenta rimedo por disvastigi la religion." (8).

Danke al la Lateranaj Traktatoj de Februaro 1929, la Vatikanurbo refariĝis sendependa ŝtato. La malmultaj loĝantoj estis plejparte italdevenaj kaj itallingvaj, sed Latino, kiu funkciis kiel la liturgia lingvo de la Okcidenta kristanaro ekde la 6-a jarcento p.K., retenis sian fortan pozicion. En la apostola letero "Tra le sollecitudini" (Eo: Inter la zorgoj), datita la 22-an de Novembro 1903, Pio la 10-a (reg. 1903-1914) estis ankoraŭ konfirminta la elstaran rolon de Latino, eksplicite malpermesante la popollingvan kantadon:

"*La propra lingvo de la Roma eklezio estas Latino. Pro tio estas malpermesite kanti ion ajn en la popollingo dum la solena liturgia servo, precipe en la variaj aŭ en la komunaj partoj de la sankta meso kaj de la liturgio de la horoj."* (9)

Pio la 11-a (reg. 1922-1939) samcele estis deklarinta en sia apostola letero "Officiorum omnium" (Eo: De ĉiuj oficoj), datita la 1-an de Aŭgusto 1922:

> *"Ĉar Latino estas tia lingvo, la Dia providenco destinis ĝin por esti mirinde utila por la instruado fare de la eklezio kaj por servi kiel granda ligilo de unueco inter la pli instruitaj kredantoj el ĉiuj nacioj. [...] Jam pro ĉi tiuj kaŭzoj, por ne mencii aliajn, evidentiĝas, ke la klerikoj, antaŭ ĉiuj aliaj, estu la plej fervoraj lernantoj de la latina lingvo. Ni ne okupas nin ĉi tie pri la laŭdoj, per kiuj Latino estas rekomendata, ke ĝi estas preciza, esprimriĉa, belritma, plena de majesto kaj de digno kaj kvazaŭ mirakle preparita por servi al la gloro de la Roma pontifiko, kiu ricevis la Seĝon de la imperio mem kiel heredaĵon."* (10)

Pli ol unu generacion poste, la papo Johano la 23-a ankoraŭ insistis pri la postulo, ke la antikva lingvo de la Roma Imperio nepre restu la sankta lingvo de la Okcidenta kristanaro. La 22-an de Februaro 1962, li rezonis en la apostola konstitucio "Veterum sapientia" (Eo: La saĝeco de la antikvuloj):

> *"Pro tio la Apostola Seĝo ĉiutempe penadis diligente gardi la latinan lingvon kaj valoris ĝin kiel grandiozan veston de la ĉiela doktrino kaj de la plej sanktaj leĝoj. La Apostola Seĝo sekve uzas ĝin kaj por ĉiuj doktrinaj kaj por ĉiuj administraciaj celoj de la eklezio. Danke al ĉi tiu komuna uzado de Latino, ĉiuj klerikoj en ĉiuj nacioj povas prompte ekscii la informojn de la Sankta Seĝo kaj facile komunikiĝi kun Romo kaj unu kun la alia."* (11)

Sed la Dua Vatikana Koncilio, kiu komenciĝis en 1962 ankoraŭ sub la regado de ĉi tiu sama papo Johano la 23-a, tamen faris decidigajn paŝojn por malfortigi la pozicion de Latino en la Rom-katolika eklezio. Kiam la koncilio finiĝis en 1965 sub la regado de Paŭlo la 6-a, sekvoriĉaj ŝanĝoj de la Okcidenta liturgio estis fakte aprobitaj, cedante pli vastan terenon al la gepatraj lingvoj en la sankta meso. Kelkaj altrangaj klerikoj kontraŭstaris ĉi tiujn ŝanĝojn, kiujn ili rigardis kiel netolereblan rompon kun la glora tradicio de la Roma misalo, kiu estis uzata dum la pasintaj 400 jaroj (ekde sia publikigo post la Trenta koncilio en la jaro 1570). Sed la reformo, kiu estis forte subtenata de Paŭlo la 6-a, montriĝis nehaltigebla.

La 4-an de Decembro 1963, Paŭlo la 6-a promulgis la koncilian konstitucion pri la liturgio "Sacrosanctum concilium" (Eo: La sankta koncilio), kiu postulis en artikolo 36 § 1, ke "la uzo de la latina lingvo [...] estu konservata en la latina ritaro" (Lt: Linguae latinae usus [...] in Ritibus latinis servetur) (12). Sed ĉi tiu ĝenerala kondiĉo estas kvalifikita jam en la tuj sekva paragrafo de la sama artikolo (artikolo 36 § 2):

> "Ĉar la uzo de la gepatra lingvo, ĉu en la meso, ĉu en la dono de la sakramentoj, ĉu en la aliaj partoj de la liturgio, ne malofte povas esti tre utila por la popolo, estu permesite cedi pli vastan terenon al la gepatraj lingvoj, precipe en la legaĵoj, en la predikoj, en kelkaj preĝoj kaj kantoj, laŭ la reguloj, kiuj estas tiurilate detale starigitaj en la sekvaj ĉapitroj." (13)

Ĉi tiuj reguloj celis konservi la Vatikanan kontrolon pri la unueco de la ritaro, sed la projekto pri la popollingvigo estis jam vigliĝinta kaj ne plu haltigebla. La konstitucio pri la liturgio "Sacrosanctum concilium" krome precizigas en artikolo 54:

> "En mesoj celebrataj kune kun la popolo, la gepatra lingvo povas okupi decan lokon, precipe en la legaĵoj, en la universala preĝo kaj, laŭ la lokaj kondiĉoj, en la partoj, kiuj rilatas al la popolo, laŭ la normo en artikolo 36 de ĉi tiu konstitucio." (14)

La detaloj estas signifoplenaj ĉi tie. La konstitucio pri la liturgio restriktas la uzon de la gepatraj lingvoj al "mesoj celebrataj kune kun la popolo". Latino restis la sole akceptebla liturgia lingvo por la mesoj, kiujn sacerdotoj celebris sen la popolo. La sekva frazo de la sama artikolo 54 de la konstitucio pri la liturgio tamen admonas:

> "Tamen oni zorgu pri tio, ke la kredantoj scipovu kune reciti aŭ kanti ankaŭ en Latino la partojn de la misalo, kiuj rilatas al ili." (15)

Paŭlo la 6-a mem celebris la sanktan meson senescepte en Latino. La 25-an de Januaro 1964, li tamen publikigis la sekvoriĉan apostolan leteron "Sacram Liturgiam" (Eo: La sanktan liturgion), per kiu li oficiale komisiis la popollingvajn tradukojn de tiuj partoj de la misalo, *"kiuj rilatas al ili"*, al la tiel nomataj "Teritoriaj konferencoj de la episkopoj" (Lt: Territoriales episcoporum coetus [artikolo IX]) kaj samtempe specifis, ke la svaga atributo "teritoria" signifu nenion alian ol "nacia" (artikolo X). Per tio sendube evidentiĝis, ke la liturgia reformo celis antaŭ ĉio la naciajn lingvojn, kiam temis pri "popollingvoj" aŭ "gepatraj lingvoj" (Lt: Lingua vernacula) (Paulus VI 1964).

Prezentante la plej pridisputatan rezulton de la Dua Vatikana Koncilio, la nova Roma misalo estis publikigita en Aprilo 1969. La Sankta Seĝo komisiis la tradukon kaj la eldonon de la nacilingvaj versioj de la nova misalo al la naciaj konferencoj de la episkopoj. Malgraŭ la admono, *"ke la kredantoj scipovu kune reciti aŭ kanti ankaŭ en Latino"*, al Rom-katolikaj sacerdotoj en la tuta mondo estis nun permesite celebri la sanktan meson sen iu ajn uzo de Latino (Paulus VI 1969).

En la plejmulto da oficialaj dokumentoj de la Rom-katolika eklezio, Latino ĝis hodiaŭ plenumas la funkcion de la referenca lingvo por ĉiuj nacilingvaj tradukoj kaj memkompreneble por la studado de la eklezia historio kaj de la kanona juro. Sed ekde la Dua Vatikana Koncilio, la gamo da funkcioj de Latino estas kontinue malvastiĝinta. Montini evidente tamen ne volis eniri en la historion kiel la papo, kiu malfavore decidis la sorton de la sankta latina lingvo. La 30-an de Junio 1976, li establis la "Opus Fundatum Latinitas" (Eo: Fondaĵon por latineco) per sia skribo "Romani

Sermonis" (Eo: De la Roma lingvo). La ĉefaj taskoj de la fondaĵo estis (a) subteni la studadon de la latinaj lingvo kaj literaturo; (b) disvastigi la uzon de Latino kaj en la komunikado kaj en publikaĵoj (16).

La heredaĵo de Paŭlo la 6-a

Paŭlo la 6-a estis profunde konvinkita moderniganto kun tradiciisma koro. Li senĉese luktis kaj strebis malfermi la Rom-katolikan eklezion al la moderna mondo, sed samtempe protekti la majestan tradicion kaj gardi la religian aŭtoritaton de la Sankta Seĝo. Multaj el la reformoj finfine realigitaj de Paŭlo la 6-a estis origine konceptitaj de aliaj jam antaŭ la Dua Vatikana Koncilio, kiu kuntrenis tiom da pasiaj disputoj inter progresismaj kaj tradiciismaj delegitoj. Montini prudente ekvilibrigis ĉi tiujn antagonismajn fortojn.

Li sukcese realigis la tre longe planatan liturgian reformon cele al pli aktiva partoprenado (Lt: participatio actuosa) de la laikaro en la sankta liturgio. La plej sekvoriĉa ŝanĝo sendube estis la malfermo de la ekleziaj pordoj al la naciaj lingvoj je la kosto de la elstara rango de Latino. En ĉi tiu nekutima lingvoreformo, kiu definitive ĉesigis la ekskluzivan pozicion de la antikva lingvo, troviĝas la rimarkinda heredaĵo de nelacigebla pontifiko, kiu tiamaniere atingis revigligon de la katolikismo.

Sed li same sukcese profundigis la dialogon (Lt: colloquium) kun la nekristana mondo, starigante du novajn sekretariatojn por efike plibonigi la interrilatojn kun alireligianoj (Lt: Secretariatus pro non Christianis) en 1964 kaj kun nekredantoj (Lt: Secretariatus pro non Credentibus) en 1965. Li progresigis la re-alproksimiĝon inter katolikismo kaj ortodoksismo kaj antaŭenigis la ekumenan dialogon. Li publikigis abundon da paroladoj, apostolaj leteroj, apostolaj konstitucioj kaj encyklikoj. Jam en sia inaŭgura enciklíko, kiu aperis sub la titolo "Ecclesiam Suam" (Eo: Sian eklezion) la 6-an de Aŭgusto 1964, Paŭlo la 6-a devontigis sin al la dialogo (Lt: colloquium) cele al la repacigo de la mondo:

> "La dialogo, kiun ni celas, tute ne serĉas la propran avantaĝon, sed formetas la arbitran opinion kaj direktas sin al la honesta animo. Ĉi tiu dialogo denature favoras la liberan kaj respektindan pacon. Ĉi tiu dialogo forturnas sin de ĉiu hipokriteco, de ĉiu rivaleco, de ĉiu trompo, de ĉiu perfido. Ĉi tiu dialogo kondamnas ĉiun agresan militon, ĉiun imperiismon, ĉiun superregadon kiel krimojn kaj ruinigojn. Ĉi tiu dialogo nepre devas etendi sin al ĉiuj interhomaj rilatoj: ne nur al la plej altnivelaj internaciaj interrilatoj, sed ankaŭ al la interhomaj rilatoj en la nacioj, en la sociaj tavoloj, en la familioj, en la individuaj renkontoj. Ĉi tiu dialogo strebas inspiri al ĉiu institucio kaj al ĉiu animo la konscion, la deziron kaj la devon, ke ni ĉiuj estas respondecaj pri la paco." (17)

La oficialaj lingvoj de la Vatikana ŝtato estas hodiaŭ kaj la itala kaj Latino, sed komence de la 21-a jarcento la itala estas fariĝinta la senkonkurenca Lingvafrankao (Lt: Lingua franca) de la tuta Rom-katolika eklezio. "La Santa Sede" (Eo: Sankta Seĝo) prezentiĝas sur la oficiala retejo de la Vatikano ekskluzive en la itala, sed ne ankaŭ en Latino. La 19-an de Oktobro 2014, kiam la nuna papo Francisko celebris la ferman meson de la episkopa sinodo pri "La pastraj defioj por la familio en la kunteksto de la evangelizado" (It: Le sfide pastorali sulla famiglia nel contesto dell'evangelizzazione), li decidis, ke Latino tute ne plu servu kiel oficiala lingvo por estontaj Vatikanaj sinodoj.

La tempo por ĉi tiu deklaro sendube ne estis hazarde elektita, ĉar Francisko je la sama okazo solene proklamis la beatigon de sia antaŭulo Paŭlo la 6-a. La Sankta Seĝo tamen neniel oficiale formetis Latinon, kiu hodiaŭ spertas surprizan revivigon (kvankam nur ĉe la rando de la populara kulturo) danke al la moderna interreta komunikado (Butterfield 2014).

Lastaj vortoj

Coulmas: *Sankta Patro, estas granda honoro ...*
Paŭlo la 6-a: "In medias res" (18), mi petas! Kiu perdas tempon, perdas sin mem (19).
Coulmas: *Ĉu vi povus iom paroli pri la valoro de lingvoj?*
Paŭlo la 6-a: Certe. La Rom-katolika eklezio – ĉu vere necesas ripeti tion post tiom da eksplicitaj deklaroj de niaj antaŭuloj? – konsideras la diversecon de lingvoj kaj de ritaroj, en kiuj esprimiĝas la dialogo inter la eklezio kaj la ĉielo, kiel senkomparan riĉaĵon (20).
Coulmas: *Kio estis la kaŭzo de la kontraŭstaro al la jarcentojn aĝa uzo de Latino, kiu aperis en kelkaj paroĥoj en la 20-a jarcento?*
Paŭlo la 6-a: Mi dubas, ĉu mi sufiĉe komprenis la kaŭzon. Latino sendube prezentas diversajn, eble eĉ gravajn malfacilaĵojn al la novicoj. Sed tiaj malfacilaĵoj, kiel vi ja mem scias, neniel estu rigardataj kiel nesupereblaj (21).
Coulmas: *Vi tamen permesis la uzon de la naciaj lingvoj en la sankta meso. Ĉu la akcepto de sennombraj lingvoj ne endanĝerigas la liturgian unuecon de la Rom-katolika eklezio?*
Paŭlo la 6-a: Tute ne. Ĉiuj tradukoj de latinlingvaj tekstoj en la gepatran lingvon, kiuj estas intencitaj por la uzo en la liturgio, estas ja nepre aprobendaj de la kompetenta teritoria eklezia aŭtoritato (22).
Coulmas: *Ĉu ne tamen unu sola lingvo, nome Latino, estis tute sufiĉa por la Rom-katolika eklezio dum multaj jarcentoj?*
Paŭlo la 6-a: Malgraŭ la granda diverseco de lingvoj, tamen nur unu sama preĝo de ĉiuj, pli bonodora ol incenso, ascendas al Dio: al la Ĉiela Patro, per la ĉefpastro Jesuo Kristo, en la Sankta Spirito (23). Ni ja neniel parolas pri iu neglektebla bagatelo! Latino sendube estas digna kaj fervore gardenda lingvo, konstituante la plej fruktodonan fonton de la kristana civi-

	lizacio kaj la plej riĉan trezoron de la pieco en la latina eklezio [...] Ni neniel malestimu la tradiciojn de la prapatroj, kiuj tiom kontribuis al la gloro de la eklezio tra la pasintaj jarcentoj (24).
Coulmas:	*Vi iam diris, se mi rajtas citi vin, ke "trans la limoj de la kristanismo ekzistas alia dialogo, pri kiu la eklezio okupas sin hodiaŭ – la dialogo kun la moderna mondo" (25). Ĉi tiun dialogon vi serĉis nelacigeble kaj konsekvence, uzante la naciajn lingvojn. "Honoron, salutojn kaj benojn al vi, konkerintoj de la luno, la pala lumilo de niaj noktoj kaj de niaj sonĝoj!" (26). Tiel tekstis via – memkompreneble anglalingva – mesaĝo al la tri ŝipanoj de la kosmoŝipo Apollo 11, kiuj estis ĵus surluniĝintaj, la 20-an de Julio 1969. Vi observis ĉi tiun eventon kun granda intereso rekte sur la televida ekrano en Kastelo Gandolfo kaj entuziasme aplaŭdis ĉi tiun homaran atingon. Ĉu la angla ne ankaŭ estus la plej taŭga lingvo por "la dialogo kun la moderna mondo"?*
Paŭlo la 6-a:	Disvastiĝinte de sia naskiĝloko sur la britaj insuloj al ĉiuj kontinentoj kaj preskaŭ ĉiuj anguloj de la mondo, la angla lingvo faras rimarkindan kontribuaĵon al la pli bona interkompreniĝo kaj al la unueco inter ĉiuj nacioj kaj rasoj. Same kiel multaj el niaj venerindaj antaŭuloj sur la trono de Sankta Petro, ankaŭ ni intencas dediĉi nian regadon al la nobla celo de pli bona interkompreniĝo (27).
Coulmas:	*Ĉu Latino tiurilate povas ankoraŭ plenumi utilan funkcion? Aŭ ĉu ne la tempo reduktis ĝin al la lingvo de la arĥivoj?*
Paŭlo la 6-a:	Non puto! Successoris mei magni Francisci papae annuntiatones perlegunt plus quam trecenta milia credentium in @Pontifex. Multum in parvo, ad maiorem Dei gloriam! (28)
Coulmas:	*Gratias tibi ago maximas (29), Sankta Patro.*
Paŭlo la 6-a:	Mia paco kaj mia beno estu kun vi!

Bildo 16: La placo "Paŭlo la 6-a" en Breŝo (It: Brescia)
(fotografaĵo fare de Chiara Pasotti)

Notoj

(1) Ĉar la Reĝlando Italujo (It: Regno d'Italia, 1861-1946) estis aneksinta la teritorion de la Eklezia Ŝtato la 20-an de Septembro 1870 (It: Breccia di Porta Pia), la Rom-katolika eklezio malpermesis al la itala katolikaro, partopreni en la politikaj elektoj inter la jaroj 1874 kaj 1919, per la papa buleo "Non expedit" (Eo: Ne estas permesite) fare de la papo Pio la 9-a (reg. 1846-1878).

(2) Ĝis la akademia jaro 1990/91, ĉiuj kursoj de la fakultato pri kanona juro de la fama pontifika Gregoria universitato (Lt: Pontificia Universitas Gregoriana) uzis Latinon kiel instrulingvon (laŭ persona komunikaĵo de la ĝenerala sekretario Luigi Allena al Florian Coulmas).

(3) "*Questa forma di nazionalismo tratta gli stranieri come nemici, in particolari quelli con cui lo stato ha frontiere comuni, quasi che uno cerchi l'espansione del proprio paese a spese degli immediati vicini. Le persone crescono con un sentimento in tal guisa. La pace diventa un compromesso di transizione tra le guerre.*" (Fappani & Molinari 1979: p.404).

(4) "*à un idiome plus largement répandu et compris*" (Paulus VI 1963a). En interparolo kun la katolika filozofo kaj franca verkisto Jean

Guitton (1901-1999), Paŭlo la 6-a iam konfidis, ke li rigardas la francan kiel lingvon tiel perfektan, ke li tradukas siajn pensojn en la francan por eltrovi, ĉu ili estas taŭgaj pensoj: *"La langue française est si parfaite. Lorsque je veux savoir si ma pensée est une véritable pensée, je la traduis en français."* (Guitton 1979: p.152).

(5) *"Et ici notre message atteint son sommet. Négativement d'abord: c'est la parole que vous attendez de nous et que nous ne pouvons prononcer sans être conscient de sa gravité et de sa solennité: jamais plus les uns contre les autres, jamais, plus jamais! N'est-ce pas surtout dans ce but qu'est née l'Organisation des Nations-Unies: contre la guerre et pour la paix? Ecoutez les paroles lucides d'un grand disparu, John Kennedy, qui proclamait, il y a quatre ans: L'humanité devra mettre fin à la guerre, ou c'est la guerre qui mettra fin à l'humanité."* (Abundo da paroladoj, enciklikoj, apostolaj leteroj, apostolaj konstitucioj kaj aliaj skriboj de Paŭlo la 6-a troviĝas sur la Vatikana retejo: www.vatican.va/content/paul-vi/fr.html).

(6) *"Il problema vero è che la Chiesa si apre al mondo e trova un mondo che in gran parte non crede. [...] La Chiesa vuole diventare poliedrica per riflettere meglio il mondo contemporanea."* (Corriere della Sera, 30-a de Oktobro 1965, p.1).

(7) "Il papa dimenticato" (Eo: La forgesita papo) estis la titolo de triparta dokumenta elsendo pri Paŭlo la 6-a fare de la Italuja televidstacio "Radiotelevidisione Italiana" (RAI), elsendita en Decembro 2006.

(8) *"Mentre il latino rimane la lingua ufficiale della Chiesa, i volgari diventano un mezzo fondamentale per la diffusione della religione."* (Tullio De Mauro 2014: p.19).

(9) *"La lingua propria della Chiesa Romana è la latina. È quindi proibito nelle solenni funzioni liturgiche di cantare in volgare qualsivoglia cosa; molto più poi di cantare in volgare le parti variabili o comuni della messa e dell'officio."* (Apostola letero "Tra le sollecitudini" [Eo: Inter la zorgoj], la 22-an de Novembro 1903).

(10) *"Huiusmodi cum sit sermo latinus, divinitus provisum est ut is mirifico esset usui Ecclesiae docenti, idemque Christifidelibus doctioribus ex omni gente magnum ministraret vinculum unitatis. [...] Utraque de causa, ut cetera omittamus, liquet clerum, ante alios, latinae linguae perstudiosum esse oportere; neque enim hic laudes persequimur, quibus hoc commendatur loquendi genus, pressura, locuples, numerosum, maiestatis plenum et dignitatis quod mire dixeris comparatum ad serviendum Romani Pontificatus gloriae, ad quem ipsa Imperii sedes tamquam hereditate pervenerit."* (Apostola letero "Officiorum omnium" [Eo: De ĉiuj oficoj], la 1-an de Aŭgusto 1922).

(11) *"His de causis Apostolica Sedes nullo non tempore linguam Latinam studiose asservandam curavit eamque dignam existimavit qua tamquam magnifica caelestis doctrinae sanctissimarumque legum veste uteretur ipsa in sui exercitatione magisterii, eademque uterentur sacrorum administri. Hi namque ecclesiastici viri, ubicumque sunt gentium, Romanorum sermone adhibito, quae sunt Sanctae Sedis promptius comperire possunt, atque cum ipsa et inter se expeditius habere commercium."* (Apostola konstitucio "Veterum sapientia" [Eo: La saĝeco de la antikvuloj], la 22-an de Februaro 1962).
(12) *"36. § 1. Linguae latinae usus, salvo particulari iure, in Ritibus latinis servetur."* (Apostola konstitucio "Sacrosanctum concilium" [Eo: La sankta koncilio], Paulus VI 1963b).
(13) *"36. § 2. Cum tamen, sive in Missa, sive in Sacramentorum administratione, sive in aliis Liturgiae partibus, haud raro linguae vernaculae usurpatio valde utilis apud populum exsistere possit, amplior locus ipsi tribui valeat, imprimis autem in lectionibus at admonitionibus, in nonnullis orationibus at cantibus, iuxta normas quae de hac re in sequentibus capitibus singillatim statuuntur."* (Apostola konstitucio "Sacrosanctum concilium" [Eo: La sankta koncilio], Paulus VI 1963b).
(14) *"54. Linguae vernaculae in Missis cum populo celebratis congruus locus tribui possit, praesertim in lectionibus et „oratione communi", ac, pro condicione locorum, etiam in partibus quae ad populum spectant, ad normam articuli 36 huius Constitutionis ..."* (Apostola konstitucio "Sacrosanctum concilium" [Eo: La sankta koncilio], Paulus VI 1963b).
(15) *"... Provideatur tamen ut christifideles etiam lingua latina partes Ordinarii Missae quae ad ipsos spectant possint simul dicere vel cantare."* (Apostola konstitucio "Sacrosanctum concilium" [Eo: La sankta koncilio], Paulus VI 1963b).
(16) *"Proposita Operis Fundati Latinitas: I. Studium adiuvare linguae ac litterarum Latinarum, classicarum quas dicunt in primis, tum etiam scriptorum christianorum nec non Latinitatis medii aevi et recentioris. II. Usum disseminare sermonis Latini tam in epistularum commercio quam in libris Latine conscriptis, praesertim in rebus ad cultum ingenii in Ecclesia pertinentibus vel etiam in catholicis studiorum sedibus."* (**Opus Fundatum Latinitas**).
(17) *"Colloquium ergo nostrum, quod ingredimur, quodque ad nostra ipsorum com-moda minime spectat, ab omni opinionis arbitrio est seiunctum, ex aperto profluit animo, natura sua paci liberae et honestae favet; abhorret a simulatione, ab aemulatu, a fraude et insidiis; notat, ut scelus et calamitatem, bellum, quo populus aliquis lacessitur vel*

quod imperii amplificandi aut dominationis exercendae causa suscipitur; ac necessario ad humanam pertinet coniunctionem, quae obtinet in summa nationum parte, in earum corpore, in earum veluti fundamentis prout sive ordines societatis sive familiae sive singuli spectantur, idque contendit, ut cuncta instituta et omnium animos ad intellectum amansque studium pacis cuiusque servandae officium adducat." (Inaŭgura encikliko "Ecclesiam Suam" [Eo: Sian eklezion], la 6-an de Aŭgusto 1964).

(18) *(Rimarko de la tradukinto: "in medias res" [Eo: en la mezajn aferojn] signifas, ke oni ne malŝparas tempon per enkondukaj vortoj, sed alpaŝas al la kerno de la afero. La latina lokucio devenas de la poeto Horacio [65-8 a.K.], kiu en sia lirika verko "Ars poetica" tiamaniere laŭdas Homeron, ĉar tiu rakontas la Iliadon ne "ab ovo" [Eo: de la oviĝo], sed iras senpere "in medias res":*
"Nec gemino bellum Troianum orditur ab ovo, semper ad eventum festinat et in medias res ..." [versoj 147 & 148]).

(19) *"Chi perde tempo, perde se stesso"* (citaĵo laŭ Ernesti 2012: p.322).

(20) *"L'Eglise – est-il besoin de le redire après tant et de si explicites déclarations de Nos prédécesseurs? – considère comme une incomparable richesse la variété des langues et des rites dans lesquels s'exprime son dialogue avec le Ciel."* (Solenne rito dell' incoronazione, Paulus VI 1963a).

(21) *"Procul dubio lingua latina sacrae militiae vestrae tironibus aliquam et fortasse haud tenuem difficultatem opponit. Haec autem, quemadmodum novistis, talis non est habenda, ut vinci et superari non possit."* (Apostola letero "Sacrificium laudis" [Eo: La ofero de la laŭdo], Paulus VI 1966).

(22) *"36. § 4. Conversio textus latini in linguam vernaculam in Liturgia adhibenda, a competenti auctoritate ecclesiastica territoriali, de qua supra, approbari debet."* (Apostola konstitucio "Sacrosanctum concilium" [Eo: La sankta koncilio], Paulus VI 1963b).

(23) *"In tot varietate linguarum, una eademque cunctorum precatio ad caelestem Patrem, per summum Pontificem nostrum Iesum Christum, in Spiritu Sancto, quovis ture fragrantior ascendat."* (Apostola konstitucio "Missale Romanum" [Eo: La Roma misalo], Paulus VI 1969).

(24) *"Non autem agitur hic tantummodo de retinendo in officio chorali eloquio latino, sane digno, quod, nedum parvi fiat, alacriter custodiatur, cum sit in Ecclesia Latina christiani cultus humani fons uberrimus et locupletissimus pietatis thesaurus [...] Non parvi pendenda sunt instituta maiorum, quae per diuturna saecula vos ornabant."* (Apostola letero "Sacrificium laudis" [Eo: La ofero de la laŭdo], Paulus VI 1966).

(25) *"Mais au-delà des frontières du christianisme, il est un autre dialogue dans lequel l'Eglise est engagée aujourd'hui: le dialogue avec le monde moderne."* (Solenne rito dell'incoronazione, Paulus VI 1963a).

(26) *"Honour, greetings and blessings to you, conquerors of the moon, pale lamp of our nights and our dreams!"* (Paulus VI, la 20-an de Julio 1969, citaĵo laŭ Wooden 2009).

(27) *"Spreading from its birthplace in the British Isles to every continent and every corner of the earth, your language makes a notable contribution towards increased understanding and unity between nations and races. Like our venerable predecessors on the throne of Peter, we too intend to dedicate ourselves to the encouragement of greater mutual comprehension, charity and peace between peoples, that peace which our blessed Lord left to us and which the world without Him cannot give."* (Solenne rito dell'incoronazione, Paulus VI 1963a).

(28) "Mi ne konsentas! Pli ol 300 miloj da kredantoj tralegas la mesaĝojn publikigitajn [sur Twitter] de la papo Francisko, mia granda sukcedinto. Multo en la malgrando por la pli granda gloro de Dio!"

(29) "Gratias tibi ago maximas" (Eo: [laŭvorte] mi esprimas al vi la plej grandan dankon).

XIX. Sutan Takdir Alisjahbana
[sutan takdir aliŝabana]

Sutan Takdir Alisjahbana

La vivo de Sutan Takdir Alisjahbana

Sutan Takdir Alisjahbana naskiĝis la 11-an de Februaro 1908 en Natal, Mandailing provinco, en la norda parto de la insulo Sumatro en Nederlanda Orient-Hindujo. Lia gepatra lingvo estis la minangkabaŭa. Lia patrino, Puti Samiah, apartenis al nobela familio de la matriarĥa minangkabaŭa etno, kiu estis indiĝena en la samnoma altebenaĵo sur la okcidenta Sumatro. Laŭ la matriarĥa kutimjuro (In: Adat), la adoleskantoj de la minangkabaŭa etno devis forlasi sian hejmon por akiri instruitecon en malproksimaj religiaj komunumoj. Pro tiu instruiteco, multaj el ili poste okupis influajn postenojn en aliaj partoj de la arĥipelago. Lia patro, Raden Alisjahbana, devenis de Javo kaj estis instruisto. "Raden" (ekvivalenta al la Eŭropaj "kavaliro" kaj "damo") estas titolo aŭ titolero de viraj kaj virinaj membroj de la java nobelaro:

Tabelo 35: Titoloj de la java nobelaro

	viroj	fraŭlinoj	edzinigitaj virinoj
unua rango	Raden Mas	Raden Ajeng	Raden Ayu
dua rango	Raden	Raden Roro	Raden Nganten

Sutan Takdir Alisjahbana frekventis la "nederlandan lernejon por [nobelaj] indiĝenoj" (Nl: Hollandsch-Inlandsche School) en Bengkulu, suda Sumatro. Tiaj lernejoj estis establitaj en 1914 por egaligi la ŝancojn de la indiĝena nobelaro al tiuj de la ĉina minoritato, kiu ekde 1908 povis vizitadi "nederlandajn lernejojn por ĉinoj" (Nl: Hollandsch-Chineesche Scholen). Sed nur la Eŭropaj lernejoj (Europeesche Lagere School, Algemene Middelbare School kaj Hogere Burgerschool) akirigis la universitatnivelan instruitecon al siaj, precipe nederlandaj lernantoj.

De 1921 ĝis 1925 en Bukit-Tinggi sur Sumatro kaj de 1925 ĝis 1928 en Bandungo sur Javoo, li vizitadis la "Seminariojn por indiĝenaj instruistoj" (Nl: Kweekscholen voor inlandsche onderwijzers) por akiri la instruistan diplomon. Ekde la jaro 1928 li perlaboris sian vivtenon kiel instruisto en Palembang, suda Sumatro.

Jam en ĉi tiu tempo, li elstaris kiel verkisto, publikigante sian unuan romanon "Senĉesa malbonŝanco" (In: Tak Putus Dirundung Malang) en 1929, la sama jaro, en kiu li edziĝis kun Raden Ajeng Rohani Daha, kun kiu li havis tri gefilojn. Nur ses jarojn poste, Rohani Daha mortis, estante ankoraŭ tre juna. En 1941 li reedziĝis, nome kun Raden Roro Sugiarti, kun kiu li havis du filinojn. En 1925 li denove vidviĝis kaj edziĝis la trian fojon en la sekva jaro. Kaj ĉi tiu tria edzino, la germana lingvistino Margaret Axer, kun kiu li havis kvar gefilojn, restis kun li dum la sekvaj 40 jaroj. Li havis entute naŭ gefilojn, ses filinojn kaj tri filojn.

Kvankam Alisjahbana ĉiam pli kaj pli famiĝis kiel literaturo kaj intelektulo, li neniam ĉesis propagi al si pli altnivelan instruitecon. La juna familiestro ĉiunokte vizitadis, paralele kun la pandona laboro, la "Hoofdakte Cursus" (Eo: ĉefdiploma kurso) inter 1931 kaj 1933 por kvalifikiĝi kiel rektoro. En Julio 1933 li kunfondis en Batavio ĉiumonatan malajlingvan literaturrevuon, nome "La nova poeto" (In: Pujangga Baru).

La 8-an de Marto 1942, la armitaj fortoj de la Nederlanda kolonia reĝimo kapitulacis sub la premo de la imperia armeo de Japanujo. Ĝis la novaj okupaciantoj ĉesigis la eldonadon de "La nova poeto", ĉirkaŭ 90 numeroj estis publikigitaj, prezentante al avangarda legantaro sennombrajn poemojn, novelojn, teatraĵojn kaj filozofiajn eseojn pri abunda gamo da temoj. Kvankam la eldonkvanto neniam transpaŝis la nombron de nur 200 ekzempleroj, "La nova poeto" tamen konstituis tre influan forumon por diskuti ideojn en deciciga tempo, kiam la indiĝena elito de la arĥipelago preparis la fundamenton de la estonta nacia sendependeco.

Alisjahbana jam tre frue rimarkigis pri la granda politika signifo de propra nacia lingvo, pro kio li akiris gvidan rolon en la rapide kreskanta sendependiga movado. En 1937 lia nesatigebla scienca scivolo denove pelis lin al la studado: li komencis studi jurisprudencon en la "Jura altlernejo" (Nl: Rechtshogeschool) en Batavio kaj, ekde 1940, samtempe kaj lingvistikon kaj filozofion. Li daŭrigis ĉi tiujn studojn ĝis la kapitulaco en Marto 1942. Aparte la studado de jurisprudenco fortikigis lian intereson pri reguloj kaj pri la preciza esprimpovo de lingvo.

Lia granda verkaro ampleksas diversajn politikajn eseojn pri civilizacio, modernigo kaj disvolvado, por kiuj ellaborita lingvo estas deciciga antaŭkondiĉo. En 1948, post multaj jaroj de lingvistika studado, li fine publikigis sian elstaran "Modernan gramatikon de la indonezia lingvo" (In: Tata Bahasa Baru Bahasa Indonesia [1]), kiun baldaŭ akceptis ĉiuj lernejoj sur la arĥipelago kiel la plej gravan referencan gramatikon de la indonezia lingvo.

La kreskanta konscio pri la propra nacia identeco kaj la postulo pri sendependeco estis la plej grandaj politikaj puŝfortoj same en Nederlanda Orient-Hindujo, kiel en aliaj kolonioj de la okcident-Eŭropaj imperioj. Alisjahbana propagandis ambaŭ ideojn – kaj la distingeblan nacian identecon kaj la realigeblan sendependecon. Sed li favoris la politikan starpunkton, ke la estonteco de Indonezio sendube montriĝos plej promesplena, se la juna nacio adoptos la karakteron de moderna ŝtato laŭ la Okcidenta modelo, reliefigita dum la klerisma epoko.

Kontraste al ĉi tiu moderna Okcidenta klerismo, multaj muzulmanoj preferis kontraŭ-Nederlandan tradiciismon kadre de la tut-islamisma movado (Sairin 2011). Alian guston de tradiciismo favoris la eminenta dramisto Sanusi Pane, kiu ofte kontribuis al "La nova poeto": Pane postulis, ke la nacia disvolvado baziĝu sur la konscia reakiro kaj reaprezo de la antikvaj hinduismaj-budhismaj tekstoj, kontrastigante la orientan spiritualismon kun la Okcidentaj raciismo kaj materiismo. Sur la historia fono de la budhisma regno Ŝriviĝajo (In: Sriwijaya) (2), ĉi tiu tradiciismo estis plej bone akordigebla kun la propagando por la malaja lingvo.

Alisjahbana opiniis, ke la tradicia kulturo de la arĥipelago estis ne nur simple atrofiita, sed nerevokeble morta, kaj ke Indonezio pro tio lernu de la Okcidento, adoptu multajn el la Okcidentaj ideoj kaj starigu modernan nacian ŝtaton laŭ la modelo de Eŭropa respubliko. Laŭ li, Indonezio sukcesos atingi la deziratan statuson de "disvolvita lando" nur tiam, se oni konsekvence ensorbos la valorojn, kiuj fontas el la Eŭropa klerismo (Alisjahbana 1966). Tiuj du diametre kontraŭaj ideologiaj starpunktoj (nome orienta tradiciismo kontraŭ Okcidenta klerismo) prezentis la precipajn opciojn pri la politika direkto, en kiu la juna nacio povis disvolviĝi. La klerisma aliro de Alisjahbana plejparte venkis.

La 17-an de Aŭgusto 1945, du tagojn post la kapitulaco de la Japanuja Imperio, Sukarno (Kusno Sosrodihardjo), la gvidanto de la sendependiga movado, proklamis la sendependecon de la Indonezia Respubliko. Sed anstataŭ ĝui la fruktojn de la sendependeco kaj de la paco, la kontraŭ-koloniisma revolucio devis milite venki la necedeman reziston de Nederlando, kiu provis restarigi sian perditan kolonian reĝimon helpe de trupoj senditaj de Britujo, en plurjara Sendependiga Milito (1945-1949). Nur sub la premo de Usono, la Nederlanda registaro agnoskis la sendependecon de la Indonezia Respubliko la 27-an de Decembro 1949.

En Oktobro 1949 Alisjahbana kaj aliaj instruitulo de la "Asocio por la antaŭenigo de scienco kaj de kulturo" (In: Perkumpulan Memajukan Ilmu dan Kebudayaan) kunfondis la privatan Nacian Akademion (In: Akademi Nasional) en Ĝakarto, kiun la Indonezia registaro baldaŭ agnoskis kiel altnivelan institucion sub la nomo "Universitas Nasional" (Eo: nacia universitato). Kiel populara verkisto, vojmontra lingvisto kaj eminenta intelektulo, Sutan

Takdir Alisjahbana daŭre ludis elstaran rolon en la formiĝo de la juna nacio. Li instruis la indoneziajn lingvon, historion, literaturon kaj kulturon, li okupis postenojn en pluraj grandaj universitatoj:

Tabelo 36: Universitatoj, en kiuj Sutan Takdir Alisjahbana instruis

Universitato	Instrufakoj	Daŭro
Universitas Indonesia	indoneziaj lingvo, historio kaj kulturo	1946-1948
Universitas Nasional	indoneziaj lingvo, literaturo kaj kulturfilozofio	1950-1958
Universitas Andalas	indonezia gramatiko	1956-1958
Universitas Malaya	malajologio	1963-1968

Sukarno, la gvidinto de la sendependiga movado kaj nun unua prezidento (reg. 1945-1967) de la Indonezia Respubliko, atingis eminentan internacian sukceson por la juna ŝtato, kiam, en Aprilo 1955, li gastigis la altrangajn reprezentantojn de 29 Afrikaj kaj Aziaj ŝtatoj okaze de la sekvoriĉa konferenco en Bandungo sur Javo, per kiu fondiĝis la "Movado de Nealiancitaj Landoj" (3).

Prezidento Sukarno, kiu flegis plej amikajn interrilatojn kun la komunisma partio de Indonezio, aliflanke devis kontraŭbatali la longedaŭran "Permesta" ribelon inter 1957 kaj 1961. La ribelantoj, kiuj estis forte subtenataj de Usono (4), celis la militan renverson de lia regado. Kvankam Sukarno eliris el ĉi tiu armita konflikto kiel venkinto, li tamen establis en la sekvaj jaroj ĉiam pli kaj pli aŭtoritatan reĝimon de "gvidata demokratio" (In: Demokrasi Terpimpin), restarigante eĉ kelkajn el la tiel nomataj "supermezuraj rajtoj" (Nl: exorbitant rechten) de la forskuita kolonia reĝimo.

Alisjahbana konsideris ĉi tiun aŭtokratian disvolviĝon de la prezidenteco netolerebla (Alisjahbana 1966: p.143). Tial, li dumtempe (nome inter la jaroj 1963 kaj 1968) translokiĝis al Kuala-Lumpuro, la ĉefurbo la Malajzio, por servi kiel la fakultatestro pri malajologio en la "Universitas Malaya" (Eo: malaja universitato).

En 1968, li revenis al Ĝakarto por servi kiel rektoro de la Universitas Nasional. Ĉi tiun postenon li okupis dum la sekvaj

24 jaroj ĝis 1992, transformante la universitaton en unu el la plej eminentaj institucioj de scienca esplorado kaj klerigado en Indonezio. Paralele kun sia akademia kariero, li kontinue laboris pri la indonezia lingvo kiel literaturisto, tradukisto kaj gramatikisto, kio montriĝis lia vera destino (5).

Agnoskante liajn sennombrajn kontribuaĵojn al la studado de malajopolineziaj lingvoj kaj kulturoj, la Indonezia registaro fine honoris lin en la jaro 1970 per la kulturmedalo pro liaj atingoj por la indonezia kulturo. Same li ricevis du honordoktorecojn – en 1979 de la Universitas Indonesia en Depok sur Javo kaj en 1987 de la Universitas Sains Malaysia sur Pinang, Malajzio. Sutan Takdir Alisjahbana pasigis la du lastajn jarojn de sia vivo en Ĝakarto, kie li mortis la 17-an de Julio 1994, nur du semajnojn post kiam li estis vidviĝinta la trian fojon.

La lingvoj en Nederlanda Orient-Hindujo

Komence de la 20-a jarcento, la kolonio Nederlanda Orient-Hindujo ampleksis arĥipelagon de miloj da insuloj. Sur multaj el ĉi tiuj insuloj troviĝas specifaj, nur malgrandaj etnoj kun propraj lingvoj. La granda plimulto de tiuj lingvoj apartenas al la tiel nomata malajopolinezia lingvaro, kvankam ankaŭ aliaj lingvaroj estas troveblaj, kiel ekzemple la papua lingvaro kun konsiderinda nombro da lingvoj sur la Molukoj kaj Nov-Gvineo. Kelkaj lingvoj, kiuj origine ne estis indiĝenaj sur la arĥipelago, enmigris sekve de la transmara komerco, de la koloniistaj konkeroj kaj de la disvastiĝo de religioj.

La ĉina lingvo en la formo de siaj topolektoj Mǐn (In: Bahasa Hokkien) kaj Kèjiā (In: Bahasa Hakka) okupis rimarkeblan pozicion en la socilingvistika aranĝo sur la arĥipelago. La araba ĝuis la prestiĝon de la skriblingvo de la Nobla Korano, kvankam la "Riau Melayu" variaĵo de la malaja estis la multe pli grava lingvo por la disvastigado de Islamo sur Sumatro, Javo, Celebeso kaj multaj aliaj insuloj (ekde la 13-a jarcento). Restaĵoj de kreoligita portugala, disvastigita de portugalaj esploristoj, komercistoj kaj misiistoj, postvivis en la ĉirkaŭaĵo de la Malaka markolo.

Granda diferenco en la evolunivelo ekzistas inter la grandaj, alte kultivitaj skriblingvoj, aparte la java (In: Bahasa Jawa, 80-100 milionoj da parolantoj) kaj la sunda (In: Bahasa Sunda, ĉirkaŭ 40 milionoj) sur Javo, unuflanke, kaj abundo da senkribsistemaj parollingvoj, el kiuj multaj estas parolataj de malgrandaj lingvokomunumoj, aliflanke. Ankaŭ la skribsistemoj estis tre malsimilaj, ĉar ili estis enmigrintaj sur la arĥipelagon kune kun diversaj kulturaj influoj: la hindaj Abugidaj skribsistemoj (6), nome la Pallava (In: Aksara Pallawa) kaj la nagaria (In: Aksara Dewanagari), kiuj venis kune kun la hinduismo kaj la budhismo, kaj la araba Abĝado, kiu venis kune kun Islamo.

Ĉu Abugido, ĉu Abĝado, ĉu la latina alfabeto, kiun fine alportis la Eŭropaj koloniistoj, ĉiuj estis adaptitaj al la specifaj bezonoj de la indiĝenaj lingvoj. Kontraste al la menciitaj skribsistemoj, la ĉinaj ideografiaĵoj sole kaj ekskluzive servis por skribi la ĉinan lingvon, sed neniam por videbligi iun alian lingvon sur la arĥipelago (7).

La Nederlanda kolonia administracio neniam esploris la ekzaktan nombron de lingvoj, kiuj estis parolataj sur la arĥipelago. Sed eĉ indiĝenaj lingvistoj havis nur tre proksimuman ideon pri tia nombro. Estante unu el la plej eminentaj lingvistoj, Alisjahbana ripete menciis la minimuman kvanton de "ne malpli ol 250 lingvoj kaj dialektoj" (Alisjahbana 1984b: p.81), bedaŭrinde sen iel ajn klarigi, per kiu metodo li estis atinginta ĉi tiun minimuman kvanton.

Laŭ la hodiaŭ validaj kategorioj, preskaŭ 800 lingvoj estas parolataj en Indonezio, kiuj faras la arĥipelagon unu el la lingvistike plej diversecaj regionoj en la mondo (Gil et al. [sen jaro]: *Language contact in Indonesia*). Sed la sistema scienca esplorado de la lingva inventaro de Indonezio restas principe problema, ĉar lingvistoj kaj parolantoj de lokaj lingvoj ofte uzas tre malsamajn kategoriojn por distingi inter lingvoj kaj dialektoj, kaj ĉar la parolantoj estas ne nepre konstantaj en sia apartenado al lingvokomunumo (Lauder 2006).

De la malaja al la indonezia lingvo

Kvankam nur malgranda lingvokomunumo fakte parolis la malajan (In: Bahasa Melayu) kiel gepatran lingvon, ĝi servis kiel Lingvafrankao (Lt: Lingua franca) tra la tuta arĥipelago ekde la malfrua 7-a jarcento (2). La malaja ludis ĉi tiun signifoplenan rolon en ĉiuj juraj, religiaj kaj komercaj aferoj en la tiel nomata "Malaja Mondo" (In: Alam Melayu), la arĥipelago, kiu hodiaŭ ampleksas ne nur la ŝtatojn Indonezio, Malajzio, Brunejo kaj Singapuro, sed ankaŭ la sudajn regionojn de Tajlando kaj de Filipinoj. En la kolonio Nederlanda Orient-Hindujo, la malaja estis lingvo kun multaj aspektoj. La nederlanda lingvisto Jan Willem De Vries (1980: p.105) distingas kvar grupojn da variaĵoj de la malaja lingvo (8):

Tabelo 37: Kvar grupoj da variaĵoj de la malaja lingvo (De Vries 1980)

Dialekta malaja	Dialektoj parolataj en la ĉirkaŭaĵo de la Malaka markolo
"Riau Melayu"	La oficiala skriblingvo de la kortego de la Sultanlando Malako
"Pasar Melayu"	La kontaktlingva variaĵo parolata en la bazaroj kiel Lingvafrankao
Simpligita malaja	Simpligitaj kontaktlingvaj variaĵoj parolataj en Ambono kaj Batavio

La nederlanda estis la lingvo de la kolonia potenco ekde la 30-a de Majo 1619, kiam la "Unuiĝinta Orient-hinda Kompanio" (Nl: Vereenigde Oostindische Compagnie [VOC]) sub la gvidado de la guberniestro-generalo Jan Pieterszoon Coen cindrigis la urbon Ĝajakarto, la hodiaŭa Ĝakarto, ĉe la enfluejo de la rivero Livungo (In: Ci Liwung) kaj fondis la novan ĉefurbon Batavio sur ties ruinoj. Sed nek la VOC nek la Nederlanda kolonia reĝimo iam ajn provis altrudi sian lingvon al la indiĝena subularo. Same kiel en multaj aliaj kolonioj de la okcident-Eŭropaj imperioj, la indiĝena elito mem strebis propigi al si la skriblingvon de la kolonia potenco, kiu enkorpigis la promeson, ke la parolantoj partoprenos kaj en la politika potenco kaj en la ekonomia disvolviĝo:

> "Konsekvence, la nederlanda lingvo okupis pli kaj pli gravan pozicion en la indonezia socio. Ĝi fariĝis la nepra antaŭkondiĉo ne nur por akiri la deziratan Okcidentan instruitecon, sed ankaŭ por akiri bone pagatajn laborpostenojn. Eĉ krom tio, la kiel eble plej bona regado de la nederlanda iom post iom fariĝis la signo, ke la parolanto apartenas al nova elito en la indonezia socio. Pro tio estis apenaŭ surprize, ke ĉiujare miloj da gepatroj luktis kaj strebis sendi siajn gefilojn en lernejon, kiu uzis la nederlandan kiel instrulingvon." (9)

Fine de la 19-a jarcento, la Nederlanda kolonia reĝimo siaflanke ankoraŭ uzis plejparte la prestiĝan skriblingvon "Riau Melayu" por interkomuniki kun la indiĝena subularo, dum la komercistoj de la VOC preferis la bazarlingvon "Pasar Melayu" por negoci.

La lokaj lingvoj, kondiĉe ke ili estis skriblingvoj, servis kiel instrulingvoj en la lernejoj por la indiĝenoj (Nl: Hollandsch-Inlandsche Scholen). Sed la lernejoj por nederlandanoj (Nl: Europeesche Lagere School) nur iom post iom malfermis siajn pordojn ankaŭ al la filoj de ne-eŭropanoj, ne nur por respondi al la politika postulo de indiĝenaj intelektuloj, sed ankaŭ por pligrandigi la nombron de taŭgaj kandidatoj por laboristoj en la kolonia administracio.

La plimulto da lernejoj tamen daŭrigis la uzon de la indiĝenaj lingvoj por instruaj celoj, kion multaj intelektuloj rigardis malpli kiel koncedon fare de la Nederlanda kolonia reĝimo, sed pli kiel politikon laŭ la devizo "dividu kaj imperiu!" (Lt: divide et impera) (Alisjahbana 1984a: p.51): ju pli la indiĝenoj parolas malsamajn lokajn lingvojn, des pli malfacile ili povas organiziĝi kaj emancipiĝi de la Nederlanda kolonia reĝimo.

Ĉi tiu lingvopolitiko spegulis la socian kaj la rasan hierarĥiojn en Nederlanda Orient-Hindujo: la nederlandanoj kaj aliaj eŭropanoj ĉe la supro (10), la ĉinoj, la araboj kaj la tiel nomataj "hind-eŭropanoj" (Nl: Indo-Europeanen), t.e. la mestizoj, en la mezo kaj la indiĝena malajopolinezia subularo ĉe la malsupro de la socia piramido (Wesseling 2003: p.341).

Sed la Nederlanda kolonia reĝimo tamen siamaniere antaŭenigis la disvolvadon kaj la disvastigadon de la malaja lingvo. La nederlanda lingvisto Charles Adriaan Van Ophuysen ricevis la komision normigi la ortografion de la malaja helpe de la latina alfabeto. En 1901 Van Ophuysen publikigis sian laboritaĵon sub la malaja titolo "Kitab Logat Melajoe" (Eo: La malaja vortaro). La nederlanda subtitolo pli konkrete specifas la enhavon kiel "Woordenlijst voor de spelling der Maleische taal met Latijnsch karakter" (Eo: Vortlisto por la ortografio de la malaja lingvo en latinaj literoj).

Ĉi tiu referenca vortlisto difinis la ortografion de 10 130 leksikaj unuoj kaj servis kiel surogato de malaja vortaro ĝis la jaro 1947. Kvankam la amplekso de lia verko restis relative limigita, Van Ophuysen tamen donis la direkton al la estonta disvolvado de la malaja, ĉar la vortlisto metis la fundamenton de normigita malaja ortografio, aplikante la latinan alfabeton anstataŭ la "Jawi" Abĝadon (6), la arabdevenan skribsistemon, per kiu la malaja estis skribata en antaŭaj tempoj.

En 1917 la Nederlanda kolonia reĝimo starigis la "komisionon por la [indiĝena] popola literaturo" (Nl: Commissie voor de Volkslectuur) por reakiri la kontrolon pri la indiĝenaj publikaĵoj. Nederlandaj "lingvooficistoj" (Nl: taalambtenaren) estris la komisionen helpe de indiĝenaj redaktistoj. La komisiono origine ricevis la ambician taskon kontroli publikaĵojn en ĉiuj indiĝenaj skriblingvoj sur la arĥipelago.

Sed pro la granda nombro de kontrolendaj publikaĵoj (precipe en la malaja, la java, la sunda, la madura kaj la balia), la "lingvooficistoj" baldaŭ instigis ĉiujn indiĝenajn verkistojn sole kaj ekskluzive uzi la kortegan skriblingvon "Riau Melayu". Tiamaniere la Nederlandaj cenzuristoj paradokse akcelis la literaturlingvan disvolviĝon kaj disvastigadon de la malaja pro proprasence koloniismaj celoj. Kvankam la Nederlanda kolonia reĝimo neniam atribuis oficialan rangon specife al "Riau Melayu", sed nur ĝenerale al "la malaja", ĉi tiu variaĵo de la malaja estis tamen pli kaj pli uzata en precize ĉi tiu senco.

Post la Unua Mondmilito, ankaŭ la gazetaro pli kaj pli uzis la malajan anstataŭ la javan lingvon (In: Bahasa Jawa). En la jaro 1918, la nove kreita "Popola Konsilio" (Nl: Volksraad) (11) proponis, baldaŭ post sia inaŭguro, agnoski "la malajan" kiel oficialan lingvon flanke de la nederlanda. Dum la malaja estis fakte nur malofte uzata en la "Volksraad", la decido estis tamen simbole signifoplena, ĉar la kolonia potenco, akceptante la proponon, la unuan fojon atribuis oficialan rangon al indiĝena lingvo.

Kvankam la "nederlandaj lernejoj por [nobelaj] indiĝenoj" (Nl: Hollandsch-Inlandsche School) estis establitaj en 1914 por egaligi la ŝancojn de la indiĝena nobelaro al tiuj de la ĉina minoritato, junaj indiĝenaj intelektuloj klare konsciis, ke la Nederlanda instrusistemo neniam etendiĝos al ĝenerala klerigado de la indiĝenaj popolamasoj. Pro tio junaj indiĝenaj patriotoj propagandis la malajan kiel la nacian lingvon. Mohammad Tabrani, ĵurnalisto kaj prezidanto de la "Unua kongreso de la junularo" (In: Kongres Pemuda Pertama) en Aprilo 1926, estis la unua, kiu nomis ĉi tiun ankoraŭ instalendan lingvon la "indonezia lingvo" (In: Bahasa Indonesia) en artikolo de la 11-a de Februaro 1926: "La indonezia nacio ankoraŭ ne ekzistas, do kreu ĝin! La indonezia lingvo ankoraŭ ne ekzistas, do kreu ĝin!" (12).

La partoprenantoj de la "Dua kongreso de la junularo" (In: Kongres Pemuda Kedua) de Indonezio, kiu okazis en Batavio la 28-an de Oktobro 1928, faris la sekvoriĉan "Ĵuron de la junularo" (In: Sumpah Pemuda), per kiu ili devontigis sin al "unu patrujo, unu nacio kaj unu lingvo de unueco" (In: Satu Nusa, Satu Bangsa, Satu Bahasa), nome la indonezia:

> "Unue: ni, la filoj kaj filinoj de Indonezio, agnoskas, ke ni havas unu komunan sangon, la indonezian patrujon. Due: ni, la filoj kaj filinoj de Indonezio, agnoskas, ke ni havas unu komunan nacion, la indonezian nacion. Trie: ni, la filoj kaj filinoj de Indonezio, adoras la lingvon de unueco, la indonezian lingvon." (13)

Dum la "Unua kongreso de la junularo" en Aprilo 1926 estis ankoraŭ uzinta preskaŭ senescepte la nederlandan, la juna intelekta elito nun, en Oktobro 1928, decidis adopti kaj antaŭenigi la propran lingvon, nome la "indonezian lingvon" (In: Bahasa Indonesia) de la revata propra ŝtato Indonezio. La Nederlanda kolonia reĝimo kompreneble neniel subtenis la efektivigon de ĉi tiu lingvopolitika decido. Sed pli ol jardekon poste, fakta subteno venis de tute ne atendita flanko: post kiam la imperia armeo de Japanujo estis sukcesinta venkobati la trupojn de la Nederlanda kolonio la 8-an de Marto 1942, la nederlanda lingvo estis tuj malpermesita.

La okupaciantoj antaŭenigis la kiel eble plej ĝeneralan akiron de la japana, intencante finfine fari ĝin la administracia lingvo de "Orienta Hindoĉinujo" (Jp: Ranryō Higashi Indo), kiel nomiĝas Indonezio sub okupacio fare de Japanujo. Ĉi tiu projekto evidente estis neniel atingebla ene de mallonga tempospaco. Sed, por tamen senprokraste satigi ĉiujn komunikajn bezonojn inter la japanlingvaj okupaciantoj kaj la malajlingva subularo, la uzo de la "Bahasa Indonesia" estis rigardata kiel taŭga alternativo. La indonezia lingvo sekve fariĝis multrilate deviga, kio enorme progresigis ĝian disvastiĝon. "Paralele kun la japanaj soldatoj kaj paralele kun la propagando, kiu celis mobilizi la popolamasojn por la milito kaj por la Granda orient-Azia komuna prosperosfero, la indonezia lingvo penetris en la plej malproksimajn angulojn de la arĥipelago." (14)

Lingvoreformo

La 20-an de Oktobro 1942, la Japanuja okupacia reĝimo – laŭ Alisjahbana (1966: p.65) vole-nevole – establis la "komisionon por la indonezia lingvo" (In: Komisi Bahasa Indonesia). La elstara membraro – inter ili multaj eminentuloj kiel Sukarno, Sanusi Pane kaj Alisjahbana, kiu funkciis kiel sekretario kaj fakulo pri lingvistiko – atestas la signifon, kiun la gvidantoj de la indonezia popolo atribuis al ĉi tiu institucio (Rubin 1977). La komisiono ricevis la sekvajn taskojn: (a) disvolvi ĉiurilate modernan terminaron; (b) ellabori detalan normigan gramatikon; (c) revizii la ortografion de la "Vortlisto", kiun Van Ophuysen estis proponinta en la jaro 1901.

Malfacila tasko troviĝis en la science pravigebla reguligo de la ordinara parollingvo de la simpla popolo por krei unuecan normigitan lingvon, ĉar la substratlingvo, la malaja, estis kvazaŭ amorfa kaj ŝanĝiĝema amasiĝo de pli-malpli similaj dialektaj variaĵoj. Por sukcese solvi ĉi tiun problemon, la komisiono ne nur devis liveri la materialon, sed ankaŭ bezonis la daŭran kunlaboradon kun la instrusistemo, kun la administracio, kun la leĝdona potenco kaj kun la amaskomunikiloj.

La indonezia lingvo spertis grandan progreson dum la tri kaj duona jaroj de la Japanuja okupacio. La 17-an de Aŭgusto 1945, nur du tagojn post la kapitulaco de Japanujo, Sukarno proklamis la sendependan Indonezian Respublikon. Kaj jam la sekvan tagon, la 18-an de Aŭgusto 1945, la konstitucio de la nova ŝtato estis ratifita. Ĉi tiu "Konstitucio de la Indonezia Respubliko de la jaro 1945" (In: Undang-Undang Dasar Negara Republik Indonesia Tahun 1945) klare konstatas en la ĉapitro 15, artikolo 36: "La nacia lingvo estas la indonezia lingvo" (In: Bahasa negara ialah bahasa Indonesia).

La unuanima akcepto de ĉi tiu decido estis rimarkinda sukceso de la malaja konsidere la faktop, ke la laŭnombre plej granda lingvokomunumo ene de la nova ŝtato parolis la javan lingvon (In: Bahasa Jawa). La java okupis la rangon de prestiĝa regiona lingvo en tri gravaj provincoj (nome en centra Javo, orienta Javo kaj Jogjakarto) kaj nekontesteble prezentis la plej alte kultivitan lingvon kun la plej riĉa literatura tradicio sur la tuta arhipelago. Malgraŭ tio, ankaŭ la javanoj, same kiel ĉiuj aliaj etnoj, akceptis la decidon favore al la malaja lingvo sen konsiderindaj disputoj.

Post la fino de la Japanuja okupacio, multaj el ties institucioj estis konsekvence abolitaj. La 18-an de Junio 1947, la "komisiono por la indonezia lingvo" estis anstataŭiigita per nova "laborkomitato por la indonezia lingvo" (In: Panitia Kerja Bahasa Indonesia) sub la gvidado de Alisjahbana. Ekde 1945 la prioritata rango de la "Bahasa Indonesia" kiel sola nacia lingvo estas neniam kontestita, dum la rafinado de la indonezia lingvo kontinuas sen interrompo. La disvolvado de la lingvo – per sistema pliampleksigo de la moderna vortprovizo kaj per difino de klaraj reguloj pri morfologio kaj sintakso – iras manon en mano kun la disvastiĝado de la lingvo tra la tuta nacio.

Ĉiuj indonezianoj lernas la indonezian lingvon en la elementaj lernejoj. En Indonezio ekzistas, laŭ Alisjahbana (1966: p.66), eĉ ne unu profesoro, kiu uzas en siaj lekcioj iun alian lingvon ol la indonezian. La leĝdona kaj la ekzekutiva potencoj verkas ĉiujn dokumentojn sole en la indonezia, same kiel la juĝinstancoj juĝas sole en la indonezia, kiu dominas ankaŭ ĉiujn naciajn amaskomunikilojn. Estas rimarkinde, ke la "Bahasa Indonesia" treege sukcese disvastiĝis, sen ke ĝi estis konsiderata kiel minaco al iu ajn loka lingvo. La nova nacia lingvo senkonflikte trovis sian elstaran pozicion en la socilingvistika aranĝo sur la arĥipelago: ĝi estas akceptata kiel komunlingva kompromiso inter la alte kultivitaj lingvoj de la malnovaj metropolaj kulturoj (aparte la java kaj la sunda) kaj la malpli rafinitaj idiomoj de la periferiaj regionoj (Nababan 1985).

Plurlingveco estis ĉiam rigardata kiel normalaĵo en la historio de la arĥipelago, ne nur dum la jarcentoj sub la Nederlanda kolonia reĝimo, multaj flue parolis du aŭ pli da lingvoj. Sed la disvastiĝo de la "Bahasa Indonesia" tamen naskis novan specon de plurlingveco, kiu plej bone konvenas al la oficiala nacia devizo "Unueco en diverseco" (Jv: Bhinnêka tunggal ika, laŭvorte: "Disrompita, sed tamen unu"), citaĵo el la epopeo "Kakawin Sutasoma" (15) el la malfrua 14-a jarcento, kiu propagandas la ideon de spirita unueco inter malsamaj religioj, nome inter Ŝivo (hinduismo) kaj Budho (budhismo). Kaj la paca kunekzistado de malsamaj religiaj komunumoj estas ĝis hodiaŭ plej grava temo en Indonezio (16), kies nacian unuecon klare videbligas la komuna indonezia lingvo, kvankam la tutnacia "Bahasa Indonesia" ne estas la gepatra lingvo de la plejmulto da indonezianoj.

Lastaj vortoj

Coulmas: *Profesoro Alisjahbana, koran dankon, ke vi oferas vian valoran tempon por respondi miajn demandojn, kvankam vi aŭdis tiajn demandojn jam multfoje antaŭe.*
Alisjahbana: Mi ĝojas, ke vi donas al mi okazon paroli pri mia lingvo!
Coulmas: *Oni ofte aŭdas, ke la 28-a de Oktobro 1928, la tago de la "Dua kongreso de la junularo" de Indonezio, estis la naskiĝtago de la indonezia lingvo. Kiun signifon havas ĉi tiu tago?*

Alisjahbana: En ĉi tiu tago, la indonezia junularo ekkonsciis, ke la subpremata popolo povos sukcesi en sia lukto kontraŭ la Nederlanda kolonia potenco nur tiam, se ili unuiĝos en unu solan socian, kulturan kaj precipe politikan forton. Tio estis la decidiga signifo de la "Sumpah Pemuda", la "Ĵuro de la junularo" favore al "unu patrujo, unu nacio kaj unu lingvo de unueco" en 1928 (17).

Coulmas: *Tiutempe multaj el la plej influaj intelektuloj estis javanoj kaj parolis la javan lingvon, kiu estis la laŭnombre plej granda kaj plej prestiĝa el ĉiuj lingvoj sur la arĥipelago. Kial do oni preferis la malajan al la java lingvo?*

Alisjahbana: La java kuntrenas ne malmultajn malavantaĝojn. Ĝi estas eksterordinare komplika lingvo, konsistante el tri sociolingvistikaj lingvotavoloj, el kiuj ĉiu havas sian propran, tre specifan vortprovizon. [...] Tio rezultas el la feŭdisma pasinteco de la java popolo, kiu estis forte influita de la hindua kastismo. [...] Tiaj malmodernaj trajtoj memkomprenebble neniel povas allogi la junan progreseman generacion, kiu estas edukita en la moderna etoso de la nederlandaj lernejoj (18).

Coulmas: *Nun mi komprenas, kial oni ne elektis la javan. Sed danke al kiuj trajtoj kvalifikiĝis la malaja?*

Alisjahbana: Ekde almenaŭ mil jaroj, la malaja servas kiel Lingvafrankao sur teritorio same vasta kiel la tuta Eŭropo aŭ Usono, la tiel nomata "Malaja Mondo". La grandaj fortoj de la malaja troviĝas en la klara belsona vortstrukturo, en la fleksebla leksiko kaj en la logika sistemo de ĝia gramatiko (19).

Coulmas: *Sed ĉu ĉi tiu fleksebla leksiko ne estas ankaŭ malfortaĵo?*

Alisjahbana: Jes, vi pravas. La fleksebleco, kiu preskaŭ atingis la ŝtupon de senleĝeco [...], fakte montris sin kiel granda malavantaĝo, kiam ni penis disvolvi la ordinaran malajan parollingvon en la normigitan nacian lingvon de Indonezio (20).

Coulmas: *Ĉu la lingvistoj povis solvi ĉi tiun problemon? Ĉu ili sukcesis redukti la senleĝecon?*

Alisjahbana: Nu, la plej okulfrapa fenomeno en la rapida progreso de la naciaj lingvoj de la novaj sendependaj nacioj estis la grava rolo, kiun ludis konsciaj kaj celitaj intervenoj fare de individuaj lingvistoj en la destinon de ĉi tiuj lingvoj (21).

Coulmas: *Profesoro Alisjahbana, oni nomis vin "la arĥitekto de la indonezia" (22). Kiun taskon, laŭ vi, havu la lingvisto?*

Alisjahbana: La lingvisto havas sur si la respondecon elekti la kiel eble plej bonajn formojn el la ekzistantaj, sed ofte kontraŭdiraj variaĵoj por finfine atingi ekvilibran gramatikon, kiu estas en akordo kun la bezonoj de modernaj mondkonceptoj kaj kulturoj (23).

Coulmas: *Nuntempaj lingvistoj kutime konsideras la lingvosciencon kiel la sobran penadon priskribi lingvajn strukturojn kaj la subkuŝantajn regulojn kaj principojn. Tiaj lingvistoj neniam juĝus iun ajn lingvon "senleĝa".*

Alisjahbana: Mi jam ofte rimarkigis pri tio, ke la moderna lingvistiko tute neglektas sian devon normigi la gramatikon. Tio estas plej bone komprenebla, ĉar modernaj lingvoj estas jam normigitaj sur alta nivelo (24). "Disvolvado" kaj "lingvoplanado" ne plu apartenas al la terminaro de la moderna, tute formaligita "signa lingvistiko" (25).

Coulmas: *Vi plurfoje lamentis pri "la fiasko de la moderna lingvistiko" (26). Kion precize vi volis diri per ĉi tio?*

Alisjahbana: La gvidantoj de la novaj nacioj interesiĝas pri la problemo, kiel ili ŝanĝu kaj formu la fonologion, la morfologion kaj la vortprovizon de siaj naciaj lingvoj, por ke ĉi tiuj lingvoj fariĝu ne nur unuigantaj fortoj de la socio, sed ankaŭ adekvataj rimedoj de komunikado kaj progreso en la moderna mondo. Kion ili vere bezonas, tio ne estas "priskriba lingvistiko", sed pli multe "preskriba lingvistiko". Tial, estas plej bedaŭrinde, ke la moderna lingvistiko montras sin tiel senmova, formalisma kaj ofte mallarĝmensa – ĉiaokaze tute nekapabla specife kontribui al la solvoj de tiuj problemoj, kiuj estas funda-

	mentaj por la lingvoj de la novaj nacioj: la problemoj de normigo kaj modernigo (27).
Coulmas:	*La fiasko de la moderna strukturisma lingvistiko do troviĝas en ĉi ties nekapablo aŭ eĉ rifuzo respondi al la socilingvistikaj bezonoj de la novaj nacioj, ĉu?*
Alisjahbana:	Jes, la projekto transformi antaŭmodernan parollingvon en normigitan skriblingvon, en esprimrimedon por la modernaj scienco kaj teĥniko, bezonas kompleksajn kaj longedaŭrajn fortostreĉojn. La lingvistoj devas krei dekojn da miloj da modernaj terminoj kaj provizi la lingvouzantojn per taŭgaj faklibroj kaj fakrevuoj. Bedaŭrinde ĝis nun preskaŭ neniu el la lingvoj de la malfrue moderniĝintaj nacioj estas kontentige atinginta tiun celon. La plej altan nivelon estas realiginta la japana lingvo, en kiun ene de periodo de malpli ol nur unu jarcento tradukiĝis ĉiu signifoplena libro, kiu estis eldonita en iu ajn lingvo en la mondo (28).
Coulmas:	*Parolante pri la japana – ĉu la malpermeso de la nederlanda kiel oficiala lingvo fare de la Japanuja okupacia reĝimo fakte akcelis la progreson de la "Bahasa Indonesia"?*
Alisjahbana:	La indonezia lingvo nenegeble ricevis vere decidigan akcelon dum la tempo de la Japanuja okupacio. [...] Estis tute klare, ke la japanoj intencis anstataŭigi la nederlandan per sia propra lingvo. [...] Sed ili ja ne povis atendi, ĝis la indonezianoj regos la japanan sufiĉe bone. Kiel ĉiuj aliaj, kiuj estis venintaj sur la arĥipelagon en antaŭaj tempoj, la japanoj devis provizore uzi la malajan lingvon kiel la plej taŭgan Lingvafrankaon. [...] Oni povus nomi ĉi tiun floradon de la indonezia "eldevigita prospero" (29).
Coulmas:	*Danke al la enormaj komunaj fortostreĉoj de indonezianoj kaj danke al la akcelo fare de la japanoj, la indonezia lingvo finfine kvalifikiĝis kiel ellaborita moderna lingvo. Ĝis 1970 la "Komisi Istilah", la "komisiono pri terminologio", estis kreinta 321 710 novajn terminojn (30). Kaj,*

kiel vi iam konstatis, la moderna terminaro pri scienco kaj teĥniko atingis tiel altan evolunivelon, ke ekzistas eĉ ne unu profesoro en Indonezio, kiu uzas en siaj lekcioj iun alian lingvon ol la "Bahasa Indonesia" (31). Tio estas sendube grandioza atingo. Sed kion vi diras pri la multaj aliaj lingvoj en Indonezio? Kiuj estas iliaj perspektivoj por la estonteco?

Alisjahbana: La konfliktoj inter la rajtoj de lingvaj minoritatoj je iliaj propraj lingvoj unuflanke kaj la deziro de la nacia ŝtato pri lingva unueco aliflanke estas multfacetaj (32). Mi estas konvinkita, ke la signifo de lingvo plejparte dependas de la grando de la respektiva lingvokomunumo (33). Ni devas alfronti la nenegeblan fakton, ke multaj el la malpli grandaj lingvaj kaj kulturaj komunumoj pli frue aŭ pli malfrue malaperos kaj ensorbiĝos en la pli grandajn lingvajn kaj kulturajn komunumojn de la nacio. Ĉi tiu procezo de lingva kaj kultura ensorbiĝo estas plej ofte en la intereso de ambaŭ por certigi la partoprenadon de ĉiuj civitanoj en la progreso de la tuta nacio. [...] Ene de nur malmultaj jardekoj, ĉi tiuj malpli grandaj lingvoj sendube spertos mirigan lingvistikan metamorfozon: ili estos specoj de dialektoj de la pli granda nacia lingvo (34).

Coulmas: *Terima kasih (35), profesoro Alisjahbana. Mi lernis multon pri la fascina komplekso da lingvoj en la "Malaja Mondo". Cetere, ĉu vi rememoras, ke ni renkontis unu la alian jam unu fojon, nome en Tokio?*

Alisjahbana: [riverencante kun kunmetitaj manoj antaŭ la brusto] Memkomprenebla mi rememoras! Mi ja invitis vin je ĉi tiu okazo.

Coulmas: *Selamat tinggal! (36)*

Alisjahbana: Selamat jalan! (37) Leben Sie wohl! (38)

*La moskeo "Sutan Takdir Alisjahbana"
sur la teritorio de la Universitas Nasional en Ĝakarto
(fotografaĵo fare de Tamalia Alisjahbana)*

Notoj

(1) La termino "tata bahasa" (Eo: gramatiko) estas kunmetaĵo de "tata" (Eo: sistemo) kaj "bahasa" (Eo: lingvo), kio ekzemplas la sintezan karakteron de la indonezia.

(2) Ŝriviĝajo (In: Sriwijaya, derivita de Sa: Śrī-vijaya, laŭvorte: "la glora venko") estis budhisma regno inter 650 kaj 1377 p.K., kiu originis en Palembang en suda Sumatro kaj poste ampleksis la tutan Sumatron, la Malakan duoninsulon kaj la plej grandan parton de Javo. La regno Ŝrivaĝajo multe kontribuis al la disvastigado de la malaja Lingvafrankao.

(3) La "Movado de Nealiancitaj Landoj" (An: Non-Aligned Movement) estas politika movado de neŭtralaj ŝtatoj, kiuj ne apartenas al iu ajn milita alianco. En Aprilo 1955 la movado fondiĝis per la konferenco en Bandungo sur Javo sub la gvidado de Zhōu Ēnlái (vidu ĉapitron XVII), Jawaharlal Nehru de Hindujo, Gamal Abdel Nasser de Egiptujo kaj de la gastiganto Sukarno de Indonezio.

(4) La milita subteno por la ribelantoj fare de Usono fakte ampleksis 15 bombaviadilojn B-26 inkluzive de la usonaj pilotoj.
(5) La plej profunda bibliografio de la verkaro de Sutan Takdir Alisjahbana troviĝas en la arĥivo de la Universitas Nasional (Eo: nacia universitato) en Ĝakarto.
(6) "Abugidoj" estas prakritdevenaj alfasilabaj skribsistemoj, en kiuj ĉiu signo prezentas konsonanton kun defaŭlta vokalo (kontraste kun helendevenaj "alfabetoj", en kiuj ĉiu signo prezentas aŭ vokalon aŭ konsonanton, kaj kontraste kun la arabdevena "Abĝado", en kiu preskaŭ ĉiuj signoj prezentas konsonantojn).
(7) La germana instruitulo Wilhelm von Humboldt (1767-1835) karakterizis la malajan arĥipelagon jene: *"Tial, la tri grandaj fokusoj de la plej frua intelekta disvolviĝo de la homaro: Ĉinujo, Hindujo kaj la kulturoj de la semida lingvaro influis [la arĥipelagon] en diversaj tempoj."* (Ge: Es haben daher auch die drei grossen Brennpunkte der frühesten Geistesbildung des Menschengeschlechts: China, Indien und die Sitze des Semitischen Sprachstamms in verschiedenen Zeiten auf ihn eingewirkt; Humboldt 1836).
(8) *"1. Het dialectisch geschakeerde Maleis, de moedertaal van de bewoners rond de Straat van Malakka. 2. De Maleise schrijftaal, het Riouw-Maleis genoemd, de literaire taal en de hoftaal van het sultanaat van Malakka [...] het is deze taal die de basis vormt voor de officiële taal in Indonesië (Bahasa Indonesia) en in Maleisië, Singapore en Brunei (Bahasa Melayu [...]). 3. Het Pasar-Maleis als contacttaal; een lingua franca, een pidgin, gebruikt door sprekers met een verschillende moedertaal in een beperkt aantal situaties. 4. Lokale Maleise variëteiten in oorspronkelijk niet-Maleissprekende gebieden waar het vereenvoudigde Maleis als contacttaal ingeburgerd is en de oorspronkelijke taal heeft verdrongen, zoals op Ambon en in Batavia (Jakarta)."* (De Vries 1980: p.105).
(9) *"As a consequence Dutch assumed an increasingly important position in the Indonesian society. It became not merely a precondition for furthering one's Western education but also for getting highly paid jobs. Even apart from this, to be able to speak Dutch gradually became the mark of belonging to a new upper class in the Indonesian society. Therefore, it was hardly surprising that every year thousands of parents struggled to get their children admitted to the Dutch-Native-Schools."* (Alisjahbana 1976: p.37).
(10) Japanoj estis konsiderataj kiel eŭropanoj, ĉar la Japanuja jursistemo tiutempe baziĝis sur la Eŭropa juro.
(11) La "Popola Konsilio" havis 60 membrojn, el kiuj 38 estis elektitaj kaj 22 nomumitaj: 25 por la nederlanda loĝantaro (15 elektitaj, 10 nomumitaj), 5 por la ĉina loĝantaro (3 elektitaj, 2 nomu-

mitaj), 30 por la indiĝena loĝantaro (20 elektitaj, 10 nomumitaj). Nur pli-malpli 2 000 homoj, plejparte nederlandanoj, rajtis voĉdoni por la elekteblaj membroj de la "Volksraad", kiu havis sole konsilan funkcion.

(12) *"Bangsa Indonesia belum ada. Terbitkanlah bangsa Indonesia itu! Bahasa Indonesia belum ada. Terbitkanlah bahasa Indonesia itu!"* (Teeuw 1967).

(13) *"Pertama: Kami putra dan putri Indonesia, mengaku bertumpah darah yang satu, tanah air Indonesia. Kedua: Kami putra dan putri Indonesia, mengaku berbangsa yang satu, bangsa Indonesia. Ketiga: Kami putra dan putri Indonesia, menjunjung bahasa persatuan, bahasa Indonesia."* (Alisjahbana 1966: p.64). Ĉi tiu ĵuro evidente reflektas la lingvistikan koncepton pri la nacia ŝtato laŭ la devizo "unu popolo, unu lingvo, unu nacio" (Fr: un peuple, une langue, une nation), kiu unuece determinis la naciisman ideologion en la 19-a jarcento (Renan 1887).

(14) *"So, together with the Japanese soldiers and the propaganda aimed at mobilizing the people for the war towards the Greater East Asia Co-Prosperity Sphere [Jp: Dai Tōa Kyōeiken], the Indonesian language penetrated into the remotest corners of the archipelago."* (Massier 2008: p.160).

(15) "Kakawin Sutasoma" (Eo: La epopeo pri [la princo] Sutasoma) estas verkita de la malnov-java poeto Mpu Tantular en la malfrua 14-a jarcento; la fama 5-a verso de la 139-a strofo tekstas jene: *"Rwâneka dhâtu winuwus Buddha Wiswa, / Bhinnêki rakwa ring apan kena parwanosen, / Mangkang Jinatwa kalawan Śiwatatwa tunggal, / Bhinnêka tunggal ika tan hana dharma mangrwa."* (Eo: Oni diras, ke Budho kaj Ŝivao estas du malsamaj principoj, / Kaj ili fakte estas malsamaj. Sed kiel oni povas kompreni ĉi tiun malsamecon, / Dum la vero de Budho kaj Ŝivao ja estas unu sama? / Ĝi [la vero] estas disrompita, sed tamen unu sama, ĉar ne ekzistas dueco en la vero).

(16) Laŭ la "Dekreto de la prezidento de la Respubliko Indonezio n-ro 1 de 1965 pri la prevento de religia misuzo kaj/aŭ de blasfemo" (In: Penetapan presiden Republik Indonesia nomor 1 tahun 1965 tentang pencegahan penyalahgunaan dan/atau penodaan agama) de la 27-a de Januaro 1965, *"La religioj akceptitaj de la loĝantaro en Indonezio estas Islamo, protestantismo, katolikismo, hinduismo, budhismo kaj konfuceanismo."* (In: Agama-agama yang dipeluk oleh penduduk di Indonesia ialah Islam, Kristen [Protestan], Katolik, Hindu, Budha dan Kong Hu Cu [Konfusius]).

(17) (Alisjahbana 1984a: p.48).

(18) Alisjahbana (1984a: p.48).

(19) Alisjahbana (1984b: p.88).
 (Rimarko de la tradukinto: La indonezia lingvo uzas diversajn afiksojn [prefiksojn kaj sufiksojn] kaj kunmetaĵojn por derivi leksikajn unuojn el aliaj, kiel ekzemple: "makanan" [= manĝaĵo] el la verbo "makan" [= manĝi] kaj la sufikso"-an" [-aĵo]; la kunmetaĵo "air mata" [= larmo] konsistas el "air" [= akvo] kaj "mata" [= okulo]).
(20) Alisjahbana (1984b: p.88).
(21) Alisjahbana (1965: p.9).
(22) *Honderd jaar "Architect van het Bahasa"* (Lepeltak 2009).
(23) Alisjahbana (1984b: p.90).
(24) Alisjahbana (1984b: p.88), referencante sian pli fruan eldiron: Alisjahbana (1965).
(25) *"In my inaugural speech in Kuala Lumpur on December 22, 1964, « The failure of modern linguistics in the face of linguistic problems of the twentieth century», I formulated my objections to the linguistic ideas of the various branches of structural linguistics and phonology, which under the pretext of descriptive linguistics attempt to describe and investigate the characteristics and relationship of phonemes of a language as the very nucleus of that language. In this science of language signs, the content of the language – be it the communicated meaning of words and sentences or the related cultural concept and way of thought – draws less and less attention from linguistics under the pretext that it belongs to psychology, logic, anthropology, etc. This sign linguistics, which claims to be an autonomous science, becomes entirely formalised like the French school of De Saussure, the school of structural linguistics of Bloomfield, the school of Prague or especially the school of Hjelmslev in Copenhagen."* (Alisjahbana (1965: p.5).
(26) "La fiasko de la moderna lingvistiko fronte al la lingvistikaj problemoj de la 20-a jarcento" (An: The failure of modern linguistics in the face of linguistic problems of the twentieth century) estis la titolo de la inaŭgura prelego, kiun Alisjahbana faris en la Universitas Malaya (Eo: Malaja Universitato) en Kuala-Lumpuro la 22-an de Decembro 1964 (Alisjahbana 1965).
(27) Alisjahbana (1965: pp.14-15).
(28) Alisjahbana (1984a: p.50).
(29) Alisjahbana (1966: p.65).
(30) Krib R. & Kahin A. (2004: p.140).
(31) Alisjahbana (1966: p.66).

(32) Alisjahbana (1984a: p.52).
(33) Alisjahbana (1984b: p.97).
(34) Alisjahbana (1984a: p.52).
(35) "Terima kasih" (Eo: mi [danke] akceptas kun korinklino = koran dankon).
(36) "Selamat tinggal!" (Eo: feliĉan restadon), t.e. la indonezia adiaŭo fare de la foriranto. *(Rimarko de la tradukinto: "Selamat" estas unu el la sennombraj arabdevenaj kaj persdevenaj pruntovortoj en la Bahasa Indonesia, originante el la araba* سلام *[salam] = paco, feliĉo).*
(37) "Selamat jalan!" (Eo: feliĉan vojon), t.e. la indonezia adiaŭo fare de la restanto.
(38) "Leben Sie wohl!" (Eo: fartu bone), t.e. la germana adiaŭo, se oni ne atendas revidon. *(Rimarko de la tradukinto: La germana estas la gepatra lingvo kaj de Florian Coulmas kaj de Margaret Axer, la tria edzino de Alisjahbana).*

XX. Léopold Sédar Senghor
[leopold sedar sangor]

Léopold Sédar Senghor (publika havaĵo, "Lernejoj de la mondo" [Fr: Écoles du Monde], Eymard Vision)

La vivo de Léopold Sédar Senghor

Léopold Sédar Senghor naskiĝis la 9-an de Oktobro 1906 en bonhava komercista familio de la serera etno (Fr: Sérère). La juna Léopold pasigis la unuajn sep jarojn de sia vivo en vilaĝo ĉe la Atlantika marbordo de la tiutempa kolonio "Francuja Okcident-Afriko" (Fr: Afrique-Occidentale française). Lia patrino, pia kristanino, sendis lin al la Rom-katolika instruejo de la misia "Kongregacio de la Sankta Spirito" (Fr: Congrégation du Saint-Ésprit) en la urbo Ngazobil. Ĉi tiu sperto unuafoje elmetis lin al la interkultura streĉiteco inter Afrika tradicio kaj Eŭropa civilizacio, kiu determinis la tutan vivon de Senghor. Li multe pli poste idealigis sian relative senĝenan infanaĝon kiel perditan paradizon, kiu metis la fundamenton de lia eksterordinara kariero kiel peranto inter Afriko kaj Eŭropo.

Dum la ŝtataj lernejoj strikte malpermesis paroli la Afrikajn "dialektojn" kaj senescepte uzis nur la francan kiel instrulingvon, la misiistoj de la Kongregacio de la Sankta Spirito sciis pri la valoro de la instruado en la gepatra lingvo. Tial, la misiistoj uzis kaj la francan kaj la volofan (wolof), la plej multe disvastigitan el la multaj etnaj lingvoj en Senegalo, kiu pro tio servis ankaŭ kiel Lingvafrankao (Lt: Lingua franca). Léopold profitis de la voloflingva instruado, ĉar la volofa kaj lia gepatra lingvo, la serera (Fr: sérère), estas plej proksime parencaj lingvoj, apartenante al la senegambia branĉo de la niĝer-konga lingvaro.

Ekde 1920 li vizitadis la liceon kaj ekde 1923 la seminarion "François Libermann" en Dakaro, la sidejo de la kolonia administracio. Kiam, en 1926, la seminariestro komprenigis al Léopold, ke li estas tro kritikema kaj tial ne taŭgas por kariero en la Rom-katolika eklezio, li forlasis la seminarion kaj daŭrigis siajn studojn en la tiutempa "Sekulara mezlernejo" (Fr: Cours secondaire laïque), ekde 1937 la liceo Van Vollenhoven, en Dakaro. En 1928 Léopold sukcese trapasis la abiturientan ekzamenon.

Ĉar li estis elstare bona studento, li ricevis stipendion de la guberniestro-generalo por studi klasikan filologion (Latinon kaj la helenan) en Francujo. Talento, pena laboro kaj iom da bonŝanco fine alportis lin al la pinto de la Francuja instrusistemo, nome al la plej prestiĝa "Supera Normala Altlernejo" (Fr: École Normale Supérieure) en Parizo, kie li amikiĝis inter aliaj kun Georges Pompidou, la posta Francuja prezidento (reg. 1969-1974).

Léopold senlace luktis kaj strebis perfektigi siajn sciojn pri la francaj lingvo kaj literaturo kaj pri la Eŭropa filozofio. Tiutempe Senghor unuafoje konatiĝis kun socialismaj ideoj, kiuj forte influis lian politikan valorsistemon kaj ekvilibrigis la katolikan influon dum lia junaĝo. Krome, li dediĉis multe da tempo al la studado de Afrika kulturhistorio, Afrika lingvistiko kaj etnologio sub la gvidado de tiel eminentaj instruituloj kiel la sociologo kaj antropologo Marcel Mauss kaj la etnologo Paul Rivet.

Senghor multe pli poste nomis la jarojn inter sia alveno al Parizo (Oktobro 1928) kaj la liberigo de Parizo en la Dua Mondmilito (Aŭgusto 1944) liaj "dek ses jaroj de vagado" (Fr: seize années d'errance). Ĉiuj biografoj de Senghor kaj aliaj esploristoj de lia vivo konsentas, ke dum tiuj impresaj jaroj formiĝis lia fina vivocelo: krei novan historian identecon, nome la "francan negron"

(Fr: nègre français) (Hymans 1971; Vaillant 1990; Biondi 1993). Kune kun aliaj membroj de la nigra-Afrika franclingva inteligencio en Parizo, antaŭ ĉiuj aliaj kun la influa poeto Aimé Césaire el Martiniko, li disvolvis la tiel nomatan "Negreco-movadon" (Fr: Négritude), per kiu la movadanoj intencis restarigi la respekton al la grandvalora kultura heredaĵo de Afriko kaj samtempe kontraŭstari la Eŭropan koloniismon:

> "Negreco estas la simpla agnosko de la fakto esti nigra kaj la akcepto de ĉi tiu fakto, de nia nigra destino, de nia nigra historio kaj de nia nigra kulturo." (1)

La franca filozofo Sartro (Jean-Paul Sartre) unuflanke subtenis la Negreco-movadon kiel nepre necesan paŝon antaŭen en la kontraŭ-koloniisma lukto, sed li aliflanke atentigis pri la vundaj lokoj de ĉi tiu movado, kiun li rigardis kiel la "finan venkon de la narcisismo kaj suicidon de la narcisisto" (Fr: triomphe du Narcissisme et suicide du Narcisse [2]) kaj kiel "kontraŭ-rasisman rasismon" (Fr: racisme antiraciste [3]). La koncepto pri "Negreco" estis por Senghor la ideologia konstruo, kiu helpis lin trovi sian identecan pozicion kiel nigrulo en mondo, kiu estis regata de blankuloj kaj al kiu li nepre deziris aparteni. Fieri pri sia Afrika "Negreco", laŭ Senghor, tute ne implicis kondamni la Eŭropan civilizacion.

En Junio 1933 li akiris la Francujan civitanecon kaj jam sekvajare plenumis sian militservon en la Francuja armeo. En Julio 1935 li sukcese trapasis la agregacian konkurson (4) kaj akiris la agregacion pri gramatiko (Fr: agrégation de grammaire). Senghor estis la unua afrikandevena franco, kiu atingis ĉi tiun akademian sukceson. Ekde Oktobro 1935, li instruis la klasikajn lingvojn (Latinon kaj la helenan) kaj literaturojn en la liceo "Descartes" en Turo sur Luaro.

"Senghor havis la firman decidon integri en si mem la plejan bonon el ambaŭ [la Afrika kaj la Eŭropa] mondoj kaj esti tute hejma en ambaŭ." (5), sed lia intelekto finfine estis hejma nek en Afriko, nek en Eŭropo. Ne malofte en sia vivo, li sentis sin interne disŝirita inter la du kulturoj. Li sendube ŝuldis multon al la fundamenta instruiteco, kiun li estis akirinta en la Rom-katolikaj institucioj en Ngazobil kaj en Dakaro. Sen ĉi tiuj institucioj li neniam estus disvolvinta sian altan estimon al la francaj lingvo kaj civilizacio, kvankam ili sendube estis fenomenoj interligitaj kun la Francuja kolonia reĝimo, kontraŭ kiu la Afrika kulturo estis defendenda. Retrospektive Senghor resumis, ke li estis dumvive batalinta kontraŭ la francaj koloniaj mastroj helpe de ties propraj armiloj, lernante pli diligente kaj proprigante al si pli profundan instruitecon, sed precipe uzante la francan pli kompetente kaj pli elegante ol multaj blankaj francoj.

Post la eksplodo de la Dua Mondmilito en Septembro 1939, Senghor estis mobilizita kiel infanteriano en kolonia regimento de la Francuja armeo. Estante kaptita en Junio 1940, li devis pasigi du jarojn en diversaj Germanujaj militkaptitejoj, kio preskaŭ kostis al li la vivon. Post sia liberiĝo, li povis dumtempe instrui en liceo en kampara Parizio (Fr: Île-de-France). La liberigo de Parizo en Aŭgusto 1944 estis turnopunkto ankaŭ en la vivo de Léopold Senghor.

Kun la fino de la Dua Mondmilito, ankaŭ la fino de la koloniisma epoko ŝajnis veninta. Sed, anstataŭ kampanji por la sendependeco de sia hejmlando, Senghor preferis labori favore al la ideo meti la ligitecon inter Francujo kaj la kolonioj sur novan fundamenton: en 1944 aperis lia eseo "La franca imperia komunumo" (Fr: La Communauté Impériale Française), en kiu Senghor prezentis sian ideon pri alianco inter Francujo kaj la egalrajtigendaj popoloj en ĉiuj eksaj kolonioj, kiuj liberiĝos kaj tamen restos plej proksime ligitaj kun la metropola potenco.

Danke al ĉi tiu multe atentata eseo, Senghor baldaŭ akiris renomon en la politika vivo de Francujo. En 1946 li estis elektita en la Nacian Asembleon de la Kvara Respubliko kiel deputito de la elektodistrikto Senegalo kaj Maŭritanio (Fr: circonscription du Sénégal et de la Mauritanie), estante aktiva membro de la "Francuja sekcio de la laborista internacio" (Fr: Section française de l'Internationale ouvrière) jam ekde la jaro 1936.

En 1945 li publikigis sian unuan volumon da poemoj sub la titro "Chants d'ombre" (Eo: Kantoj en la ombro), kiu enhavis lian plej faman poeziaĵon "Femme nue, femme noire" (Eo: Nudulino, nigrulino [6]). En Septembro 1946 li edziĝis kun Ginette Éboué, la filino de Félix Éboué, la eksa guberniestro-generalo de Francuja Ekvator-Afriko. Léopold havis du filojn kun Ginette (geedzoj 1946-1956) kaj trian filon kun sia dua edzino Colette Hubert (geedzoj ekde 1957).

En 1948 li fondis sian propran politikan partion, la "Demokratian Blokon de Senegalo" (Fr: Bloc Démocratique Sénégalais [BDS]), kaj ludis ĉiam pli eminentan politikan rolon en la federacia Franca Unio (Fr: Union française), kiu anstataŭis la eksan kolonian imperion en la tempo de la Kvara Respubliko, nome inter 1946 kaj 1958. Senghor neŝanceleble subtenis la Francan Union, estante ĝisoste konvinkita pri la valoro de la federacio inter Afriko kaj la metropola Francujo. Kiel deputito en la Francuja Nacia Asembleo, Senghor okupis diversajn postenojn, interalie la postenon de la "ŝtatsekretario de la ĉefministro" (Fr: secrétaire d'état à la présidence du conseil) en la registaro sub ĉefministro Edgar Faure (reg. 1955-1956).

Fine de la 1950-aj jaroj, BDS fariĝis la dominanta partio en Senegalo, kaj Senghor, la partiestro de BDS, estis rigardata kiel la eminenta proparolanto de la tuta okcidenta Afriko. Dum la malcentralizado progresis kaj la streboj al la aŭtonomio de la eksaj kolonioj kreskis ĉiam pli kaj pli, la impeto cele al definitiva secesio de Francujo estis finfine nehaltigebla en Senegalo. Kvankam Senghor senlace kondukis politikan batalon favore al la konservo de la Franca Unio ĝis la lasta momento, li ne povis kontraŭstari al la nesupereblaj puŝfortoj de la sendependiga movado.

En Septembro 1958 la plejmulto da francoj akceptis la novan konstitucion, kiun estis ellaborinta la tiutempa ĉefministro Charles de Gaulle (reg. 1958-1968) kaj per kiu kreiĝis la hodiaŭa Kvina Respubliko. La nova konstitucio anstataŭigis la relative proksiman Francan Union per la malfirma Franca Komunumo (Fr: Communauté française), kiu provizis ĉiujn eksajn koloniojn (krom Alĝerio, kiu estis senŝanĝe rigardata kiel integra parto de Francujo) per ĉiurilata aŭtonomio.

Ĉar ĉiu membrolando, kiu rifuzis partopreni en la Franca Komunumo, estis ellasita en la sendependecon, Senghor havis neniun alian elekton ol submetiĝi al sia sorto: en 1959 li prezidis la Federacian Asembleon de la efemera "Malia Federacio" (Fr:

Fédération du Mali), la mallongedaŭra (Januaro 1959 ĝis Aŭgusto 1960) ŝtato, kiu kunigis Senegalon kun Malio (ĝis 1960: Francuja Sudano) kaj disiĝis post nur dek naŭ monatoj. En Septembro 1960 Senghor estis elektita prezidento de la Respubliko Senegalo, kiu senkonteste partoprenis en la Franca Komunumo. Li longe restados sur la posteno de Senegala ŝtatestro, nome por la sekvaj dudek jaroj (ĝis Decembro 1980).

Konservi la franclingvecon kaj samtempe krei la Senegalan nacion (Fr: édification de la nation) estis la ĉefaj taskoj de Senghor, kiujn li akceptis kaj komprenis en pozitiva senco. Li poste skribis: "La sendependeco ne troviĝas en la rifuzo, sed en la memdecida elekto: en la elekto de la celoj kaj en la elekto de la rimedoj – responde al nia nuntempa situacio" (7). Kvankam li senlace denuncis la krimojn de la koloniismo, Senghor neniam kontraŭbatalis aŭ misfamigis la politikan idearon, kiun estis naskinta la franca kulturo. Li pli ĝuste agnoskis, ke la nacia ŝtato laŭ la Francuja modelo (8) estis la plej taŭga kaj la plej moderna politika ŝtatorganizo, kiu, en konsekvenco, estis nepre establenda ankaŭ en Afriko.

Dum aliaj malakceptis ĉion, kion la eksaj koloniaj mastroj estis altrudintaj al Afriko, Senghor neŝanceleble postulis la agnoskon de la pozitivaj kontribuaĵoj de la Eŭropa kulturo al la evoluo de la universala humanismo. Li rigardis la analizon de la frua industria socio, kiun la germana filozofo Markso (Karl Marx) estis doninta, kiel nemalhaveblan elementon de sia politiko, kvankam la marksismaj konkludoj ne nepre estu rekte kaj senpere aplikeblaj al la Afrika situacio. Li trovis la internaciecon de la socialisma filozofio same alloga kiel la malfermitecon de la franca kulturo, al kiu ĉiu povas aliĝi, kiel Senghor mem estis aliĝinta, per perfekta posedo de la franca lingvo.

En la praktiko, la "Afrika vojo al socialismo" (Fr: Nation et voie africaine du socialisme, 1971) montriĝis pli kruta kaj pli skua ol Senghor estis antaŭvidinta en siaj teoriaj skribaĵoj. Kiel Senegala prezidento li gvidis la procezon de malkoloniigo sen iu ajn sangoverŝo, ĉiam flegante plej amikajn interrilatojn kun la Francuja registaro. En la unua jardeko (1960-1970) post la sendependiĝo, la BDS de Senghor fakte regis Senegalon laŭ unupartia reĝimo. Sekve de studentaj protestoj en Dakaro en 1968, la publika opinio turniĝis kontraŭ la prezidento, kaj Senghor estis devigata aranĝi la transiron al plurpartia sistemo, aprobante la fondon de opoziciaj partioj. En 1980 li abdikis el propra iniciato kaj retiriĝis por pasigi la reston de sia vivo (ĝis 2001) kun sia dua edzino Colette en Normandujo.

Malgraŭ la multaj devoj de ŝtatestro, Senghor neniam ĉesis verki literaturaĵojn pri la koloniismo, pri la pozicio de Afriko en la mondo, pri la "Afrika vojo al socialismo" kaj pri la Negreco-movado kiel kontribuaĵo al la venonta erao de nova "Universala Civilizacio" (Fr: Civilisation de l'universel) (Rabaka 2009: p.132). En la 1940-aj kaj 1950-aj jaroj, la Negreco-movado estis plej populara inter nigra-Afrikaj intelektuloj, kiuj rigardis ĝin kiel ideologian fundamenton de la emancipiĝo. Ili projekciis idealigitan bildon de Afriko, kiu estis ne nur blanka tolo pentrenda per la kulturaj tradicioj de la eŭropanoj. En postaj jardekoj, pli junaj afrikanoj tamen deturnis sin de la Negreco-movado kaj denuncis ĝian gvidanton Senghor kiel koloniisman pensulon kaj kiel okcidentigitan membron de la elito en "turo el eburo" (9), kiu ne kapablis emancipiĝi de la imperiisma Francujo.

Senghor estis precipe kulpigita pri troa emfazo de la kulturaj avantaĝoj de la kontakto inter Eŭropo kaj Afriko koste de la politikaj kaj ekonomiaj malavantaĝoj de la koloniismo, en la intereso de sia intelekta projekto sintezi la Eŭropajn kaj Afrikajn valorojn kaj ideojn en "Universala Civilizacio". La franclingva kamerunia filozofo Marcien Towa demandis en la subtitolo de sia kritika biografio pri Senghor: "Ĉu negreco aŭ servuteco?" (Fr: Négritude ou servitude?; Towa 1976). Finfine la Negreco-movado ne kondukis al Universala Civilizacio aŭ al Eŭropa-Afrika partnereco, kiel la juna Senghor estis intencinta (Vaillant 1990: p.337). Sed estas nedubeble, ke la ideo pri la Negreco-movado kaj la idealismo, kun kiu ĉi tiu ideo estis origine prezentita al la mondo, havis favorajn efikojn sur la procezon de malkoloniigo, same kiel sur la formadon de la relative libera kaj paca Respubliko Senegalo.

Tridek sep honordoktorecoj de la plej famaj universitatoj en la mondo de Oksfordo ĝis Yale estas impresa atesto pri la internacia reputacio de Senghor (Académie française 2001). Kvankam li ĝuis altan estimon kiel franclingva intelektulo, poeto kaj ŝtatestro en Francujo, li ricevis la definitivan ateston pri sia "franceco" (Fr: francité) nur en 1983, tri jarojn post sia retiriĝo el la aktiva politiko: Léopold Senghor fine aliĝis al la vicoj de "la senmortuloj" (Fr: les immortels), fariĝante la unua nigra-Afrika membro de la Franca Akademio, tri kaj duonan jarcentojn post ĝia fondiĝo. Tiamaniere Senghor realigis por si mem la tiel nomatan "mulatiĝo" (Fr: métissage), kiun li, laŭ liaj kritikantoj, "plej naive" imagis ankaŭ por sia hejmlando, eble eĉ por la tuta nigra kontinento.

La 20-an de Decembro 2001, "la senmortulo" forpasis en la aĝo de 95 jaroj en sia hejmo en Versono en Normandujo. Lia korpo estis translokita en lian naskiĝlandon Senegalo kaj solene entombigita la 29-an de Decembro 2001 sur la kristana tombejo en la Dakara kvartalo Belaero (Fr: Bel Air), ne malproksime de la internacia flughaveno "Léopold Sédar Senghor".

La lingvoj en Senegalo
antaŭ kaj post la sendependeco

La kolonia federacio "Francuja Okcident-Afriko" (Fr: Afrique-Occidentale française) okupis imprese vastan teritorion, kies Atlantika marbordo etendiĝis de Nuadibuo (Fr: Port-Étienne) en la nordo de Maŭritanio tra Senegalo, Gvineo, Eburbordo kaj Togolando ĝis Porto-Novo ĉe la enfluejo de la rivero Vemeo (Fr: Ouémé) en Dahomeo (ekde 1975: Benino). La gigantan internlandan areon formis la tri kolonioj Francuja Sudano (ekde 1960: Malio), Voltalando (ekde 1984: Burkina Faso) kaj Niĝerlando.

La indiĝenaj lingvoj sur ĉi tiu vasta teritorio apartenas al tri grandaj familioj: la afrik-azia (ĥamid-semida) lingvaro en la nordo (en Maŭritanio kaj Malio), la nilo-sahara lingvaro en la oriento (en Niĝerlando) kaj la niĝer-konga lingvaro en la sudo (en ĉiuj aliaj kolonioj). En Senegalo ekzistas pli ol 40 regionaj niĝer-kongaj lingvoj, el kiuj la volofa (Wolof) kun siaj diversaj variaĵoj havas la plej grandan lingvokomunumon de denaskaj parolantoj (ĉirkaŭ 40 elcentoj de la loĝantaro) kaj pro tio servas ankaŭ kiel Lingvafrankao (Lt: Lingua franca), kiun komprenas la plejmulto de la senegalanoj. La hasania kaj la libana variaĵoj de la araba estas minoritataj lingvoj (kune 1,4 elcentoj). En la tempo de la Francuja kolonia imperio, la franca estis la sola kaj ekskluziva administracia lingvo.

Tabelo 38: La ses oficialaj naciaj lingvoj de la Respubliko Senegalo (Leclerc [sen jaro])

Lingvo		Elcentoj de loĝantaro	Lingvaro	Branĉo
volofa	(Wolof)	39,7%	niĝer-konga	senegambia
pulara	(Poular)	26,3%	niĝer-konga	senegambia
serera	(Sérère)	10,5%	niĝer-konga	senegambia
malinka	(Malinké)	9,8%	niĝer-konga	mandé
djola	(Diola)	2,4%	niĝer-konga	bak
soninka	(Soninké)	2,1%	niĝer-konga	mandé

Komence de la 19-a jarcento, la post-revolucia Francujo ekiris sur la vojon al kolonia ekspansio, kiun la francoj rigardis kiel eksplicite "civilizan mision" (Fr: mission civilisatrice) (Costantini 2008). Oni kredis, ke Francujo vere havas la kvazaŭ-religian devon disvastigi sian superan civilizacion al aliaj partoj de la mondo. La plena posedo de la franca, la "lingvo de la klerismo" (Fr: la langue des lumières), estis konsiderata kiel la plej grava rimedo por plene atingi tiun asimilisman celon. Ĉar la antaŭkoloniaj subsaharaj Afrikaj kulturoj estis plejparte parollingvaj, multaj afrikanoj, kiel ekzemple Senghor, akceptis ĉi tiun pretendon kaj siavice rigardis la francan kiel certan vojon al la partoprenado en la plej prestiĝa Eŭropa civilizacio.

Nur malmultaj el la plej grandaj Afrikaj lingvoj estis skriblingvoj (ekzemple la pulara [Fr: Poular] ekde la 16-a jarcento), kiuj uzis variaĵon de la arabdevena Abĝado, konata sub la termino "Aĝami" (10). Ĉi tiu skribsistemo estis tamen uzata nur por tekstoj sur la limigitaj kampoj de la religia fakliteraturo kaj de la komerca komunikado. Krome, la pulara neniam funkciis kiel Lingvafrankao en Senegalo, ĉar ĉi tiun rolon plenumis la volofa (Wolof), kiu "akiris eĉ pli gravan pozicion ekde la establo de la Francuja kolonia reĝimo" (Fagerberg-Diallo 2001: p.160). La Francuja kolonia reĝimo nun aldonis al ĉi tiu socilingvistika aranĝo sian propran lingvon, kiu daŭre restis la superreganta lingvo de la malgranda instruita elito, sed same profunde penetris en la vivon de la precipe analfabeta loĝantaro.

La manko de sufiĉe forta propra skriblingva tradicio, kiu povus konkurenci kun aliaj skriblingvaj kulturoj, multe faciligis la disvastigadon de la franca en Okcident-Afriko. Tiun interrilaton la unuan fojon priskribis la brita antropologo John Rankine Goody (1986: p.126) kaj poste konfirmis la ganaa sociologo Kwesi Kwaa Prah (2001: p.125). La administracio de la Francuja kolonia reĝimo, kiu senescepte uzis la modernan francan skriblingvon, sekvigis gravan, ĉie senteblan kulturan transformadon.

La franca lingvo fariĝis tiel tute nemalhavebla, ke ties anstataŭigo per iu ajn indiĝena lingvo baldaŭ estis tute ne pensebla. La senescepta uzado de la franca kaj en la instrusistemo kaj en la kolonia administracio faris la pozicion de la Eŭropa lingvo en Okcident-Afriko tiel unika, ke scienca intereso pri la gramatikaj apartaĵoj de la Afrikaj lingvoj kiel signifoplenaj studobjektoj ekaperis nur responde al la demandoj de la Eŭropa lingvistiko. Senghor mem, kiu devis translokiĝi al Parizo por studi Afrikajn lingvojn, enkorpigis ĉi tiun ĉirkaŭvojon de la scienca intereso.

Plurlingveco kaj kampospecifa lingvouzo estis memkompreneblaj en Okcident-Afriko, sed la aŭtoritato de unu lingvo super ĉiuj aliaj, same kiel la socia hierarĥio inter instruituloj kaj analfabetoj estis tute novaj fenomenoj. La franca anstataŭis la tradiciajn regionlingvojn en la instrusistemo kaj fariĝis la ununura instrulingvo (Battestini 1997). Senghor senkondiĉe akceptis ĉi tiun superregadon kiel historian neceson. Li neniam dubis, ke la oficiala lingvo de sendependa Senegalo nepre devos esti la franca, se la sendependeco estas jam neevitebla. La unua artikolo de la konstitucio de la Respubliko Senegalo de Aŭgusto 1960 ankoraŭ nemiskomprenebla decidis la lingvan demandon:

> "*Unua Artikolo:* [...] *La oficiala lingvo de la Respubliko Senegalo estas la franca.*" (11)

Dek ok jarojn poste, en Decembro 1978, la unua artikolo kontrastigas la francan kiel la "oficialan lingvon" kun ses niĝer-kongaj lingvoj, kiuj estas klasifikitaj sub la termino de la "naciaj lingvoj":

"Unua Artikolo: [...] La oficiala lingvo de la Respubliko
Senegalo estas la franca. La naciaj lingvoj estas la djola,
la malinka, la pulara, la serera, la soninka kaj la volofa."
(12)

Ĉi tiu artikolo legitimas la dominantan funkcion de la franca por ĉiuj leĝaj kaj politikaj celoj. Sed prezidento Senghor mem okupis sin pri la scienca normigo de la volofa. En 1963 li fondis la "Centron pri aplikata lingvistiko en Dakaro" (Fr: Centre de linguistique appliquée de Dakar), al kiu estis oficiale komisiita la normigo de la volofa ortografio. La prezidento ne nur elmontris sian firman decidon teni ĉiujn lingvajn demandojn sub sia persona kontrolo, sed ankaŭ prezentis klasikan ekzemplon de lingvopolitika reguligo de ortografio.

La lingvisto Ibrahima Diallo rakontas (2010: p.61), ke la elstara multfakulo Cheikh Anta Diop, kiu ludis eminentan rolon en la interna politiko kiel kontraŭulo de Senghor, en la jaro 1976 lanĉis voloflingvan gazeton favore al sia opozicia partio, la "Nacia Demokratia Unuiĝo" (Fr: Rassemblement National Démocratique). La titolo de ĉi tiu partia gazeto, "Siggi" (Eo: Leviĝu), estis samtempe politika devizo. Ĉar la skribmaniero de la titolo malobservis la normigitan ortografion, prezidento Senghor postulis, ke la titolo estu ŝanĝita al la samsignifa "Sigi", ĉar konsonantaj duobloj (Fr: géminations) kontraŭis la normojn de la volofa ortografio.

Kiam Diop rifuzis ŝanĝi la skribmanieron, Senghor malpermesis la publikigon de la partia gazeto. Sed Diop trovis lertan vojon por eviti la silentigan malpermeson, ŝanĝante la titolon al "Taxaw" (Eo: Stariĝu). Multaj kritikantoj de Senghor denuncis ĉi tiun pedantan, nur ŝajne priortografian kverelon kiel preteksto por entute silentigi la politikan opozicion. Senkonsidere al lia subkuŝanta motivo, la konflikto malkaŝis lian ĝisfunde francigitan ideon pri lingvo: strikta konformeco al la normoj de la ŝtata lingvopolitiko estas esenca kondiĉo, por ke lingvo estu agnoskebla kaj respektebla.

La konflikto pri la skribmaniero de "Siggi" estas rigardenda en la kunteksto de pluraj dekretoj, kiujn Senghor donis por reguligi la lingvouzon. Unu el ili, nome dekreto n-ro 75-1026 el la jaro

1975, detale determinas la volofan ortografion, portante monpunojn kaj eĉ prizonpunojn (ĝis tri monatoj) en okazo de malobservo de ĉi tiuj reguloj (Diallo 2010: p.60). Multaj aliaj dekretoj celis certigi la privilegian pozicion de la franca en Senegalo, kio restis la precipa zorgo de Senghor. Politika publikaĵo, kiu estis verkita en la volofa, malobservis la normigitan ortografion kaj havis la titolon "Leviĝu" aŭ "Stariĝu", sendube estis perceptenda kiel malkaŝa ribelo kontraŭ la lingvopolitikaj prioritatoj de prezidento Senghor.

La Franclingvujo kaj la heredaĵo de Senghor

Léopold Senghor per ĉiuj fortoj proprigis al si la francan lingvon kiel la esencon de la franca kulturo. Li rigardis la francan kiel la lingvon, kiu montras la vojon al Universala Civilizacio, kaj li deziris, ke la senegalanoj antaŭeniru sur tiu vojo. Senghor malestimis la anglomanion, kiun li konsideris kiel "la malsanon de la snoboj". Laŭ Senghor, la angla lingvo, kiu ŝuldas sian unuarangan pozicion nur "al la ekonomia, armea kaj politika superpotenco de Usono", neniam kapablos egalpezi la kulturan valoron de la franca. Li eksplikas, ke "la morfologio kaj la sintakso de la angla estas simplaj, tro simplaj, dum la lingvo de Ŝekspiro prezentas al ni ortografion kaj prononcon, kiuj estas tute ne simplaj." Pro la morfologia simpleco, la angla, laŭ Senghor, tute ne taŭgas kiel tutmonda komunikrimedo por "esprimi ĉiujn riĉaĵojn kaj de la universo kaj de la homa spirito" (13).

Senghor eksplicite kontrastigis la Franclingvujon (Fr: Francophonie [14]) kun la Brituja komunumo de nacioj (An: Commonwealth of Nations), kiu celas nur ekonomian prosperon, la "komunan riĉecon", dum la Franclingvujo celas la kulturon kaj la Universalan Civilizacion (Senghor 1988: p.173). En Septembro 1966. li deklaris en Kebeko, ke la Franclingvujo ne nur estas komunumo de la franclingvaj landoj, sed konstituas tutmondan spiritan komunumon, kiun li komparis kun la "spiritosfero" (Fr: noosphère) de la franca filozofo Pierre Teilhard de Chardin:

> *"Nova ordo estas establenda en la necesa diverseco de la kulturoj, kiuj partoprenas en la projekto de la Franclingvujo. Ĉi tio estas projekto por la estonteco, kiu reflektas la potencon de granda revo, sed tamen baziĝas sur ĝusta konscio pri la realaĵoj. El ĉiuj eblaj komunumoj tiuj estas sendube la plej daŭropovaj, kiuj sekvas la ordon de la spirito, ĉar ili estas ankaŭ la plej fruktodonaj. Tial, mi parolas pri la Franclingvujo kiel pri spiritosfero."* (15)

En Novembro 1962, li publikigis multe atentatan artikolon en la konservativa Pariza gazeto "Ésprit" sub la titolo "Le français, langue de culture" (Eo: La franca, lingvo de kulturo). Multaj konsideras ĉi tiun artikolon kiel spiritan fondan ĉarton de la Franclingvuja organizaĵo. La politika Franclingvuja organizaĵo estis starigita en Niameo la 20-an de Marto 1970 sub la provizora nomo "Agentejo por kultura kaj teĥnika kunlaboro" (Fr: Agence de Coopération Culturelle et Technique) fare de altrangaj reprezentantoj de 21 ŝtatoj, en kiuj la franca servis kiel nacia, oficiala aŭ minoritata lingvo (16). La plej signifoplena sukceso de la Franclingvuja organizaĵo retrospektive evidentiĝas en la klara distingo inter la franca lingvo kaj la Francuja politiko, pri kio prezidento Senghor mem servis kiel eminenta atestanto, kiam li argumentis:

> *"Malgraŭ ke sendependeco – aŭ aŭtonomeco – estis proklamita dum la lastaj du jaroj en ĉiuj iamaj transmaraj teritorioj, kaj malgraŭ la populareco de la Negreco-movado en la franclingvaj ŝtatoj sude de la Saharo, la franca lingvo perdis neniom de sia prestiĝo."* (17)

La franca sukcesis konservi sian prestiĝon, laŭ Senghor, pro siaj imanentaj kvalitoj. Li memkompreneble klare konsciis la opozicion kaj la kritikon, kiujn li renkontis, ĉar li penis konservi la statuson de la franca lingvo en la eksaj Francujaj kolonioj. Pro tio, li nelacigeble emfazis la nemalhaveblan kulturan aspekton de humanisma disvolviĝo (kvankam ne koste de ekonomia disvolviĝo), sed "neniel en la senco de imperiismo kaj eĉ malpli en la senco de kultura koloniismo" (Senghor 1988: p.175).

Danke al ĉi tiu sinteno de Senghor, la Francuja politikisto Xavier Deniau, kiu funkciis kiel la Ĝenerala Sekretario de la Interparlamenta Asembleo de la Franclingvujo (Fr: Assemblée Parlementaire de la Francophonie) inter 1967 kaj 1982, multajn jarojn pli poste povis emfazi, ke la Franclingvujo estas tute libera de ĉia karaktero de koloniismo, rasismo aŭ imperiismo, ĉar "eĉ la kontraŭ-koloniisma revolucio kaj la Negreco-movado uzis la francan lingvon" (Deniau 1995: p.90).

Senghor (1988: p.158) fieris pri la fakto, ke la baza ideo de la Franclingvuja organizaĵo estis konceptita de tri afrikanoj: Habib Bourguiba (reg. 1957-1987), la unua prezidento de la Respubliko Tunizio, Hamani Diori (reg. 1960-1974), la unua prezidento de la Respubliko Niĝero, kaj Senghor mem. La alta estimo al la daŭrigebla Franclingvuja organizaĵo ne nur en Senegalo, sed en nuntempe pli-malpli kvindek ŝtatoj-membroj estas grava parto de la heredaĵo de Léopold Sédar Senghor.

Lastaj vortoj

Coulmas: *Via prezidenta moŝto, mi sentas min plej honorata, ke vi donas al mi la okazon interparoli kun vi.*

Senghor: Mi ĝojas konatiĝi kun vi.

Coulmas: Dankon. *Mi legis, ke la Francuja prezidento François Hollande fine de Novembro 2014, okaze de la pintkunveno de la Franclingvujaj ŝtatestroj, honoris vian memoron, metante florkronon sur vian tombon en Dakaro (18). Evidente la jam jarcentojn aĝa ligo de Francujo kun Senegalo estas ankoraŭ forta ...*

Senghor: [ridetante] Nu, mi kaj miaj sampatrujanoj atendis tian honoron ja nur 13 jarojn, dum la Franclingvujo unuigos niajn naciojn por ĉiam.

Coulmas: *Se mi rajtas demandi vin tiel senpere: ĉu vi celis tion, kion vi fine atingis, kiam vi eniris en la mondon de politiko? Alivorte: kion vi origine celis?*

Senghor: En la komenco de mia politika kariero, mi celis konstrui franclingvan nigra-Afrikan nacion, sed la cirkonstancoj estis komplikaj. Almenaŭ la partio de la

	Afrika Federacio (19) same celis realigi franclingvan nigra-Afrikan nacion (20).
Coulmas:	Ĉu nacio? Ĉu sendependa ŝtato? Kio estas ŝtato, laŭ via komprenaĵo?
Senghor:	En la vortaro de Littré, eldono Pauvert el la jaro 1956, oni trovas sur la paĝo 1097 la jenan difinon: "Ŝtato: la registaro, supera administracio de lando" (21).
Coulmas:	Via deirpunkto do estis vortara difino?
Senghor:	Vortaraj difinoj estas konvencioj. Kaj ĉi tiu difino donas al ni oportunon por respondi al la metropolaj francoj, kiuj neas, ke la Federacio de Malio povas esti funkcia ŝtato. [...] La minimumon, kiun ni rajte atendas de la francoj, estas, ke ili respektu la francan lingvon kaj la Francujan leĝon same kiel ni (22).
Coulmas:	*Hodiaŭ nur ĉirkaŭ unu elcento de la senegalanoj parolas la francan kiel gepatran lingvon.*
Senghor:	Jes, vere. Sed la plejmulto da senegalanoj bone komprenas la francan, kiun ja uzas la amaskomunikiloj, la instrusistemo, la administracio kaj la kortumoj. Tamen ni certigis, ke la procedura jura kodo el la jaro 1965 kondiĉas helpon de tradukisto en tiuj okazoj, en kiuj la akuzitoj tute ne komprenas la francan. Krome, ni rememoru, ke ne ĉiuj francaj civitanoj ĉiam parolis la francan. Dum pli-malpli mil jaroj, la reĝoj de Francujo strebis unuigi la gaŭlajn gentojn en unu nacion. [...] La reĝoj celis limigi la regionan potencon de la provincoj por submeti ilin al la nacia potenco de la Parizia kortego, kiu altrudis sian dialekton kiel nacian lingvon al ĉiuj aliaj (23).
Coulmas:	*La franca estis la indiĝena dialekto de Parizio, sed en Okcident-Afriko la franca estas fremda lingvo. Vi iam diris: "Ni devas eliri el nia fremdiĝo por konstrui la novan civiton. La politika malfremdiĝo kaj la ekonomia malfremdiĝo kaj la socia malfremdiĉoj – ĉiuj estas antaŭkondiĉoj por la kultura malfremdiĝo" (24). Sed ĉu ne ankaŭ fremda lingvo estas parto de la fremdiĝo? La volofa estas la gepatra lingvo de ĉirkaŭ 40 elcentoj de la senegalanoj, pliaj 40 elcentoj*

	parolas la volofan kiel duan lingvon, sed, kiel dirite, nur unu elcento parolas la francan kiel gepatran lingvon.
Senghor:	Sendependeco signifas: aligi nian nacion ne nur al la granda komunumo de memstaraj ŝtatoj en la hodiaŭa Afriko, sed pli multe al la Universala Civilizacio, al kiu direktiĝas la homaro (25). Uzi la lingvon de Kartezio kiel la nacian, la oficialan aŭ la unuan fremdan lingvon cele al internacia komunikado (26) helpos nin progresi sur ĉi tiu vojo, ĉar la franca estas la lingvo de kulturo (27).
Coulmas:	*Kaj kiun rolon ludas la indiĝenaj Afrikaj lingvoj? Ĉu ekzistas iu speco de labordivido inter la franca kaj la naciaj lingvoj?*
Senghor:	Jes! Komparante la aglutinajn Afrikajn lingvojn kun la fleksiaj Eŭropaj lingvoj, plej okulfrapaj estas la diferencoj nek en la vortprovizo nek en la morfologio, sed en la sintakso: la plejparte kunordiga sintakso de la nigra-Afrikaj lingvoj, kiu estas proprajo de la poezio, kontrastas kun la plejparte subordiga sintakso de la blanka-Eŭropaj lingvoj (28).
Coulmas:	*Via poezio tamen estas verkita en la franca ...*
Senghor:	Ĉar, kiel mi kutimas diri, la franca estas la helena de la modernaj tempoj (29).
Coulmas:	*Fakte ekzistas multaj variaĵoj de la franca lingvo. Ĉu ili estas, laŭ vi, ĉiuj same legitimaj?*
Senghor:	Tute ne! La modelo de la franca estas la lingvo, kiun parolas la klera elito de Parizo, kaj ne plu la lingvo de la burĝaro, kiun oni instruis al ni en la Sorbono (30).
Coulmas:	*Merci beaucoup (31), prezidento Senghor, ke vi oferis vian tempon por lumigi mian komprenon.*
Senghor:	"Ma tâche est d'éveiller mon peuple aux futurs flamboyants. Ma joie de créer des images pour le nourrir, ô lumières rythmées de la Parole!" (32)

*La ponteto (por piedirantoj) "Léopold Sédar Senghor" en Parizo
(fotografaĵo fare de Timon Koulmasis)*

Notoj

(1) *"La Négritude est la simple reconnaissance du fait d'être Noir, et l'acceptation de ce fait, de notre destin de Noir, de notre histoire et de notre culture."* (Senghor 1977).

(2) *"La Négritude c'est le contenu du poème, c'est le poème comme chose du monde, mystérieuse et ouverte, indéchiffrable et suggestive; c'est le poète lui-même. Il faut aller plus loin encore: la Négritude, triomphe du Narcissisme et suicide de Narcisse, tension de l'âme au-delà de la culture, [...], est, en son essence, Poésie."* (Sartre 1948: pp.XLIII-XLIV).

(3) *"Et j'en demeure d'accord: comme toutes les notions anthropologiques, la Négritude est un chatoiement d'être et de devoir-être; elle vous fait et vous la faites: serment et passion, à la fois. Mais il y a plus grave: le nègre, nous l'avons dit, se crée un racisme antiraciste."* (Sartre 1948: p.XIV). Senghor multe pli poste, nome en la jaro 1964, koncedis, ke Sartro estis prava pri ĉi tiu demando.

(4) Por kompensi la intelektan perdon kaŭze de la malpermeso de la jezuita ordeno en 1764, la Francuja reĝo Ludoviko la 15-a (reg. 1723-1774) establis la tiel nomatan "agregacian konkurson" (Fr:

Concours d'agrégation) en 1766. La sukcesa trapaso de ĉi tiu konkurso estas ĝis hodiaŭ necesa antaŭkondiĉo por esti dungita kiel licea aŭ universitata instruisto en Francujo.

(5) *"Senghor was determined to integrate in himself the best of both worlds and to be comfortable in both."* (Vaillant 1990: p.128).

(6) *"Femme nue, femme noire / Vêtue de ta couleur qui est vie, de ta forme qui est beauté / J'ai grandi à ton ombre; la douceur de tes mains bandait mes yeux / Et voilà qu'au coeur de l'Été et de Midi, / Je te découvre, Terre promise, du haut d'un haut col calciné / Et ta beauté me foudroie en plein coeur, comme l'éclair d'un aigle. / Femme nue, femme obscure / Fruit mûr à la chair ferme, sombres extases du vin noir, bouche qui fais lyrique ma bouche / Savane aux horizons purs, savane qui frémis aux caresses ferventes du Vent d'Est / Tamtam sculpté, tamtam tendu qui gronde sous les doigts du vainqueur / Ta voix grave de contralto est le chant spirituel de l'Aimée. / Femme noire, femme obscure / Huile que ne ride nul souffle, huile calme aux flancs de l'athlète, aux flancs des princes du Mali / Gazelle aux attaches célestes, les perles sont étoiles sur la nuit de ta peau. / Délices des jeux de l'Esprit, les reflets de l'or rouge sur ta peau qui se moire / A l'ombre de ta chevelure, s'éclaire mon angoisse aux soleils prochains de tes yeux. / Femme nue, femme noire / Je chante ta beauté qui passe, forme que je fixe dans l'Éternel / Avant que le destin jaloux ne te réduise en cendres pour nourrir les racines de la vie."* (Senghor 1945b).

(7) *"L'indépendance n'est pas dans le refus; elle est dans le choix. Choix du but, choix des moyens – en fonction de notre situation actuelle."* (Senghor 1971).

(8) La lingvistika koncepto pri la nacia ŝtato laŭ la devizo "unu popolo, unu lingvo, unu nacio" (Fr: un peuple, une langue, une nation), kiu unuece determinis la naciisman ideologion en la 19-a jarcento (Renan 1887).

(9) *(Rimarko de la tradukinto: La lokucio "turo el eburo" origine fontas el la Alta Kanto de la Biblio [Alta Kanto 7, 5: "Via kolo estas kiel turo el eburo."]. Ekde la 19-a jarcento, la esprimo estas uzata por karakterizi intelektan medion tute apartigitan de la zorgoj de la ĉiutaga vivo. En la jaro 1837 la franca literaturkritikisto Charles-Augustin Sainte-Beuve [1804-1869] unuafoje uzis ĉi tiun esprimon por kontrastigi la romantikismon de Alfred de Vigny kun la realismo de Victor Hugo: "Kaj Vigny, pli kaŝema, kiel en turo el eburo, revenis antaŭ tagmezo" [Fr: Et Vigny, plus secret, comme en sa tour d'ivoire, avant midi rentrait]).*

(10) "Abĝado" estas la arabdevena skribsistemo, en kiu preskaŭ ĉiuj signoj prezentas konsonantojn (kontraste kun helendevenaj "alfabetoj", en kiuj ĉiu signo prezentas aŭ vokalon aŭ konso-

nanton, sed ankaŭ kontraste kun la prakritdevenaj alfasilabaj "Abugidoj", en kiuj ĉiu signo prezentas konsonanton kun defaŭlta vokalo). "Aĝami" (Ar: عجمي ['aĝami] = "ne-araba") estas la hiperonimo por ĉiuj variaĵoj de la Abĝado, kiuj estas uzataj por ne-arabaj lingvoj.

(11) *"Article premier: [...] La langue officielle de la République du Sénégal est le Français."* (www.assemblee-nationale.sn/documents/constitutions-senegal-59-07-pdf?p=active11: p.34).

(12) *"Article premier: [...] La langue officielle de la République du Sénégal est le Français. Les langues nationales sont le Diola, le Malinké, le Poular, le Sérère, le Soninké et le Wolof."* (www.assemblee-nationale.sn/documents/constitutions-senegal-59-07-pdf?p=active11: p.99).

(13) *"Le premier argument contre l'anglais est que, si, au début du XXe siècle, après la Seconde Guerre mondiale, il est devenu la première langue de communication internationale, il ne le doit ni à l'étendue, ni au rôle du Commonwealth sur notre planète, mais bien à la superpuissance économique, militaire et politique des États-Unis d'Amérique. C'est d'autant plus vrai qu'à côté de la morphologie et de la syntaxe, qui sont simples, trop simples, la langue de Shakespeare nous présente une orthographe et une prononciation qui ne le sont pas. Je dis «trop simples», car le problème est de choisir moins une langue de facilité que de ressource. Je parle d'une langue qui soit la plus belle possible, tout en nous permettant de mieux exprimer toutes les richesses, et de l'univers, et de la sensibilité comme de l'esprit humains. [...] Quant à l'anglomanie, qui est la maladie des snobs, on oublie seulement, encore une fois, que les deux tiers des mots de l'anglais proviennent du latin, du grec ou, le plus souvent, du français."* (Senghor 1988: pp.188 & 191).

(14) Ampleksaj informoj pri la Franclingvuja organizaĵo (Fr: Organisation internationale de la Francophonie) troviĝas sur la retejo: (www.francophonie.org).

(15) La 24-an de Septembro 1966, Senghor ricevis la honordoktorecon de la universitato Laval en Kebeko: *"Il s'agit d'organiser un ordre nouveau dans la nécessaire diversité des civilisations qui participent au projet de la Francophonie. Celui-ci est un projet d'avenir, qui traduit la puissance d'un grand rêve, fondée sur une conscience exacte des réalités. Et, vous le savez, de toutes les communautés possibles, celles qui sont de l'ordre de l'Esprit sont, sans aucun doute, les plus durables parce que les plus fécondes. C'est pourquoi je parle de la Francophonie comme d'une noosphère."* (Senghor 1977: p.190).

(16) En la daŭro de sia historio, la Franclingvuja organizaĵo plurfoje ŝanĝis sian nomon:

Periodo	Nomo	
1970-1997	Agence de Coopération Culturelle et Technique	(ACCT)
1998-2005	Agence Intergouvernementale de la Francophonie	(AIF)
ekde 2006	Organisation Internationale de la Francophonie	(OIF)

La nova ĉarto, kiu estis akceptita en Novembro 2005, malfermis la organizaĵon al "ĉiuj personoj kaj institucioj, kiuj uzas la francan kiel la gepatran lingvon, uzatan lingvon, administracian lingvon, instrulingvon aŭ elektitan lingvon":
"La Francophonie n'est pas à la France ce qu'est le Commonwealth à la Grande-Bretagne – un groupe de pays rassemblés autour de l'ancien Empire. [...] La francophonie, également appelé monde francophone ou encore espace francophone désigne l'ensemble des personnes et des institutions qui utilisent le français comme langue de première socialisation, langue d'usage, langue administrative, langue d'enseignement ou langue choisie." (www.cpfrancophonie.org/francophonie).

(17) *"Malgré l'indépendance politique – ou l'autonomie – proclamée, depuis deux ans, dans tous les anciens «territoires d'outre-mer», malgré la faveur dont jouit la Négritude dans les Etats francophones au sud du Sahara, le français n'y a rien perdu de son prestige."* (Senghor 1962: p.837).

(18) La Francuja prezidento François Hollande (reg. 2012-2017) honoris la memoron de Senghor la 29-an de Novembro 2014, okaze de la 15-a pintkunveno de la ŝtatestroj de la Franclingvujaj nacioj en Dakaro.

(19) *"Parti de la Fédération Africaine"* estis efemera politika partio fondita de Senghor en 1959 cele al la unueco de la "Malia Federacio" (Fr: Fédération du Mali).

(20) Senghor (1971: p.22).

(21) La reta eldono (www.littre.org) de la "Dictionnaire de la langue française par Émile Littré" (Eo: Franclingva vortaro de Émile Littré) ankoraŭ donas ĉi tiun difinon kiel numeron 9 sub la kapvorto "ŝtato" (Fr: État = [9] le gouvernement, l'administration suprême d'un pays).

(22) *"Fédération du Mali"* (Senghor 1971: p.22).

(23) Senghor (1971: p.26).

(24) *"Sur le double plan du présent et du passé, de la colonisation et de la civilisation traditionnelle, en un mot sur le plan de l' histoire vécue, notre tâche est claire: Il faut sortir de notre aliénation pour construire*

la cité nouvelle. Désaliénation politique, désaliénation économique, désaliénation sociale, encore une fois, tout se résume dans le préalable de la désaliénation culturelle. Contrairement à ce que pensent nombre d'hommes politiques la Culture n'est pas un appendice de la politique, que l'on peut couper sans dommage. Ce n'est même pas un simple moyen de la politique. La culture est le préalable et la fin de toute politique digne de ce nom." (Senghor 1971: p.103).
(25) Senghor (1971: p.107).
(26) *"Il s'agit, maintenant, avant même de dessiner les structures, de dire, sur les cinq continents, les pays qui pourraient adhérer à la Francophonie. Ont vocation à le faire tous les pays, tous les peuples indépendants ou simplement autonomes, qui emploient la langue de Descartes comme langue nationale, officielle ou de communication internationale."* (Senghor 1988: pp.174-175).
(27) "Le français, langue de culture" (Eo: La franca, lingvo de kulturo) estas la titolo de multe atentata artikolo, kiu aperis en "Ésprit" en Novembro 1962 (Senghor 1962).
(28) *"Quand, pour parler de ce que j'ai étudié et enseigné, je compare les langues agglutinantes d'Afrique aux langues à flexions d'Europe, ce qui me frappe le plus, c'est moins leurs vocabulaires, voire leurs morphologies, que leurs syntaxes. À la syntaxe de coordination ou de juxtaposition des langues africaines, si propre à la poésie, s'oppose la syntaxe de subordination des langues albo-européennes. C'est dire que celles-ci sont essentiellement des langues scientifiques parce que de raisonnement – je ne dis pas de philosophie."* (Senghor 1988: p.170).
(29) *"Comme j'ai l'habitude de le dire, le français est le «grec des temps modernes»."* (Senghor 1988: p.167).
(30) *"Parce que le modèle de la langue française est celui parlé à Paris par les hommes de culture, et non plus «par la bourgeoisie», comme on nous l'enseignait en Sorbonne."* (Senghor 1988: p.179).
(31) "Merci beaucoup" (Eo: koran dankon).
(32) "Mia tasko estas veki mian popolon por la flamanta estonteco, mia ĝojo estas krei imagojn por nutri la futuron, ho ritmaj lumoj de la vorto!", t.e. la finaj versoj el la poeziaĵo: *"Ma Négritude point n'est sommeil de la race mais soleil de l'âme, ma négritude vue et vie / Ma Négritude est truelle à la main, est lance au poing / Récade. Il n'est question de boire, de manger l'instant qui passe / Tant pis si je m'attendris sur les roses du Cap-Vert! / Ma tâche est d'éveiller mon peuple aux futurs flamboyants / Ma joie de créer des images pour le nourrir, ô lumières rythmées de la Parole!"* (Senghor en "L'Étudiant noir" 1934).

Postparolo –
Lecionoj lernitaj

Nun ni estas alvenintaj al la fino de nia longa vojaĝo tra la tuta mondo kaj multaj jarcentoj, vizitinte kaj la plej grandan ŝtaton (la Rusujan Imperion) kaj la plej malgrandan (Vatikanon), inter multaj aliaj, kaj esprimite nian profundan respekton al multaj grandegaj pensuloj. Influaj personecoj de tia reputacio ne simple malaperas, kiam ili mortas. Ili postlasas spurojn. Ni sekvis la spurojn de monarĥoj kaj monaĥoj, de senperfortaj movadestroj kaj revoluciuloj, de profesoroj kaj aŭtodidaktoj, de reformantoj kaj konservantoj, de idealistoj kaj realistoj. Ni penis atente aŭskulti tion, kion ili mem diris, kaj provis kompreni, kiel iliaj ideoj spegulis la tempojn, en kiuj ili vivis, kaj kion tiuj ideoj eble povas signifi por ni hodiaŭ.

Mi ne hazarde elektis miajn kunparolantojn. Ĉiu estis elektita pro siaj propraj kialoj, sed ĉiuj kunhavis profundan intereson pri lingvo. Apartigitaj per tempo, spaco kaj profesio, ili estas tre diversaj, same kiel iliaj celoj. Ĝis nun la komparo inter la prezentitaj gardantoj de lingvo rilate iliajn cirkonstancojn, rilate iliajn interesojn pri lingvo kaj rilate iliajn rolojn en la lingva reguligo estis lasita al la gelegantoj. Finfine alvenis la tempo por kune resumi la lecionojn, kiujn ni estas lernintaj el niaj renkontoj kun la gardantoj.

Laŭlonge de la vojo ni konatiĝis kun diversaj iniciatoj, kiuj celis formi lingvopolitikon, ekzemple: la kodigo de granda lingvo fare de alilingvano; la admirinda heroaĵo levi regionan dialekton al literaturlingva nivelo; la efektivigo de la registara kontrolo pri taŭga lingvouzo; la deklaro de lingva sendependeco; la provo restaŭri pasintan lingvan gloron; la kreado de universala vortaro kiel nacia monumento; la sekulariĝo de sankta lingvo fare de ateisto; la provo pacigi la mondon per la kreado de neŭtrala lingvo, kiu apartenas al neniu kaj al ĉiuj; la rangaltigo de preskaŭ senleĝa lingvo al nacilingva statuso. Konsidere la grandan nombron da diversaj lingvopolitikaj vidpunktoj, kiuj aperis ene de tempospaco de ĉirkaŭ 12 jarcentoj, ĉu mi fine faris jam kompleksan bildon ankoraŭ pli konfuza? Verŝajne jes. Sed el tia konstato rezultas la devo klarigi la ĉefajn proprajojn, reliefigante unuflanke la komunajn trajtojn de niaj gardantoj de lingvo kaj aliflanke iliajn historiajn kaj cirkonstancajn apartaĵojn.

Karismaj gardantoj de lingvo

Komence ni ekzamenu analogiojn kaj paralelojn en la biografioj de niaj protagonistoj. Unua okulfrapa, sed nesurpriza trajto estas, ke ili ĉiuj estis elstare instruitaj, ke ili ĉiuj apartenis al la instruita elito de sia lando. Ne ĉiuj el ili estis elstaraj studentoj, sed ili ĉiuj dediĉis la plej grandan parton de sia vivtempo al la studado de lingvoj kaj tial estis rigardataj kiel fakuloj. Lingvo estas la modelo de komuna bono, kiu apartenas al lingvokomunumo kaj ekskluzivas neniun. Ĉiuj normalaj infanoj, kiuj grandiĝas ene de lingvokomunumo, senpene lernas sian lingvon, sed nur malmultaj el ili fariĝas lingvoinstruistoj.

En ĉiu lingvokomunumo samtempe ekzistas egaleco kaj distingo. La fakto, ke adekvata kvalifiko de lingvo – ekzemple pri la gramatika ĝusteco, pri la stila harmonio aŭ pri la socia deco – nepre antaŭkondiĉas la aŭtoritaton de instruiteco, evidentigas la rilaton inter lingvo kaj socia hierarĥio, el kiu rezultas ligo kun la ŝtata potenco. La aŭtoritato de instruiteco estas necesa, sed tute ne sufiĉa por aŭdigi influan opinion pri "taŭga lingvo". La ĉi tie prezentitaj individuoj ne nur estis elstaraj instruituloj, sed ankaŭ ĝuis tute alian specon de aŭtoritato, kiu estas nomebla "karisma aŭtoritato".

"Karisma aŭtoritato" (Ge: charismatische Herrschaft) estas nocio kreita de la sociologo Max Weber (Weber 2009 [1922]: pp. 221-223). Weber klarigis ĝin en sia teorio pri legitima regado. Li argumentis, ke socio nepre bezonas aŭtoritaton por establi leĝojn kaj regularojn, por determini, kio estas vera, kaj por decidi, kiu rajtas fari kion. Weber distingas tri specojn de ŝtata aŭtoritato por legitimi la regadon: (a) la "laŭleĝa aŭtoritato", kiu estas kontrolebla per sistemo de leĝoj sendependaj de reganto; (b) la "tradicia aŭtoritato", kiu estas individue heredebla; (c) la "karisma aŭtoritato", kiu baziĝas sur eksterordinara influkapablo, profetaĵo aŭ aliaj unikaj kvalitoj de reganto. Riskante eble tro etendi la komparon, mi konsideras niajn gardantajn protagonistojn kiel "karismajn lingvoplanistojn":

Tabelo 39: Dudek karismaj lingvoplanistoj

Gardanto de Lingvo	Eksterlanda sperto	Lingvoj	Profesioj	
Alcuinus el Jorko	abunda	5	teologo	gramatikisto
Sibawayh	abunda	3	juristo	gramatikisto
Danto Alighieri	modera	4	politikisto	poeto
Sejong la Granda	nenia	2	monarĥo	
Antonio de Nebrija	abunda	4	gramatikisto	
Kardinalo Richelieu	nenia	3	teologo	politikisto
Katerino la Granda	abunda	4	monarĥino	
A. Korais	abunda	3	kuracisto	leksikografo
N. Webster	nenia	8	juristo	leksikografo
J. Grimm	modera	9	juristo	lingvisto
E. Ben-Yehuda	abunda	5	ĵurnalisto	leksikografo
L.L. Zamenhof	malmulta	7	kuracisto	
Ueda Kazutoshi	modera	4	lingvisto	
V.I. Lenino	abunda	4	juristo	politikisto
M.K. Atatürk	malmulta	3	militisto	politikisto
M.K. Gandhi	abunda	4	juristo	politikisto
Zhōu Ēnlái	modera	4	ĵurnalisto	politikisto
Papo Paŭlo la 6-a	malmulta	6	teologo	
S.T. Alisjahbana	modera	6	instruisto	lingvisto
L.S. Senghor	abunda	6	instruisto	politikisto

Ili pretendis kaj akiris aŭtoritaton super lingvo ne nur kiel alte kvalifikitaj spertuloj, sed ankaŭ, ĉar ili havis ideon por formi lingvopolitikon, pri kiu ili kapablis konvinki aliajn, kiuj sekve subtenis ilin. Multaj el ili estis karismaj en la konvencia senco, ke ili povis veki entuziasmon por ideo en aliaj. Tio sendube validas pri Katerino la Granda, al kiu la cirkonstancoj de ŝia malfeliĉa geedzeco komence destinis vivi kiel apartulino en la cara kortego. Sed danke al sia forta personeco ŝi fine sukcesis akiri la potencon, kiun ŝi dediĉis interalie al la progresigo de la rusa lingvo. Ankaŭ Zamenhof, la "D-ro Esperanto" kiel profeto de mondpaco, sukcesis konvinki pri sia idealisma revo multajn, kiuj ne nur akceptis la tre noblan ideon, sed dediĉis multe da vivtempo al ĝia efektivigo. Same konvinka estis la elstare fascina oratoro Atatürk, kiu direktis siajn lingvopolitikajn projektojn, antaŭ ĉio la skribsisteman reformon, rekte al la tiutempe grandparte analfabeta turka popolo, tute ignorante la obstine kontraŭstarajn tradiciistojn, kiuj timis perdi siajn privilegiojn kiel enradikiĝinta elito.

Ne ĉiuj dudek gardantoj de lingvo estis karismaj, sed la malmultaj nekarismaj almenaŭ havis plej bonajn kontaktojn kun influaj potenculoj. Kelkaj gardantoj mem okupis la tronon aŭ eminentan potencan postenon: Sejong estis grandreĝo, kiam li publikigis sian "grandan skribon"; aliaj monarĥoj, ŝtatestroj aŭ ĉefministroj, kiuj mem zorgis pri lingvaj problemoj, inkluzivas Katerinon la Grandan, la kardinalon Richelieu, la papon Paŭlo la 6-a, Leninon, Zhōu Ēnlái, Atatürk kaj Léopold Senghor.

Alcuinus el Jorko servis kiel la ĉefkonsilisto de Karolo la Granda; Antonio de Nebrija ĝuis la patronecon de la reĝino Izabela la 1-a de Kastilio; Jacob Grimm akceptis la personan inviton de la reĝo Frederiko Vilhelmo la 4-a de Prusujo al Berlino por prilabori sian vortaron. Ueda Kazutoshi estis inter la malmultaj studentoj senditaj de la Japanujo registaro al Eŭropo por akiri la Okcidentan instruitecon kaj fariĝis profesoro en la Imperia universitato baldaŭ post sia reveno.

Kvankam Danto perdis la favoron de la Florenca registaro, li estis tamen karisma viro, kore akceptita en multajn aliajn urboŝtatojn sur la apenina duoninsulo. Li nelacigeble laboris por sia ideo pri la transformado de la vulgara popollingvo al literaturnivela esprimrimedo por ĉiuj itallingvanoj, kiu kreis la decidigan antaŭkondiĉon por formi tut-Italujan ŝtaton en la estonteco – sed ĉu li estus atinginta sian celon ankaŭ sen la grandanima subtenado de liaj multaj potencaj gastigantoj?

La lingva kompetenteco de poetoj, leksikografoj, gramatikistoj kaj tradukistoj estas tre signifoplena elemento de lingvoplanado, sed, kiel sur aliaj politikaj kampoj, kompetenteco sola ne sufiĉas. La likvidado de delonge establita literaturlingva tradicio estas heroaĵo, kiu bezonas allogan karismon similan al tiu de Atatürk. Evidente lingvo estas transformebla, sed pro la esence socia naturo de lingvo, tia transformado neniam estas facile atingebla nur per ordono. Estante kvazaŭ kodo de signoj, lingvo estas ne nur supraĵe simila al jura kodo, kiu evoluas laŭ la konstituciaj reguloj de la leĝfarado. Same ankaŭ lingvo evoluas, sed naturaj ŝanĝiĝoj plejparte okazas preskaŭ nerimarkite. Intencaj ŝanĝoj ofte provokas kontraŭstaron de la samlingvanoj. Por venki tian kontraŭstaron oni bezonas la aŭtoritaton de karismaj gardantoj de lingvo pli multe ol nur ŝtatan aŭtoritaton.

Ekzilo kaj diasporo

Kio do faris niajn dudek korifeojn tiel sentemaj por lingvo? Komence de la antaŭa sekcio mi konstatis, "ke ĉiuj apartenis al la instruita elito de sia lando". Sed la sintagmo "de sia lando" tute ne estas informa aŭ trafa difino en kelkaj individuaj okazoj: Alcuinus venis el Jorko en Nordhumbrio, sed li ne realigis sian lingvoreformon sur la britaj insuloj; Sibawayh venis el la sudpersa provinco, ne estante denaska parolanto de la araba lingvo, kiun li kodigis en Basro; Antonio de Nebrija forlasis sian hejmlandon por studi en Italujo, restante sep jarojn en Bolonjo, kie li konatiĝis kun la influa idearo de Laŭrenco Valla; la princidino Sophie von Anhalt-Zerbst forlasis Prusujon por pasigi la reston de sia vivo kiel Rusuja imperiestrino Katerino; Adamantios Korais pasigis la plej grandan parton de sia vivtempo kiel memvola ekziliĝinto en Parizo; Jacob Grimm estis forpelita el la Reĝlando Hanovrio, same kiel Danto kvar jarcentojn pli frue el sia naskiĝurbo Florenco (iliaj ekziloj ŝajnas malpli tragediaj, ĉar ambaŭ restis sur la respektive denasklingva teritorio, sed la senpera sperto de aliaj germanaj respektive italaj dialektoj pliatentigis ilin pri lingva vario kaj diverseco); Eliezer Ben-Yehuda foriris en memvolan ekzilon por trovi sian novan patrujon: malakceptante la ideon pri asimilita (nome eŭropigita) judaro en la diasporo, li forlasis la Rusujan Imperion kaj translokiĝis, post restado en Parizo, en Palestinon por finfine fariĝi regato de la Otomana Imperio.

Eksterlanda sperto, ĉu en formo de ekzilo, migrado aŭ studrestado, ludis gravan rolon en la plimulto da biografioj de niaj protagonistoj. Kun malmultaj esceptoj, ili estis vojaĝantoj inter la mondoj: ili bone konis la situacion, kiam oni devas alkutimigi sian orelon al fremda akĉento kaj lerni esprimi sin en fremda lingvo. Ĉiuj estis poliglotoj, kiuj aktive regis plurajn lingvojn kaj pasive komprenis multajn ceterajn, kiujn ili ofte uzis kiel lingvajn resursojn.

La nombro de lingvoj listigitaj en Tabelo 39 rilatas nur al tiuj lingvoj, kiujn ili pruveble posedis, kaj ĝi eble estas subtaksita en kelkaj okazoj. Pri la lingvoscioj de Sejong la Granda oni certe scias nur, ke li estis sendube kompetenta pri la korea kaj la ĉina, sed eble li konis ankaŭ la mongolan kaj la hindan, ĉar la skribsistemoj de tiuj lastaj lingvoj havis influon sur la novan skribsistemon, kiun li kreis kun la fakuloj de la Akademio de Saĝaj Eminentuloj.

La elstaraj leksikografoj inter niaj protagonistoj, nome Webster, Grimm, Ben-Yehuda kaj aparte Alisjahbana, kolektis lingvojn kiel numismatoj kolektas monerojn. Webster laŭdire studis dekduon da lingvoj, kaj Alisjahbana konis manplenon da Eŭropaj lingvoj kaj nekonatan nombron da lingvoj de Indonezio, kiujn li ekspluatis kiel minejojn por pliriĉigi la lingvon "Bahasa Indonesia". Ekde sia infanaĝo Léopold Senghor, kiel multaj afrikanoj, vivis kun pluraj lingvoj kaj lernis aliajn per sistema studado. Kun sia perfekta regado de la franca, kiu estis lia dua aŭ tria lingvo, Senghor enkorpigis veran defion al la nocio de la denaskulo kiel la plej "aŭtentika" kaj do supere kompetenta parolanto.

Tiurilate estas rimarkinde, ke plena triono el niaj karismaj gardantoj de lingvo dediĉis siajn klopodojn al lingvo, kiu ne estis ilia "gepatra lingvo". Tiu fakto estas nerekta indiko pri la ideologia naturo de la nocio "gepatra lingvo", kiu ludas gravan rolon en la moderna lingvopolitiko. Alcuinus el Jorko reguligis la siatempe degenerintan latinan lingvon kaj tiel restarigis la prestiĝon de Latino kiel la okcident-Eŭropa lingvo de alta kulturo, kvankam lia gepatra lingvo estis la anglosaksa (fru-mezepoka angla). Sibawayh famiĝis pro la kodigo de la araba, la tiutempa lingvo de scienco, kiun li parolis kun forta akĉento, estante denaska parolanto de la persa. En sia imperio Katerino la Granda progresigis la rusan, kiun ŝi eklernis nur kiel juna adoleskantino. Estante jam plenkreska viro, Ben-Yehuda decidis paroli neniun alian lingvon ol la hebrean, kiu ĝis tiam estis por li, kiel por la plimulto da judoj, nur liturgia skriblingvo, netaŭga por la ĉiutaga komunikado. Ankaŭ Alisjahbana prilaboris lingvon, kiu estis vaste parolata sur la arĥipelago, sed ne estis lia unua lingvo. La gepatra nacia lingvo de Montini estis la itala, sed kiel la papo Paŭlo la 6-a li faris politikajn decidojn pri Latino.

La deviga uzado de pli ol unu lingvo en la ĉiutaga vivo, ĉu sekve de ekzilo, migrado aŭ profesia bezono, neeviteble estigas pripenseman sintenon al la lingvoj kaj komprenaĵon pri la ŝancoj de diferencigo. La sperto pri diversaj gradoj de lingvoscio kaj en denaske parolataj kaj en lernitaj lingvoj helpas rigardi lingvon pli multe kiel kulture akireblan kapablon kaj kiel artaĵon, kiu havas siaspecan ekziston kaj estas formebla por atingi antaŭdifinitajn celojn, ol nur kiel neŝanĝeblan naturdonitan kapablon. La konceptado de lingvoj kiel artaĵoj estas antaŭkondiĉo por transformi lingvon en objekton de lingvopolitiko, kion evidentigas ĉiuj el niaj elstaraj dudek gardantoj. Sed ili tamen havis siajn individuajn motivojn kaj celojn, kiujn ili pravigis helpe de moralaj argumentoj.

Celoj kaj ideologioj

La tre diversaj lingvopolitikaj reformoj, kiujn niaj protagonistoj persone celis, estis precipe determinitaj de la siatempaj reĝimoj kaj de la vivkondiĉoj, kiujn la dudek reformistoj mem spertis. Malgraŭ tiu granda diverseco de la individuaj karieroj kaj celoj, ĉiuj provoj ŝanĝi la respektivajn lingvopolitikajn reĝimojn estas tamen priskribeblaj laŭ la kvin skaloj en Tabelo 40. Tial, lingvopolitikaj reformoj celas aŭ konservadon aŭ modernigon – aŭ estas tiurilate neŭtralaj, situante en la mezo inter tiuj ekstremoj. La analogeco validas por la ceteraj kvar skaloj.

Tabelo 40: Kvin skaloj de lingvopolitikaj prioritatoj

Konservado	<...++++++++++...>	Modernigo
Unikeco	<...++++++++++...>	Universaleco
Plureco	<...++++++++++...>	Unueco
Liberigo	<...++++++++++...>	Dominado
Egalrajteco	<...++++++++++...>	Elitismo

En la 20-a jarcento multaj projektoj pri la ŝanĝo de ekzistanta lingvopolitika reĝimo koncentris sin sur la modernigo. Tiun tipon ekzemplas la laboro de Ueda por japana nacia lingvo (Jp: Kokugo) taŭga por ĉiuj kampoj de la moderna komunikado laŭ la modelo de la normigitaj Eŭropaj lingvoj. Ankaŭ Alisjahbana celis la modernigon de lingvo, normigante la malajan kaj sisteme ampleksigante la leksikon por progresigi la modernan nacian lingvon "Bahasa Indonesia". Modernigo same ludis plej grandan rolon inter la lingvopolitikaj celoj kaj de Lenino kaj de Zhōu Ēnlái, kiuj direktis la atenton al la lingvoj de la etnaj minoritatoj en la periferiaj regionoj de la respektiva imperio kun alta proporcio de analfabetoj.

Ĉe la alia ekstremo de la sama skalo ni trovas la lingvopolitikan celon de konservado, kiu kontraŭstaras al ŝanĝo, protektas la honorindan lingvan heredaĵon kontraŭ "kadukiĝo". De tiu vidpunkto ĉiu ŝanĝo estas rigardata kiel malutila por la lingvo, kiu estas nur riparebla per konsekvenca returno al la lingvaj normoj de la glorigita pasinteco. Tiun tipon ekzemplas la projekto de Korais pri la purigado de la greka, same kiel la lingvopolitiko de Alcuinus, kiu celis restarigi la unuforman klasikan latinecon, preskribante la laŭliteran prononcadon de Latino. La hodiaŭaj pledoj por la protektado de la multaj endanĝerigitaj lingvoj same troviĝas sur ĉi tiu skalo ĉe la ekstremo de konservado.

La dua skalo etendiĝas inter la ekstremoj "universaleco" kaj "unikeco". Kelkaj lingvo-politikaj ideologioj baziĝas sur la asertita universaleco de la lingvokomunumo, dum aliaj emfazas ĝian unikecon. Por Senghor la franca estis "la helena de la modernaj tempoj" (Fr: le grec des temps modernes), kies akiro implicas la egalrajtan partoprenon de ĉiuj parolantoj en progresanta universala civilizacio. Pro tio la franca ne nur estu simple konservata kiel nacia lingvo de la eksaj kolonioj, sed estu aktive disvastigata kiel rimedo por same disvastigi la universalan franclingvan civilizacion tra la tuta mondo – civilizacio, kiu danke al la riĉeco, elstareco kaj precizeco de sia lingvo eternigas kaj sendependigas la scion de la homaro pri la mondo. Alisjahbana simile asertis la historian neceson, ke la eksaj kolonioj nepre aliĝu al la universala civilizacio, kiu devenis de la Eŭropa klerismo. Sed anstataŭ konservi la lingvon de la eksa kolonia reĝimo, li ellaboris nacian indonezian lingvon (In: Bahasa Indonesia), kiu estu pli universala (alivorte: malpli provinca) ol la malaja, kiel eble plej simila al la grandaj Eŭropaj literaturlingvoj kaj kiel eble plej intertradukebla kun ili. La nesupereblan arketipon de universaleca lingvopolitiko sendube konstituas la Lingvo Internacia, sukcese konstruita de Zamenhof kiel neŭtrala universala interlingvo, kiun kalumnias paroĥismaj naciistoj kiel "neaŭtentikan lingvon".

La kontraŭpunkto al la racia, inkluziva, malfermita koncepto pri la "universala lingvo-komunumo", al kiu apartenas ĉiuj, kiuj regas la lingvon, estas la emocia, ekskluziva, fermita koncepto pri la "gepatra lingvokomunumo", al kiu apartenas nur tiuj, kiuj estas naskitaj de komunumanoj. Kiel malfruiĝinta respondo al la "Gaŭlomanio" (la mania adoro al la franca lingvo) de la Germanuja aristokrataro, Grimm dediĉis sian vivtempon al la esplorado de la historio de la germana lingvo per monumenta gramatiko kaj ampleksa historia-etimologia vortaro.

Ĉi tiuj verkoj helpis difini la germanan lingvon per "klare markitaj limoj en spaco kaj tempo", asignante leksemojn de aliaj lingvoj al speciala vortaro de pruntovortoj. En la 19-a jarcento similaj projektoj estis entreprenataj sekve de la lingva romantikismo tra la tuta Eŭropo – sed ne nur en Eŭropo. Webster celis propran usonan lingvon por la nacio de Usono. La projekto de Ben-Yehuda havis pli grandan dimension, celante la "re-denaskigon" de la hebrea por krei komunan nacian lingvon por la naskiĝanta israela nacio, sed la emfazo pri la distingiĝo kaj pri la unikeco estis la sama.

Lingvopolitikaj celoj diferencas unu de la alia ankaŭ rilate la gradon de lingva variado, kiun ili permesas, aŭ strebante al pli granda homogeneco (unueco) aŭ tolerante pli grandan heterogenecon (plurecon). Ekde la itala Renesanco en la 15-a jarcento, la lingve treege heterogenaj imperioj en Eŭropo pli kaj pli evoluis al lingve homogenaj naciaj ŝtatoj. La novaj lingvopolitikaj reĝimoj celis unuigi la reganton kun la regatoj per komuna lingvo – koncepto pri lingva unueco, kiu estis tute fremda al la antikveco kaj al la mezepoko. La nova ideo de la kardinalo Richelieu pri racie ellaborita lingvo por la tuta Francujo estis la arketipo de unueca lingvopolitiko, kiu malfermis la vojon al la proliferado de la lingvistika koncepto pri la nacia ŝtato laŭ la devizo "unu popolo, unu lingvo, unu nacio" (Fr: un peuple, une langue, une nation), kiu determinis la naciisman ideologion en la 19-a jarcento (Renan 1887).

La ideo pri nacia unueco helpe de ununura normigita lingvo kiel la ĉefa apogo de lojaleco fariĝis la fundamento de lingva naciismo – la dominanta lingva ideologio de la 19-a jarcento, kiu kreis la naciajn ŝtatojn en Eŭropo, neeviteble ekskluzivante multajn lingvajn minoritatojn. Ĉi tiun ideologion ekzemplodone vortigis Giuseppe Mazzini (1805-1872), la itala juristo, ĵurnalisto kaj heroa batalanto por la unuiĝo de Italujo, en la formo de sia ofte citata postulo: "Ŝtaton por ĉiu nacio kaj nur unu ŝtaton por la tuta nacio" (It: uno Stato per ogni nazione ed un unico Stato per l'intera nazione) (Hobsbawm 1990: p.101).

La projekto de Korais pri la eliminado de ĉiuj ne-grekaj (precipe turklingvaj) elementoj el la greka lingvo transplantis la ŝtatpolitikan celon de sendependeco en la lingvopolitikan reĝimon. La lingvopolitika celo konservi la riĉan plurecon de lingvoj aperis nur poste kiel neantaŭvidita kromprodukto de la lingva naciismo kaj de la ideo pri nacia memdeterminado, kiuj finfine disvastiĝis en Eŭropo komence de la 20-a jarcento – la epoko, pri kiu la germana sociologo Max Weber resume konstatis: "hodiaŭ, en la epoko de lingvaj bataladoj, antaŭ ĉio la lingvokomunumo konstituas la normalan bazon [de la nacieco]" (Ge: heute gilt vor allem Sprachgemeinschaft, im Zeitalter der Sprachenkämpfe, als ihre [der Nationalität] normale Basis, Weber 1978 [1922]: p.395).

Ekster Eŭropo, precipe en la kolonioj de la Eŭropaj potencoj, kie Eŭropa lingvo servis kiel rimedo de kolonia regado, la Eŭropa lingva naciismo estis pli suferata ol akceptita, sed en landoj liberaj de la koloniisma jugo, ekzemple Japanujo, tiu ideologio estis facile adoptita. Tiurilate Ueda servis kiel lingvopolitika heroldo, kiu diligente studis la lingvan naciismon kaj en Germanujo kaj en Francujo dum siaj studjaroj en Eŭropo kaj portis la mesaĝon hejmen por transformi la idealon pri lingva homogeneco en fiksan elementon de la mempercepto de la japanoj (kvankam Japanujo fakte estis jam plej proksima al ĉi tiu idealo).

Kontraste al tiaj lingve unuecaj landoj, la plureco de lingvoj kaj de lingvokomunumoj ne estas preteratentebla en la landoj, kiuj estas celoj de enmigrado, kaj en la sukcedintaj ŝtatoj de plurlingvaj imperioj. Ĉi tiu plureco ofte estas malfacile akordigebla kun la modernaj idealoj de egalrajteco kaj kun la necesa klerigado de la popolamasoj. Lenino kaj Zhōu Ēnlái amplekse diskutis la lingvan plurecon de la landoj, kiujn ili intencis regi kaj fine fakte regis. La lingvopolitikaj reĝimoj de Sovetio kaj de la Popola Respubliko Ĉinujo ne nur rekonis la ekziston de etnaj minoritatoj, sed ankaŭ eksplicite agnoskis ties rajtojn konservi kaj disvolvi siajn kulturojn kaj lingvojn.

Kvankam la principoj de lingva egalrajteco kaj de la harmonia kunekzistado de granda nombro da lingvokomunumoj, kiuj ĉiuj kontribuu al la bonfarto de la nova nacio, estis teorie akceptitaj, la praktike rezultantaj rajtoj tamen ne inkluzivis la rajton je secesio. Ĉar multaj el tiuj minoritataj komunumoj disponis neniun sufiĉe disvolvitan lingvon, kiu estus uzebla por instruaj celoj, por administracio kaj por aliaj funkcioj de modernaj ŝtatoj, tiu limigo de la minoritataj rajtoj estis grandparte komprenebla, kvankam plurfoje kontestata.

Ekde la apero de la naciaj ŝtatoj, lingva unueco estis multe pli eminenta lingvopolitika celo ol la tolero de riĉa lingva plureco. Nur paŝon post paŝo konceptiĝis la estimo al la lingva plureco dum la finaj jardekoj de la 20-a jarcento sub la frapvorto de la "lingva plureco", kiu rigardas la plurecon kiel valoran nacian rimedon kaj ne nur kiel ĝenan ŝarĝon. Komence de la 21-a jarcento aperis prilingvaj fakrlibroj, kiuj klare aprezis la lingvan plurecon, kun titoloj kiel ekzemple "Eŭropo riĉa je lingvoj" (An: Language Rich Europe, Extra & Yağmur 2012). Estas tamen rimarkende, ke tia konscio montriĝis solsole en bone integritaj naciaj ŝtatoj, kie normigita nacia lingvo estis firme kaj jam delonge establita.

Malmultaj lingvopolitikistoj iam alprenis pozitivan sintenon al lingva plureco. El niaj dudek protagonistoj nur unu sola gardanto de lingvo elstaras, kiu pro siaj propraj ideologiaj kaŭzoj ŝanĝis multjarcentan lingvopolitikan reĝimon, ene de nur malmultaj jaroj transirante de plej rigora unueco al abunda plureco: la papo Paŭlo la 6-a. Agnoskante la fakton, ke la mezepoka kaj fru-moderna universaleco de la respektinda Latino ne plu estas daŭrigebla en la 20-a jarcento kun multaj milionoj da Rom-katolikaj kredantoj sur ĉiuj kontinentoj, Paŭlo la 6-a rigardis la multecon da lingvoj kiel trezoron de la homaro, konservante la latinecon kiel valoran fonton de la okcident-Eŭropa kristana kulturo kaj kiel ligilon kun la historiaj originoj.

La kvara skalo etendiĝas inter la ekstremoj "dominado" kaj "liberigo", kiuj ŝajnas tute kontraŭaj celoj de lingvopolitiko, kio evidentiĝas en kelkaj klaraj okazoj, dum en aliaj la situacio estas pli dubasenca. Antonio de Nebrija petis la subtenadon de sia reĝino al la kodigo de la kastilia, prezentante normigitan lingvon kiel funkcian instrumenton de imperia regado. Kontraste al tio, Korais antaŭenigis la kodigon de "purigita" (Katharevusa) greka kiel rimedo por liberigi la grekojn, kaj mense kaj politike, de la Otomana jugo. Kvankam ambaŭ kazoj koncernis kaj la kodon (la lingvon) kaj ties funkciojn, la direktoj de la politikaj agadoj estis kontraŭaj. Antonio de Nebrija direktis sian rigardon al la esperplena estonteco, maturigante leviĝantan vulgaran popollingvon por taŭgigi ĝin kiel instrumenton de regado, dum Korais direktis sian rigardon al la glora pasinteco, korektante difektitan popolan parollingvon por alproksimigi ĝin al la klasika helena stadiformo.

En sia projekto por ŝanĝi la lingvopolitikan reĝimon de Hindujo, Gandhi pli klare ol ĉiuj aliaj gardantoj de lingvo enkorpigis la kontraŭdirojn imanentajn en lingvoj kiel rimedoj kaj de regado kaj de liberigo. La Mahatmo longe estis apelacianta al siaj samlandanoj, por ke ili forpelu la Britujan kolonian reĝimon ankaŭ en la formo de ties lingvo, la angla, kiel parto de la lukto por sendependiĝo. Sed fine li ekkomprenis, ke la lingvopolitika celo estas ne nur malfacile atingebla, sed ankaŭ plej malutila por la estonta sendependa Hindujo, ĉar la angla lingvo ja ebligas multe pli grandskalan aliron al ĉiuj modernaj sciencoj kaj teĥnikoj ol la hindustana. Ankaŭ Alisjahbana celis liberigon de la malamata kolonia dominado, ŝanĝante la ekzistantan lingvopolitikan reĝimon. Utiligante la okupacion fare de la japanoj, kiuj provis establi sian propran lingvon, li sukcese progresigis la indiĝenan malajan interlingvon, por ke ĝi kapablu plenumi ĉiujn funkciojn de moderna nacia lingvo.

En aliaj okazoj, la opozicio inter liberigo kaj dominado okazis ene de unu sama lando. La lingvopolitikajn reĝimojn, kiujn projektis Ueda kaj Atatürk, koncentriĝis sur la kodoj (la lingvoj), sed havis signifoplenajn sekvojn por iliaj funkcioj. En ambaŭ okazoj temis pri alte ellaboritaj literaturlingvaj variaĵoj de la japana respektive de la (otomana) turka, kiujn niaj gardantoj de lingvo konsideris kiel gravajn obstaklojn al la ĝenerala disvastigado de la lego-kapablo kaj al la klerigado de la popolamasoj. La reformoj, kiujn ili plej sukcese antaŭenpuŝis, celis fari la legokapablon pli alirebla por la popolamasoj, kaj per tio subfosis la dominantan pozicion de la instruita elito.

Ni alvenas al la lasta skalo, kiu etendiĝas inter la ekstremoj "elitismo" kaj "egalrajteco". La lingvopolitikaj celoj de Alcuinus, Korais kaj Senghor estas neeviteble klasifikendaj kiel nepre elitismaj, dum Lenino, Atatürk, Zhōu Ēnlái kaj Alisjahbana klare favoris egalrajtecajn principojn. Gandhi hezitis, ĉu li akceptu la elitismajn realaĵojn aŭ insistu pri la egalrajtecaj idealoj. Ĉi tiu kvina skalo certagrade interagas kun la kvara inter "dominado" kaj "liberigo", sed la du skaloj ne estas izomorfaj. Ekzemple, la komence progresema karaktero de la lingva naciismo kiel ido de la Franca Revolucio estis inkluziva, egalrajteca kaj liberiga, sed la ombra flanko de ĉi tiu ideologio estis la pravigo de lingva diskriminacio de etnaj minoritatoj, kiu ne malofte transformiĝis en instrumenton de daŭra subpremado. Ankaŭ demokratia regado inklinas postuli egalrajtecajn lingvopolitikajn reĝimojn nur sub la kondiĉo de lingva unueco. Hodiaŭ ŝajnas egalrajteco kaj lingva plureco tamen pli facile akordigeblaj ol dum la tempo de la origine emancipa naciismo. Liberigaj celoj ŝajnas pli-malpli kunvarii kun modernigo, kvankam Korais donis la kontraŭekzemplon de decide konservativa liberiganto. Alisjahbana aliflanke estis ĝisosta moderniganto, kiu konsideris la egalrajtecon de lingvoj kiel idealan, sed ne realigeblan politikan celon.

Konkludoj

Estas klare, ke la kvin skaloj por la karakterizado de lingvopolitikaj celoj kaj ideologioj estas sendependaj unuj de la aliaj, kvankam ili kunvarias kaj parte koincidas en kelkaj okazoj. Konsidere la enorme diversajn historiajn kuntekstojn, en kiuj agadis niaj gardantoj de lingvo, tiu konstato apenaŭ mirigas. Ilia laboro tamen baziĝis sur certaj komunaj komprenaĵoj kaj konvinkoj, per kiuj klare distingiĝas iliaj aliroj al lingvo de pure priskribaj kaj analizaj aliroj. La plej signifoplenaj el tiuj komunaj komprenaĵoj kaj konvinkoj estas resumeblaj en la sekvaj dek formuloj:

(1) *Studante kodojn (lingvojn) kaj ties funkciojn kaj projektante reformojn, individuoj kapablas efektivigi ŝanĝojn en la lingvopolitika reĝimo de sia socio.*
(2) *Lingvoj estas komuna bono, kiu bezonas gardantojn.*
(3) *Lingvoj ŝanĝiĝas kaj sekve estas neeviteble diversaj.*
(4) *Lingva diverseco implicas malsamajn nivelojn de disvolviĝo.*
(5) *Lingvaj ŝanĝiĝoj estas percepteblaj aŭ kiel plibonigo aŭ kiel degenerado kaj tial estas aŭ bonvenigitaj aŭ malakceptitaj.*
(6) *Lingvopolitiko temas pri antaŭenigo aŭ haltigo de lingva ŝanĝiĝo, same kiel sur aliaj kampoj de la homa psikologio (tiusence la kodigoj de lingvo, juro kaj religio estas tri variaĵoj de la sama fenomeno).*
(7) *Lingvopolitiko unue kaj ĉefe aŭ pligravigas aŭ malgravigas diferencojn por pravigi aŭ ekskluzivadon aŭ inkluzivadon.*
(8) *Lingvopolitiko foje mem iniciatas disvolviĝojn kaj foje nur respondas al disvolviĝoj, sed ĉiaokaze kadre de ideologio kaj depende de ideologio, kiu regas la socion, al kiu apartenas la lingvopolitikistoj.*
(9) *Lingvopolitikaj reĝimoj estas konsistiga parto de ĉiu homa civilizacio.*
(10) *Lingvopolitikaj reĝimoj reguligas kaj kodojn (lingvojn) kaj ties funkciojn (socian, politikan, ekonomian, kulturan).*

Sed kiajn rolojn ludis la gardantoj de lingvo en la formado de lingvopolitikaj reĝimoj? Estas aparte emfazende, ke ili ludis rolon jam en plej fruaj tempoj. Ni rigardis la verkon de Alcuinus, kiu, kun la beno de Karolo la Granda, reestablis la latinan gramatikon kiel nepre nemalhaveblan fundamenton de la lernado. Oni sendube povus retrorigardi ankoraŭ pluen en la pasintecon, sed tamen la atesto de Alcuinus sufiĉas por montri, ke la interligiteco inter ŝtata potenco kaj lingvo ĉiam estis plej profunde politika afero – jam longe antaŭ la modernaj tempoj.

La lingvopolitikaj reĝimoj, kiuj elkreskis el ĉi tiu interligiteco, diferencas laŭ enhavo kaj formo kiel ĉiuj partoj de la historio de ideoj. Kelkaj el niaj karismaj gardantoj de lingvo ludis esencan rolon en la historio de ideoj, ĉar sen ilia persona sindono la ŝanĝoj, kiujn ili celis, plej probable ne estus okazintaj: neniu "granda skribo" (Han-geul) sen la reĝo Sejong la Granda, neniu Franca Akademio sen la kardinalo Richelieu kaj neniu Lingvo Internacia sen certa "Doktoro Esperanto" (Zamenhof). Transformante la siatempan ideologion, ĉiuj dudek protagonistoj adaptis la proprajn ideojn kaj celojn al la politikaj cirkonstancoj kaj tiamaniere individue kontribuis al la disvolvado de sia lingvo. Webster kvazaŭ inversigis la ideon pri lingvokomunumoj, kiam li rezonis, ke sendependa ŝtato havigu al si propran nacian lingvon, same kiel la naturaj komunumoj de samlingvanoj ĝuu politikan sendependecon. Kaj kiam la lingva naciismo instigis ĉiam pli laŭtajn postulojn pri memdeterminado fare de la ĉiam pli memfidaj etnaj minoritatoj, kaj Lenino kaj Zhōu Ēnlái disvolvis siajn respektivajn, ĉiaokaze eksplicite lingvopolitikajn respondojn.

Niaj gardantoj de lingvo kontraŭbatalis la siatempajn lingvopolitikajn reĝimojn, kiujn ili trovis netaŭgaj, ĉar ĉi tiuj reĝimoj preskribis lingvouzon, kiu estis tute neakordigebla kun la pli superaj politikaj, sociaj aŭ ekonomiaj ideoj kaj celoj. Por ŝanĝi tiujn netaŭgajn reĝimojn, ili direktis sian agadon al la kutimoj, juraj normoj kaj ideologioj cele al gramatika kodigo, al leksika ampleksigo kaj al stilistika instrukcio. Sociaj sciencistoj ja ofte konsideras lingvon kiel memkompreneblan antaŭkondiĉon por la sociaj rilatoj kaj por la politikaj agadoj, konfidante la sciencan studadon de fleksioj, teĥnikaj terminoj kaj frazeologio al la lingvistoj. Instigitaj de la proliferema divido kaj subdivido de la universitatoj en diversajn fakultatojn, institutojn kaj fakojn, lingvistoj inklinas akceli ĉi tiun specialiĝon kaj tial akceptas, ke ilia studobjekto estas izolita de la subkuŝantaj sociaj kaj lingvopolitikaj realaĵoj. Ili nur tre malofte pripensas la ideologian naturon de ĉi tiu sinteno, sed kontentigas sin je la tasko analizi la strukturojn kaj regulojn de donitaj lingvoj.

La klasika abstraktaĵo de la usona lingvisto Noam Chomsky (1965: p.3) pri la "ideala denaska parolanto-aŭskultanto en homogena lingvokomunumo, kiu perfekte regas sian lingvon" (An: an ideal native speaker-listener, in a homogeneous speech community, who knows its language perfectly) resumas la izolitan koncepton pri lingvoscienco, kiu kongruas kun la moderna doktrino, ke lingvistoj nur priskribu kaj klarigu la lingvon, sed ne starigu regulojn. Sed niaj karismaj gardantoj de lingvo ne kunhavis ĉi tiun starpunkton, kiun unu el ili, Alisjahbana, plej draste kritikis kiel "la fiaskon de la moderna lingvistiko" (1965). Li malkaŝis la malfortaĵojn de la modernaj lingvopolitikaj reĝimoj de la Okcidentaj nacioj, kiuj enfokusigas precipe alte normigitajn naciajn lingvojn. Agnoskante la socian naturon de lingvo, ĉiuj niaj protagonistoj klare konsciis la profunde politikan karakteron de iliaj kodoj (lingvoj) kaj ties funkciojn tra la tuta historio de la homaro. Resume, lingvo kaj lingvouzo formas politikan kampon, kiu laŭdifine estas malfermita al individuaj intervenoj, same kiel ĉiuj aliaj politikaj kampoj. Ĉiu el niaj dudek gardantoj de lingvo siamaniere ekzemplis la verecon de ĉi tiu konstato.

Baklavo
(Coulmas pri Coulmas)

Mi ŝatas baklavon (sed kiu ne ŝatas ĝin?). En mia frua infanaĝo mi sciis nur, ke baklavo estas greka, ĉar la vorto "μπακλαβά" kaj la frandaĵo mem venis al mi per greka sinjorino. Ŝi loĝis en Ateno kaj de tempo al tempo vizitis nin en Hamburgo, kie mi loĝis, alportante baklavon kaj tenere nomante min "παιδί μου" (1). Ŝi tre ĝuis alparoli min per ĉi tiu greka karesformo, kvankam ŝi flue parolis ankaŭ la germanan. Krome, ŝi kutimis glori legendan lokon, kiun ŝi nomis Konstantinopolo. Ŝia naskiĝloko ĉesis esti greka jam plurajn jarcentojn antaŭ ŝia naskiĝo, sed en ŝia memoro la urbo tamen estis same greka kiel baklavo. Mia patro, ŝia filo, havis pli realisman mondrigardon kaj tial tute ne sentis grandan bezonon urĝi min lerni la grekan lingvon, kiu tiutempe estis malmulte parolata en Hamburgo. Laŭ mia patro, lerninda estis nur la klasika helena, por ke mi iam kapablu legi la "Πολιτικά" (2) de Aristotelo en la originala lingvo, sed ne la pridisputata lingvo de malgranda popolo ĉe la rando de Eŭropo, kiu ankoraŭ penis modernigi sian ŝtaton. Dulingveco tiutempe ne estis dezirinda celo. Tial, miaj lingvoscioj pri la greka nur malmulte transiras la nivelon de "παιδί μου" (1), kvankam la greka intonacio resonas en miaj oreloj.

Mi supozas, ke mi heredis la pli malsentimentalan starpunkton de mia patro pri lingvo. Por miaj propraj celoj, mi neniam rigardis lingvon kiel ion alian ol komunikrimedon. En la daŭro de la tempo mi iam konstatis, ke kelkaj homoj vidas en sia lingvo ion similan al flago aŭ al alia nacia simbolo, sub kiu ili kolektiĝas, dum aliaj estas konvinkitaj, ke ilia lingvo ne nur permesas al ili pensi, sed eĉ devigas ilin pensi laŭ certa maniero. Mi mem neniam havis la impreson, ke lerni novan lingvon ŝanĝas mian pensmanieron - krom en la ĝenerala senco, ke akiri novajn sciojn ĉiam efikas sur la pensmanieron.

Unu el miaj geamikoj iam diris, ke regi plurajn lingvojn estas kiel loĝi en granda domo, en kiu ĉiu ĉambro prezentas tute alian belan vidaĵon. Mi kunsentis la bildon kaj gratulis la amikinon pro la trafa komparo. Sed mi pensis, ke mi mem preferus grimpi sur la tegmenton kaj havi la totalan panoramon desupre, kion fakte atingis la usona lingvisto Noam Chomsky, same kiel la nederlanda filologo Erasmo el Roterdamo. La lasta verkis en la internacia Latino, danke al kiu li kapablis senĝene vojaĝi kaj labori tra la tuta Eŭropo, de la britaj insuloj ĝis la apenina duoninsulo, kvankam lia gepatra lingvo estis nur malgranda ĝermana idiomo, nome la nederlanda. Internacia komunikado – jen ĉio, ĉar Erasmo estis nek naciisto nek obsedita de iuj demandoj pri identeco. Tiaj ideologioj sorĉis la eŭropanojn nur kelkajn jarcentojn pli poste – sekve de la Franca Revolucio.

La lingvo kiel komunikrimedo havas siajn limojn, kiuj tamen ofte restas neperceptataj. Kiam la studentaj protestoj kontraŭ la Usona milito en Vjetnamujo kaj la manifestacioj de la civilrajta movado skuis la Okcidenton, mi pensis, ke la studado en Parizo plilarĝigos mian spiritan horizonton. Unu el la unuaj vortoj, kiujn mi renkontis en la Francuja ĉefurbo kaj kiujn mi ne estis lerninta en la lernejo, estis "flic" (3), kiun studentoj ofte kriis por averti pri alproksimiĝo de la polico. Krome mi lernis, ke ne malmultaj parizanoj estis konvinkitaj, ke la franca estas ne nur la plej eleganta, sed la sole vera mondlingvo, kiu estas lernenda de ĉiuj, inkluzive de mi. Nerezisteblan aldonan motivon por lerni la francan lingvon alportis mia konatiĝo kun la ĝemeloj Françoise kaj Michelle. Mi tute ne povis juĝi, kiu el ili estas la pli ĉarma kaj la pli bela. Per tio ni alvenas al la rolo, kiun ludas la sekso en la akiro de lingvoscioj, sen ke mi tuŝu detalojn, pri kiuj mi pli bone silentu.

Mi eltrovis per propra empiria esplorado, ke ekzistas klara interrilato inter la sekso de la instruanta persono kaj la lernprogreso de studento pri lingvo. Post kiam mi estis diligente studinta la ĉinan lingvon dum unu jaro, mia (virseksa) instruisto juĝis pri mia atingita prononckapablo: "Via *Mǎ* estas jam sufiĉe bona" (4). Mi do kapablis prononci la trian tonon "sufiĉe bone" post unu jaro da diligenta studado! Ĉi tiu malvarma komplimento de profesoro Mǎ (5) ruinigis min. Ne necesas prilumi la detalojn. Sufiĉas diri, ke mia esprimkapablo en aliaj lingvoj kreskis konsiderinde pli rapide, ĉar min helpis kompetentaj instruistinoj, kiujn mi intencis impresi. Ĉi tiu observo plifortigis mian konvinkon, ke lingvo devas esti bona por io alia ol nur por si mem.

Komuniko ampleksas almenaŭ du flankojn. Unu sola ne povas regi la ludon. Surpriza aspekto de ĉi tiu fakto evidentiĝis al mi iunokte en Tokio. Mi estis ellerninta la japanan lingvon kaj loĝis en Japanujo ekde kelkaj jaroj, kiam iun malfruan nokton mi prenis taksion hejmen. Mi sidiĝis malantaŭ la ŝoforo, kun kiu mi ĝuis longan kaj agrablan konversacion pri la trafiko, la publika transporto kaj similaj temoj. Kiam ni atingis la cellokon, li haltigis la taksion kaj turnis sin al mi por enkasigi la veturprezon. Ekvidante mian ne-japanan vizaĝon, li frostiĝis, evidente ĝisoste ŝokita pro la tute neatendita malkongruo inter parollingvo kaj fenotipo, kaj balbutis "vi-vi pa-pagas 3 200". Multaj japanoj supozas, ke nur la sametnanoj povas esti flue parolantaj samlingvanoj. Pro tio la transpasenda sojlo por aliĝi al la japana lingvokomunumo estas relative alta. La nokta epizodo en Tokio klarigis al mi, ke lingvokomunumoj diferencas unu de la alia per la grado de malfermiteco, laŭ kiu ili akceptas fremdulojn. La pli fermitaj komunumoj efektivigas specon de diskriminacio, kiu tamen povas esti senofenda.

Pli-malpli granda toleremo al akĉentoj aŭ nenormaj artikulaciaj kutimoj simile varias kaj same povas servi kiel kriterio de diskriminacio, kio estas cetera indiko pri la socia naturo de lingvo. Kiu iam aŭdis pri akĉentoj en la unua skriblingvo en la historio, nome la sumera? La lingvo de la antikvaj sumeroj estas neniel ligita al raso, etno, nacio, sekso, klaso aŭ iu ajn alia trajto, kiu kutime servas kiel kriterio de diskriminacio. Ju pli mi pripensas la problemon, des pli mi preferas paroli la sumeran. Sed vivas nur bedaŭrinde malmultaj homoj, kun kiuj mi povus komuniki.

Anstataŭe mi parolas la nederlandan, ĉar mi nun loĝas en Hago, do plej proksime al la naskiĝloko de Erasmo. Mi parolas la nederlandan sendube kun akĉento, sed sufiĉe bone kaj sen komunikaj problemoj. Ĉi tion mi dankas al elstara instruistino: mia edzino ekde multaj jaroj. Kiam ni konatiĝis en Vaŝingtono, ni komence parolis la anglan, sed post iom da tempo ni ekkonsciis, ke ni preterlasis bonegan okazon senpage akiri alian lingvon, kaj decidis paroli la germanan lunde, marde kaj merkrede kaj la nederlandan ĵaŭde, vendrede kaj sabate, dum ni limigis la anglan al dimanĉoj kaj al la okazoj, kiam ni gastigis alilingvajn vizitantojn. Nun ni ankoraŭ ŝanĝas la lingvojn, kvankam ne laŭ tiel rigida horaro. Plej proksime al nia loĝejo troviĝas la vendejo de turka bakisto, kiu sufiĉe bone parolas la nederlandan kaj provizas min per mia ŝatata baklavo.

Florian Coulmas, en Decembro 2020

Florian Coulmas sur la "Esperanto-placo" en Hago
(fotografaĵo fare de Judith Stalpers)

Notoj

(1) "παιδί μου" (Eo: mia karuleto).
(2) "Πολιτικά" (Eo: La politiko) estas la titolo de pripolitika verko de la helena filozofo Aristotelo (384-322 a.K.); ĝi konsistigas la Aristotelan "filozofion pri la homaj aferoj" kune kun lia "'Ηθικὰ Νικομάχεια" (Eo: La etiko por Nikomaĥo).
(3) "flic" (Eo: policano).
(4) *(Rimarko de la tradukinto: En la didaktiko de la ĉina lingvo, la signifoplenaj kvar tonoj [Ĉn: Sì Shēng] estas plej ofte klarigataj per la ekzemplo de la silabo "Ma":)*

1-a tono	alta ("jīn-nivelo")	(Ĉn: Yīn Píng)	妈	Mā = patrino
2-a tono	leviĝanta ("jáng-nivelo")	(Ĉn: Yáng Píng)	麻	Má = kanabo
3-a tono	falanta-leviĝanta	(Ĉn: Shǎng Shēng)	马	Mǎ = ĉevalo
4-a tono	falanta	(Ĉn: Qù Shēng)	骂	Mà = skoldi

(5) La familinomo de la instruisto estis hazarde identa kun la ekzemplodona silabo.

Bibliografio

Abbott S. (1974). *Alcuin of York: His Life and Letters*. York: William Sessions.

Académie française (1995 [1635]). *Statuts et règlements*. (www.academie-francaise.fr/linstitution/statuts-et-reglements).

Académie française (2001). *Léopold Sédar Senghor. Élu en 1983 au fauteuil 16*. En: *Les immortels*. (www.academie-francaise.fr/les-immortels/leopold-sedar-senghor).

Acher M. (1902). *Hebräisch und Jüdisch*. En: *Ost und West. Illustrierte Monatsschrift für Modernes Judentum*, n-ro 7. Berlin: S. Calvary, pp.458–464.

Adelung F. (1815). *Catherinens der Grossen Verdienste um die Vergleichende Sprachenkunde*. Sankt-Petersburg: Friedrich Drechsler.

Adrados F. (2002). *Geschichte der griechischen Sprache: Von den Anfängen bis heute*. Stuttgart: Uni-Taschenbücher.

Ahmed I. (2012). *The Punjab Bloodied, Partitioned and Cleansed: Unravelling the 1947 Tragedy through Secret British Reports and First-Person Accounts*. Oxford: Oxford University Press.

Alcuinus (1851 [ĉ.798]). *De grammatica, Monitum Praevium*. Patrologia Latina 101, 0854A, Corpus Corporum repositorium operum Latinorum apud universitatem Turicensem, Universität Zürich. (www.mlat.uzh.ch).

Alcuinus (1851 [ĉ.800]). *Epistola CI ad dominum regem*. Patrologia Latina 100, 0313B, Corpus Corporum repositorium operum Latinorum apud universitatem Turicensem, Universität Zürich. (www.mlat.uzh.ch).

Alexander J.T. (1989). *Catherine the Great: Life and Legend*. New York: Oxford University Press.

Alighieri D. (1979). *De vulgari eloquentia*. En: Mengaldo P.V. et al. (eld.): *Dante, Opere minori, vol. 2*. Milano: Ricciardi, pp.3–237.

Alighieri D. (2006). *La Dia Komedio. El la itala tradukis Enrico Dondi*. Chapecó, Santa Catarina: Fonto.

Alisjahbana S.T. (1962). *Indonesian Language and Literature: Two Essays*. New Haven, Connecticut: Yale University Press.

Alisjahbana S.T. (1965). *The Failure of Modern Linguistics in the Face of Linguistic Problems of the Twentieth Century.* Kuala Lumpur: University of Malaya Press.

Alisjahbana S.T. (1966). *Indonesia: Social and Cultural Revolution.* Kuala Lumpur: Oxford University Press.

Alisjahbana S.T. (1976). *Language Planning for Modernization: The Case of Indonesian and Malaysian.* The Hague: Mouton.

Alisjahbana S.T. (1984a). *The problem of minority languages in the overall linguistic problems of our time.* En: Coulmas F. (eld.): *Linguistic Minorities and Literacy.* Berlin: De Gruyter Mouton, pp.47-55.

Alisjahbana S.T. (1984b). *The concept of language standardization and its application to the Indonesian language.* En: Coulmas F. (eld.): *Linguistic Minorities and Literacy.* Berlin: De Gruyter Mouton, pp.77-98.

Alisjahbana S.T. (1998). *Indonesia: The dilemmas of Westernization.* En: Christie C.J. (eld.): *Southeast Asia in the Twentieth Century: A Reader.* London: I.B. Tauris, pp.37-46.

Al-Nassir A.A. (1993). *Sibawayhi the Phonologist.* London: Kegan Paul.

Anastassiadou M. (1997). *Salonique 1830-1912: Une ville ottomane à l'âge des réformes.* Leiden: Brill.

Anderson B. (1991). *Imagined Communities: Reflections on the Origin and Spread of Nationalism.* New York: Verso Books.

Aristotle (1932 [ĉ.335 a.K.]). *Ἀριστοτέλους Πολιτικῶν* – *Aristotle's Politics.* Loeb Classical Library. Cambridge, Massachusetts: Harvard University Press.

Babilona Talmudo ([sen jaro]). *Shabbat 31 a.* (www.sefaria.org/Shabbat.31a?lang=bi).

Barnouin B. & Yu C. (2006). *Zhou Enlai: A Political Life.* Hongkong: Chinese University Press.

Battestini S. (1997). *Écriture et texte: Contribution africaine.* Saint-Nicolas, Québec: Presses de l'Université Laval.

Bayar Y. (2014). *Formation of the Turkish Nation-State 1920-1938.* New York: Palgrave Macmillan.

Bayraktarlı I.Y. (2008). *Die politische Debatte um die türkische Schrift- und Sprachrevolution von 1928.* Freiburg im Breisgau: Maurer.

Beaton R. (2009). *Korais and the second Sophistic: The Hellenistic novel as the paradigm for a modern literary language*. En: Georgakopoulou A. & Silk M.S. (eld.): *Standard Languages and Language Standards: Greek, Past and Present*. Farnham: Ashgate, pp.341-353.

Beiser F.C. (2011). *The German Historicist Tradition*. Oxford: Oxford University Press.

Ben-Yehuda E. (1993). *A Dream Come True*. Trad. Muraoka T., eld. Mandel G., Boulder, Colorado: Westview Press.

Bergin J. & Brockliss L. (eld.) (1992). *Richelieu and his Age*. Oxford: Clarendon Press.

Biondi J.-P. (1993). *Senghor ou la tentation de l'universel*. Paris: Éditions Denoël.

Bolgar R.R. (1954). *The Classical Heritage and its Beneficiaries*. Cambridge: Cambridge University Press.

Boulton M. (1962 [1960]). *Zamenhof, Aŭtoro de Esperanto*. Stoke-on-Trent: Esperanto-Asocio de Britio (traduko de: *Zamenhof, Creator of Esperanto*. London: Routledge & Kegan Paul).

Brenzinger M. (2006). *Language Diversity Endangered*. Berlin: De Gruyter Mouton.

Brockliss L. (1992). *Richelieu, education, and the state*. En: Bergin J. & Brockliss L. (eld.): *Richelieu and his Age*. Oxford: Clarendon Press, pp.237-272.

Brown P. (2003). *The Rise of Western Christendom, 2-a eldono*. Oxford: Blackwell.

Browning R. (1969). *Medieval and Modern Greek*. London: Hutchinson.

Brunot F. (1891). *La doctrine de Malherbe d'après son commentaire sur Desportes*. Paris: G. Masson Éditeur. Repr. 1969.

Bullen G.W. (1907). *The Standard Course of Esperanto, being the "Popular Educator" Lessons based on Dr Zamenhof 's "Ekzercaro"*. London: Cassell.

Butterfield D. (2014). *Latin and the social media*. En: Ford P., Bloemendal J. & Fantazzi C. (eld.): *Brill's Encyclopedia of the Neo-Latin World*. Leiden: Brill, pp.1014-1016.

Caput J.P. (1986). *L'Académie française*. Paris: Presses Universitaires de France.

Carroll T. (2001). *Language Planning and Language Change in Japan*. Richmond, Surrey: Curzon Press.

Carter M.G. (1999). *The struggle for authority: A re-examination of the Basran and Kufan debate*. En: Edzard L. & Nekroumi M. (eld.): *Tradition and Innovation: Norm and Deviation in Arabic and Semitic Linguistics*. Wiesbaden: Harrassowitz, pp.55–70.

Carter M.G. (2004). *Sibawayhi*. London: I.B. Tauris.

CASS – Chinese Academy of Social Scienes (2012). *Language Atlas of China: Chinese Dialect Volume*. Beijing: The Commercial Press.

Chan W.-T. (1963). *A Source Book of Chinese Philosophy*. Princeton, New Jersey: Princeton University Press.

Chatterjee P. (1986). *Nationalist Thought and the Colonial World: A Derivative Discourse*. Tokyo: Zed Books Ltd for the United Nations University.

Chen L. (1996). *Theoretical perspectives on Comrade Zhou Enlai on the policy of the writing of minority languages*. Yǔyán yǔ Fānyì [语言与翻译], n-ro 3: pp.1–3, 43.

Chen P. (1993). *Modern written Chinese in development*. Language in Society, n-ro 22. Cambridge: Cambridge University Press, pp.505–537.

Chen P. (2001). *Development and standardization of lexicon in modern written Chinese*. En: Gottlieb N. & Chen P. (eld.): *Language Planning and Language Policy: East Asian Perspectives*. Richmond, Surrey: Curzon Press, pp.49–73.

Chomsky N. (1965). *Aspects of the Theory of Syntax*. Cambridge, Massachusetts: MIT Press.

Collinge N.E. (2001). *The introduction of the historical principle into the study of language*. En: Auroux S., Koerner E.F.K., Niederehe H.J. & Versteegh C.H.M. (eld.): *History of the Language Sciences: An International Handbook of the Evolution of the Study of Language from the Beginnings to the Present, 1*. Berlin: De Gruyter Mouton, pp.1210–1223.

Commager H.S. (1958). *Schoolmaster to America*. En: *Noah Webster's American Spelling Book*. New York: Columbia University Press, pp.1–12.

Comrie B. (1981). *The Languages of the Soviet Union*. Cambridge: Cambridge University Press.

Copeland R. & Sluiter I. (2012). *Medieval Grammar and Rhetoric: Language Arts and Literary Theory, AD 300-1475*. Oxford: Oxford University Press, pp. 272-273.

Cornish A. (2011). *Vernacular Translation in Dante's Italy: Illiterate Literature*. Cambridge: Cambridge University Press.

Costambeys M., Innes M. & MacLean S. (2011). *The Carolingian World*. Cambridge: Cambridge University Press.

Costantini D. (2008). *Mission civilisatrice: Le rôle de l'histoire coloniale dans la construction de l'identité politique française*. Liège: La Découverte.

Coulmas F. (1996). *The Blackwell Encyclopedia of Writing Systems*. Oxford: Blackwell.

Coulmas F. (2005). *Changing language regimes in globalizing environments*. International Journal of the Sociology of Language, n-ro 175/176. Berlin: De Gruyter Mouton, pp.3-15.

Crawford J. (eld.) (1992). *Language Loyalties: A Source Book on the Official English Controversy*. Chicago: University of Chicago Press.

Daswani C.J. (2001). *Issues of literacy development in the Indian context*. En: Olson D.R. & Torrance N. (eld.): *The Making of Literate Societies*. Oxford: Blackwell, pp.284-295.

De Mauro T. (2014). *In Europa son già 103: Troppe lingue per una democrazia?* Roma: Laterza.

Deniau X. (1995). *La francophonie*. Paris: Presses universitaires de France.

De Vries J.W. (1980). *Het Indonesisch als nationale taal*. Forum der Letteren – tijdschrift voor taal- en letterkunde, n-ro 21 (1980). Den Haag: Smits, pp.102-113.

Diallo I. (2010). *The Politics of National Languages in Postcolonial Senegal*. Amherst, New York: Cambria Press.

Dixon S. (1999). *The Modernisation of Russia 1676–1825*. Cambridge: Cambridge University Press.

Dixon S. (2009). *Catherine the Great*. London: Profile Books.

Dümmler E. (eld.) (1978). *Alcuini (Albini) carmina, XCIV*. En: *Poetae Latini Medii Aevi, 1: Poetae Latini Aevi Carolini (I)*. München: Monumenta Germaniae Historica, p.320: (www.dmgh.de/mgh_poetae_1/index.htm#page/320/mode/1up).

Dursteler E.R. (2012). *Speaking in tongues: Multilingualism and multicultural communication in the early modern Mediterranean*. Past and Present 217. Oxford: Oxford University Press, pp.47-77.

Ernesti J. (2012). *Paul VI: Der vergessene Papst*. Freiburg: Herder.

Eschbach-Szabo V. (1997). *Ueda Kazutoshi und die moderne japanische Sprachwissenschaft*. En: Naguschewski D. (eld.): *Was heißt hier fremd? Studien zu Sprache und Fremdheit*. Berlin: Akademie Verlag, pp.253-264.

Evrigenis I.D. (2004). *A founder on founding: Jefferson's advice to Koraes*. The Historical Review/La Revue Historique, n-ro 1 (2004). Athens: National Hellenic Research Foundation, pp.157-181.

Evtuhov C., Goldfrank D., Hughes L. & Stites R. (2004). *A History of Russia: Peoples, Legends, Events, Forces*. New York: Houghton Mifflin.

Extra G. & Yağmur K. (2012). *Language Rich Europe: Trends in Policies and Practices for Multilingualism in Europe*. Cambridge: British Council and Cambridge University Press.

Fagerberg-Diallo S. (2001). *Constructive interdependence: The response of a Senegalese community to the question of why become literate*. En: Olson D.D. & Torrance N. (eld.): *The Making of Literate Societies*. Oxford: Blackwell, pp.153-177.

Falconet, E.M. (1921). *Correspondance de Falconet avec Catherine II 1767-1778: Publiée avec une introduction et des notes par Louis Réan*. Paris: Librairie ancienne Honoré Champion, Édouard Champion.

Fappani A. & Molinari F. (1979). *Giovanni Battista Montini Giovane: Documenti inediti e testimonianze*. Torino: Maretti.

Farrell J. (2001). *Latin Language and Latin Culture: From Ancient to Modern Times*. Cambridge: Cambridge University Press.

Fellman J. (1973). *The Revival of a Classical Tongue: Eliezer Ben-Yehuda and the Modern Hebrew Language*. The Hague: Mouton.

Ferguson C.A. (1959). *Diglossia*. Word (Journal of the International Linguistic Association), n-ro 15. New York: International Linguistic Association, pp.325-340.

Ferguson C.A. & Heath S.B. (1981). *Introduction to Part II*. En: Ferguson C.A. & Heath S.B. (eld.): *Language in the USA*. Cambridge: Cambridge University Press, pp.111-115.

Ferrante J.M. (1984). *The Political Vision of the Divine Comedy*. Princeton, New Jersey: Princeton University Press.

Fierman W. (1990). *Language and political development in Uzbekistan from the revolution until 1953*. En: Weinstein B. (eld.): *Language Policy and Political Development*. Norwood, New Jersey: Ablex, pp.202–221.

Fishman J.A. (1967). *Bilingualism with and without diglossia – Diglossia with and without bilingualism*. En: Journal of Social Issues, n-ro 23. Hoboken, New Jersey: Wiley-Blackwell, pp.29–38.

Fishman J.A. (1987). *Ideology, Society and Language: The Odyssey of Nathan Birnbaum*. Ann Arbor, Michigan: Karoma.

Fishman J.A. (1991). *Reversing Language Shift*. Clevedon: Multilingual Matters.

Fishman J.A. (2000). *Who speaks what language to whom and when?* En: Wei L. (eld.). *The Bilingualism Reader*. Abingdon-on-Thames: Routledge, pp.55–70.

Fishman J.A. (2014). *Nathan Birnbaum's "The tasks of Eastern European Jews"*. International Journal of the Sociology of Language, n-ro 226. Berlin: De Gruyter Mouton, pp.83–99.

Folkerts M. (1978). *Die älteste mathematische Aufgabensammlung in lateinischer Sprache: Die Alkuin zugeschriebenen Propositiones ad Acuendos Iuvenes. Überlieferung, Inhalt, Kritische Edition*. Denkschriften der Österreichischen Akademie der Wissenschaften 116/6. Berlin: Springer.

Frangoudaki A. (1992). *Diglossia and the language situation in Greece*. Language in Society, n-ro 21, Cambridge: Cambridge University Press, pp.365–381.

Franklin B. (1779). *A reformed mode of spelling*. En: *Political, Miscellaneous, and Philosophical Pieces*, n-ro 72. London: J. Johnson, St. Paul's Church Yard, pp.467–478.

Gandhi M.K. (1965 [1909]). *A heartening sign*. Repr. en: Hingorani A.T. (eld.): *Mohandas K. Gandhi. Our Language Problem*. Bombay: Bharatiya Vidya Bhavan.

Gandhi M.K. (1910). *Hind Swaraj or Indian Home Rule*. Repr. en: *Collected Works*, vol. 10. New Delhi: Publications Division Government of India, p.302.

Gandhi M.K. (1916). *The Problem of Education*. Ahmedabad: Navajivan.

Gandhi M.K. (1918a). *Letter to Hanumantrao, 25 May*. Repr. en: *Collected Works*, vol. 17. New Delhi: Publications Division Government of India, p.35.

Gandhi M.K. (1918b). *Letter to Devdas Gandhi, 17 August*. Repr. en: *Collected Works, vol. 17*. New Delhi: Publications Division Government of India, p.201.

Gandhi M.K. (1918c). *Letter to Sarojini Naidu, 20 September*. Repr. en: *Collected Works, vol. 17*. New Delhi: Publications Division Government of India. p.224.

Gandhi M.K. (1919). *Speech on Satyagraha Movement, Madura, 26 March*. Repr. en: *Collected Works, vol. 17*. New Delhi: Publications Division Government of India, p.354.

Gandhi M.K. (1927). *Answers to questions*. Repr. en: *Collected Works, vol. 43*. New Delhi: Publications Division Government of India, p.41.

Gandhi M.K. (1934). *Answers to Zamindars*. Repr. en: *Collected Works, vol. 58*. New Delhi: Publications Division Government of India, p.248.

Gandhi M.K. (1956). *Thoughts on National Language*. Ahmedabad: Navajivan.

Ghosh B.N. (2007). *Gandhian Political Economy: Principles, Practice and Policy*. Aldershot: Ashgate.

Gil D., Tadmor U., Cole P., Hermon G. & Kaswanti B. ([sen jaro]). *Language Contact in Indonesia*. Department of Linguistics. Max Planck Institute for Evolutionary Anthropology. (www.eva.mpg.de).

Gitermann V. (1960). *Die russische Revolution*. En: Mann G. (eld.): *Das zwanzigste Jahrhundert*. Berlin: Propyläen Verlag, pp.129–230.

Goody J.R. (1986). *The Logic of Writing and the Organization of Society*. Cambridge: Cambridge University Press.

Gourgouris S. (1996). *Dream Nation: Enlightenment, Colonization, and the Institution of Modern Greece*. Stanford, California: Stanford University Press.

GPIB – ГПИБ России (2015 [1905]). *Первая всеобщая перепись населения Российской империи 1897 г*. Санкт-Петербург: Издание Центрального статистического комитета Министерства внутренних дел, 1897-1905. (www.elib.shpl.ru).

Greenberg M.L. ([sen jaro]). *The writing on the wall: The Russian Orthographic Reform of 1917–1918*. Russia's Great War and Revolution. Bloomington, Indiana: Indiana University Press. (www.russiasgreatwar.org/media/culture/orthography.shtml).

Grenoble L. (2003). *Language Policy in the Soviet Union*. Boston, Massachusetts: Kluwer Academic.

Grierson G.A. (1903-1928). *Linguistic Survey of India*. Calcutta: Office of the Superintendent of Government Printing, India.

Grimm J. (1967 [1822]). *Deutsche Grammatik* (4 Bände). Hildesheim: Georg Olms.

Grimm J. (1864 [1831]). *Selbstbiographie*. Repr. en: *Kleinere Schriften, vol. 1*. Berlin: Ferd. Dümmlers Verlagsbuchhandlung, pp.1-24.

Grimm J. (1864 [1838]). *Über meine Entlassung*. Repr. en: *Kleinere Schriften, vol. 1*. Berlin: Ferd. Dümmlers Verlagsbuchhandlung, pp.25-56.

Grimm J. (1865 [1843]). *Deutsche Grenzalterthümer*. Repr. en: *Kleinere Schriften, vol. 2*. Berlin: Ferd. Dümmlers Verlagsbuchhandlung, pp.30-74.

Grimm J. (1884 [1846]). *Adresse an den König für Schleswig-Holstein*. Repr. en: *Kleinere Schriften, vol. 8*. Gütersloh: C. Bertelsmann, p.430.

Grimm J. (1884 [1849]). *An die berühmte Weidmannsche Buchhandlung*. Repr. en: *Kleinere Schriften, vol. 7*. Berlin: Ferd. Dümmlers Verlagsbuchhandlung, pp.218-222.

Grimm J. (1864 [1851]). *Über den Ursprung der Sprache*. Repr. en: *Kleinere Schriften, vol. 1*. Berlin: Ferd. Dümmlers Verlagsbuchhandlung, pp.256-299.

Grimm J. (1890). *Vorträge in der Nationalversammlung zu Frankfurt am Main*. En: *Vorreden, Zeitgeschichtliches und Persönliches*. Gütersloh: Bertelsmann.

Grimm J. & Grimm W. (1960 [1854]). *Deutsches Wörterbuch; Erster Band, A-Biermolke*. Leipzig: Buchhandlung von S. Hirzel. [Letzter Band (32)]

Griolet P. (2002). *Langue, écriture et modernité*. En: *Cipango. Cahiers d'études japonaises: Mutations de la conscience dans le Japon moderne (hors série)*. Paris: Institut national des langues et civilisations orientales (INALCO), pp.121-192.

Grunebaum G. (1946). *Medieval Islam: A Study in Cultural Orientation*. Chicago: University of Chicago Press.

Guitton J. (1979). *Paul VI secret*. Paris: Éditions Desclée de Brouwer.

Habermas J. (1981). *Theorie des kommunikativen Handelns*. Frankfurt am Main: Suhrkamp.

Hanioğlu M.Ş. (2011). *Atatürk: An Intellectual Biography*. Princeton, New Jersey: Princeton University Press.

Harmon D. & Loh J. (2010). *The index of linguistic diversity: A new quantitative measure of trends in the status of the world's languages*. Language Documentation and Conservation, n-ro 4. Honolulu: University of Hawai'i at Manoa, pp.97–151.

Harrell S. (1995). *Introduction: Civilizing projects and the reaction to them*. En: Harrell S. (eld.): *Cultural Encounters of China's Ethnic Frontiers*. Seattle, Washington: University of Washington Press, pp.3–36.

Harshav B. (1993). *Language in Time of Revolution*. Berkeley, California: University of California Press.

Heath S.B. (1992). *Why no official tongue?* En: Ferguson C.A. & Heath S.B. (eld.): *Language in the USA*. Cambridge: Cambridge University Press, pp.20–31.

Heinrich P. (2002). *Die Rezeption westlicher Linguistik im modernen Japan bis Ende der Schōwa-Zeit*. München: Iudicium.

Heinrich P. (2012). *The Making of Monolingual Japan: Language Ideology and Japanese Modernity*. Bristol: Multilingual Matters.

Herder J.G. (1774). *Auch eine Philosophie der Geschichte zur Bildung der Menscheit*. Riga: Johann Friedrich Hartknoch.

Hernandorena I.C. (2004). *Apostillas a dos textos, de Lorenzo Valla y de Nebrija, sobre lengua e imperio, como base para unas consideraciones sobre lengua común, lenguas generales y lenguas vernáculas en los territorios que hicieron de España el centro de la Tierra*. Catedra nova, n-ro 19. Barcelona: Asociación Nacional de Catedráticos de Instituto (ANCABA), pp.169–176.

Herzen A. (1859). *Mémoires de l'Impératrice Catherine II: Éscrits par elle-même et précédés d'une preface par A. Herzen*. London: Trübner.

Herzl T. (1920 [1896]). *Der Judenstaat: Staatsschrift*. Berlin: Jüdischer Verlag.

Hildesheimer F. (2008). *Richelieu*. Paris: Flammarion.

Hobsbawm E.J. (1990). *Nations and Nationalism since 1780*. Cambridge: Cambridge University Press.

Holzhaus A. (1969). *Doktoro kaj Lingvo Esperanto*. Helsinki: Fondumo Esperanto.

Hoogenboom H. (2012). *Catherine the Great.* En: Norris S.M. & Sunderland W. (eld.): *Russia's People of Empire: Life Stories from Eurasia 1500 to the Present.* Bloomington, Indiana: Indiana University Press, pp.81–90.

Hope E.R. (1957). *Letter shapes in the Korean Önmun and Mongol hPhagspa alphabets.* Oriens, n-ro 10 (1). Leiden: Brill, pp.150–159.

Hosking G. (1997). *Russia: People and Empire.* London: Harper Collins.

Humboldt W. (1836). *Über die Verschiedenheit des menschlichen Sprachbaues und ihren Einfluss auf die geistige Entwickelung des Menschengeschlechts* (eld. Buschmann E.). Berlin: Ferd. Dümmlers Verlagsbuchhandlung.

Huntington S.P. (1993). *The clash of civilizations?* Foreign Affairs, n-ro 72 (3). New York: Council on Foreign Relations, pp.22–49.

Hyde K. (1994). *Literacy and its uses: Studies on late medieval Italy.* Manchester: Manchester University Press.

Hymans J.L. (1971). *Léopold Sédar Senghor: An Intellectual Biography.* Edinburgh: Edinburgh University Press.

Illich I. (1981). *Shadow Work.* London: Marion Boyars Publishers.

Irvine J.T. (2012). *Language ideology.* En: *Oxford Bibliographies.* Oxford: Oxford University Press

Irvine M. (1994). *The Making of Textual Culture: "Grammatica" and Literary Theory 350–1100.* Cambridge: Cambridge University Press.

ISO ([sen jaro]). *Popular standards: ISO 639 Language Codes.* (www.iso.org/iso-639-language-codes.html).

Jahn G. (1969 [1895/1900]). *Sîbawaihi's Buch über die Grammatik, übersetzt und erklärt.* Hildesheim: Georg Olms [Berlin: Reuther & Reichard].

Johanson L. (2011). *Multilingual states and empires in the history of Europe: The Ottoman Empire.* En: Kortmann B. & Auwera J. (eld.): *The Languages and Linguistics of Europe,* n-ro 1. Berlin: De Gruyter Mouton, pp.729–743.

Johannes XXIII (1962). *Veterum sapientia.* (www.vatican.va).

Joseph J.E. (2002). *From Whitney to Chomsky: Essays in the History of American Linguistics.* Amsterdam: John Benjamins.

Kahane H. (1986). *A typology of the prestige language.* Language, n-ro 62 (3). Baltimore, Maryland: John Hopkins University Press, pp.495-508.

Kedourie E. (eld.) (1970). *Nationalism in Asia and Africa.* New York: World Publishing Company.

Keil H. (1961). *Orthographia Albini Magistri.* En: Keil H. (eld.): *Grammatici Latini VII.* Hildesheim: Georg Olms, pp.295-312.

Key M.R. (1980). *Catherine the Great's Linguistic Contribution.* Edmonton, Alberta: Linguistic Research.

Khansuvarov I. [Хансуваров И.] (1932). *Латинизация - орудие ленинской национальной политики.* Москва: Партийное издательство.

Khubchandani L.M. (1981). *Language, Education, Social Justice.* Poona: Centre for Communication Studies.

Khubchandani L.M. (1983). *Plural Languages, Plural Cultures.* Honolulu: University of Hawai'i Press.

Kibriya M. (1999). *Gandhi and Indian Freedom Struggle.* New Delhi: APH Publishing.

Kidner F.L., Bucur M., Mathisen R., McKee S., Weeks T.R. (2009). *Making Europe: People, Politics and Culture.* Boston, Massachusetts: Houghton Mifflin.

Kim S.S. & Dittmar L. (1993). *Whither China's quest for national identity?* En: Kim S.S. & Dittmar L. (eld.): *China's Quest for National Identity.* Ithaca, New York: Cornell University Press, pp.237-290.

Kim-Renaud Y.-K. (eld.) (1992). *King Sejong the Great: The Light of 15th Century Korea.* Washington, D.C.: International Circle of Korean Linguistics.

Kim-Renaud Y.-K. (1997). *Introduction.* En: Kim-Renaud Y.-K. (eld.): *The Korean Alphabet: Its History and Structure.* Honolulu: University of Hawai'i Press, pp.1-10.

Kind T. (1836). *Adamantios Korais.* En: *Zeitgenossen: Ein biographisches Magazin für die Geschichte unserer Zeit,* n-ro 39-40. Leipzig: F.A. Brockhaus, pp.49-74.

Kitromilides P.M. (2007). *Témoin oculaire de choses terribles.* En: *Dix-huitième siècle,* n-ro 39. Paris: Societé française d'étude du dix-huitieme siècle, pp.269-284.

Kloss H. (1966). *German-American language maintenance efforts*. En: Fishman J.A. (eld.): *Language Loyalty in the United States*. The Hague: Mouton, pp.206-252.

Koffi E. (2012). *Paradigm Shift in Language Planning and Policy*. Boston, Massachusetts & Berlin: De Gruyter Mouton.

Korais A. (1803). *Mémoire sur l'état actuel de la civilisation dans la Grèce*. Paris: Société des observateurs de l'homme, la 16-an de Nivozo XI (la 6-an de Januaro 1803).

Korĵenkov A. (2006). *Mi estas homo: Originalaj verkoj de d-ro L.-L. Zamenhof*. Serio Scio, vol. 6. Kaliningrad: Sezonoj.

Korĵenkov A. (2009). *Letero de Zamenhof al Michaux (21-an de Februaro de 1905)* En: *Homarano: La vivo, verkoj kaj ideoj de d-ro L.L. Zamenhof*. Serio Scio, vol. 8. Kaliningrad: Sezonoj & Kaunas: Litova Esperanto-Asocio, pp.9-11

Korĵenkov A. (2010). *Zamenhof: Biografia skizo*. Serio Scio, vol. 9. Kaliningrad: Sezonoj & Kaunas: Litova Esperanto-Asocio, p.60.

Kreindler I. (1982). *The changing status of Russian in the Soviet Union*. International Journal of the Sociology of Language, n-ro 33. Berlin: De Gruyter Mouton, pp.7-39.

Kreiser K. (2011). *Atatürk: Eine Biographie*. München: C.H. Beck.

Krib R. & Kahin A. (2004). *Historical Dictionary of Indonesia*. Lanham, Maryland: Scarecrow Press.

Lapenna I., Carlevaro T., Lins U. (1974). *Esperanto en Perspektivo: Faktoj kaj analizoj pri la Internacia Lingvo*. Rotterdam: Universala Esperanto-Asocio

Large A. (1985). *The Artificial Language Movement*. Oxford: Blackwell.

Lauder M.R.M.T. (2006). *Obstacles to creating an inventory of languages in Indonesia: A dialectology perspective*. En: Cunningham D., Ingram E. & Sumbuk K. (eld.): *Language Diversity in the Pacific: Endangerment and Survival*. Clevedon: Multilingual Matters, pp.40-55.

Laut J.P. (2000). *Das Türkische als Ursprache? Sprachwissenschaftliche Theorien in der Zeit des erwachenden türkischen Nationalismus*. Wiesbaden: Harrassowitz.

Leclerc J. ([sen jaro]). *L'Aménagement linguistique dans le monde: Sénégal*. (www.axl.cefan. ulaval.ca/afrique/senegal.htm).

Ledyard G. (1997). *The international linguistic background of the correct sounds for the instruction of the people*. En: Kim-Renaud Y.-K. (eld.):

The Korean Alphabet: Its History and Structure. Honolulu: University of Hawai'i Press, pp.31-87.

Ledyard G. (1998). *The Korean Language Reform of 1446*. Seoul: Singu Munhwasa.

Lee D.-J. (1990). *An explanation of the Hunmin Jeong-eum*. En: Shin S.-S., Lee D.-J. & Lee H.-M. (eld.): *Understanding Hunmin Jeong-eum*. Seoul: Hanshin, pp.37-86.

Lee H.-M. (1990). *The letter formation principles of Hunmin Jeong-eum*. En: Shin S.-S., Lee D.-J. & Lee H.-M. (eld.): *Understanding Hunmin Jeong-eum*. Seoul: Hanshin, pp.201-220.

Lee K.-M. (2009). *Reflections on the invention of the Hunmin Jeongeum*. Scripta, n-ro 1. Seoul: Hunmin Jeongeum Society, pp.1-36.

Lee S.-O. (1997). *Graphical ingenuity in the Korean writing system: With new reference to calligraphy*. En: Kim-Renaud Y.-K. (eld.): *The Korean Alphabet: Its History and Structure*. Honolulu: University of Hawai'i Press, pp.107-116.

Lee Y. (1996). *"Kokugo" to iu shisō: Kindai nihon no gengo ninshiki*. Tokyo: Iwanami.

Lenin V.I. (2004 [1903]). *Нужна ли «самостоятельная политическая партия» еврейскому пролетариату? (Does the Jewish proletariat need an "independent political party"?)*. Iskra 34 (la 15-an de Februaro 1903). Repr. en: *Collected Works*, vol. 6. Moscow: Progress Publishers, pp.330-336.

Lenin V.I. (2004 [1904]). *Шаг вперёд, два шага назад (Кризис в нашей партии): Инцидент с равноправием языков (One step forward, two steps back [The crisis in our party]: The equality of languages incident)*. Repr. en: *Collected Works*, vol. 7. Moscow: Progress Publishers.

Lenin V.I. (1972 [1913]). *Критические заметки по национальному вопросу (Critical remarks on the national question)*. Repr. en: *Collected Works*, vol. 20. Moscow: Progress Publishers, pp.17-51.

Lenin V.I. (1972 [1914a]). *Нужен ли обязательный государственный язык? (Is a compulsory official language needed?)*. Repr. en: *Collected Works*, vol. 20. Moscow: Progress Publishers, pp.70-73.

Lenin V.I. (1972 [1914b]). *О праве наций на самоопределение (The right of nations to self-determination)*. Repr. en: *Collected Works*, vol. 20. Moscow: Progress Publishers, pp.393-454.

Lenin V.I. (1971 [1922]). *К вопросу о национальностях или об «автономизации» (The question of nationalities or "autonomisation")*. Repr. en: *Collected Works*, vol. 36. Moscow: Progress Publishers, p.607.

Lepeltak J. (2009). *Honderd jaar "Architect van het Bahasa"*. En: Historisch Nieuwsblad (la 23-an de Junio 2009). Nijmegen: F&L Media.

Levin A. (2000). *Sībawayhi*. En: Auroux S., Koerner E.F.K., Niederehe H.-J. & Versteegh C.H.M. (eld.): *History of the Language Sciences: An International Handbook of the Evolution of the Study of Language from the Beginnings to the Present*, vol. 1. Berlin: De Gruyter Mouton, pp.252-262.

Levin L. (1998). *Homaj rajtoj: Demandoj kaj respondoj*. Rotterdam: Universala Esperanto-Asocio (UEA).

Lewis E.G. (1972). *Multilingualism in the Soviet Union*. The Hague: Mouton.

Lewis G. (1999). *The Turkish Language Reform: A Catastrophic Success*. Oxford: Oxford University Press.

Lewis R.W.B. (2001). *Dante: A Life*. London: Penguin.

Lins U. (1988). *Die gefährliche Sprache: Die Verfolgung der Esperantisten unter Hitler und Stalin*. Gerlingen-Stuttgart: Bleicher.

Llamas Pombo E. (2012). *Variation and standardization in the history of Spanish spelling*. En: Baddeley S. & Voeste A. (eld.): *Orthographies in Early Modern Europe*. Berlin: De Gruyter Mouton, pp.15-63.

Lloyd M. (2003). *The end of ideology?* En: Eccleshall R., Finlayson A., Geoghegan V., Kenny M., Lloyd M., Mackenzie I. & Wilford R. (eld.): *Political Ideologies: An Introduction*. New York: Routledge, pp.217-241.

Lodge R.A. (1993). *French: From Dialect to Standard*. London: Routledge.

Lotos D. (1880). *Lettres de Coray au Protopsalte de Smyrne*. Paris: Librairie de Firmin-Didot.

Lubenow M. (2002). *Französische Kultur in Russland: Entwicklungslinien in Geschichte und Literatur*. Köln: Böhlau.

Macaulay T.B. (1835). *Minute on education*. En: Clive J.L. & Pinney T. (eld.): *Thomas Babington Macaulay: Selected Writings*. Chicago: University of Chicago Press, pp.238-250.

Mackridge P. (1990). *Katharevousa (c. 1800–1974): An obituary for an official language*. En: Sarafis M. & Eve M. (eld.): *Background to Contemporary Greece*, n-ro 1. London: Merlin Press, pp.25–51.

Mackridge P. (2009). *Mothers and daughters, roots and branches: Modern Greek perceptions of the relationship between the ancient and modern languages*. En: Georgakopoulou A. & Silk M.S. (eld.): *Standard Languages and Language Standards: Greek, Past and Present*. Farnham: Ashgate, pp.259–276.

McLaughlin M. (2005). *Latin and vernacular from Dante to the age of Lorenzo (1321–c.1500)*. En: Minnis A. & Johnson I. (eld.): *The Cambridge History of Literary Criticism, vol. 2: The Middle Ages*. Cambridge: Cambridge University Press, pp.612–625.

Madariaga I. (1981). *Russia in the Age of Catherine the Great*. London: Weidenfeld & Nicolson.

Mair V.H. (1991).*What is a Chinese "dialect/topolect"? Reflections on some key Sino-English linguistic terms*. Sino-Platonic Papers n-ro 29. Philadelphia: University of Pennsylvania.

Mango A. (1999). *Atatürk*. London: John Murray.

Marçais W. (1930/31). *La diglossie arabe*. En: *L'Enseignement public. Revue pédagogique*. Paris: Librairie Delagrave, n-ro 104 (12): pp.401–409; n-ro 105 (13): pp.20–39; n-ro 105 (14): pp.120–133.

Massier A. (2008). *The Voice of the Law in Transition: Indonesian Jurists and their Language, 1915–2000*. Leiden: Koninklijk Instituut voor Taal-, Land- en Volken-kunde.

Mencken H.L. (1945 [1919]). *The American Language*. New York: Alfred A. Knopf.

Micklethwait D. (2005). *Noah Webster and the American Dictionary*. Jefferson, North Carolina: McFarland.

Mignolo W.D. (1992). *Nebrija in the New World: The question of the letter, the colonization of American languages, and the discontinuity of the classical tradition*. En: *L'Homme. Revue française d'anthropologie*, n-ro 32. Paris: Éditions EHESS (École des hautes études en sciences sociales), pp.185–207.

Monumenta Germaniae Historica (MGH), 2-a sekcio ([sen jaro]). *Leges, Capitularia regum Francorum I, Karoli Magni Capitularia*, n-ro 29, p.79. (www.dmgh.de/mgh_capit_1/index.htm#page/79/mode/1up)

Mori A. (1964 [1872]). *Letter to William Dwight Whitney of 21th May 1872*. En: Yoshida S. & Inoguchi Y. (eld.): *A Collection of Essays on the National Language Issue in Modern Japan*. Tokyo: Kazama Shobo, pp.48–56.

Morison S. (1972). *Politics and Script: Aspects of Authority and Freedom in the Development of Graeco-Latin Script from the Sixth Century B.C. to the Twentieth Century A.D*. Oxford: Clarendon Press.

Mulchahey M.M. (2005). *Education in Dante's Florence revisited: Remigio de' Girolami and the Schools of Santa Maria Novella*. En: Begley R.B. & Koterski J.W. (eld.): *Medieval Education*. New York: Fordham University Press, pp.143–181.

Nababan P.W.J. (1985). *Bilingualism in Indonesia: Ethnic language maintenance and the spread of the national language*. Asian Journal of Social Science 13: pp.1–18.

Nadeau J.-B. & Barlow J. (2006). *The Story of French*. New York: St. Martin's Press.

Nagai M. & Urrutia M. (eld.) (1985). *Meiji Ishin: Restoration and Revolution*. Tokyo: United Nations University.

Nebrija A. (1980 [1492]). *Gramática de la lengua castellana* (eld. Quilis A.). Madrid: Editora Nacional.

Ochiai N., Ueda K., Haga Y. & Fujioka S. (1968). *Meiji Bungaku Zenshu 44 [Complete Collection of Meiji Literature 44]*. Tokyo: Chikuma Shobo.

Ockenfuss M.J. (1979). *Education and empire: School reform in enlightened Russia*. En: Jahrbücher für Geschichte Osteuropas, n-ro 27. Stuttgart: Franz Steiner, pp.41–68.

Opus Fundatum Latinitas (1976). *Opus Fundatum Latinitas constitutum in Civitate Vaticana Chirographo Pontificis Maximi Pauli VI, cui titulus Romani sermonis, edito die XXX mensis Iunii anno MCMLXXVI*. (www.vatican.va/roman_curia/institutions_ connected/latinitas/ documents/index_lt.htm).

Ortabasi M. (2014). *The Undiscovered Country: Text, Translation, and Modernity in the Work of Yanagita Kunio*. Cambridge, Massachusetts: Harvard University Asia Center Publications.

Owens J. (1990). *Early Arabic Grammatical Theory: Heterogeneity and Standardization*. Amsterdam: John Benjamins.

Page R.B. (1909). *The Letters of Alcuin*. New York: Forest Press.

Pandey G. (2001). *Remembering Partition: Violence, Nationalism, and History in India.* Cambridge: Cambridge University Press.

Parfitt T. (1972). *The use of Hebrew in Palestine 1800-1882.* En: *Journal of Semitic Studies,* n-ro 17. Oxford: Oxford University Press, pp.237-252.

Park J. (1990). *A study of "Explanations on Forming Letters" in Hunmin Jeong-eum Haerye, about the background of the science of divination.* En: Shin S.-S., Lee D.-J. & Lee H.-M. (eld.): *Understanding Hunmin Jeong-eum.* Seoul: Hanshin, pp.271-296.

Paulus VI (1963a). *Solenne rito dell'incoronazione: Omelia del Santo Padre Paolo VI.*

Paulus VI (1963b). *Constitutio de Sacra Liturgia: Sacrosanctum Concilium.*

Paulus VI (1964). *Litterae Apostolicae Motu Proprio datae: Sacram Liturgiam.*

Paulus VI (1965). *Discours du Pape Paul VI à l'Organisation des Nations Unies à l'occasion du 20ème anniversaire de l'organisation.* (www.vatican.va).

Paulus VI (1966). *Epistula Apostolica: Sacrificium Laudis.* (www.vatican.va).

Paulus VI (1969). *Constitutio Apostolica: Missale Romanum. Missale Romanum ex decreto Concilii Oecumenici Vaticani II instauratum promulgatur.* (www.vatican.va).

Pennycook A. (1994). *The Cultural Politics of English as an International Language.* London: Pearson Longman.

Peterson M. (1992). *The Sejong Sillok.* En: Kim-Renaud Y.-K. (eld.): *King Sejong the Great. The Light of 15th Century Korea.* Washington, D.C.: International Circle of Korean Linguistics, pp.15-18.

Petitot C.-B. (1821). *Mémoires du Cardinal de Richelieu.* En: *Collection des mémoires relatifs a l'histoire de France,* vol. 10. Paris: Foucault.

Petrucci A. (1995) *Writers and Readers in Medieval Italy: Studies in the History of Written Culture* (eld. & trad. Radding C.M.). New Haven, Connecticut: Yale University Press.

Phillipson R. (1992). *Linguistic Imperialism.* Oxford: Oxford University Press.

Picoche J. & Marchello-Nizia C. (1998). *Histoire de la langue française*. Paris: Nathan.

Pius XI (1922). *Officiorum omnium. Litterae Apostolicae*. (www.vatican.va).

Pomper P. (2010). *Lenin's Brother: The Origins of the October Revolution*. New York: W.W. Norton.

Prah K.K. (2001). *Language, literacy, the production and reproduction of knowledge, and the challenge of African development*. En: Olson D.D. & Torrance N. (eld.): *The Making of Literate Societies*. Oxford: Blackwell, pp.124-141.

Privat E. (1922). *Zamenhof et l'unité humaine*. Paris: Librairie centrale espérantiste.

Privat E. (2007 [1920]). *Vivo de Zamenhof*. Rotterdam: Universala Esperanto-Asocio (UEA), 6-a eldono.

Qutbuddin T. (2007). *Arabic in India: A survey and classification of its uses, compared with Persian*. En: *Journal of the American Oriental Society*, n-ro 127. New Haven, Connecticut: American Oriental Society, pp.315-338.

Rabaka R. (2009). *African Critical Theory: Reconstructing the Black Radical Tradition, from W.E.B. Du Bois and C.L.R. James to Frantz Fanon and Amilcar Cabral*. Lanham, Maryland: Lexington.

Rabin C. (1952). *The revival of Hebrew*. En: Israel C. (eld.): *The Rebirth of Israel: A Memorial Tribute to Paul Goodman*. London: Stephen E. Goldston, pp.108-119.

Racine J. (1813 [1661]). *Lettre d'Uzès à La Fontaine*. En: Petitot C.-B. (eld.): *Œuvres de Jean Racine*, vol. 5. Paris: Belin Éditeur.

Reddaway W.F. (eld.) (1931). *Documents of Catherine the Great: The Correspondence with Voltaire and the Instruction of 1767 in the English text of 1768*. Cambridge: Cambridge University Press.

Renan E. (1887). *Qu'est-ce qu'une nation ?* En: *Discours et conférences*. Paris: C. Lévy.

Reyhner J. (1992). *Policies toward American Indian languages: A historical sketch*. En: Crawford J. (eld.): *Language Loyalties: A Source Book on the Official English Controversy*. Chicago: University of Chicago Press, pp.41-46.

Ricento T. (eld.) (2000). *Ideology, Politics and Language Policies: Focus on English*. Amsterdam: John Benjamins.

Richelieu, Armand du Plessis (1764). *Maximes d'état, ou testament politique*. Paris: De l'Imprimerie de Le Breton, Premier Imprimeur ordinaire du Roi.

Rjéoutski V. (2007). *La Langue française en Russie au siècle des Lumières: Éléments pour une histoire sociale*. En: Gonthier U.H. & Sandrier A. (eld.): *Actes du Séminaire international des jeunes dixhuitiémistes 2004*. Paris: Éditions Honoré Champion, pp.101-126.

Robitaille L.-B. (2002). *Le salon des Immortels: Une académie très française*. Paris: Éditions Denoël.

Rohsenow J.S. (2004). *Fifty years of script and written language reform in the P.R.C.* En: Minglang Z. & Hongkai S. (eld.): *Language Policy in the People's Republic of China: Theory and Practice since 1949*. Dordrecht: Kluwer, pp.21-43.

Rojinsky D. (2010). *Companion to Empire: A Genealogy of the Written Word in Spain and New Spain 550-1550*. Amsterdam: Rodopi.

Roth N. (1994). *Jews, Visigoths and Muslims in Medieval Spain: Cooperation and Conflict*. Leiden: Brill.

Rubin J. (1977). *Indonesian language planning and education*. En: Rubin J., Jernudd B.H., Das Gupta J., Fishman J.A., & Ferguson C.A. (eld.): *Language Planning Processes*. The Hague: Mouton, pp.111-129.

Rubin J. & Jernudd B.H. (eld.) (1971). *Can Language Be Planned? Sociolinguistic Theory and Practice for Developing Nations*. Honolulu: University of Hawai'i Press.

Ryazanova-Clarke L. & Wade T. (1999). *The Russian Language Today*. London: Routledge.

Sairin S. (2011). *Modernization and westernization: A never-ending discourse in Indonesia*. En: *Journal of Governance and Development*, n-ro 7. Sintok: Universiti Utara Malaysia, pp.1-7.

Sánchez A. & Dueñas M. (2002). *Language planning in the Spanish-speaking world*. En: *Current Issues in Language Planning*, n-ro 3 (3). London: Routledge, pp.280-305.

Saposnik A.B. (2008). *Becoming Hebrew: The Creation of a Jewish National Culture in Ottoman Palestine*. Oxford: Oxford University Press.

Sartre J.-P. (1948). *Orphée noir*. En: *Anthologie de la nouvelle poésie nègre et malgache de langue française par Léopold Sédar Senghor*. Paris: Presses universitaires de France, pp.IX-XLIV.

Savigny F.C. (1814). *Vom Beruf unsrer Zeit für Gesetzgebung und Rechtswissenschaft.* Heidelberg: Mohr & Zimmer.

Schippan M. (2009). *Eine historisch Große: Katharina II. von Rußland.* En: *Friedrich 300 – Friedrich und die historische Größe* (www.perspectivia.net).

Schulz R. (1989 [1976]). *Mein geliebtes Esperanto – Mia amata Esperanto: Wege zum Verständnis und zur Praxis der internationalen Sprache.* Gerlingen-Stuttgart: Bleicher.

Scott Meisami J. & Starkey P. (eld.) (1998). *Encyclopedia of Arabic Literature*, vol. 1. London: Routledge.

Seeley C. (1991). *A History of Writing in Japan.* Leiden: Brill.

Senghor L.S. (1945a). *La Communauté Impériale Française.* Paris: Éditions Alsatia.

Senghor L.S. (1945b). *Chants d'ombre.* Paris: Éditions du Seuil.

Senghor L.S. (1962). *Le Français, langue de Culture.* Esprit (Novembre 1962): pp.837–844.

Senghor L.S. (1964). *Liberté I: Négritude et humanisme.* Paris: Éditions du Seuil.

Senghor L.S. (1971). *Liberté II: Nation et voie africaine du socialisme.* Paris: Éditions du Seuil.

Senghor L.S. (1977). *Liberté III: Négritude et civilisation de l'universel.* Paris: Éditions du Seuil, p.190 & pp.269-270.

Senghor L.S. (1988). *Ce que je crois: Négritude, francité et civilisation de l'universel.* Paris: Bernard Grasset.

Sennacieca Asocio Tutmonda (eld.) (2020). *Plena Ilustrita Vortaro de Esperanto – PIV.* Paris: Sennacieca Asocio Tutmonda.

Shearer W. & Sun H. (2002). *Speakers of Non-Han Languages and Dialects of China.* Lewiston, New York: Edwin Mellon.

Shils E. (1955). *The end of ideology?* Encounter (Novembre 1955): pp.52–58.

Shin S.-S., Lee D.-J & Lee H.-M. (eld.) (1990). *Understanding Hunmin Jeong-eum.* Seoul: Hanshin.

Shipley Duckett E. (1951). *Alcuin, Friend of Charlemagne.* New York: Palgrave Macmillan.

Shoemaker E.C. (1936). *Noah Webster: Pioneer of Learning.* New York: Columbia University Press.

Shohamy E. (2006). *Language Policy: Hidden Agendas and New Approaches.* London: Routledge.

Singh K.N. (1978). *Urban Development in India.* New Delhi: Abhinav Publications.

Smeets R. (1994). *The development of literary languages in the Soviet Union.* En: Fodor I. & Hagège C. (eld.): *Language Reform, History and Future.* Hamburg: Helmut Buske, pp.513–540.

Sohn H.-M. (1999). *The Korean Language.* Cambridge: Cambridge University Press.

Spolsky B. (2009). *Language Management.* Cambridge: Cambridge University Press.

Spolsky B. (eld.) (2012). *The Cambridge Handbook of Language Policy.* Cambridge: Cambridge University Press.

Spotti M. (2011). *Modernist language ideologies, indexicalities and identities: Looking at the multilingual classroom through a post-Fishmanian lens.* En: *Applied Linguistics Review,* n-ro 2. Berlin: De Gruyter Mouton, pp.29–50.

Stalin J.V. (2010 [1913]). *Марксизм и национальный вопрос (Marxism and the National Question).* (www.marxists.org/russkij/stalin/t2/marxism_nationalism.htm).

St. John R.W. (1952). *Tongue of the Prophets: The Life Story of Eliezer Ben Yehuda.* New York: Doubleday.

Strauss J. (1995). *Diglossie dans le domaine ottoman: Évolution et péripéties d'une situation linguistique.* En: *Revue du Monde Musulman et de la Méditerranée (REMMM),* nr-oj 75–76. Aix-en-Provence: Presses universitaires de Provence, pp.221–255.

Swan M. (1985). *Gandhi: The South African Experience.* Johannesburg: Ravan Press.

Takada M. (1989). *The development of Japanese society and the modernization of Japanese during the Meiji Restoration.* En: Coulmas F. (eld.): *Language Adaptation.* Cambridge: Cambridge University Press, pp.104–115.

Tavoni M. (2010). *Dante.* En: *Enciclopedia dell'italiano.* Roma: Istituto dell'Enciclopedia Italiana.

Taylor I. & Taylor M.M. (1995). *Writing and Literacy in Chinese, Korean and Japanese*. Amsterdam: John Benjamins.

Teeuw A. (1967). *Indonesian nationalism and Bahasa Indonesia*. En: *Modern Indonesian Literature*. Dordrecht: Springer, pp.7-9.

Tolstoj L.N. (1894). Полное собрание сочинений *(Plena verkaro, vol. 67, leteroj en 1894)*. (www.az.lib.ru/t/tolstoj_lew_nikolaewich/text_1100.shtml).

Tolstoj L.N. (1895). *Prudento aŭ Kredo?* En: Zamenhof L.L. (eld.): *La Esperantisto*. 1895, n-ro 2 (Februaro). Nürnberg: Wilhelm Trompeter, pp.28-30.

Tonkin H. (1999). *Kio estas lingvoplanado?* En: Blanke D., McCoy R., Buller O. (red.): *Por aktiva lingvopolitiko*. Rotterdam: Universala Esperanto-Asocio (UEA).

Tonnet H. (1993). *Histoire du grec moderne*. Paris: L'Asiathèque.

Tosi A. (2004). *The language situation in Italy*. En: *Current Issues in Language Planning*, n-ro 5. London: Routledge, pp.247-335.

Towa M. (1976). *Léopold Sédar Senghor: Négritude ou servitude?* Yaoundé: Éditions Clé.

Toynbee P. (1900). *Dante Alighieri: His Life and Works*. London: Methuen.

Twine N. (1991). *Language and the Modern State: The Reform of Written Japanese*. London: Routledge.

Ueda K. (2011 [1895]). *Kokugo no tame [For the National Language]* (eld. & kom. Toshiaki Y.). Tokyo: Heibonsha.

Universala Esperanto-Asocio (2000). *Praga Manifesto de la movado por la internacia lingvo Esperanto*. Rotterdam: Universala Esperanto-Asocio.

Vaillant J.G. (1990). *Black, French, and African: A Life of Léopold Sédar Senghor*. Cambridge, Massachusetts: Harvard University Press.

Valle Rodríguez C. (2008). *Antonio Nebrija's biblical scholarship*. En: Rummel E. (eld.): *Biblical Humanism and Scholasticism in the Age of Erasmus*. Leiden: Brill, pp.57-72.

Van der Horst J. (2008). *Het einde van de standaardtaal: Een wisseling van Europese taalcultuur*. Amsterdam: Meulenhoff.

Van Parijs P. (2011). *Linguistic Justice for Europe and for the World*. Oxford: Oxford University Press.

Versace E. (2007). *Montini e l'apertura sinistra: Il falso mito del vescovo progressista*. Milano: Guerini.

Versteegh C.H.M. (1977). *Greek Elements in Arabic Linguistic Thinking*. Leiden: Brill.

Versteegh C.H.M. (1977). *Landmarks in Linguistic Thought III: The Arabic Linguistic Tradition*. London: Routledge.

Versteegh C.H.M. (1997). *The Arabic Language*. Edinburgh: Edinburgh University Press

Versteegh C.H.M. (2003). *Arab tradition*. En: Frawley W.J. (eld.): *International Encyclopedia of Linguistics*, vol. 2. Oxford: Oxford University Press, pp.202-204.

Walter H. (1994). *L'Aventure des langues en occident: Leur origine, leur histoire, leur géographie*. Paris: Éditions Robert Laffont.

Weber M. (1978 [1922]). *Wirtschaft und Gesellschaft: Grundrisse der verstehenden Soziologie*. Tübingen: J.C.B. Mohr (Paul Siebeck).

Weber M. (1989 [1906]). *Zur russischen Revolution von 1905: Schriften und Reden 1905-1912* (eld. Mommsen W.J.). Tübingen: J.C.B. Mohr (Paul Siebeck).

Weber M. (2009 [1922]). *Herrschaft*. En: *Max Weber-Gesamtausgabe I/22-4 (Wirtschaft und Gesellschaft)*. Tübingen: J.C.B. Mohr (Paul Siebeck).

Webster N. (1785). *Sketches of American Policy*. Hartford, Connecticut: Hudson & Goodwin.

Webster N. (1789). *Dissertations on the English Language: With Notes, Historical and Critical*. Boston, Massachusetts: Isaiah Thomas.

Webster N. (1962 [1783]). *Noah Webster's American Spelling Book*. New York: Columbia University Press.

Weinreich U. (1953). *The Russification of Soviet Minority Languages*. En: *Problems of Communism*, n-ro 2 (6). Washington, D.C.: United States Information Agency, pp.46-57.

Weinrich H. (1966). *Die Linguistik der Lüge*. Heidelberg: Lambert Schneider.

Wesseling H.L. (2003). *Europa's koloniale eeuw*. Amsterdam: Bert Bakker.

West A.F. (1969). *Alcuin and the Rise of the Christian Schools*. New York: Greenwood Press.

Wooden C. (2009). *Moon landing: Vatican Radio marks anniversary with Pope Paul VI texts*. Catholic News Service (la 16-an de Julio).

Wright S. (2004). *Language Policy and Language Planning: Nationalism and Globalization*. Basingstoke: Palgrave Macmillan.

Yi T.-J. & Jeon S.-W. (1992). *Science, technology and agriculture in fifteenth century Korea*. En: Kim-Renaud Y.-K. (eld.): *King Sejong the Great: The Light of 15th Century Korea*. Washington, D.C.: International Circle of Korean Linguistics, pp.97–101.

Zamenhof L.L. (1907). *Aldono 5-a: Parolado de Doktoro Zamenhof ĉe la solena malferma kunsido*. En: *Esperantista Dokumentaro pri la oficialaj historiaj, bibliografiaj kaj statistikaj aferoj, Kajero Kvara (Marto 1907), I Oficiala Parto, Sekcio A: Kongresoj, Dua Universala Kongreso de Esperanto (Genève, 27-an de Aŭgusto – 5-an de Septembro 1906)*. Paris: Esperantista Centra Oficejo, pp.41-46.

Zamenhof L.L. (1929 [1911]). *Gentoj kaj Lingvo Internacia. Memuaro verkita por la Kongreso de Rasoj, 26.–29. de Julio 1911 en Londono*. En: Dietterle J. (eld.): *L.L. Zamenhof, Originala Verkaro, Antaŭparolo, Gazetartikoloj, Traktaĵoj, Paroladoj, Leteroj, Poemoj, kolektitaj kaj ordigitaj de d-ro Joh. Dietterle*. Leipzig: Ferdinand Hirt & Sohn, III. Traktaĵoj, n-ro 12.

Zamenhof L.L. (1992 [1903]). *Kroniko katara konjunktivito, La sunhorloĝo en Dijon, El la Unua Libro de la Lingvo Esperanto, Al la historio de la provoj de lingvoj tutmondaj de Leibniz ĝis la nuna tempo* En: *Fundamenta Krestomatio de la Lingvo Esperanto*. Rotterdam: Universala Esperanto-Asocio (UEA), pp.217-239.

Zamenhof L.L. (2007 [1905]). *Deklaracio pri la esenco de la Esperantismo (Akceptita en la lasta laborkunsido de la Bulonja Kongreso: Kunsido de la 9-a de Aŭgusto 1905)*. En: *Fundamento de Esperanto: Dekunua eldono kun Enkonduko, Notoj kaj Lingvaj Rimarkoj de D-ro A. Albault*. Pisa: Edistudio, pp.33-39.

Zhou E. (1979 [1958]). *Reform of the Written Language*. Pekino: Foreign Languages Press. Repr. en: Seybolt P.J. & Chiang G.K. (eld.): *Language Reform in China: Documents and Commentary*. White Plains, New York: M.E. Sharpe, pp.228-243.

Zhou E. (1980 [1957]). *Some questions on policies towards nationalities*. En: *Beijing Review*, n-ro 32 (9). Beijing: China International Publishing, pp.18–23.

Zhou M. (2003). *Multilingualism in China: The Politics of Writing Reforms for Minority Languages 1949-2002*. Berlin: De Gruyter Mouton.

Zhou M. (2004). *Minority language policy in China: Equality in theory and inequality in practice*. En: Zhou M. & Sun H. (eld.): *Language Policy in the People's Republic of China: Theory and Practice since 1949*. Dordrecht: Kluwer, pp.71-95.

Zhou Q. (2004). *The creation of writing systems and nation establishment*. En: Zhou M. & Sun H. (eld.): *Language Policy in the People's Republic of China: Theory and Practice since 1949*. Dordrecht: Kluwer, pp.55-70.

Zhou Y. (1986). *Modernization of the Chinese language*. En: *International Journal of the Sociology of Language*, n-ro 59. Berlin: De Gruyter Mouton, pp.7-23.

Zuckermann G. & Holzman G. (2014). *Let my people know! Towards a revolution in the teaching of the Hebrew Bible*. En: *International Journal of the Sociology of Language*, n-ro 226. Berlin: De Gruyter Mouton, pp.57-82.

Indekso de personoj

Abd Al-Malik Ibn-Marvan (Abasida)	59
Abdulhamido la 2-a (Otomanida)	279
Acher, Mathias (vd. Birnbaum, Nathan)	
Adalbertus (Æthelbert)	32
Adelung, Johann C.	149
Aĥad Ha-Am (Гинцберг, Ушер И.)	227, 236
Aìxīnjuéluó Pǔyí	313
Aleksandro la 2-a (Rusujo)	218
Aleksandro la 3-a (Rusujo)	257
Alembert, Jean le Rond d'	159, 226
Alfonso la 10-a (Kastilio)	111
Al-Ĥalil Ibn-Ahmad Al-Farahidi	55, 60, 62, 64, 67
Al-Kisai	56, 67
Andersen, Hans Chr.	229
Anderson, Benedict	188
Aristotelo (Ἀριστοτέλης)	18, 29, 42, 50, 57, 67, 155, 411, 415
Arsal, Sadri M. (Максудов, Садретдин)	285, 294
Atay, Falih R.	291, 294
Auerbach, Erich	77
Axer, Margaret	352, 373
Beaufront, Louis de (Chevreaux, Louis)	222, 223
Beccaria, Cesare	148, 155
Beda Venerabilis	42, 51
Bellincione, Alighiero di	70
Ben-Gurion (Grün, David)	204, 205
Ben-Yehuda, Ben-Zion	199
Bernard, Roger	133
Birnbaum, Nathan	201, 203, 212, 213
Boecio (Boethius)	42, 50
Bonaparto, Ĵeromo	182
Bonaparto, Napoleono	154, 182, 185, 193, 262
Bonifaco (Bonifatius)	37, 38
Bougolfus Fuldensis	38, 39
Bourguiba, Habib	387
Brugmann, Karl	241
Caput, Jean-Pol	127, 132, 134
Carter, Michael G.	55, 56, 60, 65, 68
Césaire, Aimé	376
Chamberlain, Basil Hall	241

Chardin, Pierre Teilhard de	386
Chardon de la Rochette, Simon	153
Chiarissimo Cialuffi, Lapa di	70
Choe Manri	101-103
Chomsky, Noam	412
Cicerono (M. Tullius Cicero)	136
Cirilo (apostolo)	140, 141, 144, 267, 269, 323
Clavier, Étienne	153
Clyne, Michael	16
Coen, Jan P.	358
Cohen, Hermann	236
Commager, Henry Steele	168
Comte, Auguste	236
Cooper, Robert L.	16
Ĉiang Kajŝek (Jiǎng Jièshí)	314, 317, 319
Daŝkova (Дашкова, Екатерина Р.)	143
Defoe, Daniel	197, 212
De Mauro, Tullio	25, 338, 347
Dèng Yǐngchāo	314
Deniau, Xavier	387
De Vries, Jan W.	358, 370
Diallo, Ibrahima	384, 385
Dickens, Charles	229
Dideroto (Diderot, Denis)	159, 226
Dilmen, İbrahim N.	289
Dionizio la trako (Διονύσιος ὁ Θρᾷξ)	115
Diop, Cheikh Anta	384
Diori, Hamani	387
Donato (Aelius Donatus)	48, 52
Dreyfus, Alfred	210
Dubnov (Дубнов, Семён М.)	227, 236
Dukas (Δούκας, Νεόφυτος)	157
Du Plessis, Theodorus	16
Éboué, Ginette	377
Elfvaldo la 1-a (Ælfwald) (Nordhumbrio)	32
Elizabeto (Rusujo)	136, 137
Engels, Friedrich	258
Estienne, Henri	165
Eŭklido (Εὐκλείδης)	67
Faiguet de Villeneuve, Joachim	226
Falconet, Étienne M.	148-150

Farrell, Joseph	43
Faure, Edgar	378
Fellman, Jack	205-207
Ferdinando la 2-a (Aragono)	109, 111
Ferguson, Charles A.	169, 213
Ferrante, Joan M.	81
Fichte, Johann G.	186
Fishman, Joshua A.	17, 28, 212, 213
Fonseca y Ulloa, Alfonso de	107
Fonvizin (Фонвизин, Денис И.)	140
Francisko (papo)	343, 350
Francisko la 1-a (Francujo)	126
Franklin, Benjamin	173, 176, 178, 179
Frederiko la 2-a (Prusujo)	137, 149
Frederiko Vilhelmo la 1-a (Prusujo)	13, 135
Frederiko Vilhelmo la 4-a (Prusujo)	183, 398
Gabelentz, Georg C. von der	241
Galeno (Κλαύδιος Γαληνός)	67
Gaulle, Charles de	378
Goeto (Goethe, Johann W. von)	13, 185, 229
Gogolo (Гоголь, Николай В.)	229
Gökalp, Ziya	284
Goody, John R.	383
Grabowski, Antoni	239
Greenleaf, Rebecca	167
Gregorio la 2-a (papo)	13, 37
Gregorio la 15-a (papo)	124
Grierson, George A.	20, 299
Grimm, Wilhelm C.	181-184, 187, 193, 241
Grosjean-Maupin, Émile	133
Guez de Balzac, Jean-Louis	127
Guitton, Jean	346, 347
Hamad Ibn-Salama Ibn-Dinar Al-Basri	54, 55, 67
Harris, James (Junior)	144
Harris, James (Senior)	149
Harshav, Benjamin	199, 201, 205, 207
Heine, Heinrich	229
Heinrich, Patrick	254
Heliodoro el Emeso (Ἡλιόδωρος Ἐμεσηνός)	165
Helot, Christine	16
Henriko la 6-a (Francujo)	127
Henriko la 7-a (Germanujo)	73
Herder, Johann G.	186, 193

Herzl, Theodor	203, 210, 213, 214, 227
Hilelo el Babilono	13, 227, 236
Hipokrato el Koso (Ἱπποκράτης ὁ Κῷος)	67, 152
Hollande, François	387, 393
Horacio (Q. Horatius Flaccus)	48, 349
Hornberger, Nancy	16
Hubert, Colette	378
Hume, David	152
Humboldt, Wilhelm von	255, 370
Huntington, Samuel P.	231, 237
Ĥubilaj (Хубилай хаган)	95
Ĥulagu (Хулэгу хаган)	58
Illich, Ivan	115, 122
Irvine, Martin	37, 40, 52
Izabela la 1-a (Kastilio)	109, 111-113, 116
Jahn, Gustav	61, 67-69
Jefferson, Thomas	179
Jiménez de Cisneros, Francisco	108
Johano la 23-a (papo)	333-335, 339
Johnson, Samuel	149, 168, 173, 174, 176, 177, 179
Jonas, Devora	199, 212
Jonas, Hemda	199, 200, 212
Jonas, Shlomo (Йонас, Шломо)	197, 212
Junus Ibn-Habib	55, 60, 62, 67
Kalocsay, Kálmán	133
Kapadia, Kasturbai M.	295
Kapelo (Martianus Felix Capella)	51
Karlomano (Karolida)	32
Karolo la Granda (Karolida)	32-36, 38, 39, 41, 44, 45, 47, 52, 185, 398, 409
Karolo Martelo (Karolida)	32
Kartezio (Descartes, René)	126, 394
Katō Hiroyuki	241
Kazbegi (Казбеги, Александр М.)	276
Kennedy, John F.	336
Keun, Bernard	152
Key, Mary Ritchie	148, 149
King, Kendall	16
Klaŭdio (Roma imperio)	34

Klodvigo la 1-a (Merovida)	35
Kloss, Heinz	51, 64, 134
Kolumbo, Kristoforo	112, 117
Konstanteno la 3-a (Roma imperio)	34
Kornelio (Corneille, Pierre)	136
Kozickij (Козицкий, Григорий В.)	146, 149
Kristiano la 8-a (Danujo)	188
Krupskaja (Крупская, Надежда К.)	258, 259
Kvintiliano (M. Fabius Quintilianus)	119
Lafonteno (La Fontaine, Jean de)	126
Lapenna, Ivo	133, 229, 237
Latini, Brunetto	85
Lejbnico (Leibniz, Gottfried W.)	12, 13, 225, 236
Leono la 3-a (papo)	36
Lessing, Gotthold E.	185
Levend, Agâh S.	294
Lewis, Geoffrey	289, 290
Lincoln, Abraham	314, 327
Locke, John	148
Ludoviko la 13-a (Francujo)	124, 130
Ludoviko la 14-a (Francujo)	124
Ludoviko la 15-a (Francujo)	390
Lutero (Luther, Martin)	192, 250
Macaulay, Thomas B.	300-302
Maglione, Luigi	332
Mair, Victor H.	328
Malherbe, François de	127, 128
Mamduhi, Ahmad R.	66
Manetto Donati, Gemma di	71
Marçais, William	64
Markso (Marx, Karl)	258, 261, 265, 313, 321, 379
Maŭ Zedong (Máo Zédōng)	315, 316
Mauss, Marcel	375
May, Stephen	16
Mazzini, Giuseppe	19, 404
McCarty, Teresa	16
Mediĉoj (Médicis, Marie de)	124, 125, 127
Mencken, Henry L.	172
Mendelssohn, Moses	212
Metodo (apostolo)	140
Milani, Tommaso	16
Modi, Narendra D.	23, 309
Moliero (Poquelin, Jean-Baptiste)	13, 136, 229

Montanjo (Montaigne, Michel de)	161
Montesquieu, Charles-Louis de	136, 148
Mori Arinori	245, 246
Mussolini, Benito	332
Nasser, Gamal A.	315, 369
Nehru, Jawaharlal	315, 369
Nikolao la 2-a (Rusujo)	260, 262
Nishijima Sadao	104
Nixon, Richard	316
Novello da Polenta, Guido	74
Oakes, Leigh	16
Orlov (Орлов, Алексей Г.)	137
Orwell, George	29
Orzeszkowa, Eliza	229, 237
Osthoff, Hermann	241
Otto la 1-a (Grekujo)	156
Owens, Jonathan	62, 63, 67, 69
Pacelli (vd. Pio la 12-a)	
Pane, Sanusi	354, 362
Parfitt, Tudor	207
Paul, Hermann	241
Paulinus Eburacensis	31
Paŭlo la 5-a (papo)	123
Petitot, Claude-Bernard	128
Petro la Granda (Rusujo)	138, 140, 141
Petro la 3-a (Rusujo)	137, 143
Petrucci, Armando	38
Pinsker (Пинскер, Лев С.)	227, 236
Pio la 10-a (papo)	333, 338
Pio la 11-a (papo)	333, 339
Pio la 12-a (papo)	332, 333, 338
Pipino la 3-a (Karolida)	32, 50
Pisa, Rustichello da	76
Platono (Πλάτων)	136
Pleĥanov (Плеханов, Георгий В.)	259
Plutarĥo (Πλούταρχος)	136
Polo, Marco	76
Pompidou, Georges	375
Portinari, Beatrico	71
Prah, Kwesi K.	383
Prisciano el Cezareo (Priscianus Caesariensis)	42, 48, 50
Ptolemeo (Κλαύδιος Πτολεμαῖος)	67

Rabin, Chaim	201, 207
Racino (Racine, Jean)	126
Rawnitzki, Yehoshua	206
Rhisios (Ῥύσιος, Ἀδαμάντιος)	151
Rhoidis (Ῥοΐδης, Ἐμμανουήλ)	160
Rivet, Paul	375
Robitaille, Louis-Bernard	128, 132, 134
Rojinsky, David	109, 116, 122
Roncalli (vd. Johano la 23-a)	
Rubin, Joan	16, 81, 362
Ruskin, John	296
Samuel, Herbert	200
Sartro (Sartre, Jean-Paul)	376, 390
Saussure, Ferdinand de	372
Savigny, Friedrich C. von	182, 189, 190, 194
Schleyer, Johann M.	223, 226
Shipley Ducket, Eleanor	34, 50, 52
Shohamy, Elana	16, 27, 212
Sievers, Eduard	241
Smolenskin (Смоленскин, Перец М.)	198
Solís de Maldonado, Isabel	108
Solovjov (Соловьёв, Владимир С.)	236
Spolsky, Bernard	16, 22, 27
Stagiritis (Σταγειρίτης, Αθανάσιος)	157
Stalino (Джугашвили, Иосиф В.)	265, 267, 268, 272, 274, 276, 314, 321
Stolipin (Столыпин, Пётр А.)	260
Sukarno (Sosrodihardjo, Kusno)	315, 354, 355, 362, 363, 369
Sun Jatsen (Sūn Yìxiān)	314, 317, 318, 327
Ŝalom-Alejĥem (Рабинович, Соломон Н.)	229
Ŝekspiro (Shakespeare, William)	13, 147, 229, 385
Ŝillero (Schiller, Friedrich)	185, 229
Tabrani, Mohammad	361
Tacito (P. Cornelius Tacitus)	35, 136
Talavera, Hernando de	113
Tantular, Mpu	371
Tardini, Domenico	333
Tarik Ibn-Zijad	110
Teofrasto el Ereso (Θεόφραστος Ἐρέσιος)	154
Terencio (M. Terentius Varro)	115
Theotokis (Θεοτόκης, Νικηφόρος)	157
Thoreau, Henry D.	297
Tolstojo (Толстой, Лев Н.)	13, 220, 228, 236, 296

Tonkin, Humphrey	51, 134
Towa, Marcien	380
Trocki (Бронштейн, Лев Д.)	261
Uşaklıgil, Latife	281
Valla, Lorenzo	108, 399
Van Avermaet, Piet	16
Van Ophuysen, Charles A.	360, 362
Vaugelas, Claude Favre de	132, 134
Vergilio (P. Vergilius Maro)	42, 48, 82, 83
Versteegh, Cornelis H.M.	54, 57, 60, 69
Voltero (Arouet, François-Marie)	136, 139, 148
Voroncova (Воронцова, Елизавета Р.)	137
Walter, Henriette	76, 78, 126
Waringhien, Gaston	133, 237, 238
Weber, Max	8, 263, 273, 396, 404
Weinreich, Uriel	269
Weinrich, Harald	15
Wennergren, Bertilo	133
Whitney, William D.	245
Wilson, Woodrow	264
Wolfson, David	196
Wortley-Montagu, Mary	282
Wundt, Wilhelm	241
Yi Bang-won	89
Yi Seong-gye	88, 89
Zakario (papo)	37
Zilbernik (Зильберник, Клара А.)	217
Zúñiga y Pimentel, Juan de	108

Indekso de temoj

Abĝado	104, 286-288, 291, 303, 304, 308, 309, 311, 357, 360, 370, 382, 391, 392
Abugido	95, 96, 104, 303, 304, 308, 309, 311, 357, 370, 392
Académie française	125, 127, 128, 130-134, 142, 143, 223, 380, 381, 409
Accademia della Crusca	125
Admonitio generalis	44
Ahimso	296
Akademio de Esperanto	9, 223, 238
Akademio de la Brano (vd. Accademia della Crusca)	
Akademio de Saĝaj Eminentuloj (vd. Jip-hyeon-jeon)	
Akademio por la Hebrea Lingvo	199, 205-207
Alam Melayu	358
Alfabeto	46, 75, 93, 95, 97-99, 102-104, 141, 143, 144, 173, 176, 203, 245, 266-269, 281, 284-288, 291, 292, 294, 311, 323-325, 329, 357, 360, 370, 383, 391, 402
Alfabetigo	266, 268, 269, 288, 290, 292
Al-Kitab	60-65, 67
Altı Ok	280
American Dictionary of the English Language	167, 173, 175
American Magazine, the	167
Analfabetoj	268, 285-288, 301, 305, 306, 383, 398, 402
Asocio por la esplorado de la turka lingvo (vd. Türk Dili Tetkik Cemiyeti)	
Atika dialekto	153, 157

Atikistoj	157, 201
Aŭroro, la	198

Bahasa Indonesia	352, 361-364, 367, 368, 370, 371, 373, 400, 402, 403
Bakumatsu	242
Barbaroj	18, 38, 48, 55, 82, 101, 107, 113, 115, 119, 120, 127, 162, 171, 191, 192, 194, 225, 317
Basra skolo	63, 67
Beduenoj	56, 57, 62-64, 66
Biblia Polyglotta Complutensia	108, 120
Bludorsa ortografia lernolibro (vd. Blue-backed speller)	
Blue-backed speller	167, 173, 175, 178
Bopomofo	319
Bungaku	240

Centra universitato por etnoj	320, 322
Cirila alfabeto	141, 144, 267, 269, 288, 323
Colloquium	337, 342-345, 348
Commedia, la [Divina]	70, 71, 73, 74, 77, 81, 82, 84, 85, 87
Compañera del imperio	116, 120

Ĉinaj ideografiaĵoj	93-98, 100-105, 243, 245-247, 254, 255, 312, 318, 323-329, 357
Ĉinuja Akademio de Sciencoj	322
Ĉinuja asocio por ideografia reformo	323

Deklaro pri la rajtoj de la etnoj de Rusujo	265
Demando pri la krabro, la	56, 57
Demotika greka	157, 160, 161, 213

Denaskaj parolantoj	10, 57, 66, 110, 114, 172, 202, 205, 230, 232, 249, 266, 381, 399, 401, 410
De-parollingvigo (vd. De-vernacularization)	
Deutsche Grammatik	182, 184, 187, 188
Deutsches Wörterbuch	187, 190, 193, 194, 250
De-vernacularization	115
Dialekto	21, 34, 35, 38, 42-44, 62-64, 75, 77, 79-83, 92, 101, 110, 153, 157, 187, 207, 224, 263, 283, 310, 328, 335, 357, 358, 362, 374, 388, 395, 400
Dialogo (vd. Colloquium)	
Diasporo	154, 155, 160, 197, 199, 206-208, 211, 399, 400
Diccionario latino-español	108, 110, 119, 122
Dictionnaire de l'Académie française	131, 133, 134, 143, 159, 393
Diglosio (kp. Dulingveco)	44, 65, 74, 75, 93, 160, 213, 284, 290, 319, 338
Dong-guk Jeong-un	102, 105
Dua kongreso de la junularo (vd. Kongres Pemuda Kedua)	
Dugrafio	304
Dulingveco (kp. Diglosio)	44, 74, 93, 110, 160, 201, 213, 283, 411
Ekzilo	72-74, 79, 119, 124, 258-260, 264, 399-401
Enciklopedio	142, 159, 170, 172, 226
Enradikigo (Коренизация)	265, 266
Esperantismo	224, 227, 234, 238, 239
Esperantisto, la	219-221
Esperanto-Asocio, Universala	220, 222, 233, 238
Etnaj minoritatoj	19, 22, 138, 139, 197, 198, 264-272, 278, 279, 281-283, 299, 316, 317, 319-323, 325, 326, 329, 351, 356, 363, 374, 375, 402, 405, 407, 409, 413

Fajrero (Искра)	259
Filhelenismo	152, 153, 159
First Universal Races Congress	223
Fondaĵo por latineco (vd. Opus Fundatum Latinitas)	
Fonetika asocio de Japanujo (vd. Nihon Oseigaku Kyōkai)	
Franca Akademio (vd. Académie française)	
Franceco (vd. Francité)	
Francité	381
Franclingvujo (vd. Francophonie)	
Francophonie	385-387, 392, 393
Fremda lingvo	55, 113, 142, 146, 150, 152, 157, 158, 161, 169, 177, 249, 292, 388, 389, 400
Fremdiĝo	152, 333, 388, 389
Fundamento de Esperanto	228
Gaŭlomanio	85, 140, 403
Gazelo, la	206
Genbun itchi	247, 255
Gengogaku	241, 242
Gepatra lingvo	21, 26, 34, 35, 85, 93, 110, 115, 119, 126, 169, 186, 196, 203, 208, 231, 245, 255, 263, 266, 267, 269, 295, 299, 340, 341, 344, 351, 358, 364, 373, 375, 388, 389, 393, 400, 401, 403, 412
Germana gramatiko (vd. Deutsche Grammatik)	
Germana vortaro (vd. Deutsches Wörterbuch)	
Gramática de la lengua castellana	108, 116
Grammaire de l'Académie française, la	134

Grammaticale, lingua	78, 81
Greka alfabeto	143
Grekogaŭla nacio	154
Guago	90

Ĝenerala admono
(vd. Admonitio generalis)

Hakugengaku	241
Han-geul	91, 95-99, 101, 102, 105, 409
Harijan	308, 311
Haskala (juda klerismo)	197, 212, 216, 236
Helena Libraro	153
Higaza dialekto	62-64
Hilelismo	227, 236
Hind Swaraj	296, 304-306, 422
Hindustana lingvo	308-311, 407
Homaranismo	222, 227, 345
Hunmin Jeong-eum	98, 101-104, 105
Hunmin Jeong-eum Haerye	93-96, 99, 104
Identeco	47, 154, 159, 170, 186, 197, 203, 211, 255, 265, 286, 288, 302, 303, 310, 322, 353, 355, 375, 376
Ideologio	19, 24-26, 34, 41, 89, 93, 98, 99, 116, 122, 153, 154, 159, 164, 170, 174, 178, 187, 188, 198, 203, 204, 207, 208, 225, 237, 249, 270, 279, 280, 290, 297, 301, 303, 322, 354, 376, 380, 391, 401, 402, 404, 406-410, 412
Ignorantia grammaticae artis	37
Imperia Akademio de Sciencoj	242

Indiĝeniga Politiko
(vd. Enradikigo)

Indonezia lingvo
(vd. Bahasa Indonesia)

Instituto por la turka lingvo (vd. Türk Dili Kurumu)	
Instrukcio (Наказ)	142, 146, 148-150
Instrulingvo	34, 36, 157, 168, 200, 243, 244, 253, 262, 263, 267, 300, 301, 303, 319, 331, 346, 359, 383, 393
Internaciismo	218
Interna ideo	207, 227, 239
Introductiones latinae	107, 119
Iredentismo	19, 279
Jamo	96-98, 100
Jango (vd. Yáng)	
Jino (vd. Yīn)	
Jip-hyeon-jeon	90, 91, 95, 101, 104, 400
Jön Türkler	279
Joseon-geul (vd. Han-geul)	
Junaj turkoj (vd. Jön Türkler)	
Jurisprudenco	54, 61, 62, 66, 166, 182, 186, 189, 205, 258, 285, 295, 353
Kakawin Sutasoma	364, 371
Kaliopo	157
Kanaara klubo (vd. Kana No Kai)	
Kana No Kai	246, 247
Kanbun	243, 244, 249, 251
Kanbun Kundoku	243
Kanji	254, 255
Kanji Bunka	247
Karolida minusklo	45, 46
Karolida renesanco	31, 41
Karolida reformo	33, 41, 42, 46, 47
Karoli epistola de litteris colendis	38, 50

Katharevusa greka	21, 158-160, 162, 213, 406
Khari-Boli	300, 303, 304, 310
King's English	173, 174
Kitab al-'ajn	55, 64, 67
Kitab Logat Melajoe	360
Klerismo	136, 138, 141, 142, 144, 152-155, 159, 162, 163, 170, 185, 197, 212, 216, 227, 278, 353, 354, 382, 403
Kodigo	128, 129, 132, 134, 395, 399, 401, 406, 408, 409
Kokugo	242, 249, 250-252, 254, 256, 402
Kokugo Chōsa Iinkai	242
Kokuritsu Kokugo Kenkyūjo	254, 256
Kolektiva popollingvo (vd. Pŭtōnghuà)	
Koloniismo	23, 26, 102, 112, 116, 117, 168, 170, 200, 230, 264, 296, 297, 299-303, 305, 308, 353-362, 364, 365, 374-383, 386, 387, 403, 405-407
Komedio, la [Dia] (vd. Commedia, la [Divina])	
Komisi Bahasa Indonesia	362, 363
Komisi Istilah	367
Komisiono por la indonezia lingvo (vd. Komisi Bahasa Indonesia)	
Komisiono pri terminologio (vd. Komisi Istilah)	
Komitato por la hebrea lingvo	206
Komitato por la studado de la nacia lingvo (vd. Kokugo Chōsa Iinkai)	
Komparaj vortaroj de ĉiuj lingvoj kaj idiomoj	143-145, 148
Konflikto	22-25, 71, 88, 89, 110, 185, 199, 231, 298, 313, 355, 368, 384, 385
Kongres Pemuda Kedua	361, 364
Kontraŭ-koloniismo	354, 387

Korpusa planado	47, 51, 64, 82, 129, 134
Kufa skolo	56, 57, 63, 67
Kunparolanto de amantoj de la Rusuja vorto, la	143
Kun-Yomi	254, 255
Kvarvojo (vd. Quadrivium)	
Kvin fazoj de metamorfozo (vd. O-haeng)	
Ladino (judhispana lingvo)	110, 201, 202, 211, 283
Latino	21, 34-37, 40-44, 47, 48, 50, 52, 58, 59, 71, 75, 77, 78, 81-83, 86, 87, 92, 93, 107, 108, 110-120, 122, 123, 126, 128, 152, 171, 186, 187, 197, 201, 217, 228, 243, 251, 331, 334, 338, 339, 341-347, 349, 375, 401, 402, 406, 412
Latina alfabeto	46, 98, 141, 203, 246, 281, 284, 285, 286, 288, 323, 325, 357, 360
Latineco	37, 43, 107, 341, 402
Latiniga klubo (vd. Rōmaji Kai)	
Latinigo	50, 106, 246, 267, 288, 323
Legokapablo	38, 40, 44, 76, 94, 101, 132, 144, 246, 247, 266, 316, 318, 323, 325, 407
Leĝo de Grimm	188, 189
Leĝo de Rowlatt	296, 297
Libro pri la ŝanĝiĝoj, la (vd. Yì Jīng)	
Libro pri la fonto (vd. Kitab al-'ajn)	
Libro pri la gramatiko, la (vd. Al-Kitab)	
Lingua vernacula	348, 349
Lingvafrankao	8, 35, 58, 136, 164, 283, 343, 358, 367, 369, 375, 382
Lingva komitato	223, 291, 294
Lingva kontakto	92, 358

Lingva normigo	11, 21, 23, 36, 38, 40-45, 47, 59, 60, 63, 64, 75, 109, 111, 112, 114, 115, 127, 130, 144, 159, 174, 187, 213, 243, 246, 250, 251, 254, 301, 318, 319, 324, 325, 338, 360, 362, 365-367, 384, 385, 402, 404, 406, 410
Lingva reguligo	19, 24, 29, 46, 76, 82, 118, 127, 129, 362, 395, 401, 408
Lingva ŝanĝiĝo	9, 24, 63, 78, 82, 83, 109, 128, 174, 207, 326, 362, 399, 408
Lingvistiko	9, 15-17, 20, 24, 25, 36, 44, 46, 47, 51, 55, 57, 59-65, 67, 74, 76, 78, 82, 92, 93, 96, 100, 107-109, 126, 129, 130, 132, 134, 140-144, 148, 159, 160, 164, 171, 172, 175, 178, 186, 188, 189, 202, 205, 207, 208, 212, 213, 218, 226, 229, 241-245, 247, 248, 250, 251, 254, 256, 263, 266, 269, 283-285, 288, 290, 294, 299, 303, 304, 306, 321-324, 338, 352, 353, 355-358, 360, 364-368, 371, 372, 375, 383, 384, 391, 397, 410, 412
Lingvokomunumo	24, 26, 28, 29, 152, 169, 209, 216, 218, 244, 264, 299, 357, 358, 363, 368, 381, 396, 402-405, 409, 410, 413
Lingvoplanado	46, 47, 51, 78, 129, 134, 160, 230, 366, 397
Lingvopolitiko	16, 17, 19, 22-29, 46, 64, 91, 116, 129, 133, 201, 205, 208, 246, 262-264, 266-269, 286, 290, 300, 301, 303, 305, 306, 316-319, 359, 384, 385, 395, 398, 401-410
Lingvoreformo	12, 31, 36, 40, 43, 46, 172, 176, 245, 247-249, 284, 288-292, 302, 316-318, 342, 362
Lingvujo (kp. Franclingvujo)	264, 386
Lingwe uniwersala	218
Literumado (vd. Ortografio)	
Literaturlingvo	35, 41, 43, 59, 75, 77, 78, 140, 144, 244, 250, 263, 288, 403

Malaja Mondo (vd. Alam Melayu)	
Mandarena ĉina (Guānhuà)	21, 318
Manuskripto	45, 47
Memdeterminado	25, 197, 264, 265, 283, 319, 404, 409
Memorando pri la klerigado de la hindoj (vd. Minute on Indian Education)	
Métissage	381
Meza Vojo	158
Minoritataj rajtoj	24, 25, 169, 264, 266, 268, 322, 323, 325, 382, 386, 405
Minute on Indian Education	300
Modernigo	12, 141, 144, 202, 244, 247, 279, 280, 313, 314, 317, 318, 333, 342, 353, 367, 402, 408, 411
Monarchia, de	73
Mondlingvo	191, 219, 221, 227, 412
Mongola alfabeto (vd. Phagpa)	
Movado de la 4-a de Majo	313, 314
Movado de Nealiancitaj Landoj	315, 328, 355, 369
Mulatiĝo (vd. Métissage)	
Nacia integriĝo	23, 320, 322
Nacia prononca vortaro	318, 319, 328
Nacia spirito (vd. Volksgeist, Yamato Damashii)	
Naciismo	12, 23, 25, 117, 164, 170, 171, 178, 184, 185, 188, 198, 203, 204, 208, 218, 226, 230, 232, 248, 249, 263, 269-271, 279, 280, 297, 303, 325, 332, 371, 391, 404, 405, 407, 409
Nacilingva normiga komitato	319
Nagario	303, 304, 308, 309, 357
Negreco-movado (vd. Négritude)	
Négritude	376, 380, 386, 387, 390, 393, 394

Nihon Kokugo Daijiten	242
Nihon Oseigaku Kyōkai	242
NINJAL (vd. Kokuritsu Kokugo Kenkyūjo)	
Normaj rimoj de la orientaj ŝtatoj, la (vd. Dong-guk Jeong-un)	
Nova poeto, la (vd. Pujangga Baru)	
Nov-greka Kojneo	160-162
O-haeng	99, 100
Onmun	98
On-Yomi	254, 255
Opus Fundatum Latinitas	341, 342, 348
Ortografio	42, 43, 45, 47, 49, 51, 107, 109, 113, 119, 122, 167, 171-176, 178, 192, 228, 266, 293, 360, 362, 384, 385
Ortografia reformo	171-179
Otomana turka	282-284, 288, 290, 292, 407
Parollingvo	35-38, 40, 41, 43, 61, 64, 66, 75, 111, 113-115, 118, 140, 146, 156-158, 160, 201, 202, 205, 208, 241, 244-247, 250, 251, 253, 255, 263, 284, 289, 308, 357, 362, 365, 382, 406, 413
Pasar Melayu	358, 359
Patois	126
Patrujo kaj libereco (vd. Vatan ve Hürriyet)	
Phagpa	95, 96, 325, 400
Pinjino (vd. Pīnyīn)	
Pīnyīn	319, 323, 324, 326-329
Planlingvo	12, 158, 218, 226, 230
Plena Ilustrita Vortaro de Esperanto	13, 51, 133, 233

Pluretneco	36, 138, 140, 156, 198, 215, 225, 271, 282, 283, 319, 320
Plurlingveco	24, 25, 36, 58, 108, 109, 120, 138, 156, 185, 215, 218, 225, 244, 264, 270, 282, 299, 319, 334, 364, 383
Poezio	55, 61, 62, 64, 66, 67, 74, 76, 77, 80, 81, 92, 107, 110, 118, 128, 131, 143, 172, 191, 285, 289, 377, 389, 394
Popollingvo	71, 75-84, 113, 157, 160, 323-326, 329, 338, 341, 398, 406
Popollingvigo (vd. Volgarizzamento)	
Por la turka lingvo (vd. Türk Dili İçin)	
Post la Granda Milito	224, 225
Prestiĝo	11, 44, 74, 93, 101, 128, 129, 143, 144, 160, 173, 187, 213, 278, 299, 356, 386, 401
Prononcado	43, 47, 55, 102, 105, 115, 172, 174, 177, 201, 206, 207, 250, 287, 402
Pronunciatio ad litteras	43, 402
Propositiones ad acuendos iuvenes	33, 50
Prusuja Akademio de Sciencoj	183
Pujangga Baru	352-354
Purigita skriblingvo (vd. Katharevusa greka)	
Pŭtōnghuà	21, 323-326, 329
Quadrivium	50, 51
Quit India	297
Rajtoj de la etnoj de Rusujo	265
Re-denaskigo (de la hebrea)	202, 208, 212
Reglas de la ortografía en la lengua castellana	109
Reĝa angla (vd. King's English)	

Rekhta	300
Riau Melayu	356, 358-360
Rōmaji Kai	246
Rusuja Akademio	142-144, 183
Sankta Skribo	40, 41, 45, 47-49, 54, 60, 62, 64, 65, 78, 108, 109, 113, 120, 161, 164, 197, 200, 201, 208, 211, 212, 229, 236, 283, 299, 310, 356
Sanskrito	187, 190, 299, 300, 304, 305, 308, 311
Sarvodaya	296
Satyāgraha	296, 297
Scriptoria	34, 38, 44-46
Sep liberalaj artoj (vd. Septem artes liberales)	
Septem artes liberales	48, 51
Serioza demando	198, 201
Sermo vulgaris	35-38, 40, 41, 43-45, 75
Ses sagoj de la Kemalismo (vd. Altı Ok)	
Siggi	384, 385
Skribejoj (vd. Scriptoria)	
Skriblingvo	21, 22, 27, 40, 43, 44, 54, 59, 60, 62, 64, 76, 92, 93, 107, 118, 126, 157, 158, 160, 190, 201, 202, 208, 211, 243-247, 250, 255, 266, 267, 283, 284, 292, 299, 324, 325, 356-360, 367, 383, 401, 413
Skribsistema reformo	90, 93, 98, 102, 103, 141, 246, 285, 286, 291, 322, 324
Skribsistemo	12, 27, 66, 90, 91, 93, 95, 96, 98-104, 141, 245-247, 250, 254, 255, 268, 284-288, 290, 291, 299-301, 304, 311, 318, 319, 322-329, 357, 360, 370, 382, 391
Slavono	140, 144
Socilingvistiko	17, 36, 47, 63, 64, 76, 92, 126, 140-142, 160, 202, 208, 213, 243, 244,

	269, 283, 285, 288, 290, 294, 299, 356, 364, 365, 383
Sovetia popolo	265, 268
Statusa planado	47, 51, 64, 82, 99, 129, 134
Statuts et règlements	133, 134
Sumpah Pemuda	361, 365
Ŝtata komitato por etnaj aferoj	320
Tamima dialekto	62, 63
Tata Bahasa Baru Bahasa Indonesia	353
Territoriales episcoporum coetus	341
Tibeta alfabeto	325
Topolekto	318, 321, 328, 356
Tradicio	24, 36, 37, 42, 54, 57, 62, 64, 72, 77, 82, 98, 101, 152, 191, 193, 220, 231, 237, 247, 262, 266, 267, 285, 299, 304, 320, 335, 340, 342, 345, 363, 374, 380, 383
Tradukado	13-15, 50, 59, 61, 67, 68, 76, 77, 84, 85, 87, 109, 114, 120, 140, 142, 146, 153, 154, 161, 197, 212, 224, 228, 234, 236, 243, 296, 300, 328, 341, 344
Tri Popolaj Principoj	314, 317, 327
Trivium	38, 40, 42, 49, 51
Trivojo (vd. Trivium)	
Türk Dili İçin	285, 293, 294
Türk Dili Tetkik Cemiyeti	285, 289
Türk Dil Kurumu	285
Tutmondiĝo	20, 306
Universala Kongreso de Esperanto	222-224, 227, 233
Unua kongreso por la turka lingvo	285, 289, 290

Unua Libro	217, 230
Unua universala kongreso de rasoj (vd. First Universal Races Congress)	
Usona lingvo	167, 170, 171, 175-177
Usona magazino, la (vd. American Magazine, the)	
Usona vortaro de la angla lingvo (vd. American Dictionary of the English Language)	
Vario (variaĵoj)	35-37, 40, 44, 45, 56, 58, 59, 62-64, 66, 74, 75, 77-83, 93, 110, 111, 126, 128, 140, 157-160, 162, 164, 170, 174, 175, 200, 201, 205, 208, 213, 244, 251, 284, 297, 300, 303-305, 310, 311, 318, 328, 356, 358, 360, 362, 366, 381, 382, 389, 392, 400, 407, 408
Vatan ve Hürriyet	279
Vita nuova, la	71
Vocabulario español-latino	108, 110, 119
Volapuko	12, 217, 219, 223, 226, 236
Volgare	71, 75-84, 398, 406
Volgarizzamento	76, 340
Volksgeist	189, 248
Vortaro de la hebrea lingvo	200, 206
Vortaro de la Rusuja Akademio	142, 143
Vulgara popollingvo (vd. Volgare)	
Vulgari eloquentia, de	77, 80, 82, 85-87, 128
Vulgar-latina parollingvo (vd. Sermo vulgaris)	
Yamato Damashii	252, 255
Yáng (suna flanko)	99, 103, 105, 415
Yì Jīng	99, 100
Yīn (ombra flanko)	99, 103, 105, 415

www.ingramcontent.com/pod-product-compliance
Lightning Source LLC
Chambersburg PA
CBHW032013230426

43671CB00005B/69